Mark Minnes
Ein atlantisches Siglo de Oro

Mimesis

Romanische Literaturen der Welt

Herausgegeben von
Ottmar Ette

Band 67

Mark Minnes

Ein atlantisches Siglo de Oro

—

Literatur und ozeanische Bewegung im frühen
17. Jahrhundert

DE GRUYTER

ISBN 978-3-11-064775-4
e-ISBN [PDF] 978-3-11-054044-4
e-ISBN [EPUB] 978-3-11-053870-0
ISSN 0178-7489

Library of Congress Cataloging-in-Publication Data
A CIP catalog record for this book has been applied for at the Library of Congress.

Bibliografische Information der Deutschen Nationalbibliothek
Die Deutsche Nationalbibliothek verzeichnet diese Publikation in der Deutschen Nationalbibliografie; detaillierte bibliografische Daten sind im Internet über http://dnb.dnb.de abrufbar.

© 2019 Walter de Gruyter GmbH, Berlin/Boston
Dieser Band ist text- und seitenidentisch mit der 2017 erschienenen gebundenen Ausgabe.
Satz: Meta Systems Publishing & Printservices GmbH, Wustermark
Druck und Bindung: CPI books GmbH, Leck

♾ Gedruckt auf säurefreiem Papier
Printed in Germany

www.degruyter.com

Vorwort

Der Text der vorliegenden Schrift verweist nicht nur auf viele andere Texte, sondern auch auf viele bemerkenswerte und bewundernswerte Menschen. Sie leben an ganz unterschiedlichen Orten und begegneten mir in ganz unterschiedlichen Momenten und Zusammenhängen. Ohne Anja Bandau (Hannover), die das Entstehen dieser Schrift mit der ihr eigenen Gelassenheit und einem (für den Verfasser teils rätselhaften) Vertrauen in das Gelingen des Projekts begleitete, wäre dieses Buch nie geschrieben worden. Das Ergebnis halten Sie in den Händen. Anja Bandau gebührt mein tiefempfundener Dank, *all mistakes are my own*. Ich habe auch Hanno Ehrlicher (Augsburg) sehr zu danken, der sich im entscheidenden Moment offen für mein Unterfangen zeigte. Sein schöner und nachdenklicher Text über die Dissertation ging weit über diejenigen Erwartungen hinaus, die man gewöhnlich an die Gattung eines ‹Gutachtens› richtet.

Die vorliegende Untersuchung erzählt auch viele Geschichten, die mit Ottmar Ette (Potsdam) zu tun haben. Alles, was ich über die Romanistik weiß und alle Überzeugungen, die ich hierzu erlangt habe, verdanke ich Ottmar Ette und seinem unermüdlichen Bestreben, dieses komplexe Bündel an Kulturen, Sprachen, Fächern und Disziplinen nicht nur zu pflegen, sondern auch zu erneuern. Ottmar Ette hat ausgerechnet das arkadische Herz des alten Preußens zu einem romanistischen *hot spot* gemacht, dem sich kaum jemand entziehen kann oder will. Sein Erfolg ist unstrittig. Vor dem Hintergrund dieser fast unglaublichen Verlaufsbahn, die ich seit nunmehr etwa fünfzehn Jahre beobachten darf, danke ich ihm besonders für die Aufnahme in die Reihe mit dem passenden und schönen Namen *Mimesis*. Ich möchte aber auch Gerhard Penzkofer (Würzburg) danken, der zu Beginn des Projektes bei zwei Kolloquien in der alten Heimat wichtige Impulse lieferte. Meine Idee wäre bestimmt an einer Klippe zerschellt, wenn er mich nicht auf die konzeptuelle und praktische Relevanz der Raumsemantik gestoßen hätte.

Zudem hatte ich das Privileg, im Rahmen des im August 2011 neu gegründeten Romanischen Seminars der Leibniz Universität Hannover mit höchst inspirierenden und stets unterstützenden Kolleginnen zusammenzuarbeiten. Dazu zählen, neben Anja Bandau, auch die Professorinnen Lidia Becker und Andrea Rössler. Besonderen Dank schulde ich meinen langjährigen Mittelbau-Kolleginnen Rosa, Lena, Martina und Victoria. Auch habe ich sehr von der interdisziplinären Zusammenarbeit mit ‹unseren› Historikerinnen profitiert. Hier gilt Christine Hatzky und Ulrike Schmieder mein besonderer Dank für den bereichernden Austausch und ihre Unterstützung. In einem Raum jenseits der stürmischen Winde der Geschichte stand in Hannover aber immer auch Eva

Koethen für künstlerische Praxis und ästhetisch-philosophische Reflektion ein. Wir waren uns immer darin einig, dass die ‹harten Fakten› nie genügen können, um die Menschen und ihr Handeln in der Welt zu erfassen. So vielfältig waren meine Ausblicke an der Leibniz Universität.

Nicht zuletzt danke ich denjenigen, die mich in diesen Jahren freundschaftlich begleitet und inspiriert haben: Anne Kraume (Konstanz), Sergio Ugalde Quintana (Mexiko-Stadt), Alexandra Porcu (Berlin), Berit Callsen (Berlin/Osnabrück), Achim Petsche (Potsdam), meine alten Würzburger Freunde Tom, Nico und Alistair sowie die beiden wichtigsten Mitbewohner aus der hannover'schen WG in der Nordstadt: Johanna Ulrichs und ihr Hund Spiky.

Ich widme dieses kurze Buch meinen Eltern, meinem Bruder Norman und meiner transatlantischen Familie in den Amerikas.

Berlin, im Mai 2017

Inhalt

Vorwort —— V

1	**Einleitung: ein atlantisches Siglo de Oro** —— **1**	
1.1	*Mission Statement*: Standpunkte und Verortungen —— 1	
1.2	Literatur und Raum: Semantik des Ozeanischen —— 33	
1.3	Textkorpus der Untersuchung —— 50	
2	**Ästhetische Räume: Góngoras *Soledades*** —— **54**	
2.1	Poesie, Raum und Bewegung —— 54	
2.2	Erster Schiffbruch: Sterne, Land und Ozean —— 76	
2.3	Schwundstufen der *Arcadia* —— 118	
3	**Soziale Räume: die Rückkehr Don Juans** —— **160**	
3.1	Góngora, Tirso und die atlantische Welt —— 160	
3.2	Sevilla zwischen Mittelmeer und Atlantik —— 179	
3.3	Rhopographie gegen Epideixis: Städte am Meer —— 194	
3.4	Zweiter Schiffbruch: Don Juan als Seefahrer —— 219	
4	**(Un)mögliche Räume: *indiano* und *pícaro*** —— **233**	
4.1	Skepsis und Konfusion: *indianos* und die Stadt —— 233	
4.2	Karten, Galeeren, Sklaven: *pícaros* und der Ozean —— 256	
5	**Schlussbemerkung: Gegenwart des Globalen** —— **280**	

Bibliographie —— **289**
    Primärtexte —— 289
    Siglenverzeichnis —— 291
    Sekundärtexte —— 292

1 Einleitung: ein atlantisches Siglo de Oro

1.1 *Mission Statement*: Standpunkte und Verortungen

> Antiguamente España debió ser para las otras naciones lo que agora las Indias para nosotros, como consta de muchos autores.
> *Covarrubias*

Mit diesen Worten erfasst der als Lexikograph debütierende Kanonikus Sebastián de Covarrubias Horozco (1539–1613) den Gegenstand des womöglich bedeutendsten Eintrags in seinem *Tesoro de la Lengua Castellana o Española* (1611): *España*. Seiner eigentümlichen, nach der Art eines räumlichen und zeitlichen *télescopage* funktionierenden Definition geht nur eine denkbar kreative Erörterung der Etymologie des Lemmas *España* voraus, ebenso wie eine geomorphologische Bemerkung zu der Lage der Iberischen Halbinsel, die hier noch gleichbedeutend mit dem heute anders konnotierten Begriff *España* ist: «Está casi ceñida de mar toda, fuera lo que ocupan los montes Pirineos [...].»[1] Allein die unmittelbare Nachbarschaft des hier zitierten Mottos, das einen historischen Verlauf andeutet, zu der nach menschlichen Kategorien scheinbar zeitlosen Vogelperspektive auf die fast gänzlich von Salzwasser umgebene Formation der Iberischen Halbinsel lädt dazu ein, einen ganzen Katalog von möglichen Bezügen zwischen Spanien und dem bei Covarrubias angeführten Fluchtpunkt des definitorischen Impulses, *las Indias*, zu erstellen. Spanien ist für den Kleriker aus Toledo in mehr als einer Hinsicht, ja sogar entlang ganz unterschiedlicher Kategorien der Beschreibung dadurch definiert, dass es – wie sein jüngerer Zeitgenosse und ekklesiastisch weit weniger ambitionierter Kollege aus Córdoba, Luis de Góngora (1561–1627), mit Blick auf die Magellanstraße formulierte – die Funktion eines Scharniers (*bisagra*) hat.[2] Mit einem

---

1 Sebastián de Covarrubias Horozco: *Tesoro de la Lengua Castellana o Española*. Madrid: Iberoamericana – Vervuert 2006, S. 831. Fortan zitiert als *Cov*. Etymologische Erörterungen sind bei Covarrubias, wie Dominique Reyre im *Prólogo segundo* erläutert, nicht nach heutigen Maßstäben zu bewerten (in: ebda., S. L–LII). Für allgemeine Informationen zu dem *Tesoro*, vgl. Ulrike Mühlschlegel: *Enciclopedia, vocabulario, diccionario. Spanische und portugiesische Lexikographie im 17. und 18. Jahrhundert*. Frankfurt am Main: Vervuert 2000, S. 131–167.
2 «de fugitiva plata / la bisagra, aunque estrecha, abrazadora / de un Océano y otro» (*Soledades I*, S. 95; Verse 472–474). Die Etymologie von *bisagra* ist ungewiss. Der Begriff ist in Spanien aber unweigerlich mit einem berühmten Toledaner Stadttor (Puerta Bisagra) verbunden, «en los SS. XII-XV la puerta más frecuentada de España» (Joan Corominas: *Diccionario Crítico Etimológico de la Lengua Castellana* (4 Bände). Bern: Francke 1954–1957; fortan zitiert als *Cor*, hier Band 2, S. 96). Es mag sich hier also um die Erweiterung eines beliebten Wortspieles um *puerto* und *puerta* handeln. Wie viele der Wendungen und Topoi, die die vorliegende Untersuchung in den literarischen Primärtexten findet, taucht auch das ‹Scharnier› (als Wasserstraße) in der aktuellen, auf die Kulturgeschichte der Globalisierung ausgerichteten Forschung wieder

wolkenumhangenen Vorgebirge schiebt sich auch die Iberische Halbinsel in eine höchst bedeutsame Wasserstraße zwischen zwei Ozeanen und drei Kontinenten hinein. Sie liegt folglich zwischen mindestens drei höchst ungleichen Teilen der Welt. Umso bemerkenswerter ist daher die Rekonstruktion einer anderen Perspektive («otras naciones») auf denjenigen Raum, der als Ort des Eigenen, des «nosotros» gelten darf und dennoch bereits als Durchgangsstation erkennbar wird. So entsteht durch die Augen der ‹anderen Völker› eine Perspektive, die im Mittelmeerraum beginnt und nach Westen gerichtet ist. Erst in einem zweiten Schritt wird diese Perspektive, nun vermittelt über die Weltsicht der Zeitgenossen («nosotros»), auf noch weiter westlich gelegene Weltregionen – Amerika und den dahinterliegenden Pazifik – geöffnet. Durch das oben als *télescopage* bezeichnete Verfahren werden Zeiten und Räume, wenn man so will, gestaucht oder gedehnt, wobei sie dennoch verbunden bleiben. Eine historisch nicht näher definierte («antiguamente»), jedoch räumlich der Iberischen Halbinsel offenbar äußerliche Perspektive aus der Vergangenheit wird in das gegenwärtige Hier und Jetzt der Leserschaft übertragen, wobei sich deren Blick – ist es ein Blick in die Zukunft? – nun wieder an einen anderen Ort, wieder gen Westen richtet. Bei Covarrubias bleiben diese möglichen Entwicklungen zurückgebunden an das Alte Testament, das über die vermeintlich zivilisatorischen Taten der Römer auf der Iberischen Halbinsel berichtet: «Dort hatten sie die Silber- und Goldbergwerke erobert und durch ihre Klugheit und Ausdauer das ganze Land an sich gebracht, obgleich es von ihnen weit entfernt liegt.»[3] Lässt sich also die Geschichte des römischen Imperiums legitimierend auf die Gegenwart des Covarrubias übertragen? Der Beleg aus der Bibel schreibt den Römern nicht ohne Anerkennung eine imperiale Eroberungsleistung *outre mer* zu und könnte daher auch die Ausbeutung von Menschen und Bodenschätzen in den eroberten Regionen legitimieren.[4] Indem die Amerikas

---

auf (vgl. Bernhard Siegert: *Passagiere und Papiere. Schreibakte auf der Schwelle zwischen Spanien und Amerika*. München: Wilhelm Fink 2006, S. 20 und Burkhardt Wolf: *Fortuna di mare. Literatur und Seefahrt*. Zürich: Diaphanes 2013, S. 62 f.). Aus Sicht der Geschichtswissenschaft erfassen Manuel González Jiménez/Isabel Montes Romero-Camacho (Hg.): *La Península Ibérica entre el Mediterráneo y el Atlántico*. Sevilla/Cádiz: Sociedad Española de Estudios Medievales 2006 in exemplarischer Weise die Lage der Iberischen Halbinsel zwischen Mittelmeer und Atlantik.
3 Erster Makkabäer 8,3 f. Zitiert nach der Einheitsübersetzung, Covarrubias zitiert auf Lateinisch (vgl. *Cov*, S. 831).
4 Zu solchen Argumenten, vgl. Walter Mignolo: *The darker side of the Renaissance: literality, territoriality, and colonization*. Ann Arbor: University of Michigan Press 1995, S. 30–34. Unten wird Covarrubias implizit die Präsenz der Römer auf der Iberischen Halbinsel mit der Geburt Christi in Verbindung bringen, wenn nach dem Lukasevangelium Kaiser Augustus von Tarragona aus den Befehl gegeben haben soll, «para que el mundo se describiese y empadronase»

‹für uns› das sind, was Spanien, ihre Silber- und Goldbergwerke einst ‹für sie›, die Römer, waren, so scheint dieses verdächtig homogene «nosotros» nun legitimerweise an die Stelle der Römer treten zu können. Dabei handelt es sich jedoch sichtlich um ein Argument, das leicht kippt. Allzu schnell schleichen sich Misstöne in eine Geschichts- und Raumauffassung ein, die nach einer weiteren Drehung der legitimatorischen Spirale, nach verheißungsvoller Wiederholung strebt. Schließlich verspürten nicht nur die Römer, sondern auch ‹andere Völker› des Südens und Nordens die wohl eher profane Anziehungskraft der Reichtümer der Iberischen Halbinsel. Auch dürfte, unter dem Blickwinkel historischer Handlungsrollen, die Instabilität und Inhomogenität dieser verschiedenen Völker rund um das Erscheinungsjahr des *Tesoro* – unmittelbar nach dem Höhepunkt der von religiöser Paranoia getriebenen Ausweisungswellen alles vermeintlich Fremden aus dem spanischen Staatskörper – allen Lesern des Eintrags bewusst gewesen sein.[5] Von den fragwürdigen Zuständen in weit entfernten Kolonien ganz zu schweigen. Nicht zuletzt wird die Frage zu stellen sein, ob es im frühen 17. Jahrhundert noch denkbar schien, dass diese offene, rahmenlose, atlantische Welt – wie einst das *mare nostrum* – noch einmal eine einzige Halbinsel und eine einzige Stadt zum Zentrum haben könne. Fest steht, dass Covarrubias die vermeintlichen Großtaten der Spanier in Amerika einerseits als konstitutiv für das Wesen der Iberischen Halbinsel betrachtet. Andererseits scheint es selbst bei der Lektüre dieses unkritischen Wörterbucheintrags offensichtlich zu sein, dass die Chancen der Spanier auf ewigen Ruhm, aber auch auf ewiges Versagen, soeben ganz erheblich gestiegen sind.

Covarrubias Wörterbuch steht keineswegs im Fokus der vorliegenden Untersuchung. Das hier tentativ ausformulierte Argument aus dem *Tesoro de la Lengua Castellana o Española* dient nur als erster Beleg dafür, wie präsent im Spanien des frühen 17. Jahrhunderts der Blick nach Westen geworden war. Bei aller Rückgebundenheit an biblisches Sendungsbewusstsein und gegenreformatorische Diskurse, bei aller Annektierung der imperialen Romidee als immer wiederkehrendes Ideal der *translatio imperii*:[6] Die vorliegende Untersuchung

---

(*Cov*, S. 831). Bekanntlich werden sich für diesen initialen Akt machtgetriebener Bürokratie («que el mundo se [...] empadronase») Maria und Josef nach Bethlehem begeben.
5 Dominique Reyre (in *Cov*, S. LV f.) weist auf die anti-jüdische und anti-muslimische Agenda des Kanonikus hin.
6 «Probablemente en la historia de la Humanidad no hay un paralelo más impresionante que el de los destinos de Roma (cabeza de Lacio) y de Castilla.» So eröffnet im Jahr 1960 Dámaso Alonso seine höchst wirkmächtige Studie *Góngora y el «Polifemo»* (Dámaso Alonso: *Obras Completas (V, VI, VII). Góngora y el Gongorismo*. Madrid: 1978, 1982, 1984, fortan zitiert als DAOC, VII, S. 13). Zu der *translatio imperii*, vgl. Hanno Ehrlicher: *Einführung in die spanische Literatur und Kultur des Siglo de Oro*. Berlin: Erich Schmidt 2012, S. 171 und Ernst Robert Curtius: *Europäische Literatur und lateinisches Mittelalter*. Tübingen/Basel: Francke Verlag [11]1993, S. 38 f.

beruht auf der These, dass der Eintrag *España* mit seinem raum-zeitlichen *télescopage* gen Westen auf ein höchst modernes Paradigma von Konzepten, Denkfiguren, Motiven, Topoi und Isotopien verweist. Die Modernität dieses sprachlichen Paradigmas – dies deutete sich oben bereits an – läge dann in dem dynamischen Verhältnis von Worten, Orten und Zeiten. Denn dies ist auch eine Sprache im Angesicht neuer Realitäten. Sie weist über ihre Epoche hinaus und wirkt bis in unsere gegenwärtige Phase der Globalisierung nach. Sie kleidet eine dramatische und konfliktreiche, vor allem jedoch: unvorhersehbare Realität in Worte. Zunächst handelt es sich aber um Motive und argumentative Mechanismen, welche zur Zeit des *Tesoro* von brennender Aktualität für das Selbstverständnis der Spanier sind. Sie queren die Iberische Halbinsel, verbinden diesen Raum mit anderen Räumen und Zeiten, weisen hinaus auf eine noch weitgehend unbekannte Welt jenseits des Mittelmeeres. Sie umschreiben einen Augenblick zwischen Vergangenheit und Zukunft. Das vorliegende Projekt greift diesen an Raum und Zeit gebundenen Impuls auf. Es spürt seiner Dynamik, seinen Motiven, argumentativen und rhetorischen Mechanismen nach: jener atlantischen Bedeutungsebene in der etwa zeitgleich mit dem *Tesoro* entstandenen schönen Literatur. Denn auch der *Tesoro* verbindet den Anspruch eines alltagstauglichen Kompendiums mit den Verlockungen einer verbindenden, ja vernetzenden Bewegung. Er ist ein Spaziergang durch Sprache und Sprachen, Spiel mit der Taxonomie, Hingabe an die Verlockungen des Lateinischen und der Volkssprachen, eine Schatzsuche nach dem allzu seltenen, allzu alltäglichen oder schockierend profanen Wort.[7] Bei aller ideologischen Voreingenommenheit des Autors: Es ist diese radikale Offenheit eines in vielfache Richtungen verzweigten Netzwerks, diese Vielsprachigkeit, die trotz seines weltanschaulichen Rigorismus dem *Tesoro* auch echte literarische Qualitäten verleiht. Der *Tesoro*, beziehungsweise der zurückgezogene, enthusiastisch sammelnde und über das Pult gebeugte Kanonikus, verkörpert fast *malgré lui* – um einen besonders spielerischen Lexikographen des 20. Jahrhunderts anzuführen – jene Vielfalt der Sprachen, die seinem eigenen, ideologischen Bestreben nach Vereindeutigung und heilsgeschichtlicher Kontinuität etwas Anderes entgegensetzt, eine Fragmentierung und Vervielfältigung, ja sogar eine gewisse Maßlosigkeit. Es handelt sich um die unleugbare Äußerung eines lebendigen

---

7 Vgl. hierzu den *Prólogo primero* von Ignacio Arellano in *Cov*, S. XLVf. Interessanterweise distanziert sich Covarrubias in dem Eintrag *Encomio* von dem Vorwurf, er würde dem Gebrauch von Fremdwörtern Vorschub leisten: «Estos vocablos peregrinos me necesitan a explicar los demasiado curiosos y afectados, que los han introducido en nuestra lengua; y así no me pongan a mí culpa si los injiero con los demás que propiamente son castellanos.» (*Cov*, S. 775.)

Begehrens oder Begehrens nach (Über)Leben.[8] So wird die Ausgangshypothese der vorliegenden Untersuchung zu einer doppelten: Einerseits, dass Spanien im frühen 17. Jahrhundert auf vielfältigen Ebenen als der Schnittpunkt von Bewegungen zwischen Mittelmeer und Atlantik verstanden werden kann. Andererseits, dass die damit verbundene Vielfalt an sprachlichen, ästhetischen und menschlichen Relationen und Begegnungen in allererster Linie im Medium der Literatur wiederzufinden sein müsste. Die vorliegende Untersuchung versteht sich daher als der Versuch, eine Lektürehaltung einzunehmen, welche diese beiden Thesen konsequent als ihren Horizont beibehält.

Der Begriff des Atlantiks ist hier deswegen von so großer Bedeutung, weil der Ozean – sofern dies kein Oxymoron ist – einen literaturwissenschaftlichen Standpunkt anzeigt. Gerade was Spanien und die Frühe Neuzeit betrifft,[9] so handelt es sich beileibe nicht um den einzigen. Jeder Standpunkt der Lektüre entwirft jedoch seinen eigenen Horizont. Als einer von mehreren möglichen hermeneutischen Horizonten beruht der in dieser Einleitung noch zu entwickelnde darauf, dass, in dem Maße in dem ein räumlich fundierter *material turn* in den Geisteswissenschaften zu einer Konjunktur von Materialität, Wissen

---

8 Zu Covarrubias Art, seine irdische Sterblichkeit in die Lemmata einzuschreiben, vgl. Ulrike Mühlschlegel: *Enciclopedia, vocabulario, diccionario*, S. 132 f. «[P]lusieurs langues, parce qu'il y a plusieurs désirs. Le désir cherche des mots. Il les prend là où il les trouve; et puis les mots, aussi, engendrent du désir; […].» (Roland Barthes: *Comment vivre ensemble? Simulations romanesques de quelques espaces quotidiens. Cours et séminaires au Collège de France (1976–1977)*. Paris: Seuil/IMEC 2002, S. 50.) «Dante discute très sérieusement pour décider en quelle langue il écrira le *Convivio*: en latin ou en toscan? […] [L]es deux langues – comme pour nous le français classique et le français moderne, le français écrit et le français parlé – forment ainsi une réserve dans laquelle il se sent libre de puiser, *selon la vérité du désir*. Cette liberté est un luxe que toute société devrait procurer à ses citoyens: autant de langages qu'il y a de désirs […].» (Roland Barthes: *Leçon. Leçon inaugurale de la chaire de sémiologie littéraire du Collège de France*. Paris: Seuil 1978, S. 24 f.)

9 Vgl. zu diesem Epochenbegriff die Beiträge in Andreas Höfele/Jan-Dirk Müller u. a. (Hg.): *Die Frühe Neuzeit. Revisionen einer Epoche*. Berlin/Boston: Walter de Gruyter 2013. Zum Begriff Siglo de Oro, vgl. Hanno Ehrlicher: *Zwischen Karneval und Konversion. Pilger und Pícaros in der spanischen Literatur der frühen Neuzeit*. München: Wilhelm Fink 2010, S. 12, Fn 6. Während bei Hegel die Subjektivität aus Luthers Gewissensbegriff entsteht, betont Gumbrecht, dass im Spanien der Frühen Neuzeit gerade eine Spannung zwischen der christlichen Kosmologie und den Strukturen des Alltags konstitutiv war (vgl. Hans Ulrich Gumbrecht: ‹Eine› *Geschichte der spanischen Literatur* (Band 1). Frankfurt am Main: Suhrkamp 1990, S. 175). Damit werden jedoch gerade diejenigen Begriffe, die eine innere Distanznahme zum Alltag implizieren und die bei Hegel höchstens eine vorübergehenden Funktion für die Subjektwerdung erfüllen können, nämlich Skeptizismus und Stoizismus, konstitutiv für den spanischen «Ursprung von Literatur im neuzeitlichen Sinne» (ebda., S. 159).

und Zirkulationsprozessen geführt hat,[10] auch die Voraussetzungen und konstitutiven Elemente, vor allem jedoch die historische Verortung von bestehenden Lektürehorizonten auf den Prüfstand gestellt werden können. So bringen Begriff, Vorstellungs- und Alltagswelt des Atlantiks für die Analyse von literarischen Texten eine ganze Reihe von Motiven, Konzepten und Perspektiven ins Spiel, die sich von denen eines epochengeschichtlich strukturierten Kanons oder einer diskursarchäologisch fundierten Perspektive unterscheiden.[11] Wir beharren jedoch auf der Feststellung, dass Analysen, die um dieser Veränderung des analytischen Horizontes willen mit dem Begriff des Atlantiks verknüpft werden, nicht automatisch den textuellen, literaturwissenschaftlich-philologischen Boden verlassen und auch nicht in eine Sozial- oder Kulturgeschichte literarischer Motive verfallen müssen. Der Begriff des Atlantiks liegt einem atlantischen Siglo de Oro vielmehr deswegen zugrunde, weil er mehr als jeder andere auf die durchaus brisante Frage hinweist, unter welchem Blickwinkel die Jahrzehnte um die Abfassung von Covarrubias *Tesoro* als der Beginn einer gesellschaftlichen und ästhetischen «Verfallsgeschichte» Spaniens erscheinen mussten.[12] Denn die auf dem Standpunkt des Atlantiks fußende Perspektive bezieht grundsätzlich eine hermeneutische und historische Gegenposition zu dieser vermeintlichen Verfallsgeschichte Spaniens.[13] Im Einklang

---

10 Ottmar Ette (vgl. *Mobile mappings y las literaturas sin residencia fija. Perspectivas de una poética del movimiento para el hispanismo*. In: Julio Ortega (Hg.): *Nuevos hispanismos. Para una crítica del lenguaje dominante*. Madrid/Frankfurt am Main: Iberoamericana/Vervuert 2012, S. 15–33, hier S. 17) legt nahe, dass Wissen und Zirkulation das Paradigma der Erinnerungskulturen abgelöst haben könnten: «De hecho, me parece que no hay un acceso mejor y más complejo a una comunidad, a una sociedad, a una cultura, que a través de la literatura.» (ebda.) Bereits Roland Barthes (*Leçon*, S. 17 f.) hatte betont: «La littérature prend en charge beaucoup de savoirs. Dans un roman comme *Robinson Crusoé*, il y a un savoir historique, géographique, social (colonial), technique, botanique, anthropologique [...]. Si, par je ne sais quel excès de socialisme ou de barbarie, toutes nos disciplines devaient être expulsées de l'enseignement sauf une, c'est la discipline littéraire qui devrait être sauvée, car toutes les sciences sont présentes dans le monument littéraire.»
11 Ein Beispiel für ersteren wird unten diskutiert. Als das meistdiskutierte Beispiel für letztere, vgl. Joachim Küpper: *Diskurs-Renovatio bei Lope de Vega und Calderón*. Tübingen: Gunter Narr 1990. Für eine exemplarische Gegenüberstellung der Positionen von Küpper und Gumbrecht, vgl. Bernhard Teuber: «Vivir quiero conmigo». Verhandlungen mit sich und dem anderen in der ethopoetischen Lyrik des Fray Luis de León und des Francisco de Aldana. In: Wolfgang Matzat/Bernhard Teuber (Hg.): *Welterfahrung – Selbsterfahrung. Konstitution und Verhandlung von Subjektivität in der spanischen Literatur der frühen Neuzeit*. Tübingen: Max Niemeyer 2000, S. 179–206, hier S. 181.
12 Hanno Ehrlicher: *Zwischen Karneval und Konversion*, S. 13. Mit dem Begriff «Verfallsgeschichte» kennzeichnet Ehrlicher den Standpunkt Küppers.
13 Zu der *decadencia española*, vgl. Henry Kamen: *Empire. How Spain became a world power 1492–1763*. New York: HarperCollins/Perennial 2004, S. 374 f. und S. 375, Fn 144. Er bemerkt

mit neueren, auf Materialität, pragmatischer Schriftlichkeit, Mediengeschichte und Wissenschaften als «Zeichenpraktiken» abhebenden Zugängen zur Frühen Neuzeit,[14] verweisen Atlantik und atlantische Welt im frühen 17. Jahrhundert zwar nicht auf eine vollkommen alltägliche Möglichkeit der Erfahrung. Sie verweisen jedoch – wie die oben angeführte Stelle aus dem *Tesoro* eher unwillkürlich andeutet – auf einen fest in den Alltag eingebetteten «Möglichkeits- und Zukunftshorizont» des frühen 17. Jahrhunderts,[15] den ein noch immer verbreitetes Narrativ der Tabuisierung des Neuen, der Verfallsgeschichte und barocken Re-Christianisierung literarischer Diskurse in Spanien verfehlen muss. Folglich wird die Rolle des Alltagsbegriffs in diesem Zusammenhang unten zu diskutieren sein. Denn als ein real gegebener Horizont der Menschen im frühen 17. Jahrhundert muss der Atlantik nicht nur rein historische und literatursoziologische, sondern auch ästhetische Implikationen haben. Letztere sind der Gegenstand der vorliegenden Untersuchung. Im folgenden Abschnitt 1.2 werden zunächst die literaturtheoretischen Voraussetzungen für den Zugang zu den ästhetischen Implikationen einer Hinwendung zum Atlantik geschaffen. Zuvor sollen jedoch auch diejenigen Perspektiven skizziert werden, die dem Blick nach Westen wenig oder gar keine Bedeutung zukommen ließen, denn sie sind innerhalb der Romanistik auf ganz spezifische Weise mit dem Blick auf das Spanien der Frühen Neuzeit verknüpft. Auch die vorliegende Untersuchung kann und will nicht auf Forschungsergebnisse einer langen Tradition verzichten. Die ‹Einleitung› muss daher in einem ersten Schritt versuchen, die Epistemologie dieser prägenden Positionen zu erhellen, also die Voraussetzungen und konstitutiven Elemente der romanistischen Forschung zur spanischen Frühen Neuzeit.

In seiner Rezension von Hans Ulrich Gumbrechts mit einer Kursivsetzung im Titel relativierten Literaturgeschichte – ‹*Eine*› *Geschichte der spanischen*

---

auch: «A persistent historical tradition has claimed that Spain's helpless situation was now [1704] one of ‹decline›. The claim is, put simply, meaningless.» (ebda. S. 443) Für weitere Standpunkte aus historiographischer Sicht, vgl. auch Serge Gruzinski: *Les quatre parties du monde. Histoire d'une mondialisation*. Paris: Éditions La Martinière 2004 und John H. Elliot: *Empires of the Atlantic world: Britain and Spain in America, 1492–1830*. New Haven: Yale University Press 2006.

14 Vgl. Bernhard Siegert: *Passage des Digitalen. Zeichenpraktiken der neuzeitlichen Wissenschaften 1500–1900*. Berlin: Brinkmann & Bose 2003. Vgl. auch ders.: *Passagiere und Papiere* und Burkhardt Wolf: *Fortuna di mare*.

15 Burkhardt Wolf: *Fortuna di mare*, S. 14. Vgl. auch Henry Kamen: *Empire*, S. 239. Wolf stützt sich auf Aby Warburgs Analyse der «erprobten Lebenstüchtigkeit» eines Florentiner Patriziers (1421–1490), *Francesco Sassettis letztwillige Verfügung* (in: Aby Warburg: *Werke in einem Band*. Berlin: Suhrkamp 2010, S. 234–280).

Literatur (1990) – bemerkt Ulrich Schulz-Buschhaus, dass der literaturgeschichtliche Blickwinkel weitgehend ein vergangener sei.[16] Stellt man sich jedoch mit Gumbrecht – der sein Projekt in die Linie von Karl Vossler und Werner Krauss stellt und dessen Ursprünge auf 1975 datiert – auf einen literaturgeschichtlichen Standpunkt, so wird schnell deutlich, dass Literaturgeschichte und Historiographie *toute courte* hinsichtlich der Frühen Neuzeit keineswegs parallel verlaufen:

> Die gängige Historiker-These, nach der die Erweiterung der für das Christentum relevanten Umwelt die wichtigste Voraussetzung für jene komplexen und vielschichtigen Wandlungsprozesse gewesen sein soll, deren Ergebnis wir ‹Frühe Neuzeit› nennen, scheint deutlicher als für irgendeine andere Region Europas für Spanien zuzutreffen. Nicht nur in der Form politischer Herrschaft, sondern ganz konkret mit einer großen Zahl von Soldaten und von Gelehrten war Spanien schon vor der Mitte des XVI. Jahrhunderts – vor allem – in Italien, auf dem amerikanischen Kontinent und in den Niederlanden präsent. Man muss fragen, ob dieser Präsenz in verschiedenen Welten eine Fähigkeit entsprach, deren Fremdheit in neue Erfahrung umzusetzen. Denn nur wenn dies der Fall war, läßt sich behaupten, dass die im Zeitalter der Katholischen Könige erschlossenen Horizonte potentieller Alterität wirklich verändernd auf die spanische Kultur gewirkt haben.[17]

Für den Moment, an dem Wirtschafts- und Globalgeschichte ozeanischer Imperien eine massive Erweiterung der Perspektive und Öffnung Europas konstatieren, diagnostiziert Gumbrechts *Geschichte der spanischen Literatur* aus Sicht der unmittelbar Betroffenen jedoch genau das Gegenteil:

> Was wir vermissen, ist das Staunen der *conquistadores*; was uns verblüfft, ist die Selbstverständlichkeit, mit der sie jedem Gegenstand aus der neuen Welt eine Erfahrungsgestalt aus der alten Welt zuordneten. Nicht nur scheinen sie an der Fremdheit des entdeckten Kontinents kaum interessiert gewesen zu sein, sie waren auch geradezu immun gegen alle sich aufdrängenden Anlässe zur Revision ihrer Erfahrungsprämissen.[18]

Gumbrecht betont nicht nur die überragende Bedeutung des Christentums und der *reyes católicos* für diejenigen Ereignisse, die als die ‹Entdeckung› Amerikas in die Geschichte eingingen. Er betont auch, die erobernden Spanier seien «ge-

---

[16] Vgl. Hans Ulrich Gumbrecht: ‹Eine› *Geschichte der spanischen Literatur*, Klappentext.
[17] Ebda., S. 244. Boccaccios Briefsammlung *De Canaria* dokumentiert bereits für das Jahr 1345 systematische Reisen in die atlantische Welt (vgl. Giovanni Boccaccio: *Tutte le opere di Giovanni Boccaccio*. 10 Bände. Milano: Arnoldo Mondadori 1964–1998, hier Band 5.1, S. 970 f.).
[18] Hans Ulrich Gumbrecht: ‹Eine› *Geschichte der spanischen Literatur*, S. 246. Vgl. auch ders.: Wenig Neues in der Neuen Welt. Über Typen der Erfahrungsbildung in spanischen Kolonialchroniken des XVI. Jahrhunderts. In: Wolf-Dieter Stempel/Karlheinz Stierle (Hg.): *Die Pluralität der Welten. Aspekte der Renaissance in der Romania*. München: Wilhelm Fink 1987, S. 227–249.

radezu immun» gegen epistemologische Revisionen ihrer Weltsicht gewesen. Als Beweis dafür gilt ihm ausgerechnet Kolumbus. Kolumbus – so Gumbrecht – sei so fest in der Heiligen Schrift und mittelalterlichen Kosmologie verstrickt gewesen wie Hernán Cortés in seiner «Gier».[19] Das Ergebnis sei in beiden Fällen, dass die Spanier «immun» gegen Erlebnisse von Fremdheit und Veränderungen in ihrer Weltsicht und ihrem Geistesleben gewesen seien. Der naheliegende, etwa im Falle Shakespeares sehr geläufige und – denkt man an den *Merchant of Venice* (um 1599) oder die Figur des Caliban aus *The Tempest* (1611/1623) – äußerst wirkmächtige Gedanke, dass die Vorstellungswelt der Literatur des frühen 17. Jahrhunderts auch eng mit der atlantischen Welt verknüpft sein könnte, wird – gerade was die Iberische Halbinsel angeht – auch in Gumbrechts *Geschichte der spanischen Literatur* früh bei der Wurzel gepackt und beseitigt.

Fortan schwankt Spanien auf eine diffuse Art und Weise zwischen ewiger Prä-Moderne und einer präfigurierten Postmoderne. In seinem Bestreben, der spanischen Literaturtradition in ihrer europäischen Spezifik gerecht zu werden, postuliert Gumbrecht das Fortwirken einer mittelalterlich geprägten Weltsicht gerade dort, wo dramatische Ereignisse in der atlantischen Welt einen epochalen Umschwung anzudeuten scheinen. Das Ergebnis versetzt die Iberische Halbinsel in die geistesgeschichtliche Quarantäne eines europäischen Sonderwegs in die Neuzeit, den sowohl Klassiker der Kunstgeschichte als auch der romanistischen Fachgeschichte – bis hin zu Gumbrecht selbst – vom 15. Jahrhundert bis in die Epoche des Barocks gezogen haben.[20] So ist es angesichts des im Titel aufgerufenen Projekts nicht verwunderlich, dass in Ernst Robert Curtius *Europäische Literatur und lateinisches Mittelalter* (1948) das spanische Siglo de Oro als ein Fortleben des Mittelalters begriffen wird. Die atlantische Welt und ihre ebenfalls im Mittelalter angesiedelten Anfangsmomente bleiben zwar nicht unerwähnt, entfalten jedoch zu keinem Zeitpunkt eine literarästhetische Wirkung:

> Die Fülle und Originalität des *siglo de oro* würde historisch unbegreiflich sein, wenn man nicht bedächte, daß die Kräfte und Säfte des ganzen Mittelalters, auch des lateinischen, auch des islamischen, in das Zeitalter der Conquistadoren und des transatlantischen Im-

---

19 Vgl. Hans Ulrich Gumbrecht: ‹Eine› *Geschichte der spanischen Literatur*, S. 246 und 248.
20 Vgl. exemplarisch Wolf-Dieter Lange/Wolfgang Matzat (Hg.): *Sonderwege in die Neuzeit. Dialogizität und Intertextualität in der spanischen Literatur zwischen Mittelalter und Aufklärung.* Bonn: Romanistischer Verlag 1997. Für eine Rekonstuktion dieses Prozesses rund um den Barockbegriff, vgl. Joachim Küpper: *Diskurs-Renovatio bei Lope de Vega und Calderón,* S. 8–16 und Ulrich Schulz-Buschhaus: Der Barockbegriff in der Romania. Notizen zu einem vorläufigen Resümee. In: *Zeitschrift für Literaturwissenschaft und Linguistik* 25 (1995), S. 6–24.

periums einströmten. [...] Die Wellen von Italianismus, die im 15. und 16. Jahrhundert nach Spanien hinüberfluteten, haben formale Anregungen gebracht, aber die spanische Substanz nie berührt.[21]

Diese doppelte Isolation der Literatur der Iberischen Halbinsel ist symptomatisch. Einerseits, so Curtius, verfüge die spanische Literatur über eine eigene «Substanz», die gegen äußere Einflüsse – etwa den «Italianismus» der seit dem 14. Jahrhundert immer prägender werdenden volkssprachlichen Literaturen der Apenninhalbinsel – scheinbar immun ist.[22] Andererseits werden hier diejenigen Bewegungen, Begegnungen und formalen Innovationen, welche im Rahmen eines «transatlantischen Imperiums» eine ganz spezifische Literatur der Iberischen Halbinsel überhaupt erst ermöglichen, zwar angedeutet, jedoch *de facto* nie ausbuchstabiert. So deuten die «Wellen von Italianismus» doch auf praktische, lebensweltliche Bewegungen von Menschen in einem imperialen Zusammenhang hin, die seit dem 14. Jahrhundert beständig zunahmen und die Iberische Halbinsel querten.[23] Vor diesem Hintergrund und aus heutiger Sicht folgt daraus mitunter die Paradoxie, dass der Manierismus – bei Curtius die mit dem Stilbegriff des Gongorismus gleichgesetzte Spielart des südeuropäischen Barocks – von einem auf Lateinamerika ausgerichteten Historiker wie Serge Gruzinski in bereits pleonastischer Emphase als Phänomen der Zirkulation in einem «aggloméré planétaire» gefeiert wird, «le premier art à s'être épanoui simultanément sur plusieurs continents à la fois».[24] Curtius hatte dagegen ein halbes Jahrhundert zuvor, in einer bei Gumbrecht noch immer wirkmächtigen, dezidiert romanistischen Sicht auf dasselbe Phänomen, in dem

---

21 Ernst Robert Curtius: *Europäische Literatur und lateinisches Mittelalter*, S. 273. In einem ‹Spaniens kulturelle «Verspätung»› betitelten Exkurs bemerkt Curtius: «Die volkssprachliche Literatur fängt in Spanien erheblich später an als in Frankreich. Auch die lateinische Bildung des 12. Jahrhunderts trifft dort mit starker Verspätung ein. Dafür bewahrt die spanische Literatur bis ans Ende des 17. Jahrhunderts mittelalterliche Züge, die ihr eine besondere Physiognomie verleihen.» (ebda., S. 524)
22 Diese Diagnose ist im Einklang mit der traditionellen, romantischen Sicht Spaniens als Hort des Volkstümlichen, das den modernen Italianismen weitgehend widersteht. Nicht zufällig hat Dámaso Alonso der Frage bei Luis de Góngora einen Aufsatz gewidmet, El Italianismo de Góngora (*DAOC VI*, S. 331–398). Zu dieser These bei Curtius, vgl. Joachim Küpper: *Diskurs-Renovatio bei Lope de Vega und Calderón*, S. 22, Fn 63.
23 Curtius, so bemerkt Manuel C. Díaz y Díaz (Imagen de España en E. R. Curtius. In: Walter Berschin/Arnold Rothe (Hg.): *Ernst Robert Curtius. Werk, Wirkung, Zukunftsperspektiven*. Heidelberg: Carl Winter 1989, S. 196, Fn 5), scheint diese alltägliche Ebene zu übersehen: «De todos modos tengo la impresión de que en estos casos se está hablando [...] en términos muy librescos [...].»
24 Serge Gruzinski: *Les quatre parties du monde*, S. 37. Vgl. auch ebda., S. 225.

«mittellateinischen und orientalischen Zierstil» des Manierismus zwar auch das Ergebnis eines Kulturkontaktes erkannt. Er hatte diesen *ornatus*-Stil jedoch geradezu auf der Iberischen Halbinsel Wurzeln schlagen lassen:

> Der mittellateinische Manierismus findet dann Eingang in die volkssprachlichen Literaturen und läßt sich dort durch alle Jahrhunderte verfolgen, ungestört durch Renaissance und Klassik. Er sprüht zuletzt auf im 17. Jahrhundert. Er wurzelt am festesten im spanischen Boden.[25]

Der Manierismus ist bei Curtius neoklassischer *clarté*, realistisch anmutenden Manifestationen von *mimesis* und einer in Deutschland traditionsreichen Rezeption der spanischen Literatur als ‹volkstümlich› konzeptuell als «Zierstil» entgegengesetzt. Die nationalphilologische Perspektive legte es zudem nahe, ambivalente und grenzüberschreitende Stilphänomene sowie die damit verknüpften, hybriden kulturellen Erzeugnisse automatisch mit dem Mittelalter in Verbindung zu bringen. In beiden fachgeschichtlich begründeten Blickwinkeln wird der Unterschied zu aktuellen und – mit dem bereits angeführten Historiker Gruzinski – auf Lateinamerika und zunehmend auch auf das Siglo de Oro bezogenen Paradigmen deutlich spürbar. Denkt man jedoch Curtius und Gruzinski exemplarisch zusammen, so changiert der Manierismus nun auf äußerst charakteristische Weise zwischen Lokalem und Globalem, Verwurzelung und Zirkulation, Ursprünglichkeit und Aneignung. Es geht bei der vorliegenden Gegenüberstellung zweier gegensätzlicher Positionen also nicht um die längst erschöpfend diskutierte Frage, wie das Form-Inhalt-Verhältnis bei Kunstwerken dieses «Zierstils» zu bestimmen sei und ob sie einen adäquaten Zugang zur Welt nun verfehlen, oder nicht.[26] Es geht vielmehr darum zu konstatieren, dass die These eines ‹verlängerten› Mittelalters und einer nur eingeschränkt rezipierten Renaissance in Spanien sowohl die Wahrnehmung der Wechselwirkungen in der atlantischen Welt als auch die Wahrnehmung eines literarästhetischen Stilbegriffs zu prägen vermögen. Denn falls der Manierismus nichts weiter als «geistreiches *Spiel* mit der Analogie» gewesen sein sollte,[27] so wäre er auch nichts weiter als die stilistische Manifestation einer hartnäckigen Welt-

---

25 Ernst Robert Curtius: *Europäische Literatur und lateinisches Mittelalter*, S. 348 f. und 295. Ein Beispiel für den von Curtius erwähnten lateinischen Manierismus wäre der Schriftsteller, Staatsmann und Theologe Cassiodor (6. Jahrhundert), dessen Metaphern und ekphrastischer Stil gerade hinsichtlich maritimer Motive sichtlichen Einfluss auf Luis de Góngora (1561–1627) ausübten. Zu Cassiodor als Manierist, vgl. Christina Kakridi: *Cassiodors Variae. Literatur und Politik im ostgotischen Italien*. München/Leipzig: K. G. Saur 2005, S. 113.
26 Vgl. Joachim Küpper: *Diskurs-Renovatio bei Lope de Vega und Calderón*, S. 13 f.
27 Ebda., S. 21.

abgewandtheit, die – wenn auch aus anderen Gründen – sogar Seefahrern und Konquistadoren attestiert wurde. Es wird also erkennbar, weshalb die Idee eines atlantischen Siglo de Oro einem sanften Oxymoron nahekommt – und gegen welche Konstruktion der Epoche sie sich stemmt: Der hier vorgelegte Lektürehorizont eines atlantischen Siglo de Oro neigt dazu, an Potentialen der Modernität in literarischen Texten dieser Epoche festzuhalten, ohne jedoch die scheinbar modernen Elemente von Renaissance- und Barockdiskursen kurzschlussartig auf unsere globalisierte Gegenwart zu beziehen.

In der ersten Hälfte des 20. Jahrhunderts äußerte sich in der Ablehnung des Gongorismus eine Sympathiebekundung für die spanische Romanzendichtung und das Theater Lope de Vegas.[28] Ganz anders als bei einem transatlantisch orientierten Historiker wie Serge Gruzinski und seinen Vorläufern Fernand Braudel und Pierre Chaunu handelt es sich bei Manierismus und Gongorismus offenbar um ästhetische Ausdrucksformen, die – besonders zu dieser Zeit – im Umfeld der deutschen Romanistik teils als Skandal, teils als verbotene Frucht gewertet wurden. Wo die Historiker ab den späten 1940er Jahren ein weltweit vernetztes kulturelles Phänomen erblickten,[29] sahen die namhaftesten Vertreter der romanistischen Fachtradition einen dem Romanzenstil entgegengesetzten «Zierstil» und «gongoreske Prunkbilder» (Curtius), eine kränkliche Bekundung der «äußersten Subjektivität» (Hugo Friedrich), «sterile Kunst der Exercitia verbalia» (Karl Vossler), ja sogar eine auf das gesamte Barockzeitalter auszuweitende «Entwirklichung alltäglicher und [...] Ontologisierung imaginärer Welten», die aus «Subjektivität eine gesellschaftsferne Individualität» macht (Gumbrecht).[30] Auch die nicht unumstrittene Studie von

---

28 Vgl. Walter Pabst: *Góngora im Spiegel der deutschen Dichtung und Kritik*. Heidelberg: Carl Winter 1967, S. 166.
29 Vgl. Serge Gruzinski: *Les quatre parties du monde*, S. 33 f. «Et cependant, cette nappe projetée au loin par le Baroque a peut-être été plus dense et plus épaisse, plus continue que celle de la Renaissance elle-même. Le Baroque est le fait de civilisations impériales massives, celle de Rome ou celle de l'Espagne.» (Fernand Braudel: *La Méditerranée et le monde méditerranéen à l'époque de Philippe II* (3 Bände). Paris: Armand Colin 1990 [1949/1966], hier Band 2, S. 579; vgl. dazu auch Franco Moretti: *Atlante del romanzo europeo. 1800–1900*. Torino: Giulio Enaudi 1997, S. 8, Fn 4)
30 Ernst Robert Curtius: *Europäische Literatur und lateinisches Mittelalter*, S. 295 und ders.: Das Schiff der Argonauten [1950]. In: ders.: *Kritische Essays zur Europäischen Literatur*. Bern: Francke ²1954, S. 412–437, hier S. 417. Hugo Friedrichs pessimistische Deutung des Manierismus als «die äußerste Subjektivität, die sich bekundet in der Hypertrophie der Kunstmittel und der Atrophie der Gehalte» (Hugo Friedrich: *Epochen der italienischen Lyrik*. Frankfurt am Main: Vittorio Klostermann 1964, S. 596 f.) beruht auf einem Verständnis des Barockbegriffs als «reflexiv im Sinne eines bewußt werdenden Verlustes von Renaissance.» (Winfried Wehle: Diaphora. Barock: eine Reflexionsfigur von Renaissance – Wandlungen Arkadiens bei Sannazaro, Tasso und Marino. In: Joachim Küpper/Friedrich Wolfzettel (Hg.): *Diskurse des Barock*.

Joachim Küpper zu der *Diskurs-Renovatio bei Lope de Vega und Calderón* (1990), die gleichzeitig mit Gumbrechts *Geschichte der spanischen Literatur* erschien, ergänzt in ihrer methodischen Einführung dieses rein deutschsprachige Panorama an romanistischen Sekundärtexten nur um die auf Frankreich zentrierte Epochengeschichte Michel Foucaults und bleibt so bei dem «Barockdiskurs als Versuch restaurativer Überformung und Bewältigung der Renaissance».[31] Aus der oben angedeuteten Gegenposition transatlantischer Geschichtsschreibung und außereuropäischer Perspektiven auf Europa steht dem heute nicht nur im englischsprachigen Kontext die Analysekategorie eines «transatlantic gongorism» entgegen.[32] Sofern der Höhepunkt des mit weltanschaulichen Urteilen überfrachteten Literaturbarocks – wie es sich bereits bei dem kubanischen Autor José Lezama Lima und seinem ästhetischen Programm einer *Expresión Americana* (1957) andeutete[33] – als ein Effekt der transatlantischen Globalisierung aufgefasst wird, werden Manierismus und Gongorismus nicht mehr primär in einem rückblickenden Zusammenhang mit dem Mittelalter oder der ‹Diskurs-Renovatio› analogischer und prästabilierter Weltzugänge diskutiert. Stattdessen stehen sie für eine spezifische und persistente Strömung der Modernität, die gleichermaßen von der Apennin- und der Iberischen Halbinsel direkt in den atlantischen Raum ausstrahlt. Dies ist der Punkt, an dem die Idee eines atlantischen Siglo de Oro ansetzt. Es handelt sich hierbei um

---

Dezentrierte oder rezentrierte Welt? München: Wilhelm Fink 2000, S. 95–143, hier S. 100). Zu Vossler, vgl. Walter Pabst: *Góngora im Spiegel der deutschen Dichtung und Kritik*, S. 167. Zu Gumbrecht, vgl. ders.: ‹Eine› *Geschichte der spanischen Literatur*, S. 25.
31 Joachim Küpper: *Diskurs-Renovatio bei Lope de Vega und Calderón*, S. 230. Eine interessante Bewertung des Begriffs ‹Manierismus› bietet Karlheinz Barck: Luis de Góngora und das poetische Weltbild in seinen «Soledades». In: Luis de Góngora y Argote: *Soledades*. Leipzig: Philipp Reclam jun. 1973, S. 101–148 ebenso wie die aktuellen Beiträge in Bernhard Huss/Christian Wehr (Hg.): *Manierismus. Interdisziplinäre Studien zu einem ästhetischen Stiltyp zwischen formalem Experiment und historischer Signifikanz.* Heidelberg: Winter 2014.
32 So die dazu unter diesem Motto vereinten Aufsätze in der Zeitschrift *Calíope* 18 (2013), die bezeichnenderweise auch Rezeption und Konstruktion des Gongorismus im 20. Jahrhundert beleuchten (vgl. Aurora Hermida-Ruiz: «Por un clavo se pierde un reino»: Alfonso Reyes, the Generation of 1927, and the Imperial Appropriation of Góngora. In: *Calíope* 18 (2013), S. 161–193 und Sebastian Neumeister: Góngora in Amerika. In: Joachim Küpper/Friedrich Wolfzettel (Hg.): *Diskurse des Barock. Dezentrierte oder rezentrierte Welt?* München: Wilhelm Fink 2000, S. 597–614).
33 Für Lezama Limas Zugang zu dem Barockbegriff, der sich besonders auf Luis de Góngora stützt, vgl. Sergio Ugalde: Barock, afrokubanische Kultur und Zusammenlebenswissen bei José Lezama Lima. In: Ottmar Ette (Hg.): *Wissensformen und Wissensnormen des ZusammenLebens. Literatur – Kultur – Geschichte – Medien.* Boston/Berlin: Walter de Gruyter 2012, S. 206–219, hier S. 207–213.

konzeptuelle Spannungen, die das Ausgangsmoment der vorliegenden Untersuchung ausmachten und die sie für sich nutzen möchte. In dem auf die ‹Einleitung› folgenden Abschnitt 2 führt sie aus genau diesem Grund mit Luis de Góngora und seinem gleichermaßen spektakulären wie hermetischen Langgedicht *Soledades* den «Kronzeugen» einer raumgreifenden Debatte um den spanischen Manierismus an.[34] In Abschnitt 3 verknüpft sie die *Soledades* dann nicht nur deswegen mit dem *Burlador de Sevilla*, weil Don Juan die beweglichste und raumgreifendste Figur innerhalb des frühneuzeitlichen Raummediums *par excellence* – dem Theater – ist.[35] Vielmehr warf diese Figur vielleicht mehr als jede andere, darin Góngoras vieldeutigen, fremdartig-pilgernden lyrischen Manierismen ähnlich, dieselben (national)philologischen Fragen nach Ursprung und Zugehörigkeit auf, mit denen Rezipienten immer wieder versucht haben, diese beweglichen, relationalen, ja ozeanischen Phänomene zurück an Land zu bringen und dort Wurzeln schlagen zu lassen. Abschnitt 4 schließlich widmet sich literarischen Bewegungsfiguren, die – anders als die stets neu zu erfindende Figur des Don Juan – ihr dynamisches Potential bis auf die Ebene von dramatischen und prosaischen (Unter)Gattungen ausgeweitet haben: *indiano* und *pícaro*. Dabei geht es nicht darum, die enge Verbindung zwischen der spanischen Literatur des frühen 17. Jahrunderts und dem atlantischen Raum unter Beweis zu stellen. Denn hat man diese Verbindung erst einmal erfasst, ist sie nichts, das noch bewiesen oder widerlegt werden müsste. Vorgreifend auf die unmittelbar folgenden Punkte 1.2 und 1.3 der ‹Einleitung› ist eher zu sagen, dass es der vorliegenden Untersuchung darum geht, den literarischen Grundzügen einer ästhetischen Globalisierungsgeschichte ein paar Schritte näherzukommen.[36]

Die im vorangegangenen Abschnitt skizzierten Positionen der Romanistik stimmen darin überein, dass sie weite Teile der spanischen Literatur des frühen

---

[34] Vgl. die Góngora-freundliche Rekonstruktion der deutschen Debatte in dem bereits angeführten Band von Walter Pabst: *Góngora im Spiegel der deutschen Dichtung und Kritik*. Zu Góngora als dem «Kronzeugen des Manierismus» bei Curtius, vgl. ebda., S. 181, Fn 178.

[35] «Raummedium *par excellence*» stammt aus Kramers und Dünnes ‹Einleitung› (in Jörg Dünne/Sabine Friedrich u. a. (Hg.): *Theatralität und Räumlichkeit. Raumordnungen und Raumpraktiken im theatralen Mediendispositiv*. Würzburg: Königshausen & Neumann 2009, S. 20). Zu Don Juan in diesem Zusammenhang, vgl. Wolfram Nitsch: Nachbemerkung. Raumwechsel mit Zuschauer. In: ebda., S. 251–254. Der Begriff *theatrum* vereint in der Frühen Neuzeit das Spektakuläre und Räumliche in verschiedenen Medien (vgl. Frank Lestringant: *Die Erfindung des Raums. Kartographie, Fiktion und Alterität in der Literatur der Renaissance*. Bielefeld: transcript 2012, S. 41).

[36] Zu diesem Projekt, vgl. Ottmar Ette: *TransArea. Eine literarische Globalisierungsgeschichte*. Berlin/Boston: Walter de Gruyter 2012.

17. Jahrhunderts als eine Abwendung von Prozessen deuten, die für eine nordeuropäische Moderne konstitutiv sein werden. Neuere Gegenpositionen, in denen bürokratische Schreib- und Zeichenpraktiken der Inquisition zu einer essentiellen Signatur der Moderne umgewertet werden und die Spanien somit auch ins Zentrum einer kolonial-bürokratischen Staatlichkeit rücken, finden vor diesem Hintergrund in literaturwissenschaftlichen Zusammenhängen noch keine uneingeschränkte Zustimmung.[37] Romanistische Forschungspositionen blickten nicht nur zu Beginn, sondern auch gegen Ende des 20. Jahrhunderts auf Regionen nördlich der Pyrenäen, wenn es um die Verortung einer dezidiert nachmittelalterlichen Ästhetik und Weltsicht ging.[38] Das Ergebnis ist – wie bei der weltanschaulichen Bewertung von Barock und Manierismus – eine Divergenz der Positionen: Spanien befand sich entweder am Rande der europäischen Moderne oder es geriet – dank seiner Lage zwischen zwei Ozeanen und mindestens drei Kontinenten – geradewegs in ihr nunmehr südwestlich verschobenes, ‹atlantisches› Zentrum. Es handelt sich hierbei um die verortende Wirkung ästhetischer Theorie. Im vorliegenden Abschnitt soll gezeigt werden, dass die Divergenzen bei dieser Verortung nicht nur – wie es für das Narrativ einer Literaturgeschichte zu vermuten wäre – auf der Struktur epochengeschichtlicher Meistererzählungen beruht. Sie begründet sich auch – und darin liegt eine noch unausgesprochene Pointe der Untersuchungen von Bernhard Siegert oder Robert Folger – auf unterschiedlichen Vorstellungen von Begriffen wie Bildung, Wissen, Medien und materieller Kultur. Es wird zu zeigen sein, dass eine Divergenz der Gewichtung dieser konstitutiven Elemente der historischen Erzählung nicht neu ist. Wie eine Debatte zwischen Georg Wilhelm Friedrich Hegel und Alexander von Humboldt zeigt, macht sie vielmehr seit fast zwei Jahrhunderten den Kern der deutschsprachigen Sicht auf Spanien und die atlantische Welt aus.

Wenn Curtius eine prägende Rolle hinsichtlich des Manierismus-Begriffs zukommt, so führte Auerbach mit seinem monumentalen Werk *Mimesis* (1946) die Idee der Evolution einer gestalthaften – das heißt auch: figuralen – und

---

37 Vgl. Bernhard Siegert: *Passage des Digitalen* und ders.: *Passagiere und Papiere* sowie Hanno Ehrlicher: *Einführung in die spanische Literatur und Kultur des Siglo de Oro*, S. 24 f. Siegerts Position lässt sich oft auf den transatlantischen Blick Angel Ramas zurückführen.
38 Vgl. Hans Ulrich Gumbrecht: ‹Eine› *Geschichte der spanischen Literatur*, Joachim Küpper: *Diskurs-Renovatio bei Lope de Vega und Calderón* sowie die interessante disziplinäre Arbeitsteilung zwischen den Aufsätzen von Hans Ulrich Gumbrecht (Wenig Neues in der Neuen Welt) und Karlheinz Stierle (Montaigne und die Erfahrung der Vielheit) in ein und demselben Band. In: Wolf-Dieter Stempel/Karlheinz Stierle (Hg.): *Die Pluralität der Welten. Aspekte der Renaissance in der Romania*. München: Wilhelm Fink 1987, S. 417–448.

kulturgeschichtlich fundierten «Kunst der Nachahmung» in die romanistische Literaturwissenschaft ein.³⁹ Sowohl was sein Leitmotiv eines wandelbaren Konzeptes von alltagsbezogener Nachahmung oder eines ‹Realismus›, als auch was die Zuspitzung seiner historischen Konstruktion auf den Moment ihrer Abfassung betrifft, orientierte sich Auerbach sehr stark an Hegel: «*Mimesis* versucht Europa zu umfassen, aber es ist nicht nur wegen der Sprache ein deutsches Buch. [...] Es ist aus den Motiven und Methoden der deutschen Geistesgeschichte und Philologie entstanden; es wäre in keiner anderen Tradition denkbar als in der der deutschen Romantik und Hegels; [...].»⁴⁰ Angesichts des in *Mimesis* (1946) postulierten Projektes, die *Dargestellte Wirklichkeit in der abendländischen Literatur* zu erfassen und ihren Weg zu einer «ernsten

---

39 Zu «Kunst der Nachahmung» und Realismus, vgl. bereits Erich Auerbach: *Dante als Dichter der irdischen Welt*. Berlin/New York: Walter de Gruyter 2001 [1929], S. 6.
40 Erich Auerbach: Epilegomena zu Mimesis. In: Karlheinz Barck/Martin Treml (Hg.): *Erich Auerbach. Geschichte und Aktualität eines europäischen Philologen*. Berlin: Kulturverlag Kadmos 2007, S. 466–479, hier S. 477. Zuerst veröffentlicht in *Romanische Forschungen* 65 (1953), S. 1–18. Weiterhin zu Auerbach und Hegel, vgl. Edward Said: *Culture & Imperialism*. London: Vintage Books 1994, S. 54 f., ders.: Introduction to the Fiftieth-Anniversary Edition. In: Erich Auerbach: *Mimesis. The Representation of Reality in Western Literature*. Princeton/Oxford: Princeton University Press 2003, S. IX–XXXII, hier S. XXV und Luiz Costa Lima: Zwischen Realismus und Figuration: Auerbachs dezentrierter Realismus. In: Karlheinz Barck/Martin Treml (Hg.): *Erich Auerbach. Geschichte und Aktualität eines europäischen Philologen*. Berlin: Kulturverlag Kadmos 2007, S. 255–267. Auerbachs Kernthese zu Dantes *Commedia* findet sich in kompakter Form in Hegels *Ästhetik* (1835): «In dieser Weise umfaßt das Gedicht die Totalität des objektiven Lebens: den ewigen Zustand der Hölle, der Läuterung, des Paradieses; und auf diesen unzerstörbaren Grundlagen bewegen sich die Figuren der wirklichen Welt nach ihrem besonderen Charakter, oder vielmehr sie *haben* sich bewegt und sind nun mit ihrem Handeln und Sein in der ewigen Gerechtigkeit erstarrt und selber ewig. [...] [S]o haben diese Charaktere ihren Zustand für *sich*, für ihre Individualität hervorgebracht und sind nicht in unserer Vorstellung, sondern an *sich selber* ewig.» (Georg Wilhelm Friedrich Hegel: *Vorlesungen über die Ästhetik III*. Frankfurt am Main: Suhrkamp 1986 (stw), S. 407) Damit ist sowohl in Auerbachs Habilitationsschrift als auch in *Mimesis* ein entscheidender Schritt in Richtung eines am alltäglichen Leben orientierten ‹Realismus› getan. Über die Berliner Tradition der Jüdischen Aufklärung dürfte Auerbachs Orientierung an Hegel auch biographisch begründet sein. Küppers kursorischer und schlecht nachgewiesener Umgang mit Auerbach, der Auerbachs Dante-Deutung ‹korrigiert›, verdient hingegen Kritik (vgl. Joachim Küpper: *Diskurs-Renovatio bei Lope de Vega und Calderón*, S. 261 f.). Küpper übersieht die – durch Auerbach selbst immer wieder betonten – Verbindungen zu Hegel und die in dem zentralen Konzept der *figura* angelegte Pointe eines historisch fundierten und höchst konkreten «Gestaltbegriffs» (Erich Auerbach: Figura. In: ders.: *Gesammelte Aufsätze zur romanischen Philologie*. Bern/München: Francke 1967 [1938], S. 55–92, hier S. 56): Letzterer verleiht den Charakteren *Commedia* eine individuelle, lebendige Dimension und geht keinesfalls im Analogismus einfach auf.

Nachahmung des Alltäglichen» nachzuzeichnen,[41] ist es bezeichnend, dass – wie bei Curtius – die ‹Entdeckung› Amerikas bei Auerbach zwar Erwähnung findet, jedoch keinen repräsentationstheoretischen Pfad auf die Iberische Halbinsel eröffnet. Stattdessen zitiert Auerbach aus dem zweiten Band von Rabelais *Pantagruel* (1534), in dem – im Anschluss an Lukian von Samosata – eine groteske Verschiebung der Größenverhältnisse auf eine «neue Welt» hinweist:

> Also stieg ich, so gut ich konnt an ihm [Pantagruel] hinan und wandert wohl zween Meilen weit auf seiner Zung hin, bis ich ihm endlich in den Mund kam. Aber, o ihr Götter und Göttinnen, was erblickt ich da! [...] Ich spaziert darinn umher, wie in Sanct Sophien zu Konstantinopel, und sah da mächtige Felsenblöck, groß wie die Berg in Dänemark; ich glaub, 's sind seine Zähn gewesen: große Wiesen, dichte Wälder, auch feste, wohlverschanzte Städt, nicht kleiner denn Poictiers oder Lyon. Der Erst, den ich da antraf, war ein guter Gesell, der bauet' Kraut auf seinem Acker; den befrug ich, schier ganz verwundert; Ey, mein Freund, was schaffst Du hier? – Ich bau halt Kraut, antwortet' er. [...] Jesus! sag ich, ist hie wohl gar eine neue Welt? – Ist weiter just nix neues dran, antwortet' er; doch sprechens, da draußen wär auch eine Welt, und hätt auch Sonn und Mond [...].[42]

Einerseits gibt die Passage auch bei Auerbach Anlass, die Erwartung zu entkräften, eine ‹Neue Welt› müsse stets fremdartig erscheinen und heftigstes Staunen auslösen. Stattdessen deutet die lakonische Antwort des Bauern auf genau das Gegenteil hin und greift später sogar kulturelle Stereotype auf. Das einzig Neue an der «neuen Welt» hinter Pantagruels Zähnen könnte die betonte Autoreferentialität eines sprachlichen Kodes sein, der genau das besagt, was der Bauer gerade tut: «Ich bau halt Kraut».[43] Auf der anderen Seite betont Auerbach durchaus – genau wie Curtius – eine «Veränderung des Weltbildes» in der Renaissance. Allerdings führen weder diese Veränderung, noch der Begriff der Renaissance nach Spanien:

---

41 Zu diesem Projekt, das weitgehend mit dem von *Mimesis* übereinstimmt, vgl. Erich Auerbach: Über die ernste Nachahmung des Alltäglichen [1937]. In: Karlheinz Barck/Martin Treml (Hg.): *Erich Auerbach. Geschichte und Aktualität eines europäischen Philologen*. Berlin: Kulturverlag Kadmos 2007, S. 439–465. Zu der ambivalenten Rolle der Frühen Neuzeit bei Auerbach, vgl. Ulrich Schulz-Buschhaus: Erich Auerbach. Die Frühe Neuzeit im Schatten Dantes. In: Klaus Garber (Hg.): *Kulturwissenschaftler des 20. Jahrhunderts. Ihr Werk im Blick auf das Europa der Frühen Neuzeit*. München: Wilhelm Finck 2002, S. 89–107, hier S. 97–99. Und ders.: Auerbachs *Mimesis* und die Literatur der Frühen Neuzeit. In: Walter Göbel/Bianca Ross (Hg.): *Renaissance Humanism – Modern Humanism(s)*. Heidelberg: Winter 2001, S. 83–98.

42 Zit. in Erich Auerbach: *Mimesis*, S. 251 f., Fn 1. Zu dieser Passage, vgl. Ottmar Ette: *Über-Lebenswissen. Die Aufgabe der Philologie*. Berlin: Kulturverlag Kadmos 2004, S. 89.

43 Vgl. dazu den Eintrag ‹Telephon› in dem etwas scherzhaften *Auerbach Alphabet*, Beilage zu *Trajekte* 9 (Oktober 2004).

Während Lukian in allem Wesentlichen ein phantastisches Reiseabenteuer gibt und es das Volksbuch lediglich auf die groteske Steigerung der Proportionen abgesehen hat, läßt Rabelais ständig verschiedene Schauplätze, verschiedene Erlebnismotive und auch verschiedene Stilbezirke durcheinanderspielen. [...] Dazwischen aber klingt ein ganz anderes, ganz neues und damals höchst aktuelles Thema auf, das der Entdeckung einer neuen Welt, mit all dem Erstaunen, den Verschiebungen des Horizontes und Veränderungen des Weltbildes, die solche Entdeckung im Gefolge hat. Das ist eines der großen Themen der Renaissance und der beiden nächsten Jahrhunderte, eines der Hebelmotive für politische, religiöse, wirtschaftliche und philosophische Revolution.[44]

Es sieht sehr danach aus, als habe Auerbach die bereits bei Rabelais angelegten und mit dem Thema einer ‹Neuen Welt› verknüpften repräsentationstheoretischen und stilistischen Elemente zwar benannt, sie aber eher mit ihrer Herkunft in volkssprachlichen oder antiken Prätexten in Verbindung gebracht. Diese «Hebelmotive» erscheinen daher nur ‹zwischen› oder ‹neben› den entscheidenden Beobachtungen in seiner Theorie der (Roman)Ästhetik. So führt der Weg von Rabelais dann auch nicht nach Spanien, sondern direkt zu dem «unübersehbaren Panorama der Vielheit» von Montaignes *Essais*.[45] Von dort geht die Reise zu Shakespeare.[46] Und während die Iberische Halbinsel in der ursprünglichen Fassung von *Mimesis* überhaupt keinen Beitrag zu der europäischen Geschichte einer ernsthaften literarischen Darstellung des Alltäglichen zu leisten schien, ergänzte Auerbach sein Panorama nachträglich für die bereits 1950 in Mexiko-Stadt erschienene Übersetzung ins Spanische um ein Kapitel zu *Don Quijote de la Mancha*. Dieser in der spanischsprachigen Welt mitunter skeptisch beäugte Nachtrag attestiert Cervantes Figur dann bestenfalls einen Beitrag zu der barocken Ontologie einer «Welt als Spiel», in der «Narrheit lächerlich wird an einer wohlgegründeten Wirklichkeit».[47] Zumindest was *Don Quijote de la Mancha* betrifft, so will es scheinen, als bedürfe die Anlage des Romans zwar eines Begriffes von Wirklichkeit – dringe aber letztlich niemals zu diesem vor: «[D]as ganze Buch ist ein Spiel.»[48] Auerbachs Kapitel 14, *Die*

---

44 Erich Auerbach: *Mimesis*, S. 256 f.
45 Karlheinz Stierle: Montaigne und die Erfahrung der Vielheit, S. 424. Wie bereits angemerkt, sind in diesem Band Stierles Diagnose Montaignes hermeneutischer «Vielheit» und Gumbrechts Diagnose des unflexiblen Weltzuganges der Spanier komplementär.
46 Vgl. dazu Edward Said: Introduction to the Fiftieth-Anniversary Edition. In: Erich Auerbach: *Mimesis. The Representation of Reality in Western Literature*. Princeton/Oxford: Princeton University Press 2003, S. IX–XXXII, hier S. XXVII, und Erich Auerbach: *Mimesis*, Kapitel 13. So ist es der jüdische Wucherer Shylock aus Shakespeares *Merchant of Venice*, der für Auerbach diesen historischen und ästhetischen Umbruch verkörpert.
47 Erich Auerbach: *Mimesis*, S. 341 und 331.
48 Ebda. Ulrich Schulz-Buschhaus (*Erich Auerbach*, S. 99, Fn 30) bezeichnet Auerbachs Auffassung des Siglo de Oro, «zumal wenn Auerbach sie gelegentlich über Calderón hinaus in Bezug auf das gesamte Siglo de Oro, bis hin zu Cervantes, generalisiert», diplomatisch als

verzauberte Dulcinea, fällt so in jeder Hinsicht aus der sonst harmonischen Struktur von *Mimesis* heraus. Es ist bemerkenswert, dass Auerbachs Mentor Leo Spitzer mit Blick auf die spanische Literatur viel differenzierter argumentierte.

Auerbach scheint in *Mimesis* in erster Linie eine philosophische, epochengeschichtliche und stilistische Verortung der literarischen Reflexion über die ‹Neue Welt› vorzunehmen, die die Iberische Halbinsel systematisch umschifft.[49] Während Werke, die wie *Mimesis* auf den Moment der Abfassung zugespitzt sind, stets bestimmte räumliche und zeitliche Verortungen produzieren, so zeigt das folgende Zitat aus Hegels *Philosophie der Geschichte* (1837) auch, dass solch teleologisch aufgebauten Argumente immer eine Auswahl an konstitutiven Elementen treffen. Elemente aus anderen Argumentationslinien werden dagegen als irrelevant markiert:

> Der Zweck des Kolumbus war auch besonders ein religiöser: die Schätze der reichen und noch zu entdeckenden indischen Länder sollten, seiner Ansicht nach, zu einem neuen Kreuzzuge verwendet und die heidnischen Einwohner derselben zum Christentum bekehrt werden. Der Mensch erkannte, daß die Erde rund, also ein für ihn Abgeschlossenes sei, und der Schiffahrt war das neu erfundene technische Mittel der Magnetnadel zugute gekommen, wodurch sie aufhörte, bloß Küstenschiffahrt zu sein; das Technische findet sich ein, wenn das Bedürfnis vorhanden ist.[50]

«überpointiert» (vgl. auch ebda. S. 103, Fn 45). Harold Bloom (*The Western Canon. The Books and School of the Ages*. New York: Riverhead Books 1994, S. 120) reagierte deutlich verwunderter auf Auerbachs Sicht der Dinge: «Having just finished rereading Don Quijote, I blink at my inability to find what Auerbach called ‹so universal and multilayered, so noncritical and nonproblematical a gaiety.›» Auch Francisco Rico protestierte gegen *Mimesis* und bezeichnete es als «libro, con todo, no siempre atendible» (*La novela picaresca y el punto de vista*. Barcelona: Seix Barral 2000 [1969], S. 151, Fn 99). Für eine Lektüre des *Quijote* vor dem Hintergrund der atlantischen Welt, vgl. Diana de Armas Wilson: «De Gracia Estraña»: Cervantes, Ercilla y El Nuevo Mundo. In: Georgina Dopico Black/Roberto González Echevarría (Hg.): *En un lugar de la Mancha: Estudios cervantinos en honor de Manuel Durán*. Salamanca: Almar 1999, S. 37–55 und dies.: *Cervantes, the novel and the New World*. Oxford: Oxford UP 2003.

49 Für eine selbstkritische Reflexion dieser Haltung, vgl. Leo Spitzer: El Barroco Español. In: ders.: *Romanische Literaturstudien 1936–1956*. Tübingen: Max Niemeyer 1959 [1943], S. 789–802. Spitzer distanzierte sich später von diesem Aufsatz, der auf einem von Pedro Salinas übersetzten Vortrag beruht. Dieser Vortrag datiert früher als das Erscheinen von *Mimesis*: «Conferencia que hoy me parece padecer de cierta confusión entre un credo religioso y un credo estético.» (ebda., S. 802, Fn 1. Vgl. auch Walter Pabst: *Góngora im Spiegel der deutschen Dichtung und Kritik*, S. 180 f.) Notorisch war das Urteil, das Benedetto Croce in hegelianischer Linie über die Spanier gefällt hatte: «la sua religiosità ch'era superstizione [...], il no saper farsi della scienza e della filosofia» (Benedetto Croce: *La Spagna nella vita Italiana durante la rinascenza*. Bari: Laterza ³1941 [1917], S. 269).

50 Georg Wilhelm Friedrich Hegel: *Vorlesungen über die Philosophie der Geschichte*. Frankfurt am Main: Suhrkamp 1986 (stw), S. 490 f.

Das Zitat über den «Zweck» des Kolumbus wirkt wie ein philosophiehistorischer Beleg für die Behauptung über Spanien, dass «man das Wissen aus der mittelalterlichen Kosmologie [...] auch entgegen eigener Anschauung unangetastet ließ».[51] Eine wirkmächtig bei Hegel verankerte Epochengeschichte favorisiert hier eine Deutung, die vor dem Hintergrund der im deutschen Idealismus erneuerten Orientierung an italienischer Renaissance und nordeuropäischer Aufklärung die atlantische Welt gar nicht erst erscheinen lässt. Dies ist eine argumentative Struktur, in der sowohl die atlantische Welt – mithin, die Iberische Halbinsel – als auch die Amerikas nur erscheinen, um umgehend wieder von der Bildfläche beseitigt zu werden. Sie bleiben eine Leerstelle. Es handelt sich dabei um einen höchst ambivalenten Vorgang, der in der postkolonialen Kulturphilosophie noch immer einen hohen Stellenwert hat.[52] Entscheidender ist hier jedoch, dass Hegel nicht nur die – falsche! – These wiederholte, Kolumbus und die Konquistadoren seien verblendete Fanatiker gewesen: Demnach hätten sie der prästabilierten Kosmologie der katholischen Theologie mehr Glauben geschenkt als ihren eigenen Augen und Ohren. Sie verdienten keine weitere Aufmerksamkeit. Die Folge war, dass Hegel mit einem einzigen Handstreich die Akteure, Wissensbestände und technischen Ermöglichungsbedingungen einer Grenzüberschreitung in die atlantische Welt hinein als kultur- und weltgeschichtlich irrelevant markiert hatte. So definierte er

---

51 Hans Ulrich Gumbrecht: ‹Eine› *Geschichte der spanischen Literatur*, S. 246.
52 Vgl. dazu auch den folgenden Absatz. Zu der negativen Neubewertung der Entdeckung Amerikas in der Folge der Aufklärung, vgl. Jeremy Smith: *Europe and the Americas: state formation, capitalism and civilizations in Atlantic modernity*. Leiden: Brill 2006, S. 114 f., Ottmar Ette: Wörter – Mächte – Stämme. Cornelius de Pauw und der Disput um eine neue Welt. In: Markus Messling/Ottmar Ette (Hg.): *Wort Macht Stamm. Rassismus und Determinismus in der Philologie (18./19. Jh.)*. München: Wilhelm Fink 2013, S. 107–135 und Ottmar Ette: Die «Berliner Debatte um die Neue Welt». Globalisierung aus der Perspektive der europäischen Aufklärung. In: Vicente Bernaschina/Tobias Kraft u. a. (Hg.): *Globalisierung in Zeiten der Aufklärung: Texte und Kontexte zur Berliner Debatte um die Neue Welt (17./18. Jh.)* (Band 1). Frankfurt am Main: Peter Lang 2015, S. 28–55. Mit dem aufklärerischen *philosophe* Cornelius de Pauw (1739–1799) beleuchtet Ette auch die Vorgeschichte von Hegels *Vorlesungen über die Philosophie der Geschichte*, einschließlich einer – wie Markus Messling es ausdrückt – dort angelegten «kolonialen Dialektik der Aufklärung» (in: Markus Messling/Ottmar Ette (Hg.): *Wort Macht Stamm. Rassismus und Determinismus in der Philologie (18./19. Jh.)*. München: Wilhelm Fink 2013, S. 18). Während jedoch de Pauw in seinen *Recherches philosophiques sur les Américains* (Berlin, 1769) die Welt in «blutroten Farben» zeichnet und einen extremen Kontrast zwischen Alter und Neuer Welt setzt (Ottmar Ette: Wörter – Mächte – Stämme, S. 115), verliert die ‹Neue Welt› bei Hegel eher an Bedeutung. Hegels Vorlesungen wurden gleichwohl nicht als Buch konzipiert, sondern beruhen in ihrer heutigen Form – wie auch die *Ästhetik* – auf Notizen seiner Schüler.

ganz bewusst den Kanon kulturgeschichtlich konstitutiver Elemente, der das auf der Iberischen Halbinsel vereinte Potential für Modernität systematisch ausblendete: «[D]as Technische findet sich ein, wenn das Bedürfnis vorhanden ist.» Hegels schulterzuckendes Fazit unter einer atlantischen Moderne soll die These belegen, dass Auerbachs dezidierte Orientierung an der Geisteswissenschaft hegelscher Prägung nicht nur eine ganz bestimmte epochengeschichtliche Argumentation erneuerte. Sie untermauerte auch eine Perspektive des Berliner Philosophen, wonach die materielle, technische und pragmatische Kultur der atlantischen Bewegungen keine nachhaltige geistes- oder weltgeschichtliche Bedeutung gehabt hätten. Ohne dass es Auerbachs ausdrückliche Intention gewesen wäre, wurde diese Agenda der Differenz für die romanistische Literaturwissenschaft als Geisteswissenschaft erneuert und blieb dort bis in das ausgehende 20. Jahrhundert erhalten.[53]

Denkt man an Miguel de Unamunos trotzige, gewissermaßen über die Pyrenäen geschleuderte Parole «¡Que inventen ellos!», so wird deutlich, dass in der ersten Hälfte des 20. Jahrhunderts auch weite Teile Spaniens das vermeintliche Ideal einer von der nordeuropäischen Moderne isolierten Halbinsel für sich übernommen hatten: «Spaniards themselves manipulated Spanish difference to their advantage.»[54] Dennoch regte sich bereits während Hegels Berliner

---

[53] Barbara Fuchs verweist zurecht darauf, dass der nordeuropäische Kanon des Siglo de Oro – «the hypercanonicity of *Fuenteovejuna*, *El alcalde de Zalamea*, and Calderóns wife-murder plays» – durchaus eine politische Agenda der Differenz verfolgt (Barbara Fuchs: The Black Legend and the Golden Age Dramatic Canon. In: Yolanda Pérez Rodríguez/Antonio Sánchez Jiménez (Hg.): *La Leyenda Negra en el crisol de la comedia. El teatro del Siglo de Oro frente a los estereotipos antihispánicos*. Madrid: Iberoamericana – Vervuert 2016, S. 219–236, hier S. 227). Dies lässt sich auch anhand der Kanonisierung Góngoras in Deutschland zeigen (vgl. Walter Pabst: *Góngora im Spiegel der deutschen Dichtung und Kritik*). Nicht zuletzt eröffnen die stilistisch-weltanschaulichen Rivalitäten um Barock und Neoklassizismus eine weitere Front dieser europäischen *canon wars* (vgl. Christian Grünnagel: *Klassik und Barock – Pegasus und Chimäre. Französische und spanische Literatur des 17. Jahrhunderts im Dialog*. Heidelberg: Winter 2010).
[54] Barbara Fuchs: The Black Legend and the Golden Age Dramatic Canon, S. 226. Unamunos Satz stammt aus einem Brief an Ortega y Gasset (1906) und wird im Epilog zu *Del sentimiento trágico de la vida* (1912) affirmiert. Praktisch betrachtet, konnte so die Hafenstadt Sevilla zur Heimat des Platteresken werden, zur Hauptstadt einer – wie es der Sevillaner Journalist Manuel Chaves Nogales in den 1920er Jahren formulierte – versteinerten «Andalucía trágica» (ders.: *La ciudad. Ensayos*. Sevilla: Publicaciones de la Universidad de Sevilla 1977 [1921], S. 49): «Nuestro pueblo, que jamás tuvo el sentido del antropomorfismo, no ha sabido alcanzar esta ecuanimidad, ese reposo, ese concepto del canon, que tuvo la belleza griega para ser optimista.» (ebda., S. 50) Ähnlich den Argumenten, die Federico García Lorca vor breitem, auch ausländischem Publikum vorbrachte, wird Andalusien hier als ein Ort erfasst, an dem sich griechische Mystik und Irrationalismen erhalten hätten, während ein nicht näher definierter Norden Europas sich der griechischen Klassik verschriebe. Daraus entwickelt sich eine emphatisch-katholi-

Jahren Widerspruch gegen seine Verortung der Moderne im Norden Europas. Ein Jahr bevor die angeführte Passage aus Hegels *Philosophie der Geschichte* in Buchform erschien, publizierte Alexander von Humboldt seine zwischen April 1834 und August 1838 auf Französisch gelieferten Folianten des *Examen critique* als *Kritische Untersuchungen* (1836) auch in deutscher Übersetzung im Verlag der Nicolai'schen Buchhandlung.[55] Humboldts «außergewöhnlich belesene und in ihrem Anspruch zutiefst philologisch geprägte, wissenschaftshistorische Untersuchung» entfaltet den graduellen Umbruch einer mittelmeerischen zu der atlantischen Welt.[56] Sie liest sich wie eine systematische Widerlegung der Behauptung Hegels, empirisches Weltwissen und technischer Fortschritt seien kulturgeschichtlich zweitrangige Selbstverständlichkeiten. So bemerkt Humboldt bereits in der ‹Vorrede›:

> Wenn man sich dem Studium der frühesten Geschichtsschreiber über die Eroberung Amerikas mit Eifer hingibt und ihre Werke [...] mit den Untersuchungen neurer Reisenden vergleicht, so erstaunt man, häufig den Keim der wichtigsten physischen Wahrheiten in den spanischen Schriftstellern des sechzehnten Jahrhunderts schon vorzufinden. [...] Die großen Entdeckungen auf der westlichen Halbkugel waren kein Werk des Zufalls. Es würde ungerecht sein, den ersten Keim dazu in jenen instinktmäßigen Dispositionen der Seele suchen zu wollen, denen die Nachwelt so oft das zuzuschreiben geneigt ist, was eine Frucht des Genies oder des langen Nachdenkens war. Columbus, Cabrillo, Gali und so viele andere Seefahrer bis auf Sebastián Vizcaíno, welche sich in den Annalen der spanischen Marine ausgezeichnet haben, waren für das Zeitalter, in welchem sie lebten, Männer von bewunderungswürdiger Bildung. Die Ursache, weshalb sie so denkwürdige Entdeckungen gemacht haben, ist die, dass sie richtige Begriffe von der Gestalt der Erde und von der Länge der Entfernungen hatten, welche zu durchlaufen waren; dass sie verstan-

---

sche Perspektive, die außer in religiösen Prozessionen im Raum der Stadt Sevilla keine andere Art der Bewegung in diesem Zentrum der Globalisierung zu erkennen vermag. Somit wird ein historischer Moment jüngeren Datums, in dem die Kirchtürme der Stadt nicht mehr mit den kreuzförmigen Masten auf dem Guadalquivir wetteifern müssen, verewigt (vgl. ebda., S. 78–83).

55 Vgl. Alexander von Humboldt: *Kritische Untersuchungen zur historischen Entwicklung der geographischen Kenntnisse von der neuen Welt und den Fortschritten der nautischen Astronomie im 15. und 16. Jahrhundert* (2 Bände). Frankfurt am Main/Leipzig: Insel 2009. Band 1 wird fortan zitiert als *KU*. Vgl. auch Ottmar Ettes Nachwort, ebda., Band 2, S. 227–241 und die darauf folgende ‹Editorische Notiz› (ebda., S. 242–245).

56 Tobias Kraft: *Figuren des Wissens bei Alexander von Humboldt. Essai, Tableau und Atlas im amerikanischen Reisewerk*. Berlin/Boston: Walter de Gruyter 2014 (Mimesis 59), S. 103. Humboldt hörte Vorlesungen Hegels in Berlin und bemängelte später Hegels «abstraktes Behaupten rein falscher Thatsachen und Ansichten über Amerika und die indische Welt» (an Varnhagen von Ense, 30. Mai 1837; zit. in Ottmar Ette: *Wörter – Mächte – Stämme*, S. 131). Anerkennend äußerte sich Humboldt hingegen über den Philologen August Boeckh (vgl. *KU*, S. 64). Auch findet sich hier ein Brief Leopold von Rankes an Humboldt (vgl. ebda., S. 485 f.).

den, die Arbeiten ihrer Vorgänger zu benutzen und anzuwenden, die in den verschiedenen Zonen herrschenden Winde zu beobachten, die Variationen der Magnetnadel zu messen, um nach ihnen die Richtung des Weges zu bestimmen und zu verbessern, praktisch stets die am wenigsten unvollkommenen Methoden anzuwenden, welche die Mathematiker damaliger Zeit angegeben hatten, um ein Schiff durch die Einöde des Meeres zu steuern.[57]

Auch die «großen Männer», so argumentierte Humboldt gegen Hegel, leben unter dem diffusen Einfluss der «Ideen eines Zeitalters».[58] Die Relevanz der *Kritischen Untersuchungen* Alexander von Humboldts für das Projekt eines atlantischen Siglo de Oro liegt also darin, dass sie den Standpunkt entlarven, von dem aus behauptet werden kann, es habe für die Spanier wenig Neues in der atlantischen Welt gegeben. Denn Humboldt macht deutlich, dass religiöse und mythische Sinnsysteme sehr wohl mit empirisch erlangten Erfahrungswerten verknüpft werden können. Ebenso wie Humboldt in seiner Rekonstruktion dieser Vorgänge, gaben sich Seemänner und Händler auf der Suche nach der «am wenigsten unvollkommenen Methode» des Wissenserwerbs einem geradezu philologischen Projekt hin. Humboldt führt folglich einen Begriff von Materialität und Wissen in die Philologie ein. Für das späte 15. Jahrhundert kommt er so zu einem alternativen Begriff von Bildung, bei dem mystische, mythische, kosmologische, kosmographische, praktisch-alltägliche und fiktive Weltzugänge zu einem – wenn nicht alltäglichen, so doch alltagsbezogenen – materiellen Netzwerk des Wissens verknüpft werden. So bezieht Humboldt einen Gegenstandpunkt zu Hegels radikalem Idealismus, dem zufolge sich das Technische schlicht und einfach «einfinde» wenn der Geist so weit sei. Dafür mag exemplarisch der sowohl bei Hegel als auch bei Humboldt evozierte Topos der Magnetnadel stehen.[59] Nicht anders verhielt es sich mit den seit Homer stets mit

---

57 *KU*, S. 20 f.
58 Ebda., S. 126.
59 Vgl. ebda., S. 34 und 87, Fn 227. Die Vorstellung von magnetischen Inseln im Indischen Ozean ging auf Ptolemäus zurück. Inseln und Magnetberge haben zunächst eine betont erotische Bedeutung, die erst mit dem Aufkommen der Magnetnadel auch eine topographische Orientierung im Raum impliziert (vgl. Burkhardt Wolf: *Fortuna di mare*, S. 137). Die älteste Erwähnung einer Magnetnadel – *compasso* oder *bùssola* – datiert von 1269. Guido Guinizelli (1230–1276), Begründer des *dolce stil novo*, verband Magnetnadel und Nordstern und schaffte – indem er das kosmologische Motiv des Sterns einführte – den poetischen Topos (vgl. ebda., S. 142 und Mercedes Blanco: *Góngora heroico. Las Soledades y la tradición épica*. Madrid: CEEH 2012, S. 312 f.). Dessen *locus classicus* liegt jedoch in Dantes *Commedia*: «del cor dell'una delle luci nove / si mosse voce, che l'ago alla stella / parer mi fece in volgermi al suo dove» (Dante Alighieri: *La Commedia. Die Göttliche Komödie* (3 Bände). Stuttgart: Philipp Reclam jun. 2010–2012, hier Band 3, S. 272; *Paradiso*, 12. Gesang, 28–30; Dante wird fortan als *COM* zitiert). Ab 1503 war die Erforschung des Magnetfeldes der Erde eine der vordringlichsten Aufgaben der Casa de la Contratación in Sevilla. Góngoras *Soledades* erwähnen die Nadel, ebenso wie Tirsos

Argusaugen erspähten Bäumen an unbekannten Ufern, die auf keiner Karte fehlen: Sie sind nicht nur eine poetologische Stilmetapher, sondern auch der wichtigste Rohstoff für das allzu zerbrechliche Gefährt des Seefahrers. Sie sind keineswegs überall zu finden.[60] Im Einklang mit einer höchst aktuellen Aufmerksamkeit für Materialität und Wissensbestände in der Literatur, für Zirkulations- und Austauschbewegungen[61] und gegen Hegels Zerrbild von religiösen Fanatikern zur See, betonte Alexander von Humboldt die herausragende Bedeutung des «Handelsinteresses» und praktischen Weltwissens italienischer Kaufleute auf der Iberischen Halbinsel.[62] Das scheinbar partikulare, wirtschaftliche und technische Moment dieser denkbar weitreichenden und modernen Mechanismen, die den in der Frühen Neuzeit explosionsartig zunehmenden Reisebewegungen zugrundelagen, entwertete bei Humboldt nicht mehr ihr ästhetisches Potential. Der in philologischer, bürokratischer und naturwissenschaftlicher Schriftlichkeit bestens bewanderte Humboldt musste jedoch gestehen, dass – da er im Anschluss an seinen Mentor Georg Forster

---

Burlador de Sevilla, wo sie das Schiff mit einer textilen Metapher in Verbindung bringt. Für weitere Erweiterungen dieses facettenreichen Topos im Siglo de Oro, vgl. den Kommentar in Francisco de Quevedo: *El Buscón*. Madrid: Cátedra 2012 (Letras Hispánicas), S. 293, Fn 381.

60 Spätere Expeditionen in arktische Gebiete werden das Fehlen von Bäumen bemerken. Bäume erschaffen also Orte und Räume. Auch daher können sie zum Element eines rhetorischen Argumentes werden (*argumentum a loco*). Über den Begriff der Landschaft können sie mit Empfindungen des Subjekts verknüpft werden (vgl. Ernst Robert Curtius: *Europäische Literatur und lateinisches Mittelalter*, S. 200–209) und stehen für bestimmte stilistische Ebenen oder *genera elocutionis* (vgl. Heinrich Lausberg: *Handbuch der literarischen Rhetorik. Eine Grundlegung der Literaturwissenschaft* (2 Bände). München: Max Hueber 1960, hier Band 2, S. 695). Doch Humboldt verweist zurecht auf die materielle und lebendige Dimension von Bäumen als Teil des Kosmos, die keineswegs von ihrer poetischen Dimension abgekoppelt ist (vgl. *KU*, S. 193 f.).

61 Für im Zusammenhang der vorliegenden Untersuchung relevante Beispiele dieser Richtung, vgl. Marie-Louise Nosch: The loom and the ship in ancient Greece. Shared knowledge, shared terminology, cross-crafts, or cognitive maritime-textile archaeology? In: Henriette Harich-Schwarzbauer (Hg.): *Weben und Gewebe in der Antike. Materialität – Repräsentation – Episteme – Metapoetik*. Oxford: Oxbow Books 2016, S. 109–132 und Thomas Meier/Michael R. Ott u. a. (Hg.): *Materiale Textkulturen. Konzepte – Materialien – Praktiken*. Berlin/Boston: de Gruyter 2015. Für eine theoriegeschichtliche Einordnung des *material turn*, vgl. Philipp Felsch: *Der lange Sommer der Theorie. Geschichte einer Revolte 1960–1990*. München: C. H. Beck 2015, S. 168.

62 *KU*, S. 28. Vgl. auch *KU*, S. 79, Fn 207, S. 79 f. und 82 f. «Our reading of the literature suggests that profit – far more than evangelical fervor – was indeed a paramount motivational factor for Imperial Spain.» (Dennis Flynn/Arturo Giráldez u. a. (Hg.): *European Entry into the Pacific. Spain and the Acapulco-Manila Galleons*. Aldershot: Ashgate 2001, S. XIV) Flynn spricht hier von der Weltumseglung Magellans (1520–1522), die von den Fuggern mitfinanziert wurde (vgl. ebda., S. 9).

selbst zu einer neuen «Klasse der Reisenden» gehöre – die Beweislast auf seiner, nicht etwa auf der Seite der «Klostergelehrten» lag:⁶³ *A beau mentir qui vient de loin.* Die *leyenda negra* religiöser Vorbehalte und die Geringschätzung des auf der Iberischen Halbinsel konzentrierten geographischen, administrativen und technischen Weltwissens spiegeln sich in ästhetischen Urteilen und Kanonisierungsprozessen einer durch Lehnstuhlreisende geprägten *république des lettres* wider.

Erich Auerbachs dramatische Flucht aus Berlin nach Istanbul sowie seine transatlantische Migrationsgeschichte stehen nicht zuletzt in emblematischer Weise für das traurige Ende und eine geographische Verschiebung dieser *république des lettres*. Es darf keinesfalls übersehen werden, dass diese Bewegung Auerbachs aber auch für eine unerwartete Erneuerung ihrer Prämissen und eine produktive Dezentrierung ihrer Perspektive stehen kann. Zunächst zeigen seine Konstruktion des Kanons und die konstitutiven Elemente dieser Konstruktion jedoch, dass das Potential für weltanschauliche, philosophische und ästhetische Innovation traditionell überall, nur nicht auf der Iberischen Halbinsel vermutet wurde. Auerbach führte dieser Weg stattdessen zu Montaigne und der Feststellung, dass spezialisiertem Wissen und Erfahrungen Dritter zwar ein hoher Stellenwert zukomme, äußeren Gegenständen («les choses») aber auch mit der *sprezzatura* einer gelassenen «Unwissenheit und Unverantwortlichkeit» begegnet werden dürfe:⁶⁴

> Für ihn [Montaigne] ist das Erkenne-dich-selbst nicht nur eine praktische und moralische Forderung, sondern auch eine erkenntnistheoretische. Eben darum hat er auch wenig Interesse für naturwissenschaftliche Kenntnisse, und kein Vertrauen zu ihnen; das moralisch Menschliche allein fesselt ihn; wie Sokrates könnte er sagen, daß Bäume ihn nichts lehren, sondern nur die Menschen in der Stadt. Er gibt dem Gedanken sogar eine polemische Spitze, wenn er von den Leuten spricht, die sich ihrer naturwissenschaftlichen Kenntnisse rühmen: «Puisque ces gens là n'ont pas pu se resoudre de la cognoissance d'eux mesmes et de leur propre condition, qui est continuellement presente à leurs yeux, qui est dans eux …, comment les croirois je de la cause du flux et du reflux de la rivière du Nil ?»⁶⁵

---

63 *KU*, S. 81 und 14.
64 Erich Auerbach: *Mimesis. Dargestellte Wirklichkeit in der abendländischen Literatur*. Tübingen/Basel: A. Francke ¹⁰2001 [1946], S. 278 und 285. Auerbach spitzt selbst das Argument zu, indem er unverblümt von «Naturwissenschaft» spricht. Montaignes Position zu der empirischen Weltbeschreibung war, dies zeigt etwa *Des Cannibales* (1580), keineswegs so einseitig (vgl. Michel de Montaigne: *Essais. Livre premier*. Paris: Librairie Générale Française 2002 (Le livre de poche classique), S. 358 f., Frank Lestringant: *Le Cannibale. Grandeur et Décadence*. Paris: Perrin 1994 und Eric MacPhail: Philosophers in the New World: Montaigne and the tradition of epideictic rhetoric. In: *Rhetorica* 30 (2012), S. 22–36).
65 Erich Auerbach: *Mimesis*, S. 287.

Es spielt keine Rolle, ob die Menschen aus Gier, religiöser Verblendung oder Wissensdurst in die Welt hinausziehen. Sie denken dabei nicht an sich selbst, sondern an ihre «Interessen, ihre Begierden, ihre Sorgen, ihre Kenntnisse, ihre Familie und ihre Freunde».[66] Um im Bild zu bleiben: Sie versuchen, von Bäumen zu lernen, wenden sich der Außenwelt der *choses* zu und sind im humanistischen Sinn keine ‹ganzen› Menschen. Mit dem Materiellen verfehlen sie die im Titel von Auerbachs Montaigne-Kapitel evozierte *humaine condition*. Alexander von Humboldts Zugang zu der atlantischen Welt und den Amerikas ist hingegen der deutlichste Gegenpol zu dieser später hegelianisch vermittelten und idealistisch erneuerten Position. Denn Bäume können bei Humboldt die Menschen sehr viel lehren.[67] Und jenseits der Pyrenäen, fast gleichzeitig mit Montaigne, forderte Juan de Ovando als Visitator des Consejo General de Indias eine «Totalbeschreibung der Dinge» oder «entera noticia de las cosas» in den Amerikas.[68] Die atlantische Welt ist eine Welt der Gegenstände außerhalb des Menschen. Es wäre jedoch ein schwerer Fehler zu glauben, dass diese Tatsache nur nördlich der Pyrenäen verhandelt wurde oder dass sie keine Verbindung zur Welt der Literatur habe. Daher wird nun deutlich, dass ein atlantisches Siglo de Oro nicht nur an Stilbegriffe geknüpfte Werturteile sowie epochengeschichtliche Verortungen der Moderne verhandeln muss. Dieses Konzept – und mit ihm die vorliegende Untersuchung – muss diejenigen konstitutiven Elemente einer geistes- und naturwissenschaftlichen Hermeneutik im Blick haben, die Werturteile und (disziplinäre) Verortungen von Diskursen überhaupt erst plausibel machen. Denn der Standpunkt innerhalb einer geisteswissenschaftlich geprägten Schriftkultur neigt dazu, ein allzu einseitiges Verständnis von weltanschaulicher Eloquenz und aufgeklärter Moderne entstehen zu lassen.[69] Unsere äußerst kursorische Skizze bisheriger Positionen zeigt

---

66 Ebda., S. 186.
67 Zu der Rolle von Bäumen und Vegetation bei Kolumbus, vgl. *KU*, S. 193 f.
68 Bernhard Siegert: *Passage des Digitalen*, S. 16 und 86 f. Selbstverständlich spitzt Siegerts Übersetzung der ‹Gegenstände› oder ‹Tatsachen› als ‹Dinge› etwas zu: «Todo que tiene entidad llamamos cosa.» (*Cov*, S. 620) Die Frage, inwieweit die «entera noticia» der autobiographischen Perspektive legitim ist, ist hier mitgestellt.
69 Für historisch-kritische Positionen zu diesem Dilemma, vgl. Edward Said: Introduction to the Fiftieth-Anniversary Edition, S. XI f., Wolfgang Gabbert: Warum Montezuma weinte. Anmerkungen zur Frühphase der europäischen Expansion in den Atlantischen Raum. In: Ulrike Schmieder/Hans-Heinrich Nolte (Hg.): *Atlantik. Sozial- und Kulturgeschichte in der Neuzeit*. Wien: Promedia Verlag 2010, S. 29–47, hier S. 33 sowie Jorge Cañizares-Esguerra: Wer sagt Zentrum, wer sagt Peripherie? Die Debatte um die Neue Welt in atlantischer Perspektive. In: Vicente Bernaschina/Tobias Kraft u. a. (Hg.): *Globalisierung in Zeiten der Aufklärung: Texte und Kontexte zur Berliner Debatte um die Neue Welt (17./18. Jh.)* (Band 1). Frankfurt am Main: Peter Lang 2015, S. 57–75, hier S. 59 f. und 72.

auf, dass der Standpunkt des Atlantiks – auch in dem Oxymoron eines ozeanischen ‹Standpunktes› – seit geraumer Zeit dazu geeignet ist, an genau dieser Stelle einiges in Bewegung zu bringen.

Die oben skizzierten Perspektiven einer romanistischen Fachtradition des 20. Jahrhunderts wären nichts weiter als eine langatmig geratene Eröffnung, wenn sie nicht um die Jahrtausendwende, angesichts des Auflebens der Kulturwissenschaften, einer Neubewertung unterzogen worden wären. Dabei wurde auch – besonders was Auerbach betrifft – ein neuer editorisch-wissenschaftlicher Kenntnisstand erreicht. So wurde eine bislang nicht ausreichend beachtete Topographie der Theorierezeption erarbeitet, die Lektüren über den Atlantik hinweg beinhaltete.[70] Denn einerseits haben diese Klassiker – denkt man etwa an Alfonso Reyes philologische Arbeiten in Madrid, Pedro Henríquez Ureña, José Lezama Lima, Angel Rama oder den schließlich wohl zufrieden in den USA verbliebenen Auerbach – als die «geotextualidad atlántica» (José Ortega) verflochtener Ästhetiken transatlantischer Philologiegeschichte sowie als Artikulationen in einem metatextuellen Raum des (manchmal sehr einseitigen) Dialogs des ‹alten Kontinentes› mit ehemaligen Kolonien stets eine sehr breite Wirkung entfalten können.[71] Andererseits verweist der Blick aus den Amerikas ‹zurück› auf Hegel und die romanistischen Philologen auf eine Gruppe fast unfreiwilliger Modernetheoretiker, denen Paul Gilroy mit der Kategorie der «‹intuitive› modernists» einen griffigen Namen verpasst hat.[72] Denn außerhalb Deutschlands ist die periphere, ja im Vergleich zu Paris oder London geradezu idyllische Lage dieser stets an einer europäischen Gegenwart orientierten Diskurse immer wieder klar erkannt worden. Aus (post)kolonialer Perspektive war Berlin zwar keineswegs bedeutungslos, aber sicherlich keine Weltstadt. Auch dafür können der Gegensatz des bürgerlichen Berliner Hochschullehrers Hegel und des weltreisenden Wahl-Parisers Alexander von Humboldt, ebenso wie Auerbachs ausdrücklich an das Istanbuler Exil geknüpftes Opus Magnum, *Mimesis*, stehen. Bei Hegel und Auerbach handelt es sich um ein geradezu unfreiwillig hinaus in die Welt geworfenes Denken, das daher auch seine eigene

---

[70] Vgl. dazu den Beitrag von Carlos Rincón in Karlheinz Barck/Martin Treml (Hg.): *Erich Auerbach. Geschichte und Aktualität eines europäischen Philologen*. Berlin: Kulturverlag Kadmos 2007, S. 371–390 sowie Ottmar Ette: *ÜberLebenswissen* und ders.: *ZwischenWeltenSchreiben. Literaturen ohne festen Wohnsitz*. Berlin: Kulturverlag Kadmos 2005.
[71] Julio Ortega: *Crítica transatlántica en el siglo XXI* (online Ressource, datiert 23.3.2011; http://blogs.brown.edu/ciudad_literaria/2011/03/23/critica-transatlantica-en-el-siglo-xxi/ [Stand: 20.7.2015]). Vgl. auch Sergio Ugalde Quintana: *La biblioteca en la isla. Una lectura de La Expresión Americana de José Lezama Lima*. Madrid: Editorial Colibrí o.J.
[72] Paul Gilroy: *The Black Atlantic. Modernity and Double Consciousness*. London: Verso 1999, S. 48.

Aufhebung in der Zukunft riskiert.[73] Das oben diagnostizierte Fehlen einer atlantischen Dimension schafft hier also gerade die Möglichkeit einer künftigen Dezentrierung der geschichtsphilosophischen und philologischen Perspektive. Und sie ließ nicht auf sich warten. Auerbachs Wirken in Yale erzeugt sogar eine biographische Verbindung zu einer neuen Generation von postnationalen Kulturwissenschaftlern (Benedict Anderson) und postkolonialen Positionen (Edward Said, Paul Gilroy, Walter Mignolo), die sich nun gewissermaßen jenseits des geisteswissenschaftlichen Kanons in einem neu entstandenen theoretischen Kontext zu verorten wissen.[74]

Es ist also möglich, die theoretische Schnittstelle zu markieren, an welcher der Atlantik-Begriff relevant wird. Er zeigt die kritische, räumliche und zeitliche Dezentrierung oder Neuverortung eines philosophisch und literaturgeschichtlich fundierten Modernebegriffs an, der seinerseits an der Idee der nordeuropäisch geprägten Aufklärung ausgerichtet ist: «Consequently, it is important to underscore the fact that Gilroy situates modernity in a new chronotope as a result of which the former is displaced out of the West and into the Atlantic.»[75] Ein mögliches Ergebnis dieses *déplacement* ist – wie es Joseba Gabilondo hier im Anschluss an Gilroy formuliert – der «Hispanic Atlantic».[76]

---

[73] In postkolonialen Kontexten wird Hegel gelegentlich genug Selbstironie zugestanden, die Negation seiner selbst vorhergesehen und somit gerade Raum für eine nicht-europäische Auffassung von Geschichte geschaffen zu haben (vgl. Horacio Legrás: Hegelian Tales in the Caribbean: Production, Expression, and History of the Atlantic Subject. In: *Arizona Journal of Hispanic Cultural Studies* 5 (2001), S. 133–148). So bemerkt Gilroy hinsichtlich der Dialektik von Herr und Knecht aus der *Phänomenologie des Geistes*: «For all its conspicuous masculinism and Eurocentrism, Hegel's allegory is relational.» (Paul Gilroy: *The Black Atlantic*, S. 53) Gilroys Insistieren auf Hegel ist, nach Gabilondo, sicherlich vor dem Hintergrund einer (nord)westlich dominierten Postmoderne-Diskussion zu sehen, der sich Gilroy nicht anschließen will (vgl. Joseba Gabilondo: The Hispanic Atlantic. Introduction. In: *Arizona Journal of Hispanic Cultural Studies* 5 (2001), 91–113, hier S. 96). Damit kehrt Gilroy zu einer Auffassung zurück, die Hegel – wie bereits bei Victor Cousin und Heinrich Heine – als fast schon peripheren Modernetheoretiker liest und die ihre Quellen ironischerweise auch in Paris hat.

[74] Vgl. ‹Acknowledgments› in Benedict Anderson: *Imagined Communities. Reflections on the Origins and Spread of Nationalism*. London/New York: Verso 2006 [1983]; vgl. auch Edward Said: Introduction to the Fiftieth-Anniversary Edition, Paul Gilroy: *The Black Atlantic*, S. 48–55 sowie Walter Mignolo: *Local Histories/Global Designs. Coloniality, Subaltern Knowledge, and Border Thinking*. Princeton/Oxford: Princeton UP 2012, S. ix–xxiii.

[75] Joseba Gabilondo: The Hispanic Atlantic, S. 94. Auch Serge Gruzinski (*Les quatre parties du monde*) sieht hier die Möglichkeit, von einem «parcours obligé» (ebda., S. 82) abzuweichen und eine andere chronotopische Struktur, den «temps atlantique» (ebda., S. 156), zu entfalten. Diese darf also nicht mit der (nord)westlich geprägten Postmoderne-Diskussion verwechselt werden.

[76] Lateinamerikanische Kulturphilosophie – etwa Enrique Dussel – hat diese Verschiebung ebenso stark gemacht, wie die post- und dekoloniale Theoriebildung, etwa bei Walter Mignolo.

1.1 *Mission Statement*: Standpunkte und Verortungen — 29

Gesteht man Hegels geschichtsphilosophischer Konstruktion das inhärente, selbstzerstörerische Potential einer negativen, sich wieder auffädelnden Dialektik zu, so kommt es auch zu einer neuen Lektüre der romanistischen Klassiker. Sie verlieren dann nichts von ihrer Aktualität. So wirkt etwa Gilroys neuer Chronotopos der Moderne genau auf die Bruchstellen der ästhetischen und historiographischen Meistererzählungen aus Europa. Womöglich etwas unerwartet, wurde oben bereits eine dieser Bruchstellen am Beispiel des Manierismus skizziert. Es ist das gute Gespür für solche Bruch- und Leerstellen, das Paul Gilroys *Black Atlantic* zu einem Ausgangspunkt für postkoloniale Globalisierungs- und Modernetheorien gemacht hat. Letztere haben die ästhetischen, philosophischen und epistemologischen Voraussetzungen einer westlichen Weltsicht auf den Prüfstand gestellt.[77] Wir halten es daher nur für folgerichtig, dass heute derartige, auch von Globalisierungsdiskursen des angehenden 21. Jahrhunderts geprägte, räumliche und zeitliche Verschiebungen des Modernebegriffs einen Blick ‹zurück› – aus den Amerikas auf die Literatur der Iberischen Halbinsel – wieder starkmachen. Es handelt sich mithin um einen atlantischen Blick auf kanonisierte Autoren aus Renaissance und Barock, die in geradezu taktischen Manövern zwischen Sprachen, Kulturen und Kontinenten changieren:

> Garcilaso de la Vega se mudó al italiano. Góngora se afincó en el latín. Cervantes, buscó su propio idioma en el género de la novela como el primer espacio relativista del lenguaje dominante. Garcilaso se inscribe en la gran tradición que formaliza el Humanismo, el petrarquismo, que actualizó a los clásicos, bebió de Dante y Cavalcanti, asumió el neoplatonismo y forjó el *dolce stil novo*. Con Garcilaso tenemos el extraordinario ejemplo de un español internacional, ya no regional sino abierto al mundo, capaz de renovar radicalmente la poesía castellana.[78]

Aus der ‹anderen Richtung› betrachtet, in einem Blick über den Atlantik hinweg auf Spanien, äußert sich für Julio Ortega gerade in diesen kanonischen Autoren der Frühen Neuzeit eine sehr moderne Vielfalt der literarischen Schreib- und Ausdrucksweisen. Vor dem Hintergrund einer «Atlantic modernity»[79] wird aus-

---

[77] Vgl. Joseba Gabilondo: The Hispanic Atlantic, S. 94.
[78] Julio Ortega (Hg.): *Nuevos hispanismos. Para una crítica del lenguaje dominante*. Madrid/Frankfurt am Main: Iberoamericana/Vervuert 2012, S. 131.
[79] Zu diesem Konzept, vgl. Jeremy Smith: *Europe and the Americas: state formation, capitalism and civilizations in Atlantic modernity*. Phaf-Rheinberger spricht unter Bezug auf Homi Bhabha von «Oceanic Modernity» (Ineke Phaf-Rheinberger: *Oceanic modernity* in contemporary narratives – remembering slavery in Brazil and Angola. In: Michael Mann/Ineke Phaf-Rheinberger (Hg.): *Beyond the line. Cultural narratives of the southern oceans*. Berlin: Neofelis 2014, S. 233–269, hier S. 233 f.). Hafen und Hafenstadt dienen dort als Schlüsselmetaphern für «the non-synchronous time-space of ‹translational exchange›» (ebda., S. 234).

gerechnet bei ihnen ein spezifisches, nationalistischen und imperialistischen Narrativen entgegengesetztes Potential der literarischen Sprache freigesetzt. Indem Julio Ortega – darin José Lezama Lima folgend – die sprachlichen Verfahren der oben genannten Autoren so auffasst, wird das Ästhetische auch politisch und rebellisch. Die eigene Sprache wird ausgehöhlt oder – wie es auch Roland Barthes formuliert hätte – pikaresk manipuliert, entwendet oder entfremdet, in neue Gattungs- oder Stilzusammenhänge gebracht oder mit Neologismen gespickt. Solch ein bewusst oder – angesichts unerhörter Ereignisse womöglich auch unbewusst und suchend – in Anschlag gebrachtes Potential eines sprachlichen und generischen «travail de déplacement» (Barthes) wird jedoch auch heute nur dann spürbar, wenn das konfrontative Wechselspiel entgegengesetzter Theoriepositionen, die aus der korrekten Diagnose des Eurozentrismus entstanden sind, zugunsten einer relationalen und prospektiven Hermeneutik aufgelöst wird: «[H]ay una tradición poética atlántica que no se resigna a la representación configurada por la lengua natural, y hace de su expulsión el acto poético por excelencia.»[80] Obwohl nicht ausdrücklich auf die Literatur bezogen, ist dies auch eines der zentralen Ziele von Paul Gilroys programmatischen Studie über den *Black Atlantic*: Es gilt ihm, aus dem Dilemma von Essentialismen und strategisch aufgebauten Gegenpositionen auszubrechen und stattdessen den Atlantik zum inklusiven und relationalen Horizontbegriff auszubauen:

> In opposition to both [...] nationalist or ethnically absolute approaches, I want to develop the suggestion that cultural historians could take the Atlantic as one single, complex unit of analysis in their discussions of the modern world and use it to produce an explicitly transnational and intercultural perspective. [...] The fractal patterns of cultural and political exchange and transformation that we try and specify through manifestly inadequate theoretical terms like creolisation and syncretism indicate how both ethnicities and political cultures have been made anew in ways that are significant not simply for the peoples of the Caribbean but for Europe, for Africa, [...] and of course, for black America.[81]

Manche Vertreter der Frühe-Neuzeit-Forschung ebenso wie emphatische Verfechter der von Gilroy hier kritisch aufgegriffenen Kategorien ‹Kreolisierung› und ‹Synkretismus› mögen eine seltene Einigkeit in ihrer Empörung darüber

---

80 Julio Ortega (Hg.): *Nuevos hispanismos*, S. 127. Zu Lezamas ästhetischem Programm, vgl. Sergio Ugalde: Barock, afrokubanische Kultur und Zusammenlebenswissen bei José Lezama Lima, S. 209. Barthes entwickelt anhand dieses Prozesses seinen Literaturbegriff: «Les forces de liberté qui sont dans la littérature ne dépendent pas de la personne civile, de l'engagement politique de l'écrivain, qui, après tout, n'est qu'un « monsieur » parmi d'autres, mais du travail de déplacement qu'il exerce sur la langue [...]» (Roland Barthes: *Leçon*, S. 17)
81 Paul Gilroy: *The Black Atlantic*, S. 15.

entdecken, dass eine solch relationale und konstruktive Lektüre ausgerechnet an den Texten einer von Curtius evozierten literarischen «Weltmacht» aus Europa – oder doch nur vom Rande Europas? – erprobt werden sollte. Über die Ursachen für diese vermutete Einigkeit soll hier nicht spekuliert werden, denn es zeichnen sich längst Auswege aus dem Dilemma ab. Postkoloniale Theoriebildung, Globalisierungs- und Modernetheorien, die nicht notwendigerweise westliche Aussagepositionen einnehmen, und nicht zuletzt die westlichen Philologien selbst haben damit begonnen, die mitunter hochproblematische Epistemologie der Philologien des 19. und 20. Jahrhunderts kritisch zu hinterfragen.[82] Gegenwärtige Globalisierungstheorien entfernen sich immer mehr von der Vorstellung, dass räumliche und zeitliche Wahrnehmungsmuster rund um den Globus stabil oder homogen sind. Doch dies bedeutet nicht, dass die kanonischen literaturgeschichtlichen Konstruktionen, die philologische Belesenheit und interpretative Präzision romanistischer Klassiker heute einfach übergangen werden könnten: Denn in Zeiten blühender postkolonialer Theoriebildung führt ein Bündel dieser zunehmend weltweiten Bezüglichkeiten auch zurück nach Europa. Es steht nun, wie Arjun Appadurai passend formuliert, für «a journey that takes us into the heart of whiteness».[83] Es handelt sich dabei auch um eine Reise zu den Bruchstellen, die das Bestreben nach Dominanz und Präsenz in Europa hinterlassen hat. Darüber hinaus bieten philologische Methoden – sofern sie noch zur Verfügung stehen und nicht in einer Bewegung der Rephilologisierung als eurozentrische Bollwerke missbraucht werden – die Chance, die von Julio Ortega oben diagnostizierte Vielsprachigkeit und geotextuelle Verwobenheit auch auf der Ebene des Textes zu enthüllen. So verstanden, hatte die Philologie immer das Potential, eine globale Wissenspraxis zu sein. Das einstmals «befremdete Interesse» der Kulturwissenschaften an der Philologie fusioniert auch in diesem Zusammenhang zu neuen Fragestellungen,[84] die eine wechselseitige Erhellung von Philologie und Kulturwissenschaften für kulturwissenschaftliche oder globalisierungstheoretische Ansätze in Anschlag bringen. Dieses doppelte Anliegen gilt auch für weite Teile der

---

82 Vgl. Arjun Appadurai: *Modernity at Large. Cultural dimensions of Globalization*. Minneapolis/London: University of Minnesota Press 1996, S. 51 und 163. Zu der Verbindung von Ästhetik und Rassismus im 19. Jahrhundert, vgl. Paul Gilroy: *The Black Atlantic*, S. 8–10. Eine kritische Vertiefung des Philologiebegriffs bieten die Beiträge in Markus Messling/Ottmar Ette (Hg.): *Wort Macht Stamm*.
83 Arjun Appadurai: *Modernity at Large*, S. 159. Zu Appadurais Kategorie der «whiteness» muss die Kategorie der (heterosexuellen) ‹Männlichkeit› gezählt werden.
84 Marcel Lepper: *Philologie. Zur Einführung*. Hamburg: Junius 2012, S. 124. Vgl. auch Julio Ortega (Hg.): *Nuevos hispanismos interdisciplinarios y transatlánticos*. Madrid/Frankfurt am Main/México D.F.: Iberoamericana/Vervuert/Bonilla Artigas 2010, S. 12.

vorliegenden Untersuchung. Sie ist folglich bemüht, in ihrem Ausgangsmoment sowohl den romanistischen, als auch den – in dieser ‹Einleitung› durch Julio Ortega vertretenen – literaturwissenschaftlichen Blick der ‹Neuen› auf die ‹Alte Welt› sowie die kulturwissenschaftliche, wirkmächtig durch Paul Gilroy vertretene Position ernstzunehmen. Das Neue an einem «Hispanic Atlantic», dies zeigten die Seitenblicke auf Alexander von Humboldt und sogar auf Covarrubias, ist keineswegs der Begriff des Atlantiks an sich – des einst nur hinter vorgehaltener Hand, vage benannten großen «Flusses» *Ōkeanós*, der sich wie eine Schlange ringförmig um die bewohnbare Welt legte. Es geht auch nicht in erster Linie um den Import eines Schlüsselkonzeptes der Kultur- und Globalgeschichte in den Bereich der Literatur- und Kulturwissenschaften.[85] Das Neue liegt vielmehr in der potentiellen Neubewertung der Idee der europäischen Aufklärung und der an diese Idee gekoppelten Chronotopoi der Moderne. Diese Neubewertung ist auf oftmals schmerzliche Art und Weise mit dem Begriff des Atlantiks verknüpft. Dies gilt auch für die aus ihr folgende, sehr weitreichende Frage nach den ästhetischen und repräsentationstheoretischen Implikationen einer räumlich und zeitlich inhomogenen Moderne. Nach dem Abklingen der universitären und populären Postmodernediskussionen und im Rahmen postkolonialer Globalisierungstheorien, lässt sie das Spanien der Frühen Neuzeit – jene Halbinsel in Sichtweite Afrikas, die fast vollständig von Ozeanen umgeben ist – und seine Literatur unter einem nun ebenfalls sachte verschobenen Blickwinkel erscheinen:

> A geopolitically committed location of modernity in the Hispanic world of the 16th century – rather than in Northern Europe and the Enlightenment in the 18th century – also requires a relocation of both postmodernity and post-colonialism, thus dislodging them from their actual theorization within Anglo-American and Northern European sites, so that the loci, subjects, and discourses of postmodernity and post-coloniality are relocated in the Americas, that is at the end of the eighteenth century and early nineteenth century. In this way, the relocation of postmodernity and postcoloniality in the Americas at the end of Hispanic modernity becomes consequent and coherent – it is particular – with a Hispanic and historical understanding of modernity.[86]

---

[85] Einen Forschungsstand aus geschichtswissenschaftlicher Perspektive bietet Ulrike Schmieder: Aspekte der Forschungsgeschichte zum Atlantischen Raum. In: Ulrike Schmieder/Hans-Heinrich Nolte (Hg.): *Atlantik. Sozial- und Kulturgeschichte in der Neuzeit*. Wien: Promedia Verlag 2010, S. 226–253.
[86] Joseba Gabilondo: The Hispanic Atlantic, S. 103. Mit Blick auf die lateinamerikanischen Unabhängigkeiten und ihrem postkolonialen Republikanismus in der ersten Hälfte des 19. Jahrhunderts kommt Benedict Anderson zu einer ganz ähnlichen Diagnose (vgl. *Imagined Communities*, S. 52).

Eine derartige räumliche und zeitliche Verschiebung, mit der die gängigen Konstruktionen einer westlichen (Literatur)Geschichte der Moderne lediglich als die Erweiterung einer bereits historischen «Hispanic modernity» erscheinen würden, wäre eher im Gefolge eines Alfonso Reyes oder mit José Lezama Lima und seiner *Expresión Americana* denkbar, als mit der Hispanistik als einer Teildisziplin der deutschen romanistischen Fachtradition. Wir lassen es hier auf die Konsequenzen einer solchen experimentellen Anordnung – die viele Vorläufer hat – ankommen.[87] Es soll der Versuch unternommen werden, Kategorien der Analyse herauszuarbeiten, die möglicherweise ohne den atlantischen Horizont im Verborgenen geblieben wären.[88] Mit Blick auf vergangene, aber parallele Diskurse – wie etwa derjenige der transatlantischen, aber auf Spanien zentrierten *Hispanidad* – ist ein allzu emphatischer Umgang mit dem Begriff des Atlantiks dabei zu vermeiden. Wie auch bei dem Konzept eines «Hispanic Atlantic» zu bedenken wäre, spielt die atlantische Perspektive ganz unterschiedlichen Akteuren und Interessen in die Hände. Sie muss daher stets mit Vorsicht behandelt werden. Sie kann eine Taktik oder vorübergehende Figur der Lektüre sein. Niemals jedoch, auch daran soll der Begriff des Atlantiks erinnern, darf der fließende, relationale Charakter der durch literarische Texte erzeugten Bedeutungen vereindeutigt werden – auch dann nicht, wenn einmal die sympathischere Partei den Wind in ihren Segeln haben sollte.

1.2 Literatur und Raum: **Semantik des Ozeanischen**

Der vorangegangene Abschnitt entwirft eine mögliche Geschichte und Wirkung des Atlantik-Begriffs auf einer die Analyse von Primärtexten rahmenden Ebene von Literatur- und Kulturtheorie. Mit Blick auf den auf dieser Ebene wirksamen Wandel der Lektürehaltung gegenüber kanonischen literarischen Texten aus Europa – ein Wandel, der mit dem Begriff des Atlantiks, seiner konfliktreichen

---

[87] Zu dieser Verflechtung von *crítica*, Fachgeschichte und Orten des Schreibens, vgl. Ottmar Ette/Sergio Ugalde Quintana (Hg.): *Políticas y estrategias de la crítica: ideología, historia y actores de los estudios literarios*. Madrid/Frankfurt am Main: Iberoamericana/Vervuert 2016.
[88] Für ein bemerkenswertes literarisches Dokument aus dem transatlantischen Raum an der Schwelle zum 19. Jahrhundert, vgl. Anja Bandau: Une Odyssée sans Retour: le Texte et ses Modèles. In: Jean-Paul Pillet: *Mon Odyssée: L'Épopée d'un colon de Saint Domingue*. Paris: Société française d'étude du dix-huitième siècle 2015, S. 33–55. In Jean-Paul Pillets (1772/73–1832) *Mon Odyssée* (1793–98) wirkt der «espace atlantique» zwischen der Metropole und der verlorenen Kolonie Saint-Domingue als «un entre-deux, un seuil qui séparerait le héros aristocratique du héros bourgeois» (ebda., S. 54) – mit entsprechenden gattungs- und repräsentationstheoretischen Konsequenzen.

Verbindung zum Begriff der Aufklärung sowie seinen kolonialen und postkolonialen Implikationen verbunden ist – erfasst der vorangeganene Abschnitt einen besonders in der deutschsprachigen Diskussion noch entstehenden, mitunter noch unkonturierten und daher auch umkämpften Prozess.[89] Die Bemerkung Julio Ortegas in einem Blog-Eintrag, wonach «me pareció entender que nuestro trabajo latinoamericanista, absorto en la agenda de los estudios culturales, había perdido uno de sus elementos constitutivos, el diálogo con la cultura Española»,[90] markiert – wie der vorangegangene Anschnitt zeigte – einen transatlatischen Rahmen, in dem sich die vorliegende Untersuchung verortet wissen möchte. Insofern die metatextuelle Ebene der Theoriebildung und die unmittelbare Ausdrucksebene des literarischen Textes zusammengedacht werden, wird auch deutlich, dass ein atlantischer Lektürehorizont nicht notwendigerweise voraussetzt, dass das «sujeto trasatlántico» – sei es der Theoretiker oder der Schriftsteller – den Atlantik im physischen Sinne überquert hat:

> Si Cervantes quiso mudarse a la orilla de las Indias y Sor Juana soñó con ser acogida por la Casa del Placer en la orilla Portuguesa, es en sus textos, en la geografía de la grafía, donde ambos se configuran como sujetos trasatlánticos. Los sujetos en que se represantan están, por ello, textualizados por la virtualidad de la otra orilla, que imaginan cruzar como si del otro lado del espejo el espacio inclusivo fuera mayor y, para ellos entonces, como para los emigrados después, más libres.[91]

---

[89] Für einen kompakten Überblick, vgl. Anja Bandau: Überlegungen zu einer transatlantischen Romanistik – Transatlantische Lektüren. In: Christine Felbeck/Andre Klump u. a. (Hg.): *America Romana: Neue Perspektiven transarealer Vernetzungen*. Frankfurt am Main: Peter Lang 2015, S. 257–276, hier S. 258–268. In diesem Zusammenhang ist auf eine ganze Publikationsreihe transarealer Ringvorlesungen von Ottmar Ette (vgl. etwa ders.: Alexander von Humboldt: hemisphärische Konstruktionen und transregionale Wissenschaft. In: Ottmar Ette/Peter Birle u. a. (Hg.): *Hemisphärische Konstruktionen der Amerikas*. Frankfurt am Main: Vervuert 2006, S. 13–49) zu verweisen. Letztere reicht bis zu der folgerichtigen Erweiterung der Perspektive auf den Pazifischen Ozean (vgl. Ottmar Ette/Werner Mackenbach u. a. (Hg.): *TransPacífico. Conexiones y convivencias en AsiAméricas. Un simposio transareal*. Berlin: Edition Tranvía 2013; vgl. auch Epeli Hau'ofa: Our Sea of Islands. In: Eric Vijay Naidu Waddell/Epeli Hau'ofa (Hg.): *A new Oceania: Rediscovering Our Sea of Islands*. Suva (Fiji): The University of the South Pacific 1993, S. 2–16). Für die Süd-Süd Perspektive in diesem Zusammenhang, vgl. die Beiträge in Susanne Klengel/Alexandra Ortiz Wallner (Hg.): *Sur ↓ South. Poetics and Politics of Thinking Latin America / India*. Madrid/Frankfurt am Main: Iberoamericana/Vervuert 2016 und Michael Mann/Ineke Phaf-Rheinberger (Hg.): *Beyond the Line. Cultural Narratives of the Southern Oceans*. Berlin: Neofelis 2014, S. 7–27. Ob der Atlantik – wie von Paul Gilroy gefordert – als umfassender Horizontbegriff sehr weitreichende Folgen zeitigt oder ob er das Derivat einer nicht näher bestimmten, jedoch zumeist auf amerikanische Räume beschränkten und an *area studies* orientierten Kulturwissenschaft bleibt, ist in Deutschland noch nicht entschieden.
[90] Julio Ortega: *Crítica transatlántica en el siglo XXI*, Abschnitt II.
[91] Julio Ortega (Hg.): *Nuevos hispanismos*, S. 11.

Im Falle Mateo Alemáns wäre 1608 die Überquerung des Atlantiks gelungen, ebenso wie bei dem 1600 erstmals in die andere Richtung reisenden Juan Ruiz de Alarcón. Unabhängig von der Frage, ob sie mit der Genese des *Burlador de Sevilla* in Verbindung gebracht werden kann, empfahl 1616 eine Reise in die Kolonien Tirso de Molina für höhere Ämter in Spanien. Dies hätte sich Miguel de Cervantes sehr gewünscht, doch es kam nie zu der ersehnten Ausreise. Ein Autor wie Luis de Góngora hingegen entwickelte sein gesellschaftliches Selbstverständnis gerade in einem teils snobistischen und provokativen, teils neostoisch und humanistisch inspirierten Rückzug von solcherlei ozeanischen Bemühungen: «Córdoba y tres mil ducados de renta en mi patinejo, mis fuentes, mi brevario, mi barbero y mi mula [...].»[92] Die beschleunigte Mobilität von Klerikern, Bürokraten und *letrados*, Konquistadoren, Pikaros und Figuren aller Art aus der Welt des Theaters dürfte jedoch – nicht nur als Bedingung der Möglichkeit einer der bedeutenderen Liebesaffären Lope de Vegas oder in der Rastlosigkeit zahlloser Don Juans – unbestritten sein. Soll Bewegung – und der durch Bewegung dynamisierte Raum – jedoch weniger als die abstrakte, apriorisch stets gegebene Bedingung der Möglichkeit von Erkenntnis, sollen Ortspunkte, Bewegung und Raum nicht bereits biographistisch oder materialistisch als die Symptome einer *vision du monde* gelesen werden,[93] so muss diese *mouvance* vielmehr im übertragenen Sinne als einer der zentralen, sinnschaffenden Mechanismen auf der textuellen Ebene literarischer Ausdrucksformen aufgefasst werden. Denn für die «geografía de la grafía» (Julio Ortega) spielt es in erster Linie keine Rolle, ob ein Autor oder Theoretiker selbst den Atlantik befuhr oder nicht. Der bereits eingeführte Roland Barthes markiert einen kulturhistorischen und literaturtheoretischen Moment, in dem – ohne dass es zu einem absoluten Bruch zu den im vorangegangenen Abschnitt diskutierten philologischen Klassikern der Romanistik gekommen wäre – die ebenfalls bereits angerissene postkoloniale Relativierung eurozentrischer und monologischer

---

92 So kennzeichnete Góngora diesen Rückzug in einem vielzitierten Brief von 1613 (zit. in Luis de Góngora: *Obras completas, I*. Madrid: Fundación José Antonio Castro 2008, Band 1, S. XVII; fortan wird dieser Band zitiert als *GOC*).
93 Vgl. hierzu das ‹Nachwort› in Michail Bachtin: *Chronotopos*. Frankfurt am Main: Suhrkamp 2008, S. 205 f. Für den Begriff der *vision du monde* oder Weltsicht im Kontext der vorliegenden Untersuchung, vgl. Karlheinz Barck: Luis de Góngora und das poetische Weltbild in seinen «Soledades». Eine Begriffsgeschichte von ‹Raum› bietet die ‹Einleitung› in Jörg Dünne/Stephan Günzel (Hg.): *Raumtheorie. Grundlagentexte aus Philosophie und Kulturwissenschaften*. Frankfurt am Main: Suhrkamp 2006 (stw), S. 9 f. sowie Ricardo Padrón: *The Spacious Word: Cartography, Literature, and Empire in Early Modern Spain*. Chicago: University of Chicago Press 2004, S. 47 f.

Mythen der Aufklärung einsetzte.⁹⁴ Gleichzeitig rückte der literarische Text auf eine Art und Weise in den Vordergrund, dass er nun nicht mehr als solitäres Werk, sondern als ein relationales Phänomen erschien. Dessen «metaphorical space»⁹⁵ erwächst in einem übertragenen Sinne aus ‹Bewegungen› auf sprachlicher, stilistischer, rhetorischer oder strukturaler Ebene.⁹⁶ In seiner Antrittsvorlesung am Collège de France im Jahr 1977 legte Barthes daher eine Erläuterung seines Literaturbegriffs vor, welche die sprachliche – die rhetorische – und die räumliche Ebene des Textes zusammendenkt. So folgt bei Barthes auf die grundlegende Kategorie des Wissens («l'écriture fait du savoir une fête») eine im Festbegriff angedeutete ludische und spektakuläre, aus Sicht der Autoritäten in jedem Fall jedoch regulierungsbedürftige Dimension der Sinnproduktion.⁹⁷ Das Ergebnis ist das mitunter umstürzlerische Potential der als

---

94 Ideen von Klarheit und Transparenz werden folglich durch Dunkelheit, Körperlichkeit und Intransparenz ersetzt. «[N]ous avons besoin de l'impureté des mots», so das dazugehörige Motto (Roland Barthes: *Comment vivre ensemble?*, S. 141, Fn 1). Hargreaves betont mit Chela Sandoval «that Barthes' work, can be seen to pre-figure, and in many cases go beyond, the critical categories and contradictions that are central to the intellectual processes of decoloniality» (zit. in Alec G. Hargreaves: Roland Barthes and the Origins of Postcolonialism. In: Adlai H. Murdoch/Anne Donadey (Hg.): *Postcolonial Theory and Francophone Literary Studies*. Gainesville, FL: The University Press of Florida 2005, S. 55–64, hier S. 56).
95 Marie-Laure Ryan: Narrative Cartography: Toward a Visual Narratology. In: Tom Kindt/Hans-Harald Müller (Hg.): *What is narratology? Questions and answers regarding the status of a theory*. Berlin/New York: Walter de Gruyter 2008, S. 333–364, hier S. 336. Vgl. auch Wolfgang Iser: Akte des Fingierens. Oder: Was ist das Fiktive im fiktionalen Text? In: Dieter Henrich/Wolfgang Iser (Hg.): *Funktionen des Fiktiven. Poetik und Hermeneutik X*. München: Wilhelm Fink 1983, S. 121–151, hier S. 130.
96 Folglich wird immer wieder auf Heinrich Lausbergs klassisches *Handbuch der literarischen Rhetorik* (fortan zitiert als *HLR*) zurückzugreifen sein. Die vorliegende Untersuchung berührt eine Reihe von Metaphern für textuell geschaffene Relationalität, wie die stilistische Dimension der *verba peregrina* (vgl. Heinrich Lausberg: *Handbuch der literarischen Rhetorik. Eine Grundlegung der Literaturwissenschaft* (2 Bände). München: Max Hueber 1960, § 477 und Hugo Friedrich: *Epochen der italienischen Lyrik*, S. 462) oder – wie Gian Luigi Beccaria (vgl. Tra Italia, Spagna e Nuovo Mondo nell' età delle scoperte: viaggi di parole. In: *Lettere Italiane* 37 (1987), S. 177–203) treffend formuliert – «viaggi di parole». Ferner der durchaus räumlich-wendende Impuls der Tropen (vgl. Ottmar Ette: *TransArea*, S. 80 und *HLR*, § 894, §§ 552–598), ebenso wie die Metapher selbst, ihrerseits selbst Metapher der Kontaktzone oder Passage (vgl. Vittoria Borsò: Pensar el movimiento: rutas e itinerarios de las culturas. In: Vittoria Borsò/Yasmin Temelli u. a. (Hg.): *México: migraciones culturales – topografías transatlánticas. Acercamiento a las culturas desde el movimiento*. Madrid/Frankfurt am Main: Vervuert/Iberoamericana 2012, S. 47–76, hier S. 58 f.). So können die übergeordneten Topoi von Schiff, Schiffbruch, Sternen, Insel oder Strand als relationale *metaphorai* gedeutet werden.
97 «Parce qu'elle met en scène le langage, au lieu, simplement, de l'utiliser, elle engrène le savoir dans le rouage de la réflexivité infinie: à travers l'écriture, le savoir réfléchit sans cesse sur le savoir, selon un discours qui n'est plus épistémologique, mais dramatique. [...] L'écriture

‹literarisch› gekennzeichneten Verwendungen von Sprache. Barthes Zugang zu der abbildenden Funktion des literarischen Textes nimmt zwar einen Ausgangspunkt bei einer an der Rhetorik des Spektakels orientierten Auffassung von literarischer Sprache als *mise en scène*,[98] einer von alltäglicher Kommunikation abweichenden epideiktischen Emphase,[99] verbindet diese Auffassung jedoch gerade mit einer auf das Alltägliche verweisenden, semiologischen Sicht auf die Informationsstruktur der Botschaft. Letztere Perspektive erfasst den literarischen Text als eine abstrakte «Raumsprache» (Karin Wenz), die vielfältige Dimensionen der Wirklichkeit in einen linearen, sprachlich-semiotischen Kode überführen muss:

> La seconde force de la littérature, c'est sa force de représentation. Depuis les temps anciens jusqu'aux tentatives de l'avant-garde, la littérature s'affaire à représenter quelque chose. Quoi? Je dirai brutalement: le réel. Le réel n'est pas représentable, et c'est parce que les hommes veulent sans cesse le représenter par des mots, qu'il y a une histoire de la littérature. [...] [O]n constate qu'on ne peut faire coïncider un ordre pluridimensionnel (le réel) et un ordre unidimensionel (le langage). Or, c'est précisément cette impossibilité topologique à quoi la littérature ne veut pas, ne veut jamais se rendre.[100]

Diese grundlegende Repräsentations- oder Abbildungsfunktion des literarischen Textes mag – wie das obige Zitat auch begrifflich belegt – als ein Anrennen des Schriftstellers gegen die «impossibilité topologique» gelten, eine gelebte Realität *toute courte* einzufangen. Indem die in diesem Prozess zwangsläufig semiotisch übersetzte und linearisierte «Raumsprache» des Textes wie-

---

fait du savoir une fête.» (Roland Barthes: *Leçon*, S. 19 f.) Zum Alltagsbegriff («l'ordinaire») in diesem Zusammenhang, vgl. Michel de Certeau: *L'invention du quotidien. 1. arts de faire.* Paris: Gallimard 1990, S. 18 f.

98 «Toute rupture un peu ample du quotidien introduit à la Fête» (Roland Barthes: *Mythologies*. Paris: Seuil 1957, S. 66). Die Tatsache, dass Barthes die Strategien und Ordnungen der rhetorischen Überhöhung und Festivität bei anderen zwar entlarvt, ihnen aber – als Schriftsteller – selber auch folgt, zählt zu den kleinen Geheimnissen dieses Autors.

99 Das grundsätzliche Problem rhetorisierter Mimesis in der Epideixis spielt bereits in Barthes sprichwörtlich gewordenem Aufsatz *L'Effet de Réel* (1968) eine wichtige Rolle. Bezüglich der Epideixis in dem vorliegenden Zusammenhang, vgl. Laurent Pernot: *Epideictic Rhetoric. Questioning the Stakes of Ancient Praise.* Austin: University of Austin Press 2015, S. 66–71, Eric MacPhail: Philosophers in the New World: Montaigne and the tradition of epideictic rhetoric sowie *HLR*, § 239–254. Zur prinzipiellen Ähnlichkeit zwischen epideiktischem Genus und fiktionaler Literatur an sich, vgl. ebda. § 1163.

100 Roland Barthes: *Leçon*, S. 21 f. «Eine räumliche Konfiguration erscheint uns immer als Ganzheit. Wir nehmen sie simultan wahr. Der Umsetzungsprozess in Sprache setzt eine Auflösung der mehrdimensionalen Raumwahrnehmung in eine lineare Struktur voraus.» (Karin Wenz: *Raum, Raumsprache und Sprachräume: zur Textsemiotik der Raumbeschreibung*. Tübingen: Gunter Narr 1997, S. 57)

derum neue, ureigene – mitunter durchaus rhetorisch stilisierte – «Sprachräume» entfaltet,[101] birgt die spezifisch literarische Kombinatorik von Spektakel und Wissen für Barthes ein geradezu revolutionäres Potential. Sicherlich im Anschluss an die innerhalb der *tel quel*-Gruppe stattfindenden Diskussionen um Góngora und den Barockbegriff, kennzeichnet Barthes selbst einen solchen Text – der vorgegebene Ordnungen des Alltags lustvoll unterläuft – als «texte gongorien».[102] Selbst wenn es, wie Ricardo Padrón in einer bemerkenswerten Studie gezeigt hat, ebenso wie im Falle des literarischen Textes ohnehin ein Fehler wäre, im 16. und 17. Jahrhundert die narrative und dynamische Symbolik der Karten auf eine singuläre, statische, topographische und rein machtgetriebene Funktion der Abbildung zu beschränken:[103] Barthes Hinweis auf die Topologie und ihre mitunter subversive Perspektive macht deutlich, dass es hier nicht um die reine Kartierbarkeit literarischer Texte und ihrer Strukturen gehen kann. Stattdessen geht es um eine äußerst umfassende Neukombination und Erweiterung von Sinnstrukturen, die höchstens im uneigentlichen Sinne

---

101 Zu der Unterscheidung von «Raumsprache» und «Sprachräumen» innerhalb eines abstrakten «Zeichenraums», vgl. ebda., S. 18.

102 Roland Barthes: *Roland Barthes par Roland Barthes*. Paris: Seuil 1995, S. 120; vgl. dazu Paul Julian Smith: Barthes, Góngora, and Non-Sense. In: *PMLA* 101 (1986), S. 82–94. Ob man Barthes das Recht zugestehen möchte, in wissenschaftlichen Kontexten selbst eine solch subversive Schreib- und Denkweise zu vertreten, oder ob man ihm – wie Góngora – im Namen der «intellectual honesty» den Vorwurf der willentlichen Konfusion und irrationalen Dunkelheit machen möchte, wie ihn Alan Sokal und Jean Bricmont in ihrer berühmten Polemik (*Fashionable Nonsense. Postmodern Intellectuals' Abuse of Science*. New York: Picador 1998) mit gutem Grund an viele von Barthes Zeitgenossen (jedoch nicht an Barthes selbst) richteten, bleibe dahingestellt.

103 «As we shall see, the story I tell about these pieces of cartographic literature is neither one of triumphant conquests, military or intellectual, nor one of sudden cultural transformations. Instead, it is a story of how the old lingers after the initial emergence of the new, of how hybrid cultural products only gradually shed themselves of an outmoded past, of how a central aspect of modernity slinks into existence.» (Ricardo Padrón: *The Spacious Word: Cartography, Literature, and Empire in Early Modern Spain*, hier S. 12; vgl. auch Michel de Certeau: *L'invention du quotidien*, S. 178.) Humboldt attestierte Karten eine geradezu figurale Qualität, die dynamisch angelegt war und verschiedene Zeiten miteinander verband: «Bei der Aufgabe, deren Lösung uns hier beschäftigt, darf man den Einfluss nicht aus den Augen verlieren, welchen auf die Darstellung der Kartenumrisse und der allgemeinen Bildung der Festländer Meinungen, Vermutungen und Wünsche ausgeübt haben, welche durch große Staats- und Handelsinteressen hervorgegangen sind. Aus diesem Vorgreifen von Vermutungen vor wirklichen Entdeckungen und den mehr oder minder haltbaren Beweggründen, welche ein solches Vorgreifen veranlassten, wird sich einiges Licht in Bezug auf die Überzeugungen verbreiten lassen, welche [...].» (*KU*, S. 107; vgl. Tobias Kraft: *Figuren des Wissens bei Alexander von Humboldt*, S. 102–104.)

als ‹räumlich› zu bezeichnen sind. Das Ergebnis ist eine literarische, topologische Raumsemantik.[104] Dass so komplexe, topologische Raumordnungen literarischer Texte sowie die in den postkolonialen Studien immer wichtiger und breiter gewordene Dimension des *lieu tiers*[105] vor dem Hintergrund einer derartig massiven Erweiterung des topographischen Raumes nach Westen – wie es der Atlantik geradezu sprichwörtlich verkörpert – auch im Siglo de Oro in Bewegung geraten sein müssen, liegt auf der Hand. Es scheint jedoch sehr viel weniger klar zu sein, entlang welcher Linien eine Analyse dieses Prozesses auf der Ebene der Primärtexte erfolgen könnte. Daher generieren wir hier eine Versuchsanordnung, die darauf abzielt, Strukturen und Veränderungen in den topologischen Sprachräumen eines Korpus fiktionaler Texte nachzuspüren und gleichzeitig den Zusammenhang zum kulturwissenschaftlichen, atlantischen und postkolonialen Rahmen der Theorie im Blick zu behalten.

Für die konkrete Arbeit der Textanalyse in der vorliegenden Untersuchung bedeutet dies zunächst, dass den vielfältigen räumlich konnotierten Strategien mit denen literarische Texte ihre «Weltzuwendung» generieren eine besondere Aufmerksamkeit zukommen muss.[106] Hierzu zählt eine ganze Reihe an Strategien: Axiologien,[107] intratextuelle Raumentwürfe und die an sie geknüpften Deiktika, einerseits, intertextuelle Räume und Verweissysteme, andererseits,[108] dann die häufigen Bezugnahmen auf außertextuelle Ortsnamen und topographische Begebenheiten, die große ästhetische Lebendigkeit von Mehrsprachigkeit, *code switching*, Exophonie,[109] scharfe Überschreitungen der rhetorischen

---

[104] Der Begriff der Topologie umfasst eine ganze Serie räumlicher Konzepte, die Bernhard Teuber als «Topographie der Kultur» erfasst (vgl. Bernhard Teuber: Imaginatio Borealis in einer Topographie der Kultur. In: Annelore Engel-Braunschmidt/Gerhard Fougenet u. a. (Hg.): *Ultima Thule. Bilder des Nordens von der Antike bis zur Gegenwart*. Frankfurt am Main: Peter Lang 2001, S. 173–201).
[105] Des Zwischenraumes oder der Kontaktzone; vgl. dazu Jörg Dünne: *Geschichten im Raum und Raumgeschichte, Topologie und Topographie: Wohin geht die Wende zum Raum?* (http://www.uni-potsdam.de/romanistik/ette/buschmann/dynraum/duenne.html; datiert 28. 11. 2008; Stand: 1. 8. 2015), S. 12 und Michel de Certeau: *L'invention du quotidien*, S. 187.
[106] Vgl. Wolfgang Iser: Akte des Fingierens, S. 122 f. und S. 123, Fn 2.
[107] Zu diesem Begriff, vgl. Algirdas Julien Greimas: *Maupassant. La sémiotique du texte. Exercices pratiques*. Paris: Seuil 1976, S. 33 und Karin Wenz: *Raum, Raumsprache und Sprachräume: zur Textsemiotik der Raumbeschreibung*, S. 37.
[108] Vgl. Karin Wenz: *Raum, Raumsprache und Sprachräume: zur Textsemiotik der Raumbeschreibung*, S. 37 und 148–152.
[109] Vgl. Christiane Maass/Annett Volmer (Hg.): *Mehrsprachigkeit in der Renaissance*. Heidelberg: Winter 2005, Susan Arndt/Dirk Naguschewski u. a. (Hg.): *Exophonie: Anders-Sprachigkeit (in) der Literatur*. Berlin: Kulturverlag Kadmos 2007.

Redegegenstände und stilistischen *genera elocutionis*,[110] ein traditionsreiches Arsenal an rhetorische Strategien der überraschenden Verbindung und Wendung, der chronotopischen *impossibilia*, Vergrößerungen oder Verkleinerungen,[111] und schließlich die übergeordneten poetologischen Figuren des verräumlichenden Gehens in einer «rhétorique de la marche»[112] oder des verbildlichenden Sehens in dem *theatrum*, als einem pluri- und intermedialen Verfahren innerhalb sozialer Raumordnungen.[113] Es sind Strategien, die letztlich stets als eine der Figurenrede oder Erzählinstanz übergeordnete Funktion des Textes an sich gewertet werden müssen. Solche Analysen könnten, perspektivisch, zu einem topologisch inspirierten Inventar der Strategien, Strukturen und Motive führen, mit denen die Geschichte(n), Räume und Bewegungsmuster der Literatur an der Globalisierung partizipieren.[114] Auf der Figurenebene und bereits auf einem Weg hinaus in dezidiert kultursemiotische

---

110 Die rhetorischen *genera* teilen sich in *genus iudicialis, deliberativus* und *laudativus*. Die am *aptum* zwischen Gegenstandsbereich und Stil orientierten *genera elocutionis* teilen sich in *stylus humilis, mediocris* und *gravis*. Erstere erscheinen in der *Loa de Lisboa* im *Burlador de Sevilla* als imperiale Epideixis. Góngoras *Soledades* hingegen zeigen – gerade in den Augen der Zeitgenossen – einen Mangel an *aptum* im Sinne der zweiten *genera* und verhandeln so ihren Standort zwischen Epos und Lyrik.

111 Während die *impossibilia* seit Senecas *Medea* und ihrem zweiten Chorlied als eine problematisierende Figuration globaler Bewegungen und Begegnungen betrachtet werden können – «Nichts läßt, wo es war, die erschlossene Welt. / Das eisige Naß des Araxes schlürft / der Inder, es trinkt der Perser bereits / aus Elbe und Rhein» (L. Annaeus Seneca: *Medea*. Stuttgart: Philipp Reclam 1993, S. 37; Verse 371–374; vgl. Mercedes Blanco: *Góngora heroico*, S. 306 f. und 387) –, so sind groteske Vergrößerungen und Verkleinerungen besonders in der mittelalterlichen Tradition eine Auswirkung großer geographischer Entfernung. Ebenso wie für die narrative Strategie der Anagnorisis – die ebenfalls an «ausgedehnte Reisetätigkeit» geknüpft sein kann (Caroline Schmauser: Stationen der Anagnorisis: Aristoteles, Heliodor, El Pinciano und Cervantes. In: Joachim Küpper/Friedrich Wolfzettel (Hg.): *Diskurse des Barock. Dezentrierte oder rezentrierte Welt?* München: Wilhelm Fink 2000, S. 293–329, hier S. 294, Fn 3) – stellt sich in allen Fällen, wie Lausberg (vgl. *HLR*, § 1218) bemerkt, seit Aristoteles *Poetik* die spezifisch literarische Frage von Bewegung im Raum und Glaubwürdigkeit des Geschehens, bzw. wahrscheinlich gemachter Unmöglichkeit. Zu diesem Problem, vgl. auch Ottmar Ette: Diskurse der Tropen – Tropen der Diskurse: Transarealer Raum und literarische Bewegungen zwischen den Wendekreisen. In: Wolfgang Hallet/Birgit Neumann (Hg.): *Raum und Bewegung in der Literatur. Die Literaturwissenschaft und der Spatial Turn*. Bielefeld: transcript 2009, S. 139–165.

112 Michel de Certeau: *L'invention du quotidien*, S. 149. Vgl. auch ebda. S. 63 und 151–154.

113 Vgl. Frank Lestringant: *Die Erfindung des Raums* und Michel de Certeau: *L'invention du quotidien*, S. 183 f.

114 Vgl. dazu Ottmar Ette: *Literatur in Bewegung. Raum und Dynamik grenzüberschreitenden Schreibens in Europa und Amerika*. Weilerswist: Velbrück Wissenschaft 2001 und ders.: *TransArea* sowie die verstreuten Bemerkungen dazu in Franco Moretti: *Atlante del romanzo europeo* und ders.: *Graphs, Maps, Trees. Abstract models for a literary history*. London: Verso 2005.

und kulturwissenschaftliche Fragestellungen verdient die Darstellung der Folgen von Bewegung und Begegnung – sei es für den Einzelnen oder für ganze Gruppen – besondere Aufmerksamkeit. Sofern die Figuren selbst in (mitunter ‹parasitäre› oder ganz erzwungene) Pilgerschaften aller Art verwickelt werden, folgen aus dem Moment von Bewegung und Begegnung auch konfrontative, von Alterität, Agression, Skeptizismus oder Scheinhaftigkeit geprägte Erfahrungen eines ‹äußeren› Raumes sowie einer unverfügbaren und unheimlichen ‹Innerlichkeit› des Subjekts. In ihren Manifestationen als Grußthema, als Vorübergehen oder «die ethische Wirkung des Blickes» zählen Bewegungen und Begegnung von Menschen zwar zu dem Kerngeschäft der Literaturwissenschaft.[115] Als textuelle Simulationen realer Ereignisse können sie jedoch, ebenso wie die spezifischen Orte an denen sie stattfinden, zu kultursemiotischen und kulturwissenschaftlichen Fragestellungen führen und sich von den rein literarischen Strategien der Darstellung eines Textes entfernen. Diese Bewegung führt dann – mit den ebenfalls textuell simulierten Kategorien von Nähe und Distanz – zu Fragen des Zusammenlebens: ob mit Anderen oder mit sich selbst.[116] Schließlich sei angemerkt, dass in dem Maße, in dem wie im pikaresken Roman die Bewegungen auf der Figurenebene mit der Frage nach der Gattung des Textes zusammenfallen, die hier aufgeworfenen Fragestellungen auch schon den strukturellen *parcours* der hiermit vorliegenden Untersuchung beschreiben.

Dantes *Commedia* (1309–1321) und ihre zwischen Theologie, Fiktion, Axiologie und Wissen changierende Topologie ist nicht nur das bekannteste Beispiel für die bereits erwähnte Kanonisierung von literarischem Wissen in ganz unterschiedliche Felder der Erkenntnis.[117] Vielmehr erscheint hier, wie kundigere Autoritäten längst näher erläutert haben,[118] der literarische Schreibakt

---

115 Erich Auerbach: *Dante als Dichter der irdischen Welt*, S. 45.
116 «Le Vivre-Ensemble [...] emporte une éthique (ou une physique) de la distance entre les sujets cohabitant. C'est un redoutable problème – sans doute le problème fondamental du Vivre-Ensemble [...].» Roland Barthes: *Comment vivre ensemble?*, S. 110. Vgl. auch Paul Gilroy: *The Black Atlantic*, S. 30 und 53.
117 Im Jahr 1502 erinnerte sich Amerigo Vespucci an die intratextuell verwobenen Bezüge auf die Sterne, welche die Topologie der *Commedia* auch für Seefahrer interessant machten (vgl. COM, Band 2, S. 15, Fn 23). Alexander von Humboldt war nicht minder fasziniert von Dantes ‹Astrognosie› (vgl. KU, S. 376–379). Im Sevillaner Archivo General de Indias fand der Verfasser der vorliegenden Untersuchung die *Commedia* dann auch in einem Regal mit der Aufschrift *matematicas*.
118 Vgl. Burkhardt Wolf: *Fortuna di mare*, S. 42–49 und 146 f. sowie Karlheinz Stierle: *Das große Meer des Sinns. Hermenautische Erkundungen in Dantes «Commedia»*. München: Wilhelm Fink 2007, S. 125.

selbst als eine selbstreflexive Grenzüberschreitung. Prototypisch verkörpert in dem zum *exemplum* stilisierten Rhetoriker Odysseus aus dem Höllenkreis der schlechten Ratgeber und unter dem historischen Eindruck des rätselhaften Verschwindens der Expedition der Gebrüder Vivaldi im Südatlantik (1291), mehr als zwei Jahrzehnte vor der Reise des Niccolò da Recco zu den Kanarischen Inseln (1341), ist der Gestus der *Commedia* fast schon *per se* mit der Grenzüberschreitung in den Atlantik hinaus verbunden. Es bleibt folglich nur zu bemerken, dass in einem an Barthes anschließenden Panorama nun die topologische Raumsemantik Jurij Lotmans in den Blick kommt. Sie erscheint vor diesem Hintergrund einerseits als eine allgemeine Theorie der durch Bewegung und Grenzüberschreitung provozierten Proliferation und Infragestellung von Sinn. Andererseits stellt sie auch einen an epischen Bewegungsmustern orientierten Spezialfall dar.[119] Beide Aspekte verleihen Lotmans Raumsemantik ozeanische Qualitäten. Denn darauf hatte Dantes Odysseus die Leser der *Commedia* bereits aufmerksam gemacht: Sofern die literarischen Protagonisten nicht, wie im echten Leben die Expedition der Gebrüder Vivaldi, sang- und klanglos jenseits der Säulen des Herkules verschwinden, wird es durch ihre Bewegung auf jeden Fall «zu einer ereignishaften Vermehrung des semantischen Potentials kommen»:

> In der Regel sind im Erzähltext semantische Räume markiert, die sich aus den von außertextuellen Realitäten selektierten Elementen aufbauen und die durch die schematisierte Darstellung des Romanpersonals (negative und positive Charaktere) deutlich werden. Doch auch hier herrscht ein Figur- und Grundverhältnis, das sich darin ausprägt, daß der Held in der Regel solche Begrenzungen semantischer Räume überschreitet [...] und so sein Netz von Beziehbarkeiten entstehen lässt, das in der bloßen Gegebenheit der Textschemata noch nicht enthalten war.[120]

Der Ozean – genauer: der Atlantik – ist aus offensichtlichen Gründen eines der fundamentalsten topologischen Beispiele für ein solches «Figur- und Grundverhältnis» und kann eine ganze Serie weiterer semantischer Felder eröffnen: wie bei Dantes Odysseus nicht nur ozeanische Weite, sondern auch ein infernalisches Verhältnis von Figur und Ab-Grund als die abwärts gerichtete Axiologie

---

119 Lotmans *La Structure du texte artistique* stand seit 1973 bei Gallimard zur Verfügung. Mit Algirdas Julien Greimas wird auch in der vorliegenden Untersuchung ein wichtiger und früher Impulsgeber angeführt, der noch vor Julia Kristeva die Raumsemantik aus dem russischsprachigen Raum in die Pariser Literaturtheorie einbrachte. Greimas war sowohl Barthes als auch de Certeau eng verbunden.
120 Wolfgang Iser: Akte des Fingierens, S. 129. Lotman wählt Odysseus als das prototypische Beispiel einer solchen Bewegung.

eines nassen, ortlosen und folglich anonymen Grabes.¹²¹ Als der Inbegriff des neu erfahrenen Wissens, des Relationalen und Kommunikativen¹²² birgt der Ozean jedoch gleichzeitig ein dieser vertikalen und negativen, ja infernalischen Axiologie entgegengesetztes, horizontales, verbindendes und folglich höchst dynamisches semantisches Potential der (Sinn)Proliferation. Letztere bleibt auf paradoxe und dennoch wesentliche Art und Weise stets an die negative Axiologie des Todes geknüpft. Ebenso wie der Rückgriff auf Barthes, soll der Rückgriff auf Wolfgang Isers Erläuterung von Jurij Lotmans raumsemantischem Konzept von künstlerischer Sinnproduktion, bei der im Falle des literarischen Textes die Verbindung von getrennten semantischen Räumen ein «Netz von Beziehbarkeiten» oder «innertextuelle Relationierungen» erschafft,¹²³ verdeutlichen, dass es hier noch nicht um die im Rahmen des *spatial turn* so wirkmächtig hervorgetretenen sozialen Prozesse der Raumpraxis geht. Es sind noch nicht jene «fleuves chiffrés de la rue» (Michel de Certeau) oder noch aktuellere, sozialwissenschaftlich erfassbare «global cultural flows» (Arjun Appadurai).¹²⁴ Stattdessen sind wir hier noch bei den allgemeinen Mechanismen künstlerischer Sinnproduktion. Denn in der Literatur rufen diese Mechanismen weniger die Kategorie des physischen Raumes, einer sozialen Raumpraxis oder eines wissenschaftlichen Datenraumes auf. Vielmehr legen sie eine dynamische, relationale und artikulatorische Semantik des Textes nahe: Die vielfältigen, nur im übertragenen Sinne ‹räumlichen› Dimensionen der Wirklichkeit, die – wie Barthes in seiner *Leçon inaugurale* bemerkt hatte – der Text mit nicht minder vielfältigen Strategien erfasst, finden ihre Entsprechung weniger in der kantischen, apriorischen Kategorie des Raumes oder in dem cartesianischen Koordinatensystem. Vielmehr verweisen sie auf Akte der Bewegung, Verbindung und Artikulation, welche die Vorgänge von Sinnpro-

---

121 Vgl. Michael C. Frank: Die Literaturwissenschaften und der *spatial turn*: Ansätze bei Jurij Lotman und Michail Bachtin. In: Wolfgang Hallet/Birgit Neumann (Hg.): *Raum und Bewegung in der Literatur. Die Literaturwissenschaften und der Spatial Turn*. Bielefeld: transcript 2009, S. 53–80, hier S. 67. In den *Soledades* evoziert Góngora mehrfach die auch in diesem Beispiel gegebene, grundsätzliche Ambivalenz des Ozeans: «ese voraz, ese profundo / campo ya de sepulcros» (*Soledades II*, S. 139; Verse 403 f.). Im Epischen steht das ‹Säen› der Gefallenen auf dem Feld der Ehre dieser nassen Ortlosigkeit des Ozeans entgegen.
122 Kommunikation kann sehr viele Bedeutungen annehmen, darunter jedoch die bereits bei Hegel fundamentale des «wesentlichen Verhältnisses»: «Ihr [Teile der Alten Welt] Ausgezeichnetes ist, daß sie um das Meer gelagert sind und darum ein leichtes Mittel der Kommunikation haben.» (Georg Wilhelm Friedrich Hegel: *Vorlesungen über die Philosophie der Geschichte*, S. 115)
123 Wolfgang Iser: Akte des Fingierens, S. 129 f.
124 Michel de Certeau: *L'invention du quotidien*, S. 12 und Arjun Appadurai: *Modernity at Large*, S. 178.

duktion und Verstehen selbst bedingen. Es ist bemerkenswert, dass auch bei Lotman diese aus dem Rahmen des Erwartbaren herausfallenden, grenzüberschreitenden und relationalen Akte mit einer maritimen Metapher illustriert werden:

> Wenn wir nun auf der Karte die Bewegung irgendeines konkreten Schiffes einzeichnen, bekommen wir etwas, was an die Verhältnisse im Sujet-Text erinnert: das Schiff kann in See stechen oder nicht, es kann sich genau an die Route halten oder von ihr abweichen […]. Das Kartenbeispiel darf als Modell des Sujet-Textes gelten.[125]

Wieder wäre es ein Fehler, die Karte auf ein immer bereits fertiges, zweidimensionales Modell zu reduzieren. Lotmans Schiff steht nicht für einen fest auf der Karte eingezeichneten Graph, sondern gerade für die Abweichung von der erwartbaren Route. Das Schiff steht – wie auf vielen Karten der Frühen Neuzeit – für narrative Ereignisse, «fragments de récit» innerhalb des vermeintlich stets schon Gegebenen.[126] Damit – so die grundlegende Annahme der vorliegenden Lektüre dieser literaturtheoretischen Allegorie – prägt, ja erschafft das Schiff den vermeintlich so fest vorgegebenen Raum durch den es sich bewegt: Es steht somit für die Bewegungen einer Figur durch die erst dadurch geschaffenen Räume. Letztere sind ebensowenig fest gefügt wie die der Karte, sondern von den Bewegungen der Figur genauso abhängig und geprägt wie die Karte von den ereignishaften, vom Erwartbaren abweichenden Bewegungen des Schiffes.

Die denkbaren, unvorhergesehenen Kursabweichungen und Grenzüberschreitungen auf einer vieldimensionalen Reiseroute der Figur durch eine Vielzahl semantischer Felder führen bei Lotman zu einem textuell ausgedrückten Ereignis und dem sujethaltigen Text. Das Schiff hat Ereignischarakter: «Es war im Meer eine Erscheinung des Sinns». Das Schiff zeugt jedoch auch von Lotmans Orientierung an den Elementen einer epischen oder episierend-romanhaften Vorstellungswelt. Hier wird das zum Zweck der Grenzüberschreitung konstruierte Schiff zu einer Metapher zweiten Grades, sogar zu dem höchst

---

[125] Jurij M. Lotman: *Die Struktur literarischer Texte*. München: W. Fink/UTB [4]1993, S. 340 f.
[126] «Du XVe au XVIIe siècle, la carte s'autonomise. Sans doute la prolifération de figures «narratives» qui la meublent pendant longtemps (navires, animaux et personnages de toute sorte) a-t-elle encore pour fonction d'indiquer les opérations – voyageuses, guerrières, bâtisseuses, politiques ou commerciales – qui rendent possible un plan géographique. Bien loin d'être des «illustrations», gloses iconiques du texte, ces figurations, tels des fragments de récit, marquent dans la carte les opérations historiques dont elle résulte.» (Michel de Certeau: *L'invention du quotidien*, S. 178)

ambivalenten Symbol literarischer Sinnproduktion an sich.[127] Als radikale Abweichung vom Erwartbaren oder Alltäglichen macht die Kategorie des Ereignisses deutlich, dass die ozeanische Welt im Register des Epischen – Schiff, Seefahrt und Schiffbruch – nicht nur bei Lotman für einen semantischen Raum potentiell umwälzender Grenzüberschreitungen steht. Letztere sind denkbar weit von der alltäglichen Erfahrung und alltäglichen Verhaltensweisen entfernt.[128] Auch in der spanischen Literatur des frühen 17. Jahrhunderts bestätigt sich dieses Prinzip – etwa, wenn gegen Ende des zweiten Buches des zweiten Bandes des *Guzmán de Alfarache* die Dienerfigur Sayavedra (die auf das Pseudonym des Autors einer ‹apokryphen› Fortsetzung des ersten Bandes verweist) auf der Überfahrt von Genua nach Barcelona bei Sturm wahnsinnig wird. Paradoxerweise stürzt sich Sayavedra erst später, bei Windstille ins Meer.[129]

Selbstverständlich ist aber keineswegs davon auszugehen, dass es in der Literatur grundsätzlich zu einer andauernden, ereignishaften Abweichung vom Erwartbaren, vom Alltag käme – ganz im Gegenteil. Gerade mit Blick auf die Frage nach der literarischen Perspektive auf die atlantische Welt in der Frühen Neuzeit ist die Kategorie des Alltäglichen – die Frage, ob die atlantische Welt Teil des alltäglichen Erlebens der Zeitgenossen sei, oder nicht – von fast schon irritierender Insistenz.[130] Falls es jedoch – wie etwa bei lyrischer Innerlichkeit,

---

127 Zit. in Jurij M. Lotman: *Die Struktur literarischer Texte*, S. 321. Vgl. zum Ereignischarakter des Schiffes auch Ernst Robert Curtius: Das Schiff der Argonauten und David Quint: The Boat of Romance and Renaissance Epic. In: Kevin Brownlee/Marina S. Brownlee (Hg.): *Romance. Generic Transformations from Chrétien de Troies to Cervantes*. Hanover/London: University Press of New England 1985, S. 178–202. Gerade das Zitat aus einem Gedicht von Zabolockij deutet darauf hin, dass Lotman – wie Bachtin – eine differenzierte Orientierung an der Sprache des Epos, bzw. Romans im Sinn hat.
128 «L'événement fait de moi un autre sujet.» (Roland Barthes: *Comment vivre ensemble?*, S. 123)
129 «Todos estábamos tales y con tanto descuido, la galera por la popa tan destrozada, que levantándose Sayavedra con aquella locura, se arrojó a la mar por la timonera [...].» (Mateo Alemán: *Guzmán de Alfarache* (2 Bände). Madrid: Cátedra [8]2009, hier Band 2, S. 308; fortan zitiert als *Guzmán I/II*) In Shakespeares *The Tempest* (1611/1623) geschieht Ähnliches, wenn ein durch Geist Ariel inszeniertes Elmsfeuer und ein Sturm Prosperos Gegenspieler dazu verleiten, in Panik ins Meer zu springen: «Ariel: Not a soul / But felt a fever of the mad and played / Some tricks of desperation. / All but mariners / Plunged in the foaming brine and quit the vessel [...]» (William Shakespeare: *The Tempest*. London: Bloomsbury 2011, S. 185 f.; 1.2.208–211; Hervorhebung MM). Die Tatsache, dass ausgerechnet der Königstross, nicht jedoch die Seefahrer («All but mariners») derartig wahnsinnig reagieren, unterstreicht auch bei Shakespeare die vom terrestrischen Alltag abweichende, radikal ereignishafte Situation.
130 Vgl. Hanno Ehrlicher: *Einführung in die spanische Literatur und Kultur des Siglo de Oro*, S. 29, Ingrid Simson: *Amerika in der spanischen Literatur des Siglo de Oro: Bericht, Inszenierung, Kritik*. Frankfurt am Main: Vervuert 2003, S. 59 sowie, als allgemeiner Rahmen, Michael She-

der klassischen Komödie oder allen nicht-klassizistischen und folglich nicht an der klassischen Tragödie orientierten Formen der *comedia* – zu keiner Abweichung von der alltäglichen Ordnung kommt oder es schlechterdings nicht möglich ist, dieser Ordnung und der durch sie definierten Normalität zu entfliehen, verliert die durch Lotman vertretene Konzeption eines ästhetischen Raumes unweigerlich an Bedeutung. Sie fußt auf einer mit dem Ereignisbegriff gegebenen und bleibenden Abweichung von vorgegebenen Ordnungen.[131] Dem ästhetischen Raum stehen die vollkommen in den Alltag integrierten sozialen Räume aber entgegen.[132] Soziale Räume, die sich – wie die durch transatlantische Migration bedingten Raumpraktiken und das frühneuzeitliche Theater in Spanien[133] – nur in begrenztem Maße dem kontrollierenden Blick der ‹alltagskonstituierenden› Autoritäten entziehen können, verlangen daher ihren nomadischen Akteuren ein praktisches Können ab: das Kunststück zu vollbringen, eine Spur der vermeintlichen Ereignislosigkeit zu hinterlassen und die *mise en scène* des Alltäglichen zu bewirken. «L'ordre est joué par un art.»[134] Während bei Lotman eine herausragende, oftmals heroische Grenzüberschreitung die kaum kalkulierbare Sinnproliferation des Ereignisses auslöst, betont de Certeau die flüchtigen, taktisch gesetzten und gerissenen Variationen des Performativen: Mündlichkeit und gesprochene Artikulation, die – bis hin zu der Opazität der «bruits de corps» und der Begegnung mit dem Anderen über «citations sonores»[135] – einen kaum zu fixierenden, dem Blick und den Protokollen der Autoritäten entzogenen Raum erschaffen.

> Autre modèle: l'art subtil dont la théorie a été faite par des poètes et des romanciers médiévaux; ils insinuent la novation dans le texte même et dans les termes d'une tradition. Des procédures raffinées infiltrent mille différences dans l'écriture autorisée qui leur

---

ringham: *Everyday life. Theories and Practices from Surrealism to the Present*. Oxford: Oxford University Press 2006.
131 «Ein Ereignis ist somit immer die Verletzung irgendeines Verbotes, ein Faktum, das stattgefunden hat, obwohl es nicht hätte stattfinden sollen.» (Jurij M. Lotman: *Die Struktur literarischer Texte*, S. 336)
132 Die Kategorisierung nach sozialen und ästhetischen Räumen folgt Jörg Dünne/Stephan Günzel (Hg.): *Raumtheorie*.
133 Vgl. Bernhard Siegert: *Passagiere und Papiere*.
134 Michel de Certeau: *L'invention du quotidien*, S. 46. Dies kann als der Antagonismus von Raumordnung und Raumpraxis gelesen werden, der einen «Spielraum» (auf Deutsch eingeführt in ebda., S. 159) hervorbringt. Vgl. dazu auch Wolfram Nitsch: *Barocktheater als Spielraum. Studien zu Lope de Vega und Tirso de Molina*. Tübingen: Gunter Narr 2000, S. 108–118.
135 Michel de Certeau wählt zunächst das Beispiel der Oper, kommt dann aber auch zum Theater und mag an Barthes *grain de la voix* gedacht haben. Vgl. Michel de Certeau: *L'invention du quotidien*, S. 236–238 und 253, Fn 26.

> sert de cadre, mais sans que leur jeu obéisse à la contrainte de la loi. Ces ruses poétiques, non liées à la création d'un lieu propre (écrit), se sont maintenues à travers les siècles jusque dans la lecture contemporaine, également agile à pratiquer les détournements et métaphorisations que, parfois, signalise à peine un «*bof*».[136]

De Certeaus Diagnose dieser literarischen Raumpraxis im Angesicht unausweichlicher, machtvoller und panoptischer Raumordnungen soll in der vorliegenden Untersuchung – nach Lotman – in einem zweiten Schritt auf das Theater verweisen. Denn letzteres lässt sich – dies zeigt die stürmische Rezeptionsgeschichte und unsichere Genese des Stücks – ausgerechnet im Falle Don Juans auf keinen textuellen «lieu propre» festlegen. Die Gattung des Theaters und insbesondere Don Juan als eine theatralische Figur *par excellence* erlauben es, besser zu verstehen, weshalb jede grenzüberschreitende Bewegung unter den wachsamen Augen der Macht auch an die bewegliche Rhetorik taktischer Positionen, an bühnenhafte Präsenz, eine an Odysseus gemahnende Gewandtheit und verschleierndes Rollenspiel, kurz: an ein taktisches Repertoire des Pikaresken zurückgebunden ist.

> Si le délinquant n'existe qu'en se déplaçant, s'il a pour spécificité de vivre non en marge mais dans les interstices des codes qu'il déjoue et déplace, s'il se caractérise par le privilège de *parcours* sur l'*état*, le récit est délinquant. La délinquance sociale consisterait à prendre le récit à la lettre, à en faire le principe de l'existence physique là ou une société n'offre plus d'issues symboliques et d'expectations d'espaces à des sujets ou des groupes [...].[137]

Folglich wendet sich die vorliegende Untersuchung nicht nur den ästhetischen Räumen Lotmans, sondern auch der theatralischen Inszenierung sozialer Räume zu, die zwischen apollinischer, kartographischer und chorographischer Statik[138] sowie allzu irdischer und alltäglicher, körperlicher und kontagiöser Grenzüberschreitung changieren.[139] Der Horizont der aus diesem Widerstreit erwachsenden Bewegungen, darin folgt die vorliegende Arbeit Siegerts und

---

[136] Ebda., S. 252.
[137] Ebda., S. 190.
[138] Zur Chorographie, vgl. Ulrike Gehring/Peter Weibel: *Mapping Spaces. Networks of Knowledge in 17th Century Landscape Painting*. Karlsruhe/München: ZKM/Hirmer 2014, S. 164–181 und Mercedes Blanco: *Góngora heroico*, S. 265.
[139] Padrón verweist darauf, dass unterschiedliche (kartographische) Vorstellungen vom Raum an unterschiedliche «social spaces» geknüpft sind. Da sie koexistieren, repräsentieren sie die «hybrid spatiality» der Frühen Neuzeit in Spanien (Ricardo Padrón: *The Spacious Word: Cartography, Literature, and Empire in Early Modern Spain*, S. 84 und 93).

Chaunus Lektüre einer um die Stadt Sevilla entfalteten «Landschaft der Theorie», ist im frühen 17. Jahrhundert längst ein atlantischer.[140]

Das Projekt startet mit verhältnismäßig eingehenden Lektüren einzelner Aspekte von Góngoras *Soledades* und des *Burlador de Sevilla*. Es schließt, indem es kurze Schlaglichter *da lontano*[141] auf den *indiano* (der aus dem Westen kommend weniger wie ein Delinquent als vielmehr wie ein ‹sozialer Meteorit› einschlägt)[142] sowie auf pikareske Prosa wirft. Das hier vorgelegte Unterfangen teilt demnach Franco Morettis Faszination für eine auf ganz grundsätzliche Weise in der Literatur formulierten Verbindung zwischen Phänomen und Raum: «un *rapporto*, tra un dato spazio e un dato fenomeno».[143] Sofern diese Verbindung jedoch nur eine topographische, abbildende Verbindung ist und nicht eine topologische, raum-zeitliche und semantische Relation innerhalb eines gelebten Zusammenhanges, besteht auch bei Moretti die Gefahr, durch festgefügte Linien im zweidimensionalen Raum und willkürlich gewählte Kartenausschnitte den relationalen Charakter des literarischen Textes zu verfehlen. Der höchst beachtens- und betrachtenswerte *Atlante del romanzo europeo* bietet ein problematisches Beispiel für diese Gefahr. Seine Tendenz zur topographischen Verfestigung ist – wie nun anhand der topologischen Raumtheorien bei Lotman, Barthes und de Certeau erkennbar geworden ist – im Falle der *Romanzi picareschi spagnoli, secoli xvi–xvii* besonders fatal. Denn Morettis gleichnamige Karte stellt eine historische, literaturgeschichtliche und geographische Ausnahme in dem vom Standpunkt des 19. Jahrhunderts und von Nordeuropa aus konstruierten Atlas der Literatur dar.[144] Morettis Kartenausschnitt leistet zwar einen intertextuellen Vergleich der itinerarischen Struktur mehrerer pikaresker Romane. Er schneidet jedoch jegliche Relation der hochmobilen Figuren einer hochmobilen Gattung nach Italien oder in den atlantischen Raum radikal ab.[145] So reduziert Moretti die Bewegungen der Pikaros

---

140 Zum Konzept der Landschaft der Theorie, vgl. Ottmar Ette: *Roland Barthes. Landschaften der Theorie*. Paderborn: Wilhelm Fink/Konstanz University Press 2013, S. 49–60. Die über Braudel, Chaunu und Siegert entwickelte Verbindung von Bewegung und Schrift verweist auch auf Angel Ramas *Ciudad letrada* (Montevideo: Comisión Uruguaya pro Fundación Internacional Angel Rama 1984).
141 Zu einem Blick *da lontano*, vgl. Franco Moretti: *La letteratura vista da lontano*. Torino: Giulio Enaudi 2005. In der englischen Übersetzung des Titels *La letteratura vista da lontano* ist der Unterschied zwischen *close reading* und Morettis *distant reading* deutlicher zu erkennen (vgl. ders.: *Distant Reading*. London/New York: Verso 2013).
142 «Sociocroiseur» (Paul Virilio: *Ville panique. Ailleurs commence ici*. Paris: Galilée 2004, S. 74).
143 Franco Moretti: *Atlante del romanzo europeo*, S. 5.
144 «breve puntata all'dietro, verso la Spagna del picaresco» (ebda., S. 8).
145 Vgl. Karte Nummer 17, ebda., S. 52.

auf eine Linie in einem zweidimensionalen Kartenausschnitt. Dies wiegt umso schwerer, als dass mit Blick auf Mateo Alemáns *Guzmán de Alfarache* (1599/ 1604)[146] bereits Kartenmaterial vorlag: In einer Arbeit von Monique Michaud wird nicht nur der topographische «itinéraire spatial» des Protagonisten korrekt wiedergegeben, sondern auch eine ganze Reihe topologischer Dimensionen, wie ein «itinéraire moral» oder «social» sowie das quantitative Verhältnis moralischer Digressionen und handlungsbeschreibender Passagen.[147] Der in Italien, Großbritannien und den USA wirkmächtig publizierende Moretti hat dagegen ausgerechnet das Spanien (und Portugal) des 16. und 17. Jahrhunderts auf kartographisch-abbildende Art und Weise vom ‹Rest der Welt› isoliert. Seine Karte zeigt letztlich das Zerrbild einer nationalstaatlich dargestellten Iberischen Halbinsel zu Zeiten des Habsburgischen Imperiums. Ausgerechnet die *Picaresca*, ein höchst dynamisches, vielfach übersetztes, fortgeschriebenes, variiertes, topologisch angelegtes und vor weltweiten Horizonten angesiedeltes literarisches Phänomen, hat Moretti so auf der Iberischen Halbinsel Wurzeln schlagen lassen. Zwar noch immer auf rein topographische Abbildung beschränkt, finden sich dann passende kartographische Ansätze erst für den bürgerlichen Roman Großbritanniens im frühen 19. Jahrhundert.[148] So mag, die ‹Einleitung› abschließend, diese Beobachtung die Notwendigkeit einer in der vorliegenden Untersuchung vorgebrachten, relationalen, atlantischen Perspektive noch einmal *ex negativo* exemplifizieren. Während es an dieser Stelle nicht darum gehen kann, zu leugnen, dass Morettis «fröhlich-unbekümmerter, unorthodoxer und anarchischer Methodenmix» prospektive und erneuernde Kräfte

---

146 Objektiv betrachtet ist Morettis Karte bestenfalls unvollständig, wenn nicht falsch: Sie bildet diejenigen Teile des *Guzmán de Alfarache*, die auf der Apenninhalbinsel spielen, schlicht nicht ab (vgl. ebda.). Andererseits verbleibt selbst das Dargestellte nur im Bereich topographischer Aspekte der Diegese und verfehlt damit einen spezifisch literarischen, figuralen Zukunftshorizont, der – seit den bangen Blicken von *Rinconete y Cortadillo* (1613) auf die Schiffe im Hafen von Sevilla, bis hin zu Pascual Duartes hoffnungsloser Sehnsucht an der Mole von La Coruña in *La familia de Pascual Duarte* (1942) – gerade im Fall der *Picaresca* an den Horizont des Ozeans geknüpft ist.
147 Vgl. Monique Michaud: *Mateo Alemán, moraliste chrétien. De l'apologue picaresque à l'apologétique tridentine*. Paris: Aux amateurs de livres 1987, S. 417–442. Die Alternative von ‹Digression› und ‹Handlung› hat im Falle des Pikaroromans – wie Ette anhand von Fernández de Lizardis *Periquillo Sarniento* (1816) zeigt – Herausgeber und Übersetzer schon immer zu räumlichen Eingriffen in den Text verführt (vgl. Ottmar Ette: Fernández de Lizardi: «El Periquillo Sarniento» o escritura dialogada entre Europa y Latinoamérica. In: Dieter Janik (Hg.): *La Literatura en la Formación de los Estados Hispanoamericanos 1800–1860*. Frankfurt am Main: Vervuert 1998, S. 83–122, hier S. 86).
148 Hier findet Moretti plötzlich eine atlantische Dimension vor: «Nel romanzo sentimentale di primo Ottocento lo spazio sovra-nazionale ha spiccate caratteristiche «atlantiche» [...]». (Franco Moretti: *Atlante del romanzo europeo*, S. 24; *Figure 6–8*).

freisetzt,[149] so gilt es dennoch, eine wichtige Einschränkung zu formulieren: Morettis literaturtheoretische und publikationsstategische Agenda ist – dies zeigt seine Behandlung der spanischen Literatur anhand der *novela picaresca* – keineswegs nur fröhlich und unbekümmert. Denn bei allem Innovationsgehalt seiner Ansätze geht Moretti ganz bewusst und durchaus mit strategischen Hintergedanken die Gefahr ein, mit neuen Darstellungsmethoden nur dieselbe exotisierende und isolierende Sicht auf die Iberische Halbinsel zu zementieren, welche die großen romanistischen Philologen bereits vor mehr als einem halben Jahrhundert vertreten haben. Die Motivation hinter diesem Impuls gilt es aber zu hinterfragen.

1.3 Textkorpus der Untersuchung

Die vorangegangenen Unterpunkte 1.1 und 1.2 der ‹Einleitung› buchstabieren eine Feststellung aus, die für die Anlage des hier untersuchten Textkorpus von entscheidender Bedeutung war: dass Manifestationen der ‹schönen Literatur› auf das Engste mit Textgattungen und kulturellen Ausdrucksformen verknüpft sind, die mit der Bewegung von Menschen im Raum verbunden sind. Diese Feststellung kann auf eine ganze Skala von räumlichen Bezügen und Mustern menschlicher Bewegung angewandt werden. Innerhalb dieser komplexen chronotopischen Diagnose einer Literatur in Bewegung[150] bezieht sich die vorliegende Untersuchung auf eine ästhetisch formulierte Veränderung raum-zeitlicher Vorstellungswelten, die mit dem Begriff des ‹Atlantischen› gekennzeichnet worden ist und in der Frühen Neuzeit als der vielleicht entscheidende Aspekt einer ersten Phase der beschleunigten Globalisierung betrachtet werden muss. Indem das vorliegende Buch ein Primärtextkorpus auf eine bestimmte Art und Weise arrangiert, begeben wir uns auch auf einen bestimmten *parcours* der Lektüre. Dabei werden die literarischen Texte auf eine solche Art und Weise angeordnet, dass – als der Ariadnefaden, der von einer interpretativen Station jenes *parcours* zur nächsten führt – eine bestimmte Figuration der räumlichen Wahrnehmung der Welt in der Literatur erkennbar wird: ein dynamischer Weg vom Großen zum Kleinen, vom Symbolisch-Abstrakten zum Alltäglich-Konkreten und von einer literarischen Gattung zur anderen.

---

149 Hanno Ehrlicher: Fingerübungen in Digitalien. Erfahrungsbericht eines teilnehmenden Beobachters der *Digital Humanities* aus Anlass eines Lehrexperiments. In: *Romanische Studien* 4 (2016), S. 623–636, hier S. 632.
150 Exemplarisch, vgl. ders.: *Zwischen Karneval und Konversion*, S. 100–133, Ottmar Ette: *Literatur in Bewegung* sowie – mit den soeben am Ende des Abschnitts 1.2 geäußerten Bedenken – Franco Moretti: *Atlante del romanzo europeo*.

Ein so konzipiertes Projekt hat den Charakter eines literaturwissenschaftlichen Experimentes und schließt einen Vollständigkeitsanspruch aus. Dies hat einerseits zur Folge, dass oft der Anspruch eines *close reading* an die Stelle eines umfassenden Textkorpus tritt. Andererseits bedeutet dies auch, dass die Ebene der literarischen Sprache und ihrer Wirkung in den Vordergrund tritt. Um diese Wirkung möglichst ungestört studieren zu können, bietet sich die Konstruktion eines textuellen Korpus an, das die atlantische Welt nicht ausdrücklich zum Thema hat: Zumal die unmittelbare Repräsentation der Amerikas, der atlantischen Welt sowie der mit der Kolonisierung verbundenen Ereignisse und transarealen Wechselwirkungen längst der Gegenstand einer verstreuten, aber zunehmend in einschlägigen Reihen kanonisierten und dynamisch anwachsenden Forschungsliteratur geworden ist. Da diese sehr unterschiedlichen Textsorten, je nachdem in welcher Kategorie sie sich befinden, in jeweils besonderer Weise Fragen nach den eigentlichen Intentionen ihrer Verfasser, potentieller Zensur, imperialer Ideologie oder Marktmechanismen stellen, sind sie für das interpretierende Projekt eines *close reading* nur bedingt geeignet. Da sich derartige Texte nicht immer und nur in sehr ungleicher Weise als ‹schöne Literatur› kategorisieren lassen, lassen sie sich kaum im Rahmen einer einzigen Untersuchung betrachten. Nicht minder ungleich sind die Bedingungen ihrer Entstehung und Rezeption. Um diese grundlegenden Probleme zu umgehen, definiert sich folglich auch das Textkorpus der vorliegenden Untersuchung *ex negativo* und schließt folgende Textgattungen mit direktem Bezug zur atlantischen Welt weitgehend aus: die atlantische Epik und ihre bis an die Schwelle des 19. Jahrhunderts reichenden Ausläufer;[151] Amerika-Dramen sowie die dramatische ‹Hagiographie›, Enkomiastik und Schmähung der Konquistadoren, deren oftmals politisch motivierten Effekte und *leyenda negra* bis weit in das 18. Jahrhundert und bis in die Welt der Oper reichen;[152] die ganze

---

[151] Vgl. exemplarisch Anja Bandau: Une Odyssée sans Retour: le Texte et ses Modèles, Roger Friedlein: *Kosmovisionen. Inszenierungen von Wissen und Dichtung im Epos der Renaissance in Frankreich, Portugal und Spanien.* Wiesbaden: Franz Steiner 2014 und Mercedes Blanco: La polémica en torno a Góngora (1613–1630): El nacimiento de una nueva conciencia literaria. In: *Mélanges de la Casa Velázquez* 42 (2012), S. 49–70.

[152] Vgl. Barbara Fuchs: The Black Legend and the Golden Age Dramatic Canon, Claudia Terne: Antiheld gegen Antimachiavell? Zur Darstellung der Ereignisse um die Eroberung Mexikos auf der friderizianischen Opernbühne in der zweiten Hälfte des 18. Jahrhunderts. In: Vicente Bernaschina/Tobias Kraft u. a. (Hg.): *Globalisierung in Zeiten der Aufklärung: Texte und Kontexte zur Berliner Debatte um die Neue Welt (17./18. Jh.)* (Band 1), Frankfurt am Main: Peter Lang 2015, S. 159–178, Verena Dolle: Hernán Cortés. Eroberer von Mexiko. In: Andreas Hartmann/ Michael Neumann (Hg.): *Mythen Europas. Schlüsselfiguren der Imagination. Vom Barock bis zur Aufklärung.* Regensburg: Friedrich Pustet/Wissenschaftliche Buchgesellschaft 2007, S. 54–83.

schriftliche Produktion atlantisch-kolonialer Bürokratie, *descripciones*, Fragebögen und das stets an Migration geknüpfte Phänomen der Briefe;[153] schließlich die Bordbücher, *historias, crónicas* und *relaciones de méritos y servicios*, deren unsicherer Status zwischen Faktualität und Fiktionalität mitunter eine spätere Aneignung in Roman und Film erleichtert;[154] abschließend sei sowohl auf die ganz spezifischen Theoriebestände einer späteren, transatlantischen Form der Reiseliteratur,[155] als auch auf die an die atlantische Kolonisierung geknüpften Theoriedebatten um Status und Methoden der Frühe Neuzeitforschung verwiesen.[156] Wie alle genannten Textgattungen sind letztere am Rande der vorliegenden Untersuchung anzusiedeln, können jedoch aus ganz praktischen Gründen nicht ihren Kern ausmachen. Gleichzeitig zeigt das Beispiel der persönlichen Briefe, der bürokratischen Schriftproduktion und des Archivs als Quelle literarischer Artikulation, wie eng – etwa im Falle der in diesem Sinne paradigmatischen *novela picaresca* – der literarische Text und einige der oben erwähnten Textgattungen miteinander verknüpft sind.[157]

Die ‹Einleitung› hat einerseits bereits die Grundlagen einer romanistischen Fachtradition diskutiert, die stets geneigt war, die ozeanische Isotopie zugunsten anderer Fragen und Motive zurückzustellen. Andererseits ist dort bereits ein vor allem auf Lotman, de Certeau und Barthes beruhender Begriff der literarischen Sprache entwickelt worden, der die theoretische Grundlage für das *clo-*

---

153 Vgl. Bernhard Siegert: *Passage des Digitalen*, S. 68 und 79, Ingrid Simson: *Amerika in der spanischen Literatur des Siglo de Oro: Bericht, Inszenierung, Kritik*, S. 93, Enrique Otte: *Cartas privadas de emigrantes a Indias. 1540–1616*. México D.F.: Fondo de Cultura Económica 1993.
154 Vgl. Sabine Schlickers: *La conquista imaginaria de América: crónicas, literatura y cine*. Frankfurt am Main: Peter Lang 2015, Robert Folger: *Writing as poaching. Interpellation and Self-Fashioning in Colonial* relaciones de méritos y servicios. Leiden/Boston: Brill 2011, Ingrid Simson: *Amerika in der spanischen Literatur des Siglo de Oro: Bericht, Inszenierung, Kritik*, S. 58 und 93 sowie *KU*.
155 Vgl. Ottmar Ette: *Literatur in Bewegung*, S. 21–84. Sowohl Ettes Konzept der Landschaft der Theorie (vgl. ebda., S. 28), als auch seine Bemerkungen zu der «Reisestruktur des Romans» anhand von *Don Quijote de la Mancha* und Schelmenroman (ebda., S. 39) sorgen auch in diesem Band für eine Anbindung an die erste Phase der beschleunigten Globalisierung.
156 Vgl. Julio Ortega: Lezama Lima y la Teoría Cultural Transatlántica. In: *Anuario L L* 40–41 (2011), S. 177–184 und ders. (Hg.): *Nuevos hispanismos interdisciplinarios y transatlánticos*. Madrid/Frankfurt am Main/México D.F.: Iberoamericana/Vervuert/Bonilla Artigas 2010 sowie Hanno Ehrlicher/Stefan Schreckenberg (Hg.): *El Siglo de Oro en la España contemporánea*. Frankfurt am Main/Madrid: Vervuert Iberoamericana 2011.
157 Vgl. Robert Folger: The picaresque subject writes: *Lazarillo de Tormes*. In: Christoph Ehland/Robert Fajen (Hg.): *Das Paradigma des Pikaresken. The Paradigm of the Picaresque*. Heidelberg: Winter 2007, S. 45–68, Francisco Rico: *La novela picaresca y el punto de vista*. Barcelona: Seix Barral 2000, S. 17–20 und Roberto González Echevarría: *Myth and archive. A theory of Latin American narrative*. Cambridge: Cambridge UP 1990, S. 38 f.

se reading der nun folgenden Analyse darstellt. Das erste Analysekapitel (Abschnitt 2) wendet sich Góngoras *Soledades* zu und betrachtet einen Teil des Langgedichtes unter dem Blickwinkel ästhetischer Räume. Dazu zählt vor allem der komplexe Kontrast zwischen der ozeanischen ‹Wüste› und dem insular-anachoretischen Raum des Arkadischen. Das zweite Analysekapitel (Abschnitt 3) setzt die Untersuchung dieses bei Góngora poetisch formulierten Kontrastes fort. Es führt zudem über den Begriff des sozialen Raumes die Bühne und die Stadt ein. Don Juan gilt in Abschnitt 3 als das paradigmatische Beispiel eines ozeanischen Rückkehrers. Nach Don Juan erweitert das dritte Analysekapitel (Abschnitt 4) den Blick auf zwei nicht minder prägende Figuren der spanischen Literaturtradition, denen eine geradezu gattungsbegründende Funktion zukommt: *indiano* und *pícaro*. Zwischen Rückkehr und Aufbruch werfen beide Figuren auch Fragen nach den Konsequenzen ozeanischer Mobilität auf. Die dubiosen ‹Pilgerschaften› dieser Figuren führen – wie bereits angekündigt wurde – zu Manifestationen problematischer Räume, die sich dem Zugriff des Subjekts entziehen. Der *parcours* der vorliegenden Untersuchung kommt an ein vorläufiges Ende, wenn im Fall des *pícaro* (und vor dem Hintergrund einer Lektüre der Figur durch Bernhard Siegert) die Frage aufgeworfen wird, ob die Bewegungen dieser Figur wirklich vor dem sozialgeschichtlichen Hintergrund atlantischer Überfahrten konzeptualisiert werden können. Sollte der Ozean dagegen eine Grenze oder einen Horizont der Negativität markieren, so würde der Pikaro unsere Aufmerksamkeit gerade darauf lenken, dass nicht jede Bewegung auch mit einem Zuwachs an Freiheit – oder an Sinnhaftigkeit – verknüpft sein muss.

2 Ästhetische Räume: Góngoras *Soledades*

2.1 Poesie, Raum und Bewegung

In seinen *Soledades* (entstanden 1613/14) lässt Góngora nach und nach eine fremde und faszinierende Welt entstehen, die sich wie die rätselhafte, sequentielle Projektion einer lyrischen *lanterne magique* langsam entfaltet. Nach den 37 Versen der für die Deutung des darauffolgenden Langgedichtes höchst bedeutsamen ‹Dedicatoria› an Alonso Diego López de Zúñiga y Sotomayor, Herzog von Béjar (1578–1619), der nun an die Stelle von Francisco de Guzmán y Zúñiga (1564–1607) getreten war – der vierte Marquis von Ayamonte, Vizekönig *manqué* Mexikos mit seiner atlantischen Residenz zu Lepe, an der sandigen Gezeitenlandschaft des Río Tinto und unweit der Mündung des Guadalquivir, war inzwischen verstorben –,[1] folgt der verzauberte und benommene Leser einem rätselhaften und namenlosen Schiffbrüchigen durch die 1091 Verse der *Soledad primera* und die 979 Verse einer *Soledad segunda*.[2] Der als «peregrino» bezeichnete Wanderer durchläuft eine Abfolge von Szenerien, landschaftlich-architektonischen (Bühnen)Bildern, Begegnungen und räumlichen Konfigurationen. Dann bricht der Text recht unvermittelt ab. Somit ergibt sich für das Langgedicht eine offene, unabgeschlossene Struktur, die man an diesem Punkt der Analyse – in Ermangelung präziserer Begriffe – als ‹mäandernd›, ‹flächig› oder ‹bildhaft›, aber auch als ‹rahmenlos›, ‹ausfasernd›, ‹fragmentarisch› und ‹undeutlich› bezeichnen könnte.[3] Die räumlichen Konnotationen dieser ersten

---

[1] Vgl. Robert Jammes: *Études sur l'œuvre de Don Luis de Góngora y Argote*. Bordeaux: Institut d'Études Ibériques et Ibéro-Américains de l'Université de Bordeaux 1967, S. 275 f., Jesús Ponce Cárdenas: Góngora y el conde de Niebla: Las sutiles gestiones del mecenazgo. In: *Criticón* 106 (2009), S. 99–146, hier S. 114 und Dámaso Alonso: Entre Góngora y el Marqués de Ayamonte: Poesía y economía. In: *DAOC VI*, S. 153–170. Im Jahr 1606 schien eine Abreise des Marquis nach Neuspanien unmittelbar bevorzustehen. Doch die Tatsache, dass dessen Bruder – General don Luis de Córdoba – ein Jahr zuvor bei dem Untergang der Silberflotte aus Peru umgekommen war, führte zu einer anderen Entscheidung (vgl. ebda., S. 155, Fn 7).
[2] Ausgehend von der handschriftlichen Fassung des Werkes im luxuriösen Chacón-Manuskript (1619–1628) haben moderne Ausgaben der *Soledades* die *mise en page* unterschiedlich gelöst.
[3] Zu der Verbindung von semantischer ‹Dunkelheit› und Fragmentarität in stilistischen Debatten, vgl. Susanne Gramatzki: Darstellung des Nicht-Darstellbaren: Die Poetik und Ästhetik des Dunklen vom Mittelalter zur Moderne. In: Lidia Becker (Hg.): *Aktualität des Mittelalters und der Renaissance in der Romanistik*. München: Martin Meidenbauer 2009, S. 307–333 und – allgemeiner – Manfred Fuhrmann: Obscuritas (das Problem der Dunkelheit in der rhetorischen und literarästhetischen Theorie der Antike). In: Wolfgang Iser (Hg.): *Immanente Ästhetik – ästhetische Reflexion. Lyrik als Paradigma der Moderne. Poetik und Hermeneutik II*. München: Wilhelm Fink 1966 und *HLR*, § 564 sowie §§ 1151–1154.

Begriffe, die zu der Beschreibung der *Soledades* herangezogen werden, sind kein Zufall. Denn eingangs verweisen zunächst drei sehr bewusste paratextuelle und formale Entscheidungen des Dichters auf die besondere Bedeutung raumschaffender Isotopien in diesem Gedicht: der Titel, das emblematische *incipit* der Widmung, die als ‹Epístola del Duque› eine besondere metapoetische Kommentarfunktion hat, sowie die metrische Form der *silva*.

Der Titel scheint den Text in die Tradition einer «Poesie der Einsamkeit» (Karl Vossler) der Iberischen Halbinsel einzuschreiben.[4] Dabei partizipiert das Werk nicht nur an einer Vorstellungswelt, in der die Abwesenheit einer Person in einem Kippeffekt zwischen Erleiden und Erlösen gleichzeitig die Empfindung und die Erlösung von ihr, das Erleiden der Einsamkeit und ihre Aufhebung durch die Präsenz des geliebten Gegenübers konnotiert: *Soledad* bezeichnet sowohl die Einsamkeit als auch genau diejenige Person, deren Anwesenheit diese Einsamkeit zu heilen vermag.[5] Entfernung, Kommen und Gehen, Anwesenheit und Abwesenheit entfalten daher auch eine räumliche Logik von Verlassensein und Wiederkehr. Als existentielle und grundlegende Erfahrung impliziert dieses Gefühl auch ein Verhältnis zwischen der emotionalen Innerlichkeit eines Menschen und der Äußerlichkeit einer physischen räumlichen Ausdehnung. Sehnsucht und Einsamkeit korrespondieren so mit dem leeren Raum, der Ödnis oder Wüstenei: das Motiv des *chevalier errant*, der die unwirtliche Umgebung aufsucht und somit seinem Innenleben auch äußerlichen Ausdruck verleiht. Charakteristischerweise überblendet Góngora in den *Soledades* nicht nur im Titel die Ebenen des inneren, emotionalen Raumes mit der physischen Ausdehnung einer Wüstenei. Der Ausgangspunkt der Wanderung des «peregrino errante» ist der Schiffbruch in einer Wüste aus Wellen, «Libia de ondas».[6] Diese Wüste verweist gleichermaßen auf eine durch Vorbilder aus dem italienischsprachigen Raum inspirierte Rhetorik des Rückzugs als Liebesexil, aber auch auf den insularen Raum eines anachoretischen Bruchs mit allem zuvor Gegebenen. Damit erscheint zu Beginn der *Soledades* einerseits eine physische, offene und unwirtliche *terra incognita* aus der antiken Geographie: geographischer Raum vom Ostende Ägyptens bis zum Atlantik, der in mehr als einer Hinsicht für das Neue und Unbekannte steht.[7] Andererseits ruft

---

[4] Vgl. Karl Vossler: *Poesie der Einsamkeit in Spanien*. München: Beck ²1950 [1935/1940], S. 139–147 und die sehr kritische Auseinandersetzung mit Vosslers Ansatz in Walter Pabst: *Góngora im Spiegel der deutschen Dichtung und Kritik*, S. 166–169.
[5] Vgl. Karl Vossler: *Poesie der Einsamkeit in Spanien*, S. 4.
[6] *Soledades*, I, S. 76 (Vers 20). Zu dem Schiffbruch als «acte de rupture» im Kontext der Anachorese, vgl. Roland Barthes: *Comment vivre ensemble?*, S. 58.
[7] Die Römer sprechen von Afrika, wo die Griechen von Libyen sprachen. So bei Plinius d. Ä.: «Semper aliquid novi Africa affert.» (zit. in Mercedes Montero Montero: Navegando hacia una «isla verde» y un «mar de arena». Griegos y romanos en Libia. In: Juan Luis Arcaz Pozo/

die Wüste die ambivalente Axiologie einer ozeanischen Horizontlinie auf: mit ambivalenten Versprechungen zwischen geographischer ‹Neuentdeckung›, Reise, Begegnung und Selbstfindung in der Ferne.[8] Der physische, referentiell verstandene Raum impliziert jedoch eine Unterscheidung zwischen ihm und dem symbolischen oder ästhetischen Raum der poetischen Empfindung. Es gibt keine absolute Kongruenz zwischen der Bewegung des Reisens als dem Erfahren der Welt, als der Begegnung und dem Zusammenleben einerseits, sowie dem in der Moderne manchmal radikal einsamen Subjekt der Literatur andererseits. Doch dieser Mangel an Kongruenz wird auch von ganzen Ketten allegorischer Sinngehalte überbrückt, die nun an Insel, Wald, Wüste oder gar die wüstenartige Horizontlinie des Ozeans – globale «forme insidieuse de la *désertification du monde*» (Virilio) aus der Bewegung heraus – angeschlossen werden können.[9] Seit der paradigmatischen Reise des Odysseus verbinden diese Sinnketten auf vielfältige Art und Weise die physische und sogar wissenschaftliche Welterfahrung mit einer spezifisch literarischen Form der Einsamkeit.

In jedem Fall verbindet sich in den *Soledades* das Verlangen nach Wanderschaft und Rückkehr mit der trügerischen Hoffnung auf Wiederholung, Erneuerung und Rettung, mit subjektiver Introspektion und äußerer Leere. So entstehen neben literarischen, emotionalen, landschaftlichen zwangsläufig auch referentielle, teils naturgeschichtlich, teils kosmographisch konnotierte Raumvorstellungen. Trotz des Verlangens nach Präsenz ist der charakteristische «discours amoureux» einer Poesie der Einsamkeit jedoch gerade das Ergebnis

---

Mercedes Montero Montero (Hg.): *Mare Nostrum. Viajeros griegos y latinos por el Mediterráneo.* Madrid: Delegación de Madrid de la Sociedad Española de Estudios Clásicos 2012, S. 145–173, hier S. 145, Fn 2)

[8] Libyen als «Meer von Sand» findet sich bei Aristoteles. Bis zu dem Orientalismus des 19. Jahrhunderts bleiben die «déserts, sablonneux océans» ein Faszinosum (Victor Hugo, zit. in Anne Kraume: *Das Europa der Literatur. Schriftsteller blicken auf den Kontinent 1815–1945.* Berlin/New York: Walter de Gruyter 2010 (Mimesis 50), S. 59, Fn 46). Humboldt verweist auf das «Sandmeer» des Herodot (Alexander von Humboldt: *Ansichten der Natur*, Stuttgart: Philipp Reclam 1969, S. 19). Im spanischen Sprachgebrauch des 19. Jahrhunderts behält – in bemerkenswerter Überblendung von Wendungen, die sich sowohl bei Alexander von Humboldt als auch bei Góngora finden – die Verbindung von Wüste (hinsichtlich der *llanos* im heutigen Kolumbien oder Argentinien) und Ozean ihre Gültigkeit (vgl. Ottmar Ette: *Literatur in Bewegung*, S. 107–112). Entscheidend ist jedoch, dass Góngora das Motiv umkehrt und das Ozeanische betont: Aus der Wüste als Meer wird das Meer als Wüste.

[9] Paul Virilio: *Ville panique*, S. 115. «Agua es lo que más ha menester en el navío.», rät im Jahr 1571 ein Auswanderer den Daheimgebliebenen (Enrique Otte: *Cartas privadas de emigrantes a Indias*, S. 29 und 63).

einer «extrême solitude» (Roland Barthes).[10] Unheilbare Abwesenheit und der daraus entstehende Raum nehmen die Form des textuellen Diskurrierens an, also das Hin und Her einer Bewegung, das Hin und Her eines einsamen, schreibenden oder lesenden Subjekts. Konzentration des Seins auf einen Punkt und scheinbar unendliche räumliche Ausdehnung müssen durch einen dritten Raum, den des Textes, verbunden werden. Diese Abwesenheit – so klingt das heterologische Prinzip der Dichtung an – provoziert das Entstehen des Gedichtes in der Handbewegung, Verflüssigung und Verräumlichung der Gedanken durch die Feder.[11] Die komplexe Semantik des Titels, die das empfindende Subjekt als einen zusammengezogenen Punkt in einem räumlichen Koordinatensystem begreift, ist ein erster, manieristisch-verrätselter Hinweis, welcher die *Soledades* auf die Tradition einer Poesie der Einsamkeit geben. Gleichzeitig bezeichnet der Begriff *soledad* in einem konkreteren Sinne auch die Landschaft einer anachoretischen Gegenwelt jenseits aller alltäglichen Zweckgemeinschaften, vor den Toren der Stadt, jenseits der letzten *venta* oder Schenke. Sofern es sich nicht um eine barbarische Wüste handelt, bleibt dieser Ort idealerweise zwischen Aristokratie und *vulgus* gleichermaßen in der Schwebe.[12] Wie im Falle von Don Quijotes Anfall von Wahnsinn in der berühmten Episode in der Sierra Morena, bieten solche heterotopischen Landschaften Freiräume jenseits der gesellschaftlichen Norm. Die Anachorese tendiert somit auch zum Insularen oder Arkadischen, das daher – aus dem Blickwinkel der Schicksalsgemeinschaft des Schiffes betrachtet – auf die unbekannten und scheinbar verlassenen Küstenstriche der ‹Neuen Welt› angewandt wird.[13] Doch muss Don Quijote in der Sierra Morena, wie die von ihm so geschätzten Ritterfiktionen und die – wiederum sehr realen – Konquistadoren erkennen, dass man in die-

---

10 Roland Barthes: *Fragments d'un discours amoureux*. Paris: Seuil 1977 (Tel Quel), S. 5.
11 «Certes, une érotique, désir de l'autre absent, est seule capable de mettre en marche l'appareil producteur [...].» Michel de Certeau: *L'invention du quotidien*, S. 221. Zur Heterologie, vgl. ebda., S. 234 f.
12 «Anachorèse: solution individualiste à la crise du pouvoir. Je fuis, je nie le pouvoir, les appareils; je veux créer une structure de vie qui ne soit pas un appareil de vie.» (Roland Barthes: *Comment vivre ensemble?*, S. 59). «Huí de la confusa corte, seguísteme en la aldea. Retiréme a la soledad [...].» (‹Al vulgo› in *Guzmán I*, S. 109) Sprichwörtlich ist dieser Rückzug in Antonio de Guevaras neostoischem Traktat *Menosprecio de Corte y Alabanza de Aldea* (1539) geworden. Von größter Bedeutung für dieses Ideal – auch mit Blick auf Guevara – ist Petrarcas *De Vita Solitaria* (1346).
13 Vgl. Valentín de Pedro: *América en las letras del Siglo de Oro*. Buenos Aires: Editorial Sudamericana 1954, S. 132. Dies gilt auch für *Arcadia*, bzw. die Acadie des französischen Kolonialreiches im Norden Amerikas.

sen *soledades* nicht zwangsläufig auch allein ist.[14] So entkommt Góngoras Schiffbrüchiger der *llanura* einer Wüste aus Salzwasser nur,[15] um an den Strand einer *terra incognita* gespült zu werden. Wie der am Strand ausgestreckte, errettete und wie neu geborene «peregrino» erstreckt sich diese Landschaft – «muda campaña»[16] – scheinbar fern und unberührt, oberhalb der Wellenberge. Schritt für Schritt wird der «peregrino», «menos cansado que confuso», sich eine Perspektive auf dieses Land verschaffen und Vers für Vers tiefer vordringen.[17] Dabei wird auch er erfahren, dass er hier nicht allein ist. Keine Spur von der «extrême solitude» einer Poesie der Einsamkeit: «Donde había tanta vecindad de pueblos, y tanta caterva que baila, juega, canta y zapatea hasta caer, ¿cómo diablos pudo llamarse Soledad?», fragte mit Blick auf den Titel bereits Juan de Jáuregui in seiner bissigen Kritik des Gedichtes.[18] Eine vielzitierte Stelle. Doch Góngoras ärgster Feind nach Francisco de Quevedo stellte sich nicht nur gegenüber der poetischen Vieldeutigkeit des Titels taub, reduzierte den Begriff *soledad* auf die Lebensweise des Eremiten («soledad es tanto como falta de compañía») und übersah geflissentlich, was bereits an zusätzlichen, geteilten Lebensidealen (oder Spannungen) in ihm angelegt war. Jáuregui übersah auch die wichtige Tatsache, dass die insulare Vorstellungswelt jener *terra incognita*, ja das poetisch formulierte Ideal oder Inselphantasma mit dem wir es als Leser der *Soledades* zu tun haben, keinen Widerspruch zwischen Einsamkeit und Gemeinschaftlichkeit postuliert. Denn die *Soledades* postulieren eingangs nur vorgeblich den einsamen «discours amoureux», des-

---

14 «¡Oh solitarios árboles, que desde hoy en adelante habéis de hacer compañía a mi soledad, dad indicio, con el blando movimiento de vuestras ramas, que no os desagrade mi presencia!» (Miguel de Cervantes: *Don Quijote* (2 Bände). Madrid: Cátedra 1995 (Letras Hispánicas), hier Band 1, S. 307) Es ist kein Zufall, dass dieser Episode in den allzu bevölkerten *soledades* der Sierra Morena, in denen Don Quijote sich der *imitatio* seiner großen Vorbilder hingibt, eine bedeutsame metaliterarische Kommentarfunktion zukommt.
15 «[C]on general alegría dieron las velas al viento, que blando y próspero soplaba, el cual en pocas horas les encubrió la tierra y les descubrió las anchas y espaciosas *llanuras* del gran padre de las aguas, el mar Océano.» (Miguel de Cervantes: *Novelas Ejemplares* (2 Bände). Madrid: Castalia 1982 (Clásicos Castalia), hier Band 2, S. 176; Hervorhebung MM, fortan zitiert als *NovE*.) «Wenn im raschen Aufsteigen und Niedersinken die leitenden Gestirne den Saum der Ebene erleuchten oder wenn sie zitternd ihr Bild verdoppeln in der untern Schicht der wogenden Dünste, glaubt man den küstenlosen Ozean vor sich zu sehen.» (Alexander von Humboldt: *Ansichten der Natur*, S. 11 f.)
16 *Soledades I*, S. 78 (Vers 54).
17 Ebda. (Vers 51).
18 *Antídoto contra las Soledades* (1624), zit. in Antonio Vilanova: El peregrino de amor en las Soledades de Góngora. In: *Estudios dedicados a Menéndez Pidal (Band III)*. Madrid: CSIC 1952, S. 421–460, hier S. 423.

sen vermeintliche Auflösung in der Rückgewinnung einer Zweisamkeit läge. Die Dimension des Liebespilgers ist hier nicht die entscheidende. Stattdessen hebt die anachoretische Dimension des Wortes *Soledades* – als die Spiegelung einer poetisch erschaffenen Insel – vor allem auf ein poetisch formuliertes Ideal des Zusammenlebens ab, jenseits der Zweisamkeit oder der anonymen Masse.[19] Dies ist ein Ideal, das zwar bei dem namenlosen Einzelnen beginnt, jedoch nicht auf diesen beschränkt bleiben muss: Einsamkeit schließt ein Interesse am Zusammenleben gar nicht aus.

Lässt sich dieser existentielle Ausgangspunkt auf den Dichter selbst beziehen? Die Gattungstheorie unterstellt den Lesern moderner Lyrik ein besonderes Interesse an der Verbindung von lyrischem Ausdruck und Subjektivität oder innerer Erlebniswelt des Verfassers: Verbindung zwischen Text und innerer Befindlichkeit, die seit der Renaissance nach und nach an Bedeutung gewonnen hat, gerne als authentisch und unmittelbar inszeniert wurde.[20] An dieser Stelle fällt jedoch schnell auf, dass der Titel der *Soledades* Erwartungen weckt, die – in dieser Form – nicht erfüllt werden. Es ist wiederholt bemerkt worden, dass Góngoras manieristisch-gewählte Sprache zu einer Kulisse ohne emotionaler Realität, einer Art Simulakrum der Expressivität führt, in der die Kunstfertigkeit des Ausdrucks jegliche Verbindung zur artikulierenden Stimme kappt: «With Góngora, we can't imagine the poet *behind the poem*; we can't take his pulse, hear his voice.»[21] Die *Soledades* stoßen die Leser in eine derartig kultivierte und anspruchsvolle Kunstwelt der Sprache hinein, dass das Ideal der ausgedrückten Empfindung in der Lyrik vollkommen hinter der formalen (Lektüre)Arbeit zurücksteht. In kritischen Begriffen der literarischen Rhetorik ist angemerkt worden, dass Góngoras Metaphern ein Eigenleben entwickelt haben, ihrem Herren entlaufen, nun endgültig erstarrt und von der umfassenden

---

19 Mit dieser Unterscheidung zwischen «discours amoureux» und einem «fantasme de vie, de régime, de genre de vie» im Zusammenleben mit anderen und mit sich selbst eröffnete Roland Barthes seine Vorlesung *Comment vivre ensemble?* (vgl. ebda. S. 37).
20 Vgl. Mary M. Gaylord: Góngora and the Footprints of the Voice. In: *Modern Language Notes* 108 (März 1993), S. 230–253, hier S. 231 f. Hugo Friedrich (*Epochen der italienischen Lyrik*, S. 480) macht aber auch deutlich, dass man hier nicht notwendigerweise als erstes an das hochgradig konventionelle Liebessonett denken muss.
21 Mary M. Gaylord: Góngora and the Footprints of the Voice, S. 236. In einem bezeichnenderweise *Estilo Barroco y Personalidad Creadora* betitelten Band kommt Fernando Lázaro Carreter zu einem sehr ähnlichen Schluss (vgl. ders.: *Estilo Barroco y Personalidad Creadora. Góngora, Quevedo, Lope de Vega*. Madrid: Cátedra 1977, S. 129). Es muss jedoch betont werden, dass Góngoras Werk sehr vielfältig ist. M. Gaylords Aussage gilt für die *Soledades* und Teile der Sonette, jedoch kaum für die anderen Formen (Romanzen, burleske Poesie, *letrillas*) derer sich Góngora bediente.

Allegorie zur rätselhaften Chiffre verformt sind. Dies mag eine der Ursachen dafür sein, weshalb Góngora in einem historisch unmöglichen, höchstens figural denkbaren Echoraum eine Wahlverwandtschaft zu Modernismus und Avantgarde immer wieder unterstellt wurde. Eine weniger problematische Konsequenz der Konfrontation des Lesers mit dieser umfassenden Kunstwelt wäre es, die Lektürehaltung der Allegorese einzunehmen. Jedoch gestaltet sich der Übergang von der allegorischen zur ‹realen› Bedeutungsebene bei Góngora außerordentlich umständlich. Die Allegorese erfordert einen geordneten Übergang zwischen dem wortwörtlichen Textsinn und dem allegorischen Raum der Dichtung, mit Hinweisen auf die relevanten Bedeutungskerne der fiktiven Welt. Damit der Leser die Allegorie versteht und sich auf diesen auf entfernteste Bezugspunkte referierenden Lektüremodus einstellt, muss er ein Stück weit durch den Text dazu angeleitet werden. Diese Erwartung wird bei Góngora enttäuscht, zumal der unabgeschlossene, fragmentarische Charakter der *Soledades* die Allegorese stört. Er führt die poetische Welt nicht zu einem geordneten und folgerichtigen Schluss:

> Denn sie [*Soledades*] überziehen den Widerstreit möglicher erzählerischer Weltbildungsmomente wieder mit einem aus Sprachfiguren gebildeten Korrespondenznetzwerk und machen ihn damit selbst zum Material für ihre analogisch funktionierende Textur. Die konzeptistische Sprachkunst Góngoras würde eine Art megalomanische zweite Kunstwelt bilden, welche die Kunstwelt Arkadiens überschreitet und in sich aufnimmt, aber dabei auch die historische Welt als deren Gegenpol aufgibt und sich so trotz der vielgerühmten optisch-akustischen ‹Sinnlichkeit› der Verse Góngoras tendenziell in der ideellen Abstraktion des Übersinnlich-Allegorischen verliert.[22]

Góngoras Gedicht entwirft also eine Welt, die der arkadischen Schäferidylle der italienischen Renaissance und ihren Vorbildern ähnelt[23] – aber diese Welt hat keinen interpretatorischen Ein- oder Ausgang. Letztlich erlauben die *Soledades* keine einheitliche Lektürehaltung.

Daher sind die Eigenschaften der lyrischen Sprache des Textes stets in den Vordergrund gerückt worden. Es scheint, als seien die vom Titel ausgelösten Lektüreerwartungen eines eindeutigen Verhältnisses von inneren Räumen der Empfindung und äußerer Ausdehnung sowie klar identifizierbaren Übergän-

---

[22] Hanno Ehrlicher: *Zwischen Karneval und Konversion*, S. 358 f. Vgl. auch ders.: *Einführung in die spanische Literatur und Kultur des Siglo de Oro*, S. 174 f.
[23] Zu der *Arcadia* oder Schäferidylle in ihrer Scharnierfunktion zwischen den Neuen Welten des 16. Jahrhunderts sowie Sannazaros Fund und Fundierung seiner *Arcadia* in der Antike als *renatae litterae*, vgl. Winfried Wehle: Arkadien. Eine Kunstwelt. In: Wolf-Dieter Stempel/Karlheinz Stierle (Hg.): *Die Pluralität der Welten. Aspekte der Renaissance in der Romania*. München: Wilhelm Fink 1987, S. 137–165.

gen zwischen außerliterarischer Sphäre und der allegorischen Welt des Textes nicht erfüllbar. Somit ist es nicht überraschend, dass die prominenteste Lesart der *Soledades* – die von Dámaso Alonso im Jahr 1927 vorgelegte Ausgabe mit Kommentar und Prosafassung des Textes – die allumfassende Bedeutung der Metapher betont, die jeden konkreten Gegenstand der Welt poetisch überformt: «Con él [Góngora], no sólo se borra la individualidad del objeto sino que éste entra dentro de una categoría a la cual cubre y representa una metáfora.»[24] Es ist bereits betont worden, dass dies keineswegs für ‹den ganzen› Góngora gelten kann, sondern nur für den heiß diskutierten, verschrienen und gefeierten manieristischen Autor der *Soledades*, der *Fábula de Polifemo y Galatea* (1611) und anderer, vermeintlich kulteranistischer Texte. Dass, wie Hans Ulrich Gumbrecht angemerkt hat und bereits in der ‹Einleitung› anklang, der Name Góngora als «poetologischer Begriff» metonymisch für die Bedeutung überkomplexer, manieristischer Dichtung steht,[25] sollte nicht vergessen machen, dass der Autor Góngora ein vielfältiges und durchaus traditionsverbundenes, aber auch gegenwartsbezogenes und polemisches, ja sogar hochgradig obszönes Œuvre geschaffen hat. Und doch bescheinigt auch der Herausgeber der jüngsten Ausgabe von Sonetten in der Linie von Dámaso Alonso dem Dichter der *Soledades* eine dichterische Sprache «en la que los designativos metafóricos están poniendo constantemente una barrera irreal entre la mente y el objeto mismo».[26] Es handelt sich um die noch immer verbreitete Ansicht, ‹alles› bei Góngora sei eine überdimensionale Metapher, der zudem das *tertium comparationis* abhandengekommen sei. Da es nun nichts mehr gebe, was den Weg in die ‹reale› Welt aufzeigen könne, entstehe eine Barriere, die auch Hinweisen auf Wirklichkeitsbezug als Strukturmoment der Allegorie im Weg stünde. Diese Argumentation verschließt die Option auf allegorische und mimetisch-abbildrealistische Lektüren der *Soledades*. Dafür eröffnet sie, seit Dámaso Alonsos wegweisender Góngora-Lektüre vor dem Hintergrund der spanischen Avantgarde, radikal die Dimension der auf poietisch-verfremdende Weise geschaffenen ästhetischen Räume. Diese Sicht rettet Góngora auch vor dem Vorwurf, seine Dichtung sei ein «archaischer Rückfall hinter die Errungenschaften des arkadischen Fiktionsparadigmas» und eine Rückkehr zur Allegorisierung der Welt.[27] Sie verschließt aber andererseits die Option der Interpretation des Langgedichtes vor dem Hintergrund außertextueller Räume,

---

24 *DAOC V*, S. 299.
25 Hans Ulrich Gumbrecht: ‹Eine› *Geschichte der spanischen Literatur*, S. 417.
26 Biruté Ciplijauskaité, zit. in Mary M. Gaylord: Góngora and the Footprints of the Voice, S. 235.
27 Hanno Ehrlicher: *Zwischen Karneval und Konversion*, S. 358.

kultureller Austauschprozesse und imperialer Weltpolitik im atlantischen Raum. Ob als Rückfall in eine spekuläre Welt der Allegorie oder ‹modernistischer› Kult der absolutgesetzten Metapher: Die oben von Ehrlicher rekonstruierte Doppelsicht verhindert in beiden Fällen, dass so etwas wie die «historische Welt» in dieser «megalomanischen Kunstwelt» noch aufscheint. Die aktuellen Arbeiten von Mercedes Blanco und Jesús Ponce Cárdenas zu Góngora stehen heute aber für eine deutliche und bewusste Revision der Behauptung, die Poesie Góngoras sei eine verblendete Abwendung von oder unbewusste Fehllektüre seiner historischen, politischen oder wirtschaftlichen Gegenwart.[28] Zumal dies aus der Sicht von Dámaso Alonso – gerade vor dem Hintergrund des durch diese Lektüre immer abstrakter und unbedeutender wirkenden Amerika-Themas – ein nicht ganz unschuldiges Lektüreprogramm gewesen sein mag: Denn der philologisch bestens gebildete und kulturpolitisch äußerst strategisch vorgehende Dámaso Alonso legte in demselben Jahr wie seine programmatische *Soledades*-Ausgabe (1927) offenbar unter äußeren Zwängen und nur höchst widerstrebend eine Studie vor, in der die hermetischen textuellen Räume Góngoras mit der äußerst konkreten, aktuellen und weltpolitischen Realität Amerikas in Verbindung gebracht wurden. Nur eine «mäßige Bedeutung» misst er in *Góngora y América* der Frage nach dem Verhältnis des Barockdichters zu dem so fernen «Continente Occidental» bei – und scheint dabei auch die jüngere Vergangenheit Spaniens um 1898 nicht ganz ausblenden zu wollen. Denn die eingangs von Alonso ins Feld geführte, räumliche und alltagsweltliche Entfernung Góngoras von dem hier nur abstrakt umschriebenen «Continente Occidental» erscheint als ein merkwürdig vordergründiges Argument gegen die

---

28 «Kein Autor der spanischen Klassik trug so intensiv wie er zur Theatralisierung des Alltags bei, und keiner war ähnlich blind für die beginnende Dekadenz der Nation [...].» – Dieses durch Hans Ulrich Gumbrecht (*‹Eine› Geschichte der spanischen Literatur*, S. 419) erneuerte Urteil ist eine Folge dieser Sicht. Es fußt vermutlich auf Dámaso Alonsos Urteil aus seinem klassischen Werk *Góngora y el «Polifemo»* (1960), wo es heißt: «Si tomamos las dos figuras más importantes, Góngora y Quevedo [...], nos encontramos con el hecho curioso de que su actitud frente a los problemas nacionales es muy distinta. Quevedo los vive en su vida y su literatura; Góngora los ignora: cuando le preocupa la política nacional, es la suya preocupación de pretendiente [...]. Góngora es uno de los españoles cegados por el gran engaño: no se da cuenta de los crujidos precursores del hundimiento.» (*DAOC VII*, S. 33 f.) Sicherlich im Kontakt mit Dámaso Alonso war Leo Spitzer bereits um 1940 zu einem ähnlichen Urteil gekommen: «Es curioso ver el estoico y solitario Góngora desentenderse de las nuevas conquistas de la navegación.» (Leo Spitzer: La *Soledad primera* de Góngora: notas críticas y explicativas a la nueva edición de Dámaso Alonso. In: ders.: *Estilo y estructura en la literatura Española*. Barcelona: Crítica 1980 [1940], S. 257–290, hier S. 273).

Verbindung der Konzepte *Góngora y América*. Trotz seiner Vorbehalte gegen die Fragestellung erörtert Dámaso Alonso sie im Folgenden:

> Adelantaré, desde luego, para que nadie se llame a engaño, que Góngora tuvo muy poca relación con el Continente Occidental. Pero puede ofrecer un relativo interés – en este año del tercer centenario de Góngora – el dejar consignadas las referencias que el mejor poeta del siglo XVII hace a la tan lejana y para él tan desconocida América.[29]

Fließt diese Realität des «Continente Occidental» also doch in die poetische Sprache Góngoras ein? Die Folge wäre eine Spannung zwischen verschiedenen denkbaren Raumentwürfen, wobei der vertikalen, paradigmatischen Ausdehnung der gewählten, poetischen Sprache, ihrer Metaphorik, Symbolik, inter- und intratextuellen Verweisnetzwerke, nun eine horizontale, syntagmatische Ausdehnung konkreter räumlicher Bezüge zur Seite stünde. Nach der sehr einflussreichen Ansicht des späteren Mitglieds der Real Academia Española, Dámaso Alonso, wären die Bezüge auf den realen, geographischen Raum bei Góngora letztlich zu vernachlässigen. Sie verließen die eigentliche Sphäre der poietisch-verfremdenden Dimension der Sprache und führten auf einen Nebenschauplatz oder gar zu einer Fehllektüre. Diese Ansicht überrascht nicht nur wegen der Fülle an Beispielen, die Alonso selbst in seinem Aufsatz *Góngora y América* erörtert. Die Behauptung überrascht auch angesichts der in der vorliegenden Untersuchung bereits angestellten Überlegungen zum Titel des Werkes und der exemplarisch angeführten Konnotationen der kosmographisch fundierten Metapher «Libia de ondas». Wenn nicht einen direkten Amerika-Bezug, so zeigten beide Begriffe doch eine doppelte Verweisstruktur auf poetische, poietisch-verfremdete Räume einerseits, und außerliterarische, reale (Natur)Räume andererseits.

Es wirkt unwahrscheinlich, dass dieser Befund keine Bezüge zu der spezifischen Verbindungs- oder Vernetzungsleistung von Góngoras poetischer Sprache gehabt haben soll – zumal die Dichter der Generation von 1927 gerade Góngora als Meister der Metapher huldigten. Der noch nicht dreißigjährige Dámaso Alonso (1898–1990) mag aber im Augenblick der Publikation seines Aufsatzes *Góngora y América* eher auf die philologische, poetische und poetologische Konkurrenz reagiert haben, der er durch den neun Jahre älteren Mexikaner Alfonso Reyes (1889–1959) ausgerechnet in Sachen Góngora ausgesetzt war. Reyes war durch seine Arbeit 1914 bis 1919 am Madrider Centro de Estudios Históricos und durch seine Mitarbeit an der ersten modernen Góngora-Ausgabe durch Raymond Foulché-Delbosc dem Spanier Alonso zunächst voraus

---

[29] *DAOC V*, S. 300.

und hatte mit seiner Góngora-Forschung bereits einen erheblichen Einfluss auf die Vertreter der Dichter-Generation von 1927 ausgeübt.[30] Nach Rubén Darío (1867–1916), dem Alonso mit schulmeisterlichen Argumenten jegliche Góngora-Kenntniss absprach, war Reyes nur ein weiteres Beispiel für das *writing back* aus den ehemaligen Kolonien, das zunehmend die Gefahr einer umgekehrten kulturellen *conquista* barg.[31] 1929, als Reyes Spanien bereits verlassen hatte und wieder in den Amerikas arbeitete, antwortete er bissig mit *Góngora y América. Reseña bibliográfica* auf Alonso und lieferte einen Überblick über eine Fülle von Publikationen zu dem Thema, das Alonso zwei Jahre zuvor als nur mäßig bedeutsam abgetan hatte.[32] Fest steht jedenfalls, dass der Mexikaner Alfonso Reyes als Góngora-Forscher in Spanien vor allem aufgrund seiner Herkunft in eine subalterne Rolle geraten musste.[33] Zwar konnte trotz Alonsos Polemik kein Zweifel daran bestehen, dass mit Rubén Darío ein Dichter aus der ‹Neuen Welt› dazu beigetragen hatte, dass auf der Iberischen Halbinsel der Boden für eine neue Góngora-Welle bereitet war. Doch Darío hatte schon zu

---

30 Vgl. Arturo Dávila: El neobarroco sin lágrimas: Góngora, Mallarmé, Alfonso Reyes et al. In: *Hipertexto* 9 (2009), S. 3–35, hier S. 6 und Aurora Hermida-Ruiz: Alfonso Reyes, the Generation of 1927, and the Imperial Appropriation of Góngora. Erst im Jahr 1966, im Nachwort zur fünften Auflage seines Standardwerkes *Góngora y el «Polifemo»* (1960), ehrte Dámaso Alonso den Kollegen Reyes als «maestro de todos los gongoristas del siglo XX» (*DAOC VII*, S. 268) – sechs Jahre nach Reyes Tod. Bereits in Reyes Band *Cuestiones estéticas* (1911) gibt es ein Góngora-Kapitel, das auf den ein Jahr zuvor erschienenen Aufsatz *Sobre la estética de Góngora* zurückgeht. Sergio Ugalde verweist nicht ohne diskreten Stolz auf die korrekte Rangfolge in der Revision und Umkehrung des Paradigmas von Góngoras sprachlicher ‹Dunkelheit› (vgl. Sergio Ugalde: *La biblioteca en la isla*, S. 215, Fn 110). Reyes hatte so viel Forschungserfahrung mit Góngora, dass seine Sammlung *Cuestiones gongorinas* pünktlich zum Jahr 1927 bei Espasa Calpe in Madrid erscheinen konnte.
31 Vgl. Alejandro Mejías-López: *Modernismo*'s inverted conquest and the ruins of imperial nostalgia: Rethinking transatlantic relations in contemporary critical discourse. In: *Arizona Journal of Hispanic Cultural Studies* 12 (2008), S. 7–29.
32 Alfonso Reyes: Góngora y América. Reseña bibliográfica [1929]. In: ders.: *Obras completas VII*. México D.F.: Fondo de cultura económica 1958, S. 235–245. Faszinierende Belege für Reyes internationales Wirken nicht nur in der Góngora-Philologie, sondern auch bei dem mit ihr verbundenen Aufbau der iberoromanischen Philologie in Deutschland finden sich seinen Briefwechseln 1928–1934 mit Walter Pabst, Hellmuth Petriconi, Karl Vossler und dem Münchner Mathematiker und Góngora-Übersetzer Hermann Brunn (vgl. Sergio Ugalde (Hg.): *Un cierto encanto goethiano. Correspondencia alemana de Alfonso Reyes (1914–1959)*. México D.F.: El Colegio de México/Juan Pablos Editor 2013).
33 Trotz Reyes Vorsprung in Edition und Forschung beschloss die Dichtergruppe von 1927, die Aktivitäten um Góngoras Todesjahr auf «artistas españoles y – espiritualmente – jóvenes» zu beschränken (zit. in Alejandro Mejías-López: *Modernismo*'s inverted conquest and the ruins of imperial nostalgia: Rethinking transatlantic relations in contemporary critical discourse, S. 163).

Lebzeiten erfahren müssen, wie schmerzlich es war, wenn eine ausgerechnet an Góngora gemahnende, vestimentäre Stilmetapher dafür missbraucht wurde, um das Schreiben des Nicaraguaners zu exotisieren und zu banalisieren:[34] Miguel de Unamuno attestierte seinem entsetzten Verehrer sprachliche «plumas de Indio» und wertete so Daríos – auch über Frankreich vermittelte – Begeisterung für schillernde, transatlantische Sprachwelten ab.[35] Dámaso Alonso hingegen sah im Kastilien des Siglo de Oro nichts weniger als eine legitime Erbin Roms und bemühte sich, ausgerechnet Góngora über diesen an vermeintlichen Großtaten der römischen Antike orientierten Blickwinkel zu legitimieren.[36] Dreißig Jahre nach dem dreihundertsten Todesjahr Góngoras wird mit José Lezama Limas *La Expresión Americana* (1957) die Debatte um die Aneignung des Manieristen aus Córdoba jedoch neuen Schwung erhalten, wenn der Kubaner offensiv den «gongorismo» zum «signo muy americano» erklärt.[37] Mit einer neuen kulturpolitischen Haltung und einer neuen *écriture* sollte Lezama das gelingen, was Reyes versagt blieb.

Fest steht an dieser Stelle jedenfalls, dass diese Debatte zwischen Spanien und – einem nicht näher definierten – spanischsprachigen Amerika um einen ursprünglich verrufenen und dem Gegenkanon zugeordneten Dichter aus Andalusien nicht stattgefunden hätte, wenn eine bestimmte räumliche Gerichtetheit der Bedeutung – «Ideenrichtungen» (Alexander von Humboldt) als *mouvements des idées* und *trajectoires des sens* – nicht in Góngoras Werk bereits angelegt gewesen wären. Diese gerichteten Bedeutungsebenen sind eine unvermeidliche Folge des von Góngora geradezu provozierten «Korrespondenznetzwerkes» und ermöglichen überhaupt erst ein Moment der Identifikation auf beiden Seiten des Atlantiks. Hier geht es einerseits um Positionierung in einer poetologischen Polemik, andererseits um die Aneignung und Legitimierung eines ästhetischen Erbes: «Die barocke Abweichung eines Góngora oder

---

34 Zu der Rezeption lateinamerikanischer Dichter in Spanien, vgl. Sergio Ugalde: *La biblioteca en la isla*, S. 225 f.
35 Vgl. Julio Ortega: *Nuevos hispanismos*, S. 136 f. Nicht zufällig hatte Enrique González Martínez gespottet: «Tuércele el cuello al cisne *de engañoso plumaje*» (Hervorhebung MM).
36 Die von Dámaso Alonso ausgerechnet bei den *Soledades* ausgemachte «claridad y belleza» ist ein gegen manieristische ‹Dunkelheit› gerichtetes, klassizistisches Stilurteil inmitten der spanischen Avantgarden (vgl. *DAOC* VII, S. 13–24).
37 Zit. in Sergio Ugalde: *La biblioteca en la isla*, S. 227. Eine wichtige und frühe Vermittlerrolle zwischen Spanien und den Intellektuellen und Dichtern in Kuba kam Federico García Lorca zu, der bereits 1930 von New York nach Kuba reiste. Dort hielt er in Havanna – unter anderem – seinen berühmten Vortrag *La Imagen Poética de Luis de Góngora*, den auch Lezama hörte: eine keineswegs neutrale oder fehlerfreie, aber persönliche und unbelastete Góngora-Lektüre (vgl. ebda., S. 195, Fn 77).

Marino, die im europäischen Kontext ein bloßer Schulenstreit ist und auch als solcher ausgetragen wird, erweist sich als ein Existential, an dem die kulturelle Zukunft eines ganzen Kontinents hängt», kommentiert Sebastian Neumeister mit Blick auf die Amerikas.[38] Und da die *Soledades* den poetologischen Kern aller Streitfragen um Góngora darstellen, darf daraus gefolgert werden, dass sie nicht nur emotionale, semantische und textuelle Räume der poetischen Sprache, sondern damit auch sehr reale, gerichtete Bezüglichkeiten in einem ausgedehnten Raum zwischen Mittelmeer und Atlantik entfalten.

Mit ihrem berühmten und vielfach zitierten *incipit* der Widmung eröffnen Góngoras *Soledades* ein ästhetisches Korrespondenznetzwerk, das zwar in seinen sprachlichen, stilistischen und topischen Bezügen im Mittelmeer entsteht, dann aber in einer semantischen und rezeptionsgeschichtlichen Bewegung westwärts darüber hinauswächst. Passend zu der manieristischen Komplexität des Titels, der einen ästhetischen, symbolischen und emotionalen Raum auf lyrische Weise evoziert, führt die Widmung mit dem namenlosen «peregrino» eine Bewegungsfigur ein. Als vieldeutiges «ser alegórico»[39] durchwandert der «peregrino» nicht nur die Landschaften des Gedichtes wie auf einer horizontalen Route, sondern durchquert und strukturiert dabei gleichzeitig einen diachronen, mithin ‹vertikalen› und motivgeschichtlichen Raum. Das Ergebnis ist eine verschränkte, doppelte Form der Bewegung durch Räume und Zeiten, die bei der Lektüre der *Soledades* stets mitgedacht werden muss. So lauten die ersten vier Verse des Langgedichtes:

> Pasos de un peregrino son errante
> cuantos me dictó versos dulce Musa
> en soledad confusa,
> perdidos unos, otros inspirados.

Obwohl es vordergründig so scheinen mag, als ob der Dichter im Rahmen einer künstlerischen *peregrinatio* nur bescheiden um das Wohlwollen des Herzogs von Béjar bittet und sich daher als unbehaust inszeniert, handelt es sich hier doch vielmehr um einen metapoetischen Kommentar zu Anfang des Textes. Er gibt Auskunft über die poetologische Struktur des folgenden Gedichtes. Tatsächlich stehen Dichter und Werk selbstbewusst im Vordergrund, noch bevor der Mäzen angesprochen wird: Die ‹Dedicatoria› überblendet die Figuren des

---

38 Sebastian Neumeister: Góngora in Amerika, S. 601–605, hier S. 605. Eine Schlüsselfigur in diesem Prozess war Juan de Espinosa Medrano, Kanonikus an der Kathedrale von Cuzco und sein *Apologético en favor de Don Luis de Góngora* (1662).
39 Maurice Molho: *Semántica y poética (Góngora, Quevedo)*. Barcelona: Crítica 1977, S. 67. Es handelt sich um eine vieldeutige, nicht etwa didaktisch-exemplifizierende Allegorie.

Dichters und des namenlosen Wanderers in dem folgenden Gedicht. Nicht weniger als der Dichter in seinem Schaffensprozess, ist der Schiffbrüchige der ersten Seiten durcheinander. Dieses Durcheinander des doppelten Pilgers, von Dichter und Gedichtetem, von Paratext und Haupttext, vermengt im Begriff *confuso* gleichermaßen einen Zustand der emotionalen Verlorenheit und des Schmerzes («en soledad confusa»), die vermeintlich ungeordnete und offene Form des Gedichtes, die Orientierungslosigkeit des schiffbrüchigen «peregrino» an einem fremden Strand und die düstere Undurchdringlichkeit der wilden, stummen und scheinbar verlassenen Natur. Hier, in einem abweisenden Land mit festungsgleichen Felswänden, kommt der Schiffbrüchige wieder zu sich. Mit dem schwindenden Tageslicht wird die rettende Landschaft zu einem bedrohlichen Ort. Die zunächst freundliche, wärmende Natur erkaltet und verdüstert sich:

> No bien pues de su luz los horizontes,
> que hacían desigual, confusamente,
> montes de agua y piélagos de montes,
> desdorados los siente,
> cuando entragado el mísero extranjero
> en lo que ya del mar redimió fiero,
> entre espinas crepúsculos pisando,
> riscos que aun igualara mal volando
> veloz, intrépida ala,
> menos cansado que confuso, escala.[40]

Doch der Wanderer erklettert hier Klippen («riscos») des unbekannten Landes mit derselben beflügelten, ikarischen und risikofreudigen Energie – «volando veloz, intrépida ala» – und verwunderten, ganz benommenen Neugierde – «menos cansado que confuso» –, mit der auch der Dichter seine Verse schreibt.[41] Mit jedem Schritt des Wanderers und mit jedem neuen Vers entstehen ein unbekanntes Land und ein rätselhaftes Gedicht.

---

40 *Soledades I*, S. 77 f. (Verse 42–51).
41 Maurice Molho, *Semántica y poética (Góngora, Quevedo)*, diskutiert das *incipit* sehr ausführlich, verweist aber nicht auf die hier angeführte Parallelsetzung des Begriffs *confuso*. Die zeitgenössische Kommentierung des *incipit* gerät nicht zufällig zur theoretischen *réécriture* der dort angelegten poetologischen Postulate: «Lo que vemos en esta poesía culta, que, sin haber doctrina secreta, sino sólo el trastorno de palabras, y el *modo de hablar peregrino* y jamás usado ni visto en nuestra lengua, ni en otra vulgar, toscana, tudesca, flamenca ni francesa, *camina como el lobo*, que da unos *pasos* adelante y otros atrás, para que, así *confusos*, no se eche de ver el *camino* que lleva.» (Francisco Cascales, *Cartas filológicas*, 1613/14; zit. in Sebastian Neumeister: Góngora in Amerika, S. 599 [Hervorhebungen MM])

Angesichts der bisher angestellten Skizzen zu einer denkbaren, spezifischen Strategie Góngoras, die innere Semantik der Emotion mit der äußeren Konkretion räumlicher Ausdehnung zu verbinden, wäre es jedoch zu kurz gegriffen, in dem Wanderer nur das fiktive Abbild einer realen Person zu sehen. Mehr noch als mit den titelgebenden *soledades*, die nur noch ein einziges Mal in der dritten Zeile der ‹Dedicatoria› genannt werden, führt Góngora mit dem «peregrino errante» eine Gestalt ein, deren vieldeutige begriffsgeschichtliche Genealogie und radikale äußere Unbestimmtheit auch als poetisches Programm gedeutet werden müssen. Denn es fällt schnell auf, dass wir nichts Konkretes über diese Figur erfahren. Auf was für einer (Lebens)Reise befindet sich dieser Mensch? Ist es eine Reise, Wanderung oder Flucht? Zwischen welchen Ländern bewegt sich der Pilger? Welche Kleidung trug er, bevor das Meer ihre ständischen Insignien auslöschte und sie zu einem eigenartigen, ozeanischen Pilgergewand machte? Es ist kein Zufall, dass sich Góngoras Intimfeind Juan de Jáuregui auf diese Figur einschießt, um das ganze Werk – mitsamt seinem Verfasser – zu diskreditieren. Und gerade weil seine Argumente sarkastisch zugespitzt sind, treffen sie den Punkt, selbst wenn wir Jáureguis polemische Schlussfolgerungen ignorieren dürfen:

> Pasamos luego a la traza de esta fábula o cuento o qué se es: allí sale un mancebo, la principal figura que Vmd. nos representa, y no le da nombre. Este fue al mar y vino del mar, sin que sepáis cómo, ni para qué.[42]

Nicht nur dieser, sondern der Pilger im Allgemeinen, *peregrinus*, ist etymologisch betrachtet der *perfect stranger*, ein Ur-*Étranger*. Dies macht die Figur des «peregrino», oder wie in folgender Stelle aus dem *Guzmán de Alfarache*, den «romero» – wie ausgerechnet Guzmán selbst anmerkt – nicht gerade vertrauenswürdig: «Viene [el engaño] cubierto en figura de romero, para ejecutar su mal deseo.»[43] Seiner Alltagskleidung entledigt, ist der Pilger ein vorüber-

---

[42] *Antídoto contra las Soledades*, zit. in Antonio Vilanova: El peregrino de amor en las Soledades de Góngora, S. 422 (Akzentsetzung modernisiert, MM).
[43] *Guzmán II*, Buch 1, Kap. 3, S. 71. Vgl. auch ebda. Band I, Buch 1, Kap. 7, S. 203. Mit der Bedeutung ‹fremd, ausländisch›, ‹Nichtbürger› ist *peregrīnus* seit dem Mittelalter auf der Iberischen Halbinsel bezeugt, vermutlich im Zusammenhang mit zahlreichen auswärtigen Pilgern auf dem Jakobsweg. Doch das Kleid macht nicht den Mönch. Der Kleidung der Pilger, welche bei diesen grenzüberschreitenden Wanderungen getragen wurde, waren auch Ganoven und *pícaros* nicht abgeneigt: Es verdeckt jene *signa rememorativa*, die den Körper administrativ lesbar machen. «Durch Anlegen des Pilgerkleids versuchten manche Straffällige, sich der Verfolgung durch die Justiz zu entziehen.» (Horst Baader in ders. (Hg.): *Spanische Schelmenromane* (2 Bände). Darmstadt: Wissenschaftliche Buchgesellschaft 1964, hier Bd. 1, S. 858; vgl. auch Hanno Ehrlicher: *Zwischen Karneval und Konversion*, S. 420.)

gehender Besucher, beizeiten ein Eindringling von außen, immer aber eine grenzüberschreitende Figur. Er steht, wie der Pikaro, somit auch vor dem romanhaften Hintergrund eines erweiterten sozialen und geographischen Raumes. Denn dieser Wanderer legt keinen Wert mehr auf seine Herkunft. Sein ozeanisches Gewand verschleiert die gesellschaftliche Zugehörigkeit. Und bei Góngora bewegt er sich in einer Welt, die nicht ausschließlich stilistisch-elitäre und arkadisch-allegorische, sondern auch volkstümliche und sogar burleske Züge trägt. Wenn Juan de Jáuregui den Wanderer abfällig als «mirón» bezeichnet,[44] dann verweist dies auf die weniger edle Dimension dieses Wesens aus einem vermeintlich hochelitären Gedicht. Denn der Begriff mag nicht nur den Flaneur des 17. Jahrhunderts bezeichnet haben, sondern auch den voyeuristischen Nichtsnutz: ein wichtiger Verweis Jáureguis auf die «estructura novelesca» im Poetischen, wie Antonio Vilanova betont.[45] Dies soll nicht heißen, der anonyme Wanderer aus den *Soledades* sei ein verkleideter Pikaro oder gebe Anlass zu Misstrauen. Es soll vielmehr kontrastiv deutlich machen, dass es sich im Fall der *Soledades* um eine Bewegungsfigur handelt, die eher etymologische, sprachliche und generische Grenzen überschreitet, die eher zwischen außertextueller Welt, Paratext und Gedicht herumvagabundiert, als dass sie – wie ein epischer Held und wie in manchen Situationen der Schelm – als genuin «bewegliche Figur» im Sinne Lotmans die fiktionsinternen Grenzen der fiktionalen Raumorganisation durchbricht.[46] Es soll auch deutlich machen, dass die *Soledades* nicht nur die klar identifizierbaren Isotopien der *peregrinatio vitae* und *peregrinatio amoris* aufrufen, sondern dass sie «deambulatorische Figuren» nicht als *picaresca*, sondern auf der Ebene der lyrischen Sprache ins Spiel bringen.[47] Hier überblendet sich die horizontale Beweglichkeit des Wanderers mit der Beweglichkeit einer literarischen Figuration, oder *figura*, von Fremdheit. Die jeweiligen (raum)semantischen Logiken dieser Figur und Figurationen sind jedoch weder unverwandt, noch identisch.

Es wird also deutlich, dass weder der selbstbewusste «peregrino»-Dichter der Widmung, der sich sogar selbst inszeniert bevor die Rede auf den Gönner

---

44 Zit. in Maurice Molho: *Semántica y poética (Góngora, Quevedo)*, S. 41, Fn 5.
45 Antonio Vilanova: El peregrino de amor en las Soledades de Góngora, S. 423.
46 Vgl. hierzu Hanno Ehrlicher: *Zwischen Karneval und Konversion*, S. 18 f. Es sollte jedoch nicht daraus gefolgert werden, Góngoras «peregrino» ließe sich nicht mit Lotman lesen oder die fiktionsinternen Grenzen seien hier irrelevant.
47 Zu den «deambulatorischen Figuren», vgl. Ehrlichers ‹Einleitung› (ebda.). Zu den Topoi der *peregrinatio vitae* und *peregrinatio amoris*, vgl. Antonio Vilanova: El peregrino de amor en las Soledades de Góngora und ders.: Nuevas notas sobre el tema del peregrino de amor. In: *Studia hispanica in honorem R. Lapesa* (Band 1). Madrid: Gredos/Cátedra-Seminario Menéndez Pidal 1972, S. 563–570.

kommt, noch der in Windeseile die Klippen erkletternde und energisch voranschreitende Wanderer der *Soledades* ausschließlich im exilierten Modus der Liebespilgerschaft und «Schmerzdichtung» (Hugo Friedrich) zu lesen sind. Vielmehr bekennt sich Góngora mit dem Begriff zu einer Poetik, genauer: zu einem Stilideal. Es handelt sich hierbei um ein Bekenntnis zu italienischen Vertretern der Barockdichtung wie Giambattista Marino (1569–1625), Torquato Tasso (1544–1595), seinen Vater, Bernardo Tasso (1493–1569), im Hintergrund natürlich Petrarca. Es handelt sich auch um ein Bekenntnis zu einem stilistischen Ideal, wonach die alltagsferne «Fremdartigkeit des Wortgebrauchs»[48] – als Kennzeichen der poetischen Sprache – stark forciert und im Falle Góngoras und anderer Manieristen auf die Spitze getrieben wird: eine selbstbewusste Schöpfung *contro le regole*, in der sich die Aufmerksamkeit von dem Ideal des Maßhaltens und eines der Sache angemessenen Ausdrucks auf die Sprache selbst richtet. Die lyrische Sprache selbst tritt in Konkurrenz zu der erhabenen epischen Gattungskonvention, wobei mit ihr auch Kreativität und Ausdruckswille des Dichters in den Vordergrund treten und – im Falle Góngoras – konsequente Seitenblicke auf die Sprache der italienischen Konkurrenz erlauben.[49] Adjektivisch gebraucht, ‹pilgern› exophone Neologismen, interlinguale Wortspiele, semantische Transformationen und Amphibologien als *verba peregrina* oder *parole pellegrine* durch seine Dichtung.[50] Es ist kein Zufall, dass Góngora dieses Bekenntnis durch die mehrdeutige Figur des «peregrino» ausspricht. Die Figur steht im Zentrum des durch seine dichterische Sprache geschaffenen Korrespondenznetzwerkes: Bezugsfigur des Paratextes (der Dichter), Liebes- und Lebenspilger der folgenden beiden *Soledades*, anonymer, pseudo-pikaresker Vagabund und flanierender «mirón» (Jáuregui), meta-poetisches Bekenntnis zu einem «Modewort» der italienischen Poetik,[51] sowie – und nicht zuletzt – performative poetische Umsetzung dieses Bekenntnisses in demselben Augenblick, in dem der verwunderte und elektrisierte Leser (oder Zuhörer) den ersten

---

48 Hugo Friedrich: *Epochen der italienischen Lyrik*, S. 547 f.
49 Vgl. ebda., S. 461 f. Hier wird eine bereits altbekannte poetologische Debatte zwischen den «partidarios de las (nuevas) formas poéticas italianas y los partidarios del Cancionero tradicional español» (Karl Kohut: *Las teorías literarias en España y Portugal durante los siglos XV y XVI*. Madrid: CSIC 1973, S. 12) aufgerufen. Góngoras Brillanz zeigt sich darin, dass er die stilistischen Register, die sich nur scheinbar unversöhnlich gegenüberstehen, bestens beherrscht.
50 Vgl. Wolfram Nitsch: Das Subjekt als *peregrino*. Selbstbehauptung und Heteronomie in Góngoras Lyrik. In: Wolfgang Matzat/Bernhard Teuber (Hg.): *Welterfahrung – Selbsterfahrung. Konstitution und Verhandlung von Subjektivität in der spanischen Literatur der frühen Neuzeit*. Tübingen: Max Niemeyer 2000, S. 363–377, hier S. 364, S. 366 und 376.
51 August Buck: ‹Einleitung›. In: Emanuele Tesauro: *Il Cannocchiale Aristotelico*. Bad Homburg/Berlin/Zürich: Gehlen 1968, S. V–XXIV, hier S. IX, Fn 18.

Vers des Manuskriptes (heute: des Buches) lesend oder lauschend beschreitet: «Pasos de un peregrino son errante».[52]

Nicht nur, dass dieser erste Vers mit dem Hyperbaton das klassische syntaktische Stilmittel zur poetischen Abstandnahme von der Alltagssprache einführt. Die Semantik des ersten Verses betont auf diese Weise auch – größtenteils pleonastisch – den «umherwandernden Wanderer» oder «pilgernden Pilger». Der Pleonasmus gilt seit der antiken Poetik als ein Vorrecht der Lyrik. Góngora macht davon reichlich Gebrauch und reizt seine am Epos orientierten Kommentatoren aufs Äußerste. Góngoras Leser wurden also seinerzeit auf mehr als nur eine Weise unsanft auf die fremdartigen und beweglichen Bedeutungsebenen seiner Lyrik gestoßen. Auch der über die italienische Dichtungstradition in der Linie Petrarcas eingeführte Neologismus «errante» dürfte ihnen nicht geläufig gewesen sein. Hier konnte Góngora in der Debatte um fremde Einflüsse und *verba peregrina* provozieren. Prompt entzündete sich die Debatte um den ersten Vers und den für das Gedicht so zentralen Begriff: «He aquí que V.m. usa la palabra ‹errante›, tan nueva para nosotros, que rara vez se encuentra en poeta nuestro, y nunca en Garcilaso.»[53] Góngora überbietet auch Tassos Selbstbeschreibung in der *Gerusalemme liberata* (1581): Denn Tasso nennt nicht zuerst den Dichter, sondern den Gönner Alfonso d'Este: «Tu magnanimo Alfonso, il qual ritogli / Al furor di fortuna, e guidi in porto / Me peregrino errante [...].»[54] So wird deutlich, wie Góngora seinem Text eine selbstbewusste und poetische Wendung gibt, indem er den «peregrino» nicht direkt in Verbindung mit dem Mäzen denkt, sondern dem Begriff eher eine metapoetische Bedeutung gibt. Und auch hier entfaltet sich eine doppelte räumliche Struktur. Nicht nur, dass Vagabundieren und Umherirren pleonastisch überbetont werden, indem ein italianisierendes und für das spanische Ohr ungewohntes Echo auf den *chevalier errant* – der sich seit Dantes *Commedia* auch mit dem *exemplum* eines in den Atlantik hinausstrebenden Odysseus verband – ausgelöst wird. Auch der Verweis Jáureguis auf Garcilaso de la Vega macht deutlich, dass sich der Blick halb vergewissernd, halb verdächtigend nach Osten richtet. Dort liegt das unbequeme Gegenstück zu der eigenen, iberischen Aneignung einer

---

[52] Lorca-Biograph Ian Gibson berichtet von einer Rezeptionsmode im Umfeld der Dichter-Generation von 1927, in der die *Soledades* – als heroisches und unbedingtes Bekenntnis zu Góngora – auswendig und möglichst vollständig rezitiert wurden.
[53] Juan de Jáuregui, *Antídoto contra las Soledades*, zit. in Joaquin Roses Lozano: *Una poética de la oscuridad. La recepción crítica de las Soledades en el siglo XVII*. Madrid: Editorial Tamesis 1994, S. 160. Corominas verzeichnet im Eintrag errar («vagar, vagabundear; equivocarse») Quevedo (1580–1645) als Beleg für *errante* (vgl. *Cor*, Band 2, S. 315).
[54] Torquato Tasso: *Poesie. A cura di Francesco Flora*. Milano/Napoli: Riccardo Ricciardi 1970, S. 4; I, 4, Verse 25–27.

auf Petrarca verweisenden Tradition, zum «poeta nuestro»: dem durchaus auch heroisch gelesenen Garcilaso. Wie auch der Begriff «confuso» waren «peregrino» und «errante» barocke Modewörter aus der unmittelbaren Gegenwart, der heute als ‹italienisch› geltenden Literatur und Dichtungstheorie. Den Zeitgenossen von der Iberischen Halbinsel dürfte dabei noch unklar gewesen sein, ob das Konzept «errante» nun so viel bedeutet wie ‹falsch liegen›, ‹einen Fehler gemacht haben›, ‹irren›, ‹umherirren›, ‹wandern›, oder – noch in einem mittelalterlichen Sinne, als «Weisen, seinen vorbestimmten Ort in der Welt zu verfehlen»[55] – all dies zugleich. Góngora irritiert seine Leser und verweist auf motivgeschichtliche Bewegungen, die auf lexikalischen und weiter gefassten semantischen Ebenen ein Netzwerk von Bezügen herstellen. So strahlen die ‹vertikalen›, motivgeschichtlichen Ketten gleichermaßen auf ‹horizontale› Bewegungen und Bezüglichkeiten im Raum aus. Doch es handelt sich nicht nur um die *verba peregrina* einer frühneuzeitlichen, poetischen Manifestation von *traveling concepts* und *traveling theory*. Denn Italien ist zu Beginn des 17. Jahrhunderts nicht mehr nur der Inbegriff einer mittelmeerischen (Dichtungs)Renaissance, sondern auch misstrauisch beäugter Nutznießer der atlantischen Expansion Spaniens[56] – Nutznießer einer Westwärtsbewegung also, die sich in Poesie und Naturphilosophie seit langem abgezeichnet hatte, aber im Urteil von Góngoras Zeitgenossen weit banaler und prosaischer ausfiel, als einst in den messianischen Traktaten angekündigt.[57] Góngoras poetische Sprache – dies macht das *incipit* der *Soledades* deutlich – steht im Kontrast zu diesen neuen Realitäten. Sie ist eine genuine und selbstbewusste Erneuerung italienischer Wendungen und Topoi, die nun in den Sog eines sich ankündigenden, transatlantischen Barocks geraten.

Schließlich sei bemerkt, dass auch die metrische Form der *Soledades* immer wieder – besonders über den Titel – mit räumlichen Überlegungen in Ver-

---

55 Hans Ulrich Gumbrecht: ‹Eine› *Geschichte der spanischen Literatur*, S. 46.
56 Auch diese bewirkt *viaggi di parole* (vgl. Gian Luigi Beccaria: Tra Italia, Spagna e Nuovo Mondo nell'età delle scoperte: viaggi di parole). Vgl. auch *DAOC VI*, S. 331–398.
57 Die Romanautoren Mateo Alemán und Miguel de Cervantes parodieren die adjektivische Verwendung des Begriffs *peregrino* vor allem in Bezug auf Frauen, die eher banal und vulgär als berauschend und schön sind: «Llamábase Aldonza Lorenzo, y a ésta le pareció [Don Quijote] ser bien darle título de señora de sus pensamientos; y buscándole nombre que no desdijese mucho del suyo, y que tirase y se encaminase al de princesa y gran señora, vino a llamarla *Dulcinea del Toboso*, porque era natural del Toboso; nombre, a su parecer, músico y peregrino y significativo, como todos los demás que a él y a sus cosas había puesto.» (Miguel de Cervantes: *Don Quijote*, Band 1, S. 103) Siehe auch *Guzmán I*, Buch 1, Kap. 2: «Estúvola mirando [mi padre a mi madre] todo el tiempo que dio lugar el ejercicio de aquel sacramento [un bautizo], como abobado de ver tan peregrina hermosura [...].» (S. 144)

bindung gebracht worden ist. Die Isotopie einer *soledad confusa* – mit der Kippbedeutung von ‹Einsamkeit und Verirrung› und ‹wild verwachsener Natur› – lässt sich mit dem Durcheinander einer a-strophischen Form in Verbindung bringen, die sich als *selva* gleichermaßen an eine unabgeschlossene, ungehobelte, mehr oder weniger spontane dichterische Arbeit anschließen lässt, ebenso wie an die Bewegungen von Pilger und Leser durch das dunkle Unterholz der Sprache oder die helleren Schattierungen einer pastoralen Landschaft.[58] Zahllose Bäume machen den isolierten Handlungsort von Góngoras *Soledades* zur bewaldeten Landschaft. Doch bezeichnenderweise bleiben auch die Bäume nicht an ihrem Platz. Sie haben als «errantes árboles» und «selvas inconstantes» mitunter nicht nur sprachlich eine merkwürdige, italianisierende Form angenommen. Sie sind auch als Schiffsmasten ganzer Flotten metaphorisch entfremdet, technisch verändert und in eine transatlantische Bewegung geraten:

> Piloto hoy la Codicia, no de errantes
> árboles, mas de selvas inconstantes,
> al padre de las aguas Océano,
> de cuya monarquía
> el Sol que cada día
> nace en sus ondas y en sus ondas muere,
> los términos saber todos no quiere [...][59]

In demselben beweglichen und diasporischen Sinne, in dem sich diese neuartigen ‹Wälder› im Wind zerstreuen, spricht die Form der *Soledades* zu denjenigen Lesern, die alle ihre Bedeutungsebenen zu entschlüsseln suchen. Die *silva* ist, in einer nun bereits bekannten Art und Weise, gleichzeitig meta-poetisches Bekenntnis, poetischer Ort des Schreibens und Empfindens, Charakteristik der fiktionalen Welt sowie selbst ein bewegliches, metaphorisches Element dieser Welt. Nicht zuletzt verweist die a-strophische Kombination von Elfsilbern und Siebensilbern ohne festes Reimschema auf den gewaltigen Einfluss der italienischen Renaissance-Lyrik und, wie Dámaso Alonso betont, vor allem Torquato Tassos auf Góngora.[60] Entscheidend ist jedoch vielmehr, dass über dieses zu

---

[58] Zur Diskussion über die pastorale Landschaft, vgl. Hanno Ehrlicher: *Zwischen Karneval und Konversion*, S. 339, Fn 168.
[59] *Soledades I*, S. 92 f. (Vers 403–409). In *Los pasos perdidos* (1953) variiert Alejo Carpentier gekonnt das dystopische Motiv der gefällten und nun beweglichen Pelionfichte, wenn Lastwagen voller Weihnachtsbäume durch die moderne Großstadt fahren.
[60] *El italianismo de Góngora*, in: *DAOC VI*, S. 342: «La huella italiana más rastreable en casos concretos y directos es la de Torquato Tasso; la más importante es sin duda la de Petrarca.» Vgl. auch Giulia Poggi: Petrarchismo e intertestualità (cinque esempi). In: dies.: *Gli occhi del pavone. Quindici studi su Góngora*. Firenze: Alinea 2009, S. 35–50.

Góngoras Zeiten inzwischen durchaus umstrittene kulturelle Bekenntnis nicht nur die ‹italienische› Sprache und Bildwelt in die *Soledades* integriert werden. So geraten auch, wie in einem literarästhetischen Schleppnetz («[e]sta inmensa red, en gran número de casos está enmarañada aún con la herencia de la antigüedad grecolatina»),[61] mittelmeerische Motive einer seit der Renaissance wieder aufgeflammten Antikerezeption in Bewegung. Góngoras schwimmenden Wälder stehen für eine bemerkenswerte und komplexe Form des diskursiv-poetischen Wandels, der nun über eine reine Kulturgeschichte des Mittelmeeres hinausweist. Wenn man denn – was keineswegs selbstverständlich ist – annehmen wollte, die *écriture* Luis de Góngoras enthielte eine kritische, gegenhegemoniale Stoßrichtung, dann läge sie genau in diesen (Ver)Wandlungen der tradierten Bildsprache.[62] Die *silva* entfaltet jedenfalls ihre räumliche Logik durch die Herkunft ihrer Vorbilder, literarischen Motive und formalen Botschaft, als freie Form der Spontaneität und der barocken Suche nach dem Neuen. Gerade im Fall der *Soledades* verweist die *silva* auch, wie Tomás Navarro Tomás bemerkt, auf die *égloga* als eine bukolische Form.[63] Die Form erlebt im Spanien des Siglo de Oro einen Aufschwung, für den Góngoras *Soledades* emblematisch stehen und überspringt, in einer bereits vertrauten Bewegung, mit den 975 Versen des *Primero Sueño* von Sor Juana Inés de la Cruz (1692) den Atlantik.[64] Im Zusammenspiel einer – in diesem Abschnitt fokussierten – inneren, symbolischen Raumorganisation und äußeren, geographischen Ausdehnung wird wiederum deutlich, dass es nicht bei einer Verortung im Osten der Iberischen Halbinsel bleibt. Góngora unterwirft sowohl die inhaltlichen und formalen Vorbilder, als auch die Lesegewohnheiten seines Publikums einer radikalen Transformation. Die Landschaften und räumlichen Konfigurationen der *Soledades* erscheinen, im selben Moment, als vertraut und fremdartig. Diese ungewöhnlich lange *silva* und ihre künstlerische Sprache verweisen auf allzu bekannte Gattungen, wie etwa die koloniale Epik, *romance moderno* und ‹italienischen› *romanzo* des ausgehenden 16. Jahrhunderts. Und doch bleiben sie eine Herausforderung für die Leser. Gewohnte Schreibweisen, Leitmotive, Topoi und die damit verbundenen Verstehensprozesse sind in Bewegung. Wan-

---

[61] *DAOC VI*, S. 353.
[62] «[D]iscontinuity of the classical tradition (in all its forms) is of the essence to understanding colonial situations; [...]» (Walter Mignolo: *The Darker Side of the Renaissance*, S. 319).
[63] Tomás Navarro Tomás: *Métrica española. Reseña histórica y descriptiva*. Barcelona: Labor 1986, S. 255. Einen Überblick über die Herkunft, Formen- und Gattungsgeschichte der *silva* bietet Perrine Galand/Sylvie Laigneau-Fontaine (Hg.): *La Silve. Histoire d'une écriture libérée en Europe, de l'Antiquité au XVIIIe siècle*. Turnhout: Brepols 2013.
[64] Vgl. Sebastian Neumeister: Góngora in Amerika, S. 605–609.

derschaft ist allegorisch, lexikalisch, semantisch und als Bewegung durch einen offenen Raum zu verstehen: von den *parole pellegrine* der Barockpoetiken zu einem reichlich «kuriosen Pilgertext» (Hanno Ehrlicher), von der vieldeutigen Figuration einer Ritualpraxis zur Konkretion einer literarischen Pilgerfigur und von der Vorstellungswelt der Literatur zu der alltäglich gewordenen Lebenswelt der nicht mehr nur religiösen, sondern auch allzu profanen kolonialen und bürokratischen Pilgerschaften.[65] «Recibe ahora, pues ¡oh ilustre ciudad generosa!, este alegre y venturoso peregrino», schrieb Mateo Alemán im Jahr 1609, nach Jahren fruchtloser Mühen in seiner spanischen Heimat, bei seiner Ankunft in Neuspanien.[66] Anders als Mateo Alemán oder Miguel de Cervantes musste Luis de Góngora sich in nur sehr eingeschränkter Weise den Zwängen und Unbequemlichkeiten der neuartigen, imperialen und oftmals transatlantischen ‹Pilgerschaften› aussetzen. Doch nicht nur bei Góngora entstammen die literarischen Motive und Figurationen solcher Bewegung der mittelmeerischen Welt der Renaissance und ihren Konzepten von Raum und Bewegung. Gleichzeitig öffnen sich diese Konzepte auf eine neue Zeit und einen neuen Horizont. Wie bereits in der ‹Einleitung› erläutert, ist es daher die These der vorliegenden Untersuchung, dass es zu kurz gegriffen wäre, in den barocken Innovationen von Góngoras Schreibweise nur ein «Erstarren des Staunens», nur eine Rezentrierung, Verknöcherung und Verdunkelung des von Stephen Greenblatt beschriebenen Wirbels der Verzauberung durch viele ‹Neue Welten› zu sehen.[67] Doch soll auch der gegenteilige Ausweg vermieden werden, in Góngoras Stil bereits eine ‹Neue Welt› des literarischen Ausdrucks zu rühmen. Statt auf die eine oder andere Weise den Rahmen traditioneller Stilurteile zu erneuern, gilt es mit Blick auf einen atlantischen Horizont gerade die in Góngoras Schreibweise angelegten räumlich konnotierten Elemente herauszuarbeiten. Sie sollen als eine Grundlegung für folgende Analysen raumsemantisch lesbar gemacht werden.

---

65 Vgl. Benedict Anderson: *Imagined Communities*, S. 55, Fn 29 und S. 114.
66 Zit. in Valentín de Pedro: *América en las letras del Siglo de Oro*, S. 232. Alemán war im Juni 1608 unter denkwürdigen Umständen in Spanien aufgebrochen (vgl. Micó in *Guzmán I*, S. 22–24).
67 Zu Greenblatt, vgl. Ottmar Ette: Alexander von Humboldt: hemisphärische Konstruktionen und transregionale Wissenschaft, S. 14 f. Zum vermeintlichen «Erstarren des Staunens» im spanischen Barock, vgl. Ingrid Simson: *Amerika in der spanischen Literatur des Siglo de Oro: Bericht, Inszenierung, Kritik*, S. 69. Zum Zeitpunkt der Drucklegung widmete sich ein großes Verbundprojekt an der Freien Universität Berlin den *Diskursivierungen von Neuem* in Texten des Mittelalters und auch der spanischen Frühen Neuzeit (vgl. Bernhard Huss: Diskursivierungen von Neuem: Fragestellungen und Arbeitsvorhaben einer neuen Forschergruppe, Working Papers der FOR 2305 *Diskursivierungen von Neuem*, No. 1/2016, Freie Universität Berlin (online Ressource)).

2.2 Erster Schiffbruch: Sterne, Land und Ozean

Die im vorangegangenen Abschnitt betrachteten allgemeinen Charakteristika des Gedichtes deuten darauf hin, dass Góngoras *Soledades* ein schwer durchschaubares Spiel von selbstreflexiven und historisch-referentiellen Verweisen inszenieren. Es ist kein Zufall, dass sie Kommentatoren, Übersetzer und Philologen dazu einladen, geschichtswissenschaftliche, kulturwissenschaftliche und philologische Paradigmen in eine Textanalyse zu überführen. Heute kann die Orientierung am Text und an den textimmanenten Strukturen der *Soledades* als ein Prüfstein dafür dienen, ob die Paradigmen aus literatur- und kulturwissenschaftlicher Theoriebildung und Literaturkritik die Lektüre des Primärtextes vorweggenommen und bereits eingefärbt haben, oder aber – was zu bevorzugen wäre – ob die Lektüre des Primärtextes an erster Stelle steht, um dann die Paradigmen aus Theoriebildung und Literaturkritik zu stützen, zu illustrieren oder zu verändern. Insoweit noch ungeklärt ist, auf welcher Ebene die räumliche Organisation des Textes zu erfassen wäre und in welchen Begriffen sie folglich Bedeutungen generiert, fällt das naturräumlich-referentielle Motiv der Insel ins Auge. Es nimmt für alle Leser der *Soledades* die Gestalt einer offensichtlichen oder unbewussten Versuchung an. Die Insel bietet, wie in dem bemerkenswerten Aufsatz *Barthes, Góngora and Non-Sense* von Paul Julian Smith (1986) deutlich wird, so viele reizvolle Anknüpfungspunkte für eine Lektüre der *Soledades,* dass sie fast zwangsläufig vor dem geistigen Auge der Leserschaft entsteht. Als hermeneutischer Denkfigur ist der Insel nur schwer zu widerstehen. Gleichzeitig lässt sich genau anhand der Insel die Frage erörtern, wo eine raumsemantische Analyse der *Soledades* anzusetzen hätte, um wirklich klärend zu wirken und sich nicht in ihrem komplexen Spiel von intra- und intertextuellen sowie historisch-referentiellen Bezüglichkeiten zu verlieren. Smith, für seinen Teil, bezieht sich zu Beginn seines Aufsatzes folgendermaßen auf die *Soledad primera*:

> The narrative is elliptical: in the first poem the (nameless) hero is shipwrecked on an *unnamed island* and is welcomed by the local rustics, one of whom delivers a lengthy oration on the perils of navigation. He witnesses a marriage and the games by which it is celebrated.[68]

Charakteristischerweise ist die poetische und stilistische Dimension von Góngoras Langgedicht hier nicht der Gegenstand. Was bleibt, ist das Gerüst einer Erzählung («narrative»), die einen bestimmten Ort thematisiert und mit ihm

---

[68] Paul Julian Smith: Barthes, Góngora, and Non-Sense, S. 82 (Hervorhebung: MM).

die konkrete, referentielle Raumorganisation der Insel. Und es gibt gute Gründe, anzunehmen, dass Góngora seinen Lesern die Assoziation der Insel nahelegen wollte. Auf sprachlicher und stilistischer Ebene konnotiert für Smith im Anschluss an Roland Barthes poststrukturalistische Arbeitsphase das Inselmotiv ein hohes Maß an eigenbrötlerischer stilistischer Komplexität: überraschende Wortwahl oder Multiplizität der ‹Sprachen› (die für Barthes immer auch die Multiplizität eines Begehrens bedeuten), Bruch mit kanonisierten Formen und Lesererwartungen, individuellste Regelsysteme im Schreibprozess und undurchdringliche sprachliche Strickmuster sowie, mit Barthes *Le plaisir du texte* (1973) gesprochen, eine fast schon sexuelle Lust am anarchischen Hedonismus des Schreibens (und Lesens). Das Ergebnis ist der in einem bestimmten Sinne ästhetisch revolutionäre Text. Wie eine Insel gegen die Strömung des Meeres, stemmt sich ein solcher Text gegen die Ideologie der gesellschaftlichen Mehrheitsmeinung (mit Barthes: *doxa*): «Il institue au sein de la relation humaine – courante – une sorte d'îlot, manifeste la nature asociale du plaisir (seul le loisir est social) [...].»[69] Die Lust ist bei Barthes ein isoliertes Insel-Phänomen, eher *dérive* als *pulsion*, die voraussetzungsreiche und durchaus elitäre Textlust umso mehr. Barthes folgend, entsteht die Insel-Assoziation bei Smith weniger aus einer inhaltlichen Verbindung der *Soledades* mit der zwar insularen, aber politischen – das heißt, juristisch strukturierten, regelgeleiteten und gesellschaftlichen – Utopie. Die Insel-Assoziation sollte uns stattdessen auf eine ganz bestimmte Schreibweise verweisen und auf die Frage, inwiefern ein literarischer Text sich allen gesellschaftlichen Konventionen und Standorten des Sagens (Schreibens und Lesens) verweigern kann. Dieser Text ist nicht kollektiv, politisch und utopisch, sondern radikal individuell, geradezu solipsistisch und somit – in Barthes lustvoll-sperrigen Begriffen – atopisch: „[I]l repousse ailleurs, vers un lieu inclassé, atopique, si l'on peut dire, loin des *topoi* de la culture politisée."[70] Es muss also die Schreibweise in den Blick genommen werden, die Art und Weise, in der etwas ausgedrückt wird (*écriture*) – nicht so

---

[69] Zit. ebda., S. 90. ‹Revolutionär› ist hier nicht im kollektiven, gesellschaftlichen oder marxistischen Sinne zu verstehen, sondern eher auf einer isolierten, psychologischen, hedonistischen, lustvollen Ebene als «révolution permanente du langage» (Roland Barthes: *Leçon*, S. 16). In ähnlichen, gongoristischen Begriffen beschrieb bereits 1949 Jorge Mañach die Schreibweise von José Lezama Lima: «[...] esta expresión difícil, de momentos de expresión formal, aislados como islotes en arcanos mares espumeantes de palabras [...]» (zit. in Sergio Ugalde: *La biblioteca en la isla*, S. 13).
[70] Roland Barthes: *Leçon*, S. 34. Vgl. Paul Julian Smith: Barthes, Góngora, and Non-Sense, S. 89.

sehr das Geschehen auf der Ebene des Erzählten.[71] Und es sollte hier mit Paul Julian Smith festgehalten werden, dass diese Taktik des Schreibens für Góngoras *Soledades* vollkommen zutreffend ist. Der utopische Kommentar jenseits aller politischen Machtstruktur, mithin der isolierte und insulare Blickwinkel, der die Utopie zur Atopie der *Soledades* macht und den sie durch ihre Schreibweise auf ihre Umwelt richten, sollte daher nicht überlesen werden. Individueller Ausdruck und inhaltliche Verschlossenheit sind, darin liegt die Stoßrichtung von Barthes Überlegungen, keineswegs als ästhetizistischer Rückzug aus dem Sturm der Geschichte oder trister, «abseitiger Subjektivismus» (Karl Vossler) anzuprangern. Denn auch diese Schreibweisen entbehren nicht eines revolutionären Impetus – wenn auch nicht im dialektischen, materialistischen Sinne des 19. Jahrhunderts.

Ob im Übertragenen oder im Wortsinne: Inseln sind nicht nur isolierte, allen Verbindungen und Verbindlichkeiten entzogene Gegenstände.[72] Gerade für Góngoras Zeitgenossen stehen sie im allegorischen Sinne für die anachoretischen Gehalte einer christlichen und neostoischen Ethik, für eine spezifische, literarische Verbindung von Empirie und Phantasie sowie, in logischer Konsequenz, für die im frühen 17. Jahrhundert sehr real gewordenen Stationen auf transozeanischen Reisen und dem daraus folgenden Welt-Bild: verbindende Bewegungen des Reisens, denen Inseln als Ziele, Wegmarken, Proviantstationen, strategische Stützpunkte oder Rettung in höchster See- und Seelen-Not dienen. Einzelne Inseln können, wie in der griechischen Inselwelt des östlichen Mittelmeeres, den Kanarischen Inseln, der Karibik oder den Philippinen, sich zu der Konfiguration des Archipels verbinden und dichte Netzwerke der Bewegung begründen. Das Element, das sie isoliert, ist auch ein verbindendes.[73] Wie hätte ein zeitgenössischer, religiös und humanistisch gebildeter Leser Góngoras bei den ersten Versen der *Soledades* nicht an die ikonographische Darstellung der *Insula Hyspana* in den *Indias Occidentales* zurückdenken kön-

---

71 Hierin liegt das größte konzeptuelle Problem von John Beverleys Einleitung zu den *Soledades*, die das Langgedicht – im weitesten Sinne – in einem marxistischen Paradigma liest und somit einen referentiellen, handlungs- statt sprachbezogenen, inhaltlichen statt formalen Wirklichkeitsbezug unterstellt.
72 Vgl. hierzu Anne Kraume: *Das Europa der Literatur*, S. 115–118 sowie 133–140. Darauf hat Ottmar Ette an vielen Stellen verwiesen.
73 Vgl. Ottmar Ette: *TransArea*, S. 72 f. Vgl. auch die Arbeiten von Frank Lestringant (*Die Erfindung des Raums* und *Le Livre des îles. Atlas et récits insulaires, de la Genèse à Jules Verne*. Genève: Droz 2002), welche aber eher Frankreich und die Religionskriege des 16. Jahrhunderts im Blick haben, als *écriture* oder Stilistik. Vgl. auch die bemerkenswerte Ausgabe 88 (2010) der Zeitschrift *La Página* (Tenerife), ‹La fascinación insular›, sowie Ausgabe 66 (2012) von *Les Lettres Romanes*, ‹L'île dans la littérature›.

nen, die in frühen Druckzeugnissen über die Ankunft von Kolumbus und seinen Männern in einer neuen Welt als «memorización visual» des Ereignisses fungierte?[74] Überschrieben mit den Worten *Insula Hyspana*, zeigt ein Holzschnitt von 1493 die Ankunft des Kolumbus in dem irdischen Paradies, das – wie im 15. Jahrhundert noch angenommen werden durfte – sich wie eine Insel oder ein Hügel aus den umgebenden Fluten erhebt.[75] Die sehr frühe Darstellung situiert dieses Paradies mit seinen nackten Ureinwohnern jedoch nicht nur am falschen Ort (an einer vermeintlich dem Fernen Osten vorgelagerten Insel). Sie zeigt auch das mittelmeerische Verkehrsmittel einer mit Rudern versehenen Galeere, die nun – entgegen den anbrechenden nautischen Realitäten, in denen sich nur die an der Atlantikküste erprobte Karavelle für die transatlantische Fahrt eignete – jenseits der Säulen des Herkules in eine neue (und für die Galeere unpassende) Welt versetzt ist. Die Macht- und Symbolsphäre des Mittelmeers ist auf dieser Darstellung noch intakt.[76] Selbst wenn diese von einer mittelalterlichen Kosmologie geprägte Vorstellung in Góngoras Tagen im frühen 17. Jahrhundert längst von der brutalen und prosaischen Realität der *Conquista* eingeholt worden war: Die Bedeutung der transatlantischen Schifffahrt und somit die Bedeutung der Inseln, nicht mehr nur im christlichen, philosophischen und literarischen, sondern auch im geostrategischen Sinne, hatte nur zugenommen. Es ist unwahrscheinlich, dass der Kleriker Góngora, dessen Familie einem Sekretär von Philipp II Pfründe, Land und gesellschaftliches Prestige verdankte, dessen größter Gönner fast der Vizekönig Neuspaniens geworden wäre und dessen Belesenheit außer Frage steht, ebenso wie die mächtige und nicht minder belesene Leserschaft der *Soledades*, nur um die christliche, neostoische und literarische, nicht aber um die praktische, epistemologisch-kartographische und strategische Bedeutung der Inseln und Archipele in ihrer Epoche gewusst haben sollte. Der in der ‹Einleitung› angeführte Blick des Covarrubias auf die eigene Halbinsel – «[e]stá casi ceñida de mar toda» – mag als Beleg dafür genügen.

---

74 Vgl. Mercedes López-Baralt: La iconografía política de América. El mito fundacional en las imágenes católica, protestante y native. In: *Nueva Revista de Filología Hispánica* 32 (1983), S. 448–461, hier S. 448 und 450 f.
75 Zu Kolumbus vermeintlicher Ankunft im Paradies, vgl. Humboldts *KU*, S. 216 f. «In den ersten Zeiten der Eroberung von Amerika war man gewohnt, jeden neuerdings entdeckten Teil als eine Insel von größerem oder geringerem Umfang zu betrachten.» (ebda., S. 115)
76 David Abulafia (*The Discovery of Mankind. Atlantic encounters in the age of Columbus*. New Haven/London: Yale UP 2008, Abb. 18) verweist darauf, dass es sich auch um eine orientalische Dschunke handeln könnte. Demnach bliebe dennoch die von Marco Polo ausgehende Vorstellung intakt, wonach Handel in einem asiatischen Raum zwischen Japan und China das Hauptinteresse von Kolumbus Entdeckungsfahrt sei.

Ette hat darauf hingewiesen, dass die praktische, epistemologische und strategische Bedeutung der Insel eine der prägenden Charakteristika derjenigen Epoche ist, die als die transatlantische Phase der beschleunigten Globalisierung betrachtet werden kann. Daran ändert sich auch dann nichts, wenn diese Phase – wie in der vorliegenden Untersuchung – unter dem ästhetischen Blickwinkel einer noch weitgehend ausstehenden literarischen Globalisierungsgeschichte betrachtet wird:

> In der ersten Phase beschleunigter Globalisierung kommt archipelischen und transarchipelischen Verbindungen eine ungeheure Bedeutung zu. Für die Entdeckungs-, aber auch die Eroberungsgeschichte waren die Kanarischen Inseln, die Kapverden, die Azoren und Madeira auf altweltlicher Seite von entscheidender Bedeutung, während die Inselwelt der Karibik [...] gleichsam zum Brückenkopf für die Eroberung des gesamten Kontinents wurde. Von diesen Inseln als sicheren Stützpunkten aus wurden Macht-Inseln auf dem Kontinent errichtet, so daß die Herrschaft der iberischen Eindringlinge über weite Landflächen von den insulären Strukturen der Städte aus organisiert und durchgeführt wurde: eine Inselstrategie, die sich grundsätzlich von der territorialen beziehungsweise kontinentalen Vorgehensweise einer vorrückenden *frontier* unterschied, wie sie später im Norden des Kontinents durchaus erfolgreich zur Anwendung kam.[77]

Die Insel war während der Renaissance zu einer universalen Denkfigur geworden, die eine «Pluralität instabiler Welten» (Frank Lestringant) emblematisch ausdrückte und daher auch ganze Kontinente, ja sogar die ganze Welt an sich als Inseln denkbar machte: «Die Welt der Menschen hat kein Zentrum und keine Peripherie mehr: Sie ist gerade erst auf der Oberfläche eines enorm vergrößerten Ozeans hervorgetreten.»[78] Hierin liegt – wie auch Ette oben betont –

---

[77] Ottmar Ette: *TransArea*, S. 11. Ein eindrucksvolles Beispiel für die literarisch-topische und epistemologische Dimension der Insel sind die *Isolarios*, bzw. *Islarios* oder ‹Insel-Bücher›, die als Gattung von Venedig ausgingen: Bartolomeo dalli Sonetti (1485), Benedetto Bordone (1528), welcher Vater von Julius Caesar Scaliger, des Humanisten und Autors einer höchst einflussreichen Poetik war, Alonso de Santa Cruz (um 1540), André Thevet (unvollendet, 1588) und Vincenzo Maria Coronelli (1697). Diese Werke fassen mitunter sogar Kontinente und unbekannte Strände in Begriffen der Insel auf. Sie waren einem erheblich größeren Publikum zugänglich als die militärisch bedeutsamen und daher geheimen Seekarten. Sie verbinden Bild und Text, um geographische, wirtschaftliche, literarische und mythische Informationen in umfassenden Insel-Kompendien wiederzugeben. So trägt das Werk von Alonso de Santa Cruz den bezeichnenden Titel: *Islario general de todas las islas del mundo*. Vgl. die eingangs zitierte Untersuchung von Ottmar Ette, S. 63–74 und Frank Lestringant: *Die Erfindung des Raums*, S. 57 f.
[78] Ebda., S. 7. Hier wird auf die Verbindungen dieser Ideen zu der antiken Kosmographie zu verweisen sein, selbst wenn sich der Kontext in der Neuzeit – wie Lestringant deutlich macht – geändert hat: im Sinne einer Verunsicherung der Betrachter und Dezentrierung der Welt. So schrieb Strabon (64 v. Chr.–23 n. Chr.) von «der Insel der bewohnten Erde» (zit. in *KU*, S. 58. Vgl. auch David Quint: The Boat of Romance and Renaissance Epic, S. 183). Bei Plutarch findet sich der Perspektivenwechsel zwischen Insel und Kontinent, wenn die Bewohner der mythischen Insel Ogygia das Festland als ‹große Insel› bezeichnen (vgl. *KU*, S. 77).

ein entscheidendes Merkmal der Frühen Neuzeit, das sie von späteren Epochen unterscheidet, welche der Denkfigur des Kontinents eindeutig den Vorzug gaben.[79] Somit ist es nicht überraschend, dass Góngora in der textuellen Raumorganisation seiner *Soledades* das Land, an dem sich der «peregrino» in der *Soledad primera* wiederfindet, in der *Soledad segunda* auch zu einer Insel in Bezug setzt. Rund um einen – scheinbar eher nordisch-atlantischen als mediterranen – Meeresarm («arroyo breve»; «medio mar, medio ría»)[80] erscheint nun ein Fischerboot («barquilla»),[81] welches das unbekannte Land der *Soledad primera* eindeutig mit einer Insel («breve islote»)[82] verbindet. So erscheint eine Insel hinter oder jenseits des Strandes der *Soledad primera*. Auf den ozeanischen Schiffbruch unter gestirntem Himmel, mit dem der erste Teil des Langgedichts andeutungsweise einsetzt, folgt eine verbindende und weitaus weniger bedrohliche Reise im Fischerboot zwischen zwei benachbarten Küsten. Sind auch die *Soledades* – wie Frank Lestringant für das intermediale, halb mythische, halb referentielle *theatrum* des Inselbuches vorschlägt – ein «kornukopischer Text», mithin: ein «Archipel-Text», in dem «ein- und dieselbe Reise auf verschiedene Arten verschriftlicht werden kann, indem man verschiedenen Handlungsfäden folgt»?[83] Hinsichtlich der *Soledades* wäre dies weniger die Frage nach einer Reiseroute, die in Analogie zur Karte abgebildet werden könnte. Es wäre vielmehr die Frage nach einer Schreibweise oder *écriture*, die selbst die vielfältigen Vektoren oder potentiellen, stets neu zu kalkulierenden Routen einer Lektüre enthielte und somit auch die – durch den Gedanken von Insel und Archipel angedeutete – Dialektik von Abgrenzung und Verbindung. Nähme man für einen Augenblick an, es handle sich bei dem unbekannten Schiffbrüchigen um einen atlantischen Reisenden, der an die Ufer eines unbekannten Archipels gespült wird – welche ästhetische Funktion müsste den

---

79 Interessant ist etwa der Kontrast zu Victor Hugo, vgl. Anne Kraume: *Das Europa der Literatur*, S. 115. Wenn heute ein geflügeltes Wort und Werbeslogan die Insel Sardinien ‹fast› zum Kontinent macht («Quasi un continente»), so illustriert dies den für die Frühe Neuzeit so charakteristischen Perspektivenwechsel sehr gut. Sardinien dekonstruiert den nationalen und kontinentalen Anspruch Festland-Italiens (im Alltag *continente* genannt) und erklärt die Insel (fast) zum Kontinent, bzw. den Kontinent (fast) zur Insel.
80 *Soledades II*, S. 121 (Verse 1 und 11).
81 Ebda., Vers 11. Neben der Abwesenheit des Sturms und des ozeanischen Schiffes in den Eröffnungsversen der *Soledades*, kann die Anwesenheit des Fischernachens als einer der vielen Hinweise auf die lyrische – nicht etwa: epische – Tonlage gelten. Auch bereits um 1607, als der Herzog von Ayamonte nicht in die Amerikas aufgebrochen war: «Volvió al mar Alcïón, volvió a las redes / de cáñamo, excusando las de hierro» (Luis de Góngora: *Obras completas*, I. Madrid: Fundación José Antonio Castro 2008, fortan zitiert als *GOC*, S. 245).
82 *Soledades II*, S. 130 (Vers 206).
83 Frank Lestringant: *Die Erfindung des Raums*, S. 44.

getrennten Symbolsphären zukommen, die nun durch die Bewegung eines ozeanischen ‹Pilgers› verbunden werden?

Ein kurzer Seitenblick auf den anderen großen Insel-Text Góngoras lässt viele Dinge deutlicher werden. «Donde espumoso el mar siciliano / el pie argenta de plata al Lilibeo»: So hebt Góngoras *Fábula de Polifemo y Galatea* (1611) an.[84] Zwar ist diese einleitende *pintura de lugar*, wie es für dieses mythologisch inspirierte Langgedicht zu erwarten wäre, nicht mit der außertextuellen Insel Sizilien und ihren Bewohnern zu verwechseln. Dennoch bleibt hier kein Zweifel, um welches Meer und um welche Insel, ja um welchen Ort auf dieser Insel es sich handelt.[85] Das Mittelmeer erscheint als glitzernd und schäumend, so dass es den «Fuß» – also den Strand – der in geographischer Referentialität gegebenen Insel auf emphatische, wenn nicht sogar pleonastische Art und Weise («argenta de plata») berührt, bedeckt, wieder abschwillt und im gleißenden Licht des Mittelmeerraumes «versilbert».[86] Die *Soledades* hingegen warten mit einer völlig anderen Situation, emotionalen Stimmung und farblichen Chromatik, einem völlig anderen *setting* und räumlichen Arrangement auf. Während der *Polifemo* direkt auf eine bekannte und konkrete Topographie zu sprechen kommt, inszenieren die *Soledades* zunächst – und konform mit dem italienischen, formalen Vorbild der Canzone – eine «sinnenhafte und kosmische Raumweite», welche Schmerz und Einsamkeit des Schiffbrüchigen umso stärker in den Vordergrund treten lässt.[87] Anders als die über eine sehr bekannte literarische Tradition transportierte Topographie des *Polifemo*, verweist uns die Eröffnung der *Soledades* auf die Topologie der poetischen Sprache an sich: Es geht hier nicht um Identifikation und Überbietung eines aus der Antike tradierten Themas, sondern um den – unmöglichen? – Versuch, die zahllosen *topoi* der Rhetorik existentieller Erfahrung – mit all ihren Widersprüchlichkeiten, Widersinnigkeiten und Gleichzeitigkeiten – in die lineare, schritt- und versweise verlaufende Spur der poetischen Sprache zu überführen. Die Kom-

---

[84] Luis de Góngora: *Fábula de Polifemo y Galatea*. Madrid: Cátedra 2010 (Letras Hispánicas), S. 156 (Strophe IV). Fortan zitiert als *Polifemo*.

[85] Bei Homer ist die Polyphem-Episode noch geographisch unbestimmt. In Vergils *Aeneis* handelt es sich jedoch eindeutig um Sizilien. Ebenso wie die Wendung um den ‹Fuß› der Insel, verweist die Verortung Lilibeo (heute Marsala) auf konkrete, italienische Vorbilder – vor allem auf Giambattista Marino (vgl. Ponce Cárdenas in *Polifemo* und Antonio Vilanova: *Las Fuentes y los Temas del Polifemo de Góngora*. Madrid: CSIC 1957 (Revista de Filología Española), S. 312 f.).

[86] Zu dieser Stelle, vgl. ebda., S. 317 f. Es handelt sich sichtlich um einen sehr ‹italianisierenden› Stil.

[87] Hugo Friedrich: *Epochen der italienischen Lyrik*, S. 469. Vgl. auch ebda., S. 441 und *DAOC VI*, S. 358 f.

plexität der poetischen Sprache der *Soledades* sollte daher nicht darüber hinwegtäuschen, dass sie nicht weniger als andere literarische Äußerungen mit ‹Realitäten› befasst ist: «Le réel n'est pas représentable, et c'est parce que les hommes veulent sans cesse le représenter par des mots, qu'il y a une histoire de la littérature.»[88] Es ist sogar schon darauf hingewiesen worden, dass sich die Stilisierung Góngoras zum wirklichkeitsfernen Ästhetiker dem Verdacht aussetzt, transatlantische Dimensionen, also ethische und kulturpolitische Dimensionen in der Rezeption und Fortschreibung der *Soledades*, bewusst ausblenden zu wollen. Ozeanischer und insularer Raum sind entgegengesetzte Schlüsselbegriffe innerhalb dieses topologischen Darstellungsmechanismus der *Soledades*, und daher schließen wir den an Paul Julian Smith anschließenden Inselexkurs auch mit dem Schiffbruch des «peregrino» ab:

> Era [...]
> cuando el que ministrar podía la copa
> a Júpiter mejor que el garzón de Ida,
> náufrago, y desdeñado sobre ausente,
> lagrimosas de amor dulce querellas
> da al mar; que condolido,
> fué a las ondas, fué al viento
> el mísero gemido
> segundo de Arión dulce instrumento.
> Del siempre en la montaña opuesto pino
> al enemigo Noto,
> piadoso miembro roto,
> breve tabla Delfín no fue pequeño
> al inconsiderado peregrino,
> que a una Libia de Ondas su camino
> fió, y su vida a un leño.
> Del Océano pues antes sorbido,
> y luego vomitado
> no lejos de un escollo coronado
> de secos juncos, de calientes plumas,
> alga todo y espumas,
> halló hospitalidad donde halló nido
> de Júpiter el ave.

---

88 Roland Barthes: *Leçon*, S. 21. «Que le réel ne soit pas représentable – mais seulement démontrable – peut être dit de plusieurs façons: soit qu'avec Lacan on le définisse comme l'*impossible*, ce qui ne peut s'atteindre et échappe au discours, soit qu'en termes topologiques, on constate qu'on ne peut faire coïncer un ordre pluridimensionnel (le réel) et un ordre unidimensionnel (le langage). Or, c'est précisément cette impossibilité topologique à quoi la littérature ne veut pas, ne veut jamais se rendre.» (Ebda., 21 f.; vgl. auch Karin Wenz: *Raum, Raumsprache und Sprachräume: zur Textsemiotik der Raumbeschreibung*, S. 56)

> Besa la arena [...]
> Desnudo el joven, cuanto ya el vestido
> Océano ha bebido,
> restituir le hace a las arenas; [...][89]

Wir erleben also einen Schiffbruch. Ein Reisender ist den Wellen ausgesetzt, klammert sich an ein Stück Holz und fürchtet um sein Leben. Der Ozean – wie die Einträge auf zeitgenössischen Karten zeigen, synonym mit dem Atlantik – wird hier groß geschrieben («Del Océano pues antes sorbido»). Dies deutet zusammen mit den anthropomorphen und sehr brüsken Konnotationen des Schluckens und Ausspuckens («antes sorbido», «luego vomitado») darauf hin, dass dieser Ozean nicht als Naturraum, sondern als ein allegorischer, ästhetischer Raum aufzufassen ist. Der Ozean der *Soledades* ist auch von einem ganz anderen Kaliber als das «espumoso mar siciliano» des *Polifemo*, welches in einem italianisierenden und pittoresken Bild die Felsen Siziliens sanft berührt. Der Ozean der *Soledades* gleicht einer bewegten afrikanischen Wüste aus Wasser («Libia de Ondas»), die – wie bereits gesehen – als Begriff aus der antiken Naturgeschichte Vorstellungen von undurchdringlicher Weite west- und südwärts, einem *más allá* von unbekannten Ländern und verborgenem Reichtum konnotiert: Verlockung für Fremde und gleichzeitig eine Bedrohung durch wilde Tiere und feindselige Völker.[90] Im «Océano» der *Soledad primera* verbinden sich Wüste und Ozean zu einer prägenden Symbolsphäre. Sie symbolisiert eine bedrohliche, unüberwindliche äußere Macht und einen der rustikalen, ländlichen Lebensweise entgegengesetzten Raum, der keineswegs mit menschlichen Bedürfnissen in Einklang steht. Der Pilger ist ein Spielball dieser fremden Sphäre. Weshalb sich dieser Gefahr aussetzen? Die ersten Zeilen der *Soledades* machen deutlich, dass dieser Reisende unweigerlich eine Liebesvergangenheit an Land hat: Einsam und verstoßen («desdeñado sobre ausente»), ohne die Huld einer kühlen «enemiga amada»[91] erlangt zu haben, hat er sich dem leichtsinnigen Unterfangen der Seereise hingegeben. Sehenden Auges hat dieser Reisende seinen Tod in den Fluten riskiert: «que a una Libia de ondas su camino fió / y su vida a un leño». Dies mag uns einerseits auf ethische Semantisierung des Raumes einer an Horaz und Petrarca anschließenden Liebestopik verweisen, in der das verliebte und verlorene Subjekt äußerst unwirt-

---

[89] *Soledades I*, S. 75–77 (Verse 1; 7–29; 34–36).
[90] Torquato Tasso in seiner *Gerusalemme liberata*: «e in vano l'Inferno a lui s'oppose, e in vano / s'armò d'Asia e di Libia il popol misto» (ders.: *Poesie*, S. 3; I, 1, Verse 5 f.).
[91] *Soledades II*, S. 128 (Vers 151).

liche Gegenden durchwandert.[92] Der Topos der «enemiga amada», die ihren Ritter buchstäblich in die Wüste schickt, mag aber andererseits metonymisch als eine Flucht aus der höfischen Welt (die Frau ist eine hohe Dame) oder als metaphorische Exilierung aus dem Vaterland zu deuten sein (die Frau ist die Heimat): Beides darf als Metaphorisierung eines Bruchs mit bestehenden – durchaus machtvollen – Strukturen gelten.[93] Was bleibt, ist die klar angelegte Isotopie der *acedia* im Sinne der drohenden Leere in Barthes *discours amoureux*: Hier besteht die Gefahr einer affektiven Verlustrechnung und eines räumlichen Exils angesichts einer offenbar nicht mehr haltbaren Ausgangssituation.[94] Góngora legt also alle Köder einer ozeanischen Schmerzlyrik aus («desdeñado», «lagrimoso», «dulce querella»), in der Schiffbruch und Reise allegorisch stark überformt werden. Es ist jedoch für die vorliegende Analyse von großer Bedeutung, dass dies nicht auch heißen muss, dass die Spur einer vorstellbaren Realität – die tatsächliche Seefahrt – völlig ausgelöscht würde: Denn nicht nur der Dienst an der Frau, dem Hof und Vaterland, sondern auch die Seefahrt an sich ist voller Gefahren, Schuld und Schmerz. Denn es gilt, dass «was das Gedicht über die Seefahrt sagt, auch für die Liebe und die Dichtung von Bedeutung ist; was es über die Dichtung sagt, von Bedeutung für die Seefahrt und die Liebe ist; was es über die Liebe sagt, von Bedeutung für die Dichtung und die Seefahrt ist. Die drei Motive erläutern sich gegenseitig und bilden, was im 17. Jahrhundert ein *concepto* genannt wurde – ein Denkbild.»[95]

---

92 An Petrarcas Sonett 145 aus dem *Canzoniere*: «Ponmi ove 'l sole occide i fiori et l'herba, / o dove vince lui il ghiaccio et la neve» (zit. in María de las Nieves Muñiz Muñiz: *L'Immagine riflessa. Percezione nazionale e trame intertestuali fra Italia e Spagna (da Petrarca a Montale, da Garcilaso a Guillén)*. Firenze: Franco Cesati Editore 2012, S. 114). Auch Dantes *Commedia* (vgl. ebda., S. 115) – «la Libia con sua rena» (COM, Band 1, S. 360; *Inferno* 24. Gesang, 85) – greift in lateinischer Tradition Räume klimatischer Extreme auf und überbietet sie, um Affekte und Emotionen zu veräußerlichen. Ganz anders als in der bürgerlichen Literatur des 19. Jahrhunderts liegt kein Heroismus in der Eroberung, kein Genuss in der Kontemplation solcher unwirtlichen Räume.
93 Beverley deutet so die «enemiga amada» der *Soledad segunda*, die zweifellos in der oben zitierten Stelle («desdeñado sobre ausente») bereits gemeint ist: «Podría referirse a una mujer concreta; pero también podría ser una alegoría de la Corte o patria de la cual el peregrino se siente desterrado: [...]. (Góngora escribe las *Soledades* en una suerte de semiexilio de la corte imperial.)» In *Soledades II*, S. 126 (Kommentar zu S. 130–136). Zu diesem Motiv, vgl. Roland Barthes: *Comment vivre ensemble?*, S. 57 f.
94 Zu der *Acedia* als einer frühchristlichen Manifestation des *ennui*, vgl. ebda., S. 53–56.
95 Gerhard Poppenberg: Europas Weg nach Westen. Zu Góngoras Aufnahme des Europamythos in den *Soledades*. In: Almut-Barbara Renger/Roland Alexander Ißler (Hg.): *Europa – Stier und Rosenkranz. Von der Union mit Zeus zum Staatenverbund*. Göttingen: V&R unipress/Bonn University Press 2009, S. 183–195, hier S. 186.

Wer oder was diesen Seefahrer verstoßen und auf die hohe See getrieben hat, bleibt letztlich offen.

Die Widmung an den Herzog von Béjar hatte es bereits nahe gelegt, dichtenden «peregrino» (Autorfigur Góngora in der Widmung) und gedichteten «peregrino» (namenlosen Protagonisten der beiden *Soledades*) miteinander zu überblenden. Auch auf die vielfältige Semantik der Bewegung im Begriff «peregrino» ist im vorangegangenen Abschnitt bereits verwiesen worden. Die Klage («mísero gemido») ist nicht nur die Klage eines ängstlichen Schiffbrüchigen, sondern ähnelt dem Gesang des mythischen, seefahrenden Dichters Arion. Die Klage beschwichtigt die wütenden Kräfte der Natur («que condolido / fué a las ondas, fué al viento»). Die Schiffsplanke, an die sich der «peregrino» klammert, dient dem Dichter-Seefahrer als verwandelter, hölzerner «Delfín no fue pequeño», der ihn – wie es der Delphin für Arion im Mythos tut – an das rettende Ufer trägt. Aber auch der Mythos von Arion, dies sollte nicht übersehen werden, vereint den Topos des seefahrenden, also etwas überambitionierten Dichters[96] mit der Wirkmächtigkeit eines beliebten Seefahrer-Symbols: «Der Delphin war wegen seiner Schnelligkeit das Symbol einer glücklichen Seefahrt, weswegen ihn mehrere Seestädte [...] zu ihrem Symbol hatten», kommentiert Humboldts Zeitgenosse Ferdinand Christian Baur das Motiv.[97] In den *Soledades* erscheint nun jedoch kein Delphin, sondern eine Holzplanke des im Sturm zerstörten Schiffes: eine für Góngora ausgesprochen charakteristische Transformation des antiken Vorbildes. Der Dichter-Seefahrer klammert sich an dem Rest des Wracks fest und wird an den rettenden Strand getrieben, wo er dankbar den Boden unter seinen Füßen küsst («Besa la arena»). Die mit Arion aufgerufenen Reminiszenzen an die antike, mythische Welt des Mittelmeeres, die nun in einem neuen, modernisierten Kontext (im wahrsten Sinne des Wortes!) auftauchen, erfüllen somit eine ganz bestimmte Funktion. Sie übertragen die mythische Bildsprache der Antike in die Gegenwart, verwandeln sie unter neuen Umständen und rufen seefahrerisch-literarische Assoziationen beim Leser hervor, die im *Polifemo* explizit ausgesprochen wurden, aber nun auch in den *Soledades* nachhallen. Ist nicht Odysseus das mythische, mittelmeerische

---

[96] Arion soll um 600 v. Chr. gelebt haben und galt gemeinhin als eine der Gründungsfiguren des griechischen Dramas, besonders der Verbindung von lyrischem Gesang und Dramatik. «Musisch begnadet und daher göttlich beschützt», rettet ihn ein Delphin vor dem Ertrinken, nachdem er sich – nach einer allzu einträglichen Tournee – mit einem Sprung ins Meer vor räuberischen Seeleuten retten musste (*KIP*, Band 1, S. 547 f.).
[97] Ferdinand Christian Baur: *Mythologie oder die Naturreligion des Altertums*. Stuttgart: J. B. Metzler 1824, S. 31. Plinius widmet den Delphinen einen ausführlichen Eintrag in *Naturalis historia* (Buch 9).

Urbild des Seefahrers? Ist er nicht der Inbegriff eines gewitzten und mutigen Helden, eines technisch versierten und kalkulierenden Mannes? Hat er nicht zahllose Gefahren überwinden, Grenzen überschreiten und Länder entdecken müssen, auf seiner Rückkehr nach Ithaka? Und fand nicht auch er Rettung an «seligen Küsten», auf weinreichen «Ziegeninseln» in dem Meer zwischen Kleinasien und Sizilien?[98]

Indem Góngora die Ebenen einer Poesie der Einsamkeit, von Heimatlosigkeit und (Liebes)Exil, Seefahrt, Sturm und Rettung an fremden Stränden übereinander legt, eröffnet er eine semantische Bewegung zwischen Exil und Wiederkehr, Verlorenheit und Ankunft. Sturm, Schiffbruch und Inseln, aber auch Erlösung in den Armen einer Frau sind die Ingredienzen dieser Formel, die kurz zuvor schon einmal aufgelebt war:

> Giaceva esposto il peregrino Ulisse
> mesto ed ignudo sovra i lidi asciutti,
> ch'agitato poc'anzi era d'flutti
> in cui lungo digiun sostenne e visse;
>
> quando, com altra sorte a lui prescrisse,
> donna real fin pose [...].[99]

Wie Góngoras «peregrino» ist Odysseus bei Tasso Gegenstand der Schmerzlyrik. Emotional, ethisch und existentiell nur knapp entronnen, liegt er nackt am Strand, in höchsten Nöten. In seinen geradezu enzyklopädischen *Études sur l'œuvre poétique de Don Luis de Góngora y Argote* (1967) bestätigt Robert Jammes die intertextuelle Verbindung zwischen den ersten Versen von Góngoras *Soledades* und der homerischen *Odyssee*: «La violence de la tempête, les rochers abrupts qui bordent la mer, le lit de feuilles sèches où le héros se repose, ainsi que le contraste entre cette nature hostile et l'hospitalité d'Alkinoos sont autant d'éléments qui permettent un rapprochement entre l'Odyssée et le début des Solitudes.»[100] Es ist bemerkenswert, dass Jammes (bei Góngora) und

---

[98] Ernst Robert Curtius: *Europäische Literatur und lateinisches Mittelalter*, S. 193 f. Zu den literaturtheoretischen Implikationen der *Odyssee* als «Rekursion maßlosen Irrens» in der Literatur, vgl. Burkhardt Wolf: *Fortuna di mare*, S. 51 f.

[99] Tasso, zit. in und Übersetzung nach Hugo Friedrich: *Epochen der italienischen Lyrik*, S. 526 f. (bei A. Solerti (Hg.), *Rime*, Sonett 674): «Darniederlag am trocknen Strand Ulyss, / Der weitgereiste, trauernd und entblößt, – Hatt' er ja, kaum zuvor, auf wilden Fluten / Unendliches Entbehren zu erdulden –, // Da kam, wie das Geschick bestimmte, eine / Fürstliche Frau zu endigen sein Leid.»

[100] Robert Jammes: *Études sur l'œuvre de Don Luis de Góngora y Argote*, S. 576, Fn 1. Zu der Homer-Rezeption in Italien und Spanien ab dem 15. Jahrhundert, vgl. Mercedes Blanco: *Góngora heroico*, S. 237–240.

Hugo Friedrich (bei Tasso) dieselbe Stelle der *Odyssee* als Modell vorfinden, die für uns als Leser nun Tasso und Góngora intertextuell zusammenführt.[101] Góngora zeigt uns zu Beginn der *Soledades* den ersehnten Moment der Rettung, aber auch der Ankunft auf festem Boden. Es ist der Moment eines möglichen Neubeginns. Der Schiffbrüchige will wieder festen Boden unter den Füßen haben und das unbekannte Land empfängt den «inconsiderado peregrino» als seine unsinkbare Heimstätte («halló hospitalidad») inmitten der tosenden Fluten eines aufgebrachten und rachsüchtigen Ozeans. Wie Odysseus küsst er dankbar den Boden. Und schließlich wringt er seine Kleidung aus, um dem Ozean das zurückzugeben, was der Stoff aufgesaugt hat («cuanto ya el vestido / Océano ha bebido, / restituir le hace a las arenas»). Ebenso wie der Ozean den Reisenden ‹ausgespuckt› hatte, treten nun zwei entgegengesetzte Elemente, aber auch semantisch entgegengesetzte ästhetische Räume und ethische Sphären, Land und Ozean, wieder auseinander. Der Reisende ist in Sicherheit.

Über den intertextuellen Bezug zu Odysseus, der in der fraglichen Passage der *Odyssee* kurz vor der endgültigen Heimkehr steht, durchbricht eine Bewegung das statische, ästhetisch-symbolische Koordinatensystem (natur)räumlicher Extreme: Die Ankunft des «peregrino» an einem unbekannten Strand wird als ein räumlich kodiertes, lebensphilosophisches Ereignis lesbar.[102] Es ist die Überwindung einer Krise, die weniger an die referentielle Repräsentation naturräumlicher Kategorien, wie diejenigen der Insel – oder einer bestimmten Insel –, des Festlandes, des Meeres oder des festen Bodens gebunden ist, als vielmehr an entgegengesetzte ästhetische Sphären.[103] Diese poetischen – und

---

101 Die Phäakeninsel Scheria. Nach der Übersetzung von Voss: «Und er erkannte den strömenden Gott und betet' im Herzen: / Höre mich, Herrscher, wer du auch seist, du Sehnlicherflehter! / Rette mich aus dem Meer vor dem schrecklichen Grimme Poseidons! / [...] Nun stieg der Held aus dem Flusse / Legte sich nieder auf die Binsen, und küsste die fruchtbare Erde;» (V, 444–45; 462–63). Odysseus dringt durch das Süßwasser einer Flussmündung auf die Insel vor. Auf dieser Insel, die mitunter mit Korfu gleichgesetzt wurde, führt die Königstochter Nausikaa den «armen irrenden Fremdling» (VI, 206) zu ihrem Vater Alkinoos. Dort erzählt Odysseus seine Irrfahrten und Alkinoos verspricht, den Gast auf dem relativ kurzen Seeweg nach Ithaka zurückzubringen.
102 Vgl. Blumenbergs klassische Studie *Schiffbruch mit Zuschauer*, die im Folgenden noch zu diskutieren sein wird (Hans Blumenberg: *Schiffbruch mit Zuschauer. Paradigma einer Daseinsmetapher*. Frankfurt am Main: Suhrkamp ⁵2012 (Bibliothek Suhrkamp)).
103 Die Tatsache, dass es keine Schilderung des Sturmes zu Beginn der *Soledades* gibt, kann als Hinweis auf den lyrischen Charakter des Textes gelten. Die Topik von Sturm und Schiffbruch sowie ihren charakteristischen Gehalt für die Epik verfolgt James Nicolopulos (*The Poetics of Empire in the Indies. Prophecy and Imitation in* La Araucana *and* Os Lusíadas. University Park, PA: The Pennsylvania State UP 2000, S. 22–24) von Ercilla und Camões bis zu dem oben ebenfalls erwähnten fünften Gesang aus Homers *Odyssee* zurück: «The storm is also a persis-

somit auch ethischen – Sphären der Bedeutung werden nur lesbar, wenn der Text auf andere Texte bezogen wird, die nun in neuen Varianten und neuen Kontexten aktualisiert werden. Der intertextuelle Raum der *Soledades* gründet auf mythischen Erzählungen und Motiven des Mittelmeerraumes, um – so eine Hypothese für die weitere Analyse – darin auch eine eigensinnige, manieristische, sogar atopische Perspektive auf die zeitgenössische Lebenswelt eines imperialen, transatlantischen Siglo de Oro zu entwickeln. Auf diese Art und Weise schafft das Gedicht retrospektive und prospektive Blickrichtungen, Figurationen, Prä-Figurationen, Metamorphosen (Trans-Figurationen)[104] und Transformationen des Mythischen in alltägliche Gegenständlichkeit (und umgekehrt) – etwa wenn der rettende Delphin des Sängers Arion die neue Gestalt eines Wrackteils annimmt (und das Wrackteil zum Delphin wird). In den ersten Versen der *Soledades* verbinden sich im Moment der rettenden Ankunft am Strand die literarischen Diskurse von mythischem Heroismus, Leichtsinn und ketzerischer Grenzüberschreitung, des Exils, der Suche nach irdischer oder himmlischer Erlösung, Liebes- und Lebenspilgerschaft mit dem höchst konkreten Motiv der ozeanischen Seefahrt.[105] «Góngora's island», ohne nähere Präzisierung eingeführt bei Paul Julian Smith,[106] ist jedoch eine Schimäre. Wie die vielfältigen Inseln, die Odysseus bereiste, die mobile Insel Jasconius des Heili-

---

tent feature of the epic tradition, and usually has a constitutive role to play in the unfolding of the poet's theme.» (ebda., S. 63) Wie in Pseudo-Longinus Traktat *Über das Erhabene* betont wird, liegt dies an der pathetischen Wirkung und Kraft des Motivs.

104 Die Alternative von *métamorphosé* und *transfigurato* stammt aus der französisch-italienischen Ausgabe von Sannazaros *Arcadia* (Iacopo Sannazaro: *Arcadia/L'Arcadie*. Paris: Les Belles Lettres 2004, S. XXXII). Alle anderen Varianten des Begriffs Figur evozieren die in Erich Auerbachs Aufsatz *Figura* entfalteten Bedeutungsebenen.

105 Zu den prospektiven Dimensionen dieses Motivs könnten Opernmotive und ihre Sprache zählen. Friedrich der Große schrieb das Libretto zu *Montezuma* (1755) mit dem Ziel, «daß Cortes der Tyrann sein wird und daß man demnach selbst in der Musik einige Raketen wider die Barbarei der kath. Religion werfen kann» (zit. in Sabine Henze-Döhring: *Friedrich der Große. Musiker und Monarch*. München: C. H. Beck 2012, S. 85; vgl. auch Claudia Terne: Antiheld oder Antimachiavell?). Folglich erweist sich Montezumas erste Wahrnehmung der Seefahrer – «fuggitivi erranti» – im Verlauf der Oper als folgenschwerer Irrtum: «Cieli! fin a qual segno il tuo timore / Auvilir ti può il core! Alla difesa / Del Messico sia d'vopo / D'un Esercito intero / Contro trecento *fuggitivi erranti / Vomitati dal mare a questi lidi*?» (online Ressource der Berliner Staatsbibliothek; Hervorhebungen: MM) Der Kontrast des melodramatischen italienischen Renaissance-Vokabulars mit den harten Realitäten der *Conquista* wird hier durch den aufklärerisch gesinnten Friedrich genüsslich gegen die ‹gierigen›, katholischen Spanier ins Feld geführt. Das literarische Klischee des Schiffbruchs (*sorbere, evomere*) mit seiner Utopie eines existentiellen Neuanfangs wird von den Spaniern schwer enttäuscht, verweist jedoch bei Friedrich auf dieselbe antikisierende Sprache wie bei Góngora.

106 Paul Julian Smith: Barthes, Góngora, and Non-Sense, S. 89.

gen Brendan, das sagenumwobene Cipango des Marco Polo, das irdische Paradies des Kolumbus oder die notorisch vage, aber bestimmt kolonisierbare und nach weiser Regierung dürstende *ínsula* von Don Quijotes Gnaden, ist «Góngora's island» der *Soledades* ein ästhetischer Raum. Er ist geboren aus Mythen, Topoi, intertextuellen Bezügen und der Fantasie der Leser, aus Versprechen, Überschwang, scharfen Kontrasten und überraschenden Wendungen.

An dieser Stelle kann die raumsemantische Analyse von Góngoras *Soledades* nicht fortgeführt werden, ohne dass ihre theoretischen Grundlagen und Ziele deutlicher formuliert werden. Die vorangegangenen Abschnitte haben gezeigt, dass die poetische Sprache der *Soledades* von einem komplizierten Netzwerk aus intertextuellen Verweisen und Umkodierungen des Bekannten lebt: Einzelne Konzepte, Motive, Symbole oder Topoi regen die Leser dazu an, intertextuelle Filiationen zu suchen und den Sprachraum des Langgedichtes als einen intertextuellen Raum aufzufassen.[107] Dieser Raum ist jedoch nicht einfach eine festgefügte Kollage oder in sich abgeschlossene Semiosphäre im Sinne Lotmans. Stattdessen, und gerade weil in diesem Raum Bedeutung durch kognitive Relationen geschaffen wird, weil er von den Lesern und Kommentatoren des Gedichts in diesem Modus gedeutet wird, handelt es sich um einen permeablen, auf der Zeitachse retrospektiv und prospektiv ausgerichteten Verweisraum der Bedeutungen. Er hat gewissermaßen einen wahrnehmbaren Drall und trägt die vielfältigen Elemente seiner poetischen Sprache nicht auf zufälliger Bahn, sondern auf eine ganz bestimmte Art und Weise durch die Extension von Zeit und Raum. Diese Tatsache wird für uns jedoch nur deswegen erkennbar, weil Góngora in den *Soledades* das bereits Gegebene verwendet, um ein neues Kunstwerk mit einer einer ganz eigenen Intention und Intension, einer ganz eigenen *extension* und *compréhension de l'idée* und folglich einem ganz neuen intra- und intertextuellen Verweissystem zu schaffen.[108] Es handelt sich dabei nicht einfach nur um eine Ansammlung von Zitaten und Anspielungen, die miteinander dialogisieren, sondern um eine vollkommen neuartige poetische Sprache in einer – im Vergleich zu seinen Bezugstexten – zutiefst veränderten Welt. Wie bereits in der ‹Einleitung› der vorliegenden Untersuchung und im Anschluss an Gruzinskis Bemerkungen zum Manierismus als einem ästhetischen Zirkulationsphänomen argumentiert wurde, soll auch jetzt dafür plädiert werden, die paratextuelle Behauptung der ‹Dedicatoria›

---

[107] Zu Sprachräumen und intertextuellen Räumen, vgl. Karin Wenz: *Raum, Raumsprache und Sprachräume: zur Textsemiotik der Raumbeschreibung*, S. 148–151.
[108] «Ein dreidimensionaler [narrativer] Raum entsteht mit Hilfe der narrativen Techniken der Inter- und Intratextualität. Diese bauen eine horizontale, vertikale und transversale Achse auf und verleihen so dem narrativen Raum seine (imaginäre) Gestalt.» (ebda., S. 146)

durchaus ernstzunehmen und anzunehmen, dass die «dulce musa» wirklich im Hier und Jetzt des frühen 17. Jahrhunderts zum Autor gesprochen hat. Die *Soledades* sind nicht einfach eine Fußnote zu ihren Prätexten, nicht einfach ein nachgereichter Postrenaissance-Remix oder Ausdruck eines einsamen Sonderwegs, sondern – in einem emphatischen und nun weltweit wirksamen Sinn des Wortes – etwas Neues und absolut Eigenständiges: kein Werk nach dem Verständnis einer kunstgeschichtlich weit entfernten Autonomieästhetik, aber eine gewagte, hypertextuelle, enzyklopädische Kombinatorik, deren verwobene Verweisstruktur weit mehr aussagt als die Summe ihrer (ohnehin nur noch schwer zu entwirrenden) Teile. Für das Anliegen der vorliegenden Analyse wäre es daher mindestens unpassend, anzunehmen, Góngora habe die *Soledades* verfasst, um ein sprachpolitisches oder gar in einem ästhetischen Sinn klassizistisches Statement zu äußern und die spanische Sprache mit dem Prestige der lateinischen zu versehen.[109] Diese Annahme würde die individuellen, atopischen Eigenschaften von Góngoras poetischer Sprache vollkommen verfehlen. Wäre Góngora ganz grundlos um die imperiale Weltsprache Spanisch besorgt gewesen[110] – es hätte klarere Kanäle für die *translatio imperii* und *translatio studii* gegeben als die 2107 Verse des hochkomplexen, inter- und intratextuell vernetzten poetischen Raumes der *Soledades*. Stattdessen entwickelt Góngora im Verlauf der *Soledades* eine literarische Sprache, die einerseits einen klassi-

---

109 Die Frage nach dem Sprachursprung und um die vermeintliche Dekadenz des Spanischen wurde auch im frühen 17. Jahrhundert unter Autoren und *letrados* heiß diskutiert. Nachdem die *Soledades* 1614 in Madrider Kreisen zirkulierten, reagierte Góngora 1615 in einem Schreiben an Lope de Vega mit einem Argument aus diesem Zusammenhang: «De honroso, en dos maneras considero me ha sido honrosa esta poesía: si entendida para los doctos, causarme ha autoridad, siendo lance forzoso venerar que nuestra lengua a costa de mi trabajo haya llegado a la perfección y alteza de la latina [...].» (zit. in *Soledades*, S. 172) Es handelt sich um eine «weithin topische Legitimation» aus einem größeren philologischen Streit (Wolfram Nitsch: Textgefängnisse. Künstlichkeit und Gewaltsamkeit in der spanischen Liebeslyrik des Barock. In: Marc Föcking/Bernhard Huss (Hg.): *Varietas et Ordo. Zur Dialektik von Vielfalt und Einheit in Renaissance und Barock*. Wiesbaden: Franz Steiner 2003, S. 213–226, hier S. 214). Auch ging es Góngora nicht darum, die vollkommen etablierte und funktionale Volkssprache auf die stilistische Höhe des Lateinischen zu heben. Vielmehr wollte er in den *Soledades* eine pointierte *gentilezza* im Spanischen definieren, welche sich durch einen bestimmten Bildungs- und Stilkanon einerseits vom *volgare* der Händler, Bürokraten, Konquistadoren abhob, andererseits aber auch die rein literarische Bildung einer frühneuzeitlichen *république des lettres* vor praktische Probleme stellte und daher deren Aufmerksamkeit erregte (vgl. auch Bernhard Huss/Christian Wehr (Hg.): *Manierismus*, S. 14 f.).
110 «Le rayonnement de l'Espagne est celui d'un peuple fort, d'un Empire immense, ‹sans crépuscule›, d'une civilisation plus raffinée que la nôtre. Tout honnête homme, en France, doit savoir et sait l'espagnol [...].» (Fernand Braudel: *La Méditerranée et le monde méditerranéen à l'époque de Philippe II*, Band 2, S. 577.)

zistischen und literarischen Bildungshorizont voraussetzt. Andererseits schreckt er nicht davor zurück, seine Leser mit kaum geläufigen Begriffen aus niederen und praktischen Lebensbereichen – Seefahrt, geographischem Weltwissen, fremdartiger Fauna – zu konfrontieren. Die aus diesem Kontrast resultierenden, ‹dunklen›, semantisch opaken Passagen der *Soledades* sind nicht nur einem vermeintlichen Willen zu barocker Verdüsterung geschuldet. Vielmehr können gerade diese Passagen oftmals als die Sprache einer global agierenden, imperialen Gesellschaft und der sich in ihr manifestierenden gesellschaftlichen Spannungen gedeutet werden.

Schließlich haben die oben bereits angestellten Überlegungen gezeigt, dass viele der betrachteten Begriffe auf konkrete, außertextuelle (Natur)Räume verweisen – nicht zuletzt der Titel des Werks selbst.[111] Die Tatsache, dass es sich bei den *Soledades* jedoch nicht um eine strukturell homogene, abgebildete Welt, sondern um eine heterogene, wuchernde, unvollendete und vollkommen von der Dynamik der Sprache geprägte Welt handelt, verhindert, dass die Referenz auf außertextuelle Räume das Geschehen dauerhaft und eindeutig strukturiert.[112] Dass die *Soledades* den Lesern eine konkrete, topographische Verortung des Geschehens als Versuchung immer wieder nahelegen, und dass dieser Versuchung immer wieder nachgegeben wurde, bleibt zwar eine wichtige Funktion der poetischen Sprache dieses Textes.[113] Diese Referenzen auf reale

---

111 *Cor* (*solo*, Band 4, S. 269): «en la ac. ‹añoranza› [soledad] es hermano del port. *saudade*.» Die Konnotation eines verlassenen Raumes zeigt Corominas anhand des portugiesischen Beispiels, «na soedad das prazas» (ebda.).

112 Realismus, bzw. gängige Verwendungen der Kategorien von Poesie und Prosa, «conceptualisations de surface» (Greimas), haben nicht nur aus literaturgeschichtlichen, sondern auch ganz prinzipiellen Gründen mit der Frage nach der (raum)semantischen Struktur eines Textes nichts zu tun. So kommentiert Literatursemiotiker Algirdas Julien Greimas launig: «Comment est-il possible qu'un Zola ait pu être en même temps un écrivain soucieux de coller à la «réalité» et le critique ayant mieux compris l'œuvre d'un Manet?» (ders.: *Maupassant*, S. 12) Die (künstlerische) Sprache bezieht sich – wie auch Barthes in der bereits zitierten Passage aus der *Leçon inaugurale* betonte – immer auf die Wirklichkeit, ob im impressionistischen oder realistischen, poetischen oder prosaischen Aussagemodus. Die Frage ist nur: Wie?

113 Die Reduktion des Topologischen auf das Topographische ist bereits in Abschnitt 1.2 der ‹Einleitung› diskutiert worden. In seiner Ausgabe der *Soledades* (Luis de Góngora: *Soledades*. Madrid: Castalia 1994, S. 65–72; fortan zitiert als *SOLJ*) diskutiert Jammes die ‹Localización› des Geschehens in einem ganzen Unterpunkt der Einleitung. Ein Foto der atlantischen Flussmündung des Río Tinto (Provinz Huelva) wirkt sehr suggestiv, obwohl auch Jammes keinen einheitlichen Ort für das Geschehen der *Soledades* angeben kann. Er fasst die bisherige Diskussion über die Verortung der *Soledades* zusammen (ebda., S. 65, Fn 56). Hermann Brunn teilt diese Herangehensweise in der Einleitung zu seiner Übersetzung der *Soledades* (München 1934). Der Bezug auf außertextuellen, topographischen Raum ermöglicht es aber nicht, den Inhalt der *Soledades* als Ganzes in den «geschichtlichen Raum» zu übertragen – auch wenn

Orte werden – als die räumliche Deixis konkreter, greifbarer Phänomene – auch in der vorliegenden Analyse noch eine bedeutende Rolle spielen. Sie stellen jedoch *per definitionem* nicht den Kern der raumsemantischen Lektüre dar. Es gilt vielmehr zu ergründen, wie der textuelle Raum Sinngehalte schafft und was für Sinngehalte dies sind.

Die drei Bezugssysteme (inter-, intra- und außertextuelle Räume) dienen nicht einzeln oder in einem unmittelbaren Sinne als Träger einer Mitteilung. Sie enthalten niemals Sinngehalte, die sich in einen topographisch, auf außertextuelle Räume bezogenen Aussagesatz wie ‹Die Handlung spielt in Huelva› übertragen ließen. Das Zusammenspiel dieser Bezugssysteme erschafft stattdessen eine neue poetische Sprache, die – mit dem bereits in der ‹Einleitung› eingeführten Jurij Lotman gesprochen – eine eigene Logik und eine ganz eigene Modellierung der Welt und ganz besondere Art der Mitteilung entfaltet.[114] In dem obigen, absichtlich platt ausgedrückten Aussagesatz ist die Alltagssprache ein direktes Transportmittel der Mitteilung.[115] Die künstlerische oder literarische Sprache schafft jedoch ein strukturelles und stilistisches Gefüge, das nicht notwendigerweise als Teil des Alltags aufgefasst werden kann und sich nur indirekt auf die Welt des Alltags bezieht. Der Weltbezug dieses Gefüges ist – in der berühmten Formulierung Lotmans über die Literatur – der eines Modells. Das Zusammenspiel der modellbildenden Elemente der poetischen Sprache schafft eine sekundäre, textimmanente Bedeutung, die erst in einem zweiten Schritt als primärer, referentieller Weltbezug (‹Inhalt›) interpretiert werden kann: «Das Zeichen ist hier Modell seines Inhalts».[116] «Das systemimmanente Studium einer Sprache ist also ein Weg (und zwar ein notwendiger) *zum Inhalt* dessen, was in dieser Sprache geschrieben ist.»[117] Die Aufgabe eines «systemimmanenten Studiums» der Funktionsweisen seiner künstlerischen Sprache gestaltet Góngora in den *Soledades* jedoch als denkbar große Herausforderung. Denn die Signale, welche die *Soledades* hinsichtlich der Grammatik ihrer künstlerischen Sprache aussenden, suggerieren oftmals eine Gleichzeitigkeit oder Widersprüchlichkeit der verwendeten Kodes: Sie zwingen die Leser tatsächlich

---

John Beverley und Karlheinz Barck dies aus marxistisch inspirierter Perspektive gerne täten (Karlheinz Barck: Luis de Góngora und das poetische Weltbild in seinen «Soledades», S. 105).
114 Wie bereits in unserer ‹Einleitung› angedeutet, passt Lotmans Ansatz gut zu der vorliegenden Analyse, weil er die künstlerische Sprache stets als Wissen oder «Information in ungewöhnlich hoher Konzentration» auffasst, dabei aber die genuin ästhetischen Eigenschaften dieses «spezifisch gestaltete[n] Mechanismus» niemals aus den Augen verliert (Jurij M. Lotman: *Die Struktur literarischer Texte*, S. 420).
115 Vgl. ebda., S. 29.
116 Ebda., S. 40.
117 Ebda., S. 58.

in einen «Kampf mit der Sprache des Senders».[118] Dennoch haben die inzwischen explizit eingeführten Kategorien von intertextuellen, intratextuellen und außertextuellen Verweissystemen einige Hinweise darauf gegeben, auf welche Weise die Sprache der *Soledades* eine Mitteilung im Sinne Lotmans gestaltet. Das Geheimnis der *Soledades*, dies verkündete Góngora mit teils mystisch-herausforderndem, teils bereits an die Bäume der *Arcadia* gemahnendem Unterton in einem Brief von 1615, ist bedeckt durch die Schale (oder Rinde, «corteza») ihrer künstlerischen Sprache.[119] Die folgenden Seiten der vorliegenden Untersuchung lassen sich zumindest ein Stück weit auf diese Herausforderung ein.

Die erste Sinnperiode der *Soledad primera* ist zugleich ihr erster Satz. Es handelt sich um eine poetische Äußerung in Versform, deren Art und Weise der thematischen Eröffnung und syntaktischen Konstruktion einem temporalen Aussagesatz gleichen. Ein Ereignis wird chronotopisch – also in enger Überblendung von Zeit und Raum – eingeführt: «Era del año la estación florida / en que [...] / cuando [...].»[120] Michail Bachtins gleichnamiger Essay betrachtet den Chronotopos, als den «untrennbare[n] Zusammenhang von Zeit und Raum» in der Literatur, im Zusammenhang mit charakteristischen Merkmalen des literarischen Gattungsgefüges im historischen Verlauf.[121] Diese Frage, die im Fall der *Soledades* besonders komplex ist, wurde oben zugunsten der Motive des Schiffbruchs und der Errettung des Reisenden ausgeblendet. Da wir annehmen dürfen, dass das *incipit* der *Soledad primera* die zeitlichen und räumlichen Umstände dieses Schiffbruches erläutert und dieser Einstieg in den Text zudem besonders programmatisch für die – im Sinne Lotmans – künstlerische ‹Sprache› des folgenden Werks ist, werden nun die zeitlichen und räumlichen Elemente der ersten Verse wieder eingeblendet:

> Era *del año la estación florida*
> *en que el mentido robador de Europa*
> *(media luna las armas de su frente,*
> *y el Sol todo[s] los rayos de su pelo),*
> *luciente honor del cielo,*

---

118 Ebda., S. 45.
119 In der bereits zitierten *Carta en respuesta* (1615) an den Kreis um Lope: «Eso mismo hallará V. m. en mis *Soledades*, si tiene capacidad para quitar la corteza y descubrir lo misterioso que encubren.» (Zit. in *Soledades*, S. 172)
120 *Soledades I*, S. 75 (Verse 1–14). Zu den intertextuellen Bezügen dieser Eröffnung bei Petrarca, Camões und Lope de Vega, siehe Dámaso Alonsos Góngora y el Toro Celeste, in *DAOC* VI, S. 289–301 und Donald McGrady: Lope, Camões y Petrarca y los primeros versos de las Soledades de Góngora. In: *Hispanic Review* 54 (1986), S. 287–296.
121 Michail Bachtin: *Chronotopos*, S. 7.

> *en campos de zafiro pace estrellas*
> cuando el que ministrar podía la copa
> a Júpiter mejor que el garzón de Ida,
> náufrago, y desdeñado sobre ausente,
> lagrimosas de amor dulce querellas
> da al mar; que condolido,
> fué a las ondas, fué al viento
> el mísero gemido
> segundo de Arión dulce instrumento.
> Del siempre en la montaña opuesto pino
> al enemigo Noto,
> piadoso miembro roto,
> breve tabla Delfín no fue pequeño
> al inconsiderado peregrino,
> que a una Libia de Ondas su camino
> fió, y su vida a un leño.
> Del Océano pues antes sorbido,
> y luego vomitado
> no lejos de un escollo coronado
> de secos juncos, de calientes plumas,
> alga todo y espumas,
> halló hospitalidad donde halló nido
> de Júpiter el ave.[122]

Die Tatsache, dass Góngora in den ersten Zeilen seines Langgedichtes den Himmelskörpern und ihren Konstellationen eine so prominente Rolle einräumt, nicht jedoch dem episch konnotierten Topos des Sturms, verdeutlicht das hohe Maß an Allegorisierung und poetischer Bildlichkeit des Chronotopos. Dabei scheint es, als würde er in provokanter, pleonastischer Manier Informationen verdoppeln: Einerseits finden wir die Angabe, wir befänden uns im Frühling («del año la estación florida»), andererseits befinden wir uns im Sternbild des Stiers («mentido robador de Europa»). Hinzu kommen, neben der Ansammlung von Sternen, ein Halbmond und die Sonne im saphirblauen Himmel: ein Raum (das Himmelszelt) und eine Jahreszeit (der April, Beginn des Frühlings im Sternbild des Stiers), sowie eine Tageszeit (Sonne und Mond gleichzeitig am Himmel).[123] Nicht weniger als die Präsenz des Mondes am Ta-

---

122 *Soledades I*, S. 75–77 (Verse 1–28, Hervorhebung: MM). Jammes bemerkt in seiner Ausgabe, dass in Vers 4 «todo[s]» sich nicht auf «los rayos» beziehen sollte («los rayos todos»), sondern auf «Sol»: «media luna» – «Sol todo» (*SOLJ*, S. 196). Beverley in *Soledades* setzt «todos». Vgl. auch *DAOC VI*, S. 291 f.
123 Vgl. die Erläuterungen in *Soledades I*, S. 75 f. In der *Commedia* erscheinen, in einer politisch konnotierten Allegorie, «due soli» (*COM*, Band 2, S. 320; *Purgatorio*, 16. Gesang, S. 107). Jenseits aller allegorischen Bedeutungen dürfte das Bild des Mondes am Tageshimmel bei Góngora jedoch vor allem ein überraschender lyrischer Effekt sein, ebenso wie später bei Proust, *Du côté de chez Swann* (1913): «Parfois dans le ciel de l'après-midi passait la lune comme une

geshimmel führt die Formulierung, derzufolge ein mächtiger, an die irdische Welt gemahnender Stier mit seiner Schnauze die Sterne berührt und sie weidet («pace estrellas»), zu einer als räumlichem Paradox gesetzten Katachrese. Der ausgesprochen kryptische Bildbruch lässt sich – ebenso wie die für Unkundige poetisch-verschlüsselt erscheinenden Zeitangaben – nur dann wirklich auflösen, wenn die Leser der Katachrese, wonach ein Stier sein Maul an Sterne heranzuführen vermag, ins kartographisch Darstellbare folgen: Als Illustration eines Sternzeichens auf der *sphaera artificialis* zeitgenössischer Karten oder *globi celestes* des gestirnten Himmels, auf denen ein Stern die Schnauze des Tieres bildet.[124] So korrespondieren diese ersten Verse auch mit der in sich abgeschlossenen Form einer Sphäre, einer *voûte céleste*, ebenso wie die auf die Oberfläche aufgetragenen, allegorisch erweiterten und gleichzeitig illustrativ konkretisierten Sternzeichen. Die ersten Verse der *Soledad primera* sind ein Bekenntnis zu einer bestimmten poetischen Schreibweise und Lektüreanleitung für denjenigen, der sie zu entziffern versteht. Góngora legt die Ebenen des Textsinnes aus: den Mythos des Stiers und der Sterne (eine religiöse oder quasi-religiöse Bedeutung), die Allegorie (sie stehen für ein Konzept), Metapher (sie ähneln einem Phänomen), eine spezifische, astronomische Bedeutung (sie geben konkrete Zeit und konkreten Raum an) sowie eine präzise, konkret vorstellbare und dennoch symbolträchtige Referenz (die artifizielle Sphäre des gemalten Sternenhimmels). Gleicht dieses *incipit* einer poetischen Drehbewegung am Globus? Ebenso wie der Schiffbrüchige auf seinem gescheiterten Gefährt strebt Góngoras poetische Sprache durch diese Gleichzeitigkeiten der Bedeutung weit über sich hinaus.

Mit den Sternen führt Góngora gewissermaßen den Klassiker unter den literarischen Topoi ein, die als Kippfiguren zwischen den Ebenen einer poetisch-bildlichen Abstraktion und einer empirisch erfahrbaren Welt des Wissens changieren.[125] So komplex das damit gleich zu Beginn der *Soledades* aufgerufene Bündel an Bedeutungen auch sein mag: Mit Donald McGradys Analyse der Vorbilder dieses *incipit* lässt es sich auch auf die petrarkistische Anfangsformel ...

---

nuée furtive, sans éclat, comme une actrice dont ce n'est pas l'heure de jouer [...].» Vgl. dazu auch Leo Spitzer: La *Soledad primera* de Góngora: notas críticas y explicativas a la nueva edición de Dámaso Alonso (1980 [1940]), S. 261, Fn 3.
124 Zu den ab Mitte des 16. Jahrhunderts immer häufiger angefertigten Globen der Erde und der Sternzeichen, vgl. den Beitrag von Andreas Christoph in Ulrike Gehring/Peter Weibel (Hg.): *Mapping Spaces*, S. 139–143. Antike Mosaike folgen einer ähnlichen Art der Darstellung, in der bestimmte Körperteile etwa Wasser oder Sterne berühren.
125 Vgl. *KU*, S. 219 f. und ebda., Fn 117 und 119. Vgl. auch Joseph Vogl: Poetologie des Wissens. In: Harun Maye/Leander Scholz (Hg.): *Einführung in die Kulturwissenschaft*. München: W. Fink/UTB 2011, S. 49–71.

Era + perífrasis de la estación del año,
cuando + relación del suceso central.[126]

... reduzieren. So zeigt sich, dass Góngoras Chronographie oder *descriptio temporis* dem Modell Petrarcas eine globale – auf die inzwischen beliebten Globen und andere Projektionen der Sternzeichen verweisende – Dimension hinzufügt. Eine unmittelbarere Vorlage als Francesco Petrarcas (1304–1374) Liebeslyrik liegt daher bei Luís de Camões auf eine ganz andere Art und Weise raumgreifenden Nationalepos *Os Lusíadas* (1572), das Góngora bestens bekannt gewesen sein dürfte: Nicht zuletzt, weil die ersten gedruckten Verse des Spaniers – *Suene la trompa bélica* (1580) – im Paratext einer spanischen Übersetzung den kriegerischen Ton von Camões Epos einleiteten.[127] Ein anderer, lange übersehener Hypotext ist eine Passage aus Lope de Vegas Schäferidylle *La Arcadia* (1598), in welcher sich dieselbe periphrastische Formel findet. Deutet die bei Petrarca entlehnte Wendung, die ein Ereignis in Raum und Zeit platziert, über die beiden grundverschiedenen Gattungen und Raummodelle von Epos und Idylle jedoch auf Alternativen hin, die sich ausschließen? Bevorzugte – trotz der bekannten Rivalitäten und Sticheleien – Góngora gar die *Arcadia* Lopes gegenüber dem epischen Register des Portugiesen?[128] Es kann hier nicht darum gehen, Camões, Lope und Góngora, Epos und Idylle interdiskursiv gegeneinander in Stellung zu bringen. Vielmehr verweist Góngoras «estación florida» auf das neuzeitliche Vorbild eines Frühlingsmythos aus der italienischen Dichtung und legt – indem sie auch auf das poetologische Urteil über diese florale oder blumige toskanische Literatursprache anspielt – ein implizites Bekenntnis zu ihr ab.[129] Gleichzeitig fügt er in der fast mikroskopischen Katechrese eines Stieres, der Sterne weidet, etwas hinzu. Die raumsemantische Analyse wird folglich das Ziel haben, deutlich zu machen, was der «gemeinsame semantische Kern» dieser «multiplen Umkodierung» des bereits Gegebenen

---

126 Donald McGrady: Lope, Camões y Petrarca y los primeros versos de las Soledades de Góngora, S. 294. Vorbild ist *Rima III*. Hier verliebt sich Petrarca in Laura, und zwar am Todestag Christi, dem 6. April des Jahres 1327: «Era il giorno ch'al sol si scoloraro / per la pietà del suo fattore i rai / quando [...]» (zit. ebda., S. 293).
127 Vgl. *DAOC VII*, S. 43.
128 Donald McGrady (vgl. ebda.: Lope, Camões y Petrarca y los primeros versos de las Soledades de Góngora, S. 292) suggeriert dies aufgrund einer recht kleinteiligen und autorzentrierten Ausdeutung der von ihm enthüllten intertextuellen Filiation.
129 Darauf verweist, nach «errante» zu Beginn der ‹Dedicatoria›, gleich zu Beginn der *Soledad primera* der Begriff «florida», der in poetologischen Traktaten der Zeit gerne auf die toskanische Varietät des Italienischen bezogen wird (vgl. dazu Paul Julian Smith: Barthes, Góngora, and Non-Sense, S. 85).

ist, «als Aus- und Übergang über die Grenzen der Zeichenstrukturen hinaus in die Welt des Objektes.»[130] Denn die poetische Sprache von Góngoras *Soledades* funktioniert nicht in der binären Logik des Entweder-oder, sondern im Modus des Sowohl-als-auch einer multiplen, additiven und überlagernden Echokammer der Bedeutung: Ausgehend von Petrarca, verweisen die *Lusíadas* in der fraglichen Passage auf den vermeintlich epischen Heroismus der Kolonisierung – und die Ankunft der portugiesischen Flotte im heutigen Kenia zu einem durch den Stand der Sterne (vorher)bestimmten Zeitpunkt. Lope de Vegas *La Arcadia*, titelgleich mit Iacopo Sannazaros stilprägenden Schäferidylle (Neapel, 1504) und Gegenmodell des Epischen, verspricht einen nicht minder entrückten, letztlich insularen, Raum als das italienische Vorbild. Es sind jene «solitudini di Arcadia» (Sannazaro), die auch Góngoras *Soledades* im Titel führen und, wie in Sannazaros *Arcadia*, zum Fluchtpunkt eines exilierten Autor-Protagonisten stilisieren.[131] Diese beiden intertextuellen Verweissysteme, die eine in gattungspoetischen Begriffen angelegte Spannung nahelegen, sind jedoch aufgehoben in dem globalen Raummodell der Sternzeichen, die dieser höchst allegorischen und poetischen Passage gleichzeitig – in der Vision einer Figur auf einer Sphäre – einen äußerst konkreten, außertextuellen Referenzpunkt beigeben.

Die Sterne führen somit nicht nur diejenige semantische Kodierung ein, die mit Hugo Friedrich bereits als «Raumweite» bezeichnet wurde.[132] Indem sie – wie eine Sternenkarte oder ein Globus – die *voûte céleste* des Himmelszeltes einführen, verweisen sie auch auf sein Gegenstück, die irdische Welt, die in einem unweigerlichen Bezug zu den Sternen steht. So verleihen sie dem poetischen Text – neben der Raumweite – eine ethische Werteskala. Indem sie den Pilger oder Reisenden, als den doppelten Autor-Protagonisten aus ‹Dedicatoria›, *Soledad primera* und *segunda*, als bewegliche Figur in ein bestimmtes Verhältnis zu diesem Spannungsverhältnis des Kosmischen und Irdischen – womöglich auch des Weltlichen – versetzen, lassen sich diese literarischen Chronotopoi auch in ethische Werteuniversen übersetzen. Mit Algirdas Greimas können diese ethischen Aufladungen des Raumes als «investissements axiologiques» bezeichnet werden: eine semantische Umbelegung der Raumbegriffe in Wertbegriffe.[133] Die ausdrückliche Übersetzung von «künstlerischem Raum» (Lotman) in literarisch formulierte Wertbegriffe ist gleichermaßen bei Lotman und Greimas die wichtigste Übertragungsleistung einer raumsemanti-

---

130 Jurij M. Lotman: *Die Struktur literarischer Texte*, S. 66.
131 Iacopo Sannazaro: *Arcadia/L'Arcadie*, S. 105 (Prosa VII, Z. 19f.).
132 Hugo Friedrich: *Epochen der italienischen Lyrik*, S. 469.
133 Algirdas Julien Greimas: *Maupassant*, S. 33.

schen Analyse des literarischen Textes. Es ist daher naheliegend, inspiriert durch diese Einsicht, der Eröffnung der *Soledades* mit Lotman ein «deutliches, an der Vertikale orientiertes Modell des Weltbaus» zu attestieren.[134] Am oberen Ende der Vertikale befinden sich das Sternbild des Stiers, ebenso wie die gleichzeitige Erscheinung von Sonne und Mond, am unteren der Schiffbruch und die Seenot des Pilgers oder Reisenden. Anders als bei Camões, wo die Himmelszeichen einem im epischen Register formulierten, historischen Ereignis (Ankunft der Flotte im heutigen Kenia) in topischer *descriptio temporis* Zeit und Raum als notwendige Attribute des Heroischen beigeben,[135] dienen sie in Góngoras poetischem Universum der räumlichen Formulierung einer positiven Semantik (/oben/), die alle Ebenen des Textes zu durchdringen vermag und der daher zwangsläufig ein negativ konnotierter semantischer Raum entspricht (/unten/). So entsteht eine vertikale, verbindende Achse, welche eine ethische Semantisierung der Ereignisse suggeriert:

/oben/	/unten/
estación florida	náufrago
mentido robador de Europa [Sternbild des Stiers]	desdeñado sobre ausente
media luna – Sol todo	lagrimosas […] dulce querellas
rayos	mar
luciente honor	mísero gemido
cielo	inconsiderado peregrino
estrellas	Libia de ondas

Es fällt nicht schwer, die raumsemantische Vertikale weiterzuspinnen und den Ertrinkungstod des «inconsiderado peregrino» – der durch ein schwimmendes Stück des Schiffsrumpfes gerade noch abgewendet wird – als den letzten, endgültigen Schritt nach /unten/ aufzufassen. Denn das Meer hält, wie es später heißen wird, viele solcher anonymen Gräber bereit: «cuantos abre sepulcros el

---

134 Jurij M. Lotman: *Die Struktur literarischer Texte*, S. 314.
135 Die fragliche Stelle lautet: «Era no tempo alegre, quando entrava / no roubador de Europa a luz febeia / […] quando chegava a frota àquela parte, / onde o reino Melinde já se via» (*Os Lusíadas*, canto 2; zit. in Donald McGrady: Lope, Camões y Petrarca y los primeros versos de las Soledades de Góngora, S. 293). Die Passage setzt das Königreich von Melinde ausdrücklich mit dem Reich des Phäaken-Königs Alkinoos gleich, womit Vasco da Gama in Odysseus seine Entsprechung findet.

mar fiero».¹³⁶ Die Weite des Ozeans ist ein verbindendes Sinnsystem, das jedoch immer – wie bereits in der ‹Einleitung› betont wurde – auch an den Tod geknüpft ist.

Der unbekannte Reisende, soviel ist bereits deutlich geworden, befindet sich zweifellos in einem durch und durch mythisch aufgeladenen Universum – Góngora spielt auf den Raub der Europa, auf Arion und Ganymed an¹³⁷ –, doch es ist ebenso offensichtlich, dass sich dieser Reisende am falschen, weil lebensfeindlichen Ort befindet («mar fiero»). Abweichend von Camões und Lopes Varianten der petrarkistischen Periphrase setzt Góngora in seinem ersten Vers statt der christlich konnotierten Festivität («estación dichosa») die deutlich mehrdeutigere, poetologisch auf die vermeintlich blumige, toskanische Varietät des heutigen Italienischen und auf eine Zeit im Jahresverlauf verweisende Wendung «estación *florida*» (statt des eindeutigeren Verweises auf die Freude über die Auferstehung Christi, «algre»/«dichosa»). Ferner verbindet Góngora so die mythologische Metapher über das Sternbild *taurus* (Jupiter als Stier im Europa-Mythos)¹³⁸ mit einer Isotopie des Ländlichen, Floralen und Lyrischen zu einer arkadischen, irdischen und vitalen Bedeutungsebene, da der himmlische Stier ja in einer zum Visuellen tendierenden Wendung Sterne ‹weidet› («en campos de zafiro pace estrellas»).¹³⁹ In brillanter, konzeptistisch-poeti-

---

136 *Soledades I*, S. 94 (Vers 445). In der *Soledad segunda* werden diese nassen Gräber dann ausdrücklich auf die Seereisen nach Amerika bezogen: «[...] ese voraz, ese profundo / campo ya de sepulcros, que sediento, / cuanto en vasos de abeto Nuevo Mundo, / tributos digo Américos, se bebe / en túmulos de espuma paga breve.» *Soledades II*, S. 139 (Verse 402–406)

137 Arion: «Fue músico famoso y poeta lírico y dicen haber sido el primer inventor del verso trágico y de los coros, según Suidas. [...] Arión vale tanto como el mejor y aventajado a los demás.» (*Cov*, S. 208) Ganymed: «[S]egún la dotrina de los platónicos, sinifica el hombre espiritual y contemplativo, el ánima del varón prudente y justo, cuya hermosura parece a los ojos de Dios tan bien, que lleva para sí y, transportado en éxtasi divinos pensamientos, parece haberla arrebatado en espíritu y desamparado su cuerpo, que por aquel rato queda como insensible.» (*Cov*, S. 955) Das Motiv des von den Göttern entführten Ganymed steht auch für die «Knabenliebe» (*KIP*, Band 2, S. 695).

138 Vgl. den bereits angeführten Aufsatz von Gerhard Poppenberg: Europas Weg nach Westen.

139 Góngoras Erzfeind Francisco de Quevedo (1580–1645) übernahm Góngoras an zeitgenössische Illustrationen erinnernde Abwandlung von Petrarcas Eröffnungsformel, in welcher tierische Sternbilder sich auf einer gestirnten Weide befinden («pace estrellas»), und integrierte sie – jedoch nicht als Eröffnung – in sein Sonett *Retrato de Lisi que traía en una sortija*: «Traigo el campo que pacen estrellado / las fieras altas de la piel luciente» (Francisco de Quevedo: *Poesía amorosa*. Salamanca: Anaya 1965, S. 58, vgl. Blecuas Kommentar ebda., Fn 2.) Das Sonett wird oftmals im Zusammenhang mit Góngora besprochen, wie dessen Poetik und seinem Sonett *Prisión de nácar era articulado* (vgl. Wolfram Nitsch: Textgefängnisse und Christian Wehr: Manierismus und Anamorphose. Francisco de Quevedos *En breve cárcel traigo aprisionado*. In: Bernhard Huss/Christian Wehr (Hg.): *Manierismus. Interdisziplinäre Studien zu einem*

scher Dichte verdeutlicht diese Kombination des Himmlischen (/oben/) und des Ländlichen (/geschlossen/) eine vertikale, positiv konnotierte Axiologie der Harmonie. Den offensichtlichen Kontrast dazu bildet die negativ konnotierte Axiologie des Schiffbruchs in den stürmischen, sterilen Weiten des Ozeans (/offen/), die in einer weiteren – petrarkistisch inspirierten, aber gongoristisch gewendeten – Metapher zur ‹Wüste› werden. Anders als der Blick zu den Sternen bezieht diese zweite, disharmonische Achse ihre negativen Konnotationen aus der unweigerlichen Bewegung hinunter in das nasse Grab des Salzwassers (/unten/).

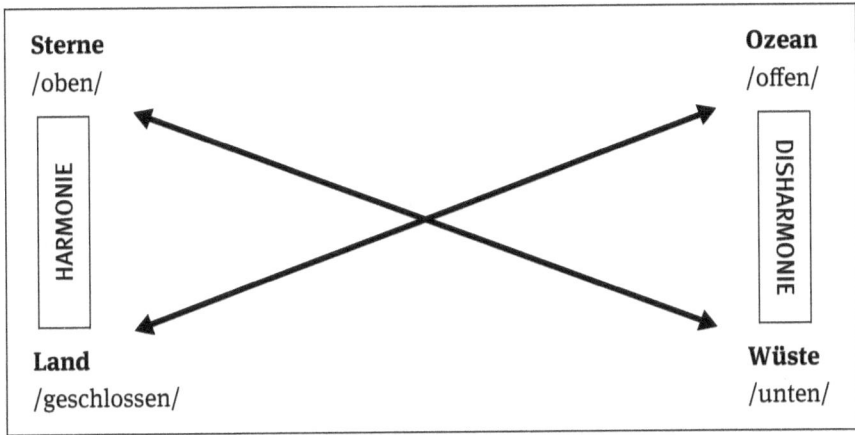

Das Bemerkenswerte an dem Kontrast dieser beiden vertikalen Axiologien sind nicht so sehr die offensichtlichen Oppositionen von Sternen (/oben/) und dem sterilen Salzwasser (‹Wüste›, /unten/), oder der intuitiv einleuchtende Kontrast zwischen Land und Ozean (die Pfeile in dem obigen Schema). Diese beiden Oppositionen organisieren einen übergeordneten Kontrast zweier vertikal strukturierter Axiologien («Harmonie» und «Disharmonie»).

ästhetischen Stiltyp zwischen formalem Experiment und historischer Signifikanz. Heidelberg: Winter 2014, S. 307–319). Mary Gaylord, hingegen, verweist ausdrücklich auf die transatlantische Semantik bei Quevedo und auf die *Soledades* – aber ohne den direkten intertextuellen Verweis zu Sternen und Tieren, den auch Blecua nahelegt (vgl. Mary M. Gaylord: Intimacy and Allegory in a Quevedo Sonnet («En breve carcel traigo aprisionado»). In: Mary G. Berg/Lanin A. Gyurko (Hg.): *Studies in Honor of Denah Lida*. Potomac: Scripta Humanistica 2005, S. 103–112, hier S. 108 f.). Weitere Perspektiven auf diese Passage der *Soledades*, die Góngora nachträglich änderte, erlaubt eine kleine Debatte zwischen Leo Spitzer und Dámaso Alonso, vgl. *DAOC* VI, S. 298 f.

Sehr viel bemerkenswerter – und nicht intuitiv einleuchtend – ist jedoch die Dissoziation des Ozeans (/offen/) von den Sternen (/oben/). Gerade diese Dissoziation markiert die Spezifik des Umgangs mit dem Ozean in den *Soledades* und folgt aus der negativen Bewertung der ozeanischen Phänomene als eine lebensfeindliche Axiologie der Disharmonie. Das Schema führt so zu einer positiv konnotierten Achse, in welcher – wiederum, nicht intuitiv einleuchtend – die Sterne (/oben/) dem Land (/geschlossen/) entsprechen. Es ist die Dissoziation der Sterne von der ozeanischen Linie der Disharmonie und ihre Assoziation mit dem Land, die dazu führt, dass die radikale Offenheit des Ozeans abgewertet und die insulare Geschlossenheit des Landes aufgewertet werden: Ein Stier, der Sterne weidet, mag auch hier als Beleg genügen.

Schon früh kündigt sich so eine Konzeption der ländlichen Welt an, die nicht von ungefähr einem insularen und in sich geschlossenen Arkadien ähnelt. Gerade deshalb steht sie mit der Raumweite des gestirnten Himmels in Einklang. Dies ist eine harmonische Verbindung, die ihren Abschluss darin findet, dass die Sonne die Kleidung des glücklich am rettenden Strand angekommenen Schiffbrüchigen mit geradezu mütterlicher, gemäßigter und lebensspendender Energie trockenleckt: «lamiéndolo apenas / su dulce lengua de templado fuego».[140] Anders als in der bürgerlichen, romantischen oder avantgardistischen Poesie des 19. und 20. Jahrhunderts («Homme libre, toujours tu chériras la mer») ist hier die radikale, relationale Offenheit des Meeres folglich nicht mit Freiheit, Abenteuer oder Selbstverwirklichung, sondern mit der negativen Axiologie von Schiffbruch, Untergang und Tod verbunden. Die Geschlossenheit des Landes harmoniert hingegen mit der Höhe und Offenheit des Himmels.

In einem *concetto*, das als doppeltes, raumsemantisches Oxymoron (/oben/ gehört zu /geschlossen/, /offen/ zu /unten/) und überkreuz strukturierter Chiasmus funktioniert (/oben/ kontrastiert mit /unten/, /geschlossen/ kontrastiert mit /offen/), verbinden sich die raumsemantischen Werte /oben/ und /geschlossen/ (himmlischer Stier, Weide) sowie /unten/ und /offen/ (Schiffbruch, Wüste aus Salzwasser) zu einer ins Ethische übersetzbaren poetischen Mitteilung. Auf diese Art und Weise macht Góngoras raumsemantisches Arrangement zu Beginn der *Soledades* deutlich, dass der «peregrino» zu einem früheren Zeitpunkt unweigerlich ein «Held des offenen Raumes» (Lotman) ge-

---

140 *Soledades I*, S. 77 (Verse 37–39). Kritiker Jáuregui monierte diese Vokabel («lamiéndolo») dann auch als «doméstica» (in *SOLJ*, S. 204). Vgl. die Wiederaufnahme des Motivs in *Soledades I*, S. 110 (Verse 819–822): «Ven, Himeneo, y nuestra agricultura / de copia tal a estrellas deba amigas / progenie tan robusta que su mano / toros dome [...]».

worden war – dieser Umstand sich aber gerade ändert.[141] Denn dieser Umstand ist aufgrund der grundsätzlich negativen Bewertung des Offenen unhaltbar. Somit gesellt sich, nachdem die Klagen des Schiffbrüchigen von einer mitleidigen Natur erhört wurden, zu den vertikalen Axiologien eine horizontale Bewegung: vom Offenen hin zum Geschlossenen, vom Meer zum Land. Der Ozean spuckt den Pilger oder Reisenden aus wie eine unverdauliche Speise. Er findet sich – wie eine Reminiszenz an den schiffbrüchigen Odysseus am Strand der Phäakeninsel – an einem Strand wieder: «Del Océano pues antes sorbido / y luego vomitado / no lejos de un escollo coronado / de secos juncos, de calientes plumas / alga todo y espumas».[142] Der «peregrino» küsst, wie bereits oben geschildert, den Sand. Er entkleidet sich und presst das Meerwasser aus seiner Kleidung. Das salzige Wasser läuft zurück ins Meer, womit sich die zwei entgegengesetzten Sphären von Land und Meer trennen. Die Sonne leckt wie ein gutmütiges Tier die Kleidung mit ihrer warmen Zunge. Und in der in diesem Kontext womöglich sinnträchtigsten Geste, widmet der Schiffbrüchige – wie ein ozeanischer Pilger – dem festen Erdsockel als Votivgabe das rettende Stück Holz, das dem Land einst entrissen worden war, um daraus ein Schiff für ozeanische Weiten zu bauen.[143]

Es fällt nicht schwer, in dem gestirnten *dis-astrum* des *peregrinus* zur See nicht nur einen Topos, sondern auch einen durch die Sterne exemplifizierten *tropus* – eine unerwartete Wendung auf den rhetorischen, figurativ-allegorischen und gedanklich-inhaltlichen Ebenen des Textes – zu erblicken.[144] Auf der hier zentralen, allegorischen Sinnebene impliziert dieser Schiffbruch einen Neubeginn. Der Stand der Sterne als Zeichen des Schicksals und der Wendung, der Stand von Mond und Sonne als Tageszeit, die wimmernde und verzweifelte Lösung aus dem Chaos der Wellen. Eine Geburt wird sichtbar, wie sie Hans Blumenberg im Anschluss an Lukans *De rerum natura* umschreibt:

---

141 Jurij M. Lotman: *Die Struktur literarischer Texte*, S. 328. Zu der im Schema angedeuteten Denkfigur des Chiasmus, vgl. Dieter Mersch: Chiasmen. Über den unbestimmten Zwischenraum. In: Ingolf U. Dalferth/Philipp Stoellger u. a. (Hg.): *Unmöglichkeiten. Zur Phänomenologie und Hermeneutik eines modalen Grenzbegriffs*. Tübingen: Mohr Siebeck 2009, S. 21–37.
142 *Soledades I*, S. 76 (Verse 22–26).
143 *Soledades I*, S. 77 (Verse 29–31): «Besa la arena, y de la rota nave / aquella parte poca / que le expuso en la playa dió a la roca;» Das Museo Naval in Madrid zeigt ein prächtiges Modellschiff, das als *exvoto* gedacht war. Solche Schiffe wurden oftmals in den Säulengängen der Handelsvertretungen oder *lonjas* aufgehängt, was – wie bei manchen Gemälden – eine gewisse Verzerrung des Gegenstandes bedingte, um die Perspektive der Betrachter von unten zu kompensieren.
144 Zu den Tropen der Sterne und der Rhetorik, vgl. Ottmar Ette: Diskurse der Tropen – Tropen der Diskurse: Transarealer Raum und literarische Bewegungen zwischen den Wendekreisen und ders.: *TransArea*, S. 80.

> Wie im zweiten Buch alle Hervorbringung physischer Gestalten, so ist hier [im fünften Buch] die Geburt des Menschen als Schiffbruch gesehen. Die Natur wirft das Kind aus dem Leib der Mutter an die Strände des Lichts (*in luminis oras*), wie der Schiffer von den wütenden Wogen ans Land geschleudert wird. Schon der Beginn, nicht erst Verlauf und Ende des Lebens, steht unter der Metapher des Schiffbruchs. Auch hier bleibt im Hintergrund, kulturkritisch noch verschärft, die Vorstellung von der Widernatürlichkeit der Seefahrt.[145]

Es wäre also ganz im Sinne der antiken Weltauffassung, dass der Mensch von den Mächten des Meeres ausgestoßen («vomitado») und – im besten Falle – lebend an Land geworfen wird. Eine dauerhafte Flucht aus dem irdischen Leben ist unmöglich, selbst die imaginäre Rückkehr ins Chaos verbietet sich und jeder Versuch ist strafbar. Wie später Rousseau im Anschluss an Silen, hätte der «peregrino» ausrufen können: «Ma naissance fut le premier de mes malheurs». Doch bei Góngora geht alles gut, sein Protagonist wirkt robust, erholt sich schnell und die Sonne leckt die Kleidung trocken, wie ein Weidetier sein frisch geborenes Kalb. Aber selbst innerhalb einer allegorischen Lektüre des Schiffbruchs als Geburt darf eine weitere Sinnebene nicht übersehen werden, die mit Erkenntnis und Wissen verbunden ist. Denn der Schiffbrüchige lässt alles Hab und Gut in den Fluten zurück. Er ist neuer Mensch, unbeschwert von irdischen Dingen und trägt nun ein neues, vom Meer gezeichnetes Pilgergewand. Dies soll nicht heißen, der «peregrino» sei ein unbeschriebenes Blatt. Die philosophisch tiefsinnige Einsicht im Sinne einer sokratischen Mäeutik ist ein Geburtsprozess. Diese Einsicht entsteht jedoch nicht auf einer *tabula rasa*, sondern auf der Basis vergangener Erfahrungen und Erkenntnisse, die nun in negativer Dialektik zunächst auseinandergefädelt und im Dialog neu verwoben werden. Es handelt sich um die Geburt eines erwachsenen Menschen, der bereits eine Geschichte hat. Kein Schiffbruch aus dem Register des Epischen, auch keine Robinsonade, die kulturelle Stereotype des alten Ichs nur verstärkt, Beharrungskräfte und Beherrschungsphantasien weckt,[146] sondern ein umfassender Schiffbruch im Leben:

---

145 Hans Blumenberg: *Schiffbruch mit Zuschauer*, S. 33. Für die moderne, psychoanalytische Sicht dieses abrupten Übergangs, vgl. Irmgard Scharold: *Vom Wunderbaren zum Phantas(ma)tischen. Zur Archäologie vormoderner Phantastik-Konzeptionen bei Ariost und Tasso.* München: Wilhelm Fink 2012, S. 29.
146 Roland Barthes (vgl. *Leçon*, S. 17 f.; *Comment vivre ensemble?*, S. 46 f., S. 59–61) und de Certeau erfassen die «écriture conquérante» (Michel de Certeau: *L'invention du quotidien*, S. 223) der Robinsonade in sehr wohlwollenden Begriffen. Gilles Deleuze hatte sich hingegen bereits in den 1950er Jahren gegen *Robinson Crusoe* empört: «On imagine mal un roman davantage ennuyeux, c'est une tristesse de voir encore des enfants le lire. La vision du monde de Robinson réside exclusivement dans la propriété, jamais on n'a vu de propriétaire aussi moralisant. La récréation mythique du monde à partir de l'île déserte a fait place à la recomposition de la vie quotidienne bourgeoise à partir d'un capital. Tout est tiré du bateau, rien n'est inventé,

Der Schiffbruch, als überstandener betrachtet, ist die Figur einer philosophischen Ausgangserfahrung. [...] Von dem Sokratiker Aristipp berichtet Vitruv, er sei durch einen Schiffbruch an das Ufer der Insel Rhodos geworfen worden und habe die Nähe von Menschen daran erkannt, dass am Strand geometrische Figuren in den Sand gezeichnet waren. Der Bericht lässt den von anderen Sokratesschülern nicht gerade geschätzten, weil mit dem Geld und der Lust auf zu vertrautem Fuße stehenden Philosophen eine Art Bekehrung erleben. Seinen heimkehrenden Gefährten überträgt er die Botschaft, man solle den Kindern nur solche Besitztümer mitgeben, die noch aus einem Schiffbruch gerettet werden könnten [...].[147]

Zwei Schlüsselkonzepte folgen aus dieser doppelten Geburtstopik. Zum einen ist dies der neugierige Blick des Gestrandeten Aristipp, der die geometrischen Figuren der Inselbewohner entdeckt und deutet. Hier verlässt sich der Erkennende auf sein Vorwissen, auf seine Sinneskräfte und zieht dann einen rationalen Schluss. Zum anderen ist dies der (Lebens)Weg, den der Schiffbrüchige – nun als bekehrter Lernender an Land – zurücklegt. Es ist, wenn man so will, der Weg ins Landesinnere der theologischen, philosophischen und lebenspraktischen Einsicht. Hierin liegt, wie in dem Bericht des Vitruvius über Aristipp, ein Gedanke von Rückkehr, Begegnung, *anagnorisis* und Dialog. Hierin liegt auch die idiorhythmische und gleichzeitig poetische Dimension einer Schrittfolge.[148] Die rutschige und bewegte Bahn des Meeres, mit ihren falschen Ambitionen und lasterhaften Zielen, liegt in der Vergangenheit. Der Reisende, der Pilger, hat wieder festen Boden unter den Füßen, so dass er – mit einem durchaus idiorhythmisch gesinnten Geistesverwandten des oben erwähnten Insel-

---

tout est appliqué péniblement sur l'île. [...] Le compagnon de Robinson n'est pas Eve, mais Vendredi, docile au travail, heureux d'être esclave, trop vite dégoûté de l'anthropophagie. Tout lecteur sain rêverait de le voir enfin manger Robinson.» (Gilles Deleuze: Causes et raisons des îles désertes. In: ders.: *L'Île déserte et autres textes: textes et entretiens 1953–1974*. Paris: Éditions de Minuit 2002, S. 11–17, hier S. 15)

147 Hans Blumenberg: *Schiffbruch mit Zuschauer*, S. 15. In seinem *Menosprecio de Corte y Alabanza de Aldea* (1539) schreibt Antonio de Guevara eine solche Geschichte fälschlicherweise Sokrates zu: «¿Por ventura no mereció más gloria el buen filósofo Sócrates por las grandes riquezas que echó en las mares que el rey Nabuchodonosor por los muchos tesoros que robó del templo?» (Antonio de Guevara: *Menosprecio de Corte y Alabanza de Aldea/Arte de Marear*. Madrid: Cátedra 1984 (Letras Hispánicas), S. 122). Für die Motivgeschichte um Aristipp, vgl. ebda., S. 123, Fn 7.

148 Zum Idiorhythmischen, vgl. Roland Barthes: *Comment vivre ensemble?*, S. 38–40 und 67–70. Das Idiorhythmische ist die Kunst eines ganz und gar individuellen Rhythmus, ohne dabei alle externen Regeln zu ignorieren oder den radikalen Rückzug zu zelebrieren: «conception souple de la contrainte» (ebda., S. 68). Externe Macht, hingegen, manifestiert sich für Barthes in einem aufgezwungenen, fremden Rhythmus («hétérorythmie»). Er illustriert dies mit dem etwas pikanten Beispiel der gehetzten Schritte einer Mutter, die ein stolperndes Kleinkind rücksichtslos hinter sich herzieht: «Et pourtant, c'est sa mère!» (ebda., S. 40)

freundes Rousseau – nun hätte ausrufen können: «Wir wollen gehen; dann brauchen wir die *Reibung*. Zurück auf rauen Boden!»[149] Doch der Boden, auf dem der «peregrino» nun steht, ist eine sandige Schwelle zwischen Land und Meer. Anders als spätere, romantische Sehnsüchte einer städtischen Elite nach Strand und Meer, transportieren die ästhetischen Verfahren und Bildsprache Góngoras zu Beginn der *Soledades* noch die antiken Vorstellungen, in denen der Ozean «den Rand der bewohnbaren Welt umgibt».[150] Und von dieser das Land umgebenden, rutschigen und beweglichen Weite ist nichts Gutes zu erwarten.

Konform mit der zeitlichen Logik dieser im Register des Lyrischen gehaltenen Diegese, wonach der Schiffbruch – wie der Stand von Mond und Sonne anzeigte – am späten Nachmittag stattfand, verdüstert sich nun die Szenerie am Strand. Die Sonne geht unter, und die Dunkelheit beginnt den Unterschied zwischen Land und Meer zu verwischen. Die Linie des Horizonts und alle visuelle Orientierung drohen verloren zu gehen. Der Reisende hat ein gutes Interesse daran, seiner bisherigen Bewegungsrichtung zu folgen und diesen unheimlichen Schwellenraum in Richtung des geschlossenen Landes zu verlassen. Dabei erleben wir den namenlosen Reisenden, der in dem unbekannten Land nun aus gutem Grund als «mísero extranjero» erscheint, zum ersten Mal als aktiv handelnden Protagonisten, ja sogar als Sprecher:[151]

> No bien pues de su luz los horizontes,
> que hacían desigual, confusamente,
> montes de agua y piélagos de montes,
> desdorados los siente,
> cuando entregado el mísero extranjero
> en lo que ya del mar redimió fiero,
> entre espinas crepúsculos pisando,
> riscos que aun igualara mal volando
> veloz, intrépida ala,
> menos cansado que confuso, escala.
> Vencida al fin la cumbre

---

149 Ludwig Wittgenstein: *Philosophische Untersuchungen*, § 107.
150 Hans Blumenberg: *Schiffbruch mit Zuschauer*, S. 9. Für einen weiteren Überblick über diese Vorstellungen, vgl. Titus Heydenreich: *Tadel und Lob der Seefahrt. Das Nachleben eines antiken Themas in der romanischen Literatur*. Heidelberg: Carl Winter 1970 und Burkhardt Wolf: *Fortuna di mare*. «Furat chie venit dae su mare» (wer vom Meer kommt, stiehlt), lautet eine traditionelle Weisheit Sardiniens. Mit gutem Grund hielt sich die bäuerliche Kultur des Mittelmeerraumes von den Küsten fern.
151 «El peregrino, que ha sido *objeto* de las acciones verbales hasta este punto, comienza casi como en un rito el movimiento teológico de sus *pasos*.» Kommentar von John Beverley zu Versen 29–42 (in *Soledades I*, S. 77).

> del mar siempre sonante,
> de la muda campaña,
> árbitro igual e inexpugnable muro,
> con pie ya más seguro
> declina al vacilante
> breve esplendor de mal distinta lumbre,
> farol de una cabaña
> que sobre el ferro está en aquel incierto
> golfo de sombras anunciando el puerto.
> ‹Rayos, les dice, ya que no de Leda
> trémulos hijos, sed de mi fortuna
> término luminoso.›[152]

Mit dem Sonnenuntergang verweist Góngora seine Leser zwar auf ein strukturierendes Moment der bukolischen Dichtung.[153] Allerdings versinkt diese Sonne nicht hinter den Wipfeln eines *locus amoenus*, sondern seinem Gegenteil: den Gebirgskämmen der Hochsee («piélagos de montes»).[154] Auch der Fels ist unverzichtbarer Teil im «Chor der Natur» der Schäferdichtung, wie im Theater ein (auch gerne parodiertes) Requisit, an das sich die Klage des Einsamen in der *soledad* richten kann und Gegenstand der «obligaten Anrede an die Felsen» (Curtius). Eigentlich harte und abweisende Gegenstände (wie das Herz der Geliebten), macht sie die Klage des Mannes aus Mitleid weich, ja verflüssigt die Felsen geradezu, ähnlich den Tränen.[155] Doch diese Klippe, mit dem das unbekannte Land den «mísero extranjero» konfrontiert, mag zwar bereits Teil einer räumlich strukturierten «Naturbühne» (Hugo Friedrich) sein[156] – der «peregrino» gibt hier aber weder den klagenden Liebespilger, noch erweicht sich der Fels: eher ozeanische und lebensphilosophische Klippe («risco») als durch Klagen zu erweichender Felsen («peña»). Stattdessen erscheint, in bereits bekannter kontrastiver Gegenüberstellung («media luna» – «Sol todo»), die wir mit Dámaso Alonso als charakteristische «bimembración por «contrari-

---

152 *Soledades I*, S. 77 f. (Verse 42–64).
153 Vgl. Ernst Robert Curtius: *Europäische Literatur und lateinisches Mittelalter*, S. 100.
154 «Piélago. Lo profundo del mar, *latine pelagus*; por translación llamamos piélago un negocio dificultoso de concluir, que no le halla pie el que entra en él.» (*Cov*, S. 1362)
155 Ernst Robert Curtius: *Europäische Literatur und lateinisches Mittelalter*, S. 101, S. 103. Als Beispiel eine Passage aus Sannazaros *Arcadia*: «O fortunato, che con altre rime / riconsolar potrai la doglia e 'l pianto! / Ma io lasso pur vo di giorno in giorno / noiando il ciel, non che le selve e i campi; / tal ch'io credo che l'erbe e i fonti e i sassi / et ogni ucel ne pianga in ogni valle.» (Iacopo Sannazaro: *Arcadia/L'Arcadie*, S. 65; Ecloga IV, Verse 37–42) Vorbild für diese Wirkung auf die Natur ist immer Orpheus.
156 Hugo Friedrich: *Epochen der italienischen Lyrik*, S. 468.

os»» bezeichnen,[157] die Klippe als eine scharfe Grenze zwischen Land und Meer: «del mar siempre sonante, / de la muda campaña, / árbitro igual e inexpugnable muro». Die Klippe verstärkt nicht nur die in dem Gedicht bereits angelegte Semantisierung einer Linie von /oben/ nach /unten/, sie teilt auch die horizontale Achse «/offen/ (‹mar siempre sonante›) vs. /geschlossen/ (‹muda campaña›)» als klare Grenzmarkierung zwischen Ozean und Land («inexpugnable muro»). Die axiologische Dimension der Adjektive «sonante» und «muda» mag deutlicher werden, wenn man den kriegerischen Klang des Horns (oder der Trompete) – nicht erst seit Góngoras Einleitungsgedicht zu Luis de Tapias spanischer Fassung der Lusíadas ein Attribut des Epos – dem friedlichen Schweigen des Landes gegenüberstellt.[158] Und angesichts der positiven Bewertung des Paares Höhe und Geschlossenheit ist es nicht verwunderlich, dass der Reisende vom Niveau des Strandes nach oben klettern muss, um sich vom tönenden Meer zu entfernen und ins stille Landesinnere zu gelangen. Überschreitet der Protagonist dieses Langgedichtes hiermit eine raumsemantische Grenze und schafft damit, im Sinne Lotmans, ein sujetbildendes Ereignis? «Dem Aufbau eines Textes», so Lotman, «liegt also eine semantische Struktur zugrunde und eine Handlung, die stets den Versuch darstellt, diese Struktur zu überwinden.»[159] Tatsächlich erklimmt («escala») der «peregrino» die Klippe im emphatischen Sinne, besiegt sie («vencida la cumbre»), obwohl dieses Hindernis denkbar abweisend gestaltet ist und wie eine schützende Mauer vor dem Landesinneren liegt («inexpugnable muro», «espinas», «riscos»).

Mit der Bewegung des Reisenden über die Klippe hinaus erhält seine Bewegung eine Richtung. Es ist kein Zufall, dass in diesem zwischen heldenhaften und idyllischen, raumgreifenden und lyrischen Registern schwankenden Gedicht nun ein Vektor erscheint, der sich mit Begriffen aus der Theorie der Epik erfassen lässt. Zielstrebig – wie ein Pfeil auf Lotmans Karte – hält der Protagonist auf ein fernes Licht zu, das ihm wie ein Leuchtturm, wie ein ankerndes Schiff in einem Meer aus Schatten («golfo de sombras») den Weg weist.[160]

---

157 DAOC V, S. 342.
158 Vgl. die ‹Dedicatoria›: «que a tu piedad [ô Duque] Eutirpe agradecida, / su canoro dará dulce instrumento, / cuando la Fama no su trompa al viento.» (Soledades, ‹Dedicatoria›, S. 73; Verse 35–37). Das erste gedruckte Gedicht des Zwanzigjährigen, Suene la trompa bélica (1580), wurde bereits erwähnt.
159 Jurij M. Lotman: Die Struktur literarischer Texte, S. 340.
160 Dámaso Alonso prosifiziert diese Stelle sehr nüchtern: «Vencida por fin la cumbre, que sirve de exacta separación y muralla inexpugnable entre el mar siempre rumoroso y el silencioso campo, con paso ya más seguro camina nuestro joven hacia el pequeño y vacilante resplandor de una luz, apenas visible a causa de la lejanía, probablemente farol de una cabaña, que, anclado como un navío, está mostrando el puerto en medio de aquel incierto golfo de sombras.» (Luis de Góngora: Las Soledades. Madrid: Sociedad de Estudios y Publicaciones 1956 [1927], S. 119)

Nicht nur, dass Góngora hier in großer kompositorischer Meisterschaft im wahrsten Sinne des Wortes ein Weltbild, die maritime Vorstellungswelt des Reisenden einführt. Durch den Wechsel der lyrischen Erzählstimme von der Nullfokalisierung – die mit geradezu apollinischer Übersicht den Schiffbruch und die Ankunft am Strand geschildert hatte – in die interne Fokalisierung, wird über das spezifisch maritime Vokabular und die Unmittelbarkeit eines inneren Monologs erstmalig die Perspektive des Reisenden eingenommen. Seine Perspektive und sein Innenleben treten in Erscheinung.[161] Es ist jedoch mindestens genauso bemerkenswert, dass mit dieser Perspektive, die sich am gegenwärtig durch die Figur Wahrgenommenen orientiert, auch eine auf rationaler Überlegung, Orientierungsgabe und Entschlusskraft beruhende Bewegung sichtbar wird. Somit macht die auktoriale Übersicht der Eröffnungsszene nun einer subjektiven Perspektive Platz: Das Geschehen erhält so eine phantastische und unheimliche Färbung.[162] Der Blick auf ein entferntes, unsicher flackerndes Licht in der Dunkelheit entfaltet die subjektive Raumstruktur der Perspektive. Die Entfernung weckt in dem nun kommentierenden Subjekt den Wunsch nach einer zielstrebigen Bewegung. Dies ist eine Struktur, die hier in dem durchaus theatralischen Sinn eines landschaftlichen Bühnenarrangements zu verstehen ist. In seiner ersten wörtlichen Äußerung befürchtet der «peregrino», jenes Licht («farol») könne eine Sinnestäuschung, ein trügerisches Elmsfeuer sein – ein beängstigendes Phänomen für Seefahrer, das die Enden der Rahen und die Takelage des Schiffs aufglühen lässt und als böses Vorzeichen gedeutet wird: «Rayos, les dice, ya que no de Leda / trémulos hijos, sed de mi fortuna / término luminoso.»[163] Während Sturm und Schiffbruch zu

---

[161] So die Begriffe *farol, ferro, golfo, puerto*, aber auch *fortuna* in der Bedeutung von Sturm. «Todavía aturdido («menos cansado que confuso») por la tempestad de la que acaba de escapar, *el náufrago percibe* este paisaje nocturno como una visión marítima», kommentiert Jammes (in *SOLJ*, S. 208; Hervorhebung, MM; vgl. auch Leo Spitzer: La *Soledad primera* de Góngora: notas críticas y explicativas a la nueva edición de Dámaso Alonso (1980 [1940]), S. 261 f.). Exemplarisch sei der Begriff *golfo* erläutert: «Tómase también por cualquiera hondura de agua, ora sea en ríos, ora en lagos, ora en la mar; pero en vulgar castellano siempre entendemos golfo por mar profundo, desviado de tierra en alta mar que a do quiera que extendamos los ojos, no vemos sino cielo y agua.» (*Cov*, S. 981).

[162] Scharold diskutiert Wunderbares und Phantastisches im Kontext der frühen Neuzeit (vgl. Irmgard Scharold: *Vom Wunderbaren zum Phantas(ma)tischen*, Kapitel II, Abschnitt 1.1). Dabei ist es charakteristisch, dass im Kontext der Frühen Neuzeit die weitverbreitete Trennung von Wunderbarem und Phantastischem, die Todorov stark macht, überdacht werden muss. Allerdings bemerkt auch er in seiner *Introduction à la littérature fantastique*, dass Nullfokalisierung für phantastische Effekte grundsätzlich ungeeignet sei, die interne Fokalisierung sie aber fördert.

[163] So schildert Luftgeist Ariel in Shakespeares *The Tempest* (1611/1623), wie er als Elmsfeuer den Sturm entfacht, in dem das Schiff des Herzogs von Mailand scheitert: «Prospero: Hast

Beginn des Langgedichtes zugunsten poetischer Raumweite ausgespart blieben, nähern wir uns nicht nur den augenblicklichen Empfindungen des Reisenden, sondern auch seiner Vergangenheit und der daraus entstehenden Weltsicht eines Reisenden zur See.

Vor dem Hintergrund der ersten Verse und im Sinne der in Genettes Begriff der Fokalisierung angelegten Kamera-Metaphorik des 20. Jahrhunderts, verengt sich nun mit zunehmender Dunkelheit der Bildausschnitt. Dabei übernehmen wir, als Leser des Gedichtes, für eine Weile die Perspektive des «mísero extranjero». Nach einer Wüste aus Wasser und der harten, spitzen und abweisenden Klippe wartet nun noch der dunkle Wald als dritter und letzter *locus terribilis* auf den Reisenden: eher dunkles Gestrüpp («bárbara arboleda») als arkadisch-veredelter Wald. Dies ist nun auch nicht mehr – wie zu Beginn der *Soledades* der wüstenhafte Ozean oder etwa der wüstenhafte Wald zu Beginn von Dantes *Commedia* – ein allegorisch überformter Raum des Lebensweges. Dies ist vielmehr ein requisitenhafter, aber äußerst lebendiger «Angst-Wald» (Irmgard Scharold): bösartig und wildwüchsig. Es ist ein Schwellenort, der das emotionale Innenleben des Reisenden heraustreibt, es für die Leser sichtbar macht («recelando») und ihn auf eine letzte Probe stellt:[164]

> [...] Y recelando
> de invidïosa bárbara arboleda
> interposición, cuando
> de vientos no conjuración alguna,
> cual haciendo el villano
> la fragosa montaña fácil llano,
> atento sigue aquella
> (aun a pesar de las tinieblas bella,
> aun a pesar de las estrellas clara)
> Piedra, indigna Tiara,

---

thou, spirit, / Performed to point the tempest that I bade thee? / Ariel: To every article. / I boarded the King's ship: now on the beak, / Now in the waist, the deck, in every cabin / I flamed amazement. Sometime I'd divide / And burn in many places – on the topmast, / the yards and bowsprit would I flame distinctly, / Then meet and join.» (William Shakespeare: *The Tempest*, S. 184 f.; 1.2.194–202). Eine gemeinsame Quelle für Góngora und Shakespeare mag Antonio Pigafettas Bericht von Magellans Weltumsegelung 1519–1522 gewesen sein. Pigafetta beschreibt das unheimliche Elmsfeuer in dieser «highly accessible source» (V. M. Vaughan und A. T. Vaughan in ebda., S. 40).

164 Der dunkle Wald zu Beginn der *Commedia* wird gerade zum «gran diserto» (*COM*, Band 1, S. 16; *Inferno*, 1. Gesang, Vers 64), die Hölle zu Beginn des *Purgatorio* zum «mar sì crudele» (ebda., Band 2, S. 8; *Purgatorio*, 1. Gesang, Vers 3). Dagegen zum «Angst-Wald» bei Tasso, vgl. Irmgard Scharold: *Vom Wunderbaren zum Phantas(ma)tischen*, S. 50, Fn 26. Zum Wald als «Schwellenort», vgl. ebda., S. 421 f.

> si tradición apócrifa no miente,
> de animal tenebroso, cuya frente
> carro es brillante de nocturno día:
> > tal diligente el paso
> > el joven apresura,
> > midiendo la espesura
> > con igual pie que el raso,
> fijo, a despecho de la niebla fría,
> en el carbunclo, Norte de su aguja,
> o el Austro brame, o la arboleda cruja.[165]

In lautmalerischen und lebendigen Begriffen geschildert, erscheint der Wald als eine letzte antagonistische Kraft, welcher sich der Reisende stellen muss: Während er die Schritte beschleunigt, die Verse kürzer werden und der Rhythmus anzieht, ächzt das Geäst im brüllenden Wind («Austro brame» – «arboleda cruja»), wallen die Nebel («niebla fría»), und der Wald scheint sich aktiv zwischen den Reisenden und das rettende Licht stellen zu wollen («invidïosa bárbara arboleda / interposición»). Doch der Reisende reagiert, wie zuvor am Strand, mit zielstrebigem Vorgehen und – wie auf der Höhe der Klippe – sicherem Instinkt, im Vertrauen auf seine visuelle Orientierung. Letztere bietet ihm – wie einem routinierten Navigator – einen Fixpunkt auf der Kompassrose («Norte de su aguja»). Zu Land, das Ziel vor Augen, trotzt der «peregrino» nun furchtlos den Widrigkeiten.

Die interne Fokalisierung, mit welcher die Perspektive des «peregrino» übernommen wird («Y recelando / de invidïosa bárbara arboleda / interposición»), wird abrupt durch eine merkwürdig erläuternde Bemerkung über ein Tier («animal tenebroso») unterbrochen. Innerlichkeit und Unmittelbarkeit treten wieder zurück. Die topische Illustration des Angst-Waldes (Dunkelheit, Wind, Geräuschkulisse und Nebel) wird durch einen fast naturhistorischen Verweis auf eine obskure, «apokryphe» – das heißt, mit Leo Spitzer: mittelalterliche, in antiken Quellen nicht belegte – Wissenstradition gestört. Die unmittelbare Empfindungswelt des Fremden bricht ab und wir hören von einem leuchtenden Diadem, einer Art Krone, die ein nachtaktives Tier wie den Sonnenwagen («carro») am Kopf trägt («Piedra, indigna Tiara, / si tradición apócri-

---

165 *Soledades I*, S. 78 f. (Verse 64–83). Das bemerkenswerte Zusammenspiel der freien Form der *silva* und des Inhalts zeigt sich bei den hier eingerückten Versen 77–80. Die beschleunigten Schritte des «peregrino» verkürzen die Verslänge und beschleunigen auch den Versfuß. Die Wirkung zeigt die außerordentliche Lebendigkeit der *silva* als einem fast schon ganz eigenen Gattungsbegriff zwischen *arte menor* und *arte mayor*, hoher und artifizieller Tonlage und volkstümlichem, erzählerischem Register.

fa no miente, / de animal tenebroso, cuya frente / carro es»).¹⁶⁶ Es ähnelt daher dem Licht, dem der Reisende folgt und ist wie das Elmsfeuer Teil des belebten Kosmos mit seinen unheimlichen Phänomenen. Was bezweckt Góngora mit diesem eigenartigen, erläuternden Einschub, der eher wie ein auktorialer Kommentar, weniger wie ein unmittelbarer Gedanke des besorgten Reisenden wirkt? Ist die ‹apokryphe Tradition› Beweis der Pedanterie, des Obskurantismus und der weltfremden Belesenheit des Autors?¹⁶⁷ Eine erläuternde lyrische Erzählstimme – die sich bereitwillig mit Góngora identifizieren ließe – tritt hier in ein Verhältnis zu der Weltsicht seines «mísero extranjero». Wie die kosmische Eröffnung und ihr kartographischer Blick auf den gestirnten Himmel, mit ihren präzisen astronomischen Zeitangaben und mythischen Referenzen, wie der Begriff «Libia de ondas» als petrarkistisches Echo antiker Geographie, das elektrostatische Phänomen des Elmsfeuers oder die optische Orientierungsgabe des erfahrenen Seefahrers, so bewegt sich auch das Phänomen eines edelsteinbewehrten Tieres der Dunkelheit auf einem schmalen Grat zwischen Mythos, spekulativer Naturphilosophie und den immer dominanter werdenden Realitäten einer empirischen, auf praktischer Erfahrung und Methode basierten Weltauffassung. In seiner Ausgabe der *Soledades* kommt Jammes unter Verweis auf Góngoras Zeitgenossen Pedro Díaz de Rivas bei dieser rätselhaften Stelle zu einer ähnlichen Diagnose:

> [P]ermite precisar un punto de preceptiva poética que Góngora respeta del principio al final del poema: libertad de invención en todo lo que toca a tradiciones mitológicas, historias fabulosas, etc., pero exactitud escrupulosa en el dominio científico (geografía, cosmografía, historia, historia natural, etc.).¹⁶⁸

Die spezifische Zeichenpraktik unterschiedlicher epistemologischer Sichtweisen in der poetischen, künstlerischen ‹Sprache› von Góngoras *Soledades* tritt somit neben die in den vorangehenden Abschnitten bemerkten räumlichen Bezüglichkeiten. Anders als in der Unterhaltungsprosa eines Cervantes oder Mateo Alemáns ist die goldene Kette zwischen Makrokosmos und Mikrokosmos, zwischen Mythos, Gestirnen, Pflanzen, Mensch und Tier in den *Soledades*

---

166 Vgl. Leo Spitzer: La *Soledad primera* de Góngora: notas críticas y explicativas a la nueva edición de Dámaso Alonso (1980 [1940]), S. 262 f. Die Lösung, die Beverley anbietet (*Soledades I*, S. 78 f.; Kommentar zu S. 68–76) ist einleuchtend, aber zu einfach: «Podía ser cualquier animal nocturno que parece tener ojos brillantes (*Tiara*).» Das Licht und Diadem sind einzelne Erscheinungen, die Augen aber sind Augenpaare.
167 So Jáuregui in seinem *Antídoto*: «Dejado que el verso es nada poético, el melindre es graciosísimo para quien toca mil mentirosas fábulas tan sin cuidado.» (in *SOLJ*, S. 591)
168 Ebda. Díaz de Rivas antwortete dem missgünstigen Jáuregui: «Tontillo, esto pertenece a la historia natural [...].»

nicht vollends zerrissen oder einem satirischen Gegendiskurs der ebenfalls aneinandergeketteten, infamen *galeotes* ausgesetzt. Vielmehr stehen hier Mythos, Glaube, Naturphilosophie, Spekulation, Empirie und praktisches Handeln noch in einem komplexen, poetischen Spannungsverhältnis zueinander. Sie bilden, von den Sternen bis zu den Tieren des Waldes, den gemeinsamen Welt-Raum der Poesie.[169] Ebenso wie der Reisende den Schiffbruch überstand und den Felsen besiegte («vencida la cumbre»), schreitet er nun unbeirrt durch den Angst-Wald: «tal diligente el paso / apresura, / midiendo la espesura / con igual paso que el raso, / fijo [...] / en el carbunclo, Norte de su aguja». Doch dies soll nicht heißen, die ‹apokryphe› Dimension einer in sich verflochtenen und verbundenen Welt der Phänomene sei deswegen aus der poetischen Sprache verbannt. Vielmehr rahmt diese Sicht die zielstrebigen Handlungen des Reisenden ein und schafft – je nach Grad der narrativen Fokalisierung des Geschehens – einen Kontrast zwischen dem Reisenden und seiner in Nullfokalisierung dargelegten Umwelt. In seinem Essay *Sierpe de Don Luis de Góngora* (1951) deutet José Lezama Lima daher das rätselhafte «animal tenebroso» mit dem gestirnten Gesicht als ein Bekenntnis zu poetischer Dunkelheit und Kunstfertigkeit, aber auch zu der mystischen Helligkeit eines «conocer poético»: «el otro rostro de la metáfora o el gesto sustituido».[170] Dem steht die Perspektive des wandernden Fremden, als eine mit Begriffen aus der Welt der Seefahrt dargelegte, rationale und erfahrungsbasierte Herangehensweise, entgegen.[171]

---

169 Ernst Robert Curtius (*Europäische Literatur und lateinisches Mittelalter*, S. 119 f.) verweist auf die Bedeutung der *aurea catena homeri* im mittelalterlichen Weltbild. Es handelt sich um eine theologisch untermauerte Naturphilosophie, die von Gott und «den Gestirnen der Welt» (ebda., S. 120) bis zu den kleinsten Naturphänomenen des irdischen Mikrokosmos eine Verbindung konstruiert. Das Bild geht auf eine allegorische Lektüre von *Ilias* 8, Verse 18–26 zurück und ist «zum sinnbildlichen Träger einer Auffassung des inneren Weltzusammenhanges geworden [...], die das Mittelalter vom Altertum übernommen hat, das Denken der Renaissance weitergebildet und das aufgeklärte 18. Jahrhundert bis zu Kant hin festgehalten hat.» (Emil Wolff: *Die Goldene Kette. Die aurea catena homeri in der englischen Literatur von Chaucer bis Wordsworth*. Hamburg: Hansischer Gildenverlag 1947, S. 5) Diese Weltauffassung wendet sich mit der Zeit gegen Empirismus und Newtons Mechanik und bleibt, über Voltaire und Kant, noch bis Goethe, Schelling und Hegel aktuell. Curtius nennt den Luchs, «dessen Harn sich zu Edelstein verhärtet.»
170 José Lezama Lima: *Esferaimagen. Sierpe de Don Luis de Góngora. Las imágenes posibles*. Barcelona: Tusquets ²1976 [1951/1948], S. 35 und 26. Lezamas weitere Lektüre der *Soledad primera* trennt jedoch nicht, wie hier geschehen, die Perspektive des Pilgers von der erzählten Umwelt, sondern vereint sie in einer umfassenden poetischen Sprache und Weltsicht: «metamorfosis ácueas de Góngora» (ebda., S. 36).
171 Leo Spitzer (La *Soledad primera* de Góngora: notas críticas y explicativas a la nueva edición de Dámaso Alonso (1980 [1940]), S. 270) weist darauf hin, dass an anderer Stelle – «vulgo lascivo erraba / *al voto del mancebo*, / el yugo de ambos sexos sacudido» (*Soledades I*, S. 87 f., Verse 281–283 [Hervorhebung MM]) – die Perspektive des «peregrino» ausdrücklich, man

In einem spezifisch ‹atlantischen› literarischen Register, das keineswegs nur zurückblickt, sondern das – denkt man mit Lezama Lima an die lateinamerikanische literarische Ausdruckswelt – auch in die Zukunft weist, kontrastiert und vereinigt die poetische Sprache der *Soledades* ganz unterschiedliche Ursprungsorte des literarischen Ausdrucks: Mythos, Mystik, religiöse und profane Existenzphilosophie fusionieren hier mit spekulativer Naturphilosophie, pragmatischer Schriftlichkeit, praktischem Handlungswillen und Erfahrungswissen zu einem komplexen Gefüge. Dies ist, neben dem raumsemantischen Arrangement zu Beginn der *Soledades*, eine höchst bedeutsame Eigenschaft der ersten Verse des Langgedichtes.

Die vorliegende Analyse des ersten Tages der *Soledad primera* stellt die Frage nach den Konstruktionsprinzipien von Góngoras künstlerischer Sprache, seiner Schreibweise (*écriture*, Barthes) – nicht nach der etwaigen topographischen oder historischen Dimension eines nackten, erzählerischen Gerüstes, das nach Abzug der – letztlich entscheidenden – poetischen Qualitäten der *Soledades* übrigbliebe. Die Konzentration auf die räumlichen Aspekte zu Beginn von Góngoras Langgedicht hat gezeigt, dass die räumliche Architektur des *incipit* als ein Modell ethischer Wertzuweisungen – als Axiologie – gelesen werden kann. Der Schiffbruch des «peregrino» birgt in jeder Hinsicht das Potential für ein Ereignis: Er führt eine bewegliche Figur innerhalb dieses axiologischen Welt-Raums ein. Dieser Pilger ist ein Reisender im poetischen Raum zwischen mythisch fundierter, kosmischer Raumweite und einer geschlossenen, insularen Welt des Arkadischen. Die beiden Pole eines *campus Elysius*, einerseits von mythisch konnotierten, gestirnten Götterbildern bevölkert und die rettende Mutter Erde, andererseits, bilden eine vertikale, ethisch semantisierte Achse der Harmonie des Menschen in der Schöpfung. Das Salzwasser, eine Wüste aus Wellen bildet auf der horizontalen Achse menschlicher Fortbewegung eine dieser Harmonie entgegengesetzte Ordnung. Weshalb der Reisende sich dieser lebensfeindlichen Gegen- oder Un-Ordnung ausgesetzt hat, bleibt zu Beginn der *Soledades* weitgehend unklar. Der pfeilgleiche Vektor seiner Bewegung, der mit Lotman dem Eintrag auf einer Karte gleichgesetzt werden kann, spricht jedoch eine eindeutige Sprache. Indem der Reisende die Schwellenräume des Strandes, des Felsens und des Waldes überwindet, rettet er sich nicht nur vor Schiffbruch und nahender Dunkelheit in die gastfreundliche Welt einer hell erleuchteten Schäferhütte. Die hölzerne Schäferhütte kündet gleichzeitig von einer paradiesischen, insularen Autarkie, ebenso wie von der dazugehörigen – durchaus körperlichen – symbolischen Ordnung: «un vo-

---

möchte sagen: über eine auktoriale Erläuterung innerhalb der lyrischen Diegese als eine unhabhängige Perspektive innerhalb der lyrischen Welt markiert wird.

lume que le sujet puisse interpréter en fonction de son propre corps. Cabane: à la fois corps et monde; le monde comme projection du corps.»[172] Wie die Insel, wie die Arche gleicht sie nicht etwa dem Schiff, sondern einem Stück Land im Ozean.[173] Doch der Reisende ist ein Eindringling von außen. Wie Odysseus bei der Ankunft auf der Phäakeninsel Scheria und seiner folgenden Rückkehr an die Heimstatt in Ithaka, ist der «peregrino» ein Fremdling vom Ozean, der Außenwelt schlechthin («mísero extranjero»). Von seinen ozeanischen Erfahrungen geprägt, erfasst er das hoffnungsvolle Leuchten der Hütte in Begriffen der Seefahrt und verlässt sich auf seine Erfahrung, seinen beherrschenden Überblick der Lage und seine Entschlusskraft, um durch den dunklen Wald zu der rettenden Hütte – mit all ihren Konnotationen von rettender Autarkie und machtfernem, unprätentiösem Zusammenleben – vorzudringen: «[I]l n'y a pas de chambre magnificente.»[174] Damit deutet sich eine Spannung an zwischen der Herkunft des Fremden, seiner Erfahrung und Weltsicht, und der autarken, paradiesischen Welt, die das Leuchten der Hütte verspricht.

Der Fremde – *peregrinus* – bewegt sich daher nicht nur auf einer an der Vertikalen orientierten raumsemantischen Achse hinein in die Harmonie, vom Offenen zum Geschlossenen. Entlang einer *aurea catena homeri* bewegt er sich durch einen harmonisch verbundenen, poetischen Raum, in welchem das menschliche Wagnis der Seefahrt eine Störung darstellt. Von den kosmischen Weiten der Sterne und Planeten zu Beginn der *Soledades*, bis hin zu den kleinsten und bescheidensten Phänomenen der Natur, wie einem tierischen Bewohner des nächtlichen Waldes mit sterngleichem Diadem – alles ist von derselben poetischen Energie durchdrungen. Die Figur des «peregrino» ist aber die eines Grenzgängers, nicht nur am Rande des Epischen, sondern auch zwischen der kanonisch autorisierten Kosmologie der Mythen, Religion, Poesie, spekulativen

---

[172] Roland Barthes: *Comment vivre ensemble?*, S. 85. Bereits in den *Mythologies* war dieser insulare Raum dem Wasser entgegengesetzt: «[L]e mythe enfantin de la cabane, par l'approche difficile de la maison-refuge, défendue par l'eau même [...].» (Roland Barthes: *Mythologies*, S. 67 f.)

[173] Vgl. Roland Barthes: *Comment vivre ensemble?*, S. 85. Góngora hatte 1609 in einem satirischen Gedicht *(¡Oh montañas de Galicia!)* schon einmal diese Verbindung gezogen: «¡Oh posadas de madera, / arcas de Noé, adonde / si llama al huésped, responde / un buey y sale una fiera!» (zit. in Robert Jammes: *Études sur l'œuvre de Don Luis de Góngora y Argote*, S. 122, Fn 174. Hervorhebung MM). Ob dies bedeutet, dass der Andalusier Góngora automatisch zu einer satirisch-ablehnenden Haltung gegenüber dem Norden neigte (vgl. ebda.), bleibe dahingestellt. Die *Soledad segunda* zeigt nicht nur eine «ría» (*Soledades II*, S. 121; Vers 11), sondern auch eine ausführliche ozeanische Jagszene mit Robben («Focas»; ebda., S. 140 f.; Verse 418–444).

[174] Roland Barthes: *Comment vivre ensemble?*, S. 90.

Naturphilosophie und der praktisch fundierten Erfahrungswelt des ozeanischen Reisenden. Die beiden ungleichen Weltzugänge verbinden sich wie die Stränge der Doppelhelix in der DNA von Góngoras künstlerischer Sprache – doch berühren sie sich nicht. Die poetische Sprache zu Beginn von Góngoras *Soledades* lebt von der Spannung dieser ethisch-weltanschaulichen Stränge sowie von der durch die *aurea catena* angedeuteten semantischen Einheit des poetischen Raumes.

Als der Reisende endlich die beleuchtete hölzerne Hütte erreicht, die wie eine rettende Arche in einer Bucht aus Finsternis ankert, erreicht auch der Grad an räumlicher Geschlossenheit seinen Höhepunkt. Im Kreis um das Feuer empfangen ihn Schäfer, deren Gastfreundschaft mit der topischen Wüstenei einer rauen und dunklen Gebirgswelt («sierra, engendradora / más de fierezas que de cortesía») kontrastiert:

> No pues de aquella sierra, engendradora
> más de fierezas que de cortesía,
> la gente parecía
> que hospedó al forastero
> con pecho igual de aquel candor primero,
> que en las selvas contento,
> tienda el fresno le dio, el robre alimento.
> Limpio sayal, en vez de blanco lino,
> cubrió el cuadrado pino,
> y en boj, aunque rebelde, a quien el torno
> forma elegante dió sin culto adorno,
> leche que exprimir vió la Alba aquel día,
> mientras perdían con ella
> los blancos lilios de su Frente bella,
> gruesa le dan y fría,
> impenetrable casi a la chuchara
> del sabio Alcimedón invención rara.[175]

Die Gegenüberstellung von wüsten Bergen und Subjekt verweist nun auf die lyrischen Landschaften Petrarcas und bildet einen gewissen Kontrast zu den –

---

[175] *Soledades I*, S. 81 f. (Verse 136–152). Die ersten zwei Verse verweisen auf Garcilaso (*Elegía segunda*, Hervorhebung MM) und, dort, auf die lybische Wüstenei: «Si en la arenosa Libia, *engendradora* / de toda cosa ponzoñosa y *fiera*.» Der abschließende Verweis auf Alcimedontis eröffnet das Gegenstück zur bedrohlichen Außenwelt, den *locus amoenus* aus Vergils *Bucolica*. Alonso prosifiziert: «No parecía, a decir verdad, ser natural de aquellos montes (que mejor pudieran engendrar fierezas que cortesías) la gente que hospedó al forastero con aquel mismo espíritu de sencillez y de candor que tenía el hombre en la edad dorada, cuando los fresnos le servían de tienda y las bellotas eran su alimento. Pusieron como mesa un cuadrado tronco de pino [...] y en un trozo de boj [...] le dan leche ordeñada aquella mañana [...].» (Luis de Góngora: *Las Soledades*, S. 121)

im Anschluss an die *Commedia* gedeuteten – eher allegorisch überformten Landschaften (wie dem Wald). Die Reise aus der Disharmonie in die Harmonie, aus der ozeanischen Unordnung in die menschliche Gemeinschaft und entlang einer unsichtbaren Kette der Phänomene vom Größten zum Kleinsten kommt so an ihr Ende. Der Buchsbaumbecher ist, in all seiner Einfachheit, im Anschluss an Vergil nicht nur der Inbegriff der Schäferidylle.[176] Er verkörpert auch die raumsemantische Verkleinerung von der *voûte céleste* zum spiegelbildlichen Oval des Bechers: Weltschale *en abyme*. An einem einfachen Tisch wird der Reisende versorgt. Diese Rückkehr in die paradiesische Ursprünglichkeit des Zusammenlebens bleibt nicht ohne *clin d'œil* – der grobe Becher ist einerseits der Gegenpol des Höfischen, andererseits der Höhepunkt einer stilistischen Spannung zwischen hohem Ernst und satirischer Doppeldeutigkeit. Er spiegelt auch jenen Becher des Ganymed wider, welcher den schönen Schiffbrüchigen – «mejor que el garzón de Ida» – von Anfang an in ein (homo)erotisches Licht gerückt hatte. Die Milch dieses Bechers verstärkt nicht nur die arkadische Symbolik um Weidetiere und die nährende Mutter Natur, um Milch, Harz und Blut sowie idealisierte heidnische Rituale wie in Boccaccios *De Canaria* und Sannazaros *Arcadia*.[177] Der weiß angefüllte Buchsbaumbecher steht nicht nur für die Wiedergeburt oder Bekehrung durch die Speise der christlichen *lac doctrinae* – sondern ganz im Sinne einer durch den intimen Raum der Hütte suggerierten männlichen Körperlichkeit für «cualquier cosa sumamente blanca» (*Autoridades*). Weitere Käse-Frivolitäten folgen.[178] Góngora genießt

---

[176] Bei Sannazaro ist es Buche, doch Buche und Buchsbaum gehören gleichermaßen zum Inventar der *Arcadia*. Vorbild ist in beiden Fällen Vergil, *Bucolica III*: «Oltra di ciò un nappo nuovo di faggio, con due orecchie bellissime del medesmo legno, il quale, da ingegnoso artefice lavorato [...]» (Iacopo Sannazaro: *Arcadia/L'Arcadie*, S. 61; Prosa IV, Zeile 25).

[177] Hinsichtlich der Milch im Kontext insularer Vorstellungen von idealisierter, heidnischer Ursprünglichkeit, die fern jeder fleischfressenden Monstrosität der Nutztiergesellschaften und Kannibalen liegt, nicht nur in der literarischen *Arcadia*, sondern auch für die *Insulae Fortunatae* der Kanarischen Inseln, vgl. David Abulafia: *The Discovery of Mankind*, S. 61 und Thomas Macho: Prometheus. Eine Vor-Erzählung. In: Claus Leggewie/Ursula Renner u. a. (Hg.): *Prometheische Kultur. Wo kommen unsere Energien her?* München: Wilhelm Fink 2013, S. 45–55, hier S. 52 f.

[178] *Diccionario de Autoridades* zit. in Bernhard Teuber: *Sacrificium litterae – Allegorische Rede und mystische Erfahrung in der Dichtung des heiligen Johannes vom Kreuz*. München: Wilhelm Fink 2003, S. 353. Auch Teuber verweist auf andere schlüpfrige Stellen bei Góngora (ebda., S. 402). Später heißt es in den *Soledades*: «[...] el rubio / imitador süave de la cera / quesillo, dulcemente apremïado / de rústica, vaquera, / blanca, hermosa mano [...]» *Soledades I*, S. 112 (Verse 873–877). Nitsch bemerkt zu Góngoras spätem Sonett *Prisión de nácar era articulado* (1620), ein «profanatorischer Gestus» sei ins Zentrum des Liebessonetts vorgedrungen. Dazu zählen die unmittelbare Beschreibung des Mundes und manch eher misogyne Doppeldeutigkeit zwischen Dame und Prostituierte (vgl. Wolfram Nitsch: Textgefängnisse, S. 219).

stets das Spiel mit dem Feuer und bringt allegorische Deutungsmuster in die unmittelbare Nachbarschaft von Parodien auf religiöse Askese. Denn die feste Konsistenz der Milch («gruesa») verweist auch in einem von Curtius beschriebenen Topos auf die drei Ebenen des Textsinns, welche – ebenso wie ein Gespür für frivole Ausrutscher und bissige Kritik an der Gegenwart – die Lektüre der *Soledades* durch diese ganze Entwicklung hindurch begleiten müssen.[179] Am Ende des ersten Tages der *Soledades*, am vorläufigen Ende einer Bewegung durch einen axiologischen Raum und mit einem topischen Verweis auf die weiterhin bevorstehende Arbeit der Textauslegung, befinden wir uns als Leser, ebenso wie der pilgernde Fremdling, jedenfalls fern der ozeanischen Geschäfte und tief im Raum der Poesie.[180]

2.3 Schwundstufen der *Arcadia*

Dantes *Commedia* – dies ist in der ‹Einleitung› bereits angedeutet worden – präsentiert Odysseus als eine grenzüberschreitende, verführerische und sündhafte Figur der Eroberung und des Wissenserwerbs.[181] Die Eröffnungsverse der *Soledades* versehen diese – so kritikwürdig sie auch sein mag – mit Vergils imperialen Gründerfigur des Aeneas verknüpfte, allzu beredte, zielstrebige und selbstsichere Vision des Seefahrers mit dem italianisierenden Neologismus *errante*. Allein dieses Adjektiv sorgt für eine erhebliche stilistische und gattungstheoretische Spannung. Denn es verschiebt den Seefahrt und Seefahrern inhärenten Akt einer Grenzüberschreitung in das breite und ambivalente Spannungsfeld eines Lebensgefühls: ein besonders bei Dante und Petrarca durch die komplexe Rezeption der Odysseus-Figur kultiviertes Schicksal des Irrens – im doppelten Wortsinne – und der ewigen Wanderschaft auf Erden. Diese Art der Bewegung verbindet sich mit der aus dem Mittelalter entstammenden Idee der «epischen Quête des irrenden Ritters»,[182] um dann mit den in der Volks-

---

[179] Historischer Textsinn (flüssig), allegorischer (Käse) und tropologischer (moralischer: Butter). Vgl. Ernst Robert Curtius: *Europäische Literatur und lateinisches Mittelalter*, S. 146.
[180] Vgl. dazu Hanno Ehrlicher: *Zwischen Karneval und Konversion*, S. 337 und Paul Julian Smith: Barthes, Góngora, and Non-Sense, S. 86. Smith zeigt im Anschluss an Barthes auf, dass wir es mit einem Protagonisten zu tun haben, der als «curiously nonvirile» (ebda.) konstruiert und somit aus den den Gattungskonventionen der Epik entfernt wird.
[181] Vgl. W. B. Stanford: *The Ulysses Theme. A Study in the Adaptability of Traditional Hero*. Oxford: Basil Blackwell 1954, S. 181 f.
[182] Winfried Wehle (Hg.): *Das Columbus-Projekt. Die Entdeckung Amerikas aus dem Weltbild des Mittelalters*. München: Fink 1995, S. 11. Auch Wehle meint den Ritter als transatlantischen Seefahrer.

sprache verfassten Vorbildern der spanischsprachigen Ritterromane und der *épica culta* des ausgehenden 16. Jahrhunderts noch einmal in heroischen Tönen aufzuleben. Angesichts der heilsgeschichtlich konnotierten und auf die atlantische Gegenwart gemünzten Prolepse des «volo audace» der Amerikafahrten in Tassos *Gerusalemme liberata*, aber auch einer epischen und heroischen Sicht auf die Seefahrt bei Ercilla, Camões und später bei Calderón,[183] ist es wahrscheinlich, dass Góngora vielmehr die schiffbrüchige, hilf- und heimatlose Seite des an Odysseus geknüpften Seefahrer-Motivs im Blick hatte. Die praktischen und vermeintlich heroischen Qualitäten der spätestens mit Kolumbus auch atlantischen Ritter zur See dürften ihn weniger interessiert haben. Verzweifelt geht sein «peregrino errante» zurück an Land. So sehr Góngoras *Soledades* damit der an Vergil anschließenden, imperialen und episierenden Sicht auf die Seefahrt auch zuwiderlaufen: Die in der vorliegenden Untersuchung erarbeitete Diagnose muss keineswegs zum Anlass genommen werden, den Autor Luis de Góngora zum Kolonialismuskritiker *avant la lettre* zu stilisieren. Diese ambivalente Reintegration eines irrenden Fremdlings in ein gut bekanntes episches Thema darf eher als die bestens überlegte Taktik einer Überbietungsästhetik gelten. Denn Góngora überbietet die im Epischen (ebenso wie im Bukolischen) kaum noch schlagbare Konkurrenz, indem er ihre idealen Helden poetisch miteinander kurzschließt, sie dabei sogar stilistisch unterbietet und unterläuft. Góngoras «peregrino», dies haben die obenstehenden Abschnitte gezeigt, ist ein poetischer Grenzgänger zwischen insular-anachoretischen und ozeanischen, allzu diesseitigen Haltungen in einer äußerst weitläufigen Welt. Doch kommt er vom Meer. Der Figur haftet etwas Ozeanisches, ja Disharmonisches an. Góngoras «peregrino errante» kann somit auch als eine sehr spezifische Manifestation jener «knights-errant of the sea» (Joseph Conrad) verstanden werden, die das in der ‹Einleitung› erörterte atlantische Zeitalter, ebenso wie die kontinuierliche Aktualisierung literarischer Repräsen-

---

183 Torquato Tasso: *Poesie*, S. 372 (XV, 26; Vers 202). Bei Dante war der Flug des Segelschiffes in den Atlantik hinein nicht wie bei Tasso wagemutig («audace»), sondern töricht gewesen («folle volo»: *COM*, Band 1, S. 398; Inferno, 26. Gesang, Vers 125). Góngora dreht die intertextuelle Schraube um eine Drehung weiter, wenn er die bei Tasso auf die Flotille des Kolumbus gemünzten, glückseligen Masten («fortunate antenne»; Torquato Tasso: *Poesie*, S. 374; XV, 32, Vers 250) auf einen hartleibigen Mast («obstinada entena»; *Soledades I*, S. 65, Vers 451) reduziert. Für eine Zusammenfassung der epischen Visionen der Seefahrt, vgl. Mercedes Blanco: *Góngora heroico*, S. 377–401 und David Quint: The Boat of Romance and Renaissance Epic; zu Calderón, vgl. W. B. Stanford: *The Ulysses Theme*, S. 187–190 und die noch im vorliegenden Abschnitt folgenden Bemerkungen zu seinem religiösen Drama *La Aurora en Copacabana*; zu Camões im Zusammenhang mit Spanien, vgl. Hanno Ehrlicher: *Zwischen Karneval und Konversion*, S. 126 f. und 353, Fn 216.

tationsstrategien globaler Räume, Bewegungen und Begegnungen eingeläutet haben.[184] So betrachtet, ist der «peregrino errante» ein höchst eklektisches Wesen in einem unsicheren und komplex strukturierten Spannungsfeld zwischen Ozean und Land, epischen Räumen und Phantasien der *Arcadia*. Diese gattungstheoretisch nur schwer zu begründende Verbindung begründet jedoch ihrerseits die geglückte – das heißt: höchst wirkmächtige – Provokation, die von der künstlerischen Sprache der *Soledades* ausging: «[N]o resulta errado concluir que – a pesar de no pequeñas objeciones – en el ámbito de la *República Literaria* secentista el autor de las *Soledades* fue ya considerado *el poeta por excelencia*.»[185] Ebenso wie die hybride, fremdartige, sprachübergreifende *écriture* mit den im Barock so beliebten *parole pellegrine*, geht Góngoras «peregrino errante» einen unsicheren Weg durch unterschiedliche *genera* der poetischen Sprache und quert dabei Zeiten und Räume.

Als Fremdling mit vage vertrauten Zügen dringt er in die *solitudini* einer arkadischen Welt ein. Zweimal betont Góngora, der Fremde finde hier eine Heimstatt im Zeichen der Gastlichkeit («hospitalidad») – zunächst durch das rettende Land an sich, dann durch die Schäferhütte («albergue») und ihre Bewohner.[186] Die mit einem häuslichen Innenraum verbundene Solidarität, entzieht sich das Konzept der Gastlichkeit der machtpolitischen, räuberischen oder merkantilen Logik der *outsider*. Es handelt sich traditionell um einen begrenzten Raum der Solidarität (sicherlich auch der Erotik und ihrer Geheimnis-

---

184 Die Formulierung Marlows, Erzähler aus Joseph Conrads *Heart of Darkness* (1899), mag sich anschließen an: William H. Prescott: *History of the Conquest of Mexico* (1873; mit einer Neuauflage in Auszügen: London/New York: Continuum 2009). Zu den Konquistadoren als Rittern, vgl. Diana de Armas Wilson: *Cervantes, the novel and the New World*, S. 114.
185 Ponce Cárdenas in *Polifemo*, S. 32. Wie bereits angedeutet, kamen im 20. Jahrhundert auch neobarocke Autoren wie José Lezama Lima und Severo Sarduy zu demselben Urteil: vgl. Françoise Moulin Civil: Au commencement était Góngora. In: *América. Cahiers du CRICCAL* 19 (1997), S. 223–236.
186 *Soledades I*, S. 77 (Verse 27–29): «halló *hospitalidad* donde halló nido / de Júpiter el ave. / Besa [el peregrino] la arena», und *Soledades I*, S. 81 (Verse 136–139): «No pues de aquella sierra, engendradora / más de fierezas que de cortesía, / la gente parecía / que *hospedó* al forastero» [Hervorhebungen MM]. Vgl. auch ebda., S. 83 f. (Vers 183), wo die Schäferhütte als «albergue» bezeichnet wird. So wird sie auch in Góngoras an Ariost angelehntem *Romance de Angélica y Medoro* (1602, «En un pastoral albergue») zu einem topischen Schutzraum, in dem – nach dem Vorbild Ariosts – Mitleid in Begehren umschlägt. In dem ebenfalls auf Ariost und Petrarca verweisenden Sonett *Descaminado, enfermo, peregrino* (1594), «primer esbozo mental de las *Soledades*» (Maurice Molho: *Semántica y poética (Góngora, Quevedo)*, S. 75, Fn 41), beherbergt sie einen (liebes)kranken Wanderer, der – ähnlich den *Soledades* – stärker an ein reales Erleben herangeholt wird als in den Vorbildern und sich als das lyrische Ich selbst erweist.

se), der dem Ozean – als denkbar unwirtlichem und grenzenlosem Außenraum – in vielerlei Hinsicht entgegengestellt ist.[187] Dieser Gegensatz ist in Góngoras poetischer Sprache und literarischer Weltgestaltung in den *Soledades* mit einer ethischen Werteskala belegt, die einem moderneren, bürgerlichen und ästhetisch am Erhabenen orientierten Eskapismus aus imaginierten oder realen Ozeanreisen noch deutlich entgegensteht. Das Meer steht bei Góngora nicht für die historisch noch weit entfernten Freiheitsphantasien eines Espronceda, Baudelaire, Alberti, sondern verweist gerade in seiner Offenheit nach unten, in eine grenzlose und infernalische Welt des Todes. Die Frage, ob das Verlassen des familiären Innenraums und die Suche nach fernen Reichtümern im praktischen Sinne machbar, im gesellschaftlichen vertretbar und im ethischen Sinne erstrebenswert seien, ist keineswegs affirmativ beantwortet. Es ist gerade dieses axiologische Wechselspiel aus Nähe und Ferne, Geschlossenheit und Offenheit, Seßhaftigkeit und Bewegung, Innen und Außen, das die *Soledades* an eine Schnittstelle zwischen säkularer und christlicher Ethik, die erneut auflebende Ethik des Stoizismus, anschließt. Die *Soledades* stellen – wie im Übrigen alle der in der vorliegenden Untersuchung behandelten Primärtexte – die Variation eines christlichen, «ethopoetischen» Szenarios dar.[188] So ist es kein Zufall, dass – wie oben ebenfalls deutlich wurde – die *Soledades* keine praktisch oder referentiell intendierten Funktionen des Raumes inszenieren, sondern – mit Barthes gesprochen – die «opération symbolique» einer räumlichen Kodierung ethischer Ideale.[189] Es scheint kaum übertrieben, zu behaup-

---

187 Vgl. Óscar Martínez García: El hombre que conoció innúmeras gentes: los viajes de Ulises. In: Juan Luis Arcaz Pozo/Mercedes Montero Montero (Hg.): *Mare Nostrum. Viajeros griegos y latinos por el Mediterráneo*. Madrid: Delegación de Madrid de la Sociedad Española de Estudios Clásicos 2012, S. 13–33, hier S. 19. Familiärer, häuslicher Innenraum und ozeanischer Außenraum stehen in einem äußerst gespannten Verhältnis zueinander. Eine postromantische und anti-bürgerliche Aktualisierung dieser Wechselwirkung findet sich etwa in Guy de Maupassants kurzem Roman *Pierre et Jean* (1888).
188 Zum an Foucault anschließenden Begriff des «Ethopoetischen», vgl. Bernhard Teuber: ‹Vivir quiero conmigo›. Vgl. auch Hans Ulrich Gumbrecht: ‹Eine› *Geschichte der spanischen Literatur*, S. 159. «[L]a adopción y difusión de esta forma de comportamiento vital estoico fue una de las maneras como se llevó a cabo la secularización de la ética», zitiert Juan Francisco Alcina in seiner Ausgabe der Lyrik Fray Luis de Leóns (in Fray Luis de León: *Poesía*. Madrid: Cátedra 2011 (Letras Hispánicas), S. 12).
189 Roland Barthes: *Comment vivre ensemble?*, S. 85. «Stoicism is essentially based on the principle of *sequere naturam*; man should seek to discipline his life in conformity with what his reason tells him is nature's intention. He can do this by exercising his will to live according to nature, which in itself implies that man will strive to be in accord with virtue, and will choose only those things in nature which are not in-compatible with virtue. To make this choice, which is an act of the will, he must exercise his intellect, for reason is the acknowledged guide to virtue.» (David H. Darst: Renaissance Platonism and the Spanish Pastoral Novel. In: *Hispania* 52 (1969), S. 384–392, hier S. 390)

ten, dass es sich hierbei um eine ungewöhnlich prototypische Kodierung der Momente des Aufbruchs oder der Ankunft handelt. Dies muss folglich keineswegs heißen, dass diese Kodierung auf die Sphäre des Fiktiven beschränkt bliebe. Denn nicht zuletzt handelt es sich um ein Spannungsfeld, das selbst Christoph Kolumbus argumentativ durchdeklinieren musste, um überhaupt in See stechen zu dürfen. Aus der bildlichen, als Aufforderung zur stoischen Selbstbeschränkung gemeinten Aussage der Autoritäten, die Erde sei ein «Pünktchen im All» (Plinius), «jenes Pünktchen, auf dem ihr Kriege führt, auf dem ihr Königreiche errichtet» (Seneca), hatte der praktisch gesinnte Genuese die vermessene Machbarkeitsphantasie abgeleitet, eine Seereise westwärts nach Indien sei – wegen der geringen Ausdehnung des Atlantischen Ozeans auf diesem «Pünktchen im All» – dann wohl durchführbar.[190] Die Inselwelt der Karibik errettete Kolumbus dann von seiner irrigen Annahme, er könne es mühelos vom andalusischen Palos aus, über die Kanarischen Inseln, westwärts bis nach Asien schaffen. Sie errettete ihn auch von seiner nicht minder irrigen Vertauschung uneigentlicher und referentieller Aussagen über die Beschaffenheit der Welt. Raumsemantisch und axiologisch ist Góngoras «peregrino» gut einhundert Jahre später den umgekehrten Weg gegangen. Aus der räumlichen Weite und ethischen Niederung des Ozeans ist er in die insulare Abgeschlossenheit und ethische Idealität einer Idylle hinaufgeklettert. Die Welt der *Arcadia* liegt nun vor ihm wie eine Gegen-Welt zu derjenigen, welche er sichtlich kennt und in seinem Verhalten zwischen Strand, Felsen und Wald noch widerspiegelt. *Arcadia* lag ihm nicht einfach zu Füßen, sondern jenseits einer Krise und jenseits mehrerer Hindernisse, die es zu überwinden galt. Letztlich ist die

---

190 Diese Überlegung stammt von Alexander von Humboldt, wie auch die Zitate (*KU*, S. 65, Fn 153): «Hae tot portiones terrae, imo vero, ut plures tradidere, mundi punctus, neque enim est aliud terra in universo» (Plinius, *Naturalis Historia*), «punctum istud in quo bellatis, in quo regna disponitis» (Seneca, *Quaestiones Naturales*). Humboldt verweist auf eine Argumentation des Kolumbus, in der Kolumbus lebensphilosophische Argumente ins Geographische übersetzt. Charakteristischerweise hatte Seneca genau die Frage nach den geographischen Umständen der *Odyssee* zugunsten ethischer Lebensmaximen beiseitegelegt (vgl. Francesca Zardini/ Grazia Lana: *La morte di Ulisse. Riflessioni dall'antico al barocco*. Verona: Edizioni Fiorini 2006, S. 93). Diese Übersetzungsprozesse zwischen innerem und äußerem Raum, Ethik und Geographie, mögen eine der subtileren Ursachen für die Fehleinschätzung der Entfernung nach Indien sein (neben den Problemen in Kolumbus Hauptquelle – Pierre d'Aillys *De imagine mundi* (1410/1490); vgl. dazu *KU*, S. 35, S. 35, Fn 58 und 40 sowie Frank Lestringant: *Die Erfindung des Raums*, S. 10). Auch bei Abraham Ortelius und seinem Atlas *Theatrum orbis terrarum* (1570) werden die ethisch aufzufassenden Worte des Plinius spannungsreich auf die neue, geographische Realität bezogen (vgl. Mercedes Blanco: *Góngora heroico*, S. 340). *Scriptura* und *pictura* verbinden sich so zu den zwei untrennbaren Seiten einer *descriptio orbis*.

Arcadia aber eine «grundsätzlich durchlässige» Welt,[191] die – ein Stück weit – auf den ozeanischen Reisenden gewartet hat. Trotz aller im Zeichen einer allumfassenden Metapher und gegen den Lauf der Zeit konstruierten literaturgeschichtlichen Parallelen zur Moderne, ist diese Welt aber nicht mit der Subjektivität moderner Ich-Lyrik – «Sois sage, ô ma douleur» – zu überblenden.[192] Dennoch handelt es sich um eine spezifisch lyrische Landschaft, die von dem doppelten Fremdling, dichtendem und gedichtetem, abhängt: In vielfältiger Art und Weise veräußerlicht sie dessen innere, auch mit den epischen Färbungen der Reise getönte Lebens- und Erlebenswelt in räumlicher Kodierung.

Zu Beginn des zweiten Tages der *Soledades* erkundet der Fremdling die neue Umgebung in Begleitung eines Schäfers. Es handelt sich um eine friedliche Welt, die weder den Klang der «trompa militar», noch den der Marschtrommel vernommen hat. Hier zeichnen die Vögel, prophetische Wesen der Höhe und «esquilas dulces de sonora pluma», ihre Bahnen und Formen in den Himmel: klingende Federn einer Dichtung der belebten Natur.[193] Vor den Augen des Fremdlings entfaltet sich die Landschaft. Behände, entschlossen und zurück in der Höhe, wie ein ozeanischer Entdecker vor einem vollkommen fremden Land, blickt der «peregrino» von einem Felsen. Ebenso wie bei dem Blick von einem Theaterbalkon wird die Landschaft der Perspektive des betrachtenden Subjekts, seinen synthetisierenden (oder fragmentierenden) Verstandeskräften, aber auch der Rahmung und semiotischen Strukturierung des Raums durch bestimmte Topoi, Zeichen, Grenzziehungen und Requisiten ausgesetzt:

> Agradecido pues el peregrino,
> deja el albergue, y sale acompañado
> de quien lo lleva donde levantado,
> distante pocos pasos del camino,
> imperïoso mira la campaña
> un escollo, apacible galería,
> que festivo teatro fué algún día
> de cuantos pisan Faunos la montaña.
> Llegó, y a vista tanta
> obedeciendo la dudosa planta,
> inmóvil se quedó sobre un lentisco,
> verde balcón del agradable risco.

---

191 Hanno Ehrlicher: *Einführung in die spanische Literatur und Kultur des Siglo de Oro*, S. 88.
192 Etwa bei Rudolf Geske, wo auf Baudelaires Sonett *Recueillement* (und später auch auf Mallarmé) verwiesen wird (vgl. ders.: *Góngoras Warnrede im Zeichen der Hekate. Ein Deutungsversuch zu den Versen 366–502 der Soledad Primera*. Berlin: Colloquium Verlag 1964, S. 25, Fn 8 und S. 58, Fn 11).
193 *Soledades I*, S. 83 (Verse 170/171, 177).

Si mucho poco mapa le despliega,
mucho es más lo que, nieblas desatando,
confunde el Sol y la distancia niega.[194]

Dieser Blick auf die Landschaft ist bereits die zweite Inszenierung von Höhe, Ferne und ordnendem Überblick nach der nächtlichen Szenerie eines flackernden Lichtes in einem Meer von Dunkelheit. Ähnlich einem nur scheinbar keuschen Kleid oder Schleier, die einen Fetisch der Lücke zelebrieren, betont der Nebel genau das, was er nicht zeigt. Das Theatralische dieser Rauminszenierung beschränkt sich nicht auf die perspektivische, bühnenartige Konstruktion, durch welche die Landschaft erscheint. Nebel und – so darf man sicherlich ergänzen – Wolken dienen als Hinweise auf das Sehen, auf das Visuelle, das in diesem Fall ein Sehen von oben nach unten ist: Eine Perspektive, die einst den Göttern vorbehalten war und in zeitgenössischen Karten und Chorographien zu einem technisch gewendeten und – lange vor jeder Form von Luftfahrt – frappierenden Effekt geworden ist.[195] Es handelt sich um ein sehr charakteristisches Beispiel der «ecfrasis gongorina» (Mercedes Blanco), bei dem Wanderer und Leser für einen Moment den festen Boden unter den Füßen verlieren und – wenn nicht vom Ozean, so doch aus der Höhe – ein kartographisch-malerischer Bildausschnitt («Si [...] poco mapa le despliega [mucho]») als *theatrum*, als spezifische Verbindung von Text und «spektakulärem Element» erscheint.[196] Nebel und Karte implizieren in den *Soledades* folglich einen durch diese textuelle Raummetapher implizierten kognitiven und sozialen Raum,[197] der einerseits, wie bereits oben bei Jurij Lotman gesehen, in einem

---

194 Ebda., S. 83 f. (Verse 182–196).
195 «Maps invite the reader to situate him or herself in an Apollinian position from which he or she can gaze down upon a territory. Hence the clouds and personifications of the various winds that often frame Renaissance maps of the world. [...] While the map apostrophizes a reader who enjoys an abstract, idealized, and static point of view, the itinerary adresses a reader who is embodied, earthbound, and dynamic.» (Ricardo Padrón: *The Spacious Word: Cartography, Literatur, and Empire in Early Modern Spain*, S. 60 f.)
196 Mercedes Blanco: *Góngora heroico*, S. 277. Vgl. auch die Abschnitte zu *Geógrafos y poetas* sowie *Conceptos cartográficos* in demselben Band. «Das Theater bezeichnet in seinem grundlegenden Sinn als Dispositiv des Sehens im 16. Jahrhundert jede Art von Werk in Manuskript- oder Druckform, in dem das Bild an erster Stelle steht bzw. das spektakuläre Element den Vorrang hat. Von diesem Element kommt im Übrigen auch die Bezeichnung des ersten neuzeitlichen Atlas im Jahre 1570 durch Abraham Ortelius: *Theatrum Orbis Terrarum*.» (Frank Lestringant: *Die Erfindung des Raums*, S. 41)
197 «Der materielle Textraum, der durch das Schreiben von Texten als zweidimensionalem Raum entsteht, legt die Basis für textuelle Raummetaphern, die den Text als kognitiven Raum entstehen lassen.» (Karin Wenz: *Raum, Raumsprache und Sprachräume: zur Textsemiotik der Raumbeschreibung*, S. 135)

metafiktionalen Sinne auf den steinigen (textuellen) Weg verweist, den Leser und Protagonist noch vor sich haben («pasos de un peregrino son errante»). Andererseits verspricht diese epistemologische und erotische Raummetapher auch eine gewisse Fülle oder Präsenz, die jedoch – wie oben durch den Nebel, die gleißende Sonne und Entfernung – an den Rändern unscharf bleibt. Daher verweisen Landschaft und Karte auch weniger auf das Naheliegende und Bekannte, als auf das Entfernte, Unbekannte und Wunderbare, das es noch zu entdecken gilt. Die *terrae incognitae* nebliger Flecken und unscharfer Ränder auf der somit sichtbar gewordenen Karte sowie die fraktale Fülle des Wenigen, welches sie entfaltet, führen eine Richtung und das *telos* von Sehens- oder Verstehensprozessen ein: «O voi ch'avete li'ntelleti sani, / mirate la dottrina che s'asconde / sotto 'l velame de li versi strani.»[198] Das Bestreben nach Einsicht und Erhellung setzt den namenlosen «peregrino», ebenso wie den Leser, wieder in Bewegung. Wird sich der Nebel lichten und dem Erkennen weichen? Ebenso wie die Leser der *Soledades* folgt der unbekannte Fremde nun einem Weg ins Tal, um den Dingen auf den Grund zu gehen.[199]

Wenn es am ersten Tag auf dem Strand, anders als in Homers Phäaken-Episode und Tassos Sonett *Giaceva esposto il peregrino Ulisse*, zu keiner direkten Begegnung und Ansprache gekommen ist, der Fremdling also niemals durch die Augen der Bewohner dieses rätselhaften Landes gezeigt wurde und wir uns der Spekulation über seine ozeanische Herkunft hingeben mussten, kommt es nun – am zweiten Tag und im Tal – zu einem Moment der *anagnorisis*.[200] Die Hinweise darauf, dass der energische Eindringling in einer Schäferidylle angekommen ist, vervielfältigen sich weiter. Statt der kriegerischen Trompeten oder Jagdhörner erklingt hier ein volkstümliches Saiteninstrument («canoro instrumento») – Inbegriff einer harmonischen Lebensweise, in wel-

---

198 COM, Band 1, S. 138; *Inferno*, 9. Gesang, Verse 61–63; vgl. dazu, unter Bezugnahme auf Tasso, James S. Romm: *The Edges of the World in Ancient Thought: Geography, Exploration, and Fiction*. Princeton: Princeton UP 1992, S. 218, Fn 9. Siehe zu diesem Phänomen auch Abschnitt 4.1 der vorliegenden Untersuchung.
199 «Bajaba [...] el joven [...]» *Soledades I*, S. 86 (Vers 233). In seiner Prosifizierung geht Dámaso Alonso über den Begriff der Karte vollkommen hinweg: «Si el espacio de terreno, relativamente corto, que alcanza a ver, ya contiene mucho, mucho más es aún lo que entre neblinas confunde el sol y la mucha distancia no deja contemplar.» (in Luis de Góngora: *Las Soledades*, S. 123) Beverley (in *Soledades*) und Jammes (in *SOLJ*) gehen nur beiläufig auf die Karte ein.
200 Dieser Umschlag von Unkenntnis in Kenntnis darf seit Aristoteles als eine – teils an die Diegese, teils an die Rhetorik der Gerichtsrede geknüpfte – Technik gelten. Wie das Beispiel Cervantes und des an Heliodor angelehnten Abenteuerromans zeigt, verweist sie auch zu Góngoras Zeiten auf «die zeitgenössische Realität mit Kriegswirren, Piraterie, ausgedehnter Reisetätigkeit» (Caroline Schmauser: Stationen der Anagnorisis: Aristoteles, Heliodor, El Pinciano und Cervantes, S. 294, Fn 3).

cher der Mythos lebendig ist und die *aurea catena* einer grundsätzlichen Übersetzbarkeit von menschlichem und göttlichem Wirken noch nicht zerrissen ist:

> Bajaba entre sí el joven admirando,
> [...] cuando
> rémora de sus pasos fué su oído,
> dulcemente impedido
> de canoro instrumento, que pulsando
> era de una serrana junto a un tronco,
> sobre un arroyo de quejarse ronco,
> mudo sus ondas, cuando no enfrenado.[201]

Die Idylle ist jedoch keineswegs von den prosaischen Prozessen des Alltags und gewalttätigen Dystopien des (An)Kommenden isoliert. Wo an der Schwelle zum Ozean die Stadt den Hafen und seine mitunter bedrohlichen, steinernen Instanzen der Autorität und Kontrolle etabliert, bietet die Idylle – dies zeigten die ersten Verse der *Soledades* – nur den Strand als einen sandigen Schwellenraum sowie natürliche Hindernisse auf. Somit führen Wege in sie hinein und aus ihr hinaus, verbinden und überblenden konträre lebensphilosophische Pole, wie es der «peregrino» mit seinen (Vers)Schritten gerade zeigt. Im schattigen Tal angekommen, versteckt sich der Fremde im Stamm einer hohlen Eiche und beobachtet – nun ganz Jáureguis «mirón» oder untätiger Voyeur – eine Prozession von erotisierten und freizügigen Landbewohnerinnen («vulgo lascivo»). Ganz im Stil arkadischer Ideale scheinen sie den normativ-kriegerischen Dualismen von Männlichkeit und Weiblichkeit entzogen zu sein. Sie sind von der ehelichen Jochgemeinschaft ebenso unberührt wie der himmlische Stier am Eingang des Textes («el yugo de ambos sexos sacudido»):[202] arkadisches Gegenmodell zum pflügenden, unterjochenden Landmann, dem erobernden, einen offenen Raum kerbenden Seefahrer und dem imperialen Wagenlenker.[203] Während also der Fremdling in der hohlen Eiche zum statischen Beobachter wird, setzt sich seine Umwelt in Bewegung. Ebenso wie zuvor seine Schritte, entfaltet die Prozession eine ethopoetische «[p]oésie consciente d'elle-même», die Protagonist und Lesern die idealen, paradiesischen Züge eines Goldenen

---

[201] *Soledades I*, S. 86 (Verse 233, 236–242).
[202] *Soledades I*, S. 87/88 (Verse 281/283). Der hohle Baum ist eine Theaterrequisite der Frühen Neuzeit, ebenso wie das Auf und Ab von Berg und Tal mit dem meist ebenfalls hohlen *monte*.
[203] Joch und Pferdegeschirr zählen, ebenso wie *gloria* und *fama*, zu den gängigen Topoi und Attributen (anti)imperialer Diskurse (vgl. Barbara Simerka: *Discourses of Empire. Counter-Epic Literature in Early Modern Spain*. University Park: The Pennsylvania State University Press 2003, S. 93f.). Zu dem Gekerbten oder *espace strié*, vgl. Abschnitt 14 in Gilles Deleuze/Félix Guattari: *Mille Plateaux. Capitalisme et schizophrénie 2*. Paris: Les Éditions de Minuit 1980.

Zeitalters vor Augen führt.[204] Eine weitere Linearisierungsstrategie präsentiert uns den heimlich beobachteten Katalog von Gaben, die auf eine Hochzeit gebracht werden. Hier exemplifiziert ein Truthahn nicht nur Fülle und Exotik des rhetorisierten Katalogs, sondern mag auch als Indiz für die fundamentale Durchlässigkeit und Offenheit dieses poetischen Raumes gelten: «Undeniably the turkey possessed symbolic value as a large exotic bird from the New World.»[205] Als exotisches, exuberant-fleischliches und auch visuell höchst bemerkenswertes Tier aus den Amerikas ist er ebenfalls für den Hochzeitstisch der Schäferidylle bestimmt, obwohl er dort – geht man nach dem geläufigen Namen des Tieres (*gallo de Indias*) – wohl kaum hingehört:[206]

> Tú, ave peregrina,
> arrogante esplendor, ya que no bello,
> del último Occidente,
> penda el rugoso nácar de tu frente
> sobre el crespo zafiro de tu cuello,
> que Himeneo a sus mesas destina.[207]

Der Truthahn der *Soledades* zeigt deutlich, wie ein ‹reisendes Wort› zwischen der ‹Neuen Welt›, dem heutigen Italien und Spanien den insularen Raum des Vertrauten auf das Neue hin öffnet. Charakteristisch dafür ist die poetisch gestaltete Erläuterung des Aussehens dieses Tieres, das nicht als unmittelbar bekannt vorausgesetzt wird. Eine ähnliche Strategie zeigt sich kurz darauf bei der Beschreibung ferner Länder in der ‹Schiffsrede› des weltgewandten Schäfers. Das lokale Gegenstück zu solchen *viaggi di parole* findet sich dann, wenn man

---

204 Marino in Iacopo Sannazaro: *Arcadia/L'Arcadie*, S. XVIII. Wie für Sannazaros *Arcadia* gilt hier «L'*Arcadie* est une œuvre de méditation, elle vise à changer les habitudes du lecteur, à opérer en lui une conversion, autrement dit à l'engager sur une autre voie.» (ebda., S. XXIV)
205 Shepard Krech: On the Turkey in Rua Nova dos Mercadores. In: Annemarie Jordan Gschwend/K. J. P. Lowe (Hg.): *The Global City. On the Streets of Renaissance Lisbon.* London: Paul Holberton 2015, S. 179–185, hier S. 184.
206 *Cov, Pavo*, S. 1350. Zu der italienischen und weiter gefassten Karriere der Bezeichnung d'India (ebenso wie *di Turchia, di Etiopia* usw.), «che si può tradurre con ‹esotico›, e, quindi, a livello commerciale, ‹caro›», vgl. Manlio Cortelazzo in Accademia della Crusca (Hg.): *L'età delle scoperte geografiche nei suoi riflessi linguistici in Italia.* Firenze: presso l'Accademia 1994, S. 121. In Italien ist *gallo d'India* bereits ab 1549 bezeugt (ebda.). Leo Spitzer hingegen führt die Verwendung des Begriffs *pavo* bei Góngora auf Gonzalo Fernández de Oviedos *Sumario de la natural historia de las Indias* (1525) zurück (vgl. Leo Spitzer: La *Soledad primera* de Góngora: notas críticas y explicativas a la nueva edición de Dámaso Alonso (1980 [1940]), S. 272, Fn 10).
207 *Soledades I*, S. 89 (Verse 309–314).

so will, in dem Saiteninstrument, das dieser Schäferidylle einen vage andalusischen Anstrich verleiht.[208]

Indem Góngora etwas Neues, eine sprachliche und materielle Konsequenz der Globalisierung in die lyrische Welt integriert, kommt es – unter räumliche Gesichtspunkten – zu einem deiktischen Effekt. Es tritt eine Differenz zwischen Hier und Dort, Nah und Fern, Einheimischen und Fremden («ave peregrina», «del último Occidente») zutage. Erneut – wie in dem bereits erfolgten Schritt der Analyse – zeigt es sich, dass eine bestimmte Axiologie mit dieser Differenz verbunden ist («arrogante esplendor», «no bello», «rugoso»). Das fleischreiche Tier steht für die unästhetische Maßlosigkeit eines vom häuslichen und gastlichen ‹Hier und Jetzt› («Himeneo», «mesas») nach Westen entrückten geographischen Raumes.[209] Die Tatsache, dass der Vogel als der fingierte Adressat direkter Anrede eines ebenfalls fingierten Sprechers im Hier und Jetzt fungiert, macht den relationalen Charakter der durch die «ave peregrina» verkörperten deiktischen Elemente noch deutlicher: ‹Hier› und ‹dort›, ‹wir› und ‹sie›, ‹heute› und ‹gestern› sind relative Angaben, die nur vom augenblicklichen Standpunkt eines Sprechers aus sinnvoll zu deuten sind. Und hier liegt der Standpunkt der Aussage nicht nur sichtlich innerhalb der Idylle – diesseits des Fernen Westens und des Hyperbolischen seiner prahlerischen Maßlosigkeit, die doch nicht schön sein kann. Der Standpunkt scheint sich sogar auf den impliziten Leser auszuweiten, der über eine fingierte Ansprache an das Tier in die Idylle hineingeholt und argumentativ auf ihren Standpunkt gebracht wird. Vor diesem Hintergrund ist es nun nicht mehr überraschend, dass wir dem Punkt immer näher kommen, an dem auch der fiktive «peregrino» aus dem Schatten der Eiche tritt und Farbe bekennen muss. Er begrüßt die Bewohner der Idylle, löst allgemeine Verwunderung aus und wird schließlich anhand eines Zeichens von einem alten und weisen Schäfer erkannt:

---

208 Zu den *viaggi di parole*, vgl. Gian Luigi Beccaria: Tra Italia, Spagna e Nuovo Mondo nell'età delle scoperte: viaggi di parole. Der Begriff «canoro instrumento» lässt eher an ein röhrenförmiges Holzblasinstrument denken, das Teil des italianisierenden Inventars der *Arcadia* ist (Sannazaros oder Garcilasos *sampogna*). Doch die Schäferin berührt die Saiten («pulsando»). Wiederum sei betont, dass wir – anders als Karlheinz Barck und Robert Jammes – noch immer nicht an den außertextuellen Ort Andalusien denken, sondern an eine deiktische Färbung einer rein fiktionalen Welt.
209 Die Fruchtbarkeit der Böden und der Reichtum an Fleisch der ‹Neuen Welt› war sprichwörtlich (vgl. Enrique Otte: *Cartas privadas de emigrantes a Indias*, S. 22 f. und Julio Ortega: La sintaxis transatlántica del Barroco. In: *Calíope* 18 (2013), S. 73–91, hier S. 79 f.). Das dritte Kapitel des ersten Buches des *Guzmán de Alfarache* berichtet ausführlich – und jenseits der pikaresken Fixierung auf das Essen – von der Dürftigkeit der Nahrung in Spanien.

> Saludólos a todos cortésmente,
> y admirado no menos
> de los serranos que correspondido,
> las sombras solicita de unas peñas.
> De lágrimas los tiernos ojos llenos,
> reconociendo el mar en el vestido
> (que beberse no pudo el Sol ardiente
> las que siempre dará cerúleas señas),
> Político serrano,
> de canas grave, habló desta manera:
> [...]²¹⁰

Was die folgende ‹Schiffsrede› (Rudolf Geske) des ‹politisch›, also städtisch und höfisch gebildeten Schäfers angeht, konnte Góngora auf eine Reihe von Vorbildern zurückgreifen. Sie öffnen sein Langgedicht nicht nur intertextuell, sondern erlauben auch die Variation, Präzisierung und Überbietung eines der Leserschaft aus *romanzo* und Epos bereits bekannten *mapamundi*-Motivs. In Torquato Tassos *Gerusalemme liberata* (1581) weissagt die allegorisch verstandene Führerin eines rasenden Kahns den mittelalterlichen Kreuzrittern den künftigen «ardimento / a l'incognito» eines «uom de la Liguria» – «generoso» und «alta mente» – wie eine messianische Erfüllung (ebenso wie die Eroberung der Kanarischen Inseln gut 150 Jahre zuvor).²¹¹ In Luis de Camões *Lusíadas* (1572) wird die Rede eines heute schon sprichwörtlich pessimistischen «Velho do Restelo» – «O glória de mandar! o vã cobiça / desta vaidade a quem chamamos fama! / O fraudulento gosto» – nur als eine zweideutige und nachträglich ergänzte Gegenposition zu dem epischen und im heroischen Stil formulierten Langgedicht eingeführt.²¹² Auch in Alonso de Ercilla y Zúñigas *La Araucana*

---

210 *Soledades I*, S. 91 (Verse 350–365).
211 Torquato Tasso: *Poesie*, S. 373 f.; XV, 31, Verse 241 f. und 247 f. Zuvor hatte Tasso die Reise sogar bis nach Amerika gezogen, was er jedoch in der letzten Fassung der *Gerusalemme liberata* beseitigte. In der nochmals überarbeiteten Fassung der *Gerusalemme conquistata* beseitigte er die ganze Episode, weil er meinte, sie widerspräche der Einheit der Handlung (vgl. Mercedes Blanco: *Góngora heroico*, S. 395, Fn 32 und S. 398). Während *Gerusalemme* im Mittelalter angesiedelt ist und diese Episoden nur prophetisch verstanden werden können, funktioniert Góngoras Rede des weltgewandten Schäfers als Analepse. Ihr geht folglich auch jeglicher Heilsgedanke ab.
212 Luis de Camões: *Os Lusíadas*. Lissabon: Guimarães editores 2001, S. 154 (*canto quarto*, Vers 95). Dazu auch Dámaso Alonso: «Diferencia notable es que Tasso atribuye los descubrimientos al industrioso valor y Góngora a la codicia. En el discurso de ‹o velho do Restelo› [...], Camões atribuye las navegaciones y las guerras a la codicia, pero es, sobre todo, a la codicia de fama.» (*DAOC VI*, S. 354, Fn 72). Es ist bemerkenswert, dass diese Präzisierung aus dem Aufsatz *El italianismo de Góngora* stammt, nicht etwa aus *Góngora y América* (*DAOC V*). Hier hätte man sie vermuten können, es wird jedoch eine engere Verbindung Góngoras zu der «tan lejana y para él tan desconocida América» geleugnet. Dies überrascht umso mehr, als dass in

(1569–89) plädieren immer wieder vergleichbare Figuren – edle Damen oder ein araukanischer *curaca anciano* – für Mäßigung und die Konzentration der Kräfte auf das Eigene, auf den häuslichen und heimatlichen Innenraum.[213] Der Vergleich mit diesen möglichen Vorbildern macht aber auch deutlich, dass in den *Soledades* der Kontext für die ‹Schiffsrede› ein vollkommen anderer ist. Letztere ist nicht nur ein rein kontrastives Element des Kriegerischen, sondern steht an einer äußerst exponierten und programmatischen Stelle des Gesamttextes. Auch ist sie vergleichsweise umfangreich (136 Verse). Die ‹Schiffsrede› entsteht aus einem ausdrücklich un-heroischen, idyllischen, aber auch völlig desillusionierten Kontext heraus. Da die Rede von einem intradiegetischen Standort aus geführt wird, eröffnet sie die typisch epische Erzählstrategie einer Diegese zweiten Grades. Die musizierende Schäferin am Fluss, der erotische Reigen unverheirateter Mädchen, die hohle Eiche und der milde Schatten eines (freundlich kühlenden, nicht etwa schroffen und ozeanischen) Felsens vervielfältigen aber auf der rahmenden diegetischen Ebene ersten Grades die Attribute einer friedlichen, mitunter erotisch-frivolen, in jedem Fall aber lyrischen Gegenwelt. In dieser spannungsreichen Situation tritt der alte und vermutlich reumütig-zurückgezogene «político serrano» der *Arcadia* hervor. Er kennt aus eigener Erfahrung die Umstände, unter denen Menschen – im allegorischen wie im wörtlichen Sinne – auf das Meer hinausfahren. Er hat ‹kognitiven› Zugriff auf die weltweite Topographie dieser Unternehmungen.[214] Dort, in diesem verlockenden Potential für Scheitern, Zwist und Enttäuschung liegt die sprichwörtliche Schlange im Gras der Idylle. Als ehrwürdiges, gealtertes Spiegelbild des jungen Fremden und mit dem topischen Attribut der Weisheit ausgestattet («canas»),[215] erkennt der alte Mann auf dem Gewand des Reisenden den Fleck des Salzwassers, das symbolisch den *acque dolci* des Hier und Jetzt entgegen-

---

der oben zitierten Fußnote aus *El italianismo* – unnötigerweise, wie in dem Buchtitel von Rudolf Geske (*Góngoras Warnrede* [sic!] *im Zeichen der Hekate*) – die Ansichten des Autors und die seiner Figur stets gleichgesetzt werden.
213 Vgl. etwa Alonso de Ercilla: *La Araucana* (2 Bände). Madrid: Editorial Castalia 1979 (Clásicos Castalia), hier Band 1, S. 259 und 277 (*cantos* VII und VIII). Vgl. auch James Nicolopulos: *The Poetics of Empire in the Indies*, S. X.
214 «Político, el urbano y cortesano.» (*Cov, Policía*, S. 1369). Das präzise topographische und topologische ‹Wissen›, das Góngora dieser Figur in den Mund legt, schafft einen bedeutenden Kontrast zu Rückzugsphantasien in der Linie von Petrarcas *De vita solitaria* (1346), wie Antonio de Guevaras *Menosprecio de Corte y Alabanza de Aldea* (1539) und – hier sehr viel bedeutender – Fray Luis de Leóns *Canción de la vida solitaria* (um 1577; vgl. ders.: *Poesía*, S. 67–75).
215 Später auch: «venerables canas» (*Soledades I*, S. 97; Vers 514). «Cani sunt sensus hominis.» Ernst Robert Curtius zitiert in diesem Zusammenhang Góngora, bemerkt aber in charakteristischer Weise, in «manierierter Spielerei» sei der Topos inzwischen «entartet» (ders.: *Europäische Literatur und lateinisches Mittelalter*, S. 110 f.; vgl. auch S. 180 f.).

gesetzt ist («sobre un arroyo»). Durch den Rückgriff auf die Strandszene, in der die Sonne die verräterischen Zeichen des Schiffbruchs bis auf diesen kleinen salzigen Rest ‹getrunken›, beziehungsweise wie ein himmlisches Weidetier ‹weggeleckt› hatte, ist die Rede des weltgewandten Schäfers in den fundamentalen axiologischen Gegensatz der Schäferidylle eingeschrieben. Allerdings verbleibt dieser Umschlag der Unkenntnis in Erkenntnis, wie er aus der Sicht der Idylle nun erfolgt, im allgemeinen Bereich eines gesellschaftlichen Standes: Der Alte identifiziert den Jungen nur als Seefahrer, nennt jedoch keine (aristokratische oder kriegerische) Familie. Der «político serrano» nimmt daher die Ankunft des namenlosen Schiffbrüchigen zum Anlass für einen Fluch der modernen Seefahrt.

Die Gegenüberstellung von Schäfer und Seefahrer, der damit angedeutete Rückzug aus der heroischen und raumgreifenden Welt des Epischen in eine anachoretische und anakreontische Phantasie sollte keineswegs als Beleg für eine gegenwartsferne Nostalgie betrachtet werden, die dem Andalusier und Manieristen Góngora – wie in der ‹Einleitung› diskutiert – oft genug untergeschoben worden ist.[216] Zwar bewirkt die Konfrontation des weinenden alten Schäfers mit dem seefahrenden Augenmenschen die Erneuerung einer bereits vergangenen Polemik um eine «christliche Ästhetik des Mitleids» und der ihr innewohnenden Forderung nach Einfühlung, welcher die (neu)gierige und voyeuristische Distanznahme der *concupiscentia oculorum* stets entgegensteht.[217] Ein Seitenblick auf den durchaus reißerischen Höhepunkt pastoraler Bühnenspiele auf der Appenninhalbinsel – Torquato Tassos Schäferspiel *Aminta* (1580), das von Góngoras Intimfeind Juan de Jáuregui ins Spanische übersetzt worden war (Rom 1607, Sevilla 1618) – zeigt aber auch, dass dieser im Mittelalter an ästhetische und religiöse Erfahrung geknüpfte Gegensatz im ausgehenden 16. Jahrhundert nochmals auflebte. Er trug zweifellos dazu bei, «dass Arkadien damals geradezu eine zeitgenössische Modernität war und als solche

---

216 «Kein Autor der spanischen Klassik [...] war ähnlich blind für die beginnende Dekadenz der Nation», urteilt Gumbrecht über Góngora (Hans Ulrich Gumbrecht: ‹*Eine› Geschichte der spanischen Literatur*, S. 419). Mercedes Blanco reagiert auf diese, wie unsere ‹Einleitung› gezeigt hat, bei romanistischen Lesern verbreitete Position, wenn sie ausführt: «Podría inferirse de ello que el poeta andaluz, de modo muy conservador, vuelve a una doctrina medieval y que no concibe la posibilidad del progreso, como si se retornara a la condena dantesca de Ulises. Las cosas son probablemente algo más sutiles y complicadas [...].» (Mercedes Blanco: *Góngora heroico*, S. 401)

217 Zu diesem Wechselspiel, vgl. Hans Robert Jauss: Negativität und Identifikation. Versuch zur Theorie der ästhetischen Erfahrung. In: Harald Weinrich (Hg.): *Positionen der Negativität. Poetik und Hermeneutik VI*. München: Wilhelm Fink 1975, S. 263–339, hier S. 308–310.

ein privilegierter Schauplatz, auf dem die Neuzeit erstritten wurde.»[218] Die Tatsache, dass die Konfrontation des pastoralen Goldenen Zeitalters und der ozeanischen Unternehmungen, die Góngora den weltgewandten Schäfer aussprechen lässt, bei Tasso dem Chor zukommen, macht deutlich, dass es nicht um die isolierten Ansichten einer spezifischen Figur geht. Vielmehr geht es bei diesem stets drohenden Einbruch des Künftigen in die Schäferwelt offenbar um die Formulierung einer allgemeinen und auch jenseits der Schwelle zum 17. Jahrhundert noch immer aktuellen Befürchtung:

> Coro:
> O bella età de l'oro
> [...] in primavera eterna,
> ch'ora s'accende e verna,
> rise di luce e di sereno il cielo;
> né portò peregrino
> o guerra o merce a gli altrui lidi il pino.[219]

Der seefahrende Augenmensch als Ankömmling, die intradiegetische Schiffsrede des Schäfers und Schäferidylle als räumliche Formulierungen eines ethischen Standpunktes stehen also auch für einen ganz grundsätzlichen, ethischen und weltanschaulichen Gegensatz in einem Zeitalter der Globalisierung. Wenn es sich folglich nicht um den – vermutlich immer anachronistischen – Rückzug in eine Kunstwelt handelt, so sollte ebenso wenig gefolgert werden, die kritischen Ansichten des «político serrano» seien mit denen des Autors und Privatmannes Luis de Góngora identisch. Stattdessen gilt es, wie schon auf den Ebenen der Lexik und des Stils, die formale Spannung entgegengesetzter künstlerischer ‹Sprachen› zu lesen. Aus dem Mund eines intradiegetischen Sprechers haben sie das räumliche Phänomen der atlantischen Seefahrt zum Thema: Wasser des Ozeans, das sich für den Alten in Tränen der Trauer verwandelt hat («de lágrimas los tiernos ojos llenos»).

Die Schiffsrede beginnt, wie Rudolf Geske treffend formuliert, mit einem «fortissimo», das – in bereits bekannter Manier – unterschiedliche räumliche

---

[218] Winfried Wehle: *Arkadien*, S. 138. Zu Tassos *Aminta*, vgl. Brigitte Burrichter: Arkadien als literarisches Heterotop. In: Matthias Däumer/Annette Gerok-Reiter u. a. (Hg.): *Unorte. Spielarten einer verlorenen Verortung. Kulturwissenschaftliche Perspektiven*. Bielefeld: transcript 2010, S. 311–340, hier S. 322–324.
[219] Torquato Tasso: *Poesie*, S. 632 f. (Erster Akt, Verse 565 sowie 573–576). Zum Einbruch des ‹Künftigen› in die Schäferwelt, vgl. Brigitte Burrichter: Arkadien als literarisches Heterotop, S. 315–319. Robert Jammes (vgl. *Études sur l'œuvre de Don Luis de Góngora y Argote*, S. 438 und 435) weist auf den frühen Einfluss (ab 1582) von Tassos *Aminta* auf Góngora hin. Zu Jáureguis Übersetzung, vgl. ebda., S. 442.

Bezüge in axiologischer und höchst emotionaler Weise miteinander verbindet.²²⁰ *Exclamatio* und *interrogatio* führen zu der *Qui primus?*-Eröffnung einer in direkter Rede ausgerufenen Anklage, in der die Rhetorik nicht etwa dem Lob, sondern – im Gegenteil – einer Argumentation, einer emphatisch und vorwurfsvoll vorgebrachten Verkettung von Ursache und Wirkung dient:

> «¿Cuál tigre, la más fiera
> que clima infamó Hircano,
> dió el primer alimento
> al que, ya deste o de aquel mar, primero
> surcó labrador fiero
> el campo undoso en mal nacido pino
> [...]?»²²¹

Die wilde Tigerin Hyrkaniens war, inspiriert durch Vergils *Aeneis*, in Góngoras Tagen zu einem derart sprichwörtlichen Zeugnis literarischer Bildung geworden, dass Cervantes in den *Novelas Ejemplares* sein pikareskes Personal die Wendung gleich zweimal als «tigre de Ocaña» verhunzen lässt.²²² An Cervantes Verballhornung der Redensart fällt auf, dass seine ungebildeten Prosafiguren ihren Raumbezug zwar falsch verstehen – der Bezugspunkt, Ocaña, liegt in der Provinz Toledo, nicht wie Hyrkanien im Kaukasus, am Südostende des Kaspischen Meeres. Die affektive Grundaussage der Wendung haben sie jedoch korrekt erfasst. Die Komik liegt darin, dass eine Reihe von Eigenschaften – Raubtiergebaren, Unzähmbarkeit, Exzess und Unmenschlichkeit (bei Góngora:

---

220 Rudolf Geske: *Góngoras Warnrede im Zeichen der Hekate*, S. 18. «Die Emotion, in welcher die erste ‹Strophe› der Schiffsrede gesprochen wird, ist zweifellos Zorn.» (ebda., S. 21) Die Dissertation von Rudolf Geske ist unvollendet geblieben, weil der Autor verstarb. Walter Pabst besorgte die Veröffentlichung. Es handelt sich um eine sehr ausführliche und mitunter inspirierte Deutung der neuen poetischen Sprache Góngoras in der fraglichen Passage. Eine Schwierigkeit dieser Deutung liegt jedoch darin, dass Geske die poetische Sprache als weitgehend autonom und, mit Leo Spitzer gesprochen, Zugang zum «Drama des Dichtens selber» versteht (zit. in ebda., S. 20, Fn 10). Diese Sicht, wonach die Lyrik «weltlos» sei und die außertextuelle Wirklichkeit nur im «Bezirk plattesten Verständnisses» der poetischen Sprache in die Deutung einfließe (ebda., S. 94 und 88), gebiert einen – im Sinne modernistischer und avantgardistischer Autoreferenzialität – «hochmodernen Góngora» (ebda., S. 87). Die hier vorgelegte Analyse widerspricht Geskes Ansatz in genau diesem Punkt und führt über die Kategorie ‹Raum› wieder einen Weltbezug ein.
221 *Soledades I*, S. 91 (Verse 366–371).
222 In *La Gitanilla* und *Rinconete y Cortadillo* (Miguel de Cervantes: *Novelas Ejemplares* (2 Bände). Madrid: Castalia 1982 (Clásicos Castalia), fortan zitiert als *NovE*, Band 1, S. 92 und 258). In Vergils *Aeneis* wirft Dido dem abweisenden Aeneas vor, er sei durch dieselbe Art von Tiger – «Caucasus Hyrcanaeque tigres» – gesäugt worden (Buch 4, Verse 365f.).

«tigre, la más fiera» / «labrador fiero») – auf eine axiologisch nicht angemessene Art und Weise verortet werden. Ocaña ist nicht mehr oder minder wild als jeder seiner Nachbarorte. Bei dem «político serrano» hingegen ist die Wendung mit Bedacht gewählt.[223] Mit dem Begriff *clima* evoziert der alte Schäfer die in den *Soledades* stets mitgegebene apollinische Distanz des Kartographischen und verwendet – trotz der mythischen Sinngehalte seiner Eröffnungsformel – die zeitgenössische Variante des erst später allgemein bekannten, topographisch konnotierten Begriffs *espacio*.[224] So verweist Hyrkanien in der Schiffsrede auf die Amalgamierung von Topik und Topographie in einer topologisch strukturierten Argumentation. Denn die sprichwörtliche Monstrosität der hyrkanischen Tigerin liegt darin begründet, dass sie ein Wesen vom östlichen Rand der antiken, mittelmeerischen *oikouménē* ist – von dort, wo sich Handelswege von Kolchis aus, der Heimat der Medea am äußersten Rand des Schwarzen Meeres, in Richtung der kontinentalen Weiten Asiens verlieren. Es ist die Region der Kaspischen Pforte, hinter der heidnische und barbarische Völker leben: «Der Osten ist so von jeher der Raum des Wilden, Barbarischen und Bedrohlichen, der dem westlichen Eroberer die herkuleische Funktion der Bändigung des Wunderbaren zuweist.»[225] Somit ist gleich zu Beginn der Schiffsrede und in einer beiläufigen, sprichwörtlich gewordenen Redewendung jene östliche Grenze des Mittelmeerraumes gegeben, welche die Kräfte der Reisenden, Händler und Entdecker – ebenso wie die argumentative Energie der Schiffsrede selbst – nach Westen, in die Richtung eines neuen geographischen, topologischen und poetologischen Raumes dirigieren wird:

> Die eigentümliche Konfiguration des Beckens des Mittelmeeres, welches nach Westen hin geöffnet ist, führte die Phönizischen Seefahrer, die ihr Handelsinteresse verfolgten, nach

---

[223] «Góngora, I think, uses his classical knowledge with care here.» (Richard Hitchcock: Góngora and the Hyrcanian Tigress. In: Salvador Bacarisse (Hg.): *What's Past is Prologue*. Edinburgh: Scottish Academic Press 1984, S. 82–87, hier S. 83)

[224] «El espacio entre dos paralelos correspondientes uno a uno, en el cual se varía la longitud del día por media hora.» (Cov, clima, S. 560) In Ercillas *Araucana* findet sich wiederholt die zeitgenössische Verwendung des Begriffs *espacio*, die einen Zeitraum, nicht aber einen physischen oder geographischen Raum (*clima*) meint.

[225] Friedrich Wolfzettel: Die Suche nach Cathay. In: Winfried Wehle (Hg.): *Das Columbus-Projekt. Die Entdeckung Amerikas aus dem Weltbild des Mittelalters*. München: Wilhelm Fink 1995, S. 43–71, hier S. 51. Romm bemerkt zu den *Wonders of the East* (Kap. 3): «Both India and Africa, moreover, unlike Europe, seemed to the Greeks to stretch out into inconceivable distance beyond the horizon [...]. As a result of this uncertainty the Greeks tended to look on their penetration of the Asiatic frontier as a daring assault on the terrors of distant space.» (James S. Romm: *The Edges of the World in Ancient Thought: Geography, Exploration, and Fiction*, S. 82 f.; vgl. auch KU, S. 63)

dem atlantischen Teile des Weltmeeres. Die Geschichte der Geographie enthüllt uns jene Reihe von Versuchen, welche mit den ältesten Zeiten angestellt worden sind, um allmählich in der Richtung nach Westen vorzudringen: Versuche, die entweder der Gewinnsucht oder dem Drang nach Abenteuern und der Wißbegierde oder dem zufälligen Verschlagenwerden durch Stürme oder Meeresströmungen zugeschrieben werden müssen. Sie bietet uns eine lange Verkettung von Entdeckungen dar, bei denen ein gemeinsamer Gedanke vorherrschte oder welche durch übereinstimmende Ereignisse begünstigt wurden.[226]

Ebenso wie Hegel in seiner *Philosophie der Geschichte* verhandelt Humboldt hier eine ‹Geographische Grundlage der Weltgeschichte›.[227] Charakteristischerweise betont Humboldt aber gerade die durch «Handelsinteresse» und «Gewinnsucht» motivierten räumlichen Transformationen. So kommen die *Kritischen Untersuchungen*, ganz anders als Hegel, zu der Erkenntnis, dass das Mittelmeer nicht mehr das einigende Zentrum des alten Kontinentes sein kann.[228] Humboldt teilt damit nicht nur im Ergebnis, sondern auch in der Art und Weise wie er zu diesem Ergebnis gelangt die Diagnose von Góngoras erzürntem Schäfer. Ebenso wie in der Schiffsrede der *Soledades* wird in den *Kritischen Untersuchungen* der scheinbar rein empirischen Entwicklung der geographischen Kenntnisse über die ‹Neue Welt› die in Archiv- und Textarbeit erlangte Feststellung beigegeben, es handle sich bei dieser Westwärtsbewegung auch um ein «ununterbrochenes Ineinandergreifen» der Quellen. Góngora hingegen lässt die Geomorphologie des Mittelmeerbeckens ebenfalls in einer spezifischen Verbindung von Topos und Logos in sein Langgedicht einfließen. Auch er gestaltet die Schiffsrede als ein «ununterbrochenes Ineinandergreifen» der Quellen und als das kontinuierliche Aufspannen des Raumes mit den Mitteln der Rhetorik.[229] Somit zeigt die Schiffsrede auch strukturell jene intertextuelle, weltanschauliche und argumentative «lange Verkettung» – *concatenatio rerum* – auf, die, solange man nur nicht Hegels bereits in der ‹Einlei-

---

226 *KU*, S. 28.
227 Vgl. Georg Wilhelm Friedrich Hegel: *Vorlesungen über die Philosophie der Geschichte*, S. 105.
228 Die entgegengesetzte Passage könnte lauten: «Amerika ist in zwei Teile geteilt, welche zwar durch eine Landenge zusammenhängen, die aber nur einen ganz äußerlichen Zusammenhang bildet. Die Alte Welt dagegen, welche Amerika gegenüberliegt, ist durch eine tiefe Bucht, das Mittelländische Meer, durchbrochen. [...] Das Mittelmeer ist so das Herz der Alten Welt, denn es ist das Bedingende und Belebende derselben. Ohne dasselbe ließe sich die Weltgeschichte nicht vorstellen [...].» (ebda., S. 115)
229 *KU*, S. 49 f. Die Rhetorik, dies zeigt Ernst Robert Curtius (*Europäische Literatur und lateinisches Mittelalter*, S. 62 f. und 86 f.), steht der Dialektik im platonischen Sinne darin nahe, dass sie ein kreatives, verbindendes, weltschaffendes und organisierendes Prinzip ist – kein scholastisch-metaphysisches. Dies eint hier in einem kleinen Punkt – über die Jahrhunderte hinweg – Humboldt und Góngora.

tung› diskutierten idealistischen Gegenprogramm folgt, nicht nur auf praktischem und empirischem, sondern auch auf dichterischem Weg von der antiken Welt des Mittelmeeres in die Welt des Atlantiks führt. Dieses dichterische Programm des Weltzuganges öffnet sich auf eine umfassende, kosmische Dimension, weshalb in Humboldts *Kosmos* (1845–1862) das Prinzip der Verkettung folgerichtig auf die Vernetzung hin erweitert wird und dort ein echtes epistemologisches Programm begründet.[230]

Dem Heimischen und Gastlichen entgegengesetzt, ist Monstrosität auch in der ‹Schiffsrede› der *Soledades* einem Schwellenraum am Rande der bewohnbaren Welt zugeordnet. Monstrosität markiert das Unbekannte, jene schwer überwindbaren Grenzen hinter denen Reisende in der Regel für immer verschwinden. Kommen sie wider Erwarten zurück, berichten sie Wunderbares. Auf den immer umfassender werdenden Portolankarten des späten Mittelalters ist die Welt des zentralen und nord-westlichen Mittelmeeres – stets das Zentrum der Karten – umzingelt von Monstern und wilden Tieren in Nordafrika, Asien und den Inseln in Nordeuropa.[231] So verweisen die Monster einerseits auf die vielfältigen Zeichen eines «monstrous discourse»:[232] eine semiotische Leerstelle, die auf sich selbst zeigt. Andererseits zeugen sie *ex negativo*, ähnlich den scheinbar naiven Ansammlungen von Wellen, Schifflein oder Ertrinkenden auf den Karten, nicht einfach von einem allgemeinen *horror vacui*. Sie zeugen gerade von der praktischen Aneignung des Raumes, die Abenteurer anlockt und Moralisten verzweifeln lässt. So künden sie von einer drohenden Dezentrierung. Denn Monstrosität ist schließlich, wie die topische Formulierung um die säugende Tigerin Hyrkaniens deutlich macht («Cuál tigre [...] / dió el primer alimento»), ansteckend. Sie wird mit der Muttermilch aufgenommen

---

[230] «Eine allgemeine Verkettung, nicht in einfacher linearer Richtung, sondern in netzartig verschlungenem Gewebe [...].» (Alexander von Humboldt: *Kosmos. Entwurf einer physischen Weltbeschreibung*. Berlin: Die Andere Bibliothek 2004, S. 23; vgl. auch Tobias Kraft: *Figuren des Wissens bei Alexander von Humboldt*, S. 13 f.)

[231] Einen brillanten und hoffentlich langlebigen Überblick über Karten, aber auch über einen ganzen Reigen von (Meeres)Monstern bietet die *exposition virtuelle* der Bibliothèque Nationale de France: *L'Age d'Or des Cartes Marines* (http://expositions.bnf.fr/marine/index.htm, 31. 12. 2013).

[232] «It [monstrous discourse] represents nothing, neither that which can be affirmed nor that which can be denied, but instead only represents itself [...].» (David Williams, zit. in Irmgard Scharold: *Vom Wunderbaren zum Phantas(ma)tischen*, S. 15, Fn 20) «Gerade weil es weder etwas affirmiert noch negativiert, sondern eigentlich *nichts* repräsentiert, deckt das nach Art einer Leerformel funktionierende Zeichen ‹Monster› die Repräsentations- und Signifikationspraktiken der jeweiligen Epoche auf. [...] Es stört die automatisierten Verstehensabläufe und dekonstruiert das epistemologische Verständnis von Ähnlichkeit, Mimesis und Logik [...].» (ebda., S. 20)

oder übertragen wie eine Krankheit. Sie befällt gerade denjenigen, der es wagt, Grenzen zu überschreiten und unbewohnbare Schwellenräume zu betreten. Somit mag mehr als nur eine rhetorische Übung dahinter stecken, wenn Góngoras Schäfer die Schiffsrede mit dem ersten Schiff – Argo – und dem moralisch zweifelhaften Seefahrer Jason beginnen lässt. Der Anführer der Argonauten, deren Sage «früheste äolische Kolonisationsfahrten nach dem Osten oder milesische Handelsexpeditionen nach dem Schwarzen Meer» widerspiegelt,[233] stahl am Ostrand der bewohnbaren Welt das Goldene Vlies und spannte dank der in wilder Leidenschaft für ihn entbrannten Medea die feuerschnaubenden Stiere von Kolchis vor seinen Pflug («labrador fiero»). Ebenso kerbt, zeichnet und verletzt Jasons Schiff Argo – «mal nacido pino» – das einst unverletzliche und unbeschreibbare Meer. Wie die geometrischen Linien der Pflugscharen eines entarteten Landmannes überzieht es den Ozean mit Striemen:

> al que – ya deste o aquel mar – primero
> surcó, labrador fiero,
> el campo undoso en mal nacido pino

Mit dieser verletzenden und totalisierenden Bewegung kommt zusammen, was nicht zusammengehört. Ob bei Tasso («a gli altrui lidi») oder bei Góngora («las que tanto mar divide playas»): Das Vehikel des Schiffes und die merkantilen, wenn nicht (see)räuberischen oder kriegerischen Interessen der Seefahrer (Tasso: «o guerra o merce») gehören, wie oben bereits gesehen, einem Eisernen Zeitalter an. Letzteres begnügt sich nicht mit den inwendigen Heilsversprechen der *Arcadia*, sondern gibt sich einem Drang nach der äußeren Welt, nach einem weiten Außenraum hin. Der «político serrano» enthüllt somit das grundlegende axiologische Prinzip der *Soledades*, nach dem – wie auch die Analyse der ersten Verse gezeigt hat – Ferne und Weite höchst negativ konnotiert sind. Indem Schiffe Weltregionen miteinander kurzschließen und entgegengesetzte Ufer verbinden, führen sie zu monströser Degenerierung. Sowohl das Motiv als auch die Axiologie werden sich in der *Soledad segunda* in der Rede eines Fischers wiederholen. Er rät dem reisenden «peregrino» ausdrücklich vom ‹Über-Setzen› ab: «[P]róxima arena de esa opuesta playa, / la remota Cambaya / sea de hoy más a vuestro leño ocioso».[234] Mit Blick auf das bereits eingeführte Hyrkanien steht diese Axiologie in der Tradition der kaltblütigen Kindsmörde-

---

233 Ernst Robert Curtius: Das Schiff der Argonauten, S. 412. Vgl. auch Titus Heydenreich: *Tadel und Lob der Seefahrt*, S. 32.
234 *Soledades II*, S. 138, Verse 372–374. Vgl. Mercedes Blanco: *Góngora heroico*, S. 263 f.

rin Medea, die wahlweise als Löwin oder Tigerin bezeichnet worden ist. In den ersten Versen der gleichnamigen Tragödie des Euripides beklagt die Amme die unerwünschte Grenzüberschreitung. Wie der Chor in Tassos *Aminta*, der «político serrano» oder der genügsame Fischer der *Soledad segunda*, spricht die Amme für den gesunden Menschenverstand:

> Oh, wäre durch die schwarzen Wunderfelsen nie
> Das Schiff geflogen, steuernd nach dem Kolcherland,
> Wär auf den Waldhöhn Pelions nie der Fichtenstamm
> Durchs Beil gefallen, hätte nie zum Steuer gedient
> Der Hand erkorner Helden, die das goldne Vlies
> Dem Pelias holten! Nimmermehr wär auch geschifft
> Medea, meine Herrin, dann zur Griechenstadt,
> Von Jasons Liebe hingerissen und betört [...][235]

Medea, Frau vom «Land der Wilden» und «fernsten Rand der Welt» (so Jason über diesen ehelichen Fehlgriff), befindet sich am falschen Ort. Das Stigma, mit dem die Griechen die Fremde belegen und von der Erbengemeinschaft ausschließen, macht Medea zur «grimmigen Löwin» und Mörderin ihrer eigenen Kinder. Die geographische Grenzüberschreitung zu Schiff gebiert hier auf prototypische Art und Weise eine monströse, unethische Logik menschlichen Verhaltens. Dies ist jedoch eine Logik, die weit gespannte Imperien nicht einfach ignorieren können, sondern verhandeln müssen.

Bei Góngora wird sogar das Schiff selbst zum «marino monstruo». Dabei handelt es sich jedoch weniger um einen visuell konnotierten Effekt der Unbestimmtheit, bei dem das Schiff einem Betrachter als unförmiges Zeichen oder *monstrum* erscheint. Vor dem gedanklichen Hintergrund von Jasons Ur-Schiff Argo und in konsequenter Umwertung der beliebten, oftmals positiv konnotierten Beispielfiguren von Schiff und Seefahrt,[236] betont der «político serrano», ebenso wie die Amme des Euripides oder der Chor aus *Aminta*, wie unbedachte Verbindung ferner Gestade zur moralischen Verrohung und listigen Verleumdung führt – so wie einst auch der Raub der Helena auf dem Seeweg zum

---

[235] Eröffnungsverse der Tragödie nach der Übersetzung von J. A. Hartung (München 1958). Medea gilt auch Barry B. Powell (*Einführung in die klassische Mythologie*. Stuttgart/Weimar: J. B. Metzler 2009, S. 196) als Figur, «die für alles Orientalische und Barbarische steht.» Zur Medea-Rezeption, auch ihrer Charakterisierung als Tigerin, vgl. Ernst Robert Curtius: Das Schiff der Argonauten, S. 412 f.

[236] Vgl. Ernst Robert Curtius: *Europäische Literatur und lateinisches Mittelalter*, S. 70, S. 80 sowie § 1 in Kapitel 7, ‹Schiffahrtsmetaphern› und die metaphorologischen Exkurse zu den Kapiteln in Titus Heydenreich: *Tadel und Lob der Seefahrt*. Das Schiff mag für die Christenheit stehen, für den Staat (schon bei Horaz und Quintilian) und für das Leben, bzw. den Lebensweg (mit den topischen Stürmen und Häfen, die man erreicht, oder auch nicht).

Auslöser des trojanischen Krieges und der daraus folgenden Episode des Trojanischen Pferdes wurde (Ur-Schiff Argo und «el otro leño griego», das Trojanische Pferd). Der nicht sofort offensichtliche geteilte Bedeutungsgehalt der nun bis zum Trojanischen Pferd gezogenen negativen Beispielfiguren um das Schiff ist ohne jeden Zweifel ‹Hinterlist›, ‹Gewalt› und ‹Krieg›. Das *tertium comparationis* dieser zum Allegorischen tendierenden Metaphern ist ihre rücksichtslose Mobilität über gegebene Grenzen hinweg und die trügerischen Intentionen der in ihnen versteckten Mannschaften:

> Más armas introdujo este marino
> monstruo, escamado de robustas hayas,
> a las que tanto mar divide playas,
> que confusión y fuego
> al frigio muro el otro leño griego.[237]

Der «político serrano» bezieht einerseits die Monstrosität auf das Schiff und, metonymisch, auf seine Besatzung. Andererseits wird aber auch deutlich, dass es ihm nicht nur um entfernte mythologische Ereignisse geht, sondern vielmehr um ein konkretes, historisch greifbares, außertextuelles Geschehen. So steht das Schiff für Ereignisse, die in ihrer zerstörerischen Wirkung den trojanischen Krieg in den Schatten stellen und, wie das Hyperbaton herausstellt, in sehr großer ozeanischer Entfernung («tanto mar divide playas») stattfinden – jenseits des Atlantiks und anderer Weltmeere. Wenn der grauhaarige Ankläger das Motiv des Schiffes aus der Welt des Mythischen in die Gegenwart und vom östlichen Rand der mittelmeerischen Welt in den westlichen Raum jenseits der Säulen des Herkules überträgt, schlägt die rhetorische und argumentative Verkettung seiner Rede in eine charakteristische chronotopische Verschiebung um. Das Ergebnis ist nicht etwa ein scharfer Kontrast zwischen der mittelmeerischen Antike und einer atlantischen Moderne. Die Antike dient auch nicht einfach als Ausgangspunkt für die elitäre Bildsprache einer rückwärtsgewandten und gegenwartsfernen Dichtung. Stattdessen bildet sie den Ausgangspunkt für eine Verkettung, die zu einem motivgeschichtlichen *télescopage* durch Zeiten und Räume führt und so auch eine subtile Form von Kritik entfaltet. Zu den bereits erwähnten gattungstheoretischen Aporien der *Soledades* gesellt sich in der Schiffsrede ein chronotopischer Wechsel der Perspektive, der eine neue Sicht auf die Ereignisse der Gegenwart erlaubt und gerade mithilfe des Schiffes

---

237 *Soledades I*, S. 91 (Verse 374–378). Die Sorge, dass globale Katastrophen und Kriegszustände durch die verbindenden Bewegungen der Schiffe ausgelöst werden könnten, begleitet die Menschheit von der römischen Antike über das 16. Jahrhundert und die Aufklärung bis in die Gegenwart (vgl. Ottmar Ette: Wörter – Mächte – Stämme, S. 122).

neue Verbindungen – «affinités inédites» – zwischen Räumen und Zeiten provoziert.[238] Das Staunen über Góngoras Kunstgriffe sollte die Einsicht in ihren ethischen Gehalt nicht ausschließen.

Das Schiff deutet jedoch nicht nur auf eine Degeneration menschlichen Verhaltens hin («fiera»). Inmitten der anklagenden Rede des «político serrano» hat das Erscheinen des Schiffes auch einen Ereignischarakter, der als festives Spektakel den Rhetoriker herausfordert und – im Moment der Ankunft, als Entgegenkommendes und passiv erlebte Widerfahrnis – wie die bereits betrachtete *anagnorisis* ein erhebliches schicksalhaftes Potential in sich birgt. Dieses Schiff, «mal nacido pino» mit seinen dem Wind hingegebenen Segeln («vaga Clicie del viento»), verwandelt sich im Laufe der ersten zehn Verse der Schiffsrede in ein fischähnliches, geschupptes Meeresungeheuer. Gerade noch aus unter einem schlechten Stern geborenem Tannenholz und zu Segeltuch verwandeltem Flachs, besteht das Schiff nun aus Schuppen der arkadisch konnotierten und für den Schiffbau völlig ungeeigneten Buche.[239] Ebenso wie die ingeniös gebaute Rede, spiegelt das Schiff das *ingenium* eines *artifex* oder kühnen Erbauers wider, dessen Ziel es war, weithin sichtbar über dem Abgrund zu tanzen. Angesichts dieser metaliterarischen, ja metarhetorischen Dimension des Schiffes, die ihm zugleich den Status eines alltagsbezogenen Mythos verleiht, ist es durchaus symptomatisch, dass es auch Eingang in Roland Barthes *Mythen des Alltags* gefunden hat:

> Après des millénaires de navigation, le bateau reste encore un objet surprenant: il produit des envies, des passions, des rêves: enfants dans leur jeu ou travailleurs fascinés par la croisière, tous y voient l'instrument même de délivrance, la résolution toujours étonnante d'un problème inexplicable au bon sens: marcher sur l'eau.[240]

---

238 Jammes bemerkt dies jedoch hinsichtlich der Verbindung arabischer und gräko-lateinischer Elemente in Góngoras Romanzendichtung: «La différence entre Góngora et ses prédécesseurs, c'est qu'il s'efforce d'unir par une véritable fusion ces éléments hétérogènes jusque-là juxtaposés [...]. Nous n'avons plus l'impression d'une intrusion de la mythologie gréco-romaine dans le monde musulman; Góngora s'efforce d'associer intimement ces deux civilisations, entre lesquelles il découvre des affinités inédites.» (Robert Jammes: *Études sur l'œuvre de Don Luis de Góngora y Argote*, S. 390 f.)
239 Natürlich reimt sich «hayas» auf «playas». Kommentatoren verwiesen aber auf den Umstand, dass Tannenholz sehr wohl, Buchenholz jedoch keine Verwendung im Schiffbau fand: «En la primera [*Soledad*] hace V. m. navíos, y en esta [segunda] barcos de haya muchas veces. Demás de que, como advertí en el *Polifemo*, no la usa la navegación, si no es en remos; para certificarme más, busqué en Francisco de Galves lo que dicen, dese árbol Teofrasto, *De plantis* Plinio y otros, y ni en ellos, ni en poetas algunos hallamos que se aplicasen a la navegación.» So Francisco Fernández de Córdoba, Abad de Rute, zit. in *SOLJ*, S. 274. Vgl. auch Ana Martínez Arancón: *La batalla en torno a Góngora (selección de textos)*. Madrid: Bosch 1978, S. 23.
240 Roland Barthes: *Mythologies*, S. 65 f.; vgl. auch Ottmar Ette: *Roland Barthes*, S. 9–24.

Der hinsichtlich klassischer philologischer Paradigmen äußerst versierte Barthes war sich sicherlich bewusst, auf welche textuellen Strategien er zurückgriff. Eine vielkommentierte Passage aus Calderón de la Barcas religiös-historischem Drama *La Aurora en Copacabana* (1651, gedruckt 1672) macht deutlich, wie der ebenfalls bei Góngora mit dem Schiff verknüpfte Kontrast von *Arcadia* und plötzlichem Ereignis dazu genutzt werden konnte, eine radikale Abweichung von der alltäglichen Erfahrungswelt zu modellieren. Anders als der erzürnte Schäfer aus Góngoras *Soledades*, der das Schiff ablehnt, verstärkt Calderóns dramatischer Bühneneffekt jedoch eher eine legitimatorische «lógica colonizadora», wenn die Inka-Priesterin Guacolda das Schiff der Spanier wie ein übernatürliches Wesen über das Meer heranschweben sieht:

> cuando, volviendo los ojos
> al mar, vimos en su esfera
> un raro asombro, de quien
> no sabré darte las señas;
> porque si digo que es
> un escollo que navega,
> diré mal, pues para escollo
> le desmiente la violencia;
> si digo preñada nube
> que a beber el mar sedienta
> se abate, diré peor,
> porque viene sin tormenta;
> si digo *marino pez*,
> preciso es que me desmientan
> las alas con que volando viene,
> también desmentirse es fuerza:
> de suerte que a cuatro visos
> *monstruo es de tal extrañeza*,
> que es escollo en la estatura,
> que es nube en la ligereza,
> y aborto de mar y viento,
> pues con especies diversas,
> parece pez cuando nada
> y pájaro cuando vuela.[241]

---

241 Zit. in Roberto González Echevarría: *Celestina's brood. Continuities of the Baroque in Spanish and Latin American Literature.* Durham/London: Duke UP 1993, S. 89f. (Hervorhebungen MM). Zu der «lógica colonizadora» des Stücks, vgl. Gerhard Poppenberg: *Espacio gnóstico:* El concepto del Nuevo Mundo como forma de pensamiento y forma de vivencia a partir de *La expresión americana* de José Lezama Lima. In: Ineke Phaf (Hg.): *Presencia criolla en el Caribe y América Latina/Creole presence in the Caribbean and Latin America.* Frankfurt am Main/Madrid: Vervuert/Iberoamericana 1996, S. 57–79, hier S. 63.

Anagnorisis ist, wie bereits in der ‹Einleitung› bemerkt, mit Zögern und Zweifeln an der Glaubwürdigkeit des Geschehens, mit gesellschaftlich bedingten Erwartungshaltungen, Erkenntnis als plötzlicher Widerfahrnis, aber auch mit Grenzüberschreitung und Bewegung im Raum verbunden.[242] Auch der «peregrino errante» hatte Staunen und Verwunderung unter den Schäfern und jungen Mädchen ausgelöst. Ganz anders als die wort- und ahnungslose – und somit auch kolonisierbare – Priesterin Guacolda, hat der weltgewandte «político serrano» die Lage jedoch richtig eingeschätzt. Er hat das visuell erkennbare Zeichen des Schiffbruchs – einen Rest des Salzwassers – richtig gelesen und in seiner eloquenten Rede prompt auf das «marino monstruo» verwiesen, das die *Soledades* seit ihren Eröffnungsversen nur implizit begleitet. In den *Soledades* kommt es so zu einer für die insulare Idylle charakteristischen Spannung zwischen dem naiven und ahnungslosen Unwissen über die – beziehungsweise dem wissenden Rückzug von den – ozeanischen Geschäften.

Während bei Calderón «[t]he strangeness, the lack of logic, the simultaneity of opposites» das Monster-Schiff innerhalb des kommunikativen und perspektivischen Systems der indigenen Bühnenfiguren charakterisieren mag,[243] dürften weder Gegenstand noch Motiv dem Publikum völlig neu gewesen sein – ebenso wenig wie der Leserschaft der *Soledades*. Selbst die ersten zuverlässigen Berichte von den vermeintlich arkadischen *Insulae Fortunatae*, den Kanarischen Inseln, produzieren – trotz ihres nüchternen und informativen Charakters – über diesen topischen Mechanismus eine ganze Serie von ethischen Wertungen und Effekten der Alterität. Höchst einflussreiche Figuren wie Giovanni Boccaccio (*De Canaria*, um 1345) und Francesco Petrarca (*De vita solitaria*, 1346) verbreiteten die Nachricht, wonach die Bewohner der Kanarischen Inseln noch nie ein ozeanisches Segelschiff gesehen hätten.[244] Schiffe stehen, daran lässt selbst Boccaccios Briefsammlung *De Canaria* keinen Zweifel, für Krieg und Handel – zwei potentiell korrumpierende Felder mensch-

---

[242] Zu Erkenntnis und Irrtum als Widerfahrnis, vgl. Andrea Kern: *Quellen des Wissens. Zum Begriff vernünftiger Erkenntnisfähigkeiten*. Frankfurt am Main: Suhrkamp 2006 (stw), S. 11. Lebensnahe Fragen der *anagnorisis* bei Schiffbrüchigen und verschollenen Konquistadoren bespricht in diesem Zusammenhang Barbara Simerka: *Discourses of Empire*, S. 41 f.
[243] Roberto González Echevarría: *Celestina's brood*, S. 91.
[244] «[A] constant refrain in descriptions of the Canary islanders», die somit zum Bild des «noble Canarian savage» erstarren (David Abulafia: *The Discovery of Mankind*, S. 69). Auch von den Bewohnern der Balearen hielt sich der Mythos, sie hätten alle ihre Schätze ins Meer geworfen, um Besucher zu Schiff fernzuhalten. In der Erweiterung dieses Argumentes, etwa bei Las Casas, ebenso wie im Fall von Calderóns Drama, wird auf diese Weise die Zugänglichkeit der Eroberten für die christliche Mission betont. Derselbe legitimierende Impuls schwang bereits bei den Kanaren mit.

lichen Handelns, die den Bewohnern dieser insularen Idyllen völlig unbekannt sein sollen.[245] Und während Kolumbus von seiner ersten Reise berichtet, die Taínos – «los indios desarmados / que hallaba en selvas y prados, / como corderos, Colón» – hätten keine nennenswerte Erfahrung mit größeren Schiffen, so müssen die noch unbekannten ‹Kariben› – Bewohner des Randes der neu entdeckten Inselwelt und räuberische Kannibalen – über Kanus verfügen, die fast die Größe von Galeeren erreichen.[246] Verglichen mit Kolumbus und seiner manichäischen, die koloniale Intervention rechtfertigenden Zweiteilung zukünftiger Untertanen, nutzt Góngora – ebenso wie Tasso im *Aminta* – dieses vielschichtige Schema für eine umgekehrte, de-legitimatorische Stoßrichtung. Rein narratologisch gesprochen, übernimmt das durch das Monster-Schiff gegebene Moment von Ankunft und Begegnung über das wendende Potential der *anagnorisis* die Funktion einer *mise en intrigue*. Auf der Ebene der Rhetorik handelt es sich hingegen, wie Curtius zeigt, noch immer um die «pathetische Verwertung» des ersten Schiffes Argo, «weil das erste Schiff ein Anlass des Staunens war.»[247] Jason bleibt der «erste Verletzer des Meeres» und sein Schiff gibt Anlass zu einem katachrestischen Summationsschema des Lucius Accius, das durch Cicero erhalten und fortgeführt wurde:

> Der Hirt des Accius sieht eine ungeheure Masse auf den Wogen nahen, weiß sie nicht zu identifizieren und erwägt verschiedene Möglichkeiten: ist es eine zerklüftete Sturmwolke? ein emporgeschleuderter Fels? ein Strudel? eine die Erde verwüstende Überflutung? Oder hat Triton eine steinerne Höhle der Tiefsee mit dem Dreizack emporgewühlt? Der römische Tragiker hat einen brillanten Effekt produziert, der lange nachgewirkt hat.[248]

Góngoras «político serrano» eröffnet seine Schiffsrede mit dem Verweis auf das erste Schiff Argo und seinen räuberischen Besuch am östlichen Rand der damals ‹bewohnbaren› Welt. Er ruft den trojanischen Krieg auf, indem er die ethische Monstrosität und kompositorische Missgestalt dieses «marino monstruo» evoziert und auf die Gegenwart bezieht. Wie bei dem Hirten des Accius wird die Schäferidylle mit einer radikal andersartigen, ozeanischen Außenwelt kurzgeschlossen. Neu ist daran weder die inhaltliche Gestaltung des Schiffsmotivs, noch seine – im Vergleich zur späteren Ausarbeitung bei Calderón – nur ver-

---

245 Obwohl die afrikanischen Küsten keine anakreontischen Assoziationen aufriefen, wiederholten sich hier die Berichte, wonach die indigenen Bewohner des Landes die Schiffe der Europäer für Meeresungeheuer hielten. So Alvise Cà da Mosto über Westafrika, im Jahr 1450 (vgl. ebda., S. 93).
246 Vgl. ebda., S. 173. Das Zitat stammt aus Lope de Vegas *Arauco domado* (1625; zit. in Barbara Simerka: *Discourses of Empire*, S. 124).
247 Ernst Robert Curtius: Das Schiff der Argonauten, S. 412 und 415.
248 Ebda., S. 413 f. sowie S. 416, Fn 1 und S. 417, Fn 1.

haltene rhetorische Umsetzung. Selbst, ja gerade an der argumentierend aufgebauten Schiffsrede des «político serrano» fällt auf, dass an Góngora niemals derselbe Vorwurf gerichtet werden könnte, wie ihn Antonio Machado an Calderón richtete: Die Poesie sei unter dem Gewicht der Rhetorik zum Syllogismus erstarrt.[249] Denn Góngora bleibt rhetorisch und motivgeschichtlich den Vorbildern nicht verhaftet. Vielmehr setzt er auf der Sinnebene seines Textes die im Schiff bereits angelegte Dimension der verbindenden Bewegung erst Recht in Gang. Das Ergebnis ist, dass der «político serrano» diese räumlich fundierte Bildsprache und Rhetorik vor dem Hintergrund der heroischen und epischen Diskurse der Zeitgenossen Góngoras aktualisiert und – wie deiktische Mechanismen gezeigt haben – die Schäferidylle auch auf die Koordinaten der iberischen Expansion im Atlantik bezieht. Der weltgewandte Schäfer setzt damit ein Leitmotiv und einen Standpunkt für seine Schiffsrede. Niemals lässt diese in ihrer zornigen Verdammung der neuzeitlichen ozeanischen ‹Entdeckungen› nach. Dies bedeutet auch, dass Góngoras Figur den Begriff «marino monstruo» sehr bewusst wählt. Der «político serrano» ist mit dem vollen Bewusstsein um die Schäferidylle ausgestattet. Er weiß genau um die ozeanischen Verlockungen und Bedrohungen, die sie nicht nur zufällig umgeben, sondern geradezu definieren.

Was den weiteren Verlauf der vorliegenden Analyse angeht, so liegt es auf der Hand, dass sie dem Verlauf der Schiffsrede – ganz zu schweigen von dem Verlauf des Gedichts an sich – nicht mit derselben Ausführlichkeit folgen kann, wie es für die ersten 13 Verse der Schiffsrede geschah. Stattdessen werden einerseits Schlaglichter auf diejenigen Elemente der Rede des «político serrano» fallen müssen, welche seine Rhetorik und den Gegenstand seiner Rede – die globalen Eroberungsreisen zu Schiff – zu einer topologischen Beschreibung machen. Andererseits wird in einem letzten Schritt weiter zu präzisieren sein, wie sich die argumentative Logik der Schiffsrede auf den Ort ihres Entstehens – die lyrische Diegese ersten Grades, die aus ‹auktorialer› Perspektive entsteht – bezieht. Wie das Trojanische Pferd, für das eine Bresche in die Mauern der Stadt geschlagen wurde während die Flotte der Belagerer scheinbar davongesegelt war, durchbricht dieses Schiff räumliche Grenzen auf dem Erdball. Diese gewaltsame Grenzüberschreitung lenkt nicht nur den Blick auf die Verkettung von Ereignissen, die dazu geführt hat, sondern auch auf die Motivation derjenigen, die zu solchen Taten fähig sind. Mit einem Ausdruck temporaler

---

[249] «[L]a poesía aquí no canta, razona», so Machado über ein Sonett in Calderóns *El príncipe constante* (zit. in Ignacio Arellano: *Historia del Teatro Español del Siglo XVII*. Madrid: Cátedra ⁴2008, S. 456).

Deixis («hoy») und dem modernen, aus dem Italienischen entlehnten und im Sinne einer praktisch-empirischen Welterfassung verstandenen Begriff des Navigators («piloto») wird klar,[250] dass der «político serrano» nun die moderne Welt und die ozeanischen Reisen seit Kolumbus ins Visier nimmt:

> Piloto hoy la Codicia, no de errantes
> árboles, mas de selvas inconstantes
> [...]
> Abetos suyos tres aquel tridente
> violaron a Neptuno,
> conculcado hasta allí de otro ninguno
> [...]
> sus banderas
> siempre gloriosas, siempre tremolantes,
> rompieron los que armó de plumas ciento
> lestrigones el istmo, aladas fieras:
> [...]
> Tú, Codicia, tú, pues de las profundas
> estigias aguas torpe marinero,
> cuantos abre sepulcros el mar fiero
> a tus huesos, desdeñas.[251]

---

250 Etymologisch betrachtet ist der *piloto* zwischen dem Steuerruder des Schiffes und einer Art Lazarillo, einem Führer zu Fuß für Reiter und Kutschen angesiedelt. Lateinisch ist der Begriff im Jahr 1282 in einem Dokument aus Genua bezeugt, volkssprachlich – ebenfalls aus Genua – im Jahr 1397. «[P]robablemente tomado del it. *pilota*» (*Cor*, Band 3, S. 788). Der Begriff war im Jahr 1538 im Spanischen noch sichtlich erklärungsbedürftig. Die folgende Definition aus einem der zahlreichen Handbücher seefahrerischen Vokabulars betont die vielfältigen praktischen Fähigkeiten, die ihn nicht nur zum Navigator, sondern auch zum abbildenden, technisch-administrativen «Steuermedium» werden lassen (Bernhard Siegert: *Passage des Digitalen*, S. 119): «Piloto. [...] cuyo oficio es gobernar la nao en la nauegación y saber guiar los caminos de la nao a de hacer y ordenar conforme a los tiempos y lugares donde se halle, y conforme ala carta de marear que debe llevar, y al aguja, y ampolletas y sonda, y tomar su altura para saber el paralelo o lugar donde están, y debe tener los instrumentos que son necesarios a su oficio, que son: astrolabio, carta, aguja, cuadrante, ampolletas, reloj, sondas, y debe ser muy sabio en todos ellos [...]» (in Lidio Nieto Jiménez: *Tesoro lexicográfico del español marinero anterior a 1726*. Madrid: Arco Libros 2002, S. 145 f.). «[E]l piloto tiene un oficio diferente y superior al del timonel [...]» (*Cor*, Band 3, S. 788 f.). Kontrastiert man zudem Ariosts *Orlando furioso* (1516), wo sich die Umschreibung «Quel che siede al governo» findet (41.10) und das Bordbuch der ersten Reise des Kolumbus (vgl. *Cor*, Band 3, S. 788), so fällt auf, dass anspielungsreiche aber auch von Unwissen zeugende Periphrasen und eine konkrete, fachsprachliche Benennung die literarische von der pragmatischen Schriftlichkeit der Händler und Seefahrer trennen. Auch diese Spannung prägt die Schiffsrede.
251 *Soledades I*, S. 92–94 (Verse 403 f., 413–415, 421–424, 443–446).

Selbst wenn Autorbiographie und Sicht der Zeitgenossen in der vorliegenden Untersuchung nicht im Vordergrund stehen sollen, sondern die lyrische Welt des Textes: Die beflissenen Kommentatoren und Kritiker der *Soledades* zeigten sehr verräterische Reaktionen auf diese Passage. Vor dem Hintergrund einer Gesellschaft, in der viele Literaten die Ideale von *armas y letras* auf sich vereint und für Kirche und König das Schwert ergriffen haben, bringt Góngoras «político serrano» das transatlantische und globale Projekt Spaniens mit der niederen Gewinnsucht und dem – mit Dante und seiner Vision der griechischen Geschichte gesprochen – feigen Hinterhalt des Trojanischen Pferdes in Verbindung: «El codicioso y el tramposo, fácilmente se conciertan».[252] Dabei verfällt Góngora aber gerade nicht – wie man es seinem Zeitgenossen Covarrubias attestieren muss – in einen verfestigten ideologischen Diskurs. Anders als in epischen Darstellungen der Schlacht werden die ‹flatternden Fahnen› («banderas / siempre gloriosas, siempre tremolantes») bei Góngora nicht mit einem klar benannten und inspirierenden Helden, sondern nur mit einer anonymen, omnipräsenten und in unbedeutenden Akteuren verkörperten Raffsucht in Verbindung gebracht. Während José García de Salcedo Coronel, als Kommentator und Herausgeber von Góngoras Schriften (*Soledades*, 1636) eigentlich kein Kritiker des Dichters, die Passage vorsorglich verdammt und dabei sehr bewusst ganz persönlich Stellung bezieht – «No dejaré de culpar a don Luis» – ignorieren sie Pedro Díaz de Rivas und José Pellicer auf ganz unterschiedliche Art und Weise. Während sich Díaz de Rivas in seinen *Discursos apologéticos por el estilo del Polifemo y Soledades* (1616–17) auf die dürre und unnötige Bemerkung «Trata del primer descubrimiento de las Indias» beschränkt, beerdigt José Pellicer in seinen *Lecciones solemnes a las obras de don Luis de Góngora* (1630) die Stelle, wie Melchora Romanos erläutert, unter «profusas disertaciones triunfalistas»:

> Esta aproximación a las lecturas de los comentaristas nos ha llevado a comprobar cómo, salvo a Salcedo Coronel, quien se enfrenta directamente, como vimos, a Góngora por la posición negativa que éste adopta sobre el descubrimiento de América, la actitud puesta en práctica por Díaz de Rivas y Pellicer es la de callar o más bien negar las connotaciones ideológicas que la diatriba encierra.[253]

Die Tatsache, dass auch Dámaso Alonso dreihundert Jahre nach den ersten Kommentatoren in *Góngora y América* die ‹Codicia-Passage› als rhetorischen

---

252 Cov, Codiciar, S. 568.
253 Melchora Romanos: El discurso contra las navegaciones en Góngora y sus comentaristas. In: Ignacio Arrellano (Hg.): *Las Indias (América) en la Literatura del Siglo de Oro*. Kassel: Edition Reichenberger 1992, S. 37–49, hier S. 47.

Ausrutscher Góngoras abtut – «se dejaba llevar por un ejercicio retórico» – verrät mehr als sie kaschiert.²⁵⁴ Es wurde in der vorliegenden Untersuchung bereits mehrfach angedeutet, dass sich Dámaso Alonso in *Góngora y América* offenbar nur widerstrebend einem Thema widmete, das er – zumindest in dieser Form – lieber nicht bei der einigenden Symbolfigur einer ganz klar von Spanien aus konzipierten Avantgarde gefunden hätte. Und so kontrastiert er im Jahr 1927 den Vorwurf der «Codicia» oder Raffsucht aus den *Soledades* mit dem aus seiner Sicht unzweifelhaften spanischen Großmut in den Besitzungen *outre mer*: «Afortunadamente, la labor de España en las Indias estaba siendo mucho más *generosa* de lo que se podía suponer un cerebro del siglo XVII español, aunque este cerebro fuera el de don Luis de Góngora y Argote.»²⁵⁵

Ist jedoch die Gewinnsucht im Navigator des Schiffes personifiziert, segelt das Schiff unter ihrer Flagge, so verweist der mögliche griechische Ursprung des Wortes *piloto* (πηδόν, *timón* oder Steuerruder) auf die in diesem Bild enthaltene Thematik eines unglückseligen Schicksals. Die emblematische Bild-Text-Beziehung einer Fortuna mit Steuerruder – nun nicht mehr in Verbindung mit einem Rad, sondern einer schwimmenden oder schwebenden Kugelform – setzt sich in der radikalen Vervielfältigung des Schiffsmotivs als «selvas inconstantes» fort:²⁵⁶

---

254 Zit. ebda. und *DAOC V*, S. 611.
255 *DAOC V*, S. 612 (Hervorhebung MM). Góngoras zersetzende, anti-epische Vision scheint nicht nur vor dem Hintergrund von Dámaso Alonsos Klassizismus, der das Spanien der Frühen Neuzeit mit dem imperialen Rom gleichsetzen möchte, als problematisch. Auch die politische Strömung der *Hispanidad* bemühte Ende der 1920er Jahre die Metaphorik eines familiären Innenraumes, wo Góngoras Schiffsrede genau das Gegenteil konstatiert. Im Jahr 1932 erreichte diese Rhetorik einen Höhepunkt, wenn der Vertreter der spanischen *Segunda República* und Unamuno-Freund Luis Zulueta in Genf betonte: «Leemos los mismos libros, aplaudimos sobre la escena las mismas obras, tenemos una gran analogía en nuestra manera de razonar, semejantes gustos. [...] En suma, somos una familia de países [...]» (zit. in Thomas Fischer: El español en el mundo: hispanoamericanismo en la Liga de las Naciones. In: *Iberoamericana* 13 (2013), S. 120; ich verdanke diesen Hinweis Dr. Vicent Sanz, Castellón de la Plana).
256 Burkhardt Wolf zeigt einen Kupferstich von Nicoletto da Modena (um 1506): eine Fortuna mit Steuerruder auf einer schwimmenden Kugel (vgl. Burkhardt Wolf: *Fortuna di mare*, S. 14). Fortuna, die Kugel, Segel und Steuerruder, Wellen und Wogen sind – dies zeigt schon die Dante-Lektüre – zu Attributen von Gold- und Geldgier, wirtschaftlicher und politischer Macht geworden (im vierten Höllenkreis des *Inferno*). Die intermedialen Verbindungslinien dieser Emblematik mit Góngoras Text sind ebenso klar wie die Nähe der schwimmenden «selvas inconstantes» – Wälder von Schiffsmasten – zu den Seestücken der holländischen Genremalerei: ihrerseits Manifestationen, wie Ernst Gombrich in seiner *Geschichte der Kunst* (1950) betont hat, einer neuen Markt- und Weltorientierung der Künstler.

> Piloto hoy la Codicia, no de errantes
> árboles, mas de selvas inconstantes,
> al padre de las aguas Océano,
> de cuya monarquía
> el Sol, que cada día
> nace en sus ondas y en sus ondas muere,
> los términos saber todos no quiere,
> dejó primero de su espuma cano,
> sin admitir segundo
> en inculcar sus límites al mundo.[257]

Es geht nun nicht mehr um ein einzelnes Schiff, wie das Schiff Argo von Jason und dem Steuermann Tiphys, oder um die Flotte des imperialen Gründungsvaters Aeneas und seines Steuermannes Palinurus im *mare nostrum*. Vielmehr haben sich zahl-, namen- und ortlose Schiffe über den einstmals unüberwindbaren Ozean jenseits der Säulen des Herkules ergossen. Angetrieben durch die Gewinnsucht sind sie die anonymen, nur noch in den Passagier- und Ladelisten der Casa de la Contratación verzeichneten Agenten einer Globalisierung, die zunächst ganz wörtlich gemeint ist: Diese Flotten erschaffen einen neuen Raum.[258] Es handelt sich nun nicht mehr um das diskret und respektvoll genannte *mare ambiens*, einen nur hinter vorgehaltener Hand und vage bezeichneten Ōkeanós – «große Menge» oder «großer Fluss».[259] Das einstige Niemandsland jenseits der Säulen des Herkules, dessen räumliche Dimensionen einst nur durch die stets westwärts reisende und – wie auch am Ende des ersten Tages der *Soledades* – im Ozean versinkenden Sonne angedeutet wurden, ist – wie schon bei dem pflügenden Jason – derartig durch das Kielwasser der durch die Raffgier gesteuerten Schiffe gekerbt, dass es von dessen Schaum ergraut ist («de su espuma cano»).[260] Wer nun nach einem klassischen Gegen-

---

[257] *Soledades I*, S. 92 f. (Verse 403–412).
[258] Daher fehlen die Schiffe auf kaum einer der neuen Weltkarten des 16. Jahrhunderts, oftmals gepaart mit ihren Gegenspielern: Wellenbergen und Ungeheuern. So bei Diego Ribeiro (1529), Sebastian Münster (1546), Diego Gutierrez (1562), Paolo Forlani (1565) und Abraham Ortelius (1570). Die aus großem Abstand und in abstrakter räumlicher Projektion dargelegte Weltkarte des Battista Agnese (1542) hingegen zeigt die endlose, aber auf die Iberische Halbinsel zentrierte ‹Furche› der Weltumseglung Magellans.
[259] Zu dieser Etymologie, vgl. *KU*, S. 28, Fn 27. Vgl. auch Karl Meuli: *Odyssee und Argonautika. Untersuchungen zur griechischen Sagengeschichte und zum Epos*. Säckingen: Buchdruckerei Mehr 1921 (Univ. Diss., Basel), S. 15 f.
[260] Die ‹Furche› der Schiffe mag nicht nur der Linie ihrer Reisen auf einer Karte, sondern auch den Furchen der Wagen entsprechen, mit denen auf allegorischen Emblemen die Herrscher Europas über das Meer nach Westen gezogen werden (vgl. Mercedes Blanco: *Góngora heroico*, S. 351 f.). Wenn hier Neptun, nicht die Sonne, im Geschirr des Lenkers zu sehen ist, so bleiben doch die Westwärtsbewegung der Sonne ebenso wie der äußerst ambivalente Mythos um Phaeton erhalten. Sowohl in den *Soledades* (vgl. ebda. I, S. 102, Verse 645–658), als

beispiel sucht, der möge sich daran erinnern, wie eng in Euripides *Hippolytos* der Ozean noch mit der terrestrischen Welt verbunden ist, oder wie später in Racines *Phèdre* (1677) der einst heroische Monsterschlächter Theseus – «il traversa les flots» – von Neptun und einem ozeanischen Monster vollkommen vernichtet wird.[261] Selbst jenseits der Säulen des Herkules ist in den *Soledades* das Weltalter eines unbesiegbaren und göttlichen Ozeans jedenfalls vorbei. Auch sind dies keine Jenseits- oder Irrfahrten, sondern gezielte Eroberungsfahrten in einem zunehmend kartographisch und navigatorisch erfassten Raum: Triumph menschlichen Forschungsdranges und praktischen Könnens («Náutica industria investigó», «náutica doctrina»),[262] aber auch menschlicher Gier und Hybris in seiner Erhebung über Mythos und Natur. Schwach und ergraut – wie der «político serrano» als Sprecher dieser Zeilen – erscheint der einst mächtige, die mittelmeerische Welt umschließende Ozean. Einst das Zentrum der Welt und spätmittelalterlicher Portolankarten, ist das Mittelmeer in dieser neuen, globalen Sicht auf einen «Teich» («estanque») reduziert worden:

> Tifis el primer leño mal seguro
> condujo, muchos luego Palinuro;
> si bien por un mar ambos, que la tierra
> estanque dejó hecho,
> cuyo famoso estrecho
> una y otra de Alcides llave cierra.[263]

Vor dem Hintergrund anderer literarischer Bewegungsmuster der Epoche, die noch immer Rom oder Jerusalem im Blick haben, kann die programmatische Bedeutung dieser Passage garnicht überschätzt werden. Denn hier ist es die diasporische Bewegung der Schiffe jenseits der Säulen des Herkules, welche den Planeten zu dem ‹macht›, was er ist. Durch die apollinische Außenperspektive auf den projizierten Raum der neuen Weltkarten – ebenso wie viel später Apollo 17 die Erde mit einem berühmten Foto (1972) zum ‹blauen Planeten› gemacht hat und damit sichtbarer, greifbarer, aber auch verletzlicher –

---

auch acht Jahre zuvor, in dem enkomiastischen Sonett 163 (*A la embarcación en que se entendió pasaran a Nueva España los Marqueses de Ayamonte*), hatte Góngora dieses ambivalente Denkbild bereits mit einer Westwärtsbewegung verknüpft (vgl. *GOC*, S. 244).

261 Zit. in Leo Spitzer: The «Récit de Théramène». In: ders.: *Linguistics and literary history. Essays in Stylistics*. New York: Russel & Russel Inc. 1962 [1948], S. 87–134, hier S. 98. Dieser klassische Aufsatz von Leo Spitzer, der Racine mit dem spanischen Barock zusammendenkt, ist im Kontext der vorliegenden Untersuchung in mehrerlei Hinsicht von Interesse.
262 *Soledades I*, S. 91 und 94 (Verse 379 und 454).
263 Ebda., S. 92 (Verse 397–402).

wird der globale Raum nun einer neuen Struktur der Wahrnehmung unterworfen. Hier haben die Ereignisse das wahre Wesen des Erdballes bestätigt: Die Erde selbst hat das einstige Zentrum als Teich hervorgebracht («dejó hecho»). Diese Veränderung der Wahrnehmung der Welt ist ein unaufhaltsamer Prozess. Einmal angestoßen, läuft er – als eine Abfolge argumentativer und kausaler Schritte, die nach und nach eine räumliche Totalität erschaffen – unvermeidlich bis an sein Ende. Wie auf einem Globus, dessen Ausgestaltung dem Ziel der kontinuierlichen Präzisierung und dem Ideal der Vollständigkeit unterliegt, geschieht hier etwas wie von selbst. Geschichte folgt einer an rhetorischen Beispielfiguren orientierten Kette von Ereignissen, und das Ergebnis dieser rhetorischen und räumlichen, fiktiven und allzu realen Bewegung ist eine neue Konfiguration des Raumes, die nur noch hingenommen werden kann. In dem Maße, in dem sich die räumliche Kugelform der Erde schließt, sie immer mehr als geschlossenes Ganzes erkennbar wird und die Umrisse von Inseln und Kontinenten den einstmals um die mittelmeerische Welt gelegten, kreisförmigen Ozean fragmentieren, öffnet sich – in einer paradoxen Gegenbewegung – gerade durch die Fragmentierung des einstmalig Unbekannten ein unendlicher Horizont menschlichen Handelns. Wie die Verszeilen der Schiffsrede fliegen die Schiffe von Insel zu Insel. Durch die poetisch geprägte Argumentation des alten Schäfers wird besonders deutlich, dass sich mit dieser Totalisierung des Möglichen, mit der vollkommenen Öffnung hin zur Zukunft jedoch auch etwas verschließt. Aus der Sicht der *Arcadia* droht ein unwiederbringlicher Verlust. Während die Ablehnung der namenlosen Niedertracht kosmographischer, seefahrerischer und imperialer Projekte auch als ein Anlass für befreiendes Gelächter oder den *pursuit of happiness* hätte herhalten können, ist sie für den «político serrano» nur der Anlass für seine Tränen.

Der Fluch der Seefahrt des weltgewandten Schäfers bleibt notgedrungen unvollendet. Tränen ersticken die Rede des Alten, die ebenso verfrüht abbricht wie das Leben seines jungen Sohnes, das den Wellen zum Opfer fiel:

> En suspiros con esto,
> y en más anegó lágrimas el resto
> de su discurso el montañés prolijo,
> que el viento su caudal, el mar su hijo.[264]

In ihrer Unabgeschlossenheit läuft die Rede des «político serrano», wie die *Soledades*, die ebenfalls recht unerwartet abbrechen, dem epischen Streben nach Sieg und Heimkehr zuwider. Sie bildet eine Diegese zweiten Grades. Da-

---

264 *Soledades I*, S. 96 (Verse 503–506).

her folgt sie, genauso wie der arkadische diegetische Ursprung der Äußerung, einer fragmentarischen erzählerischen Logik und bildet eine «island of sense in a sea of obscurity».[265] Sie ist ein Stück weit die paradoxe «épica trágica en miniatura», die Góngora als das verzerrte Echo heroisierender Epik oder Variante der meist triumphal-figuralen *mapamundi*-Episode unter den umgekehrten Vorzeichen einer unheilvollen Verkleinerung und Abrundung der Weltgeschichte einführt: all dies jenseits der heilen Welt der *Arcadia*.[266] Sowohl vom narratologischen als auch vom inhaltlichen und stilistischen Standpunkt aus betrachtet, sind die beiden poetischen und diegetischen Ebenen spannungsreich aufeinander bezogen. So entwickelt die Schiffsrede einen Gegenraum des Arkadischen, der nicht nur über der Schäferidylle liegt wie eine dunkle Wolke, sondern auch – durch die Begründung dieses Gegen- und Außenraums in der kontinuierlichen, diasporischen und begierigen Bewegung eines ozeanischen *mappings* – einer anderen räumlichen Logik der Bewegung folgt als die lineare, itinerarische Wanderung des Fremdlings durch einzelne Szenen oder Räume. Die Schiffsrede entfaltet weniger eine Rhetorik des Gehens, die an den Schritten und (Vers)Füßen eines Wanderers orientiert ist («pasos de un peregrino son errante»), als vielmehr eine ozeanische Rhetorik des Sehens, welche durch eine gleitende, multiple und totalisierende Bewegung in alle Richtungen geprägt ist. Es sind die intertextuellen Filiationen, gewagten Metaphern und chronotopischen Verschiebungen, welche die außertextuellen, verbindenden Bewegungen in die Kunst der Rhetorik übertragen und die verwerfliche Dimension dieser Expansionsbewegung betonen. Hier sind die Bäume der *Arcadia* zu Mastbäumen transformiert und verdinglicht. Drei dieser neuen Bäume – die Flottille des Kolumbus – «schänden» in einem paradoxen Parallelismus den Dreizack Neptuns. Hier werden also keineswegs, wie bei Camões oder Ercilla, die raumgreifende Epik der Antike oder der kriegerische *furor* des *romanzo* in den atlantischen Raum übertragen und überboten. Die *Soledades* sind um ein Vielfaches komplexer und ambivalenter: Während sich der Blick gen Osten stets in den «terrors of distant space» (James Romm) des kontinentalen Asiens verloren hatte, erwartet die Schiffe im äußersten Westen der atlantischen Welt

---

265 Mary Gaylord zit. in Ricardo Padrón: Against Apollo: Góngoras *Soledad primera* and the Mapping of Empire. In: *Modern Language Quarterly* 68 (2007), S. 363–393, hier S. 367.
266 *Soledades I*, S. 91 (Kommentar zu 366–502). Zu dem Wechselspiel zwischen *Arcadia* und ozeanischer Weltgeschichte bei Horaz, Plinius und Seneca, vgl. James S. Romm: *The Edges of the World in Ancient Thought: Geography, Exploration, and Fiction*, S. 161–171. Wie bereits bemerkt, haben jüngst Jesús Ponce Cárdenas (Madrid) und Mercedes Blanco (Paris) der Góngora-Forschung einen neuen Impuls gegeben: Statt von dem alten Paradigma der absolutgesetzten Poesie auszugehen, bedenken sie den Einfluss der atlantischen Epik auf Góngora und analysieren das Spannungsverhältnis der Gattungen in dem Langgedicht.

nun die präzise räumliche Barriere des heutigen Isthmus von Panama. Mit einem Musterbeispiel episierenden Sprachgebrauchs wird diese neue Weltregion bei Góngora angegriffen, wie eine (Stadt)Mauer durchbrochen («rompieron»), und fällt.[267] Es handelt sich bei der Passage über die Landenge von Panama, die heute allen Lesern schnell klar wird, um eine für Góngoras humanistisch gebildeten Zeitgenossen höchst rätselhafte Episode. Denn epische Assoziationen führen ins Mittelmeer und damit in die Irre: In einer der frappierendsten chronotopischen Verschiebungen der *Soledades* verlegt Góngora die riesenhaften Lästrygonen, die wie der Polyphem in der *Odyssee* für das der griechischen Kultur und Zivilisation entgegengesetzte Andere stehen, vóm Isthmus von Korinth an den heutigen Isthmus von Panama.[268] Während jedoch der Polyphem nur die Mannschaft des Odysseus dezimiert, zerstören die Lästrygonen seine Flotte und schaffen somit die Ausgangssituation für die zunehmend einsame Irrfahrt des Helden. Die Tatsache, dass Odysseus hier Niederlagen einzustecken hat, erlaubt eine radikale Umkehrung des topischen Mechanismus dieser Begegnung. Ebenso wie die drei Schiffe des Kolumbus den Dreizack Neptuns überwanden und schändeten, triumphieren die Zeichen der Raffgier nun auch über die Lästrygonen:

> A pesar luego de áspides volantes,
> sombra del Sol y tósigo del viento,
> de Caribes flechados, sus banderas
> siempre gloriosas, siempre tremolantes,
> rompieron los que armó de plumas ciento
> Lestrigones el Istmo, aladas fieras:
> el Istmo que al Océano divide,
> y sierpe de cristal, juntar le impide
> la cabeza [...][269]

Nach dem eingangs evozierten hyrkanischen Tiger als einem naturgeschichtlich konnotierten Topos aus dem wilden und wunderbaren Raum des Ostens, kommt die Schiffsrede nun zu ihrem Höhepunkt. Figuren der Alterität aus der

---

267 «Y por mi diestro brazo os aseguro, / [...] de dar desto descargo y buena cuenta / y no dejar de España [sic!] enhiesto muro» (Alonso de Ercilla: *La Araucana*, Band 1, S. 278). Zu der imperialen Rhetorik des Mauerfalls aus der Sicht der Klassischen Philologie, ob in Troja, Karthago oder Berlin, vgl. den Essay von Juan Luis Conde: *La lengua del imperio. La retórica del imperialismo en Roma y la globalización*. Alcalá la Real (Jaén): Alcalá Grupo Editorial 2008, S. 27.
268 Vgl. Mercedes Blanco: *Góngora heroico*, S. 357–360.
269 *Soledades I*, S. 93 (Verse 419–427). Zu der «Umbenennung antiker nautischer Gefahrenzonen in westindische», vgl. Titus Heydenreich: *Tadel und Lob der Seefahrt*, S. 111, Fn 346. Die Bahamas und Bermudas werden etwa mit Skylla und Charybdis in Verbindung gebracht.

mittelmeerischen Welt werden hier nicht nur in den atlantischen Raum im Westen (und darüber hinaus) gespiegelt, sondern massiv transformiert. Denn gleichzeitig entfernen sich die Kunst der Rhetorik und räumliche Logik der Schiffsrede am Weitesten von dem, was einmal war. Der gemeinsame Blickwinkel von Rhetorik und Raumsemantik macht deutlich, dass hier die Ereignisse in der atlantischen Welt nicht einfach mit vergangenen Heldentaten abgeglichen werden. Stattdessen wird in den *Soledades* in einer höchst komplexen argumentierenden Verkettung und höchst paradoxen chronotopischen Verschiebung der atlantische Raum nun vollends aufgespannt. So führt bei der Rede des weltgewandten Schäfers der militärische oder heilsgeschichtliche Triumph im Namen der Krone und des Kreuzes über die ‹Kannibalen› nicht zu den rhetorischen Beschönigungen einer imperialen Prunkrede. Bezogen auf die *cupiditas* als eine verdammenswerte Lebenspraxis, erhält das epische Ideal der *gloria* («sus banderas / siempre gloriosas, siempre tremolantes») einen bitteren Beigeschmack. Die historische Semantik des Begriffs, zwischen aristokratischem Heldenmut (*virtus*) und christlichen Heilsvorstellungen angesiedelt, kann keinen Bestand mehr haben, wenn Gier und Begierde (*cupiditas*) die Insignien auf diesen Fahnen sind.[270] Dieser Sieg ist eigentlich eine Niederlage. Er vernichtet das *thauma* der ozeanischen Welt zugunsten eines niederen, sündhaften Affektes. Dieser Vorgang hat nichts Erhabenes an sich. Mit Blick auf die auf den ersten Seiten der ‹Einleitung› eröffnete Argumentation des Sebastián de Covarrubias wäre noch zu ergänzen: So ist universelle Herrschaft nicht legitimierbar.

Möchte man kein äußerst profanes Bild von der Arbeit des Dichters vertreten, scheint es daher nicht schlüssig, über die mitunter durch Curtius herausgearbeitete Verbindung von literarischem Werk und Schifffahrt – *signum* und *lignum* – die Schiffsrede der *Soledades* als metapoetisches «Drama des Dich-

---

[270] Vgl. *Cov*, S. 979. «En latín documentado, gloria designa, junto con otros conceptos afines como fama, decus o laus, una de las fundamentales ambiciones espirituales y políticas del aristócrata guerrero: la proyección pública de sus gestas.» (Juan Luis Conde: *La lengua del imperio*, S. 105) Die *cupiditas* als *causa facti* führt zu einem der Epideiktik entgegengesetzten, anklagenden oder beweisführenden Nexus der gerichtlichen Rhetorik (vgl. *HLR*, § 157). «Die psychologische *causa* ist das Tatmotiv. [...] Hierbei entspringen die guten Handlungen dem Motiv der Erreichung des wahren *bonum* und der Vermeidung des wahren *malum*, während die schlechten Handlungen auf einer falschen Meinung über die *bona* und *mala* beruhen [...]» (ebda., § 379). Die *cupiditas* zählt sichtlich zu den falschen Vorstellungen darüber, was wahres *bonum* sei und daher zu den psychologischen Ursachen für unerwünschte Wirkungen in der Welt. Dieser psychologische *locus a causa* ist daher, wie Lausberg betont, sehr beliebt (vgl. ebda.).

tens selber» (Leo Spitzer) zu betrachten.[271] *Piloto*, als ein empirisch und technisch konnotierter Begriff der atlantischen Seefahrt, und *poeta* sind weder deckungsgleich, wie Rudolf Geske annimmt, noch – dies bezeugen die vielen Anspielungen der *Soledades* auf die empirische und technische Welt der atlantischen Seefahrt – vollkommen getrennt. Zwischen diesen beiden Modi der Welterfahrung und des Wissens liegt auch in den *Soledades* der ganze Transformations- und Umbruchsprozess einer einstmaligen *Arcadia*. Hierfür steht die allzu moderne Verwandlung der für den Schiffbau geeigneten, geraden und wolkenberührenden Pelionfichte in unstete Wälder von Schiffsmasten auf einer rhetorisch entfalteten Weltkarte in der Frühen Neuzeit. Hinzu kommen das Spannungsfeld zwischen weltgewandtem Schäfer und irrendem Schiffbrüchigen sowie der Kontrast zwischen arkadischen Wäldern und ozeanischen «selvas inconstantes».[272] Ebensowenig wie sich Dichter und Seefahrer überblenden lassen und im ungehobelten Seefahrer etwa die «wilde Streitlust des Poeten» verhandelt wird, führt die Schiffsrede in eine (meta)poetische «Nebenwelt», in der Dichtung nur sich selbst zum Thema hat und die Metapher – nach dem Verständnis Dámaso Alonsos – zur alles versperrenden Barriere wird, die «konkrete Sachverhalte des Empirischen in eine äußerste Ferne» rückt.[273] Dies hieße, die *Soledades* zum dunklen Orakelspruch zu hypostasieren. Doch das Empirische wird in der Schiffsrede gerade dadurch lebendig und greifbar, dass es komplex um(ge)schrieben wird und im poetisch-semantischen Kleid eines historischen und hermeneutischen Prozesses bis an die Gegenwart der Leser heranführt (und darüber hinaus Wirkung entfaltet). So wird gerade das Hier und Jetzt als die rhetorisch gewendete und chronotopisch ver-

---

271 Leo Spitzer: Zu Góngoras *Soledades*. In: *Romanische Stil- und Literaturstudien*. Marburg a. d. Lahn: N. G. Elwert'sche Verlagsbuchhandlung 1931, S. 126–140, hier S. 129.
272 Im Jahr 1606, in einem Sonett an den zu Beginn des Kapitels erwähnten Herzog von Ayamonte, hatte Góngora das Motiv der schwankenden Wälder bereits verwendet. Anlass war die vermeintliche Einsetzung des Gönners als Vizekönig Neuspaniens. Die Tatsache, dass der Herzog tatsächlich niemals nach Amerika aufbrach, bestätigte die im Motiv angelegte Unvorhersehbarkeit aller ozeanischen Vorgänge: «Velero bosque de árboles poblado / que visten hojas de inquïeto lino; / puente instable y prolija, que vecino / el occidente haces apartado: […]» Góngora nahm daher mit dem unmittelbar folgenden Sonett «Volvió al mar Alción, volvió a las redes / de cáñamo, excusando las de hierro […]» die positive Bewertung umgehend zurück und betonte – wie in der *Soledad segunda* – das Fischerleben im Einklang mit der Natur und in Sichtweite der Küste gegen die technisch konnotierte List, hier des Schmiedegottes Hephaistos, der ein Netz aus Metall («de hierro») schuf. Der Herzog von Ayamonte verstarb im Jahr 1607.
273 Rudolf Geske: *Góngoras Warnrede im Zeichen der Hekate*, S. 40, vgl. auch S. 39–49. Pabst erläutert Geskes grundsätzliche These (vgl. Walter Pabst: *Góngora im Spiegel der deutschen Dichtung und Kritik*, S. 173 f.).

schobene Aktualisierung einer in der Antike verankerten Weltsicht ästhetisch erlebbar. In einer nicht mehr eindeutig epischen, sondern lyrischen Erzählsituation wendet sich der weltgewandte Schäfer in direkter Rede an den *peregrinus*, den Eindringling von außen.[274] Über eine rhetorische Verkettung entwickelt der Schäfer eine poetische Sicht auf das spanische Weltreich des frühen 17. Jahrhunderts. Sein Seemann ist der «torpe marinero»: ein Halunke, Tunichtgut und insgesamt niederträchtiger Mensch.[275] Dieser Seemann repräsentiert eine der alltäglichen Erfahrung zu Land vollkommen entgegengesetzte Ordnung und steht ganz im Bann der weltlichen Begierde. Vorgeschobene imperiale und messianische Diskurse – die oftmals von den Entdeckern und Eroberern selbst bemüht wurden – werden in einem intertextuellen Verfahren ausgehöhlt: Keine Aktualisierung und Überbietung des Mythos, wie in Camões *Lusíadas*, keine *Elegías de varones ilustres de Indias* wie bei Juan de Castellanos oder Neuformulierung eines prototypischen, heroisch-christlichen Themas wie in Tassos *Gerusalemme liberata*. Hier gibt es auch nichts wie das einst im italienischen Kunstepos erneuerte Ideal des mittelalterlichen Heroismus *tout court* – die «banderas tremolantes» gelten in Ludovico Ariostos *Orlando furioso* noch immer als «immagine di impeto guerresco o di sontuosità».[276] Stattdessen wird das Versprechen von fernen Wundern, heroischen Weltzugängen und halbmythischer Naturgeschichte in der Erzählung des «político

---

274 «De firmes islas no la inmóvil flota / en aquel mar del Alba te describo [...]» *Soledades I*, S. 95 (Verse 481 f., Hervorhebung: MM) Jesús Ponce Cárdenas bespricht die *Fábula de Polifemo y Galatea* vor dem Hintergrund einer «poesía narrativa» und epischer Erzählstrategien im Lyrischen (vgl. ders. in *Polifemo*, S. 62–71).
275 *Soledades I*, S. 94 (Vers 444). «[T]orpe sinifica el sucio y de malas costumbres, trae su origen del nombre *turpis et turpe*; y torpeza es lo mismo que bellaquería y bajeza.» (*Cov*, S. 1480) Rodríguez Marín wählte im Jahr 1902 noch die Worte «esa torpe vida de desórdenes y escándalos» um das liederliche Leben eines jungen Adeligen – eines vermeintlichen Vorbilds für Don Juan – im Sevilla des Jahres 1592 zu beschreiben (zit. in Tirso de Molina: *Obras dramáticas completas* (3 Bände). Madrid: Aguilar 1946, 1952, 1958, fortan zitiert als *TMOC II*, S. 529).
276 Maria de las Nieves Muñiz Muñiz: *L'Immagine riflessa*, S. 223. Die intertextuelle Filiation wird hier von Ariost über Garcilaso de la Vega («al viento las banderas tremolando», *Egloga II*), über Juan Rufos epische *La Austriada* (1584), Ercillas *Araucana* (1589; «Estandartes, banderas y pendones / sobre las altas popas tremolaban», Band 2, XXIII, 86) sowie der *Elegía a la muerte del Duque de Alba* (Vicente Espinel, 1591) bis hin zum *Quijote* (II, 61) gezogen. Ein weiteres Verbindungsglied mag in Bernardo de Balbuenas italienisierendem Epos *El Bernardo* (1624) liegen, das ab 1609 in Manuskriptform zirkulierte. Etwa zehn Jahre vor den *Soledades* hatte sich Góngora ohnehin in sehr prägender Weise mit den romanzenhaften Qualitäten des *Orlando furioso* beschäftigt. Ergebnis war der *Romance de Angélica y Medoro*, der den Krieg in einen *locus amoenus* und die Häuslichkeit eines «pastoral albergue» überführt (vgl. *DAOC VII*, S. 854 und Mercedes Blanco: *Góngora heroico*, S. 393 f.).

serrano» vielmehr von Gier und moderner «náutica industria» *ad absurdum* geführt.[277] Die Gier, immer wieder verkörpert im Schiff, seinen flatterhaften Fahnen und seiner Mannschaft («piloto» und «torpe marinero»), höhlt von innen heraus die triumphalen Konnotationen von Heldenmut, Siegesgewissheit, Glanz und Gloria aus. Der für zeitgenössische Leser allzu heftige Kontrast zwischen einem hohen, interpretatorisch äußerst anspruchsvollen Stil und dem anonymen Personal dieser Vorgänge gerät so zum gegenwartsbezogenen Kommentar. Dem Epischen wird die Sprache – Form, Stil, Topik und Rhetorik – zuerst entwendet. Dann wird sie defiguriert, zweckentfremdet und rekonfiguriert. Gewissermaßen ‹hinter› der Figurenrede angesiedelt, bewirkt – darin dem Begriff «errante» ganz ähnlich – die italianisierende und im Spanischen auf das Epos festgelegte Wendung «tremolante» einen exophonen Effekt.[278] Dahinter steht auch ein intertextuelles Verfahren Góngoras. Vor dem Hintergrund der heroischen Konnotationen von wehenden Fahnen und nicht zuletzt der in diesem Zusammenhang noch sehr präsenten Konnotation der Seeschlacht von Lepanto erweist sich der Verfasser, Luis de Góngora, als poetischer «Sprachendieb» im Rahmen eines Standardmotivs aus einer an Epos und italienischem *romanzo* orientierten Sprache: «La meilleure des subversions ne consiste-t-elle pas à défigurer les codes, plutôt qu'à les détruire?»[279] Es handelt sich dabei um einen besonders zugespitzten Fall jenes «travail de déplacement», in dem – wie in der ‹Einleitung› erläutert – Roland Barthes das Prinzip des Literarischen und Julio Ortega eine «tradición poética atlántica» erblicken. Der sich anschließende Verweis auf König Midas evoziert nochmals *cupiditas* und *auri sacra fames* und fällt – nicht nur in den *Soledades* – als stoisch geprägte Selbstanklage im Umfeld einer kolonial-expansionistischen Rhetorik auf die Eroberer zurück. Appetit oder Anrecht auf weit entfernte im-

---

277 Mit David Quint bemerkt Nicolopulos, das Epos berge eine ganz andere «dynamic of legitimization/subversion of authority», als etwa die Lyrik in der Folge Garcilasos (James Nicolopulos: *The Poetics of Empire in the Indies*, S. 59).
278 Einschlägige Wörterbücher verzeichnen zwar it. *tremolare* (flattern), jedoch im Spanischen nur *tremular* (zittern, beben). Góngoras Begriff liegt ziemlich genau zwischen den beiden standardisierten Lexemen.
279 Barthes zit. in Ottmar Ette: Der Schriftsteller als Sprachendieb. Versuch über Roland Barthes und die Philosophie. In: Ludwig Nagl/Hugh J. Silverman (Hg.): *Textualität der Philosophie. Philosophie und Literatur*. Wien/München: R. Oldenbourg 1994, S. 161–189, hier S. 179. Romm diagnostiziert das Vorgehen bei Senecas Behandlung der Seefahrt im zweiten Chorgesang der *Medea* (vgl. James S. Romm: *The Edges of the World in Ancient Thought*, S. 171). Quint spricht von «dismemberment and formlessness», um die spezifische Abweichung von Lukans *De bello civili* gegenüber der epischen Tradition zu kennzeichnen (ders.: *Epic and Empire. Politics and generic form from Virgil to Milton*. Princeton, NJ: Princeton University Press 1993, S. 147).

periale Subjekte bilden als Kippfigur das (in)stabile Element einer Argumentationslinie, die – je nach Standpunkt und Grad der Betroffenheit – für oder wider Tributzahlungen aus fernen Ländern argumentiert:

> Segundos leños dió segundo Polo
> en nuevo mar, que le rindió no solo
> las blancas hijas de sus conchas bellas,
> mas los que lograr bien no supo Midas
> metales homicidas.[280]

Vom hypothetischen und rein literarischen Standpunkt der *Arcadia* ist diese Gier eine Verkehrung. Die Tatsache jedoch, dass literarische Topoi und Motive keineswegs eine Fehllektüre im «Bezirk plattesten Verständnisses» (Rudolf Geske) erleiden, wenn sie auch auf die empirische und historische Realität bezogen werden, zeigt sich an den Perlen – «blancas hijas de sus conchas bellas» – des Pazifiks. Bereits seit dem frühen 16. Jahrhundert wurden auf Cubagua, in Nueva Cádiz, und auf der Isla Margarita vor der Küste Venezuelas indigene Sklaven für die *pesca de perlas* brutal missbraucht.[281] Die Entdeckung des Pazifiks gibt der Perlenfischerei – ebenso wie der nicht minder unmenschlichen Suche nach Gold – neuen Aufschwung, wie aus den Versen der Schiffsrede eindeutig hervorgeht. So zeigt eine Karte aus dem Jahr 1562 tatsächlich auch eine *Ysola de las Perlas* auf der westlichen Seite des Isthmus von Panama.[282] Ausgehend von dieser Tatsache mag sich das fragmentarische und verdinglichende Motiv der ‹Perlen› des Pazifischen Ozeans auf die Inseln und Städte der asiatischen Archipele erweitern. Angesichts epischer Vorbilder, in denen Inseln als zauberhafte Lustorte die Reise der Helden zum Stillstand bringen, müssten diese ‹Perlen› nicht notwendigerweise das Ziel eines gierigen Impetus des Imperialen, eines opulenten Städtelobs, einer epideiktischen oder

---

280 *Soledades I*, S. 93 f. (Verse 430–434). Ovid berichtet vom König Midas im elften Buch seiner *Metamorphosen*: «Entsetzt über das neuartige Unheil, wünscht der arme Reiche seinen Schätzen zu entfliehen Was er eben noch erfleht hat, hasst er. Selbst die größte Fülle kann seinen Hunger nicht stillen; brennender Durst dörrt ihm die Kehle aus, und wie er es verdient, quält ihn das verhasste Gold.» Inbegriff einer provokanten Antwort auf imperiale *cupiditas*, aber im Gegenzug auch prototypische Rechtfertigung des *iustum bellum* wurde bei Cicero der kleinasiatische Machthaber Mithridates. Er soll den Anführer des römischen Kolonisationsheeres gezwungen haben, geschmolzenes Gold zu trinken (vgl. Juan Luis Conde: *La lengua del imperio*, S. 91).
281 Vgl. dazu Enrique Otte: *Las Perlas del Caribe: Nueva Cádiz de Cubagua*. Caracas: Fundación Boulton 1977 sowie die aussagekräftigen Webseiten des Museo Nueva Cádiz auf Cubagua (museonuevacadizne.blogspot.de; 14.2.2016).
282 Vgl. Mercedes Blanco: *Góngora heroico*, S. 318 und 361.

sentimentalen Ostentation werden: «*no solo* / las blancas hijas de sus conchas bellas, / *mas* [...]».[283] Bei Góngora klingt dieser feine Unterschied diesseits und jenseits des Heroismus in der erotischen, aber auch gewalttätige Dimension der Bewegungen des Schiffes noch an:

> los reinos de la Aurora al fin besaste
> cuyos purpúreos senos perlas netas,
> cuyas minas secretas
> hoy te guardan su más precioso engaste;
> la aromática selva penetraste[284]

So hängt den Goldadern und den Perlen eine unheimliche, körperliche und fragmentarisch-leblose Erotik des obsessiven Begehrens an. Góngora entfaltet sie hier noch intensiver als Shakespeare, dessen unheimliche Verse aus *The Tempest* bis zu T. S. Eliots *modernism* in *The Waste Land* (1922) nachwirkten: «Those are pearls that were his eyes».[285] Bei Góngora bricht sich die Raffgier über die ‹Perlen› des Pazifiks hinweg ihre Bahn auf der Oberfläche des Globus und vervollständigt die rhetorisierte Karte der ‹Schiffsrede›.

Letztlich zeugt das im Zusammenhang mit den Goldflotten an den westlichen Küsten Amerikas evozierte, paradoxe Dilemma des König Midas, Gold essen zu müssen («Midas / metales homicidas»), aber von einem durch und durch verkehrten Appetit auf mehr. Es sind diese Doppelbödigkeit des konsumierenden Begehrens zwischen einer Erotisierung der Gier und der prosaischen, rein anhäufenden Raffgier, aber auch eine ganz spezifische, grenzüberschreitende, praktische, ja visuell-kartographische Form des Wissens, die in der großgeschriebenen Personalallegorie der «Codicia» als Navigator («piloto») vereint werden. Sie prägen die ganze Schiffsrede und treiben die rhetorisch entfaltete Landkarte in die multiplen Richtungen ihres unsicheren (Sinn)Horizontes. Die Schiffsrede zeigt jedoch keinen triumphalen Ist-Zustand aus apollinischer Draufsicht, keine dauerhafte Eroberung, kein stabiles Gebilde des Wissens, sondern ein rhetorisiertes, tropisches, also auch semantisch, räumlich und historisch verschiebbares Werden. Sie zeigt einen unabgeschlossenen Prozess im Zeichen des Begehrens, der Gier und der Begegnung mit dem Unbekannten: Ein Prozess der Wendung und Verschiebung, der zwar hypothetisch auf Totalität und Abrundung eines vollkommen beherrschten Erdballes abzielt,

---

283 Hervorhebung MM.
284 *Soledades I*, S. 94 f. (Verse 457–461; vgl. auch Rudolf Geske: *Góngoras Warnrede im Zeichen der Hekate*, S. 68–75).
285 «Ariel: Full fathom five thy father lies, / Of his bones are coral made; Those are pearls that were his eyes [...]» (William Shakespeare: *The Tempest*, S. 200; 1.2.397–399).

dabei aber auch eine Schicksalsfigur sichtbar macht. Er bleibt höchst unberechenbar und droht immer – wie auf den so tragisch betroffenen weltgewandten Schäfer – in seiner infernalischen Hybris, seiner jenseits des Ozeans nun praktisch ausgelebten Alchemie auf seine Adepten zurückzufallen: «Das ist die Welt; / Sie steigt und fällt / Und rollt beständig».[286] Wenn, schließlich, in der *Soledad segunda* ein Fischer den Tribut, den fremde Länder an das Imperium zu entrichten hätten, zu einem an den Ozean – «profundo / campo ya de sepulcros» – entrichteten Blutzoll der eigenen Bevölkerung wendet – «tributos digo Américos» –, so wird deutlich, wie schnell das Pendel zurückschwingt und der Lauf der Welt die Richtung wechselt.[287] Der folgende Abschnitt 3 bleibt zunächst bei den *Soledades*, greift sie nochmal in zusammenfassender Weise auf und folgt dann an anderer Stelle der Spur dieser komplexen poetischen Spannung.

---

[286] *Faust I*, ‹in der Hexenküche›. Zwei Meerkatzen spielen mit einem (Erd)Ball.
[287] *Soledades II*, S. 139 (Vers 405).

3 Soziale Räume: die Rückkehr Don Juans

3.1 Góngora, Tirso und die atlantische Welt

«Esto es todo. Poco es.» Ein erneuter Seitenblick auf die fast gleichzeitig entstandene *Fábula de Polifemo y Galatea* (1611) und ihres seit der Antike gegebenen und vielfach variierten Stoffes um die Liebesklage des von der Nymphe Galatea verschmähten Zyklopen macht deutlich, dass, fragt man nach Thema oder Stoff der *Soledades* (1613/14), dieses zweite Langgedicht – trotz der Schiffsrede – der Idee eines *livre sur rien* recht nahekommt.[1] Folglich stehen Góngoras Topoi, Figuren und Tropen um Peripetie und Wendung nicht in erster Linie im Dienste einer epischen ‹Fabel›. Eher verselbständigen sie sich in Góngoras poetischer Sprache. Somit liegt in der Rückkehr des «peregrino errante» vom Ozean an Land gerade eine Absage an das Epische und Heroische der Seefahrt sowie aller Unternehmungen, die metonymisch mit ihr verbunden sind oder ihr in allegorischer und metaphorischer Erweiterung gleichgesetzt werden können.[2] In den *Soledades* ist daher auch kein Platz für die Korrelation von hohem Stil und hohen Taten, erbaulichen Botschaften und individuellem Ruhm. Stattdessen gibt es eine Abfolge von äußerst artifiziellen Bildern und Szenen, die – das Werk eines *poeta doctus* – im Einzelnen Anlass zu Variation, Überbietung und Verfremdung bekannter Motive bieten. In der Summe ergeben sie jedoch weniger eine schlüssige und abgeschlossene Handlung als vielmehr ein lose verbundenes Thema oder poetisch formuliertes Ideal. Dieses muss – wie zu Beginn des vorangegangenen Kapitels betont – unabgeschlossen oder rahmenlos bleiben. Das Ergebnis ist, in letzter Konsequenz, das freie Spiel der poetischen Sprache und lyrischen Bildlichkeit, außerhalb der Zwänge von Kohärenz und bündiger Form: Aufforderung und literarischer Flirt im zirkulierenden Manuskript, Anreiz zur gedanklichen Fortführung und Kommentierung, elitäre *jouissance* des ebenfalls als *viator* an den metrischen und semantischen ‹Schritten› des Textes teilhabenden Lesers. Trotz ihrer ursprünglichen Bindung an das Manuskript werden somit die *Soledades* als Ganzes – und in höherem Maße als die *Fábula de Polifemo y Galatea* – auch zu einem metapoetischen Manifest der frühmodernen Dichtung selbst. Der Pilger der ‹Dedicatoria› wird

---

[1] «Esto es todo. Poco es. Pero bastante para lo que el poeta se propuso. ¿Llega a constituir un «asunto»? [...] No era el genio de Góngora épico, sino lírico, y valor lírico es lo que hay que buscar en las Soledades.» (*DAOC V*, S. 296 f.)

[2] «Góngora parece querer demostrar en las Soledades que una fábula entendida al modo aristotélico no es necesaria para sostener el poema y, con ello, la falacia de la opinión dominante en materia poética.» (Mercedes Blanco: *Góngora heroico*, S. 141)

zum Bild des frühmodernen Dichters schlechthin (seiner Leserschaft nicht unähnlich): ein Unbehauster, der sich dennoch selbst zur Autorität erhebt. Im Bild des gestrandeten Ozeanfahrers von *Soledad primera* und *Soledad segunda* liegt folglich eine literarisch formulierte Lebensphilosophie. In dieser Funktion – «un idéal de vie que le poète nous propose»³ – müssen die *Soledades*, ebenso wie ihre einzelnen Bildabschnitte oder Szenen, jedoch zwangsläufig unabgeschlossen bleiben. Weder Literatur noch Leben nehmen hier die überhöhte aber dennoch stets an einen Kanon anschlussfähige Idee des ‹Werkes› an, die neoklassisch geprägte Generationen von Dichtern und Philosophen ihnen später um jeden Preis zuschreiben wollten. Was für einen Schlussstein hätte Góngora auch setzen sollen?

In diesem Zusammenhang ließe sich nur schwerlich behaupten, die *Soledades* setzten sich in erster Linie mit dem transatlantischen Imperium Spaniens auseinander. Gleichwohl verschwindet ihr referentieller Gehalt auch nicht hinter der hypostasierten Metapher oder einer vermeintlichen «fuga irreal de lo poético».⁴ Weder auf die Metapher fixierter Modernismus *avant la lettre* noch in den Entstehungsbedingungen fundierter Materialismus, generieren die *Soledades* ihren referentiellen Bedeutungsgehalt – wie das vorangegangene Kapitel im Anschluss an Lotman zu zeigen versucht hat und wie der Titel des Gedichtes bereits andeutet – mit einer ureigenen, auf stets wiederkehrende semantische Konstellationen und räumliche Relationen basierenden ‹Sprache›.⁵ Auch nach der Schiffsrede entfalten die *Soledades* eine Reihe von Szenen, die eine Spannung zwischen scheinbaren zivilisatorischen Errungenschaften und einem Lebensideal des rechten Maßes und der Bescheidenheit – «Próspera al fin, mas no espumosa tanto / vuestra fortuna sea» – erkennen lassen.⁶ Die *Arcadia* der *Soledades* erweist sich als ein Raum, der sich den potentiell alles wendenden und verkehrenden Kräften des Kommenden widersetzt.

---

3 «[L]es Solitudes ne sont pas seulement un album de souvenirs où don Louis aurait rassemblé les plus vives émotions artistiques qu'il éprouva devant certains paysages; c'est aussi – et je suis tenté de dire surtout – un idéal de vie que le poète nous propose, et de ce point de vue il n'est pas exagéré de dire que, dans les Solitudes, Góngora exprime une philosophie.» (Robert Jammes: *Études sur l'œuvre de Don Luis de Góngora y Argote*, S. 592)
4 *DAOC V*, S. 297.
5 Die Tatsache, dass Beverley das Verhältnis zwischen Dichtung und Gesellschaft materialistisch kurzschließt – «[Góngora] define una nueva poética que responde a una nueva realidad social y cultural» (in *Soledades*, S. 31) – hat zu harscher Kritik an der hier verwendeten Ausgabe und seinem Ansatz insgesamt geführt (vgl. Pablo Jauralde Pou (Hg.): *Diccionario filológico de literatura española del siglo XVII* (2 Bände). Madrid: Castalia 2010, hier Band 1, S. 602). Für das andere Extrem einer ästhetizistischen Flucht aus der Realität, die hier als modernistische Lektüre bezeichnet wird, ist bislang stets Dámaso Alonso angeführt worden.
6 *Soledades I*, S. 114 (Verse 926 f.).

Soweit sie sich in die Nähe der Diagnose einer vermeintlichen Blindheit für empirische Fakten oder ästhetizistischen Flucht aus der historischen Realität begibt, sollte Gumbrechts «Generalthese» einer «Theatralisierung des Alltags» also nicht unkritisch auf Góngoras *Soledades* bezogen werden.[7] So findet sich in dem Feuerwerk, das die Dorfbewohner der *Soledades* anlässlich einer Hochzeit veranstalten, ein weiterer Beleg dafür, dass selbst diese Form der Theatralisierung keineswegs als eine reine Abwendung vom Alltag gedeutet werden muss. In einer labilen Dynamik zwischen Fest und Katastrophe angesiedelt, zeigt sich hier das Wechselspiel zwischen der Beharrungskraft der *Arcadia* und einer dennoch inhärenten Hingabe derselben an die Moderne:

> al pueblo llegan con la luz que el día
> cedió al sacro Volcán de errante fuego,
> a la torre de luces coronada
> que el templo ilustra, y a los aires vanos
> artificiosamente da exhalada
> luminosas de pólvora saetas,
> purpúreos no cometas.
> Los fuegos pues el joven solemniza,
> mientras el viejo tanta acusa Tea
> al de las bodas Dios, no alguna sea
> de nocturno Faetón carroza ardiente,
> y miserablemente
> campo amanezca estéril de ceniza
> la que anocheció aldea.[8]

Es mag ein selbst für gongoristische Verhältnisse überzogener Deutungsversuch sein, wollte man in der kindischen Hybris eines Phaeton – der hier mit seiner «carroza ardiente» dem Lauf der Sonne folgt – eine ferne Verbindung zu den viel profaneren Schiffen sehen, die Kurs auf dieselbe Himmelsrichtung genommen haben und dabei dem Sonnenwagen gefolgt sind. Doch setzt – so sehr das Artifizielle und Gewählte der Sprache selbst dem *ordo naturalis* entgegensteht, ihn verfremdet und daher genau wie das durch sie gezeigte Feuerwerk um Aufmerksamkeit buhlt und kommunizierend wirkt – diese Aktualisierung der Mythen um Vulkan und Phaeton auf äußerst diskrete Art und Weise eine Verkettung von literarischen Motiven in Gang, die entlang einer vertikal aufgebauten Axiologie das Horizontale des Ozeanischen mitbedenkt: ein vertikaler und horizontaler Sinnhorizont, der selbst den Feuerwerksraketen ein-

---

7 Zu Gumbrechts «Generalthese», vgl. Wolfram Nitsch: *Barocktheater als Spielraum*, S. 139, Fn 30.
8 *Soledades I*, S. 102 (Verse 645–658).

wohnt. Mit ihrer parabolischen, doppelt verbindenden Bewegung deutet sich erneut eine Katastrophe an.[9] Erneut bietet sich die Gelegenheit, an der verbindenden Parabel der Raketen auch eine ethische Ambivalenz um die Bewertung von «Schimpf-» oder «Lustfeuerwerken» festzumachen. Dabei handelt es sich um eine allgemeine Ambivalenz in der Bewertung des Geschehens, die bereits bei der Ankunft des Schiffbrüchigen am Strand oder der Schiffsrede des «político serrano» deutlich geworden war: Die Perspektiven von «político serrano» und jungem Seefahrer, Alt und Jung, Land und Meer klaffen in der ethischen und ästhetischen Bewertung dieses Ereignisses auseinander:

> Aus der Sicht des jungen Schiffbrüchigen, der den Hochzeitsfeierlichkeiten auf dem Lande zufällig beiwohnt, bietet sich das Feuerwerk dar als berauschendes Schauspiel, das die tiefe Nacht ‹artificiosamente› in einen strahlenden Tag verwandelt. [...] Während der unbedarfte Betrachter den neuen Vulkan als raffinierten Illusionstechniker feiert, vergleicht sein erfahrener Begleiter dessen künstliche Sonnen mit dem vom Absturz bedrohten Sonnenwagen eines ‹nocturno Faetón› und verweist dadurch auf ihre ganz realen Gefahren. Im schlimmsten Falle setzt das im Namen Vulkans beschriebene Feuerwerk das abgeschiedene Dorf plötzlich Verheerungen aus, wie sie andernorts die Salven moderner Feuerwaffen bewirkt.[10]

Góngora hatte schon einmal die listige Erfindungsgabe und technische Geschicktheit des Schmiedegottes Hephaistos («sacro Volcán») mit der prometheischen Grenzüberschreitung der Seefahrt in Verbindung gebracht. Als der Herzog von Ayamonte im Jahr 1607 endgültig nicht nach Neuspanien segelte, ließ er laut Góngoras Sonett *Al marqués de Ayamonte, determinado a no ir a México* von den «Drahtnetzen» ab.[11] Er wandte sich lieber wieder den «Fischer-

---

[9] Interessant ist in diesem Zusammenhang der Verweis auf die vieldiskutierten «cometas», die im frühen 17. Jahrhundert zwischen Wunder und Naturkatastrophe schwanken. Wie Góngora spricht Covarrubias bei Kometen von «exhalación caliente» (Cov, S. 585). Eine weitere interessante Variante der potentiell katastrophalen Kombination von Feuer und Wasser, Vertikale und Horizontale, findet sich in der Vulkaninsel, die bereits in Boccaccios *De Canaria* eine wichtige Rolle gespielt hat. Das Magma des Vulkans verweist hier aber eher auf das Imaginäre als auf die Verwüstung durch Brände (vgl. Marie-Cécile Guhl: Le Feu à l'île: pour une dynamique des formes de l'Imaginaire. In: Jean Burgos/Gianfranco Rubino (Hg): *Circé: l'île et le volcan. Formes et force de l'Imaginaire*. Paris: lettres modernes 1996, S. 61–73).
[10] Wolfram Nitsch: Der Blitz und das Netz. Mythen und Technik bei Góngora. In: Wolfram Nitsch/Bernhard Teuber (Hg.): *Zwischen dem Heiligen und dem Profanen: Religion, Mythologie, Weltlichkeit in der spanischen Literatur und Kultur der frühen Neuzeit*. München: Wilhelm Fink 2008, S. 261–283, hier S. 264 f. (vgl. auch S. 276). Zu «Schimpf-» und «Lustfeuerwerk», vgl. Hans Holländer (Hg.): *Erkenntnis, Erfindung, Konstruktion: Studien zur Bildgeschichte von Naturwissenschaften und Technik vom 16. bis zum 19. Jahrhundert*. Berlin: Mann 2000, S. 689.
[11] «Der hinkende Hephaistos lähmt den weitaus schnelleren Ares, indem er ihn beim Ehebruch mit Aphrodite in einem Drahtnetz fängt; [...].» (Wolfram Nitsch: Der Blitz und das Netz, S. 262).

netzen» zu – also einer altersweisen Haltung der *prudentia* am Rande des imperialen Geschehens an den Stränden um Ayamonte und den immensen Jagdgründen des Coto de Doñana. Es handelt sich um eine Rückkehr ohne Aufbruch und somit – nach einem kurzen Moment der moralischen Verirrung – um eine Rückkehr zum eigentlichen Wesen des Gönners:

> Volvió al mar Alcïón, volvió a las redes
> de cáñamo, excusando las de hierro;
> con su barquilla redimió el destierro,
> que era desvío y parecía mercedes.
>
> Redujo el pie engañado a las paredes
> de su alquería [...][12]

Die *Soledad segunda* mit ihrer Fischerinsel wird die auch hier mehrfach angelegte Spannung zwischen Land und Ozean, arkadischer Isolation und Weltgeschichte, dem Leinen der Fischer und Hephaistos Eisendraht wieder aufnehmen und nochmals verstärken. Dabei bleibt die Wasserwelt der Fischerinsel stets an das Bukolische zurückgebunden: Hier leben die Menschen in einem intimen, sogar lasziven Zusammenhang mit der Welt des Meeres und seiner Fauna, während die ozeanischen Eroberungs- und Handelsreisen von einem fetischisierten Drang der Gier, Unterjochung und Fragmentierung geprägt sind.[13] So bleibt an der Hochzeitsszene nur zu ergänzen, dass der Schiffbrüchige bei seiner Kontemplation des Feuerwerks in seiner Jugendlichkeit nicht nur als «unbedarfter Betrachter» gelten mag, so wie Wolfram Nitsch es in dem obigen Zitat nahelegt. Denn der junge Mann war, von der Eröffnungsszene der *Soledad primera* an, als Seefahrer auch immer ein Vertreter jener ‹anderen›, stets ‹künftigen›, weil stets verbindenden Welt des Ozeanischen. Es ist eine Welt, der sich auch die Bewohner dieser eigenartigen *Arcadia* kaum noch entziehen können oder wollen. Wer sollte schon auf den Schäfer, in der Feuerwerksszene schlicht «el viejo» genannt, hören? Wenn das künstlich geschaffene Spektakel des Feuerwerks – so die abschließende und doch weiterführende These dieses Abschnitts – nicht nur auf die Hochzeit, sondern auch auf den «beunruhigenden Hintergrund neuzeitlicher Technik» verweist, so meint die

---

12 Zit. in *DAOC VI*, S. 155.
13 Vgl. Jesús Ponce Cárdenas: De nombres y deidades: claves piscatorias en la *Soledad Segunda*. In: *Calíope* 18 (2013), S. 85–110, hier S. 109 f. Wenn Nitsch betont, die Jagdaktivitäten der Fischer seien schlicht «submarine Fortsetzung jener Eroberung neuer Welten», die in der Schiffsrede beklagt wurde, dann übergeht er die unterschiedlichen Konnotationen von ozeanischer Seefahrt und Fischerwelt, Goldgier und erotisierter Jagd, weltweiter *cupiditas* und insularer *prudentia* (Wolfram Nitsch: Der Blitz und das Netz, S. 279).

Parabel des Feuers innerhalb der *Soledades* weniger die «Salven moderner Feuerwaffen». Sie stünden mit dem Feuerwerk nur auf derselben konzeptuellen Stufe, sind nur Varianten desselben Prinzips.[14] Im Hintergrund eines solchen «pyrohistorischen Dramas der Auslöschung» (Thomas Macho), dies haben die Eröffnungsverse der Schiffsrede – «Más armas introdujo este marino / monstruo [...] / que confusión y fuego» – bereits gezeigt, schwebt schon seit der Geschichte von Jason und Medea, seit *Ilias* und *Odyssee* die Hybris einer durch das Schiff verursachten Grenzüberschreitung und fatalen Berührung.[15] Sie riskiert nicht nur die Katastrophen des Feuers, göttliche Strafe der Dürre und Sterilität, oder die im Feuerwerk ebenfalls angelegte Innovation der Feuerwaffen. Stattdessen deutet die Parabel des Raketenfluges auf die in der vorliegenden Untersuchung immer wieder aufgegriffenen Isotopien um Grenzüberschreitung, Ankunft, Kontakt und Katastrophe. Kurz gesagt: Es handelt sich um ein kommunikatives Ereignis. Auf diese Weise verbindet sich die technisch erzeugte Verwüstung durch das Feuerwerk in den *Soledades* mit dem Salzwasser, der strafenden Flut, «campo estéril de ceniza» und «Libia de ondas», sowie dem Schiff als der dazugehörigen, grenzüberschreitenden Transport- und Kriegsmaschine der Krieger, Händler und Financiers. Es ist die Aktualisierung des Trojanischen Pferdes mit seiner unheroischen, den Augen des Gegners verborgenen Kriegslist. Es ist das technische Potential katastrophaler Ereignisse und dennoch die verbindende Grundlage aller Unternehmungen im Rahmen eines global agierenden Imperiums. Der gemeinsame Nenner dieses metaphorischen Geflechts ist die drohende Sterilität der bukolischen Landschaft. Sie verweist im allegorischen und wörtlichen Sinne – wie die unbekömmliche Speise des Goldes bei König Midas – auf das Scheitern eines bukolischen Ideals und die ‹Sterilität› eines gescheiterten Zusammenlebens. In dem prekären und instabilen Zwischenraum von Fest und Katastrophe droht der fruchtbaren Landschaft der *Arcadia* so jedoch Verkehrung und Vernichtung.

Robert Jammes eröffnet seine monumentale Studie zu Góngora aus gutem Grund mit einigen grundlegenden Bemerkungen zu Satire und burlesker Poesie.[16] Besonders das satirische Schreiben, das einen frontalen Angriff auf die gesellschaftlichen und politischen Verhältnisse der jeweiligen Zeit impliziert, scheint auch im Rahmen der vorliegenden Untersuchung dazu geeignet, selbst mit Blick auf die Rhetorik den Mythos des gegenwartsfernen, barock-verdun-

---

14 Ebda., S. 265
15 Vgl. Thomas Macho: Weltenbrand und Feuerwerk. Ein pyrohistorisches Panorama der Auslöschung. In: Natascha Adamowsky/Peter Matussek (Hg.): *[Auslassungen]. Leerstellen als Movens der Kulturwissenschaft*. Würzburg: Königshausen & Neumann 2004.
16 Vgl. Robert Jammes: *Études sur l'œuvre de Don Luis de Góngora y Argote*, S. 40–42.

kelnden Dichters zu widerlegen. Es sind gerade die gegenwartsbezogenen und effekthaschenden Strategien satirischer Schreibweisen, welche die Erneuerung eines rhetorischen Effektes aufzeigen, der als eine extreme Steigerung des bereits in der ‹Einleitung› beschriebenen *télescopage* gelten darf. Wo Covarrubias argumentatives Ziel noch zu einem sukzessiven ‹Auseinanderziehen› von Zeiten und Räumen führte, zeigten die *Soledades* bereits mehrere Beispiele eines eher abrupten Umschlagens der chronotopischen Perspektive: als folgte auf das Aufziehen und Justieren des Fernrohres nun der Blick hindurch. Auch jenseits der figural-allegorischen Dimension radikaler Vergrößerung und Verkleinerung bewirkt hier die Rhetorik, wie in Emanuele Tesauros programmatisch benanntem Traktat *Cannochiale aristotelico* (1654) deutlich wird, einen epistemologischen Effekt: «Argutissime finalmente sono le OPTICHE; lequale per certe proportioni di prospettiva, con istrane & ingegnose apparenze ti fan vedere ciò che non vedi.»[17] Indem man plötzlich ‹etwas sieht, das man nicht sieht›, kommt es zu einer eher abrupten Form der Erkenntnis, wie bei einer Anamorphose oder einem allzu plötzlich eintretenden Ereignis.[18] Auch Quevedo – stets mit Brille abgebildet – hatte sich im 36. Abschnitt seines *La hora de todos* (1645) das Fernrohr in satirischer Form zueigen gemacht: Ein Holländer – man schrieb ihnen eine Pionierrolle bei den erhellenden optischen Geräten zu – zeigt einem amerikanischen Indigenen ein Fernrohr. In dieser kolonialen Satire vor dem Hintergrund von Kirchenspaltung und Unabhängigkeitskampf der Niederlande ist es der Holländer, der über das Fernrohr als die «moderne Inkarnation dieser vermessenen Menschheit» gekennzeichnet wird.[19] Die politisch eindeutig gegen die Holländer gerichtete Satire verliert auf der Ebene ihres rhetorischen Spiels mit Groß und Klein jedoch leicht ihre Eindeutigkeit. Auch Góngoras «político serrano» hatte dem Magnetstein, der Kompassnadel

---

17 Zit. in Marita Liebermann: Optik und Rhetorik in Emanuele Tesauros *Cannocchiale aristotelico*. In: Bernhard Huss/Christian Wehr (Hg.): *Manierismus. Interdisziplinäre Studien zu einem ästhetischen Stiltyp zwischen formalem Experiment und historischer Signifikanz*. Heidelberg: Winter 2014, S. 321–335, hier S. 328.
18 Vgl. ebda., S. 329 und Christian Wehr: Manierismus und Anamorphose.
19 André Stoll: Das Fernrohr, die Begierde und die Figuren Amerikas. Irritierende Perspektiven auf die Inszenierungsstrategien barocker Poiesis. In: Monika Bosse/André Stoll (Hg.): *Theatrum mundi. Figuren der Barockästhetik in Spanien und Hispano-Amerika. Literatur, Kunst und Bildmedien*. Bielefeld: Aisthesis 1997, S. 7–30, hier S. 11. Christian Wehr hat eine Stoll teils direkt widersprechende Lektüre der Passage bei Quevedo vorgelegt. Vgl. Christian Wehr: Vom Entdecken zum Erfinden. Inszenierungen der astronomischen Wende bei Saavedra Fajardo, Quevedo und Gracián. In: Wolfram Nitsch/Christian Wehr (Hg.): *Artificios. Technik und Erfindungsgeist in der spanischen Literatur und Kultur der Frühen Neuzeit*. Paderborn: Wilhelm Fink 2016, S. 219–231, hier S. 226.

ein solches Wechselspiel aus Nähe und Ferne zugeschrieben. Indem Nahes und Fernes, Altes und Neues, Lokales und Globales eher plötzlich in ein wechselseitiges Verhältnis von Berührung, Austausch oder Ansteckung geraten, erfolgt auch die metaphorische Übertragung von Sinn nicht mehr in einer sukzessiv-verkettenden, sondern ereignishaften und abrupten Form. Eine Folge dessen ist, dass Góngora – ebenso wie die Satire Francisco de Quevedos – die Welt immer wieder auf einen «espacio breve» verkleinert.[20] Unerhörte und oftmals transgressorische Verbindungen zwischen entgegengesetzten Prinzipien und Konzepten entfalten ein überraschendes und kritisches Potential, das sich allzu leicht verselbständigt. Sie bringen aber auch die aufmerksamkeitserregende und prestigeträchtige ‹Währung› rhetorischer *agudeza* – die mit rhetorischer Gewitztheit selbst die Goldmünze zum verkleinerten «orbe pequeño» transfiguriert[21] – mit dem Namen des Verfassers in Verbindung. Solche Verbindungen haben wie bei der kartographisch strukturierten Schiffsrede oder dem unvermittelten *tel quel* eines Truthahns, amerikanischer «ave peregrina» auf einem bukolischen Hochzeitstisch, also das Potential, topographische und gesellschaftliche Bezüge in eine topologisch strukturierte Rhetorik zu übertragen. Auch die *Arcadia* der *Soledades* blickt plötzlich über Spanien hinaus gen Westen.[22]

Es bleibt nicht bei den *metaphorai* als Strukturen der unerwarteten, aber keineswegs unvorstellbaren Verbindung. Die *Soledades* verweisen in ganz grundsätzlicher Weise auf chronotopische *impossibilia*, also Bewegungen der Um- oder Rückkehr: etwa wenn der anonyme «peregrino errante» als allegorischer und atlantischer Seefahrer – ganz der moderne Augen- und Risikomensch – an den Strand einer Schäferidylle (zurück)gespült wird. Der Mechanismus erinnert an die bereits eingangs erwähnte *Fábula de Polifemo y Galatea* (1612), in der – mit Bezug auf einen denkbar grobschlächtigen Hirten und Klas-

---

20 «Apenas reclinaron la cabeza, / cuando en números iguales y en belleza, / los márgenes matiza de las fuentes / segunda Primavera de villanas, / [...] Mezcladas hacen todas / *teatro dulce*, no de *escena muda* / el apacible sitio: *espacio breve* / en que [...]» *Soledades I*, S. 101 (Verse 616–619; 623–626. Hervorhebung MM).
21 Vgl. Emilio Alarcos García: *El dinero en la obra de Quevedo*. Valladolid: Universidad de Valladolid 1942, S. 13 und Lía Schwartz Lerner: El motivo de la ‹auri sacra fames› en la sátira y en la literatura moral del siglo XVII. In: Ignacio Arellano (Hg.): *Las Indias (América) en la literatura del Siglo de Oro*. Kassel: Reichenberger 1992, S. 51–70, hier S. 58.
22 Wie bei dem bukolischen Fischernachen, dessen Bug im Meeresschaum dennoch wie der Hals einer peruanischen Prinzessin erscheint: «éste con perezoso movimiento / el mar encuentra, cuya espuma cana / su parda aguda prora / resplandeciente cuello / hace de Augusta Coya Peruana, / a quien hilos el Sur tributó ciento / de perlas cada hora.» *Soledades II*, S. 123 (Verse 62–68).

siker eines verkehrten bukolischen Motivrepertoires – ausgerechnet ein Genuese vom Sturm auf die Insel des Polyphems geworfen wird. Ebenso wie sich der *peregrinus* der *Soledades* nicht als rein höfische oder allegorische Figur erweist, sondern auch mit neueren, empirischen und praktischen Dimensionen einer atlantischen Lebensrealität verknüpft wird, ist Góngoras Genuese nicht einfach ein weiterer Typus aus einer herrschaftskritischen Satiretradition. Denn neben dem schönen (und oftmals verlogenen) Soldaten, dem hungernden Hidalgo, dem ahnungslosen Arzt und geldgierigen Apotheker sticht der Genuese spätestens seit der raumgreifenden «epopea mercantesca» des *Decameron* (1348–1353)[23] – und nun im atlantischen Kontext – als ein besonders gewandter und grenzgängerischer Zeitgenosse hervor:

> Wann immer der Kampf ins Stocken gerät – und die extremste Form des Stockens wäre ja der Sieg, der Endsieg des Einen über den Anderen, springt – Deus ex Machina – der Dritte auf die Bühne. Er tritt heraus aus seiner Beobachter- und Schiedsrichterrolle, er gibt dem Spiel eine neue Wendung. So wechseln die Genuesen im Kampf gerne die Seiten – besonders, wenn es um die Meerenge von Gibraltar geht, die Lebensader ihres Atlantikhandels. Dabei finden sie sich, gegen eine allzu forsch auftretende christliche Reconquista, meist auf Seiten der Mauren [...].[24]

Dank eines königlichen Privilegs vom 12. Mai 1251 fest in Sevilla etabliert und während der gesamten Reconquista offiziell zum Handel mit beiden Seiten berechtigt, ist der Genuese nichts weniger als der Inbegriff einer insular strukturierten, merkantil-kolonialen *agudeza de acción*. Die Genuesen handelten in Sevilla mit sudanesischem und – solange sie konnten – mit amerikanischem Gold. Sie waren von Anfang an Sklavenhändler in den Amerikas und handelten außerdem mit exotischen Hölzern und Perlen. Góngora begegnet diesem «Dritten», der allzu gerne die Seiten wechselt, mit dichterischem Scharfsinn:

> Segunda tabla a un ginovés mi gruta
> de su persona fue, de su hacienda;

---

23 Vittore Branca in Giovanni Boccaccio: *Tutte le opere di Giovanni Boccaccio*, Band 4, S. XXI: «E quegli stessi sfondi larghi e mossi su cui campeggiano le avventure e le conquiste dei mercanti italiani (quel vasto Mediterraneo procelloso e corso da pirati, quella Francia splendida ma diffidente verso gli intraprendenti toscani, quell'Inghilterra freddissima e un po' misteriosa come una «ultima Thule») sono rivissuti e dipinti con un entusiasmo e con uno stupore non diverso da quello che colora romanzescamente le terre di conquista, le migrazioni di eserciti e i campi di battaglia della ormai favolosa società cavalleresca. Quel mondo di mercanti i banchieri, tenaci e audaci, che avevano creato l'unità economica e la circolazione europea della ricchezza.»
24 Gottfried Liedl: *Al-Farantira – Die Schule des Feindes. Zur spanisch-islamischen Kultur der Grenze* (3 Bände). Wien: Turia & Kant 1997, hier Band 1, S. 65.

la una reparada, la otra enjuta,
relación del naufragio hizo horrenda.²⁵

Wie bei den nun am Isthmus von Panama angesiedelten Lästrygonen der *Soledades* führt eine zugespitzte Variante des Adynatons zwei ihrer räumlichen, zeitlichen und literaturästhetischen Logik nach vollkommen entfernte Figuren – Polyphem und schiffbrüchiger Genuese – in einem chronotopisch nicht minder unerwarteten Kurzschluss *contro le regole* zusammen.²⁶ Ganz wie von Emanuele Tesauros späterer Formulierung über optische Geräte gefordert («con istrane & ingegnose apparenze ti fan vedere ciò che non vedi»), lässt die durch den Dichter provozierte Verbindung auch für die Gegenwart einen Sinn erscheinen, der sonst verborgen geblieben wäre. Denn der kannibalische, einäugige Riese und der ligurische Händler begegnen sich im Signifikanten des Grotesken und Unkultivierten – ozeanische Anti-*Arcadia* und ozeanisches Zerrbild des Epischen, gleichermaßen.

Der Verweis auf die stets gegenwartsbezogene Satire, welche den literarischen Flirt der (nicht nur) rhetorischen Verbindungen und Wendungen zu einem abrupten, die Aufmerksamkeit der Leser erheischenden Umschlagen steigert, macht deutlich, dass es sich bei diesen unerwarteten Begegnungen und verbundenen Symbolsphären zwar oftmals, aber beileibe nicht immer um die Pirouetten dichterischen Erfindungswillens handelt. Als die klassischen Elemente einer «Zeitrüge» und «Zeitklage» (Curtius) führen sie immer wieder zu pointierten satirischen oder moralisierenden Seitenhieben auf die Gegenwart von Verfasser und Rezipienten:²⁷ ein kritisches Potential der abrupten Verbin-

---

25 *Polifemo*, S. 173 (57. Gesang). Zu den Genuesen im atlantischen Kontext, vgl. Enrique Otte: Das Genuesische Unternehmertum und Amerika unter den Katholischen Königen [1965]. In: ders.: *Von Bankiers und Kaufleuten, Räten, Reedern und Piraten, Hintermännern und Strohmännern. Aufsätze zur atlantischen Expansion Spaniens*. Wiesbaden: Steiner 2004, S. 235–268.
26 Zu den Adynata der *Soledades*, vgl. Mercedes Blanco: *Góngora heroico*, S. 306 f. und 387. Nicht nur im Großen, auch im Kleinen begegnen sich in Seefahrer und Kannibale die Extreme von Mensch und Tier. So entsteht das Adynaton: «L'ancienne Rhétorique, surtout celle du Moyen Âge, comprenait une topique particulière, celle des *impossibilia* (en grec: adunata); l'*adunaton* était un lieu commun, un *topos*, construit sur l'idée du *comble*: deux éléments naturellement contraires [...] étaient présentés vivant pacifiquement ensemble.» (Roland Barthes: *Comment vivre ensemble?*, S. 63, Fn 21)
27 Das Adynaton ist in unserer ‹Einleitung› im Anschluss an Lausberg bereits mit Reisebewegungen in Verbindung gebracht worden. In Mittelalter und Renaissance kommt es zu einem Funktionswandel dieser Figur: «Der Rahmen des antiken Adynaton dient der Zeitrüge und Zeitklage. Aus der Reihung der *impossibilia* erwächst der Topos ‹Verkehrte Welt›.» (Ernst Robert Curtius: *Europäische Literatur und lateinisches Mittelalter*, S. 106) Auerbachs Kapitel *Die Welt in Pantagruels Mund* bietet anlässlich der ‹Neuen Welt› hinter den Zähnen des Riesen eine der seltenen Ausführungen zu Amerika in *Mimesis*. Dabei kommt es aber zu einer Begegnung, bei der, trotz der ins Groteske veränderten Verhältnisse, weniger das totale Staunen, als ein

dung und unerwarteten Verkehrung, bei der – wie es die *Soledades* im Großen durchdekliniert haben – die graduelle Skalierung des *télescopage* zum doppelten Kurzschluss von zeitlichen und räumlichen Nah- und Fernbereichen verschärft wird. Die rhetorische Verengung der Welt auf einen «espacio breve» bringt diesen Kurzschluss argumentativ auf den Punkt. Das so voll ausgeschlachtete Potential der Rhetorik zu Wendung und scharfsinniger Gewandtheit spiegelte sich bereits in Góngoras berühmter *letrilla Dineros son calidad* (1604) wider. Hier bringt die alles nivellierende, also alles wendende oder transformierende Macht der finanziellen Liquidität («Todo se vende este día, / todo el dinero lo iguala») nicht zufällig auch die großen Ströme Amerikas ins Spiel. Gesteht man der imperialen Bürokratie eine gesteigerte medien- und kulturgeschichtliche Relevanz zu, so bezeugt die vorletzte Strophe dieser *letrilla* – die nur noch durch die satirische Darstellung einer *Celestina* übertroffen wird – die gedankliche Verbindung dieser Vorgänge zu topographisch präzise benannten Regionen Amerikas:

> Cualquiera que pleitos trata,
> aunque sean sin razón,
> deje el río Marañón,
> y entre el río de la Plata;
> que hallará corriente grata
> y puerto de claridad,
>   ¡verdad![28]

Wer ins Visier der ‹Großen Bürokratie› des spanischen Imperiums gerät – so diese satirische Umkehrung der zweiten Epode des Horaz, die nun auf Fray Luis de León verweist («Dichoso el que de pleitos alejado») – oder einen Platz in ihr zu erlangen sucht, möge sich nicht in Fragen der Wahrhaftigkeit von Anklageschriften («pleitos») verwickeln lassen («Marañón»/ *enmarañar*). Stattdessen möge er direkt den Hafen des funkelnden Flüssigen – des Geldes –

---

sachlich-selbstbezügliches Verhandeln der Lage im Vordergrund steht: «Jesus, ruft er aus, hier ist ja eine neue Welt! Nein, neu ist sie nicht, sagt der Bauer [...].» (Erich Auerbach: *Mimesis*, S. 255; vgl. hierzu auch Harald Weinrich: Das Zeichen des Jonas. Über das sehr Große und das sehr Kleine in der Literatur [1966]. In: ders.: *Literatur für Leser. Essays und Aufsätze zur Literaturwissenschaft*. München: dtv 1986, S. 37–49)

28 Zit. in *DAOC VII*, S. 378. Vgl. auch Augustín Redondo: Du ‹Beatus Ille› horacien au ‹Mépris de la cour et éloge de la vie rustique› d'Antonio de Guevara. In: ders. (Hg.): *L'Humanisme dans les lettres espagnoles*. Paris: Vrin 1979, S. 251–265, hier S. 252. Das Thema der *pleitos* ist bereits für den Franziskaner Antonio de Guevara (1481–1545), Autor des sprichwörtlichen *Menosprecio de Corte y Alabanza de Aldea* (1539), von existenzieller Bedeutung. Ein wichtiger Unterschied zwischen dem barocken Manieristen Góngora und Guevara liegt im Grad der klassischen Bildung, der für letzteren viel niedriger anzusetzen ist als für Góngora.

finden. Die *letrilla* mag – wie der dritte Vers belegt – noch mit Góngoras Studienzeit in Salamanca verbunden sein.²⁹ Das serielle *défilé* der Missstände, die im Juristischen fast ihren Höhepunkt finden, verweist auch auf Themen, die im Theater und der Picaresca gleichermaßen einen zentralen Gegenstand bilden.³⁰ Es verweist aber auch auf jene Stadt, die in Góngoras Geburtsjahr zur Hauptstadt eines weltumspannenden Imperiums geworden war: Madrid. Der neue Weg zu Glanz und Reichtum führt über den so allegorischen wie realen Ozean allzu unheroischer Ambition und kalkulierten Risikos, dank derer man in den richtigen *flow* («corriente grata») gelangt. Die pointierte Art und Weise, mit der Góngora im vorletzten Vers der *letrilla* größte geographische Entfernung und unmittelbare Lebenserfahrung miteinander verbindet, ebenso wie der verbitterte, gegenwartsbezogene Ratschlag einer klar vernehmbaren Autorfigur an ihre Leserschaft, zeugen – wie Antonio Carreira anmerkt – von einer «capacidad dramática» der Satire, mit der Góngora sein Publikum zu gewinnen weiß: Das Große erscheint im Kleinen, die Weltpolitik im Nachbarschaftsstreit und die Sorgen des Einzelnen auf der alltäglichen Bühne des Lebens aller Menschen.³¹ Die Vielfalt einstmalig klar getrennter Welten weicht in diesem satirischen Kurzschluss einem *crépuscule des lieux*, der zwar nicht einfach vereinheitlichend, aber – auch dafür stehen die großen (Geld)Ströme Amerikas – in radikaler Weise verbindend wirkt.³²

---

29 «Todo se vende este día, / todo el dinero lo iguala: / la Corte vende su gala, / la guerra su valentía; / hasta la sabiduría / vende la Universidad, / ¡verdad!» (zit. in *DAOC VII*, S. 377).
30 Góngoras Bonmot aus *Dineros son calidad* fand Eingang in ein Stück von Salas Barbadillo (*El sagaz Estacio*, 1620), in dem doña Marcela hofft, ihre Anwärter aus Übersee mögen weniger das Wasser des Río de la Plata, als vielmehr eine andere Form von Liquidität im Blick haben (vgl. *DAOC VII*, S. 381).
31 Antonio Carreira: Góngora y Madrid. In: *Edad de Oro* 17 (1998), S. 19–30, hier S. 21. Ein satirischer Realismus hat sich zu diesem Zeitpunkt – wenn auch nicht uneingeschränkt – bereits etabliert. Von Prof. John Guthrie (Cambridge) lernt der Verfasser auf den Schlegel Studientagen (FU und HU Berlin, Oktober 2014), dass Jakob Michael Reinhold Lenz (1751–1792) in der Satire Alexander Popes eine stilistische Vorstufe des modernen, anti-klassizistischen Dramas erblickt haben könnte. Der Überwindung der Stiltrennung des französischen Klassizismus in der deutschen Literatur um 1800 geht die hier betrachtete spanische Literaturtradition jedoch *en bloc* voraus. Gerade Satire und satirische Weltsicht verbinden zuvor getrennte Welten auf unerwartete Weise. Dies macht Spanien nicht etwa, wie man mit Auerbachs Cervantes-Kapitel aus *Mimesis* annehmen könnte, zum kuriosen Sonderfall der europäischen Literaturgeschichte. Es erklärt vielmehr das Interesse deutscher Schriftsteller an der in diesem Sinne modernen spanischen Literatur des Siglo de Oro – einschließlich präziser Góngora-Rezeption bei Gleim und Herder. Vgl. dazu den Band *Weltliteratur. Die Lust am Übersetzen im Jahrhundert Goethes*. Marbach ²1989 [1982] (Marbacher Kataloge 37), S. 575–577.
32 Als Globalisierungstheorie formuliert, vgl. Paul Virilio: *Ville panique*, S. 132 f.

Es ist unwahrscheinlich, dass der notorische Spieler[33] und Satiriker Góngora, der sich ab 1617 noch im hohen Alter am Leben der Hauptstadt Madrid versuchte, dort finanziell ruinierte, als Höfling weitgehend scheiterte und – geschlagen – kurz vor seinem Tod in seine Geburtsstadt Córdoba zurückkehrte, nicht um jene Risiken dieser ‹neuen› Welt gewusst haben soll. Symbolisch und sogar etymologisch manifestieren sie sich doch in dem Schiffbruch und ozeanischen «risco» gleich zu Beginn der *Soledades*. Doch ebenso wie Góngora aus räumlichen und sozialen Bewegungen zwar ästhetischen, aber keinerlei persönlichen Profit zu ziehen wusste, kam es zu Lebzeiten nicht zum Druck oder zur finanziellen Vermarktung seiner Lyrik, deren Wirkung er sich doch hätte gewiss sein können: Er blieb ein Dichter der Handschrift.[34] Vor dem Hintergrund des vorangegangenen Kapitels und der Schiffsrede wird aber auch zu betonen sein, dass der Dichter demnach kein philanthropischer Kritiker der Eroberung und Expansion an sich war. Vielmehr war Góngora ein in seiner Ehre verletzter Vertreter einer Elite, die in einem bürokratisch und merkantil zunehmend professionalisierten Imperium von neuen – in moderner Staats- und Unternehmensführung, jedoch nicht notwendigerweise humanistisch gebildeten – Oligarchien machtpolitisch an den Rand gedrängt wurde. Diese städtischen Eliten waren keineswegs über Nacht erschienen, sondern bildeten – ironischerweise – einen ganz anderen Renaissance-Import aus Italien als Góngoras *parole pellegrine* und intertextuellen Scharfsinnigkeiten. Angel Rama hat darauf hingewiesen, dass diese beiden in Lateinamerika besonders langlebigen Schriftkulturen einen komplexen, verwobenen Konflikt um Autorität ausleben: «La potencia del grupo letrado puede percibirse en su extraordinaria longevidad. Constituido con el manierismo que irrumpe en el último tercio del XVI, sigue rozagante en vísperas de la revolución de Independencia», so Rama mit Blick auf die amerikanische Stadt.[35] Wir befinden uns auch diesseits des Atlantiks inmitten eines Vorgangs, der vermutlich weniger die Abschaffung, als vielmehr die Veränderung und Verfremdung einer tradierten Serie rhetori-

---

33 Vgl. dazu nochmals die *letrilla Dineros son calidad*: «tahúres [truhanes] muy desnudos / con dados ganan condados» (zit. in *DAOC VII*, S. 376). Es gibt allerdings zwei Arten von Spielern: diejenigen, die ein kalkuliertes Risiko eingehen (für diese stehen die Genuesen – Seefahrer und Kolonisten – und alle professionellen Risikomenschen), und diejenigen, die keinerlei Vorstellung von kühler Kalkulation, innerlicher Buchführung und *controlling* haben. Es scheint naheliegend, anzunehmen, dass Góngora zu der zweiten Kategorie zählte.
34 Einen aktuellen, kompakten Stand der Dinge hinsichtlich der Biographien Góngoras und Tirso de Molinas (Gabriel Téllez) bietet Icíar Gómez Hidalgo (Hg.): *Diccionario biográfico español*. Madrid: Real Academia de la Historia 2009–2013, Bände 23 (S. 629–635) und 47 (S. 710–715).
35 Angel Rama: *La ciudad letrada*, S. 37.

scher Strategien und topischer Perspektiven bewirkt. Die ‹Entdeckung› der Amerikas war die Geburtsstunde urbaner und imperialer *homines novi*: einer von ehemals unangefochtenen, hochstehenden Schichten der Gesellschaft beklagten Alltagskultur der *clercs*. Selbst hartgesottene Konquistadoren wie Vasco Nuñez de Balboa ersuchten den König, «daß seine Hoheit keine graduierte Person mehr nach dem Land Darién schicken möge, am allerwenigsten aber *bachilleres en leyes* (Advokaten), welche samt und sonders eingefleischte Teufel wären und eine *vida de diablos* führten.»[36] In diesem Sinne waren Staat und Gesellschaft im Spanien des frühen 17. Jahrhunderts sicherlich alles andere als statisch. Anders gesagt: Sie standen in direktem Zusammenhang mit einem ideologischen, wirtschaftlichen und gesellschaftlichen Phänomen, das sich teils stabilisierend, teils destabilisierend auf das Leben in der Metropole auswirkte – der angehende moderne Kolonialismus an sich. Góngora verfügte jedoch über keinen Hang zur *vita activa*, deren Abwendung vom humanistischen Bildungskanon und kalkulierenden Weltzugang – den der bürgerlichen Händler, Konquistadoren, Bankiers und professionellen Kolonialbeamten – er als Deklassierung empfunden hätte. Dennoch lassen die hier und im vorangegangenen Kapitel betrachteten Texte keinen Zweifel daran aufkommen, dass er diese weltzugewandte Energie und ihre Wissensbestände keineswegs ignorierte oder kleinredete. Góngora nahm sie mit höchster Aufmerksamkeit zur Kenntnis. Er wusste sie zu erkennen, mit ungeahnter Kreativität zu formulieren und – paradoxerweise – in der Sprache der Lyrik als den Verlust von etwas auszudrücken, das andere als Gewinn betrachteten. Bewegung bleibt daher bei Góngora stets eine stilistische Funktion des poetischen Ausdrucks.

Sieht man von dem wohlwollenden Lob der andalusischen Städte Córdoba und Granada ab, so ist es nur folgerichtig, dass die Stadt und die mit ihr verknüpften Bauwerke bei Góngora genau dann beißendem Spott ausgesetzt werden, wenn sie – wie etwa im Fall von Flüssen und Brücken – zu Elementen einer imperialen Landschaft werden. In Góngoras Lyrik gibt es keine blühenden oder opulenten Städte und folglich – anders als im Rom-Lob der Kaiserzeit und Spätantike – gerade keine «Verquickung von irdischer Geschichte und christlichem Heilsplan» auf einem glänzenden, mit den Adern der *ponts et chaussées* überzogenen und dem imperialen Zentrum somit stets verbundenen

---

[36] Fernández de Navarrete zit. in *KU*, S. 105 f. Hier zeigt sich also die grundsätzlich urbane Qualität der Kolonisierung Amerikas: «[E]l nuevo mundo empezó a abrirse como una posibilidad más para las oligarquías urbanas.» (Betsabé Caunedo del Potro: Usos y prácticas mercantiles en la Baja Edad Media. In: Manuel González Jiménez/Isabel Montes Romero-Camacho (Hg.): *La Península Ibérica entre el Mediterráneo y el Atlántico*. Sevilla/Cádiz: Sociedad Española de Estudios Medievales 2006, S. 35–54, hier S. 43, Fn 26).

«corps géophysique».³⁷ Während Góngoras satirisch-rhetorischer Impetus also durchaus etwas Theatralisches an sich hat, so verweist seine tiefsitzende Verachtung für die politisch und wirtschaftlich bedeutsamen Städte doch auch auf einen bemerkenswerten Kontrast zwischen seiner Lyrik und den sozialen Rahmenbedingungen der spanischen Theatertradition.³⁸

Eine Diagnose von Volker Klotz, wonach sich das Drama grundsätzlich als «stadtfremd» erwiesen habe und die Stadt mit dem bürgerlichen Subjekt des modernen Romans verknüpft sei, ist auch charakteristisch für eine in der vorliegenden Untersuchung immer wieder kritisch aufgegriffene romanistische Denklinie: Es handelt sich um die argumentative Begrenzung eines Wechselspiels von Individualität und «Modernität des Massenerlebnisses» auf das postrevolutionäre Frankreich.³⁹ Die Modernität der historisch vorangegangenen spanischen Literaturtradition wurde oftmals mit vagen, aber prinzipiellen Argumenten ausgeblendet.⁴⁰ Auf einer methodologischen Ebene wird sich noch an verschiedenen Stellen der vorliegenden Untersuchung zeigen, dass diese Grenzziehung zwischen Spanien und Frankreich aus heutiger Sicht überdacht werden muss. Was das Theater aus hispanistischer Perspektive betrifft, hat daher Dieter Ingenschay der Diagnose eines vermeintlich «stadtfremden» Theaters aus gutem Grund klar widersprochen: «Dies trifft auf die spanische Literaturgeschichte nicht zu.»⁴¹ Denn sowohl was ihre Genese in Valencia als auch

---

37 Manfred Fuhrmann: Die Romidee der Spätantike. In: ders.: *Brechungen. Wirkungsgeschichtliche Studien zur antik-europäischen Bildungstradition*. Stuttgart: Klett-Cotta 1982, S. 75–95, hier S. 93. Zu dem «corps géophysique», vgl. Paul Virilio: *Ville panique*, S. 129. Nicht zufällig wurden die kolonialen Kader im Frankreich des 19. Jahrhunderts an der École des Ponts et Chaussées ausgebildet.
38 Es sollte jedoch nicht übersehen werden, dass Góngora auch zwei Theaterstücke schrieb: *Las Firmezas de Isabela* (1610) und *El Doctor Carlino* (1613). Thematisch handelt es sich um Stücke, die im Rahmen der vorliegenden Untersuchung von Interesse wären. Da sie, was ihre Wirkung betrifft, weit hinter den *Soledades* zurückblieben, werden sie hier übergangen. Nach Arellano handelt es sich jedoch um «comedias que exploran, con sutiles análisis sicológicos, el mundo de la burguesía»: also die Welt der Händler und ‹Genuesen› (Ignacio Arellano: *Historia del Teatro Español del Siglo XVII*, S. 432). Stilistisch bleibt Góngoras Vorliebe für ozeanische Bildsprache offenbar auch im Theater erhalten und rückt ihn darin in die Nähe Calderóns.
39 Friedrich Wolfzettel: Funktionswandel eines epischen Motivs: Der Blick auf Paris. In: *Romanistische Zeitschrift für Literaturgeschichte* 3 (1977), S. 353–377, hier S. 354.
40 «In der [spanischen] pikaresken Perspektive von unten indessen bleibt die Sicht der Stadt noch flächig und anekdotisch.» (ebda., S. 357)
41 Dieter Ingenschay: Mythisches Madrid? Geschichte und Spezifik der literarischen Anverwandlung einer iberischen Metropole. In: Eva Kimminich/Judith Stein (Hg.): *Mythos Stadt – Stadtmythen*. Frankfurt am Main: Peter Lang 2013. S. 27–62, hier S. 31.

was die institutionelle Stabilisierung der lopesken *comedia nueva* im *corral de comedias* des ausgehenden 16. Jahrhunderts angeht, dürfte die unlösbare Verbindung dieser Variante des frühneuzeitlichen Theaters zum städtischen Raum außer Frage stehen: «Die literarischen Kommunikationsformen der frühen Neuzeit entstanden und entfalteten sich [...] in einer Wechselbeziehung mit den spezifischen gesellschaftlichen Strukturen der *Stadt*.»[42] Das Theater entsteht überhaupt erst – wie Hans Ulrich Gumbrecht betont hat – in einem Moment, in dem das höfische Spiel und die laute Lektüre anderen, durchaus urbanen Rezeptionsbedingungen weichen.[43] Das spanische Publikumstheater mit *taquilla* entsteht in der Stadt. Es ist eine logische Folge dieser Entwicklung, dass eine der kirchlichen und höfischen Sphäre in den städtischen Raum entwichene Sinnproduktion in teils konfligierendem, teils solidarischem Verhältnis mit Spitälern sowie theologischen, städtischen und höfischen Kontrollinstanzen stehen wird.

Trotz jüngster Zweifel an seiner Autorschaft derjenigen *comedia*, die vielleicht mehr als jede andere an Bewegung und den Raum einer ganz konkreten Stadt geknüpft ist, zeigen diese Überlegungen auf, weshalb es so reizvoll ist, den Mercedarier Tirso de Molina (Gabriel Téllez, 1579–1648) weiterhin für den Autor des *Burlador de Sevilla* zu halten.[44] Die an die höchst diffuse Frage nach der Erstaufführung des Stückes geknüpfte Polemik um die Autorschaft kann hier nicht entschieden werden.[45] Zöge man Tirso de Molina, der nach heutigem Wissensstand keineswegs aus dem Rennen ist, als Autor heran, so würden die literatursoziologischen Unterschiede zwischen der *comedia* und Góngoras lyrischer Weltsicht überdeutlich. Denn Tirso de Molina hätte niemals seinen störrischen und stoischen Rückzug aus der Welt als Triumph inszeniert. Zu mehr als

---

[42] Hans Ulrich Gumbrecht: ‹Eine› *Geschichte der spanischen Literatur*, S. 220.
[43] Vgl. ebda., S. 181.
[44] Zu der Polemik um die Autorschaft des *Burlador de Sevilla*, vgl. Pablo Jauralde Pou (Hg.): *Diccionario filológico de literatura española del siglo XVII*, Band 2, S. 500.
[45] «Quienes mantienen la autoría tirsiana indican como fecha probable de primera redacción 1616, cuando Tirso pasa por Sevilla camino de Santo Domingo [...].» (Ignacio Arellano in Tirso de Molina [Fray Gabriel Téllez]: *El Burlador de Sevilla*. Madrid: Espasa Calpe 1989 (Colección Austral), S. 58; fortan zitiert als *BAR*). Der Herausgeber der hier verwendeten Ausgabe (vgl. Rodríguez López-Vázquez in Atribuida a Tirso de Molina: *El burlador de Sevilla*. Madrid: Cátedra ^{19}2011 [2007] (Letras Hispánicas), fortan zitiert als *Burlador*, S. 11–45; vgl. aber auch Torres Nebrera in Tirso de Molina: *La celosa de sí misma*. Madrid: Cátedra 2005 (Letras Hispánicas), fortan zitiert als *Celosa*, S. 13) neigt zur Autorschaft Andrés de Claramontes um 1617 und verweist auf die Aufführung eines Stückes namens *Tan largo me lo fiáis* in Córdoba: in dem Jahr, als Tirso auf Santo Domingo weilte (vgl. López-Vázquez in *Burlador*, S. 11). Der Band verzeichnet folglich «Atribuida a Tirso de Molina», geht jedoch nicht so weit, Andrés de Claramonte als Autor zu setzen.

einer aristophanischen Karikatur hätte dieser verspätete humanistische Rückzug für einen Dramatiker auch nicht führen können. Tirso war ein waschechter *madrileño*, stammte aus einfachem Hause und starb buchstäblich *on the road*. Seine sterblichen Überreste liegen nicht – wie die Góngoras – in einer Privatkapelle zu Córdoba, sondern dort, wo er verstarb: einem Kloster am Wegesrand in der trockenen Einöde der Provinz Soria. Anders als Góngora war er ein ambitionierter Kleriker sowie ein höchst erfolgreicher Theaterautor. Tirso partizipierte somit direkt an zwei konkurrierenden Sphären affektiver und physischer Ökonomien der Bewegung: die religiöse Unterweisung und klerikale Verwaltung sowie die schillernde Welt des Theaters.

Selbst wenn auch Andrés de Claramonte eng mit der Stadt Sevilla verbunden ist – Tirso de Molina, der im Auftrag seines Ordens eine Zeit in Santo Domingo weilte, scheint unweigerlich diejenige Autorfigur zu sein, die durch den *Burlador de Sevilla* (um 1616–1619) geschaffen wurde. Keine der in der vorliegenden Untersuchung durchgeführten Analysen hebt jedoch auf einen autorzentrierten Individualstil ab oder basiert primär auf der Autorbiographie. Vielmehr geht es – um ein Konzept aus Christian Grünnagels aktueller Analyse des *Burlador de Sevilla* zu entlehnen – auch in der vorliegenden Untersuchung um atlantische «Figurationen einer Epoche».[46] Selbst wenn es gerade mit Blick auf atlantische Figurationen der Epoche die Biographie Tirso de Molinas ist, die neue Perspektiven auf den *Burlador de Sevilla* erlaubt, so soll diese potentiell neue Volte in der Polemik um die Autorschaft an dieser Stelle nicht entfaltet werden. In jedem Fall verbindet die *mise en intrigue* des Stückes jedoch nicht nur die – im Sinne Lotmans – zwar benachbarten, aber entgegengesetzten ästhetischen Räume von Land und Ozean, sondern illustriert in metaliterarischer Weise den Entstehensprozess der *comedia* an sich: den Übergang ihres Protagonisten von einem sozialen Raum in den anderen, vom höfischen Schlafgemach in die unmittelbar angrenzende Stadt. Denn in der am Hof zu Neapel angesiedelten, novellenhaften Szene zu Beginn des Stückes lässt Don Juan die betrogene Doña Isabela über seine Identität buchstäblich im Dunkeln.[47] Die Verweigerung der *anagnorisis* ist aber gleichbedeutend mit Bewe-

---

[46] Christian Grünnagel: *Klassik und Barock – Pegasus und Chimäre*, S. 194, Fn 773.
[47] So wie im *Decameron* in Novelle sechs des dritten Tages – «Ricciardo Minutolo ama la moglie di Filipello Sighinolfi; la quale sentendo gelosa, col mostrare Filipello il dì seguente con la moglie di lui dovere essere a un bagno, fa che ella vi va, e credendosi col marito essere stata si truova che con Ricciardo è dimorata.» – der Schauplatz wie zu Beginn des *Burlador* nach Neapel verlegt ist (Giovanni Boccaccio: *Tutte le opere di Giovanni Boccaccio*, Band 4, S. 279). Die Voraussetzung für eine solche erotische Verwechslung ist eine Form von Verhüllung oder Verschleierung, meistens – wie in der Eröffnungsszene des *Burlador* – im Sinne extremer Dunkelheit. Der Herausgeber von Boccaccios *Decameron* vermutet orientalische Erzähltraditionen als Quelle dieses novellenhaften, philosophisch und psychologisch aber äu-

gung. Sie setzt hier in bester Übereinstimmung mit der Poetik Lope de Vegas einen dramatischen ‹Knoten›,[48] dessen stets verschobene Auflösung – wie bei dem ebenfalls namenlosen Odysseus beim Polyphem, ein für den nicht minder eloquenten Don Juan höchst glücklicher Umstand – zu einer frenetischen und raumgreifenden Fluchtbewegung führt. Dieser Bewegung könnte nur durch (Wieder)Erkenntnis Einhalt geboten werden. Don Juan, moderner Mythos und grenzüberschreitende Bewegungs-, ja Fluchtfigur schlechthin, «no tiene rostro, es movimiento».[49] Don Juan ist gleichermaßen ein Ort- und Namenloser:

Isabela	¿No eres el Duque?
Don Juan	¿Yo? No.
Isabela	Pues di quién eres.
Don Juan	Un hombre.
Isabela	¿Tu nombre?
Don Juan	No tengo nombre.[50]

Vom Standpunkt der im zweiten Kapitel zwischen Insel und Ozean entfalteten symbolisch-ästhetischen Räume aus betrachtet, verbindet sich Don Juan – ebenso wie der namenlose und bis zuletzt unerkannte Odysseus[51] – in dieser verhinderten *anagnorisis* mit der beweglichen und allzu unverbindlichen Welt des Ozeanischen, ist sie doch «un suspens des fonctions et des *noms* de la topographie terrestre, [...] tout un mythe heureux du glissement».[52] Vom Standpunkt symbolisch-ästhetischer Räume aus betrachtet, ist Don Juan also ein Seefahrer. Doch wenn Don Juan gegen Ende der brenzligen Szene in Isabelas Schlafgemach mithilfe seines Onkels – und noch immer verhüllt durch eine *capa* – vom Balkon des Palastes hinabgleitet und in dem unmittelbar angrenzenden Stadtraum Neapels verschwindet, so verbindet er auch zwei soziale

---

ßerst anspielungsreichen Kunstgriffes (vgl. in Giovanni Boccaccio: *Tutte le opere di Giovanni Boccaccio*, Band 4, S. 279, Fn 1). In Spanien verweist letzterer auf die Mode der verhüllten Frau, der *tapada*, die Tirso ebenfalls als theatralischen Effekt ausschlachten wird.

48 Vgl. Caroline Schmauser: Stationen der Anagnorisis: Aristoteles, Heliodor, El Pinciano und Cervantes, S. 310 f. «[P]onga la conexión desde el principio / hasta que vaya declinando el paso» (Lope de Vega: *Arte nuevo de hacer comedias*. Madrid: Cátedra ³2012, S. 144; Verse 232 f.). Knoten und Verbindung implizieren auch, in Analogie zum Labyrinth auf Kreta, das Labyrinth der Handlung. Zu ‹Knoten› und ‹Knotenlösung› in der antiken Poetik, vgl. *HLR*, § 1197.
49 Serge Maurel zit. in *BAR*, S. 20.
50 *Burlador*, S. 140 (Verse 24–27).
51 «La salvezza d'Odisseo consiste nel non farsi chiaramente identificare.» (Dario Costantino: *Ulisse e l'altro*, S. 143)
52 Roland Barthes: *Mythologies*, S. 67 (Hervorhebung bei Barthes).

Räume und die mit ihnen verbundenen – oder in ihnen wirksamen – Chronotopien. Indem er sich vom Balkon abseilt, entzieht sich Don Juan jener feudal und mittelalterlich geprägten Ordnung, «in der jeder einigermaßen weiß, wo sein Platz und der der anderen ist»:[53]

> Don Pedro ¿Tienes por dónde escaparte?
> Don Juan Aquí está un balcón.
> Don Pedro   ¿Colgarte
>   puedes por él y bajar
>   al suelo?
> Don Juan   Aunque está muy alto,
>   por la capa bajaré.[54]

Don Juan seilt sich ab und enthüllt sich dabei. Dies ist nicht nur der Sprung vom terrestrischen, höfischen *nomos* zur ozeanischen Beweglichkeit des Städtischen. Die Eröffnungsszene des *Burlador de Sevilla* zeigt auf, dass ihr Protagonist auch zwischen unterschiedlichen Kategorien der Räumlichkeit – symbolisch-ästhetischen und sozialen Räumen – vermittelt und gewissermaßen ein kategorialer Grenzgänger ist. Das Ergebnis ist – im Vergleich zu Góngoras «peregrino» und seiner konsequenten Rückkehr zu dem bukolischen Raum der Lyrik – eine neue und viel unmittelbarer dem Blick der Zuschauer ausgesetzte (Bewegungs)Figur des Theaters: der Stadtbewohner als Seefahrer. Indem Don Juan durch seine raumgreifenden und abrupten Grenzüberschreitungen auf diese Art und Weise «konträre Effekte der Macht an der Schwelle zur Neuzeit» auslöst, wohnt dem Stadtdrama des *Burlador de Sevilla* – und soweit kann dem eingangs kritisch aufgegriffenen Volker Klotz zugestimmt werden – dann doch eine untheatralische, epische Dimension ein.[55] Das Stück ähnelt Góngoras *Soledades* darin, dass es den Vektor der Bewegung eines epischen Helden und die dazugehörigen, an eine imperiale Ideologie geknüpften Botschaften für eine andere Gattung ausschlachtet. Auch der *Burlador de Sevilla* verhandelt Gewinn und Verlust des Epischen in der gegen die aristotelische Theaterpoetik gerichteten Beweglichkeit seines allzu mobilen Protagonisten. Don Juan erbringt eine komplexe Vermittlungsleistung zwischen ganz unterschiedlichen Kategorien der Räumlichkeit. Da es nach einer szenischen Umsetzung verlangt

---

53 Bernhard Siegert: *Passage des Digitalen*, S. 68. Die Verquickung von Name und Ort gilt im Mittelalter nicht nur für Menschen, sondern auch für die chorographische Systematik von geographischen Orten. Sie befindet sich gewissermaßen in der Systematik der Namen, nicht des zunehmend abstrakten Raumes der kartographischen Projektion, die sich in der Frühen Neuzeit durchsetzt.
54 *Burlador*, S. 144 (Verse 130–134).
55 Wolfram Nitsch: Nachbemerkung, S. 252.

und im doppelten Kommunikationssystem der Bühne die unmittelbare Reaktion eines äußerst gemischten Publikums mitbedenkt, hat dieses Spiel mit Raum und Bewegung jedoch zur Folge, dass es nicht übertrieben ist, den *Burlador de Sevilla* im Vergleich zu den *Soledades* als den weitaus offeneren, inhomogeneren und komplexeren Text zu bezeichnen.

3.2 Sevilla zwischen Mittelmeer und Atlantik

Auch vom *Burlador de Sevilla* kann man sagen, dass sich der «Ort des kriegerischen Geschehens» im Verlauf des Stückes ständig verlagert und dass Don Juan die südeuropäische Seite des Habsburgischen Imperiums fast vollständig erobert oder – im Fall des nur durch Figurenrede evozierten Lissabons – zumindest im Blick hat.[56] Dennoch geht es hier nicht nur um eine imperiale Topographie zwischen Neapel und Lissabon. Denn im Zentrum dieser von der Theaterfigur durchlaufenen Räume, darauf verweist der Titel auf ganz eindeutige Weise, liegt ein vielfach verbundener Stadtraum, der mehr als jeder andere für einen ozeanisch vermittelten Kommunikations- und Interaktionsraum steht:[57] Sevilla. Der *Burlador de Sevilla* inszeniert folglich – wie die Eröffnungsszene bereits *in nuce* gezeigt hat – auch eine Spannung zwischen der machtvoll geordneten ‹Topographie› eines Palastes (oder eines Imperiums) und denjenigen kommunikativen Bewegungen innerhalb ein- und desselben Raumes, die in einem gespannten, bisweilen auch subversiven Verhältnis zu dieser autoritär geordneten Struktur stehen. Mehr als in jeder anderen Stadt der Iberischen Halbinsel treffen in Sevilla – wie bereits die Epistemologie und Etymologie der Figur des *piloto* gezeigt haben, Góngoras vielschichtige Personifizierung der Gewinnsucht – Literatursprache und merkantile Öffnung zum Atlantik aufeinander: zwei höchst ungleiche Renaissance-Importe von der Apenninhalbinsel, letztere auch in Form (aus)reisender Theaterkompagnien oder der Anwesenheit spezieller «techniciens d'écriture». Letztere konzeptualisieren den atlantischen Raum – wie es jüngst im Anschluss an Chaunu formuliert worden ist und heute vielleicht am eindrucksvollsten wieder in Humboldts *Kritischen Untersuchungen* nachvollzogen werden kann – auch als einen vielfach vernetzten, seriell

---

56 Ebda., S. 251.
57 Zum «spazio comunicativo prenazionale», vgl. Thomas Krefeld/Wulf Oesterreicher u. a. (Hg.): *Reperti di plurilinguismo nell'Italia spagnola (sec. XVI–XVII)*. Berlin/Boston: Walter de Gruyter 2013 (Pluralisierung & Autorität 38), S. 1–10. Shakespeares *The Tempest* gibt ebenfalls Anlass zu raumgreifenden Konzepten der Kommunikation (vgl. die Einleitung in William Shakespeare: *The Tempest*, S. 40).

erfassbaren und sogar löschbaren «Datenraum».[58] Sevilla erscheint in diesem Zusammenhang als die vielfach verbundene Achse eines merkantilen, migratorischen, epistemologischen und medialen Blickes auf die atlantische Welt, die von hier als «Landschaft der Theorie» lesbar gemacht wird.[59] Wie die Stadtviertel Genuas, die nicht auf eine zentrale *Piazza*, sondern wie dicht nebeneinander gedrängte Schiffe auf den Hafen hin ausgerichtet sind, ist Sevilla auf den Guadalquivir, den heute verschwundenen Hafen und seinen *Arenal* hin ausgerichtet – auf ein Medium der Kommunikation und eine sandige Transitzone zwischen Ozean, Fluss und Stadt. Die Lonja de Mercaderes steht in unmittelbarer Nachbarschaft zur Kathedrale und ihren berühmt-berüchtigten *gradas*, auf denen viele Dinge – darunter auch Sklaven – erworben werden konnten. In einer auf Landbesitz fixierten Epoche zieht die Hafenstadt die entwurzelten, aber daher auch besonders beweglichen Menschen magisch an. Wenn Don Juan nach einigen Zwischenstationen über seinen neapolitanischen – also nicht nur sprachlich italianisierenden – und aristokratischen *balcón* hierher entkommt,[60] so entkommt er in eine Stadt, die nicht so ist wie jede andere.

Nichts widerlegt eindrucksvoller die These von der «geographischen Randlage» Spaniens, die gerne mit einem kulturhistorischen «Sonderweg in die Neuzeit» in Verbindung gebracht worden ist, als der Graph aus Pierre Chaunus *Séville et l'Atlantique*: Just als auch der *Burlador de Sevilla* zum ersten Mal zur Aufführung kam, erlebte Sevilla einen Höhepunkt des ozeanischen Warenhandels und somit der Öffnung zur Welt hin.[61] Doch war der Kommunikations-

---

58 Chaunu zit. in Bernhard Siegert: *Passagiere und Papiere*, S. 18. Bezogen auf Humboldts Strategien des Datenmanagements könnte man sagen, dass ein Verschieben von Information auch Löschung bedeutet. Etwa wenn – wie anhand der Digitalisate der *Amerikanischen Reisetagebücher* (humboldt.staatsbibliothek-berlin.de) ersichtlich – Informationen an einer Stelle der Tagebücher ausgeschnitten und – so darf man vermuten – an anderer Stelle wieder eingefügt wurden.
59 Zur «Landschaft der Theorie», vgl. Ottmar Ette: *Literatur in Bewegung*, S. 107–112 und ders.: *Roland Barthes*, S. 49–60. Im Anschluss an und Abgrenzung von Joachim Ritters Begriff von Landschaft verweist Ette auf einen Begriff, in dem eine «Spielfläche der Theorie [...] nicht mehr notwendig an den Begriff der Subjektivität und weniger noch an jenen einer im modernen Subjekt verankerten Zentralperspektive zurückgebunden werden müsste» (ebda., S. 51). Stattdessen geht es auch im Anschluss an Alexander von Humboldt darum, «Landschaften als lesbare Texte zu begreifen und ihre Lesbarkeit aus den Blickwinkeln unterschiedlichster Disziplinen – von der Geometrie und Geographie bis hin zu Kunstgeschichte und Bildwissenschaft – zu durchdenken» (ebda., S. 53).
60 «Balcón. Es nombre italiano; vale ventana volada, encima de la puerta de la fortaleza [...]. Es nombre veneciano, y de que usan los ginoveses.» (*Cov*, S. 280)
61 Wolf-Dieter Lange/Wolfgang Matzat (Hg.): *Sonderwege in die Neuzeit*, S. 7. Für den Graph zur transportierten Tonnage, vgl. Huguette et Pierre Chaunu: *Séville et l'Atlantique (1504–1650)* (7 Bände). Paris: Armand Colin 1955–57, hier Band 7, S. 42 f.

raum, als dessen Achse Sevilla spätestens seit Mitte des 13. Jahrhunderts ganz offiziell fungierte, deutlich älter.[62] «[A] metà strada tra letteratura e resoconto reale di viaggio», mag Giovanni Boccaccios *De Canaria* (1345) hier als ein Zeugnis dafür gelten, «wie der transatlantische Raum aus der prästabilierten Geographie des Mittelalters herausfällt».[63] Diese Briefesammlung, die vermutlich nur erhalten blieb, weil sie ins Lateinische übertragen und folglich archiviert worden war, ist zudem ein eindrucksvolles Beispiel dafür, wie die ephemere, volkssprachliche Kultur der merkantilen *homines novi* mit der humanistischen Schriftkultur in Verbindung tritt. Zumindest in Ansätzen wird auch ein amalgamierender Prozess erkennbar. Das vorangegangene Kapitel hat diesen Prozess – ebenfalls, zumindest in Ansätzen – bis in die lyrische Sprache Góngoras verfolgen können:[64]

> Nell'anno dell'Incarnazione 1341 è stata recapitata a Firenze una lettera di certi mercanti fiorentini residenti a Siviglia, città della Spagna Ulteriore, spedita di là il 15 novembre dell'anno predetto. [...]
> Dicono dunque che il primo luglio dell'anno predetto due navi, con una nave minore allestita dal re di Portogallo [...] sciolte le vele presero il largo da Lisbona, tutte con equi-

---

62 Zu den Verflechtungen zwischen der Apenninhalbinsel und der Iberischen Halbinsel mit Blick auf die Amerikas, vgl. *KU*, S. 79–83.

63 Luca Marcozzi: Raccontare il viaggio: Tra *itineraria ultramarina* e dimensione dell'immaginario. In: Roberta Morosini/Andrea Cantile (Hg.): *Boccaccio Geografo. Un viaggio nell'Mediterranea tra le città, i giardini e… il ‹mondo› di Boccaccio*. Firenze: Mauro Pagliai 2010, S. 159–177, hier S. 164 und Bernhard Siegert: *Passagiere und Papiere*, S. 69.

64 Das emblematische Beispiel mag hier das Wort *espalmar* sein, das Covarrubias – ebenso wie den oben angeführten *balcón* – mit einem Zitat aus Petrarca belegt («Né per sereno ciel ir vaghe stelle, / né per tranquillo mar legni spalmati»). Bedeutet das italienische Wort *spalmare* jedoch schlicht ‹(be)streichen›, sieht Covarrubias im Spanischen darin einen spezifischen «término náutico: [...] calafetear los navíos» (*Cov*, S. 829 f.): «si es doncella despalmada, / como nave que inverniza, / ¿qué has de hacer?» (*Celosa*, S. 189; Verse 1503–1505). Moderne Italianismen, neben dem programmatischen «peregrino errante», dem implizit über den Begriff *pavo* gegebenen *gallo de Indias*, den topischen «banderas tremolantes», in den *Soledades*: «arboleda *cruja*» (I, Vers 83), der bereits erwähnte *piloto* (I, Vers 403), *antena* (I, Vers 451), *escuadrón* (I, Vers 642). Auf letzteren, militärischen Begriff folgt die Feuerwerksszene, die – wie Wolfram Nitsch betont hat – mit «Feuerwaffen» oder «fuegos artificiales de guerra» in Verbindung gebracht werden kann: also der modernen Artillerie, die – wie die moderne Bühnentechnik – von Italien nach Spanien transferiert wurde und entsprechende Neologismen mit sich brachte (vgl. Thomas Hiltensperger: Marte y Minerva – El vocabulario náutico y militar hispano-italiana en la Italia Española (siglos XVI–XVII). In: Thomas Krefeld/Wulf Oesterreicher u. a. (Hg.): *Reperti di plurilinguismo nell'Italia Spagnola (sec. XVI–XVII)*. Boston/Berlin: Walter de Gruyter 2013 (Pluralisierung & Autorität 38), S. 311–331, hier S. 311 f.; vgl. auch, mit Blick auf Góngora, *DAOC VI*, S. 331–398, *DAOC VII*, S. 29 f. und María de las Nieves Muñiz Muñiz: *L'Immagine riflessa*).

paggio di Fiorentini, Genovesi, soldati regolari e altri Spagnoli, e imbarcando anche cavalli, armi a varie macchine belliche atte a espugnare città e castelli. Erano dirette a quelle isole che comunemente diciamo Fortunate [...].[65]

Dieser Brief dokumentiert nicht nur anhand der «mercanti fiorentini residenti a Siviglia» die herausragende Stellung Sevillas als eine Relaisstation für Informationen über den atlantischen Raum. Er steht vielmehr für einen kontinuierlichen Prozess, der hinsichtlich der – zu Beginn der ‹Einleitung› zitierten – legitimatorischen Sicht des Covarrubias als *télescopage*, als ein graduelles Über-Sich-Hinauswachsen erfasst wurde. Kontinuitäten mit einer mythischen Vergangenheit der Kolonisierung und einer nicht minder mythischen, oftmals mit Reichtümern verbundenen Geographie werden weiterhin betont. Die in *De Canaria* zusammengefassten Nachrichten künden aber auch von einer bevorstehenden Verschiebung von Zentrum und Peripherie. Sie nimmt die Form einer geographischen *différance* an und stellt dem «ununterbrochenen Ineinandergreifen» antiker und mittelalterlicher Quellen eine Verkettung von Inseln und anderen geographischen ‹Entdeckungen› zur Seite.[66] Dasselbe galt für die argumentativ-verkettende Konstruktion von Góngoras «político serrano». Die ständige Verdichtung und Verkettung dieser ‹Entdeckungen› führt unweigerlich zu Beschleunigung, selbst wenn die poetische und argumentierende Schiffsrede innerhalb der Diegese der *Soledades* – durch ihr abruptes Abbrechen, ihren Anlass und die daraus folgenden komplexen Bezüge zu der Topologie der umgebenden *Arcadia* – stärker auf jene abrupten Verbindungen und paradoxen *adynata* hinweist, die aus derartigen Prozessen resultieren können.

---

[65] Auf Italienisch und Lateinisch in Giovanni Boccaccio: *Tutte le opere di Giovanni Boccaccio*, Band 5.1, S. 970/S. 971. Wie Pastore Stocchi betont, kann die Übertragung des volkssprachlichen Briefes ins Lateinische als Abstandnahme von Händlern und ‹Um-› oder ‹Verkleidung› des Textes in die Sprache des Humanismus gedeutet werden (in ebda., S. 968). Boccaccios *Decameron* (1348–1353) ist hingegen um Genua und den westlichen Mittelmeerraum zentriert: «In base a questa prospettiva più attenta all'occaso che al Levante, anche il *De Canaria* può essere spiegato con l'interesse ‹esotico› per un'isola fuori del Mediterraneo.» (Luca Marcozzi: Raccontare il viaggio: Tra *itineraria ultramarina* e dimensione dell'immaginario, S. 166) Für einen Forschungsstand zu *De Canaria* und Petrarcas *De Vita Solitaria*, vgl. David Abulafia: Neolithic meets Medieval: First encounters in the Canary Islands. In: David Abulafia/Nora Berend (Hg.): *Medieval Frontiers: Concepts and Practices*. Aldershot: Ashgate 2002, S. 255–278, hier S. 268–278 sowie Pastore Stocchis Einleitung und Apparat in der oben zitierten Ausgabe.
[66] «Es verhält sich mit den geographischen Entdeckungen wie mit denen auf dem Gebiete der Naturkunde. Vom günstigsten Erfolge gekrönte Versuche, die jedoch lange Zeit vereinzelt dastanden, blieben unbemerkt oder fielen der Vergessenheit anheim. Erst dann, wenn Entdeckungen auf Entdeckungen folgen und in Verbindung miteinander treten, verlegt man das erste Glied der Kette an den Punkt, von welchem sie ohne Unterbrechung ausging.» (*KU*, S. 97 f. Vgl. auch ebda., S. 49 f.)

Auch in Boccaccios Briefen transportiert das Schiff nicht nur «armi e varie macchine bellique atte a espugnare città e castelli». Es ist dadurch selbst ein solches «marino monstruo» (in den Worten von Góngoras «político serrano») oder «leño griego» (Trojanisches Pferd) geworden, das versteckte Krieger in seinem Bauch transportiert, Mauern durchbricht und althergebrachte Verhältnisse auf den Kopf stellt. Einerseits ist selbst die nüchterne Botschaft von *De Canaria*, die zukünftigen Händlern eine Zahlentabelle in der Sprache der Einheimischen beigibt, gespickt mit mythischen und quasi-literarischen Referenzen. Doch so sehr die Verkettung von mythischer Geographie, topischen Perspektiven und literarischen Sprachen auf Kontinuitäten verweist, so diskontinuierlich und unvorhersehbar können – andererseits – die Auswirkungen solcher Begegnungen sein. Wenn im Jahr 1502 der Florentiner Händler Piero Rondinelli die Nachricht über die Expedition Amerigo Vespuccis verbreitet, so sind die potentiellen Rückwirkungen solcher Reisen nicht nur auf fremde Kulturen, sondern auch auf das soziale Gefüge der alten Heimat leicht zu erkennen:

> De'navili delle nuove isole d'India, in sino a qui n'é tornati 7, di quanti io so. É tornato Michele, che fu nostro mozo, quando io venni di chostí, e vieni richo [...]. E tutti quelli che vi sono stati dal principio in qua venghono richi [...]. L'amiraglo fu a dis coprire più avanti, e si chrede che troverrá molta richeza.[67]

Keiner mag mehr für die Atmosphäre in Sevilla stehen als «nostro mozo» Michele, dessen sozialer Status – so unvorstellbar dies bislang schien – nach einer weltweiten Bewegung im Raum nicht mehr derselbe sein wird: Nicht nur Aufbruch und Reise, sondern gerade die Rückkehr in die Heimat zeugen von einer ganz eigenen Transformationskraft. Im Zusammenhang der vorliegenden Untersuchung soll jedoch nur auf die außerordentliche Vielschichtigkeit der sprachlichen, topischen, physischen und medialen Bewegungen hingewiesen werden, die, als der *Burlador de Sevilla* die Bühnen der nunmehr ‹Alten Welt› eroberte, bereits seit hunderten von Jahren mit Sevilla verknüpft waren.

Don Juan hat seine Wurzeln im Hochadel und es ist bereits hervorgehoben worden, dass sein subversives Handeln einen machtvoll gesetzten *ordo* geradezu voraussetzt.[68] Dennoch handelt es sich auch um eine Figur, die in vielerlei Hinsicht – nicht zuletzt im Titel des Stücks – dem ästhetischen und sozialen Raum der Stadt zugeordnet ist: «Es gibt in Tirsos Drama eine Relation zwischen Städten und Figuren, und zwar nicht in dem banalen Sinn, dass diese Figuren aus bestimmten Städten stammen, sondern so, dass ihnen die semantischen

---

67 Sevilla, 3.10.1502. Abgedruckt in Enrique Otte: *Sevilla, siglo XVI: Materiales para su historia económica*. Sevilla: Centro de Estudios Andaluces/Junta de Andalucía 2008, S. 189 f.
68 Vgl. Christian Grünnagel: *Klassik und Barock – Pegasus und Chimäre*, S. 196.

Terme, die semantischen Werte von Städten jeweils zugeordnet werden können.»[69] Don Juans einprägsames Motto, «¡Tan largo me lo fiáis!», das erst am Ende des Stücks eine für Don Juan vollkommen unerwartete religiös-moralische Wendung erfährt,[70] kann daher als eine vielschichtige Figuration des denkbar un-aristokratischen, bilanzierenden Denkens beim Wort genommen werden. Molière wird in seinem *Dom Juan ou le festin de pierre* (1665) die Fixierung auf die Welt der Zahlen – in diesem Fall als ein skeptisches Postulat des Erkennbaren gegenüber der Welt der christlichen Glaubenswahrheiten – noch einmal deutlich verstärken:

> *Dom Juan.* – Je crois que deux et deux sont quatre, Sganarelle, et que quatre et quatre sont huit.
> *Sganarelle.* – La belle croyance et les beaux articles de foi que voilà! Votre religion, à ce que je vois, est donc l'arithmétique?[71]

Die erotische Maßlosigkeit Don Juans und das maßlose, potentiell umstürzlerische Begehren nach weltlichen Gütern war bereits bei Góngoras mit Gold und Perlen belegten Körpermetapher mit einer der *codicia* geradezu sexuell unterworfenen (Waren)Welt verknüpft («la aromática selva penetraste»).[72] Selbst wenn sie diese Phänomene im Rahmen der noch imperial gesinnten *Hispanidad* im epischen Lichte von spanischem Heroismus und Christianisierung betrachten will, hat auch Blanca de los Ríos diese Sicht auf den *Burlador* übertragen und implizit auf den Zusammenhang von *codicia*, Erotik und weltweitem Eroberungsdrang hingewiesen.[73] Wie bereits im Falle Góngoras wird sich

---

[69] Eckhard Höfner: Tradition und Funktion des Lissabon-Lobs in Tirso de Molinas *Burlador de Sevilla*. In: Alfonso de Toro (Hg.): *Texte Kontexte Strukturen. Beiträge zur französischen, spanischen und hispanoamerikanischen Literatur.* Tübingen: Gunter Narr 1987, S. 337–349, hier S. 342.
[70] «Es justicia de Dios, / quien tal hace, que tal pague.» *Burlador*, S. 255 (Vers 2948 f.) Blanca de los Ríos verweist auf ein Stück, das 1623 unter dem Titel *No hay plazo que no llegue, ni deuda que no se pague* in Lima aufgeführt wurde und womöglich mit dem *Burlador de Sevilla* übereinstimmt (vgl. *TMOC II*, S. 555).
[71] Molière [Jean-Baptiste Poquelin]: *Dom Juan ou le festin de pierre*. In: ders.: *Œuvres complètes II*. Paris: GF Flammarion 1965, S. 349–408, hier S. 382. Zu diesem Komplex, vgl. Jochen Hoock: Jansénisme et milieu marchand à Rouen: le cas Boisguilbert (1646–1714). In: *Romanistische Zeitschrift für Literaturgeschichte* 13 (1989), S. 87–101.
[72] *Soledades I*, S. 94 f. (Verse 457–461).
[73] «[L]a España épica y legendaria del Romancero, y la España descubridora, creadora, sabia, andantesca y cristianísima del Renacimiento; en los días en que nuestra Patria reinaba en dos continentes y creaba una nueva familia humana: la Hispanidad» (*TMOC*, Band 1, S. LVIII). Zu Blanca de los Ríos, vgl. Pablo Jauralde Pou (Hg.): *Diccionario filológico de literatura española del siglo XVII*, Band 2, S. 522.

hier zeigen, dass die Primärtexte zwar diese transatlantische Perspektive stützen, nicht jedoch die das Streben nach Dominanz maskierende Ideologie eines familiären Innenraumes oder aristokratischen Heroismus ihrer Protagonisten. Die Zuordnung der Don Juan-Figur zu der Stadt Sevilla wird vor diesem Hintergrund aber schlüssig lesbar. Denn in diesem Tor zur Welt bündeln sich die verschiedenen konfliktreichen Dimensionen dieser ozeanischen, das heißt: globalen Phänomene der Erschließung und Eroberung.

Eine Reise nach Santo Domingo, die Fray Gabriel Téllez im Jahr 1616 auf sich nahm, ist vor dem Hintergrund des ästhetischen und sozialen Raumes der Stadt von besonderem Interesse. Die Atlantiküberquerung, die von einem ambitionierten Ordensmann erwartet werden konnte und die Luis de Góngora vermutlich weit von sich gewiesen hätte, kann heute nicht mehr ohne weiteres mit der Genese des *Burlador de Sevilla* in Verbindung gebracht werden.[74] Wie jedoch später in Téllez *Historia de la Merced* (1639) nachzulesen war, zeugt sie dennoch von den zweifelhaften Attraktionen einer ‹Neuen Welt›, die ihre Wirkung auch auf die Kleriker der verarmten und zunehmend unbedeutenden Insel Santo Domingo nicht verfehlten:

> Lo cierto es que la pobreza summa de aquellas partes, descaminaba a los padres, para que sin licencia de sus Prelados se pasasen, los que eran importantes, a otras más acomodadas y quedando solos los inútiles, padecía la rectitud monástica desayres trauajosos, y n[uest]ro hábito algún descrédito[.] Los extremos siempre desbaratan las Leyes y virtudes[,] el de la mucha abundancia descamina a no pocos de el Piru (como ya insinuamos) y el de la falta de lo preciso para la vida desbarata agora en esta *Isla* lo político y lo religioso, no solo de los n[uest]ros pero aun de las otras órdenes. (Por eso solicitaba a Dios el Sabio, para la medianía que tiene el lugar más seguro entre la penuria y la abundancia.) [...] En effecto el referido [Gabriel Téllez/Tirso de Molina] y otros cinco [...] passaron a dicha *Isla á Costa de la Real hacienda* [...].[75]

«Nichts lässt, wo es war, die erschlossene Welt» – die Klage des Chores aus Senecas *Medea* gilt auch und gerade für die Kleriker auf Santo Domingo.[76] Téllez Auftrag, in der zunehmend entvölkerten *ciudad letrada* an der Universität zu lesen und seine Ordensbrüder zur Raison zu rufen, spricht Bände über das Milieu kolonialer Hafenstädte diesseits und jenseits des Atlantiks. Der in-

---

[74] Der Herausgeber der hier verwendeten Ausgabe verweist darauf, dass im Jahr 1617 – als sich Tirso auf Santo Domingo befand – in Córdoba ein Stück namens *Tan largo me lo fiáis* aufgeführt wurde und wertet dies als ein Argument gegen die Autorschaft Tirso de Molinas hinsichtlich desjenigen Stückes, das als *El Burlador de Sevilla* bekannt wurde (Rodríguez López-Vázquez in *Burlador*, S. 11 f.).
[75] Zit. in *TMOC II*, S. 517 f. Gabriel Téllez war 1632 Ordenschronist geworden.
[76] L. Annaeus Seneca: *Medea*, S. 37.

stabile Status administrativer und autoritärer Strukturen («sin licencia de sus Prelados») sowie der Zusammenbruch standesgemäßen Benehmens ist – soweit ist die These von einem Ursprung der Don Juan-Figur auf Santo Domingo nach heutigem Kenntnisstand noch hilfreich – ein Phänomen, das die spanische Literatur des Siglo de Oro in vielerlei Facetten verhandelt und das durchaus mit dem atlantischen Raum in Verbindung zu bringen ist.[77] Einerseits waren die Zustände – dies zeigen Dokumente über das Fehlverhalten der beiden *oidores* Don Gonzalo Mexía de Villalobos und Don Francisco Manso de Contreras im Archivo General de Indias noch heute – in den Kolonien derartig skandalös, dass jegliche Hoffnung auf ein angemessenes ständisches Verhalten naiv erscheinen musste.[78] Andererseits dürfte es kein Zufall gewesen sein, dass der inzwischen altersweise Ordenschronist Gabriel Téllez den Bericht über seine atlantische Reise in der *Historia de la Merced* ganz klar mit dem Gegengewicht einer bereits topischen, neostoischen Botschaft der Mäßigung – «[l]os extremos siempre desbaratan las Leyes y virtudes» – versah. Denn es ist durchaus denkbar, dass sein jüngeres Alter Ego auch mit Faszination und heimlicher Freude auf das fragwürdige Treiben der reisenden Theatermacher und ihres städtischen Publikums geblickt hatte: « – ‹Lo primero ha de saber que en la corte hay siempre el más necio y el más sabio, más rico y más pobre, y los extremos de todas las cosas; que disimula los malos y esconde los buenos [...]›», erfährt Quevedos Don Pablos auf dem Weg nach Madrid.[79] Der Orden hatte Tirsos schlechten Umgang und seine allzu weltlichen Projekte im Jahr 1625 jedenfalls bemängelt und ihn angewiesen, den städtischen Raum Madrids schleunigst zu verlassen.

Die Autorschaft, die Entstehungs- und Überlieferungsbedingungen für ein inhomogenes Stück, das aus den unterschiedlich betitelten Einzelteilen *Tan largo me lo fiáis*, *El convidado de piedra* und *El Burlador de Sevilla* zusammengesetzt ist, bleiben jedoch reichlich unklar.[80] Der erste Titel spiegelt den skeptischen, auf die Bilanzierung des rein irdischen Lebens fixierten Wahlspruch der Hauptfigur wider. Der zweite Titel verweist einerseits auf das weit verzweigte Motivbündel eines infernalischen Abendessens, andererseits auf das dann in

---

77 Zu dieser These, vgl. Juana Gil Bermejo: El Burlador de Sevilla. Posible origen histórico en las Antillas. In: *eme eme. Estudios Dominicanos* VI (1978), S. 31–41. So auch für eine Szene aus *Don Quijote de la Mancha*, die Gil Bermejo in schlüssiger Art und Weise mit Bartolomé de las Casas *Historia General de las Indias* in Verbindung bringt (vgl. ebda., S. 31 f.).
78 Vgl. ebda., S. 33.
79 Francisco de Quevedo: *El Buscón*, S. 211. Zu Tirsos Ausweisung, vgl. Torres Nebrera in *Celosa*, S. 13.
80 Vgl. Rodríguez López-Vázquez in *Burlador*, S. 12.

der Romantik – besonders bei Prosper Mérimée (1803–1870) – aufgrund seiner mittelalterlichen Konnotationen aufgegriffene Motiv der belebten Statue und «Statuenliebe».[81] Der letzte Titel hingegen, dessen Zweiteilung die doppelte, zusammengefügte Natur des Stücks leicht erkennen lässt (*El Burlador de Sevilla y Convidado de Piedra*), gibt immerhin einen Ortspunkt, der unzweifelhaft ist: die Bindung des Protagonisten an den städtischen Raum Sevillas. Dieser städtische Raum verweist – wie oben gezeigt, bereits seit dem späten 13. Jahrhundert – ebenso wie die motivgeschichtlichen Filiationen des *Burlador*,[82] ja nicht zuletzt die Bewegung des Protagonisten an sich, auf den verbundenen Kommunikationsraum einer Hafenstadt zwischen Mittelmeer und Atlantik. Dennoch ist Sevilla auch als die versteinerte Hauptstadt einer eher einsamen und heroischen «España cristianísima» (Blanca de los Ríos) betrachtet worden.[83] Wenn die wirtschaftshistorische Dimension Sevillas und eine spezifische, ihr einwohnende Ästhetik und Epistemologie der Bewegung aber ausgeblendet werden, dann führt eine rein kulturpolitisch geprägte Wahrnehmung der Stadt zu dem Eindruck, die einst machtvoll durchgesetzte, gegenreformatorische ‹Diskurs-Renovatio› habe jene andere, wichtige und traditionsreiche Seite der Stadtgeschichte ausgelöscht und äußere sich heute in dem nur kryptisch-dysfunktionalen, exotischen und bestenfalls touristisch vermarktbaren Überschuss einer katholischen Symbolsphäre.[84] Selbst wenn es – wie bei dem

---

81 Berthold Hinz: Statuenliebe. Antiker Skandal und mittelalterliches Trauma. In: *Marburger Jahrbuch für Kunstwissenschaft* 22 (1989), S. 135–142. Vgl. auch *TMOC II*, S. 542–552, wo einige interessante Bemerkungen zu der Steinstatue fallen, Tirso aber auch als Romantiker vereinnahmt wird.
82 Vgl. Francisco Márquez Villanueva: Nueva visión de la leyenda de Don Juan. In: Karl-Hermann Körner/Dietrich Briesemeister (Hg.): *Aureum saeculum hispanum. Beiträge zu Texten des Siglo de Oro*. Wiesbaden: Franz Steiner 1983, S. 203–216, hier S. 205 und Costanza Jori: Il *Convitato di Pietra* di Andrea Perrucci: Un *Burlador* in veste Napoletana. In: Pierre Civil/Antonio Gargano u. a. (Hg.): *Fra Italia e Spagna: Napoli crocevia di culture durante il vicereame*. Napoli: Liguori 2011, S. 359–372.
83 *TMOC* Band 1, S. LVIII.
84 «Am Beispiel Sevillas, einer Hochburg gegenreformatorischer Religiosität, lässt sich jedoch nachweisen, dass die religiöse Regionalkultur sowohl in Riten wie in Texten gerade durch die *Übererfüllung* diskursiver Vorgaben deren Rahmen sprengt, und performativ ein überschießendes Imaginäres freisetzt.» (Ulrike Sprenger: NO∞DO. Zur frühneuzeitlichen Identitätsbildung Sevillas. In: Wolfram Nitsch/Bernhard Teuber (Hg.): *Zwischen dem Heiligen und Profanen. Religion, Mythologie, Weltlichkeit in der spanischen Literatur und Kultur der Frühen Neuzeit*. München: Wilhelm Fink 2008, S. 371–385, hier S. 371) Dieses «überschießende Imaginäre» verweist auch bei Sprenger auf etwas, das dem Nord- und Westeuropäer vollkommen fremdartig erscheinen soll und daher – gerade was Sevilla angeht – große Ähnlichkeit mit dem in unserer ‹Einleitung› diskutierten Barockbegriff der romanischen Philologie aufweist.

folgenden Zitat – so scheint, als würde diese Position andere Phasen der Stadtgeschichte mitbedenken, so berücksichtigt sie nicht die ebenfalls in der frühneuzeitlichen Weltstadt *par excellence* präsenten kommunikativen Verbindungslinien als einen weiteren, wichtigen Ausgangspunkt des Stadt-Bildes:

> La Sevilla histórica era como un enorme palimpsesto donde, sobre el polvo de una civilización, alzábase otra y otra; sobre el solar de un templo visigótico se construía una mezquita, y sobre los vestigios de una mezquita o de un palacio moro edificábase una iglesia o un monasterio cristiano. [...] Y al par que la grandiosidad del edificio y la sombra litúrgica y pavorosa de sus naves, captaría la admiración y el entusiasmo de Tirso, el esplendor y magnificencia incomparables con que se celebraba el Culto en aquella Basílica [...].[85]

Mit dieser vermeintlichen Ansicht der Stadt Sevilla im Moment der Ausreise Tirso de Molinas nach Santo Domingo wird die verfestigende ‹Diskurs-Renovatio›, die ganz im Zeichen eines katholischen Weltreiches steht und sich daher nicht zufällig der Stadt Sevilla bemächtigt, vom frühen 17. in die Mitte des 20. Jahrhunderts übertragen. Indem Blanca de los Ríos den Begriff des Palimpsestes bemüht, um der Schichtung der Geschichte eine Richtung zu geben, aktiviert sie einen archäologischen Blick auf die Stadt, der doch erst seit dem späten 18. Jahrhundert zur Verfügung stand und im 19. Jahrhundert – vor allem bei Victor Hugo – voll zum Tragen kam.[86] Hafen und Schiffe bleiben zurückgebunden, ja verankert in einer dank der Kathedrale zentrierten Ordnung. Das Haus des Herrn, das Kirchenschiff, sein gut sichtbarer Turm und die schwimmenden Häuser der ankernden Schiffe mit ihren Masten stehen hier auf ein- und derselben Stufe, dienen ein- und derselben Mission. So vereinen sie sich in dieser Sicht auf die Stadt Sevilla zu den nun fest vertäuten Signifikanten eines transatlantischen Weltreiches. Selbst wenn in dem Stück nicht sogar steinerne Statuen pietätvollen und offiziellen Gedenkens in Bewegung gerieten: Nichts könnte dem *Burlador de Sevilla* ferner liegen als eine derartig statische Perspektive auf ‹seine› Stadt.

Fast gleichzeitig mit der Menéndez y Pelayo-Schülerin Blanca de los Ríos entwickelt der Wirtschaftshistoriker Pierre Chaunu auf Grundlage der höchst umfangreichen Passagier-, Ladelisten und Register der Hafenstadt ein ganz an-

---

85 *TMOC II*, S. 523 f.
86 Zum «archeological gaze» auf die Stadt, vgl. Ottmar Ette: Urbanity and literature – cities as transareal spaces of movement in Assia Djebar, Emine Sevgi Özdamar and Cécile Wajsbrot. In: *European Review* 19 (2011), S. 367–383, hier S. 368. Zu der Stadt als Palimpsest bei Victor Hugo, vgl. Anne Kraume: *Das Europa der Literatur*, S. 122 und Ottmar Ette: *TransArea*, S. 42. Die geschichtsphilosophischen Voraussetzungen beider Metaphern dürfen nicht außer Acht gelassen werden, ebensowenig wie die Tatsache, dass die Grundidee des Palimpsestes die Auslöschung – nicht: die Bewahrung – ist.

deres Bild der städtischen Landschaft von Sevilla. So stellt er seinen Bänden mit Dokumenten – die auch die Ausreise des Mercedariers Gabriel Téllez, beziehungsweise Theaterautors Tirso de Molina auf der Fregatte Nuestra Señora del Rosario verzeichnen[87] – ein Panorama voran, das – ganz anders als bei Blanca de los Ríos – näher an den Alltag heranzoomt als das stratifizierende, versteinerte und menschenleere Bild, das de los Ríos gezeichnet hat. Chaunu fokussiert nicht nur Gebäude, sondern auch Akteure vor dem Hintegrund einer «dynamique des ‹volumes›», die sich in offiziellen und inoffiziellen *padrones* (stetig aktualisierten Karten), *derroteros* (Routenbüchern), Ladelisten und Registern von Passagieren der 1503 gegründeten Casa de la Contratación niedergeschlagen hat.[88] Die in Graphen verwandelte Fieberkurve dieser ikonischen, numerischen und alphabetischen Register hatte rund um Téllez Ausreise nicht nur eine Reihe von Höhepunkten erreicht. Die bei Chaunu gut erkennbaren Diskrepanzen zwischen dem, was abfuhr, und dem, was ankam, zeugen zudem von einer pikaresken Gegenwelt des Abwesenden, Nicht-Erfassten, heimlich Weitergesagten, an Wirtshaustischen Skizzierten, Falsch-Deklarierten oder Geschmuggelten. All dies in einer Stadt, die als transportierender und transformierender Mechanismus in vielfältigen Beziehungen zu ihrem Umland stand:

> Il y a peu de sujets aussi vivants, aussi riches, pour un historien que cette ville étonnante et multiple: [...] Mais un peu de patience, et voici ses marchands, ses riches « peruleros », ses bretons et ses flamands, – entendez indistinctement tous les hommes du Nord. – Voici ses Morisques ... Voici aussi ses gens du Roi et il n'en sera que trop largement question. Un instant encore et nous pourrons retrouver et suivre ses hommes riches, ses grands seigneurs, maîtres d'hommes et de terres, pour qui mûrissent les oliviers et les vignes de l'Andalousie. [...] Voici la *Giralda* sur laquelle on hissait l'étendard pour appeler les équipages au moment du départ; son carillon n'a pas cessé d'égrener le temps. Ici, la cathédrale sur les degrés de laquelle se tenait la Bourse des marchands, avant que la *Casa Lonja* n'assurât la relève. Ici, les maisons qui enserraient la très célèbre *Casa de la Contratación* [...], à l'égard de laquelle nous ne dirons jamais assez notre reconnaissance. Là-bas, l'*Ayuntamiento*. Et là, à quelques pas, la *Torre del Oro*, le *Rio* et ses ports ... Sur le *Rio*, à côté des navires venus des pays exotiques, s'exercent les rameurs volontaires, ses forçats salariés des galères, et, couvertes de feuillages pour se garantir du soleil, les barques chargés de jeunes hommes et de jeunes femmes ... Un instant on pourrait songer à Venise.[89]

Chaunus Ansicht der Stadt Sevilla öffnet sich deshalb auf eine in den Graphen, Listen und Tabellen seiner wirtschaftshistorischen Arbeit gegebenen Land-

---

[87] Vgl. *TMOC II*, S. 521. Blanca de los Ríos legt nahe, Tirso habe sich zuvor etwa zwei Monate lang in Sevilla aufgehalten. Vgl. auch das Schiffsregister in Huguette et Pierre Chaunu: *Séville et l'Atlantique (1505–1650)*, Band 4, S. 454.
[88] Ebda., Band 1, S. 22.
[89] Ebda.

schaft der Theorie, weil sie – nach den Konventionen des antiken Städtelobes – die *thesis* der Stadt über ihre *physis* stellt: «the situation of a town is defined through its relationship with the whole region, while the site corresponds to its exact location.»⁹⁰ Seine durchaus an die Chorographien der frühen Atlanten erinnernde Beschreibung betont diejenigen dynamischen Relationen und Ordnungen, welche die Stadt über den Handel, den See- und Landweg mit der Region und mit der Welt verbinden. Die Türme der Stadt wachsen in den Masten der Schiffe über sie hinaus und geraten in Bewegung.⁹¹ Die «dynamique des ‹volumes›» ist bei Chaunu eine periodische Ebbe und Flut der Flotten, Waren und Menschen, die über den Guadalquivir reisen.⁹² Sie betrifft auch das Wohl und Wehe der umgebenden *huertas* und ihrer landwirtschaftlichen Produkte, die die Stadt ernähren und wie sie von dem Wasser profitieren:

> Sevilla era bien acomodada para cualquier granjería y tanto se lleva a vender como se compra, porque hay marchantes para todo. Es patria común, dehesa franca, ñudo ciego, campo abierto, globo sin fin, madre de huérfanos y capa de pecadores, donde todo es necesidad y ninguno la tiene.⁹³

Nicht minder emphatisch ist Cervantes Sevilla-Eröffnung in der *Novela del celoso extremeño*:

> [A]l fin de muchas peregrinaciones, muertos ya sus padres y gastado su patrimonio, vino a parar a la gran ciudad de Sevilla, donde halló ocasión muy bastante para acabar de consumir lo poco que le quedaba. Viéndose, pues, tan falto de dineros, se acogió al remedio a que otros muchos perdidos en aquella ciudad se acogen, que es pasarse a las Indias, refugio y amparo de los desesperados de España, iglesia de los alzados, [...] engaño común de muchos y remedio particular de pocos.⁹⁴

---

90 «It is necessary to make an initial distinction between the ‹situation› or ‹position› (*thesis*) and the ‹site› (*phusis*) of the city. Ancient geographers knew these concepts and modern geographers still use them: the situation of a town is defined through its relationship with the whole region, while the site corresponds to its exact location.» (Laurent Pernot: *Epideictic Rhetoric*, S. 44)

91 Bei Lope de Vega, *Lo que ha de ser* (1627), findet sich diese Verbindung in Reinform: «ciudades de lino y tablas» (zit. in B. B. Ashcom: The First Builder of Boats in El Burlador. In: *Hispanic Review* 11 (1943), S. 328–333, hier S. 330 und Titus Heydenreich: *Tadel und Lob der Seefahrt*, S. 113).

92 Diese verbindende Bewegung kann auch zum erzählerischen Prinzip erhoben werden. Ein späteres Beispiel ist der auf der Iberischen Halbinsel gerne angeführte modernistische Roman von John Dos Passos, *Manhattan Transfer* (1925), in dem die Transportmittel zu periodischen «Gezeiten der Stadt» (Volker Klotz) führen.

93 *Guzmán I*, Buch 1, Kap. 2, S. 161. Vgl. zu dem umliegenden Land und dem wechselnden Klima, ebda., S. 147 und Kap. 3, S. 169 f.

94 *NovE*, Band 2, S. 175 f.

Nicht ohne Beschönigungen, aber im Einklang mit der oben skizzierten Sicht aus der Wirtschaftsgeschichte, erklärt Pikaro Guzmán de Alfarache aus Mateo Alemáns gleichnamigem Roman (1599/1604) – ebenso wie der abgeklärt-sarkastische Erzähler aus Cervantes *Novela del celoso extremeño* (1613) – Sevilla zu einem offenen, vielfach verbundenen Raum. Sevilla ist durch diese Offenheit und Verbundenheit mit der Region, ja mit der Welt, geradezu definiert. Die Beweglichkeit dieser dem ‹versteinerten› Sevilla entgegengesetzten Vision sollte jedoch nicht dazu verführen, diese Offenheit der Stadt mit Grenzenlosigkeit zu verwechseln. Denn sie geht – dies zeigt Cervantes *celoso extremeño* in emblematischer Weise – mit der Phantasie einer radikalen Abgeschlossenheit einher. Eine oppressivere Phantasie als Góngoras hölzerne und intime «cabaña», der «bienaventurado albergue» aus den *Soledades*, entsteht bei Cervantes ein vollkommen verschlossenes Haus zwischen der Rückkehr des zu Reichtum gelangten Auswanderers Carrizales aus den Amerikas und der Flucht seines gescheiterten Nebenbuhlers in dieselben. Die phantasmatische Konstruktion des ehelichen Heims gerät zur radikalen *clôture*, zur insel- und zwanghaften Gemeinschaft sowie senil-idolatrischen Erweiterung des ansonsten eher schlaffen Begehrens nach der jungen Gattin, Leonora.[95] Ebenso wenig wie Sevilla voreilig auf das Epizentrum gegenreformatorischer Diskurs-Renovatio reduziert oder durch epideiktische Konventionen des Städtelobes zur *Serenissima* am Guadalquivir stilisiert werden sollte, sollte übersehen werden, dass die weltweiten Bewegungen zu Beginn und am Ende des *celoso extremeño* dem Topos der eingesperrten und vollkommen nach den Wünschen des Mannes erzogenen Frau eine neue Dimension hinzufügen. Denn inmitten der Weltstadt entsteht hier die womöglich erste *gated community* der literarischen Globalisierungsgeschichte:

> [C]ompró [Carrizales] una [casa] en doce mil ducados, en un barrio principal de la ciudad, que tenía agua de pie y jardín con muchos naranjos; cerró todas las ventanas que miraban a la calle, y dióles vista al cielo, y lo mismo hizo de todas las otras de la casa. [...] levantó las paredes de las azoteas de tal manera que el que entraba en la casa había de mirar al cielo por línea recta, sin que pudiesen ver otra cosa [...].[96]

Die mit der globalisierten *cosmopolis* verknüpften Bewegungen aktualisieren nicht nur die bukolische Phantasie der insularen *Arcadia*. Sie führen auch zu

---

95 Zu dem Sevillaner Haus des Carrizales als «islote sevillano», vgl. Avalle-Arce in *NovE*, Band 2, S. 34. Zu der mönchischen Dimension der narrativen Konstruktion um das Insel-Haus, vgl. ebda. Dieselben Überlegungen zu den Mönchen des Berges Athos bilden die Grundlage für Roland Barthes *Comment vivre ensemble?*. Zu den *indianos* als reiche Bräutigame für deutlich jüngere Frauen, vgl. Barbara Simerka: *Discourses of Empire*, S. 40.
96 *NovE*, Band 2, S. 180 f.

der um einen kleinen Garten herumgebauten *claustropolis*, einer Mischform aus meditativer Inwendigkeit und paranoidem Rückzug aus der weiten Außenwelt, wo nur hineingeliefert wird, was auch bestellt wurde.[97]

Nach einer an nostalgischer *Hispanidad* und der Gegenreformation orientierten Position sowie Pierre Chaunus fast gleichzeitig entstandenem wirtschaftshistorischem Paradigma, ist Sevilla jüngst in den Fokus der Medien- und Wissenschaftsgeschichte getreten. Bernhard Siegert setzt ein bestimmtes mediengeschichtliches Verhältnis von mündlicher Rede und Schrift voraus, wenn er den Ozean mit dem unsicheren und phantasmatischen «Aggregatszustand der Schrift» in Verbindung bringt:[98]

> Nicht Repräsentation im modernen Sinne der Stellvertretung einer abwesenden Präsenz bringt die Moderne hervor [...]. Sondern ein obsessiver Glaube an die wirklichkeitserzeugende und -erhaltende Magie der Schrift, die es vermag, die Spuren der flüchtigen Dinge zu bewahren und damit den Zugriff auf die flüchtigen Dinge selbst, weil die Wirklichkeit der Dinge ihre eigene Spur ist. Ein Glaube an die Magie der Schrift, die es vermag, die schlüpfrigen Menschen, die ohne festen Wohnsitz sind, auf ihrem Platz zu verorten, wenn man nur ihren Namen in ein Register oder Kataster einträgt.[99]

Sevilla und ihr Hafen ziehen die «schlüpfrigen Menschen» magisch an. Die Stadt ist daher Geburtsort einer bürokratisch-kolonialen Form der Schriftlichkeit, die mit einem Arsenal von «Zeichenpraktiken» bemüht ist, die «flüchtigen Dinge», den «schlüpfrigen Menschen» und den «Raum der Transportgeschwindigkeiten» in die «Mikrophysik des Papiers» zu bannen:[100]

> Europa verlassen ist [...] keine natürliche Handlung, die man zu jeder Zeit der Menschheitsgeschichte hätte vollziehen können. [...] Von Andalusien aus gesehen hat Europa sich selbst erfunden durch die Einführung der Unterscheidung zwischen einer Alten Welt und einer Neuen Welt [...]. Es ist eine Unterscheidung, die gezogen wurde durch manifeste juridische Rituale und bürokratische Prozeduren, die die Grenze zwischen Land und Meer in eine Grenze zwischen seßhaften Menschen und Vagabunden, Christen und Nichtchristen, Gliedern des politischen Körpers und Parasiten am politischen Körper verwandelten.[101]

Siegert verweist leider zu keinem Zeitpunkt auf den in der ‹Einleitung› zitierten Alexander von Humboldt. Denn Siegert kommt auf Prozesse und Neuver-

---

97 Vgl. Paul Virilio: *Ville panique*, S. 69 und 74.
98 Bernhard Siegert: *Passage des Digitalen*, S. 37. Für ein weniger eurozentrisches Verhältnis des Menschen zum Meer, vgl. Epeli Hau'ofa: *Our Sea of Islands*.
99 Bernhard Siegert: *Passagiere und Papiere*, S. 160.
100 Ders.: *Passage des Digitalen*, S. 14 und 43. Zu dem an Foucault orientierten Konzept der «Mikrophysik der Macht», vgl. Philipp Felsch: *Der lange Sommer der Theorie*, S. 139.
101 Bernhard Siegert: *Passagiere und Papiere*, S. 28 f.

ortungen einer nunmehr atlantischen Moderne zurück, die dem in bürokratischer, naturwissenschaftlicher und philologischer Schriftlichkeit bestens gebildeten Forschungsreisenden des frühen 19. Jahrhunderts sehr vertraut gewesen wären. Sieht man von dem andeutungsweise angeführten Angel Rama ab, so fehlt bei Siegert daher eine grundsätzliche Fundierung des verflechtenden und relationalen Verhältnisses zwischen einem kolonialen Europa und den Amerikas, das die ästhetischen und mediengeschichtlichen Grundlagen einer «Ekstase der totalen Aufzeichnung» bieten könnte.[102] Siegert kommt jedoch das unzweifelhafte Verdienst zu, daran erinnert zu haben, dass Sevilla eine von der staatlichen Macht strategisch ausgewählte ‹Insel› darstellte. Ein sicheres Stück von der Küste entfernt und folglich von festem Boden umgeben, erlaubt die Hafenstadt staatlichen Zugriff und «theatrale Rituale des Rechts», wo anderenfalls unkontrollierte Bewegungen und unerwünschte Kontakte drohen würden.[103] Der Guadalquivir wird so in einer bereits bekannten Formulierung zum Scharnier. Er ist ein Tor zur Welt, das dennoch – ähnlich den Stadttoren – eine höchst komplexe Dialektik von Öffnung und Verschlossenheit entfaltet.[104] Wer sich in Sevilla bewegt, steht in dem Lichtkegel einer Inselstadt, eines von den Autoritäten arrangierten Transitraumes. So wird aber die Stadt auch zur Bühne und ihre Bewohner zu Schauspielern: Alle Passagiere und Passanten, alle urbanen Subjekte dieser Stadt leben an der Schwelle zum Atlantik.[105] An den «Un-Orten entlegener Inseln», mit denen der Transitraum Sevilla verbunden ist, herrschen jedoch genau wie auf den Theaterbühnen «nicht mehr alte Macht-, sondern neue Geschäfts- und Darstellungspraktiken.»[106] Ebenso wie anderen Zeitgenossen aus der Welt des Theaters dürfte dies Tirso de Molina bewusst gewesen sein. Passagiere und Passanten sind Schauspieler. Schauspieler sind Passagiere und Passanten. Don Juan strebt nach Sevilla, weil sie die theatralische Stadt *par excellence* ist.

---

102 Ders.: *Passage des Digitalen*, S. 88. Zur Literatur, vgl. Bernhard Siegert: *Passagiere und Papiere*, S. 66; zu Angel Rama, vgl. ebda., S. 156. Siegerts Position ließe sich aus lateinamerikanistischer wie hispanistischer Sicht ergänzen. Exemplarisch seien Roberto González Echevarrías *Myth and Archive* und die Arbeiten von Robert Folger genannt.
103 Bernhard Siegert: *Passage des Digitalen*, S. 103.
104 «Pasar. [...] Pasaje. Pasajero. Pasaporte, la licencia para poder pasar alguna cosa vedada por los puertos.» (*Cov*, S. 1347) Siegert zitiert eine bereits auf die Amerikas zugeschnitte Definition von 1681: «Llamese *passagero* todos los que [...] van o vienen de las Indias.» (Bernhard Siegert: *Passagiere und Papiere*, S. 29, Fn 6)
105 Vgl. ebda., S. 77 und 81.
106 Burkhardt Wolf: *Fortuna di mare*, S. 120.

3.3 Rhopographie gegen Epideixis: Städte am Meer

Don Juan und Sevilla gehören zusammen, weil Don Juan eine Figur der Bewegung ist. Daher soll die Suche nach national oder historisch verstandenen Ursprüngen der Figur, die im Falle Don Juans mit Hingabe betrieben worden ist – er sei ‹Italiener› (Arturo Farinelli), ‹Spanier› oder ‹Sevillaner› (Blanca de los Ríos), er habe seinen Ursprung auf Santo Domingo (Juana Gil Bermejo), «el mito ha nacido en España» – hier trotz des auch außertextuell erfassten Sevillas des vorangegangenen Abschnitts nicht betrieben werden.[107] Indem der *Burlador de Sevilla* in Neapel eröffnet, verortet sich das Stück jedenfalls in einem urban und imperial konnotierten Kommunikationsraum.[108] Geprägt von den «peuples nomades des marins» und vielen nicht minder mobilen Akteuren im Habsburgischen Imperium,[109] nicht zuletzt den Schauspielern, liegen die im *Burlador de Sevilla* genannten Hafenstädte jenseits einer klar strukturierten «bipolaridad Nápoles-España».[110] Letztere war den Zuschauern aus anderen Stücken – etwa Lope de Vegas *El Perro del Hortelano* (nach 1604) – sicherlich geläufig. Zwar sieht es zunächst so aus, als würden auch im *Burlador de Sevilla* primär ständische und ‹nationale› Befindlichkeiten verhandelt:

> Soldado. ¡Muere vil!
> Don Juan. ¿Quién os engaña?
> Ved que caballero soy.
> Don Pedro. Rabiando de enojo estoy.
> Don Juan. El embajador de España
> llegue sólo, que a él no más,
> pues es forzoso el morir
> mi espada quiero rendir.[111]

---

[107] Einleitung in *Burlador*, S. 47.
[108] Vgl. dazu Jochen Hafner: Zur sprachlichen Gestaltung und linguistischen Beschreibung von Kommunikationsräumen: Der ‹Fall Neapel› (16./17. Jahrhundert). In: Verena Dolle/Uta Helfrich (Hg.): *Zum «spatial turn» in der Romanistik. Akten der Sektion 25 des XXX. Romanistentages*. München: Meidenbauer 2009, S. 101–121 und Thomas Sträter: Lisboa – «La mayor ciudad de España»: politische Ideologie im Theater des Siglo de Oro (am Beispiel des *Burlador* von Tirso de Molina). In: Tobias Brandenberger/Henry Thorau (Hg.): *Portugal und Spanien: Probleme (k)einer Beziehung. Portugal e Espanha: Encontros e Desencontros*. Frankfurt am Main u. a.: Peter Lang 2005, S. 107–125, hier S. 110. Benedetto Croce verfasste die Klassiker *La Spagna nella vita italiana durante la Rinascenza* (1917) und *Storia del Regno di Napoli* (1925), wobei er den Mythos eines gemeinsamen Niederganges ‹Spaniens› und ‹Italiens› nach der Renaissance prägte.
[109] Huguette et Pierre Chaunu: *Séville et l'Atlantique (1504–1650)*, Band 1, S. 21.
[110] Juan Carlos Garrot Zambrana: España son mis brazos: Nápoles en *El perro del hortelano* y otras comedias lopescas. In: Pierre Civil/Antonio Gargano u. a. (Hg.): *Fra Italia e Spagna: Napoli crocevia di culture*, S. 325–343, hier S. 327.
[111] *Burlador*, S. 142 (Verse 73–80).

Don Juan hat seine Heimat verlassen und tritt in der Fremde mit aristokratischem und spanisch-imperialem Hochmut auf. Anders als sein blasser neapolitanischer Gegenspieler, der Duque Octavio, verortet sich Don Juan dennoch nicht in einem einfachen Dualismus aus Metropole und Fremde. Es ist vielmehr die These des vorliegenden Abschnitts, dass Don Juans oftmals emphatisch vorgebrachte, heroische und immer wieder als typisch spanisch aufgefasste Ehre der Figur bestenfalls – wie oben – aus dezidiert unheroischen Lebenslagen hilft. Sie bestimmt daher nicht das Wesen eines Protagonisten, der schon in der Heimat nicht wohlgelitten war und sich prinzipiell niemals – wie Octavio in Spanien – exiliert fühlen würde («extrañas provincias toco»).[112] Don Juan, so wird noch zu argumentieren sein, legt seine Maske nie ab. Trotz der Rahmung des Vektors von Don Juans Bewegung in einem imperial geprägten Raum, kommt es nicht zu einer dualistischen, statischen und imperialen topographischen Ordnung. Stattdessen lassen die denkbar unheroischen Beweggründe Don Juans die städtischen Räume des Stücks als dynamische Räume der Bewegung aufleben. Damit sind sie auch der oben angeführten Sicht Pierre Chaunus sehr viel näher als Blanca de los Ríos versteinertem Palimpsest.

Bereits von einer novellenhaften, bürgerlichen und nationalen Vorstellungswelt geprägt, ist die Eröffnungsszene von José Zorrillas *Don Juan Tenorio* (1844) dennoch genauso gelungen komponiert wie die seines Vorbildes. Sie ist, anders als in Tirsos *Burlador de Sevilla*, nicht in Neapel, sondern direkt in Sevilla angesiedelt und lässt die Hafenstadt des 16. Jahrhunderts für das bürgerliche Milieu des 19. Jahrhunderts wieder aufleben:[113]

> *Hostería de Cristófano Buttarelli [...]*
> *Al levantarse el telón, se ven pasar por la puerta del fondo Máscaras, Estudiantes y Pueblo [...].*
>
> *Escena II*
> Juan.   Cristófano, vieni quà.
> Butt.   Eccelenza!
> Juan.   Senti.
> Butt.   Sento.
>   Ma ho imparato il castigliano,
>   se è più facile al signor
>   la sua lingua ...

---

112 Ebda., S. 156 (Vers 439).
113 «La acción en Sevilla, por los años 1545, últimos del Emperador Carlos V.» (José Zorrilla: *Don Juan Tenorio*. Madrid: Cátedra ²⁹2011 (Letras Hispánicas), S. 72) Zorrilla verlegt das Stück damit an den Beginn des Konzils von Trient (1545–1563), wobei die letzten drei Akte – einschließlich der «Misericordia de Dios, y apoteosis del Amor» (ebda., S. 211) in das Jahr 1550 verlegt sind.

> Juan. Sí, es mejor;
>   lascia dunque il tuo toscano,
>   y dime: ¿don Luis Mejía
>   ha venido hoy?
> Butt.   Excelencia,
>   no está en Sevilla.[114]

Einerseits unterstreicht Zorrilla in dieser Szene mit fingierter Mündlichkeit spanische Vorurteile gegen die Genuesen, die bereits in Góngoras und Quevedos Satiren eine wichtige Rolle gespielt hatten. Die ‹toskanische› Varietät der späteren Nationalsprache Italienisch erscheint folglich auch als florales und weiblich konnotiertes «toscano».[115] Andererseits ist dies die Sprache, in der sogar Don Juan seinen ersten Auftritt des Stückes absolviert. Wenn er im Verlauf des Dialogs auf das ‹Toskanische› verzichtet, so könnte dies als eine Rückkehr zu dem vermeintlich spanischen Wesen der Figur gedeutet werden: eine durchaus intendierte Abkehr vom ‹Feminin-Floralen› des Italienischen und eine Nationalisierung Don Juans.[116] Auf der anderen Seite verzichtet Zorrilla später nicht auf ein inhaltlich weitgehend unbedeutendes Bild, in dem der Wirt Buttarelli seinem offenbar einheimischen *mozo* Miguel Anweisungen erteilt. Nun antwortet der Angestellte einer Schenke in Sevilla dem Wirt in einer wohl lokalen Varietät des ‹Toskanischen›:

> Mig. Che comanda?
> Butt.   Presto, qui
>   servi una tavola, amico:
>   e del Lacryma più antico
>   porta due bottiglie.
> Mig   Si,
>   signor padron.

---

[114] Ebda., S. 73 und 76 (Verse 51–59).

[115] Wie bereits bei Góngora gesehen, ein typisches poetologisches Vorurteil. Eine ligurische Varietät wäre im Sevilla des 16. Jahrhunderts viel wahrscheinlicher, würde jedoch nicht dieselben Assoziationen wecken.

[116] «Una vez elevada a la plena luz de la evidencia, resultará, a poco que afinemos el análisis, que *El Burlador de Sevilla*, ese dominador intrépido que pasea desde hace tres siglos por Europa su ademán hidalgo, y de quien tanto el instinto popular como la crítica reflexiva han hecho como un símbolo de la arrogancia española, no es ni con mucho creación propia y castiza de cuño verdaderamente español, fraguada por la fantasía y el corazón de nuestro pueblo.» (*TMOC II*, S. 537; vgl. auch ebda. *I*, S. XVIII–XXII) Wie hartnäckig diese Stereotype in der Welt des Theaters sind, zeigt sich in einer französischen Ausgabe von Molières *Dom Juan* (1665). Hier heißt es, der Stoff habe Molière nicht aus Spanien, sondern aus Italien erreicht – woraufhin die Figur laut Herausgeber Georges Mongrédien eher italienisch und ‹unspanisch› als «hypocrite» ende (in Molière: *Dom Juan ou le festin de pierre*, S. 349 f.).

> Butt.   Micheletto,
> apparecchia in carità
> lo più ricco che si fa:
> affrettati!
> Mig.   Già mi affretto,
> signor padrone.[117]

Zorrilla verweilt also bei einer ausgiebigen *pintura de lugar*, die soziale Hierarchien und räumliche Beweglichkeit in sprachliche Bühneneffekte überträgt: *code switching* und «movilidad lingüística» in Buttarellis Schenke.[118] Der aus Cervantes *novelas ejemplares* und *novela picaresca* bestens bekannte topische Zwischenraum einer Schenke entfernt – wie die Flucht vom Balkon im *Burlador de Sevilla* – Don Juan aus dem Milieu des Palastes. Auch hier kann die *venta* als ein Chronotopos der Bewegung gelesen werden, der auf einen bestimmten – proto-nationalen, imperialen oder gar ozeanischen – Raum anspielt. Dabei handelt es sich aber um den dubiosen Zwischenraum der Reisenden: Die Schenke holt die Gosse auf die Bühne.[119]

Die exophone Wirkung des Italienischen in den ersten Dialogen des *Don Juan Tenorio* sorgt für einen auf der Theaterbühne sonst nur mit Kunstgriffen zu erzielenden deiktischen Effekt. Der multi- und translinguale Kommunikationsraum des Imperiums, der nomadischen Händler und Seefahrer aus dem heutigen Italien wird unmittelbar spürbar. Exemplarisch lässt sich hier zeigen, wie die Schenke eine scheinbar machtvoll geordnete Topographie in eine Rhopographie der Bewegung verwandelt,[120] während die Exophonie der

---

117 José Zorrilla: *Don Juan Tenorio*, S. 79 (Verse 119–126).
118 Vgl. Regan Postma: ¿Don Juan toma un Greyhound? La movilidad geográfica y lingüística en Johnny Tenorio. In: *Paso de Gato. Revista mexicana de teatro* (4.2010), S. 41–44. Der Aufsatz bezieht sich auf eine neue Fassung des Don Juan Mythos in der Welt der *Chicanos* (USA) durch Carlos Morton (1983). Er ist einer der wenigen Beiträge, der geographische und sprachliche Bewegung als konstitutive Eigenschaft der Don Juan Figur konsequent zusammendenkt: «Aunque Don Juan dice pocas líneas, su manejo de los verbos en frases completas e inteligibles, así como el entendimiento que tiene Buttarelli de ellas, manifiestan la movilidad lingüística de Don Juan en la tierra que visita.» (ebda., S. 42, Fn 11) Ein interessanter Fall wäre der Sprachkontakt Spanisch-Genuesisch im argentinischen Theater oder bei Roberto Arlt.
119 «Der Gasthof erscheint [...] als ein gesellschaftlicher Raum, der die Strukturen der Ständegesellschaft einerseits respektiert, andererseits aber einen nicht ständisch definierten Funktionszusammenhang bildet. Damit wird er gleichzeitig zum Rahmen für ein Spektrum sozialer Verhandlungen [...].» (Wolfgang Matzat: Der gesellschaftliche Raum in *La ilustre fregona*. In: Hanno Ehrlicher/Gerhard Poppenberg (Hg.): *Cervantes Novelas Ejemplares im Streitfeld der Interpretationen. Exemplarische Einführungen in die spanische Literatur der Frühen Neuzeit*. Berlin: Edition tranvía 2006, S. 201–216, hier S. 209)
120 Mit Giancarlo Maiorino (vgl. ders.: *At the margins of the Renaissance. Lazarillo de Tormes and the Picaresque Art of Survival*. University Park, PA: The Pennsylvania State UP 2003, S. 60

fremdartigen sprachlichen Varietät zu einem theatralischen Effekt von Raumweite, also Topophonie, führt.[121] Für Zorrillas *Don Juan Tenorio* und Tirsos *Burlador de Sevilla* folgt daraus gleichermaßen, dass das rhetorische *genus* des Epideiktischen für seine urbanen Handlungsorte ebenso unpassend wäre,[122] wie das Register episch-heroischer Schreibweisen für Don Juans Taten. Die klare Identität des Helden verliert sich im *tropel*, der Masse. So erleben wir sogar noch bei Zorrilla ein vielsprachiges und maskenhaftes Sevilla («se ven pasar por la puerta del fondo Máscaras, Estudiantes y Pueblo»). So verweist der Karneval auf volkstümlichen Schwank und «literatura *non sancta*» sowie auf einen von wandernden Volksmassen unklarer Herkunft besiedelten süditalienischen Kulturraum: «dicha Italia hormigueante de soldados españoles, judíos expulsos y eclesiásticos aventureros».[123] Dieser Raum war jedoch, wie auch Quevedos *Buscón* (1626) erstaunt feststellen muss, aufs Engste mit der Iberischen Halbinsel verbunden: Indem sich einer von Don Pablos Begleitern in Madrid auf der Straße plötzlich die Haare aufbindet und ins ‹Italienische› wechselt, setzt sich dieser eine Maske auf und bleibt unerkannt: «– ‹Estos son los aderezos de negar deudas. Aprended, hermano, que veréis mil cosas déstas en el pueblo›.»[124] Auch die Genese des *Burlador de Sevilla* und das Schicksal seines Protagonisten lassen keinen Zweifel daran aufkommen, dass die Vektoren seiner Bewegungen diesen Raum aufspannen und nun über Sevilla verlaufen. Über Masken und Verhüllung verbinden Zorrilla und Tirso gleichermaßen die räumlichen und metatheatralischen Dimensionen eines Bühnenstoffes, dessen Protagonist ein Meister darin ist, Grenzen zu überwinden. Folglich ist Don Juan auch ein Meister der damit eng verbundenen Maskerade.

Das apodiktische Urteil von Volker Klotz, wonach sich das Theater grundsätzlich als «stadtfremd» erwiesen habe, wird vor diesem Hintergrund konturierter. Hält man sich die aristotelischen Konventionen der klassizistischen

---

und 65) kann die Rhopographie – als Darstellung der trivialen und alltäglichen Dinge – der Megalographie oder dem *grand récit* entgegengestellt werden.
121 Zum Begriff der Exophonie, vgl. die Einleitung in Susan Arndt/Dirk Naguschewski u. a. (Hg.): *Exophonie: Anders-Sprachigkeit (in) der Literatur*, S. 14–17. Der Begriff der Topophonie wird bei Bernhard Teuber und bei Cornelia Blasberg geborgt.
122 Zum Städtelob, vgl. *HLR*, § 247, Carl Joachim Classen: *Die Stadt im Spiegel der Descriptiones und Laudes urbium in der antiken und mittelalterlichen Literatur bis zum Ende des zwölften Jahrhunderts*. Hildesheim u. a.: Georg Olms 1986, S. 4 f. sowie Laurent Pernot: *Epideictic Rhetoric*. Das Städtelob ist der epideiktischen Rede oder Lobrede (*genus demonstrativum*) zuzuordnen.
123 Francisco Márquez Villanueva: Nueva visión de la leyenda de Don Juan, S. 205.
124 Francisco de Quevedo: *El Buscón*, S. 226.

Theatertradition vor Augen, so wird deutlich, weshalb Räume wie Zorrillas Gasthof oder die in den Titel des Stückes gehobene Hafenstadt Sevilla eher den Prosagattungen zugeordnet werden könnten.[125] Wenn Góngoras «peregrino» sich als ein der Poesie zugeneigter Grenzgänger zwischen Lyrik und Epik erwiesen hat, so ist die rastlose und großteils urbane Beweglichkeit Don Juans ein der Prosa zugeneigter Grenzgang zwischen Novelle und Drama. Auch Don Juan ist ein Aristokrat auf Abwegen. Folglich ist es just die bemerkenswerte philologische, sprachliche, räumliche und zeitliche Inhomogenität von Tirsos *Burlador de Sevilla*, die einen Ausweg zu repräsentations- und gattungstheoretischen Problemen der Stadtdarstellung im Drama bietet. Tirsos *comedia* verknüpft nicht nur eine Abfolge ganz und gar ungleicher Chronotopoi (höfische, städtische, ozeanische und bukolische Szenen), sondern verwirrt seine Interpreten seit jeher mit entgegengesetzten zeitlichen Ebenen: Die Welt des Hofes wird von zwei väterlichen Königsfiguren aus dem 14. Jahrhundert vertreten, während die *comedia* auch voraussetzt, dass Madrid die repräsentative Hauptstadt eines Imperiums geworden ist (etwa ab 1561), zu dem nun auch Portugal gehört (1580–1640). Statt – wie es gerade beim *Burlador de Sevilla* denkbar wäre – Fehler in Abfassung oder Übertragung und daraus entstandene «Anachronismen» zu vermuten,[126] erkennt die vorliegende Untersuchung darin das für historische Dramen wie Cervantes *La Numancia* (um 1585) nicht untypische Prinzip des «dual present».[127] Indem sie die Welt des Hofes und die gegenwärtige Welt des Zuschauers unterschiedlichen Zeitlichkeiten zuordnen, sorgen zwei entgegengesetzte histori-

---

125 Vgl. Volker Klotz: *Die erzählte Stadt. Ein Sujet als Herausforderung des Romans von Lesage bis Döblin.* München: Carl Hanser 1969, S. 13–16 und Wolfgang Matzat: Der gesellschaftliche Raum in *La ilustre fregona*, S. 205.
126 So bereits bei Blanca de los Ríos mit Blick auf den italienischen Literaturwissenschaftler Arturo Farinelli (*TMOC II*, S. 553 und 645). Der neueste Beitrag zu «the play's anachronisms» ist von Frederick de Armas (The Geography of Imperial Deceit: Misplacing Goa and Lisboa in *El Burlador de Sevilla*. In: *Bulletin of Spanish Studies* 90 (2013), S. 495–507, hier S. 496). Die Königsfiguren des Stücks, Alfonso XI von Spanien (1312–1350) und João I (1385–1433), lebten nicht gleichzeitig. Der Bericht des Don Gonzalo aus Lissabon, Gegenstand der folgenden Analyse, spricht von «mares de la ardiente Goa» (entdeckt 1498; aber auch Reim: Goa/Ulloa), «naves de la Conquista, / tan grandes, que de la tierra / miradas, juzgan los hombres / que tocan en las estrellas» und «una Misericordia» – die erst 1534 erbaut wurde (vgl. *Burlador*, S. 61, S. 174 und 172, Verse 701, 902–905 und 842). Weiterhin ist von der Syphilis die Rede, die mit Amerika in Verbindung gebracht wurde, und – in den meisten Ausgaben – im letzten Bild von Madrid als Ort der imperialen Repräsentation (vgl. *Burlador* S. 259, Kommentar zu Vers 3070).
127 Frederick de Armas: The Geography of Imperial Deceit: Misplacing Goa and Lisboa in *El Burlador de Sevilla*, S. 497.

sche Blickwinkel innerhalb des *Burlador* für den enorm dynamischen Chronotopos des Stücks. Ähnlich wie bei Góngoras chronotopischer Konfrontation von *Arcadia* und Ozean, korreliert die räumliche Inhomogenität des *Burlador de Sevilla* mit unterschiedlichen zeitlichen Verweisebenen zwischen Vergangenheit, Gegenwart und Zukunft. Die «geografía escénica» des Stücks ist also geprägt durch unterschiedliche Verknüpfungen von Raum und Zeit.[128] So wird auch erkennbar, dass sich hinter den sehr ungleichen Szenen ein geradezu figuraler Mechanismus verbirgt. Verbindende, figurale ‹Brücken›, also räumliche und zeitliche Effekte von *télescopage*, halten die zentrifugalen Kräfte der einzelnen Szenen zusammen und prägen – im Falle des *Burlador* – auch das Zeichensystem der Bühnen-Stadt. Bühne und Stadt funktionieren daher nicht nur als «representación simbólica del universo entero».[129] Indem es hier wie auf einer frühneuzeitlichen Karte zu chronotopischen Überblendungen kommt,[130] setzen das literarische Zeichensystem des *Burlador de Sevilla* und die Hafenstadt Sevilla nicht nur Räume, sondern auch Zeiten zueinander in Bezug.

Wie bereits in der ‹Einleitung› der vorliegenden Untersuchung und der Überschrift des vorliegenden Kapitels angekündigt, signalisiert die Ankunft in der Hafenstadt am Guadalquivir auch im *Burlador de Sevilla* einen Übergang von den symbolisch entgegengesetzten ästhetischen Räumen zu den performativ mit Leben erfüllten sozialen Räumen. Doch während Bernhard Siegert mit Foucault den «Ordnungsraum», «eine ästhetische, politisch konnotierte und grammatisch konzipierte Ordnung» der Stadt über den Einzelnen stellt,[131] so gleicht Don Juans Sevilla doch gerade nicht dieser machtpolitisch-diskursiven *ville-concept*. Don Juans Sevilla gleicht eher der Stadt Michel de Certeaus, die sich dem machtvollen, ordnenden und diagrammatischen Blick von oben entzieht.[132] Ebenso wie es bereits für die Karte betont worden ist, wäre es ein Fehler, die Stadt nur als ein rein abbildendes und konzeptuelles Diagramm der

---

128 Marc Vitse: La descripción de Lisboa en el *Burlador de Sevilla*. In: *Criticón* 2 (1978), S. 21–41, hier S. 37.
129 Ignacio Arellano: *Historia del Teatro Español del Siglo XVII*, S. 74 f.
130 «Sie lässt verschiedene Größenordnungen miteinander in Beziehung treten, überblendet unterschiedliche Maßstäbe und repräsentiert die kleine Welt durch die große, den menschlichen Mikrokosmos durch den Makrokosmos des Universums.» (Frank Lestringant: *Die Erfindung des Raums*, S. 77 f.)
131 Bernhard Siegert: *Passagiere und Papiere*, S. 143.
132 Zu de Certeaus gegen die *ville-concept* gerichtete Foucault-Skepsis, vgl. Michael Sheringham: *Everyday life*, S. 223 f. und Michel de Certeau: *L'invention du quotidien*, S. 142–146.

Macht zu betrachten.[133] Stattdessen betont auch de Certeau mit dem Begriff des Ozeanischen diejenigen Gegen-Ordnungen, die mit seefahrerischer *metis* in der städtischen «rumeur océanique de l'ordinaire» untertauchen: «Ces praticiens *jouent* des espaces qui ne se voient pas».[134] Sie setzen den Ordnungskräften eine taktisch-performative List entgegen. So sehr Don Juan einer Adelsfamilie zuzurechnen ist: Seine verführerische Meisterschaft und theatralische Qualität beruhen auf einer taktischen und performativen Gerissenheit, die geradezu das Wesen des Sevillaner Straßenlebens ausmacht. Die unmittelbare Performativität der Sprechakte und non-verbalen Gesten der Bühnenfiguren sind daher tragende Pfeiler der ansonsten so inhomogenen Bühnenwelt des *Burlador de Sevilla*. Angesichts der vielen ernsthaften, religiös-moralistischen Lektüren des Stückes vor dem Hintergrund von Ehrbegriff und gegenreformatorischer Religiosität, sollte daher nicht übersehen werden, dass Personal, Gestik, Sprache und Körperlichkeit im *Burlador* – bei allem metaphysisch-moralischem Tiefgang – dem Stück auch einen spielerischen, grotesken *pantagruélisme* verleihen können.

So ist es kein Zufall, dass – genau wie in Zorrillas Eröffnungsszene – die Ankunft von Tirso de Molinas Don Juan in Sevilla als ein genussvoll ausgebreitetes interlinguales Missverständnis inszeniert wird. Aus philologischem Interesse wird dabei anzumerken sein, dass – ebenso wie Góngoras Behauptung, die spanische Sprache auf die Höhe der lateinischen heben zu wollen – auch das interlinguale Missverständnis im *Burlador de Sevilla* auf eine literarisch inszenierte und nun an die Rezipienten gerichtete philologische Debatte der Epoche verweist.[135] Charakteristischerweise geht es nun nicht mehr um eine vermeintliche Verbesserung des sprachlichen Standards, wie bei Góngora, sondern um ein volkstümliches, burlesk inszeniertes Missverständnis. Es zeigt nicht nur die adeligen Figuren als «pratiquants ordinaires de la ville» (de Certeau), also auf dunklen Abwegen, sondern ermöglicht – wie später bei Zorrilla – die Projektion des eng begrenzten Bühnenraumes als einen topophonen, relationalen Stadtraum:

---

133 Zu Foucaults Begriff des Diagramms, vgl. Gilles Deleuze: *Foucault*. Frankfurt am Main: Suhrkamp 1992 (stw), S. 53.
134 Michel de Certeau: *L'invention du quotidien*, S. 19 und 141. Hervorhebung MM.
135 Nämlich die höchst langlebige und fortdauernde Debatte um okklusives /b/ und den labiodentalen Frikativ /v/ im Spanischen, die bereits Nebrija in seinen *Reglas de ortografía española* (1517) thematisiert. Covarrubias dazu: «No tiene ningún sonido [la letra B], antes cierra la boca apretando un labio con otro [...]. Muchas veces le damos el sonido y aun la figura de la *v*, diciendo *bubas* y *buvas*, *ubas* y *uvas* [...].» (*Cov*, S. 267) Ich verdanke diese Einsicht meiner Kollegin Lidia Becker.

Don Juan. ¿Qué hay de Sevilla?
Mota. Está ya
toda esta Corte mudada.
Don Juan. ¿Mujeres?
Mota. Cosa juzgada.
Don Juan. ¿Inés?
Mota. A Vejer se va.
Don Juan. Buen lugar para vivir
la que tan dama nació.
Mota. El tiempo la desterró
a Vejer.
Don Juan. Irá a morir.
¿Costanza?
Mota. Es lástima vella:
lampiña de frente y ceja.
Llámale el portugués, vieja,
y ella imagina que bella.
Don Juan. Sí, que «velha» en portugués
suena «vieja» en castellano.
¿Y Teodora? [...]
¿Julia, la de Candilejo? [...]
¿Y viven las dos hermanas? [...][136]

Jüngst in Sevilla angekommen, ist Don Juan in Frauendingen sichtlich nicht auf dem Laufenden. Auch die räumlichen und zeitlichen Wortspiele seines Kumpans Mota scheinen ihn zu verwirren. Er missversteht das andalusisch ausgesprochene *be 'xe* («A Vejer se va.») und die Art des Exils, das die Inés getroffen hat – dass sie nicht wirklich nach Vejer de la Frontera bei Cádiz gezogen ist. Doch bleibt es bei Tirso, wie viel später bei Zorrilla, nicht beim theatralisch effektvollen Wortspiel. Der ausführliche Katalog an Prostituierten aus früheren Tagen gibt dazu Anlass, alle Arten von Bewegung, Verkehr, Kontakt und Kontagion zwischen den «professional transients» einer Hafenstadt einzublenden.[137] Allen voran, mit der Syphilis («lampiña de frente»), auch die «Leitepidemie» der ersten Globalisierungsphase[138] – einer Epoche, die auch die Epoche biologischer Umwälzungen und biologischer Kriegsführung *outre mer* ist. So kriecht auch ein latentes, mit Bewegung und Berührung verknüpftes

---

[136] *Burlador*, S. 189 f. (Verse 1292–1319).
[137] Arjun Appadurai: *Modernity at Large*, S. 50. Im Anschluss an Foucault spielt das Konzept der Kontagion in Bernhard Siegerts Sicht der Hafenstadt eine große Rolle. «[B]eispielsweise entsteht das Militär- und Hafenspital an der Schnittstelle von Kreisläufen und baut Filter und Relais in jede Richtung ein, kontrolliert Mobilitäten aller Art [...].» (Gilles Deleuze: *Foucault*, S. 61)
[138] Ottmar Ette: *TransArea*, S. 12.

westliches Imaginäres der Katastrophe in diese Szene hinein. Es nimmt hier in sichtlicher Analogie zu sprachlichen Kontaktphänomenen seinen Anfang und evoziert die durch Kontakte in ‹dunklen Ecken› verbundene Krankheit als eine bedrohliche Erfahrung illegitimer Kontakte mit Fremden.[139] Der mit Prostitution, Worten, Orten und dem Kontakt der drei Konzepte verbundene, hier in der Bühnensprache performativ ausgelebte kurze Moment der Verunsicherung kann somit als frühes Symptom einer weiterreichenden «Krise von Repräsentationen» (Rüdiger Kunow) gelten.[140] Ebenso wie in der außerliterarischen Welt jenseits der Theaterpforten, nimmt diese Krise in Don Juans Bühnen-Sevilla auf einer dunklen und besonders unhygienischen Bühnen-Straße ihren Anfang. Indem die Hafenstadt als der Ort von Kontakten mit Fremdem, unkontrollierbarer Zirkulation und verwirrender phonetischer und semantischer Vertauschung gezeigt wird, erinnert die kommunale Kontaktzone der Hafenstadt unweigerlich an die koloniale.[141] In diesem Sinne, nicht jedoch im Sinne eines philologischen Ursprungs des Stoffes, bleibt die These von Juana Gil Bermejo also aktuell.[142] Zumal in Sevilla, wo von dieser lokal verorteten Straßenszene aus in mehrerlei Hinsicht ein Horizont des globalen Raumes eröffnet wird. Ein am volkstümlichen Sprachgebrauch orientiertes Wortspiel, Prostitution und Krankheit führen nicht nur ein bestimmtes städtisches Milieu ein, wie José Zorrillas deutlich weniger verfängliche italienisch-spanische Wirtshausszene es für das bürgerliche Publikum leistet. Nachdem Don Juan von Neapel, dem ‹italienischsprachigen› Kulturraum und imperialen Bezugspunkt Spaniens im Osten westwärts gereist ist, verweist die Szene über das burlesk ausgekostete und gegen den *platônico português* der *cantigas do amigo* gerichtete Wortspiel «vieja»/«velha» weiter nach Westen.[143] Ähnlich wie bei

---

139 Vgl. Philipp Sarasin: ‹*Anthrax*›: *Bioterror als Phantasma*. Frankfurt am Main: Suhrkamp 2003, S. 137.
140 Rüdiger Kunow: Epidemie als Signifikation: Die sogenannte «AIDS-Krise» und die US-amerikanische Literatur. In: Christa Ebert/Brigitte Sändig (Hg.): *Literatur und soziale Erfahrung am Ende des 20. Jahrhunderts*. Berlin: scrîpvaz 2003, S. 77–99.
141 Vgl. ebda., S. 77 und 80.
142 Vgl. Juana Gil Bermejo: El Burlador de Sevilla. Posible origen histórico en las Antillas.
143 Das Wortspiel hat gewissermaßen zwei Phasen. Erst unterstellt Mota der Prostituierten, sie missverstehe portugiesisch *velha* für spanisch *bella*. In einer zweiten Phase übernimmt Don Juan das Missverständnis, spricht *velha* als *bella* aus und bemerkt, für den Portugiesen sei schön, was der Spanier als ‹alt› bezeichne. Abgesehen von dem misogynen Ton sei darauf hingewiesen, wie das Missverständnis klanglich ‹beim Wort› genommen und so zur Grundlage für die Replik Don Juans wird. Diese unterstellt den Portugiesen nicht nur ein altertümliches, weichliches, an den mittelalterlichen *cantigas do amigo* orientiertes Liebesideal. Es ist wiederum ein Bühneneffekt, bei dem das diphthongiert und nasal klingende Portugiesische durch zwei Spanier imitiert und Portugal bereits als westlich gelegene Gegenfolie zum verruchten Schauplatz Sevilla eingeführt wird.

Zorrilla transportiert das *code switching* Verhandlungen um imperiale Zugehörigkeiten und das Zusammenleben, Kontakt, Kontagion und Deterritorialisierung.

So kommen nach Italien im *Burlador de Sevilla* die atlantischen Ortspunkte im Westen in den Blick, mit denen Sevilla als Handelsstadt traditionell verbunden ist: etwa Lissabon. Die kurze Szene macht deutlich, dass der *Burlador de Sevilla* durch die Koordinaten der Bewegung der Don Juan-Figur, über einen Vektor quer durch den imaginär um das Geschehen herum projizierten Raum, einen spezifischen «Zusammenhang von Literatur und Geographie» entfaltet und axiologisch auf verschiedenen Ebenen auskostet.[144] Das oben zitierte Beispiel zeigt auch, wie durchlässig und vielfältig der imaginäre Raum um das Geschehen gestaltet ist. Die vermeintlichen ‹Anachronismen›, theatralischen Typen aus dem Inventar der Burleske und scheinbar austauschbaren rhetorischen *pegotes* erscheinen nur dann als Fremdkörper in einer missglückten Gegenwartszeichnung, wenn der Zusammenhang von Literatur und Bewegung als reine Abbildung einer außerliterarischen und vermeintlich objektiv gegebenen Topographie missverstanden wird. Der *Burlador* erweitert jedoch das Spektrum des räumlich Darstellbaren gerade dadurch, dass die literarische Raumkonstruktion des Stücks die objektiv gegebenen Koordinaten des spanischen Imperiums zwar übernimmt, sie aber – darin der extremen poetischen Transformation des geographisch Gegebenen in der Schiffsrede der *Soledades* ähnlich – nicht privilegiert behandelt, sondern als ein literarsemiotisches Element unter vielen betrachtet. So wird die imperiale Topographie in den mannigfaltigen topologischen Bewegungsraum der Literatur transformiert.

Wenn auf der Ebene der Rezeption das textgenetische Verhältnis des *Burlador* zu dem im Osten gelegenen, stets bereits nationalphilologisch beanspruchten ‹Italien› zu reichlich Polemik geführt hat, so liegen die Dinge mit dem ebenfalls im Stück angelegten Blick nach Westen kaum anders.[145] Wenn Worte, Orte und Figuren des *Burlador de Sevilla* einen besonderen Zusammenhang aufweisen, wenn Don Juan den neapolitanischen Hof als den Ort imperialer Repräsentation verlassen musste und er daher zu einem westwärts wandernden Rück-

---

[144] Thomas Sträter: Lisboa – «La mayor ciudad de España»: politische Ideologie im Theater des Siglo de Oro (am Beispiel des *Burlador* von Tirso de Molina), S. 109, Fn 6. Dieser Aufsatz ist bedeutsam, aber an einigen Stellen nicht stimmig: Etwa wenn Sträter behauptet, «[b]emerkenswert ist, dass die Residenzstadt Madrid bzw. der Escorial nicht erwähnt werden» (ebda., S. 109), ist dies für die meisten Ausgaben des *Burlador* nicht zutreffend. Das Stück endet mit Blick Richtung Madrid.

[145] Für eine Zusammenfassung der Äußerungen zu Portugal im *Burlador*, vgl. Marc Vitse: La descripción de Lisboa en el *Burlador de Sevilla*, S. 21–23.

kehrer in die alte Heimat wurde, so geben die Sevillaner Prostituierten Anlass zu einem noch weiter westwärts gerichteten Blick. Wegen eines erneuten Missverständnisses mit seinem Kumpan Mota erfahren Don Juan (und mit ihm die Zuschauer), dass die Prostituierten in Sevilla in der sprechend benannten «calle de la Sierpe» zu finden seien. Diese befand sich im frühen 17. Jahrhundert in einem verrufenen Stadtviertel Sevillas, das wegen der lusitanischen Herkunft der Prostituierten auch Lisboa genannt wurde:

> Don Juan. ¿Dónde iremos?
> Mota. A Lisboa.
> Don Juan. ¿Cómo, si en Sevilla estáis?
> Mota. Pues, ¿aqueso os maravilla?
> ¿No vive, con gusto igual,
> lo peor de Portugal
> en lo mejor de Castilla?
> Don Juan. ¿Dónde viven?
> Mota. En la calle
> de la Sierpe [...]¹⁴⁶

Der größere Kontext des Dialogs verweist nicht nur auf den Anfang des Stücks zurück, bei dem die adelige Isabela ebenso hinters Licht geführt wurde, wie es der nichtsnutzige Adelige Mota mit den Prostituierten zu tun pflegt – «¿Qué hay de perros muertos?» – und Don Juan es nun wiederum mit Motas Dame vorhat: eine *burla*, die auf der verschleierten und vertauschten Identität des vermeintlichen Liebhabers beruht.¹⁴⁷ Doch die Ankunft Doña Ana de Ulloas mit ihrem höchst ehrwürdigen Vater Don Gonzalo aus Lissabon – der Stadt, nicht etwa dem Sevillaner Rotlichtviertel – gibt auch Anlass zu einer speziellen Form des Botenberichtes.¹⁴⁸ Wie jüngst eine bemerkenswerte und charakteristischerweise von Historikerinnen initiierte Publikation deutlich machte, ist es nicht ungewöhnlich, dass Sevilla und Lissabon als *global cities* aufeinander bezogen werden.¹⁴⁹ Für den Humanisten Damião de Góis sind Lissabon und Sevilla in seiner *Urbis Olisiponis descriptio* (1554) Rivalinnen, aber gleicherma-

---

146 *Burlador*, S. 200 (Verse 1586–1592).
147 Zu den «perros muertos», vgl. Joel Pontes: Prensença de Portugal no Burlador de Sevilla y Convidado de Piedra. In: *Estudos Universitários. Revista da Universidade Federal de Pernambuco* 4 (1969), S. 57–67, hier S. 60 f.
148 «Mota. Doña Ana, mi prima / que es recién llegada aquí. Don Juan. Pues, ¿Dónde ha estado? Mota. En Lisboa, con su padre en la embajada.» *Burlador*, S. 192 (Verse 1347–1351).
149 Vgl. Annemarie Jordan Gschwend/K. J. P. Lowe (Hg.): *The Global City. On the Streets of Renaissance Lisbon*. London: Paul Holberton 2015.

ßen Herrinnen über den Ozean.[150] Dies gilt, was den *Burlador de Sevilla* betrifft, umso mehr für eine Epoche, in der Portugal und Spanien unter einer Krone vereint sind.

Passend zu seinem Amt als imperialer Botschafter, hält Doña Anas Vater, Don Juans einziger Gegenspieler und zukünftiger steinerner Rachegeist, vor dem König ein ausführliches Städtelob auf Lissabon. Damit spiegeln sich die Sevillaner Schlangengasse und die eingewanderten Prostituierten in einer hochgradig artifiziellen und rhetorisch an feste Konventionen orientierten Figurenrede. Das Städtelob wurde im römischen Imperium des ersten Jahrhunderts zu einer fest definierten rhetorischen Form und kann daher einerseits – als epideiktische Rede – fest an imperiale Redeanlässe geknüpft werden:[151] Botschafter vertreten oftmals ihre Stadt in epideiktischer Rede.[152] Andererseits ist die Rede des Don Gonzalo immer als austauschbarer Einschub – *pegote* – innerhalb des *Burlador de Sevilla* gehandelt worden. Da ein *pegote* sich – je nachdem, wo ein Stück aufgeführt wird – beliebig modifizieren lässt, funktioniert es seinerseits als topische und epideiktische *captatio benevolentiae* des lokalen Publikums. Es ist jedoch bereits angedeutet worden, dass Lissabon als ein weiteres Element der theatralen ‹Landkarte›, der topologischen Struktur des *Burlador de Sevilla* betrachtet werden sollte. Es sei daher an dieser Stelle dafür argumentiert, dass Don Gonzalos *Loa de Lisboa* eine feste Funktion innerhalb des Stückes hat und nicht einfach ausgetauscht wurde: Zumal es auf eine ganze Reihe von zeitgenössischen Vorbildern – humanistische Chorographien, Pilgerberichte über den Weg nach Santiago de Compostela und Berichte venezianischer Händler – verweist.[153] Allerdings verhält es sich im *Burlador de Sevilla* so, dass die Rhopographie der Straßenszenen die enthusiastischen, textuellen Ansichten einer imperialen Stadt bei Blanca de los Ríos und eines neuen Venedigs bei Pierre Chaunu in einem weniger vorteilhaften Licht erscheinen lassen. Durchaus charakteristisch für andere literarische Darstellungen der Stadt, entsteht auch zwischen Motas Lob der Prostituierten im Sevillaner Stadtviertel Lisboa und Don Gonzalos Lob der imperialen *global city*

---

150 Vgl. ebda., S. 31.
151 «Paradoxically, the Imperial period turns out to be creative. It was the beginning of a new rhetorical world order [...]. [T]he major cause was the establishment of the Roman Empire, which explains the multiplication of addresses to emperors and their representatives. Furthermore, cities, especially the Greek cities belonging to the empire, developed a more aristocratic structure, which elicited encomia and other signs to honor local worthies and the cities themselves.» (Laurent Pernot: *Epideictic Rhetoric*, S. 28; vgl. auch ebda. S. 43).
152 Vgl. ebda., S. 75 f.
153 Vgl. Annemarie Jordan Gschwend/K. J. P. Lowe (Hg.): *The Global City*, S. 37.

Lissabon ein ganz erhebliches Maß an Ambivalenz. Zwei Seiten einer Medaille: Das Lob des Botschafters auf einen menschengemachten Raum im Westen, die Stadt Lissabon, ist der mündliche Bericht eines ehrwürdigen Vertreters des Adels vor dem König. Don Gonzalo ist auch derjenige Vater, der bei der Verteidigung seiner Familienehre gegen Don Juan zu Tode kommen wird. Kann sich aber seine rhetorische Repräsentation der Stadt Lissabon einer für den *Burlador de Sevilla* so charakteristischen Kontagion durch eine negative Dialektik des rhetorisierten Zweifels und der Ambivalenz entziehen? Spürt das Publikum in seiner Rede das für die Strategien der übrigen rhetorischen *genera* so charakteristische, ja begründende Moment einer (negativen) Dialektik? «The discourse of praise lends itself admirably to hidden meanings», betont Pernot in einer neueren Studie: «[E]pideictic rhetoric provided stealthy forms of expression and shifty discourse, in which hidden doubts and disagreement could find voice in the most apparently enthusiastic adulation.»[154] Die Rolle Sevillas im *Burlador de Sevilla* – und mit ihr die topologische Bedeutung der Bewegung Don Juans – wird nicht hinreichend zu klären sein, wenn die Rolle Lissabons – als vermeintlich glänzende Schwesterstadt Sevillas im Westen eines theatralisch projizierten, imperialen Raumes – nicht auch geklärt werden kann.

«¿Es buena tierra / Lisboa?», fragt der König den Botschafter und erhält die vielkommentierte Antwort: «La mayor ciudad de España».[155] Die Frage des im Sevilla des frühen 17. Jahrhunderts historisch deplazierten Königs Alfons XI (1312–1350) scheint eine altertümliche, feudale Konnotation zu haben:[156] als seien agrarische Produkte von dem ‹Boden› in Lissabon zu erwarten. Die alltäg-

---

[154] Ebda., S. 102 und 106. Je nachdem, wie man den Begriff ‹Dialektik› versteht, revidiert Pernot damit die noch bei Roland Barthes (in *L'Effet de réel*) und Heinrich Lausberg vertretene Sicht. Lausberg sieht den grundsätzlich «dialektischen Charakter der Rhetorik» in der epideiktischen Rede ausgehebelt (*HLR*, § 63). Später bescheinigt Lausberg der Epideiktik eine Art kantianische Interesselosigkeit: «Das Lob der Schönheit ist die Hauptfunktion der epideiktischen Rhetorik.» (ebda., § 239)

[155] *BAR*, S. 62 (Verse 715–717). *Burlador* (S. 170, Vers 788) gibt aus Gründen der Metrik die Variante «Rey. ¿Es buen lugar, Lisboa? / Don Gonzalo. Es maravilla [...]» (*endecasílabo*). Wir geben hier inhaltlich-inszenatorischen Überlegungen den Vorzug vor metrischen.

[156] Der Gedanke des räumlich und zeitlich ‹Deplazierten› («misplaced») folgt Frederick de Armas: The Geography of Imperial Deceit: Misplacing Goa and Lisboa in *El Burlador de Sevilla*, S. 495, Fn 1. Gegen Ende der Rede betont der König, er habe keinen Wunsch, die Stadt mit eigenen Augen zu sehen. Das mündliche Zeugnis seines Botschafters sei mehr wert als die eigene Augenzeugenschaft: «Más estimo, don Gonzalo, / escuchar de vuestra lengua / esa relación sucinta, / que haber visto su grandeza [Lisboa].» (*Burlador*, S. 175, Verse 932–935) Dafür verheiratet dieser nicht gerade vertrauenserweckende König die Tochter seines Botschafters – mit Don Juan: «Yo la quiero casar como merece.» (ebda., Vers 942).

lichen Realitäten jenseits dieser aristokratischen Sphäre waren jedoch vollkommen andere. Obwohl durchaus zahlreich, haben bisherige Lektüren des Städtelobs des Don Gonzalo de Ulloa – das der vermeintliche König Alfons XI (und mit ihm das Publikum) sitzend, als der fiktionsinterne Zuhörer einer anderen Bühnenfigur vernimmt – nicht auf diese gebrochene Topologie des Städtelobs abgehoben. Daher hat auch seine räumliche Funktion innerhalb des Stücks wenig Aufmerksamkeit erfahren. Don Gonzalos Rede gibt den Blick auf eine epideiktische *ville-concept* frei, die – ähnlich wie die negative Epideiktik von Góngoras «político serrano» – aus einem erzähltheoretischen, rhetorischen und gattungstheoretischen Bruch mit der übergeordneten Diegese entsteht: Die Rede des Don Gonzalo verbindet antike Geographie, mittelalterliche Universalgeschichte und kriegerische Quellen aus dem Umfeld der Kreuzzüge zu einer spezifischen, geographischen *gnosis*. Sie verweist auch auf ein prägendes «xogo onomástico», wonach Odysseus der Gründer der Stadt *Olisipona* sei.[157] An dieser Schwelle zum Atlantik werden Reputation und Namen aber nicht nur verankert, sondern gehen auch – wie Don Gonzalo in einer stets auf Dante zurückgeführten Periphrase und aus Rücksicht auf das geographisch unwissende Theaterpublikum betont – im Niemandsland des Ozeans verloren («antes que pierda [el Tajo] / su curso y su claro nombre»):[158]

> De las entrañas de España,
> que son las [s]ierras de Cuenca,
> nace el caudaloso Tajo,
> que media España atraviesa.
> Entra en el mar Océano,
> en las sagradas riberas
> de esta ciudad, por la parte
> del Sur; mas antes que pierda
> su curso y su claro nombre,
> hace un puerto entre dos sierras,
> donde están de todo el Orbe
> barcas, naves, carabelas.
> Hay galeras y saetías

---

157 Helena de Carlos Villamarín: Ulises, fundador de Lisboa. Algunhas anotacións. In: *troianalexandria. Anuario sobre Literatura Medieval de Materia Clásica* 2 (2002), S. 31–40, hier S. 33.
158 «‹Oh!› rispos'elli, ‹a piè del Casentino / traversa un'acqua c'ha nome l'Archiano, / che sovra l'Ermo nasce in Apennino. // Là 've 'l vocabol suo diventa vano [...]›» (*COM*, Band 2, S. 88; *Purgatorio, canto* 5, Verse 94–97). Die Wendung findet sich sowohl in Ercillas *Araucana* (Alonso de Ercilla: *La Araucana*, Band 1, S. 254; *canto* VII) als auch in Borges *Poema conjetural* (1943). In beiden Fällen handelt es sich um eine an die *Commedia* angelehnte Geographie, in der blutige, bürgerkriegsähnliche Ereignisse stattfinden.

tantas, que desde la tierra
parece una gran ciudad
adonde Neptuno reina.¹⁵⁹

Im ganz bewussten Rückgriff auf die episierende Geographie des Trojastoffs entfaltet die Rede des Don Gonzalo also den Gegensatz von Land und Ozean. Die Lage der Stadt Lissabon ist mit einem denkbar terrestrischen, meerfernen und kulturhistorisch eigenen Raum «de las entrañas de España» verbunden. So entsteht eine politisch konnotierte Landschaft, die – zumindest in der rhetorisch-räumlichen Konstruktion dieser Rede – über den Flusslauf des Tajo mit der Schwelle zum Atlantik («mar Océano») verbunden ist: «adonde Neptuno reina.» Gemäß einer der vorliegenden Untersuchung zugrundegelegten Annahme und mit Isidor von Sevilla als dem wahrscheinlichsten Scharnier für verschiedenste Traditionen des Wissens und Erzählens, erscheint nun Lissabon im *Burlador de Sevilla* als ein typischer und traditionsreicher Schwellenraum zwischen Mittelmeer und Atlantik, ja sogar zwischen verschiedenen Teilen des Kosmos:

> A idea expresada por Plinio, segundo eu entendo, é que o cabo citado serve de límite ou de marca de división entre varias entidades que poderíamos definir como xeográficas. Por unha banda, separa terras firmes do mar aberto [...]; en segundo lugar, separa mares, é dicir, o chamado Océano Gálico, do Atlántico. Por último, separa partes do ceo, ou que é o mesmo, separa o Norte do Occidente [...].¹⁶⁰

Im *Burlador de Sevilla* bleibt es nicht bei einer antiken und mittelalterlichen Kosmologie. An einem schicksalshaften und ‹geognostisch› höchst bedeutsamen Ort gelegen, steht Lissabon inzwischen für exorbitanten Reichtum, ozeanische Bewegung und eine weltweite Erweiterung des Stadtraumes. Folglich strebt das Städtelob schnell zum Hafen hin. Dort werden dezidiert nachmittelalterliche Ereignisse eingeblendet und es will scheinen, als wüchse die Stadt in Form der mobilen Gebäude der Schiffe – «le navire est un fait d'habitat» (Roland Barthes) – nach Westen über sich hinaus.¹⁶¹

Dieses Arrangement der beiden Pole von Land und Ozean folgt zunächst der kontinuierlichen Serie von Ortspunkten entlang eines benennbaren Flusslaufes aus dem Landesinneren der Iberischen Halbinsel. Die terrestrische Ord-

---

159 *Burlador*, S. 171 (Verse 796–811). Diese Ausgabe entscheidet sich für die Variante «[s]ierras de Cuenca». Entsprechend der oben gemachten Entscheidung für «¿Es buena tierra, Lisboa?» wäre hier auch «tierras de Cuenca» inhaltlich schlüssig (vgl. *BAR*, S. 62, Vers 723 und *Burlador*, Kommentar zu Vers 797).
160 Helena de Carlos Villamarín: Ulises, fundador de Lisboa, S. 33, Fn 5.
161 Roland Barthes: *Mythologies*, S. 88.

nung des Raumes verliert sich dann jedoch fast sofort im Ozean und seinen beweglichen ‹Gebäuden›:

> [...] mas antes que pierda
> su curso y su claro nombre,
> hace un puerto entre dos sierras,
> donde están de todo el Orbe
> barcas, naves, carabelas.
> Hay galeras y saetías
> tantas, que desde la tierra
> parece una gran ciudad
> adonde Neptuno reina.

Indem sich der zweite Pol durch die Aufzählung diverser Schiffstypen, Waren und Handelsorte auf ein bewegliches, simultanes und relationales Muster hin öffnet, evoziert er für die Zuschauer den ebenfalls über einen Flusslauf an den Ozean angebundenen Bühnenort, an dem diese Worte gesprochen werden: Sevilla. Nennt das Städtelob zunächst noch die geographisch und onomastisch stabilen Orientierungsmarken einer traditionsreichen spanischen Stadt, eines Flusslaufes und zweier Gebirgsketten, die dieser Fluss durchquert, so öffnet sich mit dem Blick «desde la tierra» – der auch ein gerahmter Blick «entre dos sierras» ist – die chorographische Perspektive auf Hafen und Ozean. Mit dem Blick von den Bergen kündigt sich eine andere, weniger an itinerarischen Ortspunkten als an apollinischer Höhe, Überblick und konzeptueller Ordnung orientierte Form der Darstellung an. Es ist diese Höhe, welche die Stadt als ein geordnetes Ganzes und als ein Schwellenort erscheinen lässt. Am Ende des Flusslaufes des Tajo («entra en el mar Océano») ist aus dem Abstand zweier entgegengesetzter Pole ein perspektivisch geöffneter Raum entstanden. Die Stadt liegt an der Schwelle zu der onomastisch unbestimmbaren Weite des Ozeans und sie erweitert sich über diese Schwelle hinweg auf die ganze Welt:

> Die *descriptio* Lissabons folgt, der Perspektive des spanischen Botschafters gemäß, dem Tajo von Spanien bis zum Atlantik, genauer bis zum Hafen Lissabons, der die Stadt gleich als *urbs in orbe*, als im Schnittpunkt der Welt liegend ausweist [...]. Zunächst aber geht der Blick der *descriptio* nach Westen, zu den Zeichen der stärksten weltlichen [...] wie der geistlichen Macht [...], schlägt einen weiten Bogen über die Hügelkette und die Berge, in denen das Tal und die Stadt liegen, und kehrt in konzentrischem Kreis über das Kloster Odivelas nach Lissabon zurück, zum Zentrum, dem Rucío, der rua nova, dem Palast, dem Hafen.[162]

---

[162] Eckhard Höfner: Tradition und Funktion des Lissabon-Lobs in Tirso de Molinas *Burlador de Sevilla*, S. 338.

Meer und Hafen bilden also Anfang und Ende sowie das Leitmotiv dieser zunehmend nach Höhe und Ordnung strebenden Ansicht. Der Betrachter bleibt dabei jedoch – passend für die Perspektive des auf der Bühne erscheinenden, an feudalem *ordo* orientierten Personals aus dem Mittelalter – stets auf Abstand zum namen- und rahmenlosen Raum des Ozeans. Padrón hat auf die Verbindung von «territorial representations» und «different social spaces» in der Frühen Neuzeit hingewiesen.[163] Die im *Burlador de Sevilla* inszenierte changierende Gleichzeitigkeit von landbasiert-itinerarischen und ozeanisch-abstrakten Raumvorstellungen lässt sich angesichts eines durch kosmologische ‹Geognostik› und Globalisierung geprägten Raumes folglich auch – in einem weit gefassten Sinn – als eine Verschiebung in der «historical, linguistic, and political situatedness of different sorts of actors» lesen.[164] Aber anders als in der Schiffsrede des «político serrano» der *Soledades*, die nicht nur eine ganze Weltkarte des Weltwissens, sondern auch geradezu ozeanische, verbindende und unerwartete poetische Verflechtungen zwischen Worten und fernen Orten entstehen ließ, verlässt das Städtelob Don Gonzalos niemals seinen festen Standpunkt an Land.

Dazu passt die Fundierung der Stadt in festen ‹Orten› («lugares») der weltlichen und religiösen Autorität, welche die Stadt an eine bestimmte Ordnung zurückbinden. Die Stabilität dieser Orte scheint sich auf das Ozeanische auszuweiten, wenn das Meer direkt an ihre Pforten grenzt:

> Y en lo que más alabo
> desta máquina soberbia,
> es que del mismo castillo
> en distancia de seis leguas,
> se ven sesenta lugares
> que llega el mar a sus puertas [...][165]

Das Ergebnis wäre eine Umwertung der gnostischen und axiologischen Bedeutungen von Ost und West, Land und Ozean. Handelt es sich, wie Marc Vitse

---

163 Ricardo Padrón: *The Spacious Word: Cartography, Literature, and Empire in Early Modern Spain*, S. 71 und 84.
164 Arjun Appadurai: *Modernity at Large*, S. 33.
165 *Burlador*, S. 172f. (Verse 846–851). «Cabe apreciar que la iglesia, y tras la iglesia la idea de templo, adquiere relevancia como símbolo fundacional de la ciudad, como eje espacial de la misma y como signo de poder. Y ello es así porque el templo es un hito que marca una comunidad [...].» (María Victoria Navas Sánchez-Élez u. a.: Representaciones literarias de elementos urbanos: la iglesia, la casa, el mercado, el hotel, el cementerio. In: *Revista de Filología Románica*. Anejo VI (2008; «Ciudades imaginadas en la literatura y en las artes»), S. 23–55, hier S. 23).

andeutet, bei diesem Blick nach Westen, auf den Ozean, also um den optimistischen Ausblick kirchlicher und weltlicher Macht auf den «católico Mar Océano», dem ein zunehmend islamisch dominiertes Mittelmeer als «pagano Mar Mediterráneo» entgegenstünde? Ist das am Atlantik gelegene Lissabon der erbauliche Gegenentwurf zu den östlicher gelegenen «torpes ciudades de Nápoles y Sevilla»?[166] Wäre Lissabon ein neues, ja nun dank der Schiffe auch weltweit vervielfachtes Rom im Westen und daher Schlüsselelement eines theatralisch kommunizierten, optimistischen *go west*? Selbst wenn man annehmen dürfte, dass diese Ordnung noch ganz und gar dem göttlichen Willen unterstellt sei und obwohl ihr eskapistisch-utopische Fantasien niemals fremd waren – diese axiologische Umwertung des Bisherigen wäre erheblich: «En la época cristiana predomina la connotación nefasta del Oeste.»[167] In jedem Fall würde eine solche Umwertung voraussetzen, dass der fabelhafte Reichtum jener «máquina soberbia», von der Don Gonzalo berichtet, der negativen Dialektik der Epideixis entkäme und nur positiv zu bewerten sei. Denn tatsächlich orientiert sich Lissabon in seinen kolonialen Austauschbewegungen selbst nach Osten, nach den fabelhaften Reichtümern Indiens. So mag das westlich von Sevilla gelegene, aber nach dem Fernen Osten orientierte Lissabon glänzender und reicher erscheinen als das östlicher gelegene, aber nach Westen – dem Kontinent, der nicht Indien war – blickende Sevilla:

> Tiene una calle que llaman
> Rúa Nova o calle nueva,
> donde se cifra el Oriente
> en grandezas y riquezas;
> tanto, que el rey me contó
> que hay un mercader en ella
> que, por no poder contarlo,
> mide el dinero a fanegas.[168]

In der zeitlichen Verdopplung und Parallelität eines «dual present» zwischen Mittelalter und Früher Neuzeit vernehmen die staunenden und gierigen Feudalherren, dass ein neuzeitlicher Indienhändler in Lissabons neuer Straße (Rua Nova dos Mercadores) das Geld in Scheffeln («fanegas») misst, wie Getrei-

---

[166] Marc Vitse: La descripción de Lisboa en el *Burlador de Sevilla*, S. 41 und 38.
[167] Gerhard Poppenberg: *Espacio gnóstico:* El concepto del Nuevo Mundo como forma de pensamiento y forma de vivencia a partir de *La expresión americana* de José Lezama Lima, S. 59.
[168] *Burlador*, S. 173 (Verse 875–880).

de.[169] Es ergibt sich das Bild der opulenten Stadt, deren *movens* – ganz anders als in der arkadischen *cornucopia* – im Luxus der Kolonialwaren, im Fischluxus, individualistischen Konsum und materiellen Reichtum verkörpert ist:

> Y lo que desta ciudad
> te cuento por excelencia
> es, que estando sus vecinos
> comiendo, desde las mesas
> ven los copos del pescado
> que junto a sus puertas pescan,
> que, bullendo entre las redes,
> vienen a entrarse por ellas;
> y sobre todo, el llegar
> cada tarde a su ribera
> más de mil barcos cargados
> de mercancías diversas,
> y de sustento ordinario:
> pan, aceite, vino y leña,
> frutos de infinita suerte,
> nieve de la Sierra de Estrella[170]

Das enthusiastisch dargebrachte Motiv der opulenten Stadt und des individuellen Konsums – insbesondere des Fischkonsums – verweist auf eine traditionsreiche, bereits in Aristophanes *Wespen* (422 v. Chr.) auf die Bühne gebrachte Topik.[171] Mit seiner allzu konkreten Begeisterung für das Irdische entwertet dieser Enthusiasmus vermutlich eher das hyperbolische «Zahlenkarussel mit superlativischen Epitheta», das im ersten Drittel des Städtelobes die Stadt noch

---

169 Mit Covarrubias sei angemerkt, dass die *fanega* sowohl ein Maß für Getreidesamen als auch die Fläche an Erde ist, die mit dieser Menge Samen besät werden kann (vgl. *Cov*, S. 881). In diesem Bild – Geld in Scheffeln – treffen sich somit zwei ungleiche Formen des Wirtschaftens.
170 *Burlador*, S. 174 f. (Verse 906–921).
171 Die opulente Stadt und ihr Marktwesen ist das exakte Gegenteil des politisch-philosophischen Ideals, das der platonische *Staat* für den öffentlichen Raum vertritt. Gerade der Konsum der leicht verderblichen, schwer teilbaren Luxusware Fisch – eine verzichtbare Zukost (*ópson*) – wird in der griechischen Komödie mit *tyrannis* assoziiert: «Indem der *opsophágos* ein eigentlich ergänzendes oder überflüssiges Element zum notwendigen und substantiellen Teil seiner Nahrung mache, unterwandere er radikal die normale Ordnung. In der Gesellschaft Athens, die während des 4. und 5. Jh. einen stark egalitären Anspruch erhob, wurde jeder, der einen übertrieben luxuriösen Lebensstil pflegte, der Tyrannisbestrebung verdächtigt.» (Astrid Möller: Der Preis der Dinge. Fischkauf auf der Athener Agora. In: Björn Onken/Dorothea Rode (Hg.): *in omni historia curiosus. Studien zur Geschichte von der Antike bis zur Neuzeit*. Wiesbaden: Harrassowitz 2011, S. 13–22, S. 16)

mit dem Göttlichen verbunden hatte: «‹10 Romas cifradas›, ‹2 fuerzas›, ‹6 leguas›, ‹60 lugares›, ‹630 celdas›, ‹1.200 monjas y beatas›, ‹1.130 quintas›, ‹100 años›, ‹30.000 casas›, ‹infinitos navíos›».[172] Sollte eine derartig hyperbolische «Zahlenkabbalistik» (Leo Spitzer) aus dem Munde zweier historisch deplazierter und insgesamt eher schwächlicher Gegenspieler Don Juans wirklich als Lobpreisung Gottes und frohe imperiale Botschaft angesichts eines ‹christlichen Atlantiks› gelten dürfen?

In Abschnitt 2 der vorliegenden Untersuchung wurde die neostoisch geprägte Schiffsrede des «político serrano» aus Góngoras *Soledades* als glaubwürdige, weil von dem in sich schlüssigen, atopischen und poetischen Standpunkt der *Arcadia* aus formulierte Verurteilung der alles bestimmenden *cupiditas* zu Schiff gedeutet. Der weise Schäfer demonstrierte, indem er den «peregrino» als Seefahrer erkannte, seinen konzeptuellen Zugriff auf das Neue und Kommende, das die *Arcadia* gefährdete. Vor diesem Hintergrund strahlen die mittelalterliche Zahlenalchemie und weltfremde Gier dieser – verglichen mit der energischen und präsentischen Titelfigur Don Juan – deplazierten und äußerst blutarmen Blaublüter in Sevilla wohl kaum theologische Erbaulichkeit oder imperiale Autorität aus: «The kingly character of a baroque drama is sometimes extremely weak», und diese Figuren bilden keine Ausnahme zu Spitzers Regel.[173] Gerade die Heiratspolitik des Königs ist lächerlich. Der König ist am Ende des Stücks die letzte Figur, die Don Juans Machenschaften durchschaut. Don Gonzalo hingegen ist nicht in der Lage, sein Haus gegen den jüngeren Eindringling zu verteidigen: «Mira, que te he de matar», wird Don Juan dem Alten diplomatisch erklären.[174] Dieser Eindruck der naiven Inkompetenz angesichts des Kommenden verstärkt sich, wenn die Rede von heiligen auf profane Dinge kommt. Ausgerechnet was ihre öffentlichen Plätze betrifft, verlangt es die Stadt Lissabon geradezu nach dem Austausch mit dem Meer. Die Fische werden in Sichtweite der Konsumenten an Land gebracht. Die Reichtümer des Orients beziffern den Wert der Shoppingmeile Rua Nova. Feudalherren winken bare Steuereinnahmen – aber keine Naturalien – in Scheffeln. Die Schiffe schaffen Dinge des täglichen Gebrauchs und Baumaterialien für die Stadt selbst heran. Angesichts dieser frenetischen – und alles andere als christlichen – Heilsversprechen einer explodierenden Wachstums und Entwick-

---

[172] Thomas Sträter: Lisboa – «La mayor ciudad de España»: politische Ideologie im Theater des Siglo de Oro (am Beispiel des *Burlador* von Tirso de Molina), S. 112.
[173] Leo Spitzer: The «Récit de Théramène», S. 133, Fn 25.
[174] Don Juans Respektlosigkeit vor seinem eigenen Vater, «el buen viejo», ist Inbegriff der Schwäche der Alten (*Burlador*, S. 197–199, Verse 1504–1551). «Luego las lágrimas copia, / condición de viejo propia» (ebda., S. 199, Verse 1553 f.).

lungsbewegung, ist es nicht erstaunlich zu hören, dass die Stadt so dicht an das Meer herangewachsen ist, dass sie in einer Art titanischen Vermessenheit sogar in das Meer hineintreibt und es zu verdrängen sucht. Das Meer reicht, wie bereits gesehen, bis an ihre Pforten:

> En medio de la ciudad
> hay una soberbia plaza
> que se llama del Ruzío,
> grande, hermosa y bien dispuesta,
> que habrá cien años y aún más
> que el mar bañaba su arena,
> y ahora, de ella a la mar
> hay treinta mil casas hechas;
> que, perdiendo el mar su curso,
> se tendió a partes diversas.[175]

Die globale Stadt wächst buchstäblich auf dem Meeressand und transformiert ihn zu Bauwerken am Meer. Die Stadt verwandelt sich von der fest gefügten Ordnung zur ‹Maschine› – «esta máquina soberbia» – und wird selbst zu einem konsumierenden, konstruierenden, ja kinetischen Mechanismus.[176] Damit hängt der Stadt – über die *machinations* der Maschine oder über den an *máquina* schließenden Begriff der *fábrica* – sowohl die Dimension eines großen Gebäudes als auch eines phantasmatischen Konstruktes an. Im Mittelalter noch «Weltbeschreibungsformel», als «geordnetes Ganzes» und im Sinne eines Bauwerks mit der «machina mundi» verbunden, wird *máquina* im 17. Jahrhundert schon als menschengemachtes, «kinetisches Objekt» verstanden.[177] Sie drückt hier die ganze Ambivalenz des Städtelobs zwischen den historischen Epochen aus. Das mit der babylonischen Hafenstadt verknüpfte und aus der *Loa de Lisboa* ablesbare Luxusverständnis und die Metapher der ‹Maschine› präfigurieren daher eine spätere Phase der Globalisierung mit ihren *colonial machines*:

---

175 *Burlador*, S. 173 (Verse 864–873).
176 Ebda., S. 172 (Vers 847).
177 Hans Holländer (Hg.): *Erkenntnis, Erfindung, Konstruktion: Studien zur Bildgeschichte von Naturwissenschaften und Technik vom 16. bis zum 19. Jahrhundert*, S. 577–586. Covarrubias (1611) verbindet *máquina* (vgl. *Cov*, S. 1241) bereits mit dem Begriff *fábrica*, der «cualquier edificio suntuoso» meint, in dem etwas hergestellt wird (*Cov*, S. 872). Auf der anderen Seite behalten sowohl *maquinar* als auch *fabricar* die Konnotation des reinen, nicht gerade wohlwollenden Gedankenkonstruktes. *Máquina* ist daher ebenfalls mit der Kriegsmaschine verbunden, «que hace el ingeniero para dañar a los contrarios» (ebda., S. 1241). Wie *arrogancia* muss *soberbia* jedoch keinen negativen Klang haben. Aber Covarrubias (*Soberbia*) gibt auch den Begriff «Ensoberbecerse, engrandecerse y levantarse con arrogancia; decimos del mar ensoberbecerse cuando está tempestuoso y agitado de los vientos.» (*Cov*, S. 1446)

produktiv, konsumierend, phantasmatisch, weist die Stadt über sich hinaus.[178] Es scheint ausgeschlossen, dass das maßlose Hinauswachsen des transformierenden, fabrizierenden und kolonisierenden Bautriebs über den Ozean hin, diese instabile Symbiose von Land und Meer – bis hin zu den mobilen Gebäuden oder Maschinen («infinitos navíos») – ohne die Ambivalenz eines kommenden Desasters zu bewerten sein sollte: «Crece el incendio propio al fuego estraño, / las empinadas máquinas cayendo, / de que se ven rüinas y pedazos.» Die im *Burlador* mit großer Kontinuität gegebene Verbindung zu Odysseus und zum Trojastoff sowie die damit verknüpfte symbolische Amphibolie aus (Kriegs)Maschine (Trojanischem Pferd oder Schiff), zerstörten Mauern und ruiniertem (Stadt)Körper lassen sich auch über Lopes Sonett *Árdese Troya, y sube el humo oscuro* evozieren.[179] Es bedarf nicht einmal der Erinnerung an die verdammende Schiffsrede aus den *Soledades*, um zu zeigen, dass die Unsicherheit der Leser oder Zuschauer darüber, ob hier heroische oder beängstigende Dinge dargelegt werden, ausgerechnet angesichts der Schiffe der *conquista* einen Höhepunkt erreicht. Einigermaßen verständnislos, in einer vor Ehrfurcht erstarrten und zum zweiten Mal als irdisch-ergeben gekennzeichneten Perspektive («de la tierra miradas»), beschreibt Don Gonzalo diese bis ins Monströse vergrößerten, herausfordernden technischen Konstrukte:

> Tiene [Lisboa] en su gran Tarazana
> diversas naves, y entre ellas,
> las naves de la Conquista,
> tan grandes, que de la tierra
> miradas, juzgan los hombres
> que tocan en las estrellas.[180]

An dem Enthusiasmus dieses Augenzeugen ist nicht zu zweifeln, wohl aber an seinem Urteilsvermögen. Zeugt die figurale Erscheinung der kreuzförmigen Masten bei jenen *domos aquatiles* – wie es in Cassiodors spätantiken *Variae* heisst[181] – auch von den schwimmenden Gotteshäusern eines triumphal auf den Ozean erweiterten Stadtraums? Zeugt sie von der tröstlichen Einheit urba-

---

178 Vgl. James E. McClellan/François Regourd: *The Colonial Machine: French Science and Overseas Expansion in the Old Regime*. Turnhout: Brepols 2011, S. 19–21.
179 Zit. in Ursula Hennigfeld: *Der ruinierte Körper. Petrarkistische Sonette in transkultureller Perspektive*. Würzburg: Königshausen & Neumann 2008, S. 252 f.
180 *Burlador*, S. 174 (Verse 900–905). A. Rodríguez López-Vázquez gelingt kein klarer Kommentar zu diesem «anacronismo voluntario»: «Escénicamente la loa cumple una función de ‹documental› de la época.» (in ebda.)
181 *Variae* V 17. Vgl. Ernst Robert Curtius: Das Schiff der Argonauten, S. 418, Fn 1.

ner und christlicher Sendung in der ritterlichen Mission der *conquista*? Oder gleichen die Schiffe, als verhüllende und täuschende Kriegsmaschinen, eher dem Trojanischen Pferd, ganz gemäß der moralisch negativ konnotierten Deutung eines durch Dante erneuerten Exempels um Grenzüberschreitung, unritterliche Heimlichkeit und Hinterlist? Schiffe bedrohen die eigenen und fremden Städte. Die Städte, die vom Meer leben, halten dagegen und bedrohen die Schiffe. Etwas Kriegerisches und Gewalttätiges liegt in der Luft, wenn – gemäß einer äußerst beliebten Wendung aus der Epik – die Masten dieser Schiffe scheinbar nach den Sternen greifen.[182] Zeugen sie gar von einer ganz neuen Logik des Wissens und Handelns, die dann auch in dieser Hafenstadt am Atlantik auf fatale Weise verkörpert wäre?

Zweifellos sind die königlichen Bühnenfiguren zu sehr aus der Zeit gefallen und zu naiv, um uns eine Antwort auf diese Fragen geben zu können. Und die Frage, in welcher Weise die auf das Meer und die ganze Welt geöffnete, ja über ihre Bauwerke und Schiffe sogar auf das Meer erweiterte Stadt wirklich noch mit dem gestirnten Himmel über ihr in Verbindung steht, weist über die *Loa de Lisboa* hinaus. Die kreuzförmigen Masten könnten noch als die Affirmation einer in den Sternen manifestierten göttlichen und aristokratischen Ordnung gelesen werden. Oder ist dies schon eine optische Täuschung, «de la tierra miradas»? Könnten die Schiffe im Gegenzug nicht, wie die Wellenberge eines Sturms oder die aufbrausenden Krieger der kolonialen Epik, auch den Himmel selbst in ihrem *furor* niederreißen?

Wie zuvor in Sevilla, mag so die stets latente Gefahr des Desasters wieder in dieses Bild hineindiffundieren.[183] Am 1. November 1755 werden Erdbeben, Feuer und Tsunami den Reichtum der Rua Nova auslöschen und die höchst symbolträchtige Großstadt Lissabon zum Inbegriff der Katastrophe machen. Künden also auch die Worte des Botschafters von der kommenden Strafe? Nach Erdbeben, Feuer und Tsunami hatte Jean-Jacques Rousseau in einem philosophischen Alleingang, in negativ gewendeter Epideixis und vor dem Hinter-

---

[182] Einer der ersten Verse der *Soledades* verbindet die vertikal aufstrebenden Speere einer Jagdgesellschaft mit den umliegenden Bergen, die wie Giganten den Himmel bedrohen: «¡Ô tu que, de venablos impedido, / muros de abeto, almenas de diamante, / bates los montes, que de nieve armados, / Gigantes de cristal los teme el cielo;» (‹Dedicatoria›, S. 71 f., Verse 5–8). In einer Passage, die wie ein sprachliches Echo auf die *Vlixea de Homero en versión romance* von Gonzalo Pérez (1550) wirkt, deklamiert Don Pedro «Cuando los negros Gigantes, / plegando funestos [t]oldos, / [ya] del crepúsculo huyen [...]» (*Burlador*, S. 152, Verse 343–345).

[183] Für eine schöne Stelle zum Desaster in diesem bildhaft-assoziativen Sinne, vgl. Stanley Cavell: *Little Did I Know. Excerpts from Memory*. Stanford: Stanford UP 2010, S. 521–535.

grund der hier skizzierten Deutungstradition, die «Messieurs des Villes» als die alleinig Verantwortlichen für ihr Unglück ausgemacht: «la plupart de nos maux physiques sont encore de notre ouvrage». Rousseau wandte sich damit auch gegen das Serielle des Registrier- und Bilanzierbaren, gegen den Interessensausgleich in der vermeintlich besten aller Welten, gegen die darunter kaschierte Banalität und Brutalität der Alltagswelt.[184] Er verwies auf die traditionsreiche und irreduzible, ethische und theologische Dimension eines ozeanischen Desasters oder *Black Atlantic*. Angesichts der nichtsahnenden feudalen Vaterfiguren, die deplaziert und verständnislos von diesen vermeintlich erhabenen Vorgängen im Westen ihrer Welt dissertieren, ist es jedenfalls offensichtlich, dass Tirso de Molinas Bühnen-Sevilla keineswegs nur als negatives Abziehbild des glänzenden Lissabons des Städtelobs dient. Vielmehr teilen beide Städte in der Wahrnehmung von Zuschauern und Lesern – wie auch Momente sprachlicher Kontagion und räumlicher Verwirrung auf der Bühne gezeigt haben – ein gemeinsames Schicksal. Sie sind in einer subtilen Dialektik miteinander verknüpft. Sie sind menschengemachte Ordnungen und koloniale Maschinen am Meer. Anders als das auf den königlichen Raum der Repräsentation reduzierte Neapel zu Beginn des Stücks, sind Sevilla und Lissabon durch dieselbe Logik, den Atlantik und seine Versprechen, Rhythmen, Bewegungen, Kontakte und Kontagionen miteinander verflochten. Die städtischen Räume des *Burlador* stehen sich nicht statisch gegenüber, sondern durchdringen sich auf der Ebene eines in ihrem alltäglichen Leben verankerten und auf das Kommende gerichteten Zweifels. Und während Don Gonzalo noch spricht, will es scheinen, als seien die Zukunft und das Desaster – *ce qui arrive*[185] – anderenorts bereits in vollem Gange.

---

184 Die «quasirechnerische Bilanzierung und damit die Rechtfertigung der Welt als des besten Systems» erörtert Niklas Luhmann: Negation in sinnkonstituierenden Systemen. In: Harald Weinrich (Hg.): *Positionen der Negativität. Poetik und Hermeneutik IV*. München: Wilhelm Fink 1975, S. 201–218, hier S. 212. Auch dagegen wandte sich Rousseau, als er am 18. August 1756 an Voltaire schrieb und sich gegen die «Messieurs des Villes» wandte (zit. in Jean-Pierre Dupuy: *Petite métaphysique des tsunamis*. Paris: Seuil 2005, S. 41 f.). Zu den philosophischen Hintergründen des Erdbebens von Lissabon, vgl. Susan Neiman: *Das Böse denken. Eine andere Geschichte der Philosophie*. Frankfurt am Main: Suhrkamp 2006, S. 74–77 und 350–367.
185 Vgl. Paul Virilio: *Ce qui arrive*. Arles/Paris: Actes Sud/Fondation Cartier pour l'art contemporain 2002 und ders.: *Ce qui arrive*. Paris: Galilée 2002.

3.4 Zweiter Schiffbruch: Don Juan als Seefahrer

> pues veis que hay de mar a amar
> una letra solamente
> *Don Juan*

Nach der Schiffsrede des «político serrano» aus den *Soledades* stellt sich mit dem Städtelob des Don Gonzalo aus dem *Burlador de Sevilla* zum zweiten Mal der Eindruck ein, dass es zu einem rhetorischen Impetus kommt, der die eigene Position – also den Standpunkt der textexternen Rezipienten – beschädigt. Dabei kehren sich, da es sich jeweils um Fluch der Seefahrt oder Lob der Stadt handelt, die Rollen der Sprecher hinsichtlich ihrer pragmatischen Legitimität um. Der «político serrano» äußert in seiner Rede mit *cupiditas* und *auri sacra fames* Vorwürfe, die der rhetorisch gewandte Sprecher einer politisch motivierten Rede wohl kaum den Vertretern des eigenen Lagers machen würde, sondern stets dem Gegner. In der Schiffsrede der *Soledades* beziehen sie sich aber sichtlich auf Spanien und diejenigen imperial-merkantilen Projekte, die ihren Ausgangspunkt auf der Iberischen Halbinsel – oder über ihre Städte und Häfen – genommen haben. Strenggenommen handelt es sich um eine Verurteilung der Motivation und der ausführenden Handlungsträger, die hinter dieser Expansion zu vermuten sind. Die These, dass wir als Leser des nun in Buchform vorliegenden Manuskripts der *Soledades* die Vorwürfe des weltgewandten Schäfers ernst nehmen können, belegt die Figur innerhalb der Logik der Fiktion selbst. Denn die Figur bekräftigt, indem ihre Rede, Vers für Vers, und die Bewegungen der Schiffe, Insel für Insel, eine poetische Weltkarte entfalten, ihren Zugriff auf diese Vorgänge. Sie artikuliert dabei gleichzeitig ihren eigenen Standpunkt innerhalb einer *Arcadia*, innerhalb einer poetischen Landschaft, als das zeitliche, räumliche und ethische ‹Diesseits› dieser ozeanischen Vorgänge.

Ganz anders liegt die Verteilung der Legitimität im Falle der eben betrachteten *Loa de Lisboa* des Don Gonzalo. Entgegen dem durch Antonio de Guevaras *Menosprecio de Corte y Alabanza de Aldea* (1539) exemplifizierten Topos eines neostoischen Rückzugs aus der disharmonischen Welt der Äußerlichkeiten in die Innerlichkeit des Selbst – der zwischen einer idealisierten Vergangenheit und einer individuellen, lebensphilosophischen Utopie schwankt[186] – beschreibt, lobt und verklärt eine innerhalb der historischen Logik des Stückes deplazierte feudale Botschafterfigur den menschengemachten, städtischen Raum. Don Gonzalo zeigt das Lissabon des angehenden 17. Jahrhunderts als

---

[186] Vgl. Antonio de Guevara: *Menosprecio de Corte y Alabanza de Aldea/Arte de Marear*, S. 55.

ein theologisches und merkantiles Wunder auf Erden. Das Städtelob impliziert, dass religiöse Sendung, klerikale und weltliche Verwaltung, imperiale, koloniale und merkantile Interessen ein harmonisches Ganzes ergeben könnten. Indem die auf der Bühne sicherlich entsprechend kostümierte Figur aus der höfischen Sphäre der Repräsentation ihre Rede in einer urbanen Welt des Konsums kulminieren lässt – «sobre todo, el llegar / cada tarde a su ribera / más de mil barcos cargados / de mercancías diversas» – und bewundernd auf die alles wandelnde Welt des Geldes blickt – «hay un mercader / que [...] mide el dinero a fanegas» – scheint diese Figur jedoch ihre eigene, auf feudalem Standesdenken und entsprechend unwandelbaren Zeichen der Repräsentation beruhende Legitimität infrage zu stellen. Dies ist jedoch ein Konflikt, der keineswegs singulär, sondern allzu charakteristisch für jene multiplen Prozesse ist, die wir heute als Globalisierung fassen.[187] Die enge Abhängigkeit der in der Lobrede evozierten opulenten Stadt vom Ozean wirft somit die Frage auf, ob die historisch deplazierten, feudalen und daher von den neuzeitlichen Vorgängen des Städtelobs doppelt entfernten Bühnenfiguren überhaupt einen glaubwürdigen Zugriff auf das hafenstädtische Phänomen haben. Stereotyp ‹belohnt› der König seinen Botschafter nach einer feudalen Logik, indem er dessen Tochter mit Don Juan vermählt. Den Zuschauern ist, anders als dem König, völlig klar, wie verfehlt diese Entscheidung ist. Gleichzeitig spielt auch die räumliche Logik des *Burlador de Sevilla* mit der unleugbaren Tatsache, dass Sevilla und Lissabon gleichermaßen in einen wirtschaftlichen und kulturellen Interaktions- und Kommunikationsraum integriert sind. Dessen mitunter in Wirtshauszimmern und dunklen Gassen vereinbarten Verbindungen und merkantilen Peripetien *outre mer* können jedoch mit einem feudal-mittelalterlichen Blick «desde la tierra» keineswegs erfasst werden.[188] So entsteht in dieser temporal und räumlich hochkomplexen Botschaft so etwas wie ein blinder Fleck, etwas Ungesagtes und in seinen figuralen Umrissen dennoch Gegebenes. In undeutlichen Konturen wird ein Übergang erkennbar. Das unsichere Verhältnis dieser ozeanischen Welt der schwankenden Passagen zwischen immobilen und mobilen Gebäuden, Stadt und Schiffen, Repräsentation und Kriegsmaschinerie zu den transzendenten Sphären der Sterne wird zum emblematischen Bild eines ausufernden Zweifels. So ruft das Städtelob nicht nur das topische Wechselspiel von Stadt und Land, ozeanischer Welt und *Arcadia* wieder auf.

---

[187] Zu diesem Konflikt, vgl. Arjun Appadurai: *Modernity at Large*, S. 72.
[188] *Burlador*, S. 171 (Vers 809) und S. 174 (Verse 903 f.). Bachtin bemerkt, dass «die feudale Ideologie [...] allem Räumlich Zeitlichem jeden Wert abspricht» (Michail Bachtin: *Chronotopos*, S. 91).

Auch der sandige Schwellenraum des Strandes wird wieder sichtbar. Es ist ein Schwellenraum, auf dem sich Stadt und Hafen bereits ausgebreitet haben, den sie verdeckt, verschluckt und zu prächtigen Bauwerken transformiert haben. Als poetische Formel bleibt er aber die Landschaft einer Schicksalsstunde, die bereits zu Beginn der *Soledades* bei dem Schiffbruch eines irrenden Reisenden – unter einem bestimmten Stern-Zeichen – geschlagen hatte.

Der *Burlador de Sevilla*, hingegen, beginnt im Zeichen eines doppelten Aufbruchs. In einer schicksalshaften, anmaßenden und maßlosen Grenzüberschreitung gegen die himmlischen Sphären althergebrachter Ordnung hat Don Juan – «quien al Cielo se atreve, / sin duda es Gigante o Monstruo» – das Mauerwerk des väterlich-feudalen Hauses durchbrochen.[189] Seefahrtsmetaphern stehen nun nicht nur der friedlichen *Arcadia*, sondern dem ehernen, metaphorisch auf Familie, Staatswesen und Königtum erweiterbaren häuslichen Schlafgemach entgegen. Der durch Don Juans Durchbrechen der Mauern dieser Festung bedingte, doppelte Aufbruch des Verführers und des nun gehörnten Anwärters um die Hand Isabelas, Octavio, kündigt in den mehrdeutigen Worten desselben eine Seefahrt an. Sie sorgt an genau derjenigen Stelle für Bewegung, wo zuvor im Sinne höfischer Liebeskonzeptionen die Flaute des Abwartens herrschte und die Mauern der Ehre – scheinbar – noch intakt waren:

> Pensamientos de Isabela
> me tienen, amigo, en calma,
> que, como vive en el alma,
> anda el cuerpo siempre en [vela]
> guardando ausente y presente
> el castillo del honor.[190]

Als Amphibolien verweisen die eingeführten Termini aus der Seefahrt («en calma», «en vela») auf ein tiefgreifendes, das ganze Stück durchziehendes Vexierspiel um die An- oder Abwesenheit bestimmter Lebensordnungen, genauer: die rhetorischen Inszenierungen von Passagen zwischen diesen Lebensordnungen. Wo Octavio noch meint, in abwartender Haltung einen festen Besitzstand bewachen zu müssen, sind nicht nur die Segel bereits gesetzt. Die Burg der Ehre ist schon längst geschleift, ihre Mauern – in bereits bekannter

---

189 *Burlador*, S. 153 (Verse 359 f.).
190 Ebda., S. 149 (Vers 269 f.). In seiner Ausgabe kommentiert Arellano (*BAR*, S. 86, Kommentar zu Vers 206): «Vela significa ‹vigilia› y alude al insomnio del que habla todo el pasaje. También significa ‹centinela, vigilancia› y por esto está «guardando el castillo» [...]. Además, calma y vela establecen otra asociación en lenguaje marinero, multiplicando los niveles del juego de palabras.»

und an die Mauern Trojas gemahnender Bildsprache – durchbrochen. Octavio bleibt, wie seinem Gegenspieler Don Juan, nur noch die Seefahrt im wortwörtlichen Sinn. Für ersteren in die «extrañas provincias» des Exils in Spanien, für letzteren als Rückkehr in die alte Heimat.

Je nachdem, wie man die Editionslage des *Burlador de Sevilla* einschätzt, wird in dem Stück die Schiffsreise nach Spanien unterschiedlich stark mit einer Reise zu Land kontrastiert. Ignacio Arellano, der auch Publikationen zu spanischer Literatur im Zusammenhang mit den Amerikas vorgelegt hat, betont eine ozeanische Isotopie im *Burlador de Sevilla* viel stärker als Alfredo Rodríguez López-Vázquez, der die Autorschaft Tirso de Molinas leugnet.[191] Während zu Beginn der hier zugrunde gelegten Ausgabe Don Juan von seinem Onkel die Anweisung erhält, sich sofort («luego») nach Spanien auszuschiffen,[192] bieten ältere Ausgaben des Textes andere Orte des Exils an. Diese würden Don Juan nicht nur von der iberischen Achse des Imperiums fernhalten, sondern auch – zumindest hypothetisch – keine größere verbindende Seereise zwischen geographisch und kulturell ungleichen Teilen des Imperiums erfordern. So heißt es in den von Joaquín Casalduero und Ignacio Arellano besorgten Ausgaben:

Don Pedro	Pues yo te quiero ayudar.
	Vete a Sicilia o Milán,
	donde vivas encubierto.
Don Juan	Luego me iré.
Don Pedro	¿Cierto?
Don Juan	Cierto.
Don Pedro	Mis cartas te avisarán
	en qué para este suceso
	triste, que causado has.
Don Juan	(Para mí alegre, dirás.) –
[...]	
	(Con tan justa pretensión
	gozoso me parto a España.)[193]

Hier betonen die *aparte* gesprochenen Passagen Don Juans nicht nur seine Verachtung für die Autorität der Väter und der durch sie vertretenen Ordnung.

---

191 Vgl. BAR, Ignacio Arellano (Hg.): *Las Indias (América) en la Literatura del Siglo de Oro. Homenaje a Jesús Cañedo*. Kassel: Edition Reichenberger 1992 und ders.: *Historia del Teatro Español del Siglo XVII* sowie *Burlador*.
192 «Don Pedro. Pues tú este daño causaste, / pon remedio en él, partiendo / de Nápoles luego a España» (*Burlador*, S. 144, Verse 140–143).
193 *BAR*, S. 42f. (Verse 108–115, 119f.); ebenso in Tirso de Molina [Fray Gabriel Téllez]: *El Burlador de Sevilla y convidado de piedra*. Madrid: Cátedra [10]1986 (Letras Hispánicas), S. 82f. (Verse 108–115, 119f.).

Indem er sich trotzig gegen die vorgegebene Anweisung eines Exils im italienischen Teil des Imperiums richtet («gozoso me parto a España»), lenken die nur für das Publikum gedachten Informationen den Vektor von Don Juans Bewegung nicht nur auf das imperiale Vaterland selbst um. Sie künden auch dort von einer größeren Schiffsreise, wo dem Onkel eine Reise zu Land oder – schlimmstenfalls – in kleinen Schiffsetappen entlang der Küste vorschwebt. In jedem Fall trifft Don Juan gleich zu Beginn des *Burlador de Sevilla* freimütig die Entscheidung, eine größere Schiffsreise zu unternehmen. Sein gehörnter Gegenspieler Octavio vertraut sich hingegen nur in wahnartiger Verwirrung ob seiner nun *ad absurdum* geführten «vela» – «¿Anoche con Isabela / hombre en Palacio? Estoy loco.» – und in geradezu lebensmüder Schicksalsergebenheit – «Embarcarme a España / y dar a mis males fin» – derselben Route zur See an.[194]

Ebenso wie es Góngoras *Soledades* in ihrer Figur des Schiffbrüchigen getan hatten, verknüpft der *Burlador de Sevilla* nicht nur die jugendliche und grenzüberschreitende Energie der Revolte mit der Seefahrt. Auch die bei Octavio durch die Isotopie des Liebeswahns gegebene Idee einer radikal veränderten Logik des Daseins ist mit dem Ozeanischen verbunden: absolut gesetztes *extra muros*, Raum einer Passage ins Ungewisse, innere und äußere Wüste, «grande incertitude extérieure à tout».[195] Wer sich – obwohl ihm der Landweg offen stünde – freiwillig für die Seereise entscheidet, so hatte der Verfasser des *Menosprecio de Corte y Alabanza de Aldea* (1539) gepredigt, ist ein Wahnsinniger. Die Ansichten dieses Kirchenmannes sind sicherlich ebenso typisch, wie die Quellen seiner *exempla* zweifelhaft:

> El cónsul Fábato en sesenta años que vivió nunca de su ciudad de Regio pasó a ver la ciudad de Mesana, hasta la cual no había sino nueve millas por agua, y preguntado en el caso dijo: «Es loco el navío pues siempre se mueve, es loco el marinero pues nunca está de un parecer, es loca el agua pues nunca está queda, y es loco el aire que siempre corre; y pues esto es así verdad, si huimos de un loco en la tierra, ¿cómo queréis que fíe yo mi vida de cuatro locos en la mar?» [...] así Dios a mí salve y así Él nunca más a la

---

194 *Burlador*, S. 155 (Verse 410 f. und 432 f.). Nach der Auswertung von 650 privaten Briefen aus den Amerikas (1540–1616) bietet Otte ein interessantes Faktum, wenn er bemerkt: «El miedo al mar fue para muchos el motivo más destacado de la resistencia al viaje.» (Enrique Otte (Hg.): *Cartas privadas de emigrantes a Indias*, S. 28)
195 Michel Foucault: *Histoire de la folie à l'âge classique*. Paris: Gallimard 1972 (tel), S. 26. Wie der bereits evozierte Begriff der Wüste oder *soledad* zeigt, verweist «extérieur à tout» auf eine räumliche und eine psychologisch-epistemologische Unmöglichkeit: Das radikal ‹Innerliche› ist ebenso unzugänglich wie das radikal ‹Äußerliche› (vgl. Abschnitt 4 der vorliegenden Untersuchung).

mar me torne, si a todos los que por su voluntad andan en los navíos no los podían atar por locos. ¿Qué tiene de cordura el que vive en la galera?[196]

Auch knapp hundert Jahre nach Guevara stehen sich Land und Ozean noch immer als vollkommen inkommensurable Räume entgegen. Dies zeigt sich gerade bei Sturm. Es ist bereits in der ‹Einleitung› darauf verwiesen worden, dass die ängstlichen Landbewohner bei Sturm dazu neigen, wahnsinnig zu werden.[197] Angesichts des Schiffbruchs Don Juans vor dem Strand Tarragonas wird die Fischerin Tisbea diesen Sachverhalt so formulieren, dass er – in der von Rodríguez López-Vázquez nicht geteilten Lektüre Arellanos – als das ‹Wort› oder die verführerische Logik des Meeres erscheint: «Tisbea. Sin duda que habéis bebido / del mar la oración pasada.»[198] Die Reisenden sind demnach dem «razonamiento del mar» (Ignacio Arellano) verfallen, als der déraison einer sea grammar, die von dem alltäglichen Diskurrieren auf festem Boden radikal abweicht.[199] Mit der Ankunft Don Juans am Strand von Tarragona ist in dem Stück der sandige Boden dafür bereitet, dass – während in Sevilla zwei Vaterfiguren über Lissabon dissertieren und die Stadt ebenfalls in ein Verhältnis zum Ozean setzen – auf dem topischen Schwellenraum des Strandes eine neue Begegnung zwischen ungleichen Sphären stattfindet.

Entsprechend abrupt ist der szenische Wechsel zwischen höfischem Ambiente in Italien und iberischem Strand. Dabei hat die langatmige Persiflage des gongoristischen Stils und seines vermeintlich elitären Ideals der Weltentrücktheit im Monolog der Fischerin Tisbea ebenso für Irritationen gesorgt wie das nicht minder langatmige Städtelob des Don Gonzalo, das diese Strandszene unterbricht.[200] Der Kontrast zwischen politischen, patriarchalen Verhandlungen der Männer um den Zugang zu einer Frau in einem mit imperialem Blick betrachteten Neapel einerseits, und der rhetorischen Künstlichkeit und allegorischen Abstraktheit der Tisbea-Figur am Strand von Tarragona andererseits,

---

196 Antonio de Guevara: *Menosprecio de Corte y Alabanza de Aldea/Arte de Marear*, S. 326 f.
197 Vgl. *Guzmán II*, Buch 2, Kap. 9. Der daraus folgende, auch in der Eröffnung von Shakespeares *The Tempest* thematisierte Konflikt von seefahrerischer (ozeanischer) und aristokratischer (terrestrischer) Autorität ist Gegenstand früher soziologischer Studien (vgl. Norbert Elias: *Seeleute und Gentlemen*. Wiesbaden: Springer VS 2015).
198 *BAR*, S. 103, Vers 606. Hervorhebung MM.
199 Erläuterung ebda. Der Herausgeber von *Burlador* (vgl. S. 166, Vers 685 und dazugehörige Erläuterung) hält dies für unsinnig und setzt «ración» für «oración». Arellano beweist aber ein besseres Gespür für die Verbindung von maritimen und theologischen Konnotationen. Zu déraison, vgl. Michel Foucault: *Histoire de la folie à l'âge classique*, S. 203. Zu John Smiths *A Sea Grammar* (London 1627), vgl. den Kommentar in William Shakespeare: *The Tempest*, S. 185.
200 Vgl. Frederick de Armas: The Geography of Imperial Deceit: Misplacing Goa and Lisboa in *El Burlador de Sevilla*, S. 499, Fn 16.

erzeugt – genauso wie kurz darauf die epideiktische Lissabon-Passage – auf der Ebene der Formensprache eine Spannung. Sobald diese sehr ungleichen und mitunter chronotopisch verschobenen Welten jedoch auf der Theaterbühne miteinander kurzgeschlossen werden, entlädt sich sich stilistische Spannung in dramatischer Handlung. Diese topische Struktur der Begegnung hatte über den Schiffbruch des «peregrino» auch in den *Soledades* für eine dramatische Dynamik gesorgt. Dabei ist es kein Zufall, dass gleichermaßen im *Burlador de Sevilla* und der *Soledad segunda* ausgerechnet die Fischerin – trotz ihres vermeintlich niederen Standes und der Nähe zum Meer – über ihre poetisch überhöhte Sprache einer aquatischen Welt der Poesie, der «sympathetischen Verbundenheit mit der Natur», der Stadt- und in diesem Sinne auch der Meerferne zugeschlagen wird.[201] Tisbea erscheint abrupt auf der Theaterbühne, als ironisch-überzeichnetes und wiederum deplaziertes Zitat aus dem stilistisch und thematisch italienisierenden Inventar einer aquatisch gewendeten *Arcadia* oder *poesía marina*. «[C]ambiando pastores por pescadores», ist wiederum Iacopo Sannazaro mit seinen um 1504 verfassten *Eclogae Piscatoriae* ein zentrales Vorbild.[202] Wie die künstliche, poetisch-stilistische Landschaft der *Soledades* dokumentiert Tisbea ihre Ablehnung des heroisch-männlichen Joches. Jedoch ist sie – als Nymphe, die ihre Fischerrute in den Wind hält – nicht weniger anfällig für den ozeanischen Satyr, der an ihren Strand gespült wird, als Góngoras Dorfbewohner für die Verlockungen des Neuen, welche die Hochzeitsfeier unweigerlich der Gefahr eines Flächenbrandes aussetzen:

> Dichosa yo mil veces,
> Amor, pues me perdonas,
> si ya, por ser humilde,
> no desprecias mi choza.
> Obeliscos de paja
> mi edificio coronan;
> nidos, si no [a] cig[üeñas],
> [a] tortolillas locas.
> Mi honor conservo en pajas

---

[201] Klaus Garber: Arkadien und Gesellschaft. Skizze zur Sozialgeschichte der Schäfer-, Landleben- und Idyllendichtung als utopischer Literaturform Europas [1982]. In: ders.: *Literatur und Kultur im Europa der Frühen Neuzeit. Gesammelte Studien*. München: Wilhelm Fink 2009, S. 229–274, hier S. 236. «Singen ist ein Zeichen dafür, dass der Hirte mit sich und seiner Umgebung in Übereinstimmung lebt.» (ebda., S. 234).

[202] Francisco López Estrada: *Los libros de pastores en la literatura española*. Madrid: Gredos 1974, S. 133. Für einen umfassenden Überblick über diese Untergattung, ihre Thematik und intertextuellen Filiationen mit Blick auf Góngora, vgl. Jesús Ponce Cárdenas: De nombres y deidades: claves piscatorias en la *Soledad Segunda*.

> como fruta sabrosa,
> vidrio guardado en ellas
> para que no se rompa.
> De cuantos pescadores
> con fuego Tarragona
> de piratas defiende
> en la argentada costa
> desprecio soy, encanto,
> a sus suspiros, sorda;
> a sus ruegos, terrible;
> a sus promesas, roca.[203]

Mit dem gongoristisch-artifiziellen Adjektiv «argentada» besingt die Fischerin – wie in der Eröffnung der *Fábula de Polifemo y Galatea*[204] – die Küste als einen *locus amoenus*, der dank dem Leuchtfeuer von Tarragona vor Angreifern von außen – den Piraten – geschützt bleibt.[205] Tisbeas Verweis auf das Feuer als Teil eines Schutzmechanismus entbehrt nicht der dramatischen Ironie. Denn die stilistische Spannung, die mit der überlangen Rede – «[N]ecio discurso / que mi ejercicio estorbas»[206] – dieser stereotypen und nur bedingt glaubwürdigen Figur aufgebaut wird, gibt Anlass zur Skepsis. Ist – im übertragenen Sinne gesprochen – der stilistisch und inhaltlich breit ausgewalzte Abstand zum ‹Ozean› bei einer Fischerin überhaupt denkbar? Werden hier nicht gongoristische Begriffe dazu missbraucht, den moralistischen Ton einer Predigt zu parodieren? Postuliert die Fischerin nicht ein neostoisches Ideal der Askese, wonach sie immun gegen die Kontagion künftiger Affekte sei?

Im Einklang mit einer mittelmeerischen Vorstellungswelt um die traditionsreiche imperiale Stadt Tarragona verweist Tisbea auf die Gefahr durch Piraten – nicht etwa durch bürgerliche Händler, fehlgeleitete *pilotos* oder den Hofstaat. Zudem erscheint in ihrer Rede der bereits von dem aufbrechenden Octavio bemühte Begriff des (Liebes)Wahnsinns im Zusammenhang mit den verliebten Turteltauben auf dem Dach ihrer Fischerhütte («tortolillas locas»). Beide Beobachtungen heben die Rede der Fischerin von denjenigen Verurteilungen der Seefahrt ab, die – wie der «político serrano» der *Soledades* – den Ozean mit *cupiditas*, *auri sacra fames* oder *amor sceleratus habendi* gleichset-

---

203 *Burlador*, S. 158 (Verse 482–501).
204 «Donde espumoso el mar siciliano / el pie argenta de plata al Lilibeo» (*Polifemo*, S. 156). Der Unterschied dieses *locus amoenus* zum ozeanischen Setting der *Soledades* ist bereits betont worden.
205 Bei José Zorrilla wird spekuliert, Don Juan könne ein «pirata» sein (vgl. ders.: *Don Juan Tenorio*, S. 75; Vers 28).
206 *Burlador*, S. 160 (Verse 542 f.).

zen.[207] Anders als die von der städtischen Gesellschaft mehr oder weniger geläuterten Schäfer der *Arcadia*, lebt die Fischerin an der Schwelle des Meeres. Sie wähnt sich sogar im Einklang mit dieser unbekannten und maßlosen Gegenwelt. In einer leichten Akzentverschiebung gegenüber der *Arcadia* behauptet sie nicht nur ihren Abstand zu, ihre Bekehrung oder Läuterung von alltäglichen, etablierten und unvermeidlichen Formen des ökonomischen oder politischen Handelns. Sie wähnt sich auch immun gegen plötzliche, von außen hereinbrechende Veränderungen der emotionalen und praktischen Strukturen ihrer (inneren) Existenz. Piraterie und (Liebes)Wahnsinn stehen daher für zwei alternative, mit Seefahrt und Liebe sowie einer äußeren Widerfahrnis verbundene Paradigmenwechsel in Weltsicht und Handeln. Sie führen zu einem Bruch mit dem Bisherigen, innerhalb und außerhalb des einzelnen Menschen, und zu mitunter katastrophalen Veränderungen in seiner Umgebung.[208]

Mit Don Juans Schiffbruch vor der Küste Tarragonas wird daher nicht nur eine seit Circe, Nausikaa, Acis und Galatea, Aeneas und Dido bestens vertraute Topik aufgerufen. Der Schiffbruch erscheint auch – wie zu Beginn der *Soledades* – als ein katastrophales Ereignis, als Widerfahrnis schlechthin, welche zwei zuvor unverbundene Sphären abrupt miteinander kurzschließen. Im Stil einer Mauerschau schildert die Fischerin ein Ereignis, das ebenso wie Liebe und Wahnsinn von einer ganz anderen Logik geprägt ist als die Welt einer von der Schäfer- auf die Fischeridylle verlegten Affektkontrolle. Es ist letztere, welche die deplazierte und ironisierte Figur der Tisbea für sich selber beansprucht. Arroganter Pfau und leckgeschlagener Behälter, erscheint das sinkende Schiff in Tisbeas Schilderung erneut als ein fremdes, dahinsiechendes Lebewesen, dessen Bauch das Unerwartete gebiert:

> Pero al agua se arrojan
> dos hombres de una nave,
> antes que el mar la sorba,
> que [sobreaguada] viene
> y en un escollo aborda.
> Como hermoso pavón
> [hacen] las velas cola,
> adonde los pilotos
> todos los ojos pongan.
> Las olas va escarbando,
> y ya su orgullo y pompa
> casi [se] desvanece:

---

207 Zu diesen Begriffen, vgl. Titus Heydenreich: *Tadel und Lob der Seefahrt*, S. 102–139.
208 Dies ist auch eine Akzentverschiebung im Vergleich zu Heydenreichs Lektüre der Szene (vgl. ebda., S. 114 f.).

> agua un costado toma.
> Hundióse, y dejó al viento
> la gavia, que la escoja
> para morada suya,
> que un loco en gavias mora.[209]

Ebenso wie in der folgenden Schiffsrede von Don Juans Diener, dem *gracioso* Catalinón, der einer der beiden Überlebenden des Desasters ist, entfaltet diese Mauerschau als Schilderung einer Katastrophe einen ganz bestimmten Standpunkt.[210] Dieser Standpunkt kulminiert in dem Blick auf den Mastkorb («gavia») – höchster Punkt des Schiffes und angestammter Platz des in die Ferne spähenden Seefahrers.[211] Somit wird das Schiff nicht nur mit dem moralistischen Emblem einer pfauengleichen *vanitas* belegt. Über die Verweise auf den kontrollierenden Blick des Seefahrers («adonde los pilotos / todos los ojos pongan») wird das Schiff auch hier in den Kontext einer vorausschauenden, prometheischen, grenzüberschreitenden und visuell geprägten *techné* gestellt. Über den Mastkorb als Aussichtspunkt, schließlich, wo Tisbeas Standpunkt zufolge wie im Kopf des Wahnsinnigen nur der Wind wohnen kann, wird auf Schiff und Besatzung als spektakuläre Manifestationen jener *déraison* gedeutet, die ihrerseits das Oxymoron eines kalkulierten Wagnisses zu ihrem höchsten Prinzip erhoben hat.

Catalinóns nicht minder verquerer Gongorismus, der das Salzwasser verflucht und somit Anschluss zu Tisbeas naiver Strand-Bukolik findet,[212] legt den Schwerpunkt ebenfalls auf die Ambivalenz jener Errungenschaften, welche dieses paradoxe Wagnis – das er an der Seite seines Herrn unfreiwillig auf sich nehmen musste – erst ermöglichen:

---

209 *Burlador*, S. 160 f. (Verse 549–565).
210 Zu Katastrophe und interpretativem Standpunkt in der Frühen Neuzeit, vgl. Françoise Lavocat: Narratives of catastrophe in the Early Modern Period. Awareness of historicity and emergence of interpretative viewpoints. In: *Poetics today* 33 (2012), S. 254–299 und Martin Döring: Von der Wundergeschichte zum *fait divers*. Untersuchungen zur Berichterstattung über Kometen in französischen *canards* an der Wende vom 16. zum 17. Jahrhundert. In: Wolfram Nitsch (Hg.): *Vom Flugblatt zum Feuilleton: Mediengebrauch und ästhetische Anthropologie in historischer Perspektive*. Tübingen: Gunter Narr 2002, S. 129–146.
211 Typischerweise ein weiteres italienisches Wort (*gabbia*) aus der Seefahrt: «Gavia. En una sinificación vale el cesto o castillejo, tejido de mimbres, que está en lo alto del mástil de la nave; [...] A los locos furiosos los tienen en unas jaulas de palo, y a estas también llaman gavias.» (*Cov*, S. 965)
212 Der Scherz liegt darin, dass sich Catalinón auch kein Süßwasser, sondern Wein wünscht. «¡Válgame la Cananea, / y qué salado [es] el mar! / [...] Donde Dios juntó tanta agua, / ¿no juntara tanto vino?» (*Burlador*, S. 162; Verse 584 f., 590 f.)

> Del mar fue este desconcierto
> y mío este desvarío.
> ¡Mal haya aquel que primero
> pinos en [el] mar sembró
> y [el] que sus rumbos midió
> con quebradizo madero!
> ¡Maldito sea el vil sastre
> que cosió el mar, que dibuja,
> con astronómica aguja,
> caus[ando] tanto desastre!²¹³

In exakter rhetorischer Umkehrung des bukolischen *beatus ille* zu einem *pereat qui primus* («dichoso el» – «mal haya») verflucht der *gracioso* die Seefahrt. Auch ergeht er sich in einem burlesken und jämmerlichen Echo jener Klage der von Seefahrern verlassenen oder entführten Frauen, die Tisbea selbst nach ihrer Begegnung mit Don Juan anstimmen wird: «¡Nube, que del mar saliste / para anegar mis entrañas!»²¹⁴ Catalinón bleibt dabei jedoch nicht bei einem rein topischen Fluch der ersten Seefahrer stehen. Er erfasst immerhin in persiflierenden Begriffen eines poetischen Zugriffs auf den nautischen Fortschritt genau jenen Übergang von fest vermessenen Kurslinien und ihrem «linear sense of space» auf mittelmeerischen Portolankarten («que sus rumbos midió») zum offenen, abstrakten und bei weitem noch nicht vollständig ausgemessenen Raum der küstenfernen Navigation auf den Weltmeeren: neue, an der Magnetnadel orientierte Art der Seefahrt, die ‹genetzte›, ‹durchwebte›, also mit dem *worldwide web* geometrischer Koordinaten versehene Karten und Navigation nach den Sternen erfordert («el vil sastre / que cosió el mar», «con astronómica aguja»).²¹⁵ Damit verweist Catalinón – ebenso wie der kurz darauf

---

213 Ebda., S. 163 (Verse 606–615).
214 Ebda., S. 181 (Verse 1100 f.). Später noch deutlicher: «¡Maldito el leño sea / que a tu amargo cristal halló camino, / y, antojo de Medea», etc. (ebda., S. 228; Verse 2285–2287). Vgl. B. B. Ashcom: The First Builder of Boats in El Burlador, S. 331 und Titus Heydenreich: *Tadel und Lob der Seefahrt*, S. 115, Fn 356.
215 Bernhard Siegert verwendet dieselbe textile Metapher: «[D]as Schiff ‹vernäht› Papier und Meeresoberfläche.» (ders.: *Passage des Digitalen*, S. 108) So wird im *Burlador* die visuelle Dimension der kartographischen Darstellung nochmals betont («dibuja»). Wie Ricardo Padrón (vgl. *The Spacious Word: Cartography, Literature, and Empire in Early Modern Spain*, S. 74 f.) und Humboldt (vgl. *KU*, S. 107) mehrfach betonen, koexistieren verschiedene kartographische Weltsichten über lange Zeiträume. Eine Durchsicht des Ausstellungskataloges *America. Das frühe Bild der Neuen Welt* (Bayerische Staatsbibliothek (Hg.): *America. Das frühe Bild der Neuen Welt. Ausstellung der Bayerischen Staatsbibliothek München*. München: Prestel 1992) macht jedoch schnell deutlich, dass die nach Art der Portolankarten in geraden Kurslinien vermessenen Karten (etwa die des Juan de la Cosa, 1500) den Atlantik eher wie den rundum geschlossenen ‹Teich› erscheinen lassen, den Góngoras «político serrano» im Mittelmeer erblickt hatte. Auf den mit einem abstrakten ‹Netz› von Koordinaten überzogenen Karten, wie den zwiebelför-

aus der Ohnmacht erwachte Herr – indirekt auf einen ozeanischen Raum und eine ozeanische *(dé)raison* weit jenseits der als Fischeridylle inszenierten Küste von Tarragona. In ihrer ureigenen, paradoxen und umstürzlerischen Logik vereint, kommen so Seefahrt und Liebe begrifflich erneut zusammen:

> Un espantoso huracán
> dio con mi nave al través,
> para arrojarme a esos pies
> que abrigo y puerto me dan,
> y en vuestro divino oriente
> renazco, y no hay que espantar,
> pues veis que hay de mar a amar
> una letra solamente.[216]

Neben der im Ablauf des Stückes kurz darauf eingeschobenen *Loa de Lisboa* ein weiteres Element in der «hybrid history and geography» des *Burlador de Sevilla*,[217] verweist der Begriff «huracán» – ebenso wie Catalinóns burleske Geschichte der Kartographie und Tisbeas Beschreibung einer paradoxen, mit dem begehrlichen Blick verbundenen Handlungslogik des Seefahrers – einerseits auf die prinzipiell nach Westen hin geöffnete, ozeanische Raumgestaltung des Stücks. Andererseits konnotiert der Begriff über die Trichterform des Wirbelsturms auch die infernalische Dimension eines Abgrundes:

> No olvidemos que Tirso dio un gran salto cronológico, de tres siglos, al llevar la acción a la época de Alfonso XI y, sin embargo, incluye en su obra un término meteorológico netamente antillano y desconocido en aquella época: el término huracán, nombre procedente del Dios de las tormentas, «Juracán», en la mitología de los Taínos.[218]

---

migen Karten (Bernardus Sylvanus, 1511) und Karten mit ovalem Kartennetz (Francesco Roselli, um 1508; Benedetto Bordone, 1528), erscheint die Erde als ein offener, kugelförmiger Raum, der – anders als das Mittelmeer – keineswegs kreisförmig durch Ufer begrenzt ist (vgl. ebda., S. 44f. und 68).

216 *Burlador,* S. 165 (Verse 660–667). Allgemeinere Varianten dieses Wortspiels – ebenfalls aus dem Munde eines Don Juan – finden sich um 1608 in Juan Ruiz de Alarcóns *El semejante a sí mismo* (in ders.: *Obras completas de Juan Ruiz de Alarcón (I). Edición, prólogo y notas de Augustín Millares Carlo. Introducción de Alfonso Reyes.* México – Buenos Aires: Fondo de Cultura Económica 1957, S. 295–382. Fortan zitiert *Semejante*): «Don Juan. Necio el que espera firmeza / en la mujer y en el mar.» (ebda., S. 357; Verse 2099 f.) «Leonardo. Mas no, Julia: yo arrojé / de cuello una vez el yugo, / ya libre la ropa enjugo / que del mar de amor saqué.» (ebda., S. 317; Verse 731–734)

217 Frederick de Armas: The Geography of Imperial Deceit: Misplacing Goa and Lisboa in *El Burlador de Sevilla,* S. 503.

218 Juana Gil Bermejo: El Burlador de Sevilla, S. 37. Covarrubias verzeichnet den Begriff (vgl. *Huracán, Cov,* S. 1079) als Seefahrerbegriff. Der schon bei Dantes Odysseus prägende Gedanke eines infernalischen Trichters zur See taucht hier wieder auf: «suele echar a fondo los navíos, trayéndolos a la redonda y huracando [sic!] el mar para que se los trague.» (ebda.)

Es handelt sich also bei «huracán» erneut um einen Begriff, der als *parola pellegrina* nicht an seinem Platz geblieben, sondern an einen fremden Ort ‹gepilgert› ist. Der exophone Effekt des fremdartig klingenden Begriffs unterstreicht noch einmal, im Sinne von nun immer häufiger bemühten «semplici indicatori di diversità»,[219] dass der Ozean im *Burlador de Sevilla* nicht etwa dazu dient, dem Zuschauer nur eine bekannte rhetorische Struktur sowie die dazugehörige Topik als schmückendes und mitunter langatmiges Beiwerk zu unterbreiten. Die Bewegung der Wörter in einem atlantischen Raum der Zirkulation zwischen Italien und fernen Inseln im Westen deutet auf eine bewusste Formulierung des Neuen in der Literatur des Siglo de Oro, auf eine neue Perspektivierung und erneuerte imaginäre Landschaft hin, vor der sich die Handlung des Stückes nun entfaltet. Vor dem Hintergrund der vorliegenden Untersuchung lässt sich inzwischen ausschließen, dass es sich nur um vereinzelte «deslizes de la pluma» gehandelt habe.[220] Ästhetische und soziale Räume, historische Epochen, Zeitläufte sowie ihre literarische Formensprache verändern sich von Bild zu Bild, Szene zu Szene und Akt zu Akt. Sie bleiben somit inhomogen, kontrastreich und hochdynamisch. Der *Burlador de Sevilla* partizipiert daher an einem frühneuzeitlichen Chronotopos des Künftigen oder einem neuen «linguistic and narrative force-field», der für Shakespeares *The Tempest* längst akzeptiert und erforscht ist.[221] Don Juans Bewegung kann als der Vektor einer Passage gelesen werden, die sich unbeirrt durch die verschiedensten theatralischen Bilder, Szenerien und Szenarien gen Westen zieht. Sein Schiffbruch vor dem Strand der Tisbea gleicht somit einem unerwarteten Ereignis, das die brüchige und burleske, motivisch aber schlüssige Welt der Fischerin auf den Kopf stellt. Don Juan ist hier die reine und in ihrer Unbestimmtheit noch formlose Widerfahrnis zu Schiff – «Nube, que del mar saliste» –, nicht etwa am Strand einer unbestimmten *Arcadia* oder glücklichen Insel, sondern an topographisch exakt benannten Gestaden der Iberischen Halbinsel: auf dem Weg nach Sevilla. Das mitunter katastrophale Ereignis einer abrupten Widerfahrnis ist daher in der Bewegung des Don Juan angelegt und wendet sich einmal mehr gegen das Eigene und Vertraute.[222] Don Juan folgte dem Ruf der

---

219 Accademia della Crusca (Hg.): *L'età delle scoperte geografiche nei suoi riflessi linguistici in Italia*. Firenze: presso l'Accademia 1994, S. 110.
220 Juana Gil Bermejo: El Burlador de Sevilla, S. 37.
221 Vorwort zu William Shakespeare: *The Tempest*, S. 40. Debatten um «the play's ambiguous geography» (ebda., S. 44) zwischen Mittelmeer und Atlantik, um «Shakespeare's American play» (ebda., S. 47), bilden einen bemerkenswerten Kontrast zu den ganz anders konnotierten Debatten um Don Juan.
222 Zur Widerfahrnis in der Erkenntnistheorie, vgl. Andrea Kern: *Quellen des Wissens*, S. 11.

weiten Außenwelt und steht nun für eine Bedrohung der vermeintlich intakten Häuslichkeit und des familiären – oder staatlichen – Zusammenhalts.[223] Dies ist kein Zufall und eine globalisierungstheoretisch höchst bedeutsame Figuration: Don Juan steht paradigmatisch bereits für denjenigen, der über den Ozean zurückkehrt und nun eine Bedrohung für die bestehende Ordnung der Metropole darstellt.[224]

---

[223] Vgl. Arjun Appadurai: *Modernity at Large*, S. 43.

[224] Spaniens imperialer Heroismus, aber auch ihre Hybris spiegeln sich in den Racheplänen der Araukaner, die immer wieder versichern, die Spanier auch in ihrer Heimat, auf der Iberischen Halbinsel angreifen zu wollen: «Y dado orden bastante y este hecho, / para acabar de esecutar su saña, / con gran poder y ejército, de hecho / querían pasar la vuelta de la España, / pensándola poner en tanto estrecho / por fuerza de armas, puestos en campaña, / que fuesen cultivadas las iberas / tierras de las naciones estranjeras.» (Alonso de Ercilla: *La Araucana*, Band 1, S. 194; *canto* III) Mit Blick auf Rom bemerkt Romm zu diesem Denkbild: «Not only do the Romans show impious daring by attacking lands beyond the seas, they must also live in fear that some transoceanic power will someday attack *them*.» (James S. Romm: *The Edges of the World in Ancient Thought: Geography, Exploration, and Fiction*, S. 166)

4 (Un)mögliche Räume: *indiano* und *pícaro*

4.1 Skepsis und Konfusion: *indianos* und die Stadt

À force de rouler à travers les hommes et les pays,
d'en observer les coutumes contraires,
ses idées se modifièrent et il devint sceptique.
Balzac

[L]e commencement de l'hiver m'arrêta en un quartier
où, ne trouvant aucune conversation qui me divertît,
et n'ayant, par bonheur, aucuns soins ni passions qui me troublassent,
je demeurais tout le jour enfermé seul dans un poêle,
où j'avais tout loisir d'entretenir mes pensées.
Descartes

Góngora erblickte in dem technisch versierten *ingenium* des hinkenden Schmiedegottes Hephaistos, in seinen Drahtnetzen, eine spektakuläre, technisch-artifiziöse und gleichzeitig höchst ambivalente Form der Grenzüberschreitung, die er in seiner Lyrik mit der Verbindung entfernter Gestade und daher auch mit der atlantischen Seefahrt in Verbindung brachte. Don Juan hingegen, der ungebetene Haus- oder Hochzeitsgast und erotische Schmarotzer, dessen Abendmahl selbst von einem *convidado de piedra* unterbrochen wird, ist ein zwischen epischer Welterfahrung und den burlesken Gesten des Straßentheaters changierendes *exemplum*. Don Juan verlegt, verschiebt und ‹verspricht› in seiner Figurenrede zwar auf eine ganz andere Art und Weise, als dies in Góngoras manieristischen *Soledades* zu beobachten ist. Mit Blick auf ihre Schreibweise (*écriture*) oder ihre verdächtige Eloquenz, mit Blick auf ihre performativen Strategien im Lichtkegel der staatlichen und klerikalen Autoritäten weisen beide literarischen Äußerungen jedoch ähnliche Strategien der semantischen (Fort)Bewegung auf.[1] In ihrem Inhalt, Stil, ihren verzweigten Metaphern- und Motivgeflechten weisen sie selbst auf eine Bedeutungsebene hin, die mit Michel de Certeau als ein Spiel mit der Ordnung oder mit Michel Serres als ein Positionsspiel verstanden werden kann:[2] So sind wir zu der These gelangt, dass der vermeintlich tabuisierte oder in der kanonischen schönen Literatur des Siglo de Oro vernachlässigte Kommentar zur ersten modernen

---

[1] Vgl. dazu Julio Ortega (Hg.): *Nuevos hispanismos*, S. 127 und 131, Joseba Gabilondo: The Hispanic Atlantic, S. 26 und 94, Serge Gruzinski: *Les quatre parties du monde*, S. 82, Roland Barthes: *Leçon*, S. 16 f. sowie Michel Serres: *Le Parasite*. Paris: Arthème Fayard/Pluriel 2014 [1980], S. 54.

[2] Vgl. Michel de Certeau: *L'invention du quotidien*, S. 46 und Michel Serres: *Le Parasite*, S. 76 f.

Phase beschleunigter Globalisierung sich «à côté», in der Abweichung («écart») oder im Abdriften («dérive») der literarischen Sprache finden muss.³ Eine bemerkenswerte These von Walter Mignolo, «discontinuity of the classical tradition (in all its forms) is of the essence to understanding colonial situations», ließe sich in diesem Sinne auf die spezifische *écriture* eines atlantischen Siglo de Oro zurückführen.⁴ Die in der ‹Einleitung› angeführten Klassiker der romanischen Philologie konnten – vielleicht mit der Ausnahme von Leo Spitzers stilistischem Feingefühl und Erich Auerbachs durch das Exil ausgelösten Ahnungen von einem generellen Umbruch in der *république des lettres* – noch nicht zu dieser Einsicht kommen. Folglich zeigt sich hier, dass es in der Rahmung der Frage zu Verschiebungen gekommen ist. So darf der nun ebenfalls eingeführte Band von Michel Serres, *Le Parasite*, nach Roland Barthes und Michel de Certeau als ein weiterer Beleg dafür gelten, dass zumindest diejenigen Literatur- und Kulturtheorien, die sich im vorigen Jahrhundert von engagierter Literatur im Sinne Sartres und dem westlichen Marxismus distanzierten, eine ähnliche perspektivische Verwandlung vollzogen: Es kam zur Abkehr von dem idealistischen geisteswissenschaftlichen Kanon der Disziplinen und ihrer Gegenstände, ebenso wie von seiner materialistisch-sozialgeschichtlichen Wendung, und zur Abwendung von klassizistischer, Racine'scher Rezeption und Motivgeschichte der Antike. Stattdessen: Interesse für den Barockbegriff, eine Verschiebung philologischer und rhetorischer Wissensbestände sowie schließlich der Wille zur hartnäckigen Lektüre zwischen den Zeilen. Letztere ist bei allen genannten Theoretikern einer durchaus ambivalenten Begeisterung für Argumente geschuldet, die – wie Hephaistos – hinken;⁵ «Mon livre est, désormais, rigoureusement flou.»⁶ In Abgrenzung zu den romanistischen Forschungspositionen der ‹Einleitung› kam es also im Laufe der Analyse – das sei gar nicht geleugnet – zu einer gewissen Komplizenschaft zwischen Theoriebildung und Gegenstand. Die Kontaktzone zwischen Theoriebildung und Literatur spiegelt jedoch eine größere Wandlung in der Haltung wider, mit der Literatur heute begegnet wird. Diese Haltung ist daher ein integraler Bestandteil dessen, was bereits als die ‹Versuchsanordnung› der vorliegenden Untersuchung bezeichnet worden ist.

Die hier in Anschlag gebrachte Theoriebildung – dafür stehen Serres, Deleuze, aber auch Barthes, de Certeau und Bernhard Siegert – hat also eine

---

3 Ebda., S. 59. Es ist bereits darauf hingewiesen worden, dass es sich hier um die Barthe'sche Atopie handelt.
4 Walter Mignolo: *The Darker Side of the Renaissance*, S. 319.
5 Zu Hephaistos, vgl. Michel Serres, *Le Parasite*, S. 66.
6 Ebda., S. 107. «[N]ous avons besoin de l'impureté des mots» (Roland Barthes: *Comment vivre ensemble?*, S. 141, Fn 1.)

neue Perspektive auf künstlerische Sprache und literarisches Schreiben entwickelt. Erich Auerbach erfasste in *Philologie der Weltliteratur* (1952) das an Senecas Ethik der Selbstsorge gemahnende Globalisierungsmotiv eines *mundi punctus* noch als einen Verlust, der aus einem Überschuss an Relationalität, einem letztendlich homogenisierenden Zuviel des Kontakts entstehen würde: «Unsere Erde, die die Welt der Weltliteratur ist, wird kleiner und verliert an Mannigfaltigkeit.»⁷ Als allgemeinere und durchlässigere «Zeichenpraktik» verstanden, also im Zusammenhang mit pragmatischer Schriftlichkeit der Alltagswelt und benachbarten medialen Äußerungsformen, zeigt sich heute dagegen in der Literatur ein enger und variantenreicher Konnex zwischen dem ‹großen Raum› (Fernand Braudel) der weltweiten «Transportgeschwindigkeiten» und dem kleinen Raum, dem *secretum* der literarischen *écriture*.⁸ Es ist bereits mit Referenz auf Pierre Chaunu und Serge Gruzinski darauf hingewiesen worden, dass die Iberische Halbinsel der Frühen Neuzeit als der Schnittpunkt weltweit verlaufender Vektoren der Bewegung und folglich auch einer *poétique de la relation* betrachtet werden muss.⁹ Auerbachs *Philologie der Weltliteratur* ist darin durchaus zuzustimmen, dass diese Diagnose auch auf der methodologischen Ebene die Gefahr der kulturellen und konzeptuellen Homogenisierung heraufbeschwört. Auf der anderen Seite zeigt sich hier aber das atlantische Siglo de Oro in größtmöglichem, weltweitem Maßstab: Dieser Maßstab wurde in der skizzenhaften Darstellung der philologischen Projekte von Alfonso Reyes, Pedro Henríquez Ureña oder José Lezama Lima bereits angedeutet. Es ist dieser größtmögliche Maßstab, der die Frage nach einem neuen, relationalen Begriff von Weltliteratur aufwirft.¹⁰ Wenn sich der, von außen betrachtet, verdächtig homogene Kanon der *literatura universal* zu pluralen «Literaturen der

---

7 Erich Auerbach: Philologie der Weltliteratur [1952]. In: ders.: *Gesammelte Aufsätze zur romanischen Philologie*. Bern/München: Francke 1967, S. 301–310, hier S. 301.
8 Bernhard Siegert: *Passage des Digitalen*, S. 43.
9 Vgl. dazu den Abschnitt 1.1. Vgl. auch exemplarisch den Abschnitt ‹D'un baroque mondialisé› in Édouard Glissants *Poétique de la relation*. Paris: Gallimard 1990: «[...] le baroque ‹historique› a préfiguré de manière étonnamment prophétique les bouleversements actuels du monde.» (ebda., S. 94)
10 Vgl. Ignacio Sánchez Prado: ‹Hijos de Metapa›: un recorrido conceptual de la literatura mundial. In: ders. (Hg.): *América Latina en la «literatura mundial»*. Pittsburgh, PA: Instituto Internacional de Literatura Iberoamericana 2006, S. 7–46, Julio Ortega (Hg.): *Reyes, Borges, Gómez de la Serna. Rutas transatlánticas en el Madrid de los años veinte*. México: Orfila Valentini/Tecnológico de Monterrey 2011 und Gesine Müller/Dunia Gras (Hg.): *América Latina y la literatura mundial: mercado editorial, redes globales y la invención de un continente*. Madrid: Iberoamericana 2015.

Welt» gewandelt hat,[11] dann sind auch neue Theorieprogramme die Folge. Es wird sich unten noch zeigen, dass eines dieser Theorieangebote – Franco Morettis provokant an Auerbach und Curtius anschließender, «post-hermeneutisch» gewendeter und durchaus relational gedachter Begriff des *distant reading*[12] – uns jedoch nicht vergessen machen sollte, dass auch die postkoloniale Theoriebildung in der Linie Edward Saids bereits eine Reaktion auf diese veränderten Rahmenbedingungen war. Es dürfte kein Zufall sein, dass Moretti und Said gleichermaßen – und in ungleicher, konkurrierender Art und Weise – auf die philologischen Klassiker der Romanistik Bezug nehmen. Denn selbst wenn sie weltweiten Maßstabs sein sollte, so ist in der Frage nach Migration, Bewegung und Relation hier stets die Frage nach dem Subjekt, oder dem literarisch modellierten Subjekt, mitgestellt: Es ist in der Frage nach Bewegung, Begegnung und Zusammenleben, in der Suche nach «le monde réellement vivable», dass dieser größtmögliche Maßstab des Weltweiten auf ein Höchstmaß an Verdichtung und Intimität trifft.[13] Und es sollte nicht übersehen werden, dass – denkt man an Auerbachs *Philologie der Weltliteratur* oder seine Behandlung des «Grußthemas» und der «ethischen Wirkung des Blickes» bei Dante – solche in Bewegung und Begegnung gegründeten Momente zu dem Kernbestand klassischer Arbeitsthemen der Romanistik gezählt haben.[14] Auch in der vorliegenden Untersuchung trifft nun der (welt)weite Raum der Bewegung auf die inneren, mehr oder weniger zugänglichen, (un)möglichen Räume des Subjekts.

Diese paradoxe ‹Faltung› eines weltweiten Außenraums hinein in das (literarisch modellierte) Subjekt ist Gegenstand des vorliegenden Abschnitts. So erreicht auch die Versuchsanordnung des atlantischen Siglo de Oro ihren Endpunkt. Sie verweist – wie der Titel dieses vierten Abschnitts meines Buches

---

11 Zu «Literaturen der Welt», vgl. Ottmar Ette: *ZwischenWeltenSchreiben*, S. 27 und ders.: *ÜberlebensWissen*, S. 92. Dieser pluralistische Begriff findet sich bereits in Auerbachs *Philologie der Weltliteratur*.

12 Vgl. Franco Moretti: *Distant Reading*. «El término ‹lectura distante› es claramente una antítesis de la práctica conocida como *close reading*, desarrollada particularmente por paradigmas en lengua inglesa, pero relevante incluso a escuelas críticas herederas del estructuralismo.» Ignacio Sánchez Prado: ‹Hijos de Metapa›, S. 19. Vgl. auch Carlos Spoerhase: ‹Mere reading›: Über das Versprechen eines ‹posthermeneutischen Verstehens›. In: Marcel Lepper/Steffen Siegel u. a. (Hg.): *Jenseits des Poststrukturalismus. Eine Sondierung*. Frankfurt am Main: Lang 2005, S. 15–36.

13 Édouard Glissant: *Poétique de la relation*, S. 40. Vgl. auch Michel Serres: *Le parasite*, S. 116.

14 Erich Auerbach: *Dante als Dichter der irdischen Welt*, S. 42 und 45. Es ist bemerkenswert, dass die literarisch modellierte Begegnung auch in den *character networks* und dem *character space* der graphischen Darstellungen von Literatur in den *digital humanities* wieder eine große Rolle spielt.

suggeriert – auf eine ‹ethopoetische› Dimension der betrachteten Texte. Es ist bemerkenswert, dass genau diese Dimension – wie Bernhard Teuber exemplarisch am Beispiel von Fray Luis de León und seinem Anliegen, mit sich selbst auskommen zu wollen, gezeigt hat – das Subjekt just vor den Fluchtlinien eines weiten, weltweiten Außenraums platziert.[15] Hier äußert sich eine spezifische Spannung zwischen dem Weltlichen und dem Göttlichen, die gelingen oder scheitern kann.[16] Auch hat sich dies bereits in der orphischen Klage des schiffbrüchigen «peregrino errante» in Góngoras Wüste aus Wasser sowie dem raumsemantischen Arrangement der *Soledades* an sich gezeigt: Die Intensität der Arbeit an einem geglückten Selbstverhältnis, die Selbstsorge, scheint sich nur schlecht mit der maßlosen Extension eines weiten, physisch erfahrbaren Außenraumes zu vertragen. Die allumfassende Harmonie der Schöpfung geht hier allzu leicht verloren. Die entscheidende Frage nach den Konsequenzen dieses räumlichen Arrangements zwischen Welterfahrung und Selbsterfahrung, nach einer Ethopoetik des Subjekts aus der Bewegung und Grenzüberschreitung heraus, soll aber der Gegenstand des vorliegenden kurzen Abschnitts sein. Sie stellt sich zwangsläufig am Ende dieser Untersuchung zu einem atlantischen Siglo de Oro.

Wie wird das literarische Subjekt also vor einem globalen Bewegungsraum modelliert? Welche Auswirkungen haben Bewegungen in diesem neuen Raum, der in Góngoras Zeilen das Zentrum der alten Weltordnung zum ‹Teich› herabgesetzt hat, auf das Innenleben literarischer Figuren?[17] Die Frage ist mit Blick auf das 19. Jahrhundert ausgiebig diskutiert worden. Unter Verweis auf Jane Austens Roman *Mansfield Park* (1814) hat Edward Said unterstrichen, dass die Frage nach Figur und Handlung vor einem weltweiten kolonialen Horizont bestimmte Lektüretechniken voraussetzt, die Verschiebungen, Versetzungen und andere Formen des *déplacement* zu erkennen vermögen:

---

15 Vgl. Bernhard Teuber: «Vivir quiero conmigo». Verhandlungen mit sich und dem anderen in der ethopoetischen Lyrik des Fray Luis de León und des Francisco de Aldana. In: Wolfgang Matzat/Bernhard Teuber (Hg.): *Welterfahrung – Selbsterfahrung. Konstitution und Verhandlung von Subjektivität in der spanischen Literatur der frühen Neuzeit*. Tübingen: Max Niemeyer 2000, S. 179–206. Zu der Idee der ‹Faltung›, vgl. ebda. S. 183 f. und Gilles Deleuze: *Foucault*, S. 131–172.
16 Rico betont in diesem Zusammenhang nur die Auflösung dieser Spannung in der Harmonie: Vgl. Francisco Rico: *El pequeño mundo del hombre. Varia fortuna de una idea en la cultura española*. Barcelona: Ediciones Destino 2005 (imago mundi), S. 151 f.
17 Die unausweichliche Tatsache, dass literarische ‹Figuren› kein ‹Innenleben› haben, soll hier nicht erörtert werden. Für interessante philosophische Anstöße zu diesem Problem, vgl. Stanley Cavell: *The Claim of Reason. Wittgenstein, Skepticism, Morality, and Tragedy*. New York/Oxford: Oxford UP 1999 [1979], S. 332–334.

> After Lukacs and Proust, we have become so accustomed to thinking of the novel's plot and structure as constituted mainly by temporality that we have overlooked the function of space, geography, and location. [...] Like many other novels, *Mansfield Park* is very precisely about a series of both small and large dislocations and relocations in space before, at the end of the novel, Fanny Price, the niece, becomes the spiritual mistress of Mansfield Park. And that place itself is located by Austen at the centre of an arc of interests and concerns spanning the hemisphere, two major seas, and four continents.[18]

Said besteht auf der zentralen Rolle dieses transarealen «arc of interests», selbst wenn er auf der Ebene des *plot* des Romans kaum in Erscheinung zu treten scheint. Franco Moretti hingegen hat dieser sehr interpretierenden Lektürehaltung widersprochen. Tatsächlich setzt sie eine Art ästhetizistische Hypersensibilität des *close reading* voraus, die Said stets sehr (selbst)bewusst auf seinen romanistischen Lehrer Auerbach zurückführte. Saids hemisphärische Verortung des Landsitzes der Familie Bertram, Mansfield Park, in einem größeren Bewegungsraum zwischen mehreren Ozeanen äußert sich tatsächlich ausschließlich in der Form einer Abwesenheit. Sie beruht einzig und allein auf der isolierten, schüchternen Frage der adoptierten Außenseiterin Fanny Price nach der Sklaverei auf dem anderen Sitz der Familie auf einer anderen Insel, der Zuckerplantage auf der Karibikinsel Antigua: «Did you not hear me ask about the slave trade last night?»[19] Diese Frage war offenbar kaum hörbar und blieb auch unbeantwortet. Gegen Saids intensive Interpretation wendet Moretti ein, die Bewegung von Figuren in die Kolonien und zurück habe vielleicht eine historische oder literatursoziologische Bedeutung, sei hinsichtlich der narratologischen und inhaltlichen Struktur des Romans jedoch bestenfalls ein Kunstgriff («*pecunia ex machina*»):

> Però, francamente, io sospetto che le fortune coloniali siano così diffuse, nei romanzi dell'epoca, non tanto per rispetto della realtà economica – ma per ragioni strettamente simboliche. [...] È una geografia mitica, questa: *pecunia ex machina*: una ricchezza che non viene davvero prodotta (nulla è detto, mai, del lavoro in colonia), ma magicamente «trovata» al di là dell'oceano ogni qual volta un romanzo ne sente il bisogno.[20]

Morettis Einwand ist der eingangs hinsichtlich Góngoras diskutierten Argumentation ganz ähnlich. Die «raggioni strettamente simbolichi» dieser auf der Figurenebene angelegten atlantischen Bewegungen entwerten Moretti zufolge ihre interpretatorische Relevanz fast vollständig. Die historische Spezifik kolonialer Realitäten wird im Literarischen auf die Sphäre des Symbolischen, Uni-

---

18 Edward Said: *Culture & Imperialism*. London: Vintage Books 1994, S. 101.
19 Jane Austen: *Mansfield Park*. London: Penguin Books 2014 (Penguin Classics), S. 184.
20 Franco Moretti: *Atlante del romanzo europeo*, S. 29/31.

versellen und sogar des Stereotypen zurückgedrängt. Der Dissens zwischen Said und Moretti zeigt, dass es unterschiedliche und oftmals konkurrierende Auffassungen davon gibt, in welcher Weise literarische Texte zu befragen sind. Mit Blick auf das vorliegende Lektüreprojekt sei an dieser Stelle nur angemerkt, dass es auch seinem Verfasser schwer fiel, nicht kontinuierlich jenen anderen Raum der Zuckerplantage *en filigrane* hinter dem gesitteten Landsitz von Sir Thomas Bertram zu erahnen: Ein entfernter und unausgesprochener Ort der materiellen Produktion, aber auch der Gewalt und Barbarei, weit jenseits jenes gesitteten englischen Landsitzes, wo höchstens einmal das kompromisslose Streben des Hausherren Sir Thomas Bertram nach «domestic tranquillity» von einem jungen Hausgast als «infamously tyrannical» gebrandmarkt wird.[21] Dennoch scheint hinter manch einem harmlosen verschlossenen Gatter der gepflegten englischen Gartenlandschaften etwas Unaussprechliches zu lauern, das Fanny Price – offenbar kaum hörbar – in einer Frage an den Hausherren kurz explizit gemacht hat.

Jane Austens auktoriale und eindeutig feminin konnotierte Erzählstimme in *Mansfield Park* ist ausgesprochen subtil in ihrer Bewertung des Geschehens. Eine etwaige kausale Verbindung zwischen der impliziten Rolle des Hausherren – «master at Mansfield Park» – als dem Besitzer einer Sklavenplantage und der Bildungsgeschichte der Familienmitglieder wird höchstens angedeutet.[22] Ereilt Sir Thomas die gerechte Strafe, wenn der allmächtige *pater familias* sich eingestehen muss, dass seine eigenen Kinder orientierungslos, geldgierig und missraten sind? «[T]he anguish arising from the conviction of his own errors in the education of his daughters, was never entirely done away. [...] Something must have been wanting *within* [...].[23] In jedem Fall wird hier ein familiärer Innenraum, ein Werteuniversum des Subjekts («[s]omething must have been wanting *within*») erkennbar, das doch mit dem ozeanisch-kolonialen Außenraum – Ursprung von Morettis «*pecunia ex machina*», die eben gerade nicht wie ein Schatz zufällig ‹gefunden› wurde – verbunden bleibt.

Balzac hingegen erschuf in seinen Romanen Erzählstimmen und Charaktere, die deutlich weniger Raum für solche Ambivalenzen lassen. *Eugénie Grandet* (1833) beruht auf einem sehr ähnlichen räumlichen Arrangement wie *Mansfield Park*. Nur versucht hier der alte Grandet, die Frauen in seinem burgähnlichen Anwesen mit aller Macht von jener Außenwelt fernzuhalten, die dennoch – etwa über den Zucker – von außen hereindringt und die Jugend in Versuchung führt:

---

21 Jane Austen: *Mansfield Park*, S. 173 und 178.
22 Ebda., S. 343.
23 Ebda., 429 f.

> Malgré la baisse du prix, le sucre était toujours, aux yeux du tonnelier, la plus précieuse des denrées coloniales, il valait toujours six francs la livre, pour lui. L'obligation de ménager, prise sous l'Empire, était devenue la plus indélébile de ses habitudes.[24]

Unter der Ägide des alten Grandet steht alles still. Nur die Kolonialwaren künden den Frauen des Hauses von der weiten Welt, während sie selbst in einer klaustrophobischen Zeit- und Bewegungslosigkeit verharren: «La mère et la fille ignoraient complètement les distances.»[25] Jegliches Fehlen innerer und äußerer Bewegung wird auch der entscheidende Unterschied zwischen Eugénie und ihrem potentiellen Ehemann Charles sein. Eine Familienkatastrophe zwingt Charles zu einer kolonialen *peregrinatio*.[26] Es sind die charakterlichen Veränderungen, denen er hierbei unterworfen wird, die die Ehe mit Eugénie unmöglich machen werden:

> Le baptême de Ligne lui fit perdre beaucoup de préjugés; il s'aperçut que le meilleur moyen d'arriver à la fortune était, dans les régions intertropicales, aussi bien qu'en Europe, d'acheter et de vendre des hommes. Il vint donc sur les côtes d'Afrique et fit la traite des nègres, en joignant à son commerce d'hommes celui des marchandises les plus avantageuses à échanger sur les divers marchés où l'amenaient ses intérêts. [...] À force de rouler à travers les hommes et les pays, d'en observer les coutumes contraires, ses idées se modifièrent et il devint sceptique.[27]

Hier wird klar ausgesprochen, dass die Bewegung im Raum Konsequenzen für das literarisch modellierte Subjekt hat. Bezogen auf die kreisförmige Bewegungsfigur des Heimkehrers wird dies bedeuten: Derjenige, der wie ein nun ostwärts reisender Don Juan zurückkommt, ist ‹nicht mehr ganz derselbe›. Der Sklavereihistoriker José Antonio Piqueras weist zurecht darauf hin, dass Biographien wie diejenigen, die Austen oder Balzac hier entwerfen, in der europäischen Oberschicht des 19. Jahrhunderts ein gängiges Phänomen waren.[28] Ausgerechnet europäische Parks und Villen der bürgerlichen Epoche werden heute zunehmend mit ihren kolonialen Geldquellen – nicht selten der Sklavenhandel an sich – in Verbindung gebracht.[29] Für uns ist jedoch die Axiologie

---

24 Honoré de Balzac: *Eugénie Grandet*. Gallimard 1972 (folio classique), S. 91. Hier wird auf den napoleonischen *blocus continental* angespielt.
25 Ebda., S. 202.
26 «Oui, le travail, qui nous a sauvés tous deux, peut lui rendre la fortune que je lui emporte; et, s'il veut écouter la voix de son père, qui pour lui voudrait sortir un moment du tombeau, qu'il parte, qu'il aille aux Indes!» (ebda., S. 72)
27 Ebda., S. 229.
28 Vgl. José Antonio Piqueras: *La esclavitud en las Españas. Un lazo trasatlántico*. Madrid: Catarata 2011, S. 20 f.
29 Vgl. ebda., S. 21.

der in Austens *Mansfield Park* sehr diskret, bei Balzac jedoch umso deutlicher thematisierten Bewegungen der kolonialen *peregrinatio* und Heimkehr entscheidend: Nachdem Begegnungen in der weiten kolonialen Außenwelt Charles in einen moralischen Relativismus gestürzt und zum philosophischen «sceptique» gemacht haben, landet er im Jahr 1827 wieder in Bordeaux an.[30] Während Charles Weg in die Kolonien durch das provinzielle Haus Grandet geführt hatte und die junge Eugénie sich Hoffnungen machen durfte, kehrt er nun jedoch selbstverständlich nicht in die bereits vollständig auf Kolonialwaren fixierte Provinz zurück: «Sa cousine n'était donc plus pour lui qu'un point dans l'espace de cette brillante perspective.»[31] Das verschlossene Landhaus des Onkels Grandet und der dynamisch erweiterte Raum der kolonialen Metropolis Paris sind für Charles zu zwei disjunkten Räumen zerfallen, die in *Eugénie Grandet* nicht mehr zusammenfinden werden. Der allzu bewegliche Reisende, der skrupellose Weltmann, Aufsteiger und Skeptiker – sie alle gehören in die Großstadt.

Es geht bei diesem Exkurs in das 19. Jahrhundert nicht darum, die uralte, rein strukturelle und wendende Funktion dieses Verschwindens und Auftauchens einer Figur zu leugnen. Charles hat sich wie zahllose Reisende vor ihm und nach ihm in der Fremde bereichert. Ganz ähnlich wie bei der Analyse der Schiffsrede des «político serrano» in den *Soledades* geht es dem vorliegenden Abschnitt jedoch darum, zu zeigen, dass diese Vorgänge selbstverständlich in einen größeren narrativen und raumsemantischen Kontext eingebettet sind. Diese intratextuellen räumlichen Projektionen sollten nicht übersehen werden. Die Figuren werden einer ganz spezifischen Art der Bewegung unterworfen, die Auswirkungen auf die literarische Gestaltung ihres Charakters hat. Der Herausgeber von *Eugénie Grandet* hat folglich hervorgehoben, dass diese spezifische Form von Bewegung kein Zufall, sondern ein prägendes Element der gesamten Welt des Balzac'schen Romans ist:

> N'allez donc pas croire que l'aventure de Charles, le fiancé oublieux, relève l'artifice. N'allez pas y voir un truquage du romancier pressé de se défaire du personnage qu'il veut ravaler, et en même temps soucieux de masquer le convenu de l'épisode sous un regaut technique. Au contraire nous rencontrons ici un des thèmes dont Balzac a – répétons le mot – l'obsession; un des mythes qui lui sont propres.[32]

Charles koloniale *peregrinatio* hat ihn mit der Gier infiziert und zum Skeptiker gemacht. Er ist unempfänglich für eine Art von Gewissheit geworden, die die

---

30 Vgl. Honoré de Balzac: *Eugénie Grandet*, S. 230.
31 Ebda., S. 233.
32 S. de Sacy in ebda., S. 13.

naive Liebe Eugénies – die keine ‹Entfernungen› kennt – wie einen moralischen Anspruch an ihn gerichtet hätte: «What is the problem of the other if it is not a problem of certainty?»³³ So wandelt sich im Lichte des cartesianischen Begriffes der Gewissheit das Problem räumlicher Relationen zu einem Problem, welches das Zusammenleben und die Frage der Selbstsorge betrifft: Die evidente, unumstößlich geglaubte Gewissheit der Liebe ist während Charles Bewegung verloren gegangen. Es handelt sich hier um die entscheidende Verwandlung der Figur.

Das neben dem Textauszug aus *Eugénie Grandet* oben angeführte Motto aus René Descartes *Discours de la méthode* (1637) deutet bereits an, dass der nicht nur philosophische, sondern auch moralische Anspruch auf Gewissheit an innere Ruhe und Bewegungslosigkeit geknüpft ist: «je demeurais tout le jour enfermé seul dans un poêle, où j'avais tout loisir d'entretenir mes pensées».³⁴ Stillstand, Nähe, Bei-Sich-Sein, Kontemplation und Ruhe sind an Gewissheit und Selbstsorge geknüpft. Das existentielle Wechselspiel der entgegengesetzten Ansprüche von Gewissheit und Skepsis,³⁵ die Dialektik von Ruhe und Rastlosigkeit rahmte auch schon die westwärts gerichtete Bewegung

---

33 Stanley Cavell: *The Claim of Reason*, S. 353.
34 René Descartes: *Discours de la méthode pour bien conduire sa raison et chercher la vérité dans les sciences*. Paris: Flammarion 2000, S. 41. Ähnlich äußert sich Descartes in den *Meditationes* (1641): «Deshalb habe ich heute die Gelegenheit ergriffen und den Geist von allen Alltagspflichten freigemacht, habe alle Termine abgesagt, ziehe mich einsam zurück, und werde mich endlich ernsthaft und frei diesem allgemeinen Umsturz meiner Meinungen widmen.» (René Descartes: *Meditationen*. Hamburg: Felix Meiner 2009, S. 19)
35 Dieses existentielle Spannungsfeld ist das Leitmotiv des schwer überschaubaren Lebenswerkes des bereits eingeführten us-amerikanischen Philosophen Stanley Cavell (1926–). Cavell weicht einerseits darin von gängigen philosophischen Lehrmeinungen ab, dass er Skeptizismus nicht als Irrlehre oder Provokation, sondern als eine Haltung betrachtet, in der Probleme des (Un)Wissbaren im Leben verhandelt werden. Dies führt bei Cavell – andererseits – zu einer im sprachanalytisch-neopositivistischen Kontext der akademischen Philosophie sehr riskanten Überblendung von Literatur und Philosophie. So bemerkt er im Zusammenhang mit dem oben angeführten Motto aus den *Meditationes*: «If Descartes is philosophizing, and these passages are essential to his philosophizing, it follows that philosophy is not exhausted in argumentation. And if the power of these passages is literary, then the literary is essential to the power of philosophy; at some stage the philosophical becomes, or turns into, the literary.» (Stanley Cavell: *In Quest of the Ordinary. Lines of Skepticism and Romanticism*. Chicago: The University of Chicago Press 1988, S. 109) An anderer Stelle bekennt er: «I have wished to understand philosophy not as a set of problems but as a set of texts.» (Stanley Cavell: *The Claim of Reason*, S. 3) Dies hat Cavell stets unbequeme Fragen über seine Haltung zu postmoderner *French theory* eingebracht, besonders zu Derrida. Der Einwanderersohn aus Atlanta, Georgia, reagierte zurückhaltend auf Vergleiche mit eloquenten Pariser *critiques* (vgl. ders.: *In Quest of the Ordinary*, S. 130 f.).

Don Juans. Ebenso wie den kolonialen ‹Pilger› Charles, führt Don Juans Flucht den unmoralischen «peregrino al revés» und «Wallfahrer unter verkehrten Vorzeichen» in die Welt des Urbanen, in die «theatralischste spanische Stadt».[36] Dies ist eine Bewegung, die zu dem ambivalenten und weit gefassten Motiv der Fremdheit führt und die subjektphilosophischen, ethischen und theologischen Ziele eines kontemplativen Exils *ad absurdum* führt.[37] Eine urbane, theatralische *éducation sentimentale* hinterlässt sicherlich ganz andere Spuren im Subjekt als der anachoretische Rückzug in die Einsamkeit. Von Osten her in das Herz des spanischen Imperiums zurückgekehrt, lebt Don Juan seine verführerische Fremdheit als einen maskenhaften Rückzug in sich selbst. Nach außen ist er lediglich ein ozeanisches Trugbild.[38] So ist es nur schlüssig, dass Don Juans Bewegung einzig durch ein Wunder, ein subjektphilosophisches Paradox oder einen zum Äußersten getriebenen Mechanismus offizieller Repräsentation – eine bewegte Statue – neutralisiert werden kann. Der leichtfertig gelebte Anspruch auf philosophische und moralische Gewissheit dürfte jedoch auch schon vorher bei allen Beteiligten nachhaltigen Schaden erlitten haben.[39] So unterlagen die Opfer Don Juans, wie es der fingierte Herausgeber im *incipit* von Sören Kierkegaards *Entweder-Oder* (1843) auch mit Blick auf das Don Juan-Motiv formulieren wird, der irrigen Annahme, «daß das Äußere das Innere, das Innere das Äußere sei».[40] Der Immoralist rettet sich selbst, indem er sich eine Maske aufsetzt:[41] Bis zu dem Moment, an dem er es mit dem gleichartigen, nicht minder undurchsichtigen Wesen einer bewegten (dürfte man sagen: ‹lebendigen›?) Statue zu tun bekommt, überlebt Don Juan hinter der Maske des Schauspielers. Balzacs Charles ist es nach seiner Rückkehr aus den Kolonien

---

36 Thomas Sträter: Lisboa – «La mayor ciudad de España»: politische Ideologie im Theater des Siglo de Oro (am Beispiel des *Burlador* von Tirso de Molina), S. 121 und 115.
37 Vgl. Michel Serres: *Le Parasite*, S. 105 f. und Roland Barthes letzten Eintrag in *Comment vivre ensemble?*, *Xéniteia* (S. 176): «figure fort métaphysique» (nur mündlich in der MP3-Aufzeichnung der Vorlesung).
38 Vgl. ebda., S. 173.
39 Vgl. Barbara Simerka: Early Modern Skepticism and Unbelief and the Demystification of Providential Ideology in *El Burlador de Sevilla*. In: *Gestos. Teoría y Práctica del Teatro Hispánico* 12 (1997), S. 39–66, hier S. 44–49 und Franc Schuerewegen/Liliane Tasmowski-De Ryck: Paradoxes de la promesse: l'exemple de Dom Juan. In: Roland Landheer/Paul J. Smith (Hg.): *Le Paradoxe en Linguistique et en Littérature*. Genève: Droz 1996, S. 59–73.
40 Sören Kierkegaard: *Entweder-Oder*. München: Deutscher Taschenbuchverlag 1988, S. 11.
41 «What they [Kierkegaard, Nietzsche] meant is that there is a position whose excellence we cannot deny, taken by persons we are not willing or able to dismiss, but which, morally, would have to be called wrong. And this has provided a major theme of modern literature: the salvation of the self through the repudiation of morality.» (Stanley Cavell: *The Claim of Reason*, S. 268 f.)

in Paris sicherlich nicht anders ergangen. Jane Austen hatte dagegen mit diebischem Vergnügen die weltläufige Familie Bertram in zweiflerischer Selbstbefragung versinken, das naiv-kontemplative Adoptivkind Fanny Price aber triumphieren lassen.

Don Juan ist ein ungebetener Gast mit vertrauten Zügen, der von Osten her in das imperiale Zentrum einwandert und seine ganz eigene Vorstellung des «amor de camino» lebt.[42] So bricht er über die gute Gesellschaft der alten Heimat herein. Diese Rolle eines Dritten zwischen Vertrautheit und Fremdheit – wie auch die oben diskutierte doppelte Verbindung der Don Juan-Figur mit dem symbolischen Raum des Ozeans und dem sozialen Raum der Stadt[43] – verweist auf die strukturelle Funktion einer anderen Theaterfigur. Es handelt sich um einen festen Typus der spanischen Literatur: den *indiano*. Don Juan soll hier deswegen als paradigmatisch gelten, weil er – wie der *indiano* – neue räumliche Relationen und daher auch neue dramatische Aussichten auf die heimische Welt eröffnet:

> El indio, el conquistador y las amazonas eran personajes cuya presencia se limitaba a las comedias con un escenario en el Nuevo Mundo. El indiano, en cambio, podía aparecer en todas las comedias con tema moderno. Sus características, netamente definidas, pero al mismo tiempo abiertas, proporcionaban a los dramaturgos de los Siglos de Oro casi una nueva dimensión de posibilidades dramáticas.[44]

Reist Don Juan von Ost nach West, so kehrt der *indiano* als der in den Amerikas zu Reichtum gelangte Auswanderer in umgekehrter Richtung in die alte Heimat zurück. Wenn in dem vorliegenden Abschnitt weniger die moralischen oder sozialgeschichtlichen Konsequenzen dieser *return migration* in den Blick kommen,[45] sondern vielmehr – wie in der gesamten Untersuchung – die ästhetischen, raumsemantischen und epistemologischen Folgen einer ozeanischen

---

42 Zu «amor de camino», vgl. *Celosa*, S. 228 (Vers 2381).
43 Odysseus als *exemplum* des listigen Truges, bzw. das Trojanische Pferd, dienen im *Burlador* nicht zufällig als Leitmotive (vgl. Ignacio Arellano: *Historia del Teatro Español del Siglo XVII*, S. 346 f.).
44 Kurt Reichenberger: América y los indianos en el teatro de los siglos de oro. In: Ignacio Arellano (Hg.): *Las Indias (América) en la Literatura del Siglo de Oro*. Kassel: Edition Reichenberger 1992, S. 97. Covarrubias versteckt diese dubiose Figur unter dem unpassenden Lemma *India*: «indiano, el que ha ido a las Indias, que de ordinario estos vuelven ricos.» (*Cov*, S. 1094; zum *perulero*, vgl. ebda., S. 1359)
45 In diesem Zusammenhang, vgl. die Einleitung in Marco Thomas Bosshard/Andreas Gelz (Hg.): *Return Migration in Romance Cultures*. Freiburg i. Br.: Rombach 2014. Hier gilt der *indiano* als «a figure rooted in the *longue durée* since the 16th century» (ebda., S. 9). Vgl. auch Enrique Otte (Hg.): *Cartas privadas de emigrantes a Indias*, S. 32.

Pilgerschaft, so ist der *indiano* doch sehr viel mehr als nur ein literarischer Typus. Vor dem Hintergrund atlantischer ‹Entdeckungen›, die im frühen 17. Jahrhundert bereits historisch geworden sind,[46] öffnet die Figur des *indiano* auf strukturelle Art und Weise den literarischen Raum des Siglo de Oro nach Westen. Mehr noch als der Pikaro steht der *indiano* daher für einen bestimmten Horizont der Fremdheit oder des Abwesenden, vor dem sich die konkreten, für alle sichtbaren Ereignisse der Handlung abspielen. Er steht für ein strukturelles Wechselspiel von Vertrautheit und Fremdheit: «[I]t is not the birthplace of the characters but their acquisition of wealth in the New World that marks them as Other.»[47] Selbst wenn eine solche Figur nur ganz am Rande auftreten sollte: Sie zeugt stets von einem dynamischen Raum der Bewegungen, der den Kommunikationsraum der Stadt einerseits zur Welt hin öffnet und andererseits zu einem Konfusionsraum verdichtet.

Mehr noch als im *Burlador de Sevilla* verknüpft Tirso de Molina in *La celosa de sí misma* (um 1622) die «paranoische Konstruktion des urbanen Subjekts»[48] mit verschiedenen Bewegungsfiguren eines durchlässigen, weiten, aber auch konfusen imperialen Raums. Die Stadt dient als «protagonista espacial»[49] des Stücks und ist derjenige Raum, in dem die Protagonisten dem Gegenteil einer sukzessiven, episierend-bildenden Selbsterfahrung ausgesetzt werden: dem plötzlichen Schock des Selbstverlustes. Das prädikative und philosophische Paradox einer auf das Ich zurückgefalteten Eifersucht ist demnach nicht einfach nur ein Griff in die Trickkiste der *comedia de enredos*. Vielmehr spielt *La celosa de sí misma* mit philosophisch (und alltäglich) unmöglichen Verdopplungen des Ichs, die das strukturelle Wechselspiel von Vertrautheit und Fremdheit sowohl im Räumlichen, als auch für das im Raum verortete Subjekt inszenieren. Indem das Vertraute und vermeintlich Unverrückbare in Bewegung gerät, wird auch das ‹Hier› zum ‹Dort›, das Innere zum Äußeren und das Alltägliche zum Fremdartigen: «Dans un tel théâtre, la crédibilité s'exerce dans un univers neuf, indépendant du quotidien, sphère privilégiée d'une réalité nouvelle. ‹Planète aux chimères›, comme le dit Tirso lui-même, un ‹ail-

---

46 «En el momento en que nace la comedia de Lope y de los valencianos, los descubrimientos y la conquista americana son ya historia.» (Kurt Reichenberger: América y los indianos en el teatro de los siglos de oro, S. 91)
47 Barbara Simerka: *Discourses of Empire*, S. 40. Sara L. Lehman meint daher, die an das Stereotyp des Juden geknüpfte Alterität sei nun auf den *indiano* übergegangen (vgl. dies.: *Sinful business: New world commerce as religious transgression in literature on and of the Spanish colonies*. Newark, Delaware: Juan de la Cuesta 2010, S. 31).
48 Bernhard Siegert: *Passagiere und Papiere*, S. 81.
49 Torres Nebrera in *Celosa*, S. 51.

leurs› [...].»⁵⁰ Die in *La celosa de sí misma* höchst systematisch durchgehaltenen Gegensätze von häuslichem Innenraum (unter der Ägide des Vaters) und dem Kommunikationsraum der Stadt, ebenso wie die Erweiterung des städtischen Raumes bis in die entlegensten Winkel der Welt, sind – wie beim *Burlador de Sevilla* – viel mehr als nur Beiwerk. Es handelt sich vielmehr um einen Mechanismus, der die Ränder der Welt in ihr vermeintliches Zentrum zurückprojiziert, und umgekehrt. Eindrucksvoll hatte sich dieser Mechanismus bereits in dem Werk *El semejante a sí mismo* (um 1608) des neuspanischen Autors Juan Ruiz de Alarcón (1580–1639) gezeigt, das – ähnlich wie bei Tirso – von einem detaillierten Wissen über Reisen in die Neue Welt zeugt.[51] Unter einem Titel, der auf dieselbe prädikative Paradoxie eines missglückten Selbstverhältnisses anspielt, kommt es auch hier zu einer Verschiebung des Rahmens einer *narratio verosimilis* und zu paradoxen Experimenten mit dem theatralischen Subjekt. Angesichts der Tatsache, dass zum Zeitpunkt der Abfassung dieser Zeilen eine ganze Reihe von politischen, wirtschaftlichen und sozialen Phänomenen unter der Kategorie ‹Globalisierung› für Furore sorgen, ist es wohl kein Zufall, dass derartige narrative Experimente als ein Merkmal des filmischen *science fiction* Genres wieder *en vogue* sind und eine Breite Masse an Zuschauern erreichen. Im Kinofilm inszenieren sie Fragen der Subjektivität und des Zusammenlebens aus der rasenden Bewegung heraus und verlegen sie an die Ränder der bekannten Welt.[52] Diese nach Art des *télescopage* funktionierenden Stufen räumlicher Skalierung sind also fester Bestandteil eines Begründungszusammenhangs, der ein moralisches oder soziales Problem des Zusammenlebens aufwirft, aber auch – wie bereits mit Verweis auf Balzac und den Begriff

---

50 Serge Maurel in Tirso de Molina: *La celosa de sí misma/La jalouse d'elle-même*. o. V.: Poitiers 1981, S. 27; vgl. auch Torres Nebrera in *Celosa*, S. 47. Torres Nebrera verbindet *La celosa de sí misma* mit dem Filmgenre der *screwball comedy* und Tirsos «comedia cortesana», das heißt: «*urbana*» (in ebda., S. 40). Zum Begriff des *enredo*, vgl. Ignacio Arellano: *Historia del Teatro Español del Siglo XVII*, S. 372.
51 Vgl. *Semejante* und Ignacio Arellano: *Historia del Teatro Español del Siglo XVII*, S. 294. Die Eröffnung des Stückes präsentiert die heutige Ciudad de México als ein achtes Weltwunder, verweist auf die Trockenlegung des Sees auf dem Tenochtitlán erbaut war und verbindet diesen Raum mit dem Handlungsort Sevilla.
52 Nicht zufällig werden dabei Motive wie ‹Wüste›, Ozean und Horizontlinie, das Schiff und die Insel, der (Angst)Wald sowie die Dialektik aus agrarischen und urbanen Landschaften, Kolonisierung, Begegnung (mit sich selbst und anderen) sowie daran geknüpfte Fragen um Subjektivität aktiviert. Exemplarisch seien genannt: *Moon* (2011, Duncan Jones), *Cloud Atlas* (2012, Wachowski/Tykwer), *Interstellar* (2014, Christopher Nolan), *The Martian* (2015, Ridley Scott), *Arrival* (2016, Denis Villeneuve) sowie die rund um die Drucklegung dieser Untersuchung wieder auflebenden *Star Wars* und *Alien*-Filmreihen.

der Skepsis argumentiert wurde – ein epistemologisches: «the instability of the social identity of a character who arrives from a distant and unknown place.»[53]

Auch in *La celosa de sí misma* erweist sich Madrid – genauer, die Kirche des Victoria Konvents – als der Endpunkt eines ganzen Fächers an weltlichen Pilgerschaften. So betritt der naive, aber adelige Don Melchor als der Vetreter einer ländlich-traditionellen und historisch höchst vertrauten Region mit seinem Diener Ventura die rutschige Bahn der Straßen Madrids. Eine neue, amerikanische Topik der nautischen Gefahrenzonen (die Bahamas und Bermudas) wird nun auf die heimische Welt der Stadt übertragen:

Melchor.   Como yo nunca salí
              de León, lugar tan corto,
              quedo en este mar absorto.
Ventura.   ¿Mar dices? Llámale así;
              que ese apellido le da
              quien se atreve a navegalle,
              y advierte que es esta calle
              la canal de Bahamá.
              Cada tienda es la Bermuda;
              cada mercader inglés
              pechelingüe u holandés,
              que a todo bajel desnuda.
              Cada manto es un escollo.[54]

Der «leonés forastero» aus den wüsten und unkultivierten Bergen[55] betritt eine Stadt, die – ähnlich wie im *Burlador de Sevilla* – mit einem Höchstmaß an räumlicher Konkretion auf die Bühne gebracht wird.[56] Don Melchors Lebensweg soll sich hier mit einer anderen, kolonialen Pilgerschaft kreuzen: Wie der Cid aus altem Adel, soll er in Madrid eine arrangierte Ehe mit der bürgerlichen Doña Magdalena eingehen, «Fénix de las Indias» und Tochter eines schwerreichen «padre perulero».[57] Es liegt jedoch weder an den materiellen oder fleischlichen Versuchungen der Stadt, noch an dem Freiheitswillen der jungen

---

53 Barbara Simerka: *Discourses of Empire*, S. 56.
54 *Celosa*, S. 125 f. (Verse 40–49).
55 *Celosa*, S. 180 (Vers 1282). «Ventura. Más nos valiera venderla [joya], / pues no saben en León / de los diamantes el precio. / Melchor. ¿Son allá bárbaros, necio? / Ventura. No, mas montañeses son [...]» (ebda., S. 228, Verse 2396–2400; vgl. auch ebda., S. 272, Verse 3505 f.).
56 Vgl. Torres Nebrera in *Celosa* S. 18, Fn 7. So werden Straßennamen genannt (vgl. *Celosa*, S. 201, Vers 1780). Nachts haben Don Melchor und sein Diener Ventura mit der Sitte zu kämpfen, dass Fäkalien aus den Häusern auf die Straße gekippt werden (vgl. ebda., S. 258, Vers 3116–3118 und S. 263, Verse 3247–3250).
57 *Celosa*, S. 195 (Vers 1614) und 132 (Vers 185).

Menschen, dass diese arrangierte Ehe um ein Haar scheitert (die Versprochenen kennen sich nicht). Vielmehr verleiht Tirso seinen Figuren Fallhöhe, indem er sie – typisch für den urbanen Handlungsraum – so sehr um sich selber kreisen lässt, dass sie jegliche Fähigkeit zur aufrichtigen Begegnung verlieren und ihr Gegenüber – schließlich sogar sich selbst – geradezu übersehen.

Bei einem pflichtschuldigen Besuch der Messe in der Kirche des Victoria-Konvents[58] begegnen sich die beiden nichtsahnenden Versprochenen. Doña Magdalena ist – gemäß einem kontinuierlichen Orientalismus in der europäischen Mode – als orientalisch-geheimnisvolle *tapada* fast vollständig mit einem *manto* verhüllt. Sie erfüllt somit Venturas Diagnose über die erotischen Gefahren der ozeanischen Stadt, «cada manto es un escollo».[59] Als die unbekannte verhüllte Frau im Rhythmus der christlichen Liturgie einen Handschuh an- und auszieht, verfestigt sich die weltliche Pilgerschaft des Don Melchor in orientalischem Fetisch und einer beißenden Parodie auf die *religio amoris*. Der Fetisch bringt Don Melchor um den Verstand:

> Una mano hermosa,
> blanca, poblada y perfeta,
> que tiene acciones por almas
> y tiene dedos por lenguas,
> hará enamorar un mármol, [...].
> Cúpome, al oír la misa,
> su lado; y cuando empiezan,
> quitó la funda al cristal,
> y en la distancia pequeña
> que hay desde el guante a la frente

---

[58] «[E]l lugar de encuentro social del convento de la Victoria, a cuyas celebraciones litúrgicas concurrían acostumbradamente hombres y mujeres de la burguesía madrileña, y por tanto la iglesia era antes un punto de encuentro y galanteo que de recogida y discreta devoción.» (Torres Nebrera in *Celosa*, S. 49; vgl. auch Hanno Ehrlicher: *Zwischen Karneval und Konversion*, S. 348)

[59] Ebenso wie der Mantel der Nacht und die Wolke vor der Sonne, können Schleier, Verhüllung und Enthüllung den Stellenwert einer immanenten Ästhetik oder eines metafiktionalen Zeichens haben. Auch eine dezidiert erkenntnistheoretische Dimension ist denkbar (vgl. *KU*, S. 160). Weil das Tuch den Körper der Frau berührt, kann es aber auch zum sakroprophanen Fetisch werden (vgl. Santiago López-Ríos: «Señor, por holgar con el cordón no querrás gozar de Melibea»: la parodia del culto a las reliquias en la *Celestina*. In: *Modern Language Notes* 127 (2012), S. 190–207, hier S. 197). Tirso verwendet daher den modischen Ort des Victoria-Konvents dafür, um eine beliebte Modeerscheinung des frühen 17. Jahrhunderts zu inszenieren. Die *tapada*, die – nach der Ausweisung der Moslems und Morisken – mit der Alterität des Orientalischen spielt und kokettiert (allgemein dazu, vgl. Barbara Vinken: *Angezogen. Das Geheimnis der Mode*. Stuttgart: Klett-Cotta 2013, S. 82 f. und 103–112).

> vi jazmines, vi mosquetas,
> vi alabastros, vi diamantes,
> vi, al fin, nieve en fuego envuelta.[60]

Weit pikanter als der vage Neoplatonismus der höfischen Liebe, gibt sich Don Melchor der Idolatrie eines vollkommen isolierten Körperteils hin.[61] In charakteristischer Weise lässt die ins Hyperbolische gesteigerte Rhetorik der Passage den weiten Raum der Reise ins Kleinste der «distancia pequeña», in einen emphatischen Moment der Begegnung umschlagen. Dem Modell der *Celestina* und ihrer nicht minder zersetzenden Reliquienparodie nicht unähnlich, werden später die Dienerfiguren in *La celosa de sí misma* aus purer Gier dazu beitragen, dass diese Nähe, dass die Erotisierung des Göttlichen und Vergötterung des Erotischen nach Kräften befördert werden.[62] Nun wäre es Doña Magdalena – die ja das Gesicht des Mannes in der Kirche sehen konnte – später ein Leichtes, die Situation aufzulösen. Doch ihre Freude darüber, dass sich der Flirt von vorhin als ihr künftiger Ehemann erweist, ist nur von kurzer Dauer. Unverhüllt, lehnt Don Melchor dieselbe Frau radikal ab, weil er deren Hand nun als organische Gliedmaße eines vollständigen Körpers nicht wiedererkennt. Die Einwände des Dieners fruchten nichts:

> Ventura. No estáis vos
> señor, con juicio cabal.
> Melchor. Ésta [mano] es asco, es un carbón,
> es en su comparación
> el yeso junto al cristal.
> A sus divinos despojos
> no hay igualdad.[63]

---

60 *Celosa*, S. 142 f. (Verse 365–369 und 373–380). Mehrfach in dem Stück wird Melchors ästhetizistische Wortwahl spöttisch mit Góngora in Verbindung gebracht. Auch Rubén Daríos Lieblingsmotiv wird ausgewalzt: «deseando que amanezca / el alba de aquella mano, / cuando, *cisne puro*, vuelva / a bañarse en la agua santa» (*Celosa*, S. 146, Verse 454–457; Hervorhebung MM).

61 So heißt es gegen Ende: «Y para última certeza, / esta mano os desengañe, / pues fue, idolatrando en ella, / principio de vuestro amor.» (*Celosa*, S. 276, Verse 3596–3799)

62 Vgl. Santiago López-Ríos: «Señor, por holgar con el cordón no querrás gozar de Melibea»: la parodia del culto a las reliquias en la *Celestina*. «Ventura. ¿Son reliquias / de una en una? Melchor. ¿Hay tal belleza? Ventura. Ya, ojos [...]» (*Celosa*, S. 204; Verse 1824 f.). Der «echacuervos» ist der literarische Typus dessen, der Reliquienkult zu Geld macht (vgl. Rico in Anonymus: *Lazarillo de Tormes*. Madrid: Cátedra ²²2011 (Letras Hispánicas), fortan zitiert als *Lazarillo*, S. 58 f.).

63 *Celosa*, S. 176 (Verse 1176–1182).

Don Melchor ist bei dieser Begegnung sichtlich der gesunde Menschenverstand («juicio cabal») abhanden gekommen. Aber auch Doña Magdalena wird in erkenntnistheoretische Verwicklungen geraten. Zuhause unverhüllt, beschließt sie, Don Melchors verschleiertes Idol aus dem öffentlichen Raum weiterleben zu lassen und sich selber Konkurrenz zu machen: «Soyme a mí misma molesta, / porque compito conmigo.»[64] In einem paradoxen Szenario, das Don Juan – der Protagonist aus Ruiz de Alarcóns *El semejante a sí mismo* – in Sevilla in genau derselben Form an sich selbst erfahren muss,[65] wird so in *La celosa de sí misma* der städtische Kommunikationsraum zum emotionalen und erkenntnistheoretischen Konfusionsraum. Mit der «poca certidumbre / que en esta confusión tengo» wird Don Melchor auf den Straßen Madrids nun einem Phantom nachstellen. Doña Magdalena, hingegen, ist auf der Suche nach Gewissheit über das emotionale Innenleben ihres künftigen Ehemannes: «¿con qué seguridad / rendiré mi voluntad [...]?» So sind beide auf der Suche nach Gewissheit über das Innenleben der anderen Person. In der missglückten Begegnung der beiden künftigen Eheleute erreichen die atlantischen Bewegungen der vorliegenden Untersuchung nicht nur ihre höchste Verdichtung. Indem diese Begegnung zu einem Streben nach Wissen über den Anderen führt, verdichten sich diese Bewegungen in *La celosa de sí misma* auch zu einem epistemologischen Problem der Frühen Neuzeit und einem subjektphilosophischen Paradox.

In dem Maße, in dem sich Don Melchor in gongoristischem Überschwang der Idolatrie eines *corps morcelé* widmet und ein Simulakrum dem ‹Original› vorzieht, und in dem Maße, in dem Doña Magdalena ihr verhülltes Alter Ego zu weiteren Rendez-vous an der Kirche schickt, der Kunstfigur Leben einhaucht und vor Zeugen sogar eine ganze Biographie verpasst, wird der öffentliche Raum der Stadt für beide Figuren endgültig zu einer Welt des theatralisierten Scheins. Zunächst ist es nur die Frau, die – im Ganzen verschmäht und als verhülltes Fragment zutiefst verehrt – in das philosophische Paradox gerät, sich selbst den Ehemann streitig zu machen und folglich auf sich selbst eifersüchtig sein zu müssen. Don Melchor kann sich ganz und gar – wie es Diener Ventura formulieren wird – einer «mujer enigma» hingeben, die in orientalischer Verhüllung doch nur eine reine Oberfläche oder ‹Schale› («cáscara») zeigt.[66] Als jedoch Doña Magdalenas Magd Quiñones gegen ihre Herrin intrigiert und mit Doña Ángela eine dank der Magd gut informierte Konkurrentin ins Feld schickt, die zum Simulakrum des Simulakrums wird und als zweite

---

64 *Celosa* S. 262 (Verse 3237 f.).
65 Vgl. *Semejante*, S. 331, Verse 1213 f.
66 *Celosa*, S. 186 (Verse 1432 und 1441).

4.1 Skepsis und Konfusion: *indianos* und die Stadt — 251

tapada die von Doña Magdalena erfundene Identität usurpiert, so steht auch Don Melchor vor einem Paradox. Er muss sich eingestehen, dass die sich vervielfältigenden weiblichen Idole ein ernsthaftes erkenntnistheoretisches Problem darstellen. Don Melchors vermeintliche Gewissheit über sein emotionales Innenleben gerät ins Wanken.[67] Die Damen vervielfältigen sich wie «cartas de Indias» und werfen ein ähnliches Authentizitätsproblem auf wie diese transatlantische Form der Korrespondenz:

> Melchor. Mas, ¿qué es esto? ¡Otra enlutada!
> Ventura. Serán como cartas de Indias
> que se escriben duplicadas.[68]

So wird Don Melchor der verhüllende Mantel zu einer Oberfläche, die eine Abwesenheit symbolisiert:

> Que para mí el mismo efeto
> hace el manto que una ausencia.[69]

Abgesehen von der medienwissenschaftlich bemerkenswerten Verbindung von schriftlicher Korrespondenz und Abwesenheit, lautet die unausweichliche skeptische Frage zu diesem allgemeinen Problem der Einsicht in die Beweggründe des Gegenübers: Inwieweit würde sich die Informationslage überhaupt verbessern, wenn der Mantel abgelegt würde? «What is our idea of the necessary or metaphysical hiddenness of the other?»[70]

Wenn in *La celosa de sí misma* der Schleier das zentrale Bühnenrequisit und die – wenn man so will – zentrale Theoriemetapher ist, die die philosophische Abwesenheit des Subjekts mit dem faktischen Verschwinden und Auftauchen von Figuren im urbanen Raum Madrids verknüpft, dann erfüllt in Ruiz de Alarcóns *El semejante a sí mismo* das Portrait diese Funktionen. Hier ist es der Vater, der Don Juan in die Amerikas schickt, um ihn von einer unerwünschten Liaison fernzuhalten:

---

[67] Das Modell für solche Verdopplungen bietet *Amphitruo* des Plautus (254–184). Jupiter schläft mit Amphitruos Frau Alcumena, wobei er die Gestalt ihres Mannes annimmt. Als Amphitruo von einem Feldzug nach Hause kommt, stellt er fest, dass ‹er› schon längst zuhause ist und sich folglich verdoppelt hat. Molière griff den Stoff 1668 mit *Amphitryon* auf (Molière [Jean-Baptiste Poquelin]: *Amphitryon*. In: ders.: *Œuvres complètes III*. Paris: GF Flammarion 1965, S. 196–272).
[68] *Celosa*, S. 249, Verse 2884–2886. Da ihre Ankunft höchst ungewiss war, wurden Briefe aus den Amerikas in mehrfacher Ausführung geschickt.
[69] Ebda., S. 265 (Vers 3281).
[70] Stanley Cavell: *The Claim of Reason*, S. 368.

> Que mi enemigo padre, ¡dura pena!,
> a que en estos galeones parta a Lima
> a cobrar cierta herencia me condena.
> O entiende los amores de mi prima,
> y por emparentar con otra gente,
> para mi esposa el viejo no la estima,
> o la codicia vil, que más ardiente,
> reina en la sangre de la edad más fría,
> le ha obligado a mandarme que me ausente.[71]

Auch in dieser *comedia de enredos*, die das Miguel de Cervantes *El curioso impertinente* zugrundeliegende Szenario variiert und auf die Spitze treibt, liegt der Schlüssel in der Verbindung aus (fingierter) physischer und (tatsächlicher) metaphysischer Abwesenheit. Don Juan wird die väterliche Anweisung zum Aufbruch trickreich umgehen, indem er sich der Geliebten als ein Vetter aus Flandern vorstellt, der – daher der Titel des Stückes – seit jeher eine erstaunliche Ähnlichkeit mit dem vermeintlich abwesenden ‹Peru-Reisenden› gehabt haben soll. Die oft zitierte Beschreibung der Hauptstadt Neuspaniens als ein achtes Weltwunder, das zu Beginn des Stücks mit dem Handlungsort Sevilla in Verbindung gebracht wird, ebenso wie die Bezüge zu Flandern und zu anderen Regionen der Amerikas versetzen auch diesen *enredo* vor einen weltweiten Horizont. Don Juan orchestriert eine demonstrative Abreise zu Schiff, die nicht zuletzt von den pikaresken Strategien um die atlantische Ein- und Ausreise zeugt:

> Partiremos los dos a este vïaje;
> despediréme, en Cádiz embarcado,
> de Sancho, mis amigos y linaje;
> entregaráse al viento el leño alado;
> veránme en el partir: con que del todo
> nadie podrá creer que me he quedado;
> y después, con un barco, tendré modo
> que salga al mar por mí: con el dinero
> dos mil dificultades acomodo.[72]

Die Frage, inwieweit man eine Sachlage mit eigener Augenzeugenschaft zuverlässig verstehen kann («veránme en el partir»),[73] wird eine subjektphiloso-

---

[71] *Semejante*, S. 304f. (Verse 279–287).
[72] Ebda., S. 306 (Verse 333–341). Ob – wie der Herausgeber im Anschluss an Fernández-Guerra schreibt – das Stück während der «travesía de Cádiz a Veracruz» skizziert wurde, um sich die Zeit zu vertreiben, lässt sich an dieser Stelle nicht überprüfen (ebda., 295).
[73] «Sancho. ¿Luego no he entendido / que Don Juan no puede ser? / *Yo mismo le vi* embarcar» (ebda., S. 334, Verse 1377–1379; Hervorhebung MM).

phische Dimension erhalten, wenn dieser *curioso impertinente* kurz darauf einerseits selbst in Gestalt des Anderen zurückkehrt, andererseits misstrauisch nun das Interesse der geliebten *prima* an dem vermeintlichen Vetter konstatieren muss: «Pues, ¿qué queréis? ¿Tener celos de vos mismo?»[74] Zu der Überblendung beider Personen war es aber schon vorher gekommen, als Don Juan der Doña Ana ein Portrait seiner selbst zukommen ließ, das angeblich den Vetter zeigte. Nun, in der Praxis und mit genau gegenteiligen Mitteln wie in *La celosa de sí misma*, wirft die verdächtige Ähnlichkeit Don Juans mit sich selbst dieselbe Frage wie in *La celosa de sí misma* auf. Es scheint, als gäbe es weder vor noch hinter dem Schleier, weder in verhüllter noch radikal enthüllter Präsenz ein substantielles und verlässliches Wissen über den Anderen: «The mythology according to which the body is a picture implies that the soul may be hidden not because the body conceals it but because it essentially reveals it.»[75] Mal sehen wir zuwenig, mal sehen wir zuviel. Don Juan verfällt in wahnhaftes Misstrauen gegenüber der einst aufrichtig geliebten *prima*, während sich die wohlmeinende Doña Ana über ihre eigenen Gefühle für den Vetter wundern muss. So verheddert sich dieser verhinderte *burlador* rettungslos in seinem eigenen Maskenspiel. Doña Ana, hingegen, beschließt in einem resoluten und theatralischen Moment vorweggenommenen Post-Kantianismus, ihren eigenen Willen als Maßstab anzusetzen und auf diesem Weg aus dem durch den falschen Vetter konstruierten Labyrinth der skeptischen Suche nach Gewissheit auszubrechen.

Wenn die neuzeitliche Philosophie seit Descartes eine Metaphysik der Subjektivität ist,[76] dann lassen die hier skizzierten Szenen der *comedia de enredos* aufhorchen. Das spätere cartesianische Programm eines «empirischen Idealismus» in der Begegnung mit äußeren Gegenständen löst sich hier in Gelächter und tiefste subjektphilosophische Konfusion auf.[77] Ob in Tirsos *La celosa de sí misma*, in Ruiz de Alarcóns *El semejante a sí mismo* oder *La verdad sospechosa* (um 1620), das die bereits in der angetäuschten Reise des Don Juan angelegte Figur des «indiano fingido» weiter ausbaut:[78] Der durch transatlantische Be-

---

74 Ebda., S. 331, Verse 1213 f.
75 Stanley Cavell: *The Claim of Reason*, S. 369.
76 Vgl. Wolfgang Struve: Die neuzeitliche Philosophie als Metaphysik der Subjektivität. Interpretationen zu Kierkegaard und Nietzsche. In: *Symposion: Jahrbuch für Philosophie* 1 (1948), S. 207–336.
77 Ebda., S. 227.
78 Juan Ruiz de Alarcón: *La verdad sospechosa*. Madrid: Cátedra 1976 (Letras Hispánicas), S. 104 (Vers 1937). «Pretending to be a *perulero* is indeed one way to stand apart from the crowd of *madrileños*.» (Barbara Simerka: *Discourses of Empire*, S. 74). Der Begriff der *ficción* ist ein Leitmotiv dieser Anatomie des Lügners. Das Stück des im Jahr 1600 aus Neuspanien eingewanderten Juan Ruiz de Alarcón wurde 1644 von Corneille mit großem Erfolg als *Le Menteur* aufgegriffen. Nicht nur *Le Cid*, sondern auch dieses Stück mit transatlantischer Bewe-

wegungen aufgespannte äußere Raum scheint auch im Theater des frühen 17. Jahrhunderts längst zu einer allgemein akzeptierten Kulisse für heimische Stoffe geworden zu sein. Mit Blick auf das 18. und 19. Jahrhundert hat Andreas Gelz zurecht angemerkt, dass die Figur des *indiano* eine epistemologische Dimension hat.[79] Dem Pikaro darin nicht ganz unähnlich, werfen die vor dem atlantischen Bewegungsraum platzierten Figuren erkenntnistheoretische, perspektivische Fragen über das frühneuzeitliche Subjekt und seine Erkenntnisfähigkeit auf.[80] Diesen Figuren – und dies beklagen sie ja selbst – wohnt der hartnäckige «núcleo de un trabajo ficcional» ein.[81] In den drei genannten Stücken kann es keinen Zweifel daran geben, dass die *Indias* als ein weit entfernter, aber mit der Heimat verbundener Horizont der Bewegung und Begegnung in der transformierten Manifestation der lustvoll ausgekosteten *enredos* in das vertraute *setting* des unmittelbar Vertrauten einschlagen. Empört ruft Doña Magdalena in *La celosa de sí misma* aus, nicht einmal in den Amerikas seien solche Irrungen denkbar.[82] Und es sind «engaños de indiana», mit denen Quiñones ihre Herrin Doña Magdalena hintergeht, die Treffpunkte der Verhüllten mit Don Melchor an die Konkurrentin verrät und so für die spektakuläre Vervielfältigung der *tapadas* sorgt.[83] Das skeptische Verlangen nach Gewissheit über sich selbst und den Anderen führt in allen genannten Stücken zu einer Theatralisierung des Alltags, in der die fest gefügte Epistemologie von Schein und Sein in eine unaufhaltsame Bewegung gerät. Diese epistemologische Bewegung wird aber nur vor dem uferlosen Horizont atlantischer Bewe-

---

gungsgeschichte steht somit an prominenter Stelle im französischen *Siècle classique* (vgl. Wolfram Nitsch: Bodenlose Eloquenz. Lügnerfiguren in der Komödie. In: Christoph Hornung/Gabriella-Maria Lambrecht u. a. (Hg.): *Kommunikation und Repräsentation in den romanischen Kulturen*. München: AVM 2015, S. 201–216). Auch *La celosa de sí misma* wurde von Boisrobert, Abbé de Châtillon aufgegriffen und 1646 in einer weniger bedeutenden französischen Fassung aufgeführt (vgl. Maurel in Tirso de Molina: *La celosa de sí misma/La jalouse d'elle-même*, S. 43–46).

79 Andreas Gelz: La presencia del indiano en la historia literaria y cultural de España (con especial atención a la novela *Tormento* de Benito Pérez Galdós). In: Marco Thomas Bosshard/Andreas Gelz (Hg.): *Return Migration in Romance Cultures*. Freiburg i. Br.: Rombach 2014, S. 173–185.

80 Vgl. dazu jüngst Gerhard Penzkofer: Lazarillo bei den Thunfischen oder die amerikanische Erfindung der Perspektive. In: Wolfram Nitsch/Christian Wehr (Hg.): *Artificios. Technik und Erfindungsgeist in der spanischen Literatur und Kultur der Frühen Neuzeit*. München: Wilhelm Fink 2016, S. 63–96.

81 Andreas Gelz: La presencia del indiano en la historia literaria y cultural de España, S. 175.

82 «¿Quién mandó jamás de veras, / aunque se fuese a las Indias, / a su amante que a otra quiera?» (*Celosa*, S. 271, Verse 3456–3458).

83 Ebda., S. 239.

gungen plausibel, der den *nidos, cabañas* und eingeschneiten Gasthöfen der proxemischen Selbstsammlung diametral entgegensteht.

Zieht man den atlantischen Hintergrund dieser subjektphilosophischen Experimente auf der Theaterbühne der Frühen Neuzeit in Betracht, so bezeugen sie hier weniger einen spanischen, als einen nordeuropäischen Sonderweg in die Neuzeit. Dafür stand der Seitenblick auf das 19. Jahrhundert zu Beginn dieses vierten Abschnitts. Die raumsemantische Kodierung, unter der im 19. Jahrhundert diese Fragen wieder aufbrachen, lässt sich *mutatis mutandis* nicht zufällig zu den behandelten *comedias* parallelsetzen. Hier zeigt sich erneut, was Descartes und spätere Vertreter einer idealistischen, ‹starken Subjektivität› verhandeln und «übertünchen» mussten:

> Typologisch betrachtet konstituiert sich das spanische Subjekt der frühen in der Tat anders als das europäische Subjekt der vollendeten Neuzeit, denn es gibt seine Risse und Sollbruchstellen, die sonst übertüncht werden, deutlich zu erkennen. Gerade diese Andersartigkeit und Unfertigkeit seines Entwurfs erweist sich aber auch als seine eigentlich historische Signatur: Historisch bedeutungsvoll ist das frühneuzeitliche Subjekt in Spanien nicht etwa deswegen, weil es Subjektivität erstmals als gelungene realisiert hätte, sondern weil es die Abgründigkeit und Unabschließbarkeit des Prozesses der Subjektwerdung für lange Zeit ein letztes Mal in Szene gesetzt hat.[84]

Die drei betrachteten *comedias* inszenieren die «Abgründigkeit und Unabschließbarkeit» des Subjekts vor einem atlantischen Horizont. Aus der nun subtil eingeführten postkolonialen Sicht ist es jedoch fragwürdig, ob dies nur ein spezifisch «spanisches Subjekt» gewesen sein sollte, das sich von einem genuin «europäischen Subjekt» unterschied. Wenn sich die postkoloniale mit der atlantischen Perspektive überblendet, dann muss hinterfragt werden, ob sich – wie Teuber meint – die Neuzeit mit Descartes wirklich «vollendete» und ob Spanien nur als die Vorgeschichte dieses Vorgangs zu seinem Recht kommen kann. Angesichts der im spanischen Theater so wegweisenden und einmaligen Wechselwirkungen des Subjekts, des Urbanen und des Globalen will es eher so scheinen, als hieße es auf einen Mythos der Aufklärung hereinzufallen, wenn das frühneuzeitliche Subjekt nur in den Begriffen einer Vorgeschichte oder als der Verlust von etwas, als barocke Verunsicherung und Verfallsgeschichte erfasst würde. Postkoloniale und neobarocke Philosophien und Ästhetiken haben sich oftmals von dem cartesianischen Subjekt distanziert und diesen Dualismus um das scheinbar uniforme ‹europäische› Subjekt damit nur verstärkt. Der hier mehrfach angeführte Stanley Cavell vertrat stets eine philosophische Minderheitsmeinung, wenn er immer wieder hervorhob, wie eng die

---

[84] Bernhard Teuber: ‹Vivir quiero conmigo›, S. 181 f.

Gewissheit über uns selbst und die vollständige Fragmentierung des Subjekts miteinander verknüpft seien. Daher müssen die allgegenwärtigen Inszenierungen unseres Lebens, «projecting ourselves as fictions, [...] appealing to others by theatricalizing ourselves», für Cavell auch nicht ein inauthentisches Scheitern bedeuten.[85] Es handelt sich für Cavell – und sicherlich auch für das Publikum der hier besprochenen *comedias de enredos* – vielmehr um die im Alltag verankerte Erkenntnis, dass unser Verhältnis zum anderen Menschen (und zu uns selbst) dem cartesianischen Anspruch der Gewissheit nicht gerecht werden kann.

4.2 Karten, Galeeren, Sklaven: *pícaros* und der Ozean

> –¿Qué son gurapas? – preguntó don Quijote.
> –Gurapas son galeras –respondió el galeote.
> El cual era un mozo de hasta edad de veinte y cuatro años, y dijo que era natural de Piedrahita. Lo mesmo preguntó don Quijote al segundo,
> el cual no respondió palabra, según iba triste y melancólico;
> mas respondió el primero y dijo:
> –Éste, señor, va por canario, digo, por músico y cantor.
> –Pues ¿cómo? –repitió don Quijote–. ¿Por músicos y cantores van también a galeras?
>
> Don Quijote de la Mancha I, 12

Wie Góngoras «peregrino errante», aber auch wie Don Juan und der *indiano*, ist der Pikaro obskurer Herkunft. Allen diesen Figuren – am meisten von ihnen jedoch dem Pikaro – ist daher gemeinsam, dass ihre intra- und intertextuellen Bewegungen Anlass zu metaliterarischen und sogar literaturtheoretischen Fragen gegeben haben. Nachdem sie im Anschluss an Dámaso Alonso lange Zeit als Inbegriff einer poetischen Weltabgewandtheit gehandelt wurden, erscheinen die *Soledades* heute als eine spezifische und kritische Form des Grenzgängertums zwischen poetischen und epischen Registern in Zeiten der Globalisierung. Don Juan hingegen verkörperte höchstselbst den Übergang aus aristokratischen Schlafgemächern in den nächtlichen Konfusionsraum der Stadt, während der *indiano* einen paradigmatischen dritten Pol in den Dualismus von Vertrautheit und Fremde einführte und den diegetischen Raum der *comedia* auf epistemologische Probleme des wahrnehmenden Subjekts hin öffnete. Mehr als bei jeder anderen der genannten Figuren schwankt die Rezeption des Pikaros aber zwischen den ernsthaften, harten sozialgeschichtlichen

---

85 Stanley Cavell: *In Quest of the Ordinary*, S. 134.

Realitäten eines Lebenswegs in dem durchlässigen imperialen Bewegungsraum zwischen Apenninhalbinsel, Iberischer Halbinsel und dem Atlantischen Ozean, einerseits,[86] sowie dem eher disparaten, parodistischen, aber immerhin alltagsbezogenen ‹Realismus› der satirischen Erzählungen eines Lukian von Samosata, Petron und Apuleius.[87] Hinzu kommen die exempelhaften Anekdoten und Episoden einer «spirituellen Konversionsbiographie» sowie die taktisch gesetzten Übertreibungen eines sich bei den Herrschaften andienenden, größtenteils inszenierten Moralismus.[88] Mit einer von Roberto González Echevarría formulierten Zuspitzung gesagt, verkörpert der Pikaro – der nur ein Simulakrum von Glaubwürdigkeit und einen keineswegs eindeutigen Text abliefern kann – das gattungstheoretische Prinzip eines nicht-epischen, multiplen und obskuren Ursprungs des modernen Romans: «The most persistent characteristic of books that have been called novels in the modern era is that they always pretend not to be literature.»[89]

Diese vielschichtige Diagnose betrifft aber nicht nur die narratologische Dimension der «pikaresken Pseudoautobiographie» mit ihren komplexen Bruchlinien zwischen erzählendem und erzähltem Ich, Autorfiguren, mächtigen Adressaten und den realen Autoren dieser Erzählungen: «autobiografía, en cuyo marco quedan novelizados todos los ingredientes».[90] Unklare Quellen und dubiose Autorisierung betreffen sogar den Begriff des Pikaros selbst, dem Corominas einen prinzipiellen, etymologisch angelegten «origen incierto» bescheinigt.[91] Das oben als Motto eingeführte Zitat, das Don Quijotes erste Begegnung mit Ginés de Pasamonte zeigt, macht auch deutlich, wie die Flüchtigkeit der nun durch die Autoritäten endlich aneinandergeketteten *galeotes* mit den

---

86 Vgl. Francisco Rico in *Lazarillo*, S. 98. Vgl. auch ders.: *La novela picaresca y el punto de vista*, S. 156 und Anne J. Cruz: *Discourses of Poverty: Social Reform and the Picaresque Novel in Early Modern Spain*. Toronto: University of Toronto Press 1999. Im Jahr 1585 wurde im Vizekönigreich Neapel ein Dekret erlassen, wonach alle, die innerhalb von drei Tagen nicht den Nachweis einer festen Arbeitsstelle leisten konnten, zum Galeerendienst verpfichtet wurden (vgl. Alessandro Stella: Les galères dans la Méditerranée (XV-XVIIIe siècles). Miroir des mises en servitude. In: *Cahiers des Anneaux de la Mémoire* 13 (2010), S. 73–91, hier S. 82).
87 Vgl. Niklas Holzberg: *Der antike Roman. Eine Einführung*. Darmstadt: Wissenschaftliche Buchgesellschaft 2006, Werner von Koppenfels: *Der andere Blick. Das Vermächtnis des Menippos in der europäischen Literatur*. München: C. H. Beck 2007 sowie Michail Bachtin: *Chronotopos*.
88 Hanno Ehrlicher: *Zwischen Karneval und Konversion*, S. 66. Zu moralisierenden Taktiken der Digression in kolonialen *relaciones de méritos*, vgl. Robert Folger: *Writing as poaching*, S. 120 f.
89 Roberto González Echevarría: *Myth and Archive*, S. 7.
90 Francisco Rico: *La novela picaresca y el punto de vista*, S. 66.
91 *Cor*, Band 3, S. 769.

sprachlichen Bewegungen einer «semántica y morfología audaz de la lengua jergal» verknüpft bleibt.[92] So verweisen die ungesicherte Etymologie des Konzeptes *pícaro* und die sprachliche Virtuosität der *galeotes* auf die Tatsache, dass für den Pikaro allein die ephemere *énonciation* ein Territorium des Eigenen markiert, ein pikareskes System kreativer Neubenennungen und gegenhegemonialer «contre-nomination».[93] Seine soziale und genealogische Verortung bleibt dagegen vollkommen instabil. Starb Lazarillos Vater letztlich wirklich den Heldentod – oder ist und bleibt der Lazarillo wie Guzmán de Alfarache von «confuso nacimiento»?[94] Wenn Guzmán seinen Vater – so es denn sein Vater gewesen sein sollte – schlicht als «el estranjero» bezeichnet,[95] dann wird deutlich, dass es hier um eine programmatische Leerstelle im Stammbaum geht. Sie zieht sich von den ersten Pikaros bis zu ihrer modernen, nicht minder losen Verwandtschaft bei Roberto Arlt, Céline und Camilo José Cela. Sollte eine territorialisierende Verortung des Pikaros überhaupt möglich sein, dann wäre sie rein sprachlicher Natur: eine kunstvolle Form des ‹schlecht Gesagten›. Nichts bleibt an seinem Platz. Was Guzmán betrifft, so erfahren wir immerhin soviel, dass schon seine Großmutter sich unter anderem mit einem historisch sehr zeitigen Heimkehrer aus den Amerikas eingelassen hatte:

> Mi abuela supo mucho y hasta que murió tuvo qué gastar. Y no fue maravilla, pues le tomó la noche cuando a mi madre le amanecía, y la halló consigo a su lado; que el primer tropezón le valió más de cuatro mil ducados, con un rico perulero que contaba el dinero por espuertas.[96]

Obskurer kann die Herkunft nicht sein. Ob der skandalöse Haushalt von Lazarillos Mutter mit dem «negro Zaide», einem subsaharischen Sklaven im Dienste eines Ordensmannes, oder die atlantische Familiengeschichte des Guzmán de Alfarache: Es ist eine bedenkenswerte Bemerkung, wenn Rico feststellt, dass die Pikaros geradezu zu Voyeurismus und Entrüstung einladen, wenn sie enthüllen aus welch trüben Gewässern sie entstammen. Er weist darauf hin, dass diese Offenheit schon ganz für sich ausgereicht hätte, um bei zeitgenössischen Lesern jeglichen Keim einer ernsthaften, biographisch-sozialgeschichtlichen Lektürehaltung in ungläubigem Zögern oder abfälligem Gelächter zu ersticken.[97] Das Skandalon dieser allzu beweglichen Figuren ist also nicht, wie

---

92 Ebda. Das Motto stammt aus Miguel de Cervantes: *Don Quijote*, Band 1, S. 273.
93 «[J]e retire les noms de la généralité de la langue.» (Roland Barthes: *Comment vivre ensemble?*, S. 143)
94 *Guzmán I*, Buch 1, Kap. 1, S. 126.
95 Ebda., Kap. 2, S. 157.
96 Ebda., S. 161.
97 Vgl. Francisco Rico: *La novela picaresca y el punto de vista*, S. 168 f.

bei Góngoras «peregrino errante», nur stilistischer Natur. Ihre unklare Herkunft unterminiert vielmehr die Glaubwürdigkeit der literarischen Aussage an sich und provoziert einen taxonomischen, gattungstheoretischen Skandal: «El hecho de que el autor anónimo sea eso, un autor sin nombre, hace del texto del *Lazarillo* un hijo sin padre, o lo que dentro de una economía patriarcal es lo mismo que ser ‹hijo de muchos padres›».[98] Es handelt sich also um eine Erzählung mit autobiographischen Zügen, aber ohne glaubwürdige Autorisierung.[99] Das Ergebnis dieser mangelnden Autorisierung ist die unendliche Fortschreibbarkeit des Textes und die allzu eloquente, oftmals aus der Not geborene «tricherie» einer «langue hors-pouvoir» und gegenhegemonialen «contre-nomination». Sie verweisen auf eine weitere Variante des hier bereits mehrfach diagnostizierten «travail de déplacement», der nach Barthes das genuin Literarische *per se* kennzeichnet.[100] Angesichts der Tatsache, dass der Pikaro selbst zu den *verba peregrina* gezählt werden darf und nicht nur einen referentiellen, sondern auch einen inter- und intratextuell geöffneten Raum entwirft, schließt er zusammen mit dem *indiano* den *parcours* der vorliegenden kurzen Schrift ab.

Romane wie der *Lazarillo de Tormes* (um 1554) oder *Guzmán de Alfarache* (1599/1604) werden aber nicht nur im satirisch-episodenhaften «Modus der Disparatheit» oder der exempelhaft-konkreten Alltäglichkeit «momentaner Evidenz» gelesen.[101] Diskursanalytische und mediengeschichtliche Perspektiven haben die Gattung nicht mehr so sehr mit humanistisch inspirierten Briefgattungen der Apenninhalbinsel in Verbindung gebracht,[102] sondern mit der

---

98 Baltasar Fra-Molinero: El negro Zaide: marginación social y textual en el ‹Lazarillo›. In: *Hispania* 76 (1993), S. 20–29, hier S. 21.
99 Vgl. dazu auch Hanno Ehrlicher: *Zwischen Karneval und Konversion*, S. 84, S. 414–418 und Anja Bandau: *Strategien der Autorisierung. Projektionen der Chicana bei Gloria Anzaldúa und Cherríe Moraga*. Hildesheim: Georg Olms 2004, S. 25 f.
100 Roland Barthes: *Leçon*, S. 16 f. Dabei ist zu beachten, dass Barthes sich stets von der ‹bürgerlichen› Konvention des Literarischen als einem bestimmten Form-Inhalt Verhältnis abzugrenzen sucht.
101 Zum «Modus der Disparatheit», vgl. Friedrich Balke: Mimesis und Figura. Erich Auerbachs niederer Materialismus. In: ders./Hanna Engelmeier (Hg.): *Mimesis und Figura. Mit einer Neuausgabe des ‹Figura›-Aufsatzes von Erich Auerbach*. Paderborn: Wilhelm Fink 2016, S. 13–88, hier S. 60. Zu der «momentanen Evidenz», vgl. Hans Blumenberg: Wirklichkeitsbegriff und Möglichkeit des Romans. In: Hans Robert Jauß (Hg.): *Nachahmung und Illusion. Kolloquium Gießen Juni 1963, Vorlagen und Verhandlungen*. München: Eidos Verlag 1964, S. 9–27, hier S. 15.
102 Vgl. dazu Rico in *Lazarillo*, S. 68 f. und Robert Folger: The picaresque subject writes. In: Christoph Ehland/Robert Fajen (Hg.): *Das Paradigma des Pikaresken. The Paradigm of the Picaresque*. Heidelberg: Winter 2007, S. 45–68, hier S. 51.

– ebenfalls vom heutigen Italien ausgehenden – Verbindung von moderner Buchhaltung, Bürokratie und dem Archiv.[103] Dieses Dispositiv steht für die ‹andere Seite› humanistischer Schriftkultur, für eine alltäglichere, weniger elitäre, aber dafür noch nicht weniger beständige Form der Aufzeichnung. Bernhard Siegert hat im Anschluss an Michel Foucault und Friedrich Kittler darauf hingewiesen, dass Christianisierung und Beichtpraxis – als die Hinwendung zum Einzelnen und ritualisiertes «Bekenntnis des Hässlichen, Unwürdigen und seelisch Niedrigen»[104] – eine Reinkarnation und Verwandlung in der kolonialen Bürokratie erfuhren:

> Eine in der Bürokratie aufgehobene Reconquista sorgt dafür, daß niemand in die Neue Welt passiert, der nicht zuvor die Schwelle der Beschreibung und des Erzähltwerdens passiert hat. Es sind also nicht erst die Disziplinarprozeduren, die die Schwelle der beschreibbaren Individualität herabsetzen und aus der Beschreibung ein Mittel der Kontrolle und eine Methode der Beherrschung gemacht haben. Es sei denn, man sieht in der bürokratisierten Reconquista und der Sorge um das «bon gobierno» einen Vorläufer der Disziplinarprozeduren und in der Casa de la Contratación eine ihrer ersten Institutionen.[105]

Die pikareske *énonciation* entspräche dann dem «Sprechen des infamen Menschen», der im Lichtkegel der klerikalen und imperialen Autoritäten seinen Platz behaupten muss.[106] Die Bürokraten dagegen versuchen, die Müßiggänger und «Parasiten» (Michel Serres) von dem kolonial-atlantischen Metabolismus staatlich sanktionierter Bewegung fernzuhalten und nur gut begründete, wünschenswerte Bewegung in Form des Passagiers zuzulassen. Die Erfindung des Passagiers und die Geburt des Pikaros sind für Siegert nur zwei Seiten derselben Medaille.

Siegerts Umwertung der Reconquista zu einer Vorgeschichte der atlantischen Moderne wäre auch im Rahmen der vorliegenden Überlegungen reizvoll. In romanistischen Kontexten würde sie die Pointe entfalten, dass die Geburt einer «ernsten Nachahmung des Alltäglichen» (Auerbach) in das 15. und

---

103 «Indem man sie aneinanderkettet wie Galeerensklaven, sollen die Zahlzeichen reterritorialisiert werden, als könnten sie buchstäblich davonlaufen.» (Bernhard Siegert: *Passagen des Digitalen*, S. 61) «From the vantage point of the center of colonial power, the Indies were a mass of (potentially) readable reports, columns of numbers, histories, maps: an archive.» (Robert Folger: *Writing as poaching*, S. 47)
104 Friedrich Balke: Mimesis und Figura, S. 57.
105 Bernhard Siegert: *Passagiere und Papiere*, S. 34. Zu Siegerts Ansatz, vgl. Robert Folger: *Writing as poaching*, S. 38 f. und Hanno Ehrlicher: *Einführung in die spanische Literatur und Kultur des Siglo de Oro*, S. 24 f.
106 Bernhard Siegert: *Passagiere und Papiere*, S. 41.

16. Jahrhundert vorverlegt und dass genau dort ein Einbruch anonymer gesellschaftlicher «Kräfte» und geschichtlicher «Tiefe» in der Kunst und Literatur konstatiert werden könnte, wo die Romanistik meist nur eine eher abstoßende, vormoderne «Kreatürlichkeit» erblicken wollte.[107] Diese medien- und bürokratiegeschichtlich gefasste Modernität der *picaresca* bietet zudem einen schlüssigen Anknüpfungspunkt für die massive intertextuelle Projektionskraft des pikaresken Chronotopos, der der ästhetischen Strahlkraft der *Soledades* in nichts nachsteht. Diesem intertextuellen Raum, der sich mit der gemeinsamen (Neu)Auflage des *Lazarillo de Tormes* und des *Guzmán de Alfarache* ankündigte (1599),[108] kommt vermutlich eine größere Bedeutung zu als der Frage nach dem vermeintlichen ‹Realismus› der *novela picaresca*. Zu dieser Projektionskraft zählt nicht nur der transatlantische Export der Bücher (trotz immer wieder erneuerter Verbote). Der Gattung kommt eine begründende Rolle für eine transatlantische Autobiographik und ein postkoloniales literarisches System in Lateinamerika zu.[109] In Europa changiert der Pikaro zwischen Exotik und Vertrautem, Übersetzung und Fortschreibung, Import und Aneignung.[110] Daher ist ihm selbst und der durch die Figur bezeichneten Gattung – nach dem bereits anhand von Góngoras Schreibweise entwickelten umfassenden Verständnis einer Bewegungsfigur – auch eine prospektive, intertextuelle, transareale und transatlantische Relationalität zueigen.

---

[107] Friedrich Balke: Mimesis und Figura, S. 37. Zu Erich Auerbachs Überlegungen zu gesellschaftlichen «Kräften», vgl. ders.: *Mimesis*, S. 41. Sein Aufsatz Über die ernste Nachahmung des Alltäglichen (1937) wurde bereits angeführt. In einer klassisch-romanistischen Wendung spricht Bernhard Teuber davon, dass das «Humanum gerade in Spanien gar zu oft ins anrüchig Kreatürliche abgleiten» würde (ders.: ‹Vivir quiero conmigo›, S. 180).
[108] Vgl. hierzu Hanno Ehrlicher: *Zwischen Karneval und Konversion*, S. 207.
[109] Hier wäre an die *Memorias* von Fray Servando Teresa de Mier (1765–1827) und Fernández de Lizardis *El Periquillo Sarniento* (1816) zu denken. Vgl. Angel Rama: *La ciudad letrada*, S. 66–68, Ottmar Ette: Fernández de Lizardi: «El Periquillo Sarniento» o escritura dialogada entre Europa y Latinoamérica, S. 115 und Robert Folger: *Writing as poaching*, S. 133–138. Während diese Zeilen verfasst werden, ist von Anne Kraume (Konstanz) das Buchprojekt *Fray Servando Teresa de Mier: Eine Revision transatlantischer Diskurse zwischen Kolonie und Unabhängigkeit* geplant.
[110] Für einen Überblick zu Nordeuropa, vgl. Hans Gerd Rötzer: *Der europäische Schelmenroman*. Stuttgart: Reclam 2009. Während der *pícaro* in Nordeuropa als ‹Schelm›, *rogue* oder *gueux* fortgeschrieben wird, bleibt der Begriff in Italien ein Fremdwort (vgl. *Cor*, Band 3, S. 770, Fn 11 und Maurizio Masala: *Il Picariglio castigliano di Barezzo Barezzi. Una versione seicentesca del Lazarillo de Tormes*. Roma: Bulzoni 2004, S. 63 f.). Er bezeichnet den ‹Import› (vgl. Maurizio Masala: *Il Picariglio castigliano di Barezzo Barezzi*, S. 107) einer Gattung: «di un romanzo picaresco italiano è evidentemente impossibile parlare» (ebda., S. 11). So wird aus dem *Lazarillo de Tormes* der *Picariglio castigliano* (1622).

Wenn es nun so aussehen sollte, als könne dem Pikaro rückblickend eine außerordentliche Modernität und als dem Prototyp des Auswanderers eine genuin transatlantische Dimension zukommen, so sind es weniger die medialen oder gattungstheoretischen Verflechtungen als vielmehr die Figur selbst, die einem die Grenzen dieser Deutung ins Gedächtnis zurückruft. Lässt man medien- und bürokratiegeschichtliche sowie diskursanalytische Rahmungen und weltliterarische Wechselwirkungen außen vor, so ist es – was intratextuelle (Globus vs. Itinerarium), intertextuelle (Satire, «Konversionskomplex»,[111] moralistische Anekdote) und textexterne Räume betrifft – durchaus schlüssig, dem Pikaro eine ganz erhebliche Distanz zum Ozean zu attestieren. Trotz einiger Anspielungen auf ozeanisch erworbenen Reichtum, entfaltet sich der bescheidene Lebensweg des Lazarillo doch nur zwischen Salamanca und Toledo.[112] Wenn der Radius von Mateo Alemáns Guzmanillo auch erheblich erweitert ist, so bleibt gerade eine Seefahrt zwischen Genua und Barcelona eher skizzenhaft und dient nur als Anlass für ein narratives und theologisches *clin d'œil*.[113] Der zweifellos berühmteste Blick zweier *pícaros* auf einen Hafen in Cervantes *Rinconete y Cortadillo* (1613) lässt die Protagonisten angesichts der Galeeren eher erschaudern:

> Hecho esto, se fueron a ver la ciudad, y admiróles la grandeza y suntuosidad de su mayor iglesia, el gran concurso de gentes del río, porque era en tiempo de cargazón de flota y había en él seis galeras, cuya vista les hizo suspirar, y aun temer el día que sus culpas les habían de traer a morar en ellas de por vida.[114]

Trotz einer ausgedehnten Reise bis nach Manila erscheint selbst Fernández de Lizardis *Periquillo Sarniento* (1816) eher ‹meerfern›: Er leidet an dem «temor de la navegación» desjenigen «que jamás se ha embarcado y tiene que fiar su vida a la furia de los vientos y a la ninguna firmeza de las aguas» – Abfolge bereits bekannter Topoi und seltsame Sorge für einen ebenfalls ziemlich unsteten Pikaro.[115] Die Passage klingt wie ein Echo auf Góngoras *Soledades* («que a una Libia de Ondas su camino / fió, y su vida a un leño»), und tatsächlich wird Periquillo – trotz einer lehrreichen Episode auf der utopischen Insel

---

111 Hanno Ehrlicher: *Zwischen Karneval und Konversion*, S. 209.
112 Vgl. dazu Rico in *Lazarillo*, S. 23–25 und Micó in *Guzmán I*, S. 32.
113 Nach Cavillac verweist die Episode auf den ‹apokryphen› zweiten Teil des *Lazarillo de Tormes* (1555) und auf eine reformatorische Polemik: Laien, die sich bei Sturm in Panik die Beichte abnehmen (vgl. Michel Cavillac: *Guzmán de Alfarache y la novela moderna*. Madrid: Casa de Velázquez 2010, S. 63–66).
114 *NovE*, Band 1, S. 227.
115 José Joaquín Fernández de Lizardi: *El Periquillo Sarniento*. Madrid: Cátedra 1997 (Letras Hispánicas), S. 703.

Saucheofú – nach dem Modell des Aristipp oder Arion bei einem Schiffbruch allen in der Ferne erworbenen Reichtums wieder entkleidet.[116] «Schelm, Narr und Tölpel schaffen um sich herum besondere Mikrowelten, besondere Chronotopoi» – aber gerade die wirksame Reise als Passagier oder Auswanderer zählt nicht dazu.[117] Während es in der *novela picaresca* zwar nicht an Seefahrten und Schiffbrüchen fehlt, so führen diese raumgreifenden Bewegungen selten oder nie zu einer dauerhaften Integration des Pikaros in eine neue oder die altbekannte Gesellschaft. Eine Ausnahme bildet womöglich die *Segunda Parte des Lazarillo de Tormes* (1555), was jedoch spätere Leser auch gegen den Text «aufgebracht» hat.[118] Es ist also zweifelhaft, dass es sich hier um frühe sozialgeschichtliche Abbildungen von Siegerts potentiellen Auswanderern handeln sollte. So betrachtet, handelt es sich bei diesen Seefahrten und Schiffbrüchen vielmehr um wahlweise satirisch, parodistisch oder allegorisch überformte Episoden, die stets auf einen terrestrischen Alltag zurückbezogen bleiben: «al sublime del mare aperto, con le sue meravigliose avventure e i suoi casi strabilanti, sostituisce un procedere lento e regolare, quotidiano, polveroso, sul filo del banale.»[119] Auch Bachtin verweist darauf, dass – selbst wenn damit ein vertrauter, proto-nationaler Raum abgeschritten wird[120] – die «Straße» hier die zentrale narrative Linearisierungsstrategie und lebensphilosophische Allegorie bleibt:

> Das ist der Punkt, von dem aus die Ereignisse ihren Anfang nehmen, und der Ort, an dem sie vonstatten gehen. Die Zeit ergießt sich hier gleichsam in den Raum und fließt durch ihn hindurch (wobei sie Wege entstehen lässt), was sich in den so zahlreichen Metaphern des Weges und der Straße niedergeschlagen hat: «der Lebensweg», «einen neuen Weg beschreiten», «der geschichtliche Weg» usw.; die Metaphorisierung des Weges ist vielfältig und vielschichtig, doch ihr eigentliches Kernstück ist der Strom der Zeit. [...] Die Straße prägt die Sujets des spanischen Schelmenromans des 16. Jahrhunderts («Lazarillo», «Guzmán»).[121]

---

[116] Vor dem Sturm: «¡Oh, y cuántas adulaciones no me harán todos mis conocidos, ¡qué de parientes y amigos no me resultarán, y cómo no temerán mi indignación todos los que me han visto con desprecio!» (ebda., S. 745) Nach dem Sturm: «Ya estaba yo enteramente desnudo y casi privado de sentido. En este estado, me pusieron boca abajo y me hicieron arrojar porción de agua salada que había tragado.» (ebda., S. 749)
[117] Michail Bachtin: *Chronotopos*, S. 87.
[118] Gerhard Penzkofer: Lazarillo bei den Thunfischen oder die amerikanische Erfindung der Perspektive, S. 93.
[119] Franco Moretti: *Atlante del romanzo europeo*, S. 53.
[120] «Die Straße führt immer durch das eigene *Heimatland* und nicht durch eine exotische *fremde Welt* [...]» (Michail Bachtin: *Chronotopos*, S. 182)
[121] Ebda., S. 180 f.

In den letzten Zeilen seiner satirisch-distanzierten Interpretation der *novela picaresca* macht Francisco de Quevedo sehr deutlich, dass ozeanische Reisen keine reale Option für Figuren wie seinen *Buscón* sind. Die Pikaros dürfen zwar als «globale Gestalten» gelten, bleiben aber dennoch für immer in einem statischen «*Sinnbild-Zustand*» gefangen:[122] «[D]e cansado, como obstinado pecador, determiné [...] de pasarme a Indias con ella, a ver si, mudando mundo y tierra, mejoraría mi suerte. Y fueme peor, como v. m. verá en la segunda parte, pues nunca mejora su estado quien muda solamente de lugar, y no de vida y costumbres.»[123]

Der Pikaro operiert folglich in einem kuriosen Kippverhältnis zwischen vollkommen ‹raumlosen› und globalen Perspektiven. Die Ambivalenzen und Gleichzeitigkeiten dieser Figuren werden auch hier nicht zu ergründen sein, da das literaturgeschichtliche «Lot in keiner von ihnen auf Grund stoßen» kann und die prospektive Projektion ihre zukünftigen Transfigurationen niemals vollständig ausleuchtet.[124] Dennoch sei darauf verwiesen, wie leicht die enthusiastisch modernisierenden und die allegorisierenden, auf den itinerarisch-episodischen Lebensweg des Protagonisten fixierten Lektüren einen Einblick in die häusliche Welt des 16. Jahrhunderts zu Beginn des *Lazarillo de Tormes* überlesen. Es ist der Blick in eine Welt, in der die poetische *aurea catena homeri* durch allzu reale Ketten ersetzt wurde und «le cauchemar ou le rêve philosophique de l'ironie humaniste» sich Bahn bricht.[125] Die Zeugung von Lazarillos ‹mulattischem› Halbbruder, dem «negrito», setzt aus Sicht der Epoche nichts Geringeres als den programmatischen Inbegriff genealogischer Illegitimität an den Anfang dieses kurzen Textes: «Por su parte, el hombre mulato es la encarnación de la ilegitimidad [...].»[126] In ihrem stilistischen Schwanken zwischen burlesker Verzerrung und den unheimlichen Schrecken des häuslichen Alltags zeigt die Episode um den afrikanischen «Zaide» in paradigmatischer Weise auf, in welchen Tonlagen die Perspektive eines gesellschaftlichen Außenseiters literarisch formuliert wird. Lázaro ist zu Beginn und zum Ende seiner Erzählung gleichermaßen auf den «engen Kreis eines fami-

---

122 Ebda., S. 94 und 90.
123 Francisco de Quevedo: *El Buscón*, S. 308.
124 «Wollte man versuchen, diese Gestalten historisch auszuloten, so würde das Lot in keiner von ihnen auf Grund stoßen: so tief ist dieser Grund.» (Michail Bachtin: *Chronotopos*, S. 87)
125 Michel de Certeau: *L'invention du quotidien*, S. 14 f. Vgl. dazu auch Arjun Appadurai: *Modernity at Large*, S. 145.
126 Baltasar Fra-Molinero: Ser mulato en España y América: Discursos legales y otros discursos literarios. In: Berta Ares Queija/Alessandro Stella (Hg.): *Negros, mulatos, zambaigos. Derroteros africanos en los mundos ibéricos*. Sevilla: Publicaciones de Estudios Hispano-Americanos/CSIC 2000, S. 123–147, hier S. 126.

liären Oikos» und den «Erwerb von Gebrauchsgütern zur Bedarfsdeckung» fixiert.[127] Die Episode zeigt aber auch, dass der «enge Kreis» dieses Oikos die Spannungen eines weltweiten Chronotopos in sich aufnimmt und *en abyme* widerspiegelt. Sie verortet den Pikaro in einer Gesellschaft, in der manche Menschen zu den Gebrauchsgütern gezählt werden. Der Besuch des Zaide – der örtlich den Nutztieren zugeordnet wird und daher mit Antona Pérez, «prostituta de ínfima categoría»,[128] in Kontakt kommt – gibt einen Einblick in eine ganz und gar ‹Neue Welt›:

> Ella [mi madre] y un hombre moreno de aquellos que las bestias curaban vinieron en conoscimiento. Éste algunas veces se venía a nuestra casa y se iba a la mañana. Otras veces, de día llegaba a la puerta, en achaque de comprar huevos, y entrábase a casa. Yo, al principio, pesábame con él y habíale miedo, viendo el color y mal gesto que tenía; mas de que vi que su venida mejoraba el comer, fuile queriendo bien, porque siempre traía pan, pedazos de carne y en el invierno leños, a que nos calentábamos.[129]

Die Möglichkeiten für Bewegung sind mikroskopisch klein. Antona Pérez und der Zaide ‹verkehren› also miteinander («vinieron en conoscimiento»). Als die zweite Vaterfigur in der Familie, ist der Zaide zweifellos eine «figura bisagra» in dem räumlichen Arrangement des pikaresken Oikos und in der Struktur des kurzen Romans.[130] Jenseits der sozialgeschichtlichen Bedeutung der Figur, die – wie in Don Quijotes Begegnung mit den *galeotes* – die grundsätzliche Nachbarschaft des Pikaros zu Sklaven, Zwangsarbeitern und Schuldknechten aufzeigt,[131] ist die Episode auch von einem gewissen Tonfall, einem «desliz lingüístico» geprägt,[132] der sich als eine Ambivalenz zwischen erzähltem und erzählendem Ich einnistet. Das Ergebnis dieses Verrutschens der Tonlage zwischen dem Moment der Ereignisse im Leben des Lazarillo und der rückblickenden Erzählung des Lázaro sorgt für einen perspektivischen Effekt mit weitreichenden Konsequenzen: Einerseits wird ‹der Schwarze› – gemäß einem

---

127 Hanno Ehrlicher: *Zwischen Karneval und Konversion*, S. 193.
128 Rico in *Lazarillo*, S. 15, Fn 13.
129 *Lazarillo*, S. 16 f.
130 Baltasar Fra-Molinero: El negro Zaide: marginación social y textual en el ‹Lazarillo›, S. 21.
131 Pikaros und Sklaven teilen auf der Iberischen Halbinsel als Küchenbedienstete, Stallknechte, Lastenträger, Minenarbeiter, Galeerenruderer und Opfer sexueller Ausbeutung ähnliche Räume (vgl. *Cor*, S. 770, Ernst Robert Curtius: *Europäische Literatur und lateinisches Mittelalter*, S. 431 und Alessandro Stella: *Histoires d'esclaves dans la Péninsule Ibérique*. Paris: Éditions de EHESS 2000, S. 86 f.): «Y aunque los pícaros no lo son [esclavos] en particular de nadie, sonlo de la república, para todos los que los quieren alquilar, ocupándolos en cosas viles.» (*Cov*, 1361)
132 Baltasar Fra-Molinero: El negro Zaide: marginación social y textual en el ‹Lazarillo›, S. 23.

satirisch-burlesken Standardmotiv, das sich zu einem späteren Zeitpunkt der Literaturgeschichte zum Unheimlichen oder Erotischen wandeln wird[133] – als so hässlich («mal gesto») gebrandmarkt, dass ein ‹weißes› Kind zwangsläufig vor ihm erschrecken muss. Das Motiv des hässlichen Gesichts beruht auf der bereits eingeführten Nähe des Afrikaners zu den Tieren («que las bestias curaban») und weiter gefassten Konnotationen der Farbe Schwarz. Es führt die Abstandnahme eines sozialisierten Erwachsenen zu dem als äußerlich ‹anders› markierten Afrikaner vor. Es kann nur als Effekt gewertet werden, den der erzählende Lázaro zur Belustigung des Lesers den Ereignissen hinzufügt. Erhalten wir jemals eine ausdrückliche Information über die Hautfarbe des Lazarillo de Tormes? Wir erhalten sie hier, wenn das erzählende Ich sich einen Scherz auf Kosten der Hautfarbe des Zaide erlaubt und einen gewissen Abstand zu seiner infamen Familie herzustellen sucht. Derselbe Tonfall wiederholt sich, wenn Lázaro mit einer zum Sarkasmus tendierenden Ironie berichtet, der hässliche «hombre moreno» habe ihm schließlich ein ‹hübsches Negerlein› geschenkt («vino a darme un negrito muy bonito»).[134] Es handelte sich also zweifellos um einen sehr dunkelhäutigen Afrikaner.[135] So steigert sich dieser nachträglich hinzugefügte Effekt ins Anekdotisch-Zotenhafte, wenn der kleine «negrito», Lazarillos Halbbruder, angeblich vor seinem eigenen Vater erschrickt: «El autor ha abandonado la ficción de verosimilitud en favor de una anécdota difícilmente creíble [...] y por ello altamente significativa. [...] El tierno infante ha visto a su padre desde que nació. ¿Cuándo se da cuenta el niñito de que su padre es de un color diferente que su madre y Lázaro?»[136] Edmund Burke wird sich viel später in *A Philosophical Enquiry into the Origin of our Ideas of the Sublime and the Beautiful* (1757) genau derselben Anekdote bedienen, um die Wirkung des Erhabenen zu illustrieren.[137] Zunächst finden wir Mitte des 16. Jahrhunderts aber eine bemerkenswerte, ironische Selbststilisierung des Pikaros vor. Aufgrund des höchst unsicheren sozialen Standes des erzählenden Ichs kann diese graduelle Steigerung der Abstandnahme zum Sklaven nur als eine taktisch gesetzte Anbiederung an «Vuestra Merced» ver-

---

133 Vgl. dazu Paul Gilroy: *The Black Atlantic*, S. 55.
134 *Lazarillo*, S. 17.
135 Die Begriffe *moreno* (auch als Nachname) und *moro* bezeichnen in Registern des 16. und 17. Jahrhunderts die Herkunft einer bestimmten Gruppe von Sklaven: ‹Schwarzafrika› (vgl. José Antonio Piqueras: *La esclavitud en las Españas*, S. 25 und 39). Lázaros Verwendung des damals sehr verletzenden Begriffs *negro* schließt jeden Zweifel aus.
136 Baltasar Fra-Molinero: El negro Zaide: marginación social y textual en el ‹Lazarillo›, S. 23.
137 Vgl. Paul Gilroy: *The Black Atlantic*, S. 9 f.

standen werden. Das Lachen über den Afrikaner übertüncht, dass Lazarillo vom Tisch eines Schwarzen gegessen hat.

«[Q]ue no son bestias / puesto que con bestias tratan», könnte Lázaro mit Sancho, dem Diener aus *El semejante a sí mismo*, andererseits einwenden.[138] Denn es bleibt nicht bei dieser anbiedernden, derben Jovialität des Erzählers. Charakteristischerweise koexistiert sie mit einer durchaus ernsten Tonlage. Wir sehen hier schließlich Dinge, die Lázaro nicht nur als Kind, sondern auch als Erwachsener höchst ernst nimmt: Das Zuhause des Pikaros und die ökonomische Grundlage seiner Existenz. Seinerzeit hatte der Sklave, der mit Lazarillos Mutter verkehrte, sich auf der *encomienda* seines Herrn, eines hohen Mitglieds des Alcántara-Ordens, einen eigenen Handlungsspielraum verschafft. Er hatte mit der Wäscherin und Prostituierten so etwas wie ein Heim aufgebaut:

> Quiso nuestra fortuna que la conversación del Zaide, que así se llamaba, llegó a oídos del mayordomo, y, hecha pesquisa, hallóse que la mitad por medio de la cebada que para las bestias le daban hurtaba, y salvados, leña, almohazas, mandiles, y las mantas y sábanas de los caballos hacía perdidas; y cuando otra cosa no tenía, las bestias desherraba, y con todo esto acudió a mi madre para criar a mi hermanico.[139]

In diesen Worten schwingt keine satirische oder sarkastische Tonlage mit. Stattdessen äußert sich in der Episode die geschlossene und logische Struktur des kleinen Romans, dessen erster ausführlich geschilderter Haushalt verdächtige Parallelen zu seinem letzten aufweist: Lázaro zollt einem schwarzen Hausklaven Anerkennung, der die Familie einer Prostituierten mit den Resten aus einem Pferdestall durchbrachte. Nur besteht die bittere Moral darin, dass das Unglück («fortuna») nicht auf sich warten lässt. Der *mayordomo* hat Wind von der Sache bekommen, und die Strafe folgt auf dem Fuße. Die Lage ist viel ernster als etwa der Kleinkrieg der Dienerschaft, den Guzmán de Alfarache im Hause eines gutmütigen *monseñor* in Rom erlebt.[140] Die Strafe unter dem Regime des Kammerherrn wirkt umso brutaler, als Lázaro erläutert, wie selbst ein kleines Kind von den Herrschaften in die Zange genommen wird. All dies legt Lázaro mit großer Nüchternheit und ohne satirische Effekthascherei dar. So erfahren wir, dass die Strafe für Sklaven und Prostituierte ganz unterschiedlich

---

138 *Semejante*, S. 302 (Verse 203 f.). Noch im Jahre 1671 erhebt der Bischof von Badajoz, Francisco Roys y Mendoza, den Vorwurf, einige der Gläubigen würden Sklaven wie Vieh halten und sexuell missbrauchen: «unos las compran para usar mal de ellas y otros las consienten amancebados con sus esclavas; [...] dexándolas vivir deshonestamente, y en pecado mortal, como quien las tiene más como ganado de granjería [...]» (zit. in José Antonio Piqueras: *La esclavitud en las Españas*, S. 55).
139 *Lazarillo*, S. 18 f.
140 *Guzmán I*, Band 1, Buch 3, Kap 8.

ausfiel. Sie dokumentiert eine Gesellschaft, die zwar rassistisch genug ist, um hier einen fundamentalen Unterschied zwischen den Menschen zu ziehen, jedoch nicht rassistisch genug, um den Pikaro vor einem sehr ähnlichen Schicksal zu bewahren:[141]

> Al triste de mi padrastro azotaron y pringaron, y a mi madre pusieron pena por justicia, sobre el acostumbrado centenario, que en casa del sobredicho comendador no entrase ni al lastimado Zaide en la suya acogiese.[142]

Während der Frau immerhin ein Urteilsspruch und eine harte Strafe zugehen, ist dies bei dem Zaide nicht notwendig. Er ist das Eigentum einer Privatperson. Die Strafen wirken dennoch exzessiv, vielleicht übertreibt Lázaro hier. Oder er verschweigt etwas. Jedenfalls versetzt seine Strafe den Zaide zurück auf die Stufe des Tierischen, von der er durch seine Diebstähle abgewichen war.[143] Seine durch Peitschenhiebe gezeichnete Haut wird durch geschmolzenes Schweinefett dauerhaft vernarbt und es ist zweifelhaft, dass er die Sache überlebt hat. Der ruinierte Körper und der erniedrigte Geist des Sklaven spiegeln sich jedoch in dem Ruin dieser vergeblichen Familiengründung wider. Antona Pérez und ihre infame Familie bekommen die Auflage, das Anwesen des Ordensmannes zu verlassen. So beginnt Lazarillos Lebensweg als eine *strada in scritto*.

Eine solche Passage bot reichlich Potential für satirisch-burleske Untertöne, noch dazu, wenn das erzählende Ich ein *pregonero* ist. Quevedos *Buscón* hat keine Skrupel, sich leichtfertig von denjenigen «compañeros» zu distanzieren, die den Hieben nicht entgehen: «‹¡A esta mujer, por ladrona!› Llevábale el compás en las costillas el verdugo, según lo que le habían recetado los señores los ropones.» Zuvor war Don Pablos bereits einem «mulatazo» begegnet, der nur als Gebiss erschien: «No lo había acabado de decir, cuando de un

---

[141] «Spanien war in der Tat das erste westliche Land mit einem Rassenproblem», bemerkt Norbert Elias in einer etwas zweideutigen Formulierung (*Seeleute und Gentlemen*, S. 151 f.). «El racismo, y el concepto de la raza, en cualquiera de sus prácticas, es parte integrante de la civilización occidental. [...] España y la América española son, en ese aspecto, pioneras de esta construcción occidental de la civilización.» (Baltasar Fra-Molinero: Ser mulato en España y América: Discursos legales y otros discursos literarios, S. 123 f.)
[142] *Lazarillo*, S. 20. Wenn, wie Rico anmerkt, die hundert Peitschenhiebe dem Zusammenleben der Antona Pérez mit einem Mann anderer Religion gelten (ebda., Fn 36), so ist nicht einmal sicher, ob der Schwarze in Afrika bereits Kontakt mit dem Islam gehabt haben kann, oder ob er einem anderen Glauben folgt.
[143] Zu diesem Mechanismus, vgl. Alessandro Stella: *Histoires d'esclaves dans la Péninsule Ibérique*, S. 105–107 und ders.: *Les galères dans la Méditerranée (XV–XVIIIe siècles)*, S. 79–81.

aposento salió un mulatazo mostrando las presas [...].»[144] Kommt also zum niederen Status noch die Dimension der dunklen Hautfarbe hinzu, so fehlt es nicht an burlesk überzeichneten und an ihrer Körperlichkeit festgemachten Figuren wie dem «negro viejo y eunuco» aus Cervantes *Celoso extremeño*. In Sevilla, dem wichtigsten iberischen Zentrum der Sklaverei und des Sklavenhandels neben Lissabon und Valencia, schläft dieser Sklave ebenfalls bei den Tieren und verfällt rettungslos der andalusischen Musik. In stereotyper Weise tanzt und singt er, obwohl er natürlich kaum Zugang zu der ihn umgebenden Kultur hat: «en toda la noche no hizo otra cosa que tañer con la guitarra destemplada y sin las cuerdas necesarias.»[145] In einigen Fassungen des *Burlador de Sevilla* spielt Catalinón in Sevilla ebenfalls in burlesker Weise auf die als *guineos* bekannten Sklaven an.[146] Ebenso wie die *comedia* kennt die Lyrik satirisch-burleske Imitationen der Sprache von Sklaven: «Vimo, señora Lope, su epopeia, / e por Diosa, aunque sá mucho legante, / que no hay negra poeta que se pante, / e si se panta, no sá negra eia.»[147] In diesem weiteren Zusammenhang fällt auf, dass Lázaro seiner Erzählung zwar nachträglich einige derbe Anekdoten beifügt. Im Kern und auf der Ebene des erzählten Ichs ist der Sklave im *Lazarillo de Tormes* aber ein handelndes Subjekt – und dies ist auch sein Niedergang. Lázaros Schilderung seiner Bestrafung ist völlig nüchtern und ernst. Es sollte ebenfalls nicht übersehen werden, dass der Zaide *spricht* und dabei mehr oder weniger zufällig eine Wahrheit artikuliert, die Lázaro selbst lieber verschweigt:

> Y acuérdome que estando el negro de mi padrastro trebejando con el mozuelo, como el niño vía a mi madre y a mí blancos y a él no, huía dél, con miedo, para mi madre, y, señalando con el dedo, decía:

---

144 Francisco de Quevedo: *El Buscón*, S. 247 und 174.
145 *NovE*, S. 193. «En el portal de la calle, que en Sevilla llaman *casapuerta*, hizo una caballeriza para una mula, y encima de ella un pajar y apartamiento donde estuviese el que había de curar de ella, que fue un negro viejo y eunuco» (ebda., S. 181). Es sei auch nochmal an Shakespeares Caliban erinnert, der mit Hundeohren erscheint.
146 Vgl. *BAR*, S. 187 (Verse 2734 f.). In *Burlador* findet sich die Passage nicht. Als satirischer Topos infiltriert die Verbindung von ‹Guinea› und ‹dunkler Hautfarbe› in H. M. Moscheroschs *Wunderliche wahrhafftige Geschichte Philanders von Sittewald* (Straßburg, 1666) sogar die deutschsprachige Literatur (vgl. dazu Walter Pabst: *Góngora im Spiegel der deutschen Dichtung und Kritik*, S. 18).
147 *GOC*, S. 633. Bemerkenswert ist auch Góngoras *romance burlesco* mit dem Titel *A la vida de los hidalgos pobres que siguen la Corte*: «Al pie de un álamo negro [lat. *populus niger*], / y, más que negro, bozal, / pues ha tanto que no sabe / sino gemir o callar, [...]» (*GOC*, S. 444) Die anspielungsreiche Verknüpfung des *hidalgo pobre* mit einem subsaharischen Sklaven ist besonders ehrabschneidend.

-¡Madre, coco!
Respondió él riendo:
-¡Hideputa!¹⁴⁸

Diese unwahrscheinliche Stelle fasst die ganze Ambivalenz der Repräsentation in dieser Episode zusammen. Einmal mehr unterscheidet Lázaro rückblickend zwischen ‹Schwarz› und ‹Weiß› und lässt seinen kleinen Bruder vor dem ‹schwarzen Mann› («coco») erschrecken.¹⁴⁹ Die burleske Intention entsteht erst nachträglich als Koloratur der Erzählung. Auf der anderen Seite behauptet Lázaro, er habe schon als Kind eine moralische Schlussfolgerung gezogen:

> Yo, aunque bien mochacho, noté aquella palabra de mi hermanico y dije entre mí: «¡Cuántos debe de haber en el mundo que huyen de otros porque no veen a sí mesmos!»¹⁵⁰

Lazarillo will gemäß dem Bibelwort fortan nicht richten.¹⁵¹ So scheitert der humanistische Kult um Selbsterkenntnis an den moralischen und perspektivischen blinden Flecken des Alltags. Schließlich äußert der Zaide eine harte Wahrheit in einem gelassenen, nicht aburteilenden Ton: «Las palabras de Zaide *desmetaforizan* también la palabra ‹hideputa›. Ha mencionado Zaide la soga en casa del ahorcado.»¹⁵² Kurz bevor der Zaide in einem denkbar unchristlichen und unheroischen Akt als eigenständig handelnder Mensch vernichtet und Lazarillo derjenigen Figur übergeben wird, mit der er viel eher assoziiert wird – dem blinden Bettler –, erlebt der Leser einen Sklaven als sprechendes und handelndes Subjekt. Rico hat ausdrücklich mit Blick auf diese Episode darauf hingewiesen, dass das Ergebnis dieser stilistischen Spannungen und Gleichzeitigkeiten von außerordentlicher Modernität ist.¹⁵³ Letztere liegt gerade nicht in dem Postulat, der Realismus sei eine spiegelbildliche, mimetische Abbildung der Wirklichkeit oder eine vermeintlich ahistorische Rezeptionshaltung.¹⁵⁴ Stattdessen äußert sich Realismus zunächst – genau im Sinne Auerbachs – in der Verweigerung stilistischer Eindeutigkeit. Seine

---

148 *Lazarillo*, S. 17.
149 «Coco, en lenguaje de los niños vale figura que causa espanto, y ninguna tanto como las que están a lo escuro o muestran color negro» (*Cov*, S. 566).
150 *Lazarillo*, S. 18.
151 «Warum siehst du den Splitter im Auge deines Bruders, aber den Balken in deinem eigenen Auge bemerkst Du nicht? (Lukas 6, 41. Zitiert nach der Einheitsübersetzung.)
152 Baltasar Fra-Molinero: El negro Zaide: marginación social y textual en el ‹Lazarillo›, S. 24.
153 Vgl. Francisco Rico: *La novela picaresca y el punto de vista*, S. 168.
154 Vgl. Hanno Ehrlicher: *Zwischen Karneval und Konversion*, S. 92.

«ernste Nachahmung des Alltäglichen» äußert sich hier – wie in einer in Roman und Film seit der literarischen Epoche des Realismus sehr geläufigen stilistischen Tonlage – als die Vielfalt und sogar Gleichzeitigkeit stilistischer Register, dazugehöriger Motive und Reaktionen der Rezipienten. Die stilistische Darstellung dieser ‹niederen› und leider allzu alltäglichen Ereignisse unterliegt Spannungen und Wandlungen, die aus der biographischen Perspektive des Erzählers und den Perspektiven seiner (fingierten) Adressaten entstehen. So entstehen vielfältige und gleichzeitige Perspektiven auf das Geschehen. Diese Diagnose muss keineswegs auf die Gesamtheit des *Lazarillo de Tormes* ausgedehnt werden. Die Fortsetzung des *Lazarillo* wirft zudem neue Fragen auf. Hinsichtlich späterer Momente der Begegnung mit afrikanischen Sklaven in der atlantischen Welt spricht jedoch viel für die These, dass dieser Moment einer Begegnung zwischen Pikaro und Sklave im Rahmen des Häuslichen eine ästhetisch und repräsentationstheoretisch sehr bedeutende und prospektive Stoßrichtung entfaltet.

Der Zusammenbruch des Zusammenlebens mit dem Sklaven führt unmittelbar dazu, dass Lazarillo dem blinden Bettler übergeben wird: «En este tiempo vino a posar al mesón un ciego [...].»[155] Fortan wird Lázaro versuchen, den Lesern seiner *carta* eine Aufstiegsgeschichte zu vermitteln, an deren Ende häusliche, eheliche und gesellschaftliche Stabilität stehen.[156] Sein Aufbruch aus dem Kreis der Familie geschah nicht aus freien Stücken. Sie war eine Folge des Ausbleibens der Unterstützung durch den Sklaven. Daher bleibt im *Lazarillo de Tormes* – dies zeigt die lange Episode bei dem verarmten *escudero* vielleicht am Deutlichsten[157] – das Ideal bescheidenen häuslichen Glücks immer erhalten. Das erzählte Ich im *Guzmán de Alfarache* – Guzmanillo – verlässt Sevilla hingegen aus weitgehend freien Stücken. Obwohl auch hier die Mittellosigkeit der Mutter sowie eine sichtlich schlechte Versorgungslage im Land den Ausschlag geben, bewertet das erzählende Ich – Guzmán – seinen damaligen Auszug aus Sevilla ganz anders als unter Berücksichtigung der materiellen Umstände zu erwarten gewesen wäre. Rückblickend diagnostiziert er bei sich selbst das naive Begehren, die Welt entdecken zu wollen. Auch bezichtigt er sich selbst einer kriminellen und unpatriotischen Gier nach mehr, die sich tatsächlich in Guzmanillos meist unnötigen Diebstählen bewahrheiten wird:

> Era yo muchacho vicioso y regalado, criado en Sevilla, sin castigo de padre, la madre viuda – como lo has oído –, cebado a torreznos, molletes y mantequillas y sopas de miel

---

155 *Lazarillo*, S. 21.
156 Vgl. Hanno Ehrlicher: *Zwischen Karneval und Konversion*, S. 193 f.
157 Vgl. *Lazarillo*, S. 72–110.

> rosada, mirado y adorado, más que hijo de mercader de Toledo o tanto. Hacíase de mal dejar mi casa, deudos y amigos; demás que es dulce amor el de la patria. Siéndome forzoso, no pude escusarlo. Alentábame mucho el deseo de ver mundo, ir a reconocer en Italia mi noble parentela.
> Salí, que no debiera, pude bien decir, tarde y con mal. Creyendo hallar copioso remedio, perdí el poco que tenía.[158]

Ganz anders als die äußerst nüchterne Schilderung des Aufbruchs im *Lazarillo* unterliegt der Aufbruch im *Guzmán de Alfarache* einer moralisierenden Neubewertung. Lázaro muss sich niemals nachträglich für die Gründe seines Aufbruchs entschuldigen und bleibt in dieser Hinsicht – bei aller Distanz zwischen erzähltem und erzählendem Ich – in sich vollkommen kohärent. Guzmáns retrospektiven Anschuldigungen gegen sich selbst bilden dagegen keinen direkten Zusammenhang mit den materiellen oder affektiven Gründen für seinen Aufbruch aus der Heimat (die Mittellosigkeit der Mutter, die Abwesenheit eines Vaters, das Streben nach Höherem). Sie setzen eine Wandlung in der Persönlichkeit des Erzählers voraus und sollen von seiner Konversion, seinem Sprung in den Glauben zeugen. Denn Guzmán verurteilt Guzmanillos Hinausziehen in die Welt rückblickend als einen prinzipiellen Fehltritt: «Creyendo hallar copioso remedio, perdí el poco que tenía».

Die grundsätzlich negative Bewertung eines weiten Außenraumes – «hier Gold und Silber, dort wunderbare Heilung» – führt zum «Konversionskomplex» des Guzmán de Alfarache und ist auch in der vorliegenden Untersuchung immer wieder in Erscheinung getreten.[159] Sie führt aber nicht nur zu einem Konversionskomplex, sondern auch – wie ebenfalls bereits gesehen – zu einem Kolumbuskomplex. Diese spannungsreiche Verbindung von christlicher Ethik und raumgreifender Bewegung, von innerer und äußerer Welt, bietet die Möglichkeit, die *Kritischen Untersuchungen* des Weltreisenden Alexander von Humboldt nochmals einzublenden. Denn wider die Position des Berliner Idealisten Hegel, Kolumbus Fahrten seien von Anfang an religiös motiviert gewesen, insistierten Humboldts *Untersuchungen* auf der einleitenden These, es habe einen prinzipiellen Bruch zwischen seinen Gründen für den Aufbruch und der späteren Neuperspektivierung der ‹Entdeckungen› durch Kolumbus selbst gegeben: «Vergleicht man untereinander die Dokumente aus verschiedenen Epochen, so bemerkt man, dass Christoph Kolumbus vor und nach dem Erreichen seines Endzieles, in demselben Maße, als er älter und älter wurde, Meinungen ausgesprochen hat, welche gänzlich den wirklichen Beweggründen zu seiner

---

158 *Guzmán I*, Buch 1, Kap. 3, S. 163.
159 Hanno Ehrlicher: *Zwischen Karneval und Konversion*, S. 192 und 209.

ersten und glücklichen Expedition zuwiderlaufen.»[160] Mit Unterstützung der spanischen Regierung hatte Humboldt im Quellenstudium nachgewiesen, dass Kolumbus später eine Erleuchtung behauptete, die seine «vernünftigen kosmographischen Grundsätze» als mystische Eingaben reperspektivierte.[161] Selbst wenn Kolumbus eher von einer mystischen Erleuchtung und Guzmán von einer Konversion ausgeht, so sind die Gründe für diese Reperspektivierung des Aufbruchs nur allzu menschlich: Die begehrliche Bewegung in einem weiten Außenraum beruht auf einer potentiellen Verkehrung der Grundsätze stoischer Selbsterkenntnis und christlicher *caritas*. Da in beiden Fällen die *cupiditas* regiert und es zu einem Bruch zwischen der metaphysischen Ordnung und der raumgreifenden Bewegung gekommen ist, äußert sich diese potentielle Verkehrung darin, dass sich die säkulare Außenwelt als viel weitläufiger erweist als angenommen. Diese Pilgerschaften sind bar jeglicher christlicher Legitimation:

> ¿Quién creyera que el mundo era tan largo? Había visto unas mapas; parecióme que así estaba todo junto y tropellado. ¿Quién imaginara que había de faltarme lo necesario? No pensé que había tantos trabajos y miserias.[162]

Im initialen Moment des Aufbruchs seines Helden und in einem unscharfen Zwischenraum von handlungsbeschreibenden Passagen und später hinzugefügten moralischen Digressionen,[163] in einem ungewissen Schwanken zwischen sozialhistorischem Realismus und moralischer Allegorisierung lässt Mateo Alemán diejenigen Karten erscheinen, die Guzmanillo schon vor seinem Aufbruch gesehen haben will.[164] Was für Karten mögen dies gewesen sein? Es handelt sich sicherlich weder um die geheimen Karten der Casa de la Contratación in Sevilla, noch um luxuriöse und mit neostoischen Sinnsprüchen ergänzte Atlanten wie Ortelius *Theatrum orbis terrarum*. Dies sind auch nicht die Globen oder Karten, auf denen – wie Don Quijote seinem Sancho erläutert – die soziale Elite den Finger gleiten lässt, ohne jemals die Bibliothek zu verlassen.[165] Es mag vielmehr zu dem Milieu des Sevillaner Pikaros passen, dass er

---

160 *KU*, S. 23.
161 Ebda. Vgl. auch ebda., S. 25.
162 *Guzmán I*, Buch 1, Kap. 7, S. 208.
163 Vgl. dazu Hanno Ehrlicher: *Zwischen Karneval und Konversion*, S. 187.
164 Rainer Specht vereindeutigt in seiner Übersetzung vorschnell auf «Landkarten» (in Horst Baader (Hg.): *Spanische Schelmenromane* (2 Bände). Darmstadt: Wissenschaftliche Buchgesellschaft 1964, hier Band 1, S. 152).
165 Vgl. hierzu Jörg Dünne: *Die kartographische Imagination. Erinnern, Erzählen und Fingieren in der Frühen Neuzeit*. München: Wilhelm Fink 2011, S. 64f. Blanco weist darauf hin, dass kartographische Darstellungen des 16. Jahrhunderts – etwa in der herzförmigen Projektion – an eine «Ästhetik des Mitleids» (Jauss) zurückgebunden bleiben: «En el caso de Ortelius este

jene Karten der Abenteurer gesehen hat, die in fiebrigen Zeichnungen den Weg zu fernen Reichtümern verraten:

> Es waren zu Sevilla und Lissabon Nachrichten im Umlauf, welche durch heimlich Reisende verbreitet worden waren; und die Urheber der Karten, die man damals mit allergrößtem Eifer in sämtlichen Seestädten anfertigte, benutzten diese wahren und falschen Nachrichten und entstellten sie durch Beimengung von Mutmaßungen und Kombinationen.[166]

Die durch Alexander von Humboldt mehrfach erläuterten Zusammenhänge von Karten, sozialer Verortung, Figurationen der Welt und «Meinungen» über dieselbe fallen hier in einem gut lesbaren Motiv zusammen.[167] Einerseits spiegelt sich in Guzmanillos Bemerkung die fundamentale epistemologische Frage der Epoche: Die Frage nach dem Ausmaß des Planeten, nach der irrigen Einschätzung des Kolumbus, Indien sei über den westlichen Seeweg in Reichweite.[168] Die Frage nach der rein physischen Ausdehnung bleibt aber stets an die Frage nach ihrer ethischen Bewertung und ihrer potentiellen Faltung in die Innerlichkeit verknüpft. So taucht das stoische Motiv des *mundi punctus*, das den weiten geographischen Außenraum in seiner ethischen Irrelevanz symbolisiert und ihn daher ‹kleinmacht›, ebenfalls in burlesker Verzerrung wieder auf: «parecióme que así estaba todo junto y tropellado». Alemán lässt also das erzählende Ich dem jungen Guzmanillo bereits Perspektiven unterschieben, die erst später und nach seiner Konversion in ihrer ethischen Bedeutung lesbar werden. Es handelt sich um eine ungleich raffiniertere Variante der satirischen Technik, mit der Quevedo in seinem *Buscón* immer wieder charakterfremde Wertungen einführt.[169] Zunächst brechen Kolumbus und Guzmanillo aus denselben Motiven und mit denselben irrtümlichen Annahmen über die Welt auf.

---

símbolo vincula su actividad gráfica y científica y su afiliación al pensamiento neoestoico [...]» (Mercedes Blanco: *Góngora heroico*, S. 340).
166 *KU*, S. 115.
167 Ebda., S. 107.
168 ««Zu dem Glauben, dass der Raum, welchen man zwischen Spanien und Asien zu durchlaufen habe, sagt Ferdinand Columbus, veranlasste meinen Vater hauptsächlich die Meinung des Alfragan [Achmed Muhammed Ebn Kothair] und seiner Anhänger, welche annahmen, dass der Umfang der Erdkugel bei weitem geringer ist, als die Kosmographen behaupten [...].»» (*KU*, S. 41) «Man erkennt in den wenigen Bruchstücken, welche uns von den Schriften des Columbus [...] erhalten worden sind, dass das, was die geistige Tätigkeit des großen Mannes am meisten beschäftigte, [...] die geringe Entfernung Indiens von den Küsten Spaniens war [...], die absolute Kleinheit unseres Planeten [...].» (ebda., S. 43)
169 Vgl. die bereits zitierte Stelle: «[D]e cansado, como obstinado pecador, determiné [...] de pasarme a Indias con ella, a ver si, mudando mundo y tierra, mejoraría mi suerte. Y fueme peor, como v. m. verá en la segunda parte, pues nunca mejora su estado quien muda solamente de lugar, y no de vida y costumbres.» (Francisco de Quevedo: *El Buscón*, S. 308)

4.2 Karten, Galeeren, Sklaven: *pícaros* und der Ozean — **275**

Eine Meile kann eben sehr lang sein, je nachdem, wer sie gemessen hat, wie man sie zurücklegt und aus welchem Grund man sich überhaupt auf den Weg gemacht hat:

> Este día, cansado de andar solas dos leguas pequeñas – que para mí eran las primeras que había caminado –, ya que me pareció haber llegado a los antípodas y, como el famoso Colón, descubierto un mundo nuevo. Llegué a una venta sudado, polvoroso, despeado, triste, y, sobre todo, el molino picado, el diente agudo y el estómago débil. [...] Viome muchacho, boquirrubio, cariampollado, chapetón.[170]

Abgesehen von seiner eigenen Behauptung, eine «neue Welt» der staubigen Straßen und ungastlichen Herbergen entdeckt zu haben, lässt sich hier anhand von zwei lexikalischen Spuren zeigen, wie stark der Aufbruch Guzmanillos an den Reisen in die ‹Neue Welt› orientiert ist. Wie ein Neuling in den Amerikas («chapetón») entdeckt der Pikaro die weite Welt außerhalb des Heimischen.[171] Dabei behauptet der nun weltreisende Pikaro, er sei «como el famoso Colón» bereits nach zwei Meilen bis an die ‹Antipoden› gelangt. Der Begriff der Antipoden lässt die durch Kolumbus erreichten Amerikas als das Gegenüber, die ‹Gegenfüßler› der Iberischen Halbinsel erscheinen:

> The metaphor of the Antipodes – a place at the foot of the world or on the other side of it – hung over European perception of all uncharted regions. Some of Columbus' contemporaries took it literally. It had a general influence on Renaissance perceptions of the Americas: freedom from the tyranny of impassibility that was associated in Ancient myth with the so-called torrid zones of the world turned European eyes to other lands that could be navigated.[172]

Ähnlich wie bei dem *télescopage* des ganz zu Beginn unserer ‹Einleitung› zitierten Covarrubias, erscheinen Mittelmeer, Spanien und die Amerikas in einem räumlichen, über eine Körpermetapher und folglich axiologisch verknüpften Zusammenhang. Die Tatsache, dass Guzmán diejenigen, ‹die gegenüber wohnen› (*ántoikoi*), an der Stelle bemüht, an der diejenigen gemeint sind, die in Wirklichkeit ‹Umwohner› (*períoikoi*) sind, ermöglicht Spekulationen über die intertextuellen Filiationen dieser ganzen selbstironischen Episode.[173] Obwohl der Vektor der Reiseroute Guzmanillos nach Osten zeigt, ist mit dem

---

170 *Guzmán I*, Buch 1, Kap. 3, S. 167.
171 «Chapetón. Europeo recién llegado a América, y, por consiguiente, inexperto, bisoño en las dificultades del país. [...] Es común en los cronistas de Indias de los SS. XVI y XVII [...].» (*Cor*, Band 2, S. 22 f.)
172 Jeremy Smith: *Europe and the Americas*, S. 82 f. Vgl. auch *KU*, S. 60.
173 Vgl. ebda., S. 60, Fn 145 und Jeremy Smith: *Europe and the Americas*, S. 83. Die wahrscheinlichste Quelle ist Peter Martyr d'Anghiera.

Moment des Aufbruchs eine prägende Passage des *Guzmán de Alfarache* so semantisiert, dass auch eine westwärts gerichtete Bewegung in diesem Vektor gespiegelt ist. Was ist also davon zu halten, wenn der Sevillaner Sohn eines dubiosen genuesischen *banquero de ferias* – der uns ja bereits die einträgliche Affäre seiner Großmutter mit einem *perulero* gebeichtet hat – seine Reise an der des ‹berühmten› Genuesen Kolumbus anlehnt?[174] Dem erzählenden Ich zufolge bedeutet der Konversionskomplex, dem Kolumbuskomplex, der weiten Außenwelt und der Suche nach materiellen Reichtümern abzuschwören und sich den ‹inneren› Reichtümern der christlichen Selbstsorge im Rahmen einer metaphysischen Ordnung zuzuwenden. Aber die Tatsache, dass in der ostwärts gerichteten Bewegung Guzmanillos durch Hinweise auf die miserable Versorgungslage in der Heimat, durch Anspielungen auf Kolumbus, auf praktische und textuelle Wissensbestände über die Neue Welt von Anfang an eine westwärts orientierte «Ideenrichtung» (Humboldt) gespiegelt ist, könnte in den Lesern auch einen grundlegenden Zweifel an der Glaubwürdigkeit der Konversion des erzählenden Ichs nähren.

Während Góngora immer wieder die Entdeckung neuer Sprachwelten zugeschrieben worden ist, kommt der *novela picaresca* eine spiegelbildliche Funktion hinsichtlich des Infamen und Alltäglichen zu: «Like the great navigators of this era, picaresque writers charted journeys through the vast geography of poverty, giving literary form to the indigent humanity that nobody wanted to discover because everybody knew it.»[175] Zwei kurze Episoden aus zwei Pikaroromanen haben deutlich gemacht, dass ein prospektiver, westwärts gerichteter Blick auch dort relevant sein kann, wo offenkundig keine ozeanische Bewegung nach Westen entsteht. Lázaro ermöglicht uns rückblickende Ansichten der Zustände auf der *encomienda* eines Ordensritters, wo Sklaven keine Barmherzigkeit oder gar Unterweisung im christlichen Glauben erwartet. Der stehlende Sklave hingegen ist der Liebe fähig – «a un pobre esclavo el amor le animaba a esto» – und Lázaros rückblickende Perspektivierung schwankt zwischen einer bitteren Kritik an der Heuchelei der unterdrückerischen Herrschaften und der jovial-anbiedernden Distanzierung von einem ‹schwarzen Mann› in seiner Familie.[176] Bei aller Vorsicht vor modernisierenden und anachronistischen Lektüren: Ähnlich wie bei den gesitteten Parklandschaften in Austens *Mansfield Park* will es auch im *Lazarillo* so scheinen, als verweise die Episode um den Zaide in prospektiver und figuraler Weise auf andere Räume und Zeiten. Diese genuin literarische Verweiskraft der Episode beruht auch auf einer

---

174 «famoso, adj. Que tiene fama, buena o mala.» (*DIL*, S. 487)
175 Giancarlo Maiorino: *At the margins of the Renaissance*, S. 7.
176 *Lazarillo*, S. 19.

gewissen Ambivalenz, einem Bruch zwischen erzähltem und erzählendem Ich. Bedenkt man zudem die Parteilichkeit des Verfassers, der sich an ein mächtiges bürokratisches System wendet und auf seinen eigenen Vorteil bedacht ist, so erscheint mit Francisco Rico die Frage nach dem *punto de vista* in der *novela picaresca*. Es war gerade die Episode mit dem Zaide gewesen, die aus Ricos Sicht darauf hindeutete, dass dem *Lazarillo de Tormes* eine von Auerbach vollkommen übersehene Schlüsselrolle in der Geschichte des europäischen Romans zukommen musste.[177] Diese Beobachtung beruht jedoch nicht auf einer historisch-materialistischen Perspektive auf die Entwicklung des modernen europäischen Romans.[178] Es ist vielmehr die stilistisch komplexe, ambivalente und vielstimmige Nachahmung des Alltäglichen, die Rico für den *Lazarillo* mit einem provokativen Gestus mit der Kategorie des ‹Realismus› erfasst. Gerhard Penzkofer hat Ricos Pointe einer modernen, perspektivisch gebrochenen und polyphon-variablen Erzählstimme in der *novela picaresca* jüngst in einer «amerikanischen Lektüre» der ‹apokryphen› und vielgeschmähten Fortsetzung des *Lazarillo* (1555) aufgegriffen und «die Erfindung der Perspektive auf mögliche amerikanisch-koloniale Ursprünge» hin befragt:[179]

> Die *historiografía indiana* realisiert, erprobt und reflektiert in ihrer autobiographischen Ausprägung perspektivische Erzähltechniken. Dazu gehören die Varianten des Ich-Erzählens, das testimoniale Schreiben, Augenzeugenschaft und Zeugenwissen als Erzählfundament, alle Formen der Plausibilisierungsrhetorik, Parteilichkeit und Zensur als Grenzen historischer Wahrheitsfindung, polyphone Transkriptionen und anamorphotische Doppelbilder, die Gegenläufigkeit von empirischer Evidenz und Wissenstraditionen, nicht zuletzt die Ahnung von der reziproken Perspektivierbarkeit des Fremden und des Eigenen.[180]

Viele dieser Elemente, vor allem jedoch die «Gegenläufigkeit von empirischer Evidenz und Wissenstraditionen» sowie die «reziproke Perspektivierbarkeit des Fremden und des Eigenen» ließen sich selbst in unseren kurzen Stichproben des vierten Abschnitts nachweisen. So hat auch der Aufbruch des Guzmanillo

---

177 Vgl. die bereits angeführte Stelle in Francisco Rico: *La novela picaresca y el punto de vista*, S. 168. Bis heute äußern spanische Literaturwissenschaftler ihre Verwunderung und Verärgerung darüber, dass die deutsche Romanistik sich so schwer damit tut, in der *novela picaresca* eine Form des ‹Realismus› zu erblicken.
178 Ähnlich wie bei seinen Góngora-Lektüren beruht auch John Beverleys *Lazarillo*-Lektüre auf einer solchen Prämisse und modernisiert den Text zu stark (vgl. ders.: Lazarillo y la acumulación originaria: notas sobre la picaresca. In: ders.: *Essays on the literary baroque in Spain and Spanish America*. Woodbridge: Tamesis 2008, S. 85–101).
179 Gerhard Penzkofer: Lazarillo bei den Thunfischen oder die amerikanische Erfindung der Perspektive, S. 69. Zu Francisco Ricos *punto de vista*, vgl. ebda., S. 92 und 94.
180 Ebda., S. 84.

aus Sevilla gezeigt, dass es nicht nur zu konkreten Anspielungen auf *peruleros*, Karten und amerikanisierende sprachliche Wendungen kam, sondern dass das Wechselspiel aus ‹innerer› Harmonie und ‹äußerer› Welt, aus erbaulicher Konversion und materialistisch-gieriger Konfusion und Verirrung im *Guzmán de Alfarache* gleich zu Beginn aktiviert wird: Ein problematisches Wechselspiel entgegengesetzter individueller Handlungsimperative, das bereits Kolumbus bei den Stoikern mehr oder weniger «transkribieren» und mehrfach umwerten musste, um seine Reise zu legitimieren.

Beverley hat von einem «parentesco evidente entre la picaresca y el género del testimonio en la literatura latinoamericana actual» gesprochen.[181] Auch sind gattungstheoretische Parallelen zwischen der *novela picaresca* und dem nordamerikanischen *slave narrative* festgestellt worden,[182] die jedoch – wie in allen Fällen postkolonialer Literaturproduktion – nicht auf simplifizierende Art und Weise mit europäischen Modellen kurzgeschlossen werden dürfen: «[W]e must always remain aware of the points at which our ideas of pervasive generic patterns should be modified in favour of cultural specificity.»[183] Im Kontext eines atlantischen Siglo de Oro liegt die Pointe jedoch nicht in der bereits konstatierten Strahlkraft der *novela picaresca* als spezifische und neue Form literarischer *énonciation* in einem gattungstheoretischen Regelsystem literarischer Artikulation. Sie liegt auch nicht in einem anachronistisch überstrapazierten historischen Argument um die materiellen Rahmenbedingungen des ‹modernen› Romans. Die Pointe ist vielmehr – wie bereits Rico mit einem kritischen Bezug zu Auerbach bemerkte – repräsentationstheoretischer Natur. Denn so sehr sich Lázaro auch mit dem Sklaven solidarisiert und seine Dankbarkeit signalisiert: die burleske Abstandnahme vom ‹Schwarzen› überwiegt. Zwar lassen die bangen Blicke der Pikaros auf Hafen und Ozean keinen Zweifel daran, dass ihnen hier weniger die optimistische Aussicht auf den Status des Passagiers als vielmehr ein ebenfalls gänzlich immobiles Schicksal auf den Galeeren droht – einem ebenfalls prospektiv zu verstehendem «laboratoire de l'asservissement» und prototypischen «univers concentrationnaire»:[184] «sus culpas les

---

[181] John Beverley: Lazarillo y la acumulación originaria, S. 101, Fn 27.
[182] Für weiterführende Überlegungen hierzu, vgl. Stefania Piccinato: The Slave Narrative and the Picaresque Novel. In: Werner Sollors/Maria Diedrich (Hg.): *The Black Columbiad. Defining Moments in African Literature and Culture*. Cambridge/London: Harvard University Press 1994, S. 88–98 und Walter Göbel: African American Picaresque: Some Examples. In: Christoph Ehland/Robert Fajen (Hg.): *Das Paradigma des Pikaresken. The Paradigm of the Picaresque*. Heidelberg: Winter 2007, S. 273–288.
[183] Ebda., S. 287.
[184] Die Seeschlacht von Lepanto (1571) allein forderte zwischen 30–40 000 Tote (vgl. Alessandro Stella: Les galères dans la Méditerranée (XV–XVIIIe siècles), S. 73). Dieses imperiale ‹Waffensystem› beruhte auf Ruderern: «[é]léments en chair et os d'un moteur marin, entassés et immobilisés sur les bancs, exposés en permanence au vent, à l'eau, au soleil» (ebda., S. 74).

habían de traer a morar en ellas de por vida».[185] Den Zaide trifft aber nicht die mindeste «culpa» an seinem Schicksal als Sklave. So zeigt die Episode um einen Menschen, der Privateigentum ist, dass auf der repräsentationstheoretischen Ebene der Auerbach'schen ernsten Nachahmung des Alltäglichen etwas Neues geschieht. Auf der einen Seite ‹gebiert› erst die brutale Auslöschung des Zaide den pikaresken Lebensweg und das pikareske Taktieren um Schuld, Unschuld und gesellschaftliche *méritos*. Auf der anderen Seite bleibt diese zwischen dem Unheimlichen und dem Burlesken changierende Figur mit ihrem illegitimen und infamen Haushalt gerade durch ihre Abwesenheit so präsent. Nicht nur auf der Ebene der Erzählung, auch auf der Ebene ihrer Rezeption ist dieser «hombre moreno» ein schattenhaftes Wesen, eine unheimliche und teils störende Präsenz, die Pikaro und Leser dennoch nicht so ganz abschütteln können. An was soll er uns also erinnern? Zunächst erinnert der Zaide daran, dass er nicht diese irritierende Präsenz hätte, dass ihm nicht diese irritierende ‹Realität› zukäme, wenn die literarische Repräsentation der Sklaverei im *Lazarillo de Tormes* nur in burlesk-satirischer Tonlage erfolgen würde. Und so erinnert die penetrant anwesende Abwesenheit des Zaide auch daran, dass etwas mit der Kodierung der alltäglichen Realität geschehen ist. Zum Abschluss dieser Untersuchung beschränken wir uns auf den Hinweis, dass der Einbruch alltäglicher, un-heroischer, also ‹niederer› und dennoch *ernst* gemeinter Mimesis in die europäische Literatur ebenso wie die Geburt einer säkularen, relativen und taktierend-unzuverlässigen Erzählperspektive sich auch im Falle der *novela picaresca* erst aus atlantischer Perspektive wirklich erschließt.

---

185 *NovE*, Band 1, S. 227. «Si fuera delito, mala cosa o hurto, claro está que se castigara, pues por menos de seis reales vemos azotar y echar cien pobretes a las galeras.» (*Guzmán I*, Buch 1, Kap. 1, S. 134) «La demande de rameurs et non la gravité du délit dictait les sentences.» (Alessandro Stella: Les galères dans la Méditerranée (XV–XVIIIe siècles), S. 81)

5 Schlussbemerkung: Gegenwart des Globalen

Die literarästhetischen Implikationen eines westwärts, in Richtung des Atlantiks gerichteten Lektürehorizontes im frühen 17. Jahrhundert haben im Lauf der vorliegenden Untersuchung an Konturen gewonnen. In dem Maße, in dem die Texte aus dem spanischen Siglo de Oro als Wegmarkierungen einer literarischen Globalisierungsgeschichte gelesen wurden, richtete sich der interpretatorische Blickwinkel der Lektüre jedoch nicht nur nach Westen, sondern auch – in chronotopisch durchaus charakteristischer Weise – in eine ungewisse Zukunft. Während bei der Lektürearbeit dem verbreiteten interpretatorischen Irrtum von anachronistisch rückprojizierten Kategorien so gut wie möglich aus dem Weg gegangen werden sollte, ging es umgekehrt aber darum, die prospektive Energie spezifisch literarischer Figurationen zuzulassen und nicht einzudämmen. In der ‹Einleitung› wurde die These vertreten, dass dieser prospektive und weltzugewandte Impuls der spanischen Literatur im Falle des Siglo de Oro oftmals zugunsten anderer kanonischer und weltanschaulicher Konstruktionen ausgeblendet worden ist. Wo dies nicht geschah, wurde über den Barockbegriff gerne ein künstlerisches *ingenium* unterstrichen, das dann als Alternative zum Klassizismus diente oder als eine Analogie auf andere Phänomene verwies (etwa auf technisches *ingenium* oder spezifische Aspekte menschlicher Subjektivität). Die vorliegende Untersuchung hat dagegen das zwangsläufig skizzenhafte Experiment unternommen, ganz unterschiedliche fachliche Traditionen zu verbinden, den Kanon deutschsprachiger, romanistischer Theoriebildung zu reflektieren und dann über ihn hinauszugehen. In diesem Zusammenhang war es hilfreich, im Anschluss an Roland Barthes eher auf die Ebene eines Text- als eines Werkbegriffes abzuheben. So konnten transatlantische Verflechtungen auf der Ebene der literarischen Sprache sichtbar gemacht werden. Folglich reichten sie auch von der lexikalischen Ebene, über Topoi, Figuren und Motive bis hin zu ganzen Gattungen und ästhetischen Schulbegriffen wie dem stets so umkämpften ‹Realismus›. Die Analysen lieferten starke Argumente dafür, dass das Siglo de Oro uns in Zeiten der Globalisierung etwas mitzuteilen hat. Mehr als je zuvor in der jüngeren Geschichte gilt dies seit Kurzem auch wieder für die Kippbewegungen dieser Effekte der Globalisierung zwischen Mittelmeer und Atlantik.

Vor diesem Hintergrund wird auch deutlich, dass die vorliegende Untersuchung etwas von gegenwartsbezogener, ‹engagierter› Literaturwissenschaft hat. Sie unterbreitet bewusst ein Angebot für weitere Forschung. Bei allen Vorbehalten vor anachronistischen Blickwinkeln ist die Untersuchung dennoch von der Überzeugung geprägt, dass der interpretative Standpunkt der Lektüre immer durch Fragestellungen aus der Gegenwart gerechtfertigt sein muss. So wird der literarische Text mit Jurij Lotman als Mitteilung verstanden – auch und erst recht an uns. Literatur dient in diesem Sinne – auch dies erläuterte die ‹Einleitung› – als ein interaktiver Fundus inszenierten Wissens über das Leben der Menschen in der Welt. Dieses inszenierte Wissen kann jedoch – dies gilt auch für seine Vermittlung an der Universität – nur dann wirksam werden, wenn es auf den gelebten Alltag bezogen wird. Dieser Anspruch führte dazu, dass die vorliegende Schrift trotz ihres universitären Ursprungs ihre eigene Erzählzeit hatte, in der sie mit Nachrichten über globale Ereignisse dialogisierte: Zunächst den Ausläufern einer weltweiten Schuldenkrise, die bedingt durch politische Rahmenbedingungen privaten Gewinnstrebens zu der Überschuldung von ganzen Nationen, Familen und Einzelpersonen führte. In Spanien betraf diese Krise viele lateinamerikanische Migranten und entfaltete ihre eigene transatlantische Dynamik. In dem Moment der Abfassung dieser Schlussbemerkung führen die geldpolitischen Maßnahmen, die vor allem in Südeuropa eine zur Wirtschaftskrise eskalierte Verschuldung überwinden sollen, unter anderem zu einer starken Erhöhung der Immobilienpreise in begehrten Lagen der begehrten Städte dieser Welt. Angesichts der weltweiten Kapitalströme mag sich manch einer wie Lazarillos *escudero* wünschen, seine Immobilie ließe sich wie ein Schiff mobilmachen: «tengo en mi tierra un solar de casas que, a estar ellas en pie y bien labradas, dieciséis leguas de donde nací, en aquella Costanilla de Valladolid, valdrían más de doscientas veces mil maravedís».[1] Das Bedauern des *escudero*, der mit dem Pikaro ein äußerst düsteres Haus bewohnt, erinnert nach dem Abschluss des vorangegangenen Abschnitts 4.2 nochmals daran, dass sich nicht alles in Bewegung versetzen lässt. Manchmal liegen nur 16 *leguas* zwischen Gewinnern und Verlierern von globalen Prozessen. Anders als in den globalen und medialen Utopien der Jahrtausendwende vorhergesagt, in denen Distanzen zu schrumpfen schienen und auch die feste Häuslichkeit bestenfalls als ein Relikt nationalstaatlich-patriarchaler Ordnungen erschien, zeigt die globale Gegenwart heute ein ganz anderes Bild als vorgesehen. Viele Formen der Bewegung haben sich als kulturtheoretischer Wunschtraum entpuppt. Neu entstandene oder neu belebte politische Parteien haben jüngst sehr erfolgreich eine prinzipielle Trennlinie zwischen lokal verankerten ‹Patrioten› und allzu mobilen ‹Globalisierten› gezogen. Während Klassengegensätze im politischen Diskurs nicht mehr vorkommen, müssen Wähler nun zwischen ‹offenen› und ‹geschlossenen› Politikangeboten wählen. Wie bei Odysseus und Don Juan ist vor diesem Hintergrund auch sprachliche Beweglichkeit in Form

---

1 *Lazarillo*, S. 102.

von Mehrsprachigkeit oder auch nur Eloquenz verdächtig. Als ein Vertreter einer verdächtig beweglichen und verdächtig vielsprachigen Schicht wurde der Verfasser der vorliegenden Unterschung in jüngster Vergangenheit mehrfach dazu aufgefordert, sich zu ‹offener› oder ‹geschlossener› Politik zu bekennen. Das ist neu. Schließlich rückte der *estanque* des «político serrano», das Mittelmeer, mit Wucht zurück ins Zentrum der politischen ‹Land›-Karte. Denn erst als Bürgerkriegsflüchtlinge, statt über dem ozeanischen Ab-Grund zu balancieren, zu dem terrestrischen Chronotopos der Straße übergingen (der ‹Balkanroute›), ergab sich eine echte politische Lage in Europa. Als diese Zeilen zu Papier gebracht werden, wird in Brüssel folgerichtig der Vorschlag diskutiert, die Flüchtlinge zurück auf das Meer zu versetzen und auf griechischen Inseln zu internieren. Jegliche Fährverbindung zu diesen Inseln wäre dann einzustellen. Ebenso wie in Deutschland sollen in Athen bereits tausende syrische Kinder ohne jegliche angemessene Aufsicht leben, eine Wiederholung pikaresker Schicksale. Die alte Frage nach den Grenzen der Gastlichkeit, das Wechselspiel von Aufnahme und Ausweisung ist wieder einmal zu dem umkämpften Begründungsnarrativ für Gemeinschaften von Menschen diesseits und jenseits des Atlantiks geworden: «Il est sur l'autre rive, le rival.»[2] In Hannover gehen derweil Demonstranten gegen ein transatlantisches Freihandelsabkommen auf die Straße. Eine Demonstrantin teilt im Radio mit, sie befürchte, us-amerikanische Waren und Gesetzgebung könnten sich «im Keller einnisten oder über die Terrassentür hereinkommen». Das Emblem der Demonstranten ist ein Trojanisches Pferd.

Aus all diesen Gründen bestand der Schwerpunkt der vorliegenden Untersuchung in dem Erproben einer Lektürehaltung. Sie war eher zwischen bestehenden theoretischen Positionen angesiedelt, als dass sie einen Beitrag zu einem festen, bereits bestehenden Diskurs hätte leisten können. Das Ergebnis sind Begriffe von Raum und Bewegung, die sich an dieser Stelle noch nicht systematisieren lassen. Um jedoch ein gewisses Maß an Anschlussfähigkeit zu gewährleisten, soll die geleistete Arbeit zu ein paar knappen Schlussfolgerungen führen:

(1) Institutionelle und disziplinäre Räume: Die Arbeitsteilung zwischen der Staatsbibliothek zu Berlin und dem Iberoamerikanischen Institut (PK) mag exemplarisch zeigen, dass ein atlantisches Siglo de Oro erst im fußläufigen Diskurrieren zwischen mehreren Institutionen entsteht. In vielen Fällen – wie dem Autoren Juan Ruiz de Alarcón, Alfonso Reyes Góngora-Forschung in Spanien, der Verflechtung dieser Forschung mit der romanistischen Fachgeschichte, in

---

[2] Michel Serres: *Le Parasite*, S. 105.

Perspektiven auf das Siglo de Oro aus Lateinamerika ebenso wie der Sklavereigeschichte der Iberischen Halbinsel oder transatlantischen Ästhetik – war es nicht vorhersehbar, welche Institution zuständig sein würde. Standorte der Bände in obskuren Außenmagazinen inklusive. Die mit diesen Räumen verknüpfte Trennung zwischen Lateinamerikanistik und europäischer Romanistik lässt sich hier nicht aufrechterhalten. In Hannover kam es eher zu Pilgerschaften zwischen den Bibliotheksbeständen der Romanistik, einerseits, und der Global-, Wirtschafts- und Materialgeschichte in Beständen des Historischen Seminars andererseits. Für neu bestellte Bände an unserer Bibliothek gab es selten einen geeigneten Ort und sie verteilten sich eher zufällig zwischen den beiden bestehenden Bibliotheksstandorten.

(2) Fachgeschichtliche Verortungen: Diese Untersuchung ist in einer Situation entstanden, in der es kein prägendes disziplinäres Paradigma der Literatur- oder Kulturwissenschaft mehr gibt. Diese Disziplinen befinden sich im Umbruch, obwohl – oder gerade weil – noch immer zahllose Studierende Fragen an die Literatur und andere kulturelle Äußerungsformen haben. In der ‹Einleitung› wurde hervorgehoben, dass globalisierungstheoretische Perspektiven – etwa bei Appadurai – sowie post- und dekoloniale Ansätze – etwa bei Mignolo – Auswirkungen auf die philologische Fachgeschichte haben müssen. Verflechtungsgeschichte, *histoire croisée*, *digital humanities*, *distant reading* sowie nicht-eurozentrische Perspektiven auf den Begriff der Weltliteratur und eine globale, plurizentrische Moderne werden sich auch auf die Romanistik auswirken. Sozialwissenschaftler und Historiker werden jedoch auch zur Kenntnis nehmen müssen, dass die Philologie – sofern es ihr gelingt, auch in einem neuen Jahrtausend ihre epistemologischen Grundlagen verständlich zu machen und interdisziplinär dialogfähig zu sein – über ein sehr wirksames Theorieinventar verfügt. Philologen werden sich hingegen fragen lassen müssen, ob ihre ‹Quellenlage› nicht aus einem allzu statischen Kanon erwächst. Wenn fachgeschichtliche Perspektiven in der Philologie nicht das Symptom für das Historischwerden von etwas Vergangenem sein sollen, so müssen die gerade in den Philologien vernachlässigte Kompetenz zur Verständigung mit anderen Disziplinen sowie ein neues theoretisches Inventar auf dem Boden dieser kritischen Fachgeschichte gefördert werden. So wäre es prospektiv zu erwarten, dass kritische fachgeschichtliche Reflexion auch den Impuls für eine neue Sprache der Literatur- und Kulturtheorie liefern könnte. Die Fachgeschichte und den eigenen theoretischen Standort von der rein sachlichen Diskussion auszuklammern, erweist sich – in Zeiten ohne ein dominantes Paradigma der Theoriebildung – dagegen als Hemmnis und führt zu wissenschaftlichem *mutisme*. Ungesagtes kann nur durch eine kritische Fachgeschichte bewusst gemacht und in eine neue wissenschaftliche Sprache überführt werden.

(3) Mediale Räume: Mit Bernhard Siegert ließe sich die Leitmetapher eines Überganges vom Land zum Ozean als der europäische Ursprungsmythos der Schriftlichkeit begreifen. Der vorliegenden Untersuchung gelang es jedoch mit Roland Barthes besser, die Spezifik der literarischen Sprache als einen grundlegenden Sonderfall anderer medialer Ausdrucksformen zu erfassen. Nicht minder klassische Perspektiven von Michel de Certeau oder Michel Serres können im Zusammenhang mit der Materialität einer ozeanischen Alltagswelt – diesseits des Hegel'schen welthistorischen Individuums und diesseits einer heroisch-konfrontativen Form der Subjektwerdung – erneut sehr hilfreich sein. Nicht zuletzt dank der in diesem Zusammenhang bislang größtenteils übersehenen Quellenforschung in Alexander von Humboldts *Kritische Untersuchungen* ließ sich eine ganze Reihe von literarischen Techniken der Repräsentation unter räumlichen und – folglich – atlantischen Gesichtspunkten betrachten. Dazu zählten prägende Konzepte der Barockpoetik wie die *parole pellegrine*, rhetorische Effekte mit satirischer oder hyperbolischer Stoßrichtung, oder aber Effekte der fingierten Mündlichkeit, die unter dem Begriff der Exophonie gefasst wurden. In einer für Barthes charakteristischen Übertragung von Erkenntnissen der Poetik und Rhetorik auf die Analyse anderer Medien ließe sich behaupten, dass – ebenso wie bei Barthes – eine Kontinuität dieser Darstellungsstrategien auch historische Kontinuitäten der Globalisierung aufzeigen kann. So sorgt Exophonie gleichermaßen in der *comedia* des Siglo de Oro wie auch in dem historisch denkbar weit entfernten *incipit* von Guillermo Cabrera Infantes *Tres tristes tigres* (1967), ebenso wie im heutigen Film und Fernsehen für deiktische, topophone Effekte. Dort wo es ihr hoher Grad an semiotischer Abstraktion erlaubt, die vermeintliche Innerlichkeit des Subjekts zu verhandeln, zeigt sich dagegen die irreduzible Spezifik der literarischen Sprache. Die Untersuchung hat den Nachweis geführt, dass derartige Raum- und Bewegungseffekte sowohl metaphorisch als auch sozialgeschichtlich oft mit dem Ozean in Verbindung gebracht werden können.

(4) Ästhetische Spannungen: Manche ästhetischen Kategorien sprengen alle disziplinären Grenzen. Diese Erkenntnis birgt Chancen und Risiken, denn diese Kategorien sind sowohl historisch als auch disziplinär unterschiedlich konnotiert. Der in unserer Untersuchung konsequent auf ozeanische Phänomene gerichtete Blick hat eine ganze Reihe von ästhetischen Phänomenen aufgezeigt, die auf später sehr prägende Kategorien wie die Ironie, das Erhabene oder Unheimliche verweisen. Während die Ironie mit einem Begriff von Individualität verknüpft ist, fußen letztere Kategorien auf einem geradezu biologischen Sensualismus, der erst in der Aufklärung zum Tragen kam. Daher erscheinen die durch sie bezeichneten Effekte im Siglo de Oro in ganz anderen Tonlagen. Es wäre jedoch verfehlt, hier das abrupte Auftauchen oder Ver-

schwinden von stilistischen Tonlagen zu postulieren. Denkt man etwa an Schiff, Sturm, Ozean, Schleier oder Begegnung mit Sklaven, so gibt der Blick auf den Atlantik auch entscheidende Transformationsprozesse frei. Wie im Falle des Unheimlichen oder Erhabenen in kolonialen Kontexten ereignen sie sich in diesem Raum und kehren nach Europa zurück. Aus inzwischen offensichtlichen Gründen wäre nichts verfehlter, als eine Halbinsel zwischen Mittelmeer und Atlantik von Revisionen des ästhetischen Kanons im Zeichen der atlantischen Zirkulation und Transformation auszuschließen. Grob gesagt, entstehen die ästhetischen Effekte der kolonialen Repräsentation des ausgehenden 18. und des 19. Jahrhunderts in der Erweiterung der Renaissanceästhetik auf diesen atlantischen Prozess der Zirkulation und Transformation. Der Umschlagplatz für diese Erweiterung ist die Iberische Halbinsel.

(5) Motivgeschichten der Bewegung: An dieser Stelle sind auf entscheidende Erkenntnisse von Ottmar Ette zu verweisen, die hier immer wieder auf das atlantische Siglo de Oro erweitert worden sind. Literatur ist bei Ette eng mit verschiedenen Phasen der Globalisierung verknüpft und etabliert eine keineswegs nur inhaltliche Motivgeschichte der Bewegung. Die vorliegende Untersuchung hat daher – mit Lotman und Greimas – literarische Texte als Teil einer Tradition begriffen, die ethische mit räumlichen Fragen verknüpft: *mundi punctus* und Außenraum, Ozean, Strand und Insel, Stadt und Hafen, Wüste, Schiff und Hütte, Heim und Welt, Vertrautes, Fremdes und alles, was dazwischen liegt. Es kann keinen Zweifel daran geben, dass die neue, westwärts gerichtete Perspektive Schriftstellern im Siglo de Oro die Möglichkeit bot, diese räumliche Kodierung ethischer Werte zu variieren und neu zu vermessen. Das Ergebnis ist in manchen Fällen nichts Geringeres als die wegweisende Erneuerung der künstlerischen Sprache der Literatur. Die Geschichte der spanischen und der lateinamerikanischen Literatur ist durch den Transfer, die Aneignung und die Ablehnung dieser atlantischen Erneuerung der literarischen Sprache geprägt. Mit Blick auf die herausgehobene Bedeutung der Metapher oder eine oft als poetisch empfundene Raumsprache in der Prosa, aber auch mit Blick auf die Bewegung und Begegnung von Autoren über den Atlantik hinweg zeugt diese keineswegs rein inhaltliche motivgeschichtliche Bewegung von einer sehr realen atlantischen Dimension.

(6) Repräsentationen des Globalen: Ob in Góngoras Schäferhütte als lasziver Inkarnation der Arche Noah, ob als schwimmendes Haus des Schiffes oder steinerne Festung der Ehre, ob als allzu leicht entflammbare *cabaña* der Fischerin Tisbea, subjektphilosophischer Erkenntnisraum bei Descartes oder neostoischer Sehnsuchtsort des Pikaros – Haus und Häuslichkeit erwiesen sich als der persistente Gegenpol des Globalen. Das Verhältnis zwischen häuslichem Oikos, häuslichem Raum, Heim(e)lichkeit und einem weltweiten Außen-

raum darf jedoch nicht als reine Gegenüberstellung betrachtet werden. Wie das Schiff und die über das Wasser reichende Stadt auf äußerst exemplarische Weise zeigen, durchdringen sich beide Räume in zahllosen konzeptuellen und gegenständlichen Bewegungen und Spiegelungen. Während Wirtschafts-, Sozialgeschichte und *material studies* diese Tatsache auf empirischer Grundlage belegen, haben Philologie, Literatur- und Kulturwissenschaften hier erheblichen konzeptuellen Nachholbedarf. Dabei wäre es an ihnen zu zeigen, wie Groß und Klein, Nah und Fern, das Fremde und Neue, das Heimische und Heimliche über ästhetische Formen der Repräsentation – Pilgerwörter, *adynata*, *télescopage*, *translatio*, gewagte Metaphern, chronotopische Verschiebungen und Ungleichzeitigkeiten, *mise en abyme*, Satirischem und Unheimlichem, Stoizismen und Skeptizismen – mit Globalem verknüpft werden. Hier entfaltet das atlantische Siglo de Oro am Deutlichsten seine prospektive Energie und kann bis in die heutige Phase der Globalisierung, mit ihrem Vexierspiel zwischen beschleunigenden und verlangsamenden Tendenzen, das ästhetische Erklärungspotential der Literatur in Anschlag bringen.

Im Anschluss an einen 1965 publizierten Aufsatz über Diego Velázquez *Las Meninas* (1656), den Michel Foucault an den Anfang von *Les mots et les choses* (1966) setzte, ist es nicht ganz ungewöhnlich geworden, eine wissenschaftliche These emblematisch in einem Bild verkörpert zu sehen.[3] Im Fall der vorliegenden Untersuchung sind es aber nicht Velázquez *Meninas*, sondern El Grecos *Laokoon* (um 1610–1614), das eine solche Wirkung hat. Auf dem monumentalen Gemälde, das im Vordergrund und im denkbar freien Bezug auf Vergils *Aeneis* den aussichtslosen Kampf des trojanischen Priesters Laokoon und seiner Söhne gegen göttlich entsandte Schlangen zeigt, bewegt sich das Trojanische Pferd auf die Toledaner Puerta de Bisagra zu.[4] Während Velázquez wagemutiges Selbstportrait oftmals im Sinne einer Subjektphilosophie ausgedeutet worden ist, manifestieren sich in El Grecos manieristischen Fassung des Falls von Troja – trotz der eigenartigen, eingefrorenen Statik des Geschehens – noch einmal die Vektoren jener Bewegungen, die uns hier so beschäftigt haben: Eine westwärts gerichtete Bewegung des Künstlers (Domínikos Theotokópoulos, 1541–1614), eine westwärts gerichtete Bewegung des Motivs und eine manieristische *superatio* klassizistischer Vorbilder, die auch Góngora begeisterte.[5] El Grecos

---

3 Vgl. Hanno Ehrlicher: *Zwischen Karneval und Konversion*, S. 44–53.
4 Zu diesem Gemälde, vgl. Beat Wismer/Michael Scholz-Hänsel (Hg.): *El Greco und die Moderne*. Düsseldorf/Ostfildern: Museum Kunstpalast/Hatje Cantz 2012, S. 38–45 und 138 f.
5 Nach dessen Tod am 7. April 1614 widmete Góngora dem Maler das Sonett *Esta en forma elegante, oh peregrino* (vgl. GOC, S. 425).

Laokoon verlegt die Geschehnisse, die dem Fall Trojas bei Vergil unmittelbar vorausgehen, vor die Mauern der imperialen Stadt Toledo. Gut erkennbar schmiegt sich die Stadt in die Hügellandschaft der kastilischen Hochebene ein, während über ihr die Wolken ebenso rätselhafte Figuren entwerfen wie es die Körper der nackten Trojaner tun, die sich gegen ein sich windendes Schicksal wehren. Im Zentrum des Bildes trabt ein Pferd auf das berühmte Toledaner Stadttor zu, das bereits am Anfang der ‹Einleitung› gestanden hatte. Das Tor steht offen. Und das Trojanische Pferd wirkt seltsam lebendig, als bewege es sich ganz aus eigener Kraft auf die Stadt zu.

Das Gemälde steht – wie Góngoras *Soledades* – für das Wiederaufleben des Interesses am spanischen Manierismus zwischen Deutschland und Spanien zu Beginn des 20. Jahrhunderts. «Grecomanie» und Góngora-Kult gingen weitgehend Hand in Hand.[6] Während *Laokoon* sowohl bezüglich der *maniera* seines Pinselstrichs als auch bezüglich seiner Chromatik und seines Themas als denkbar opak und verrätselt erscheinen mag, so soll es hier doch für jene westwärts gerichtete Bewegung stehen, mit der die mittelmeerische Welt in einen neuen Zusammenhang überführt wurde. Sollte sich in dem monumentalen Gemälde nur die fadenscheinige *translatio imperii* äußern, derzufolge die imperiale Stadt Toledo auf trojanische Stadtväter zurückzuführen sei? Eine solche Deutung unterbietet die manieristische Sinnfülle der Darstellung. Verweist das merkwürdig lebensechte Trojanische Pferd nicht auf die demiurgische Macht des Malers und auf eine unheimliche Nähe zum Ozeanischen, die auch Góngora in seiner charakteristischen Bildsprache dem Griechen zuschrieb?[7] Was kommt hier auf diejenige Stadt zu, die mehr als jede andere für die imperiale Geschichte der Spanier, ihren Wohlstand und ihre Bewegungen steht? Es ist keineswegs ausgemacht, dass die Deutung dieser Bildsprache nur aus der Perspektive der Renaissance und Antike erfolgen kann. Folgt man der Perspektive, die in der vorliegenden Untersuchung eingenommen wurde, so könnte sich in *Laokoon* auch etwas ankündigen. Es wäre etwas Neues, Unbekanntes und Unheimliches, das den *estanque* des Mittelmeeres längst hinter sich gelassen hat und in das alte imperiale Herz der Iberischen Halbinsel vordringt. Angesichts der Ängste, Umwälzungen und Bewegungen der Globalisierung, die heute wieder zu unserem Alltag gehören, ist es wichtiger denn je, den weltweit vernetzten Raum der Iberischen Halbinsel besser zu verstehen. *Laokoon* mag – ebenso wie die hier behandelten literarischen Texte – als Aufforderung dazu verstanden werden.

---

6 Zur «Grecomanie», vgl. Beat Wismer/Michael Scholz-Hänsel (Hg.): *El Greco und die Moderne*, S. 330–333.
7 «dio espíritu a leño, vida a lino» (*GOC*, S. 425).

Bibliographie

Primärtexte

Alemán, Mateo: *Guzmán de Alfarache*. Edición de José María Micó (2 Bände). Madrid: Cátedra [8]2009 (Letras Hispánicas).
Anonymus: *Lazarillo de Tormes*. Edición de Francisco Rico. Madrid: Cátedra [22]2011 (Letras Hispánicas).
Austen, Jane: *Mansfield Park*. Edited with an Introduction and Notes by Kathryn Sutherland. London: Penguin Books 2014 (Penguin Classics).
Baader, Horst (Hg.): *Spanische Schelmenromane* (2 Bände). Darmstadt: Wissenschaftliche Buchgesellschaft 1964.
Balzac, Honoré de: *Eugénie Grandet*. Édition de Samuel S. de Sacy. Paris: Gallimard 1972 (folio classique).
Boccaccio, Giovanni: *Tutte le opere di Giovanni Boccaccio*. A cura di Vittore Branca (10 Bände). Milano: Arnoldo Mondadori 1964–1998.
Camões, Luís de: *Os Lusíadas*. Introdução à Vida e Obra e Vocabulário d Os Lusíadas de Arnaldo de Mariz Rozeira. Lissabon: Guimarães editores 2001.
Chaves Nogales, Manuel: *La ciudad. Ensayos*. Sevilla: Publicaciones de la Universidad de Sevilla 1977 [1921].
Cervantes, Miguel de: *Novelas Ejemplares*. Edición de Juan Bautista Avalle-Arce (2 Bände). Madrid: Castalia 1982 (Clásicos Castalia).
Cervantes, Miguel de: *Don Quijote*. Edición de John Jay Allen (2 Bände). Madrid: Cátedra 1995 (Letras Hispánicas).
Covarrubias Horozco, Sebastián de: *Tesoro de la Lengua Castellana o Española*. Edición integral e ilustrada de Ignacio Arellano y Rafael Zafra. Madrid: Iberoamericana – Vervuert 2006 (Biblioteca Áurea Hispánica 21).
Dante, Alighieri: *La Commedia. Die Göttliche Komödie*. In Prosa übersetzt und kommentiert von Hartmut Köhler (3 Bände). Stuttgart: Philipp Reclam jun. 2010–2012.
Descartes, René: *Discours de la méthode*. Paris: GF Flammarion 2000.
Descartes, René: *Meditationen*. Hamburg: Felix Meiner 2009.
Ercilla, Alonso de: *La Araucana*. Edición de Marcos A. Morínigo e Isaías Lerner (2 Bände). Madrid: Editorial Castalia 1979 (Clásicos Castalia).
Fernández de Lizardi, Joaquín José: *El Periquillo Sarniento*. Madrid: Cátedra 1997 (Letras Hispánicas).
Fray Luis de León: *Poesía*. Edición de Juan Francisco Alcina. Madrid: Cátedra 2011 (Letras Hispánicas).
Góngora, Luis de: *Las Soledades*. Tercera edición publicada por Dámaso Alonso. Madrid: Sociedad de Estudios y Publicaciones 1956 [1927].
Góngora, Luis de: *Soledades*. Edición, introducción y notas de Robert Jammes. Madrid: Castalia 1994 (Clásicos Castalia).
Góngora, Luis de: *Soledades*. Edición de John Beverley. Madrid: Cátedra [11]2003 (Letras Hispánicas).
Góngora, Luis de: *Obras completas, I*. Edición de Antonio Carreira. Madrid: Fundación José Antonio Castro 2008.
Góngora, Luis de: *Fábula de Polifemo y Galatea*. Edición de Jesús Ponce Cárdenas. Madrid: Cátedra 2010 (Letras Hispánicas).

Guevara, Antonio de: *Menosprecio de Corte y Alabanza de Aldea/Arte de Marear*. Edición de Asunción Rallo. Madrid: Cátedra 1984 (Letras Hispánicas).
Humboldt, Alexander von: *Kritische Untersuchungen zur historischen Entwicklung der geographischen Kenntnisse von der Neuen Welt und den Fortschritten der nautischen Astronomie im 15. und 16. Jahrhundert* (2 Bände). Frankfurt am Main/Leipzig: Insel 2009.
Kierkegaard, Sören: *Entweder-Oder*. München: Deutscher Taschenbuchverlag 1988.
Lope de Vega: *Arte nuevo de hacer comedias*. Edición de Enrique García Santo-Tomás. Madrid: Cátedra ³2012 (Letras Hispánicas).
Molière [Poquelin, Jean-Baptiste]: *Dom Juan ou le festin de pierre*. In: ders. *Œuvres complètes II*. Paris: GF Flammarion 1965. S. 349–408.
Molière [Poquelin, Jean-Baptiste]: *Amphitryon*. In: ders. *Œuvres complètes III*. Paris: GF Flammarion 1965. S. 196–272.
Montaigne, Michel de: *Essais. Livre premier*. Paris: Librairie Générale Française 2002 (Le livre de poche classique).
Quevedo, Francisco de: *Poesía amorosa*. Edición de J. M. Blecua. Salamanca: Anaya 1965.
Quevedo, Francisco de: *El Buscón*. Edición de Domingo Ynduráin. Madrid: Cátedra 2012 (Letras Hispánicas).
Ruiz de Alarcón, Juan: *El semejante a sí mismo*. In: ders.: *Obras completas de Juan Ruiz de Alarcón (I)*. Edición, prólogo y notas de Augustín Millares Carlo. Introducción de Alfonso Reyes. México – Buenos Aires: Fondo de Cultura Económica 1957. S. 295–382.
Ruiz de Alarcón, Juan: *La verdad sospechosa*. Edición de Alva V. Ebersole. Madrid: Cátedra 1976 (Letras Hispánicas).
Sannazaro, Iacopo: *Arcadia/L'Arcadie*. Édition critique par Francesco Espamer. Introduction, traduction. Notes et tables par Gérard Marino, avec une préface par Yves Bonnefoy. Paris: Les Belles Lettres 2004.
Seneca, L. Annaeus: *Medea. Lateinisch/Deutsch*. Übersetzt und herausgegeben von Bruno W. Häuptli. Stuttgart: Philipp Reclam 1993.
Shakespeare, William: *The Tempest*. Edited by Virginia Mason Vaughan and Alden T. Vaughan. London: Bloomsbury 2011 (The Arden Shakespeare Third Series).
Tasso, Torquato: *Poesie*. A cura di Francesco Flora. Milano/Napoli: Riccardo Ricciardi 1970.
Tirso de Molina [Fray Gabriel Téllez]: *Obras dramáticas completas*. Edición crítica por Blanca de los Ríos (3 Bände). Madrid: Aguilar 1946, 1952, 1958.
Tirso de Molina [Fray Gabriel Téllez]: *El Burlador de Sevilla y convidado de piedra*. Edición de Joaquín Casalduero. Madrid: Cátedra ¹⁰1986 (Letras Hispánicas).
Tirso de Molina [Fray Gabriel Téllez]: *El Burlador de Sevilla*. Edición de Ignacio Arellano. Madrid: Espasa Calpe 1989 (Colección Austral).
Atribuida a Tirso de Molina: *El burlador de Sevilla*. Edición de Alfredo Rodríguez López-Vázquez. Madrid: Cátedra ¹⁹2011 [2007] (Letras Hispánicas).
Tirso de Molina [Fray Gabriel Téllez]: *La celosa de sí misma*. Edición de Gregorio Torres Nebrera. Madrid: Cátedra 2005 (Letras Hispánicas).
Tirso de Molina [Fray Gabriel Téllez]: *La celosa de sí misma/La jalouse d'elle-même*. Edition, introduction, traduction et notes par Serge Maurel. o.V.: Poitiers 1981.
Zorrilla, José: *Don Juan Tenorio*. Edición de Aniano Peña. Madrid: Cátedra ²⁹2011 (Letras Hispánicas).

Siglenverzeichnis

BAR = Tirso de Molina [Fray Gabriel Téllez]: *El Burlador de Sevilla. Edición de Ignacio Arellano*. Madrid: Espasa Calpe 1989 (Colección Austral).
Burlador = Atribuida a Tirso de Molina: *El burlador de Sevilla. Edición de Alfredo Rodríguez López-Vázquez*. Madrid: Cátedra ^{19}2011 [2007] (Letras Hispánicas).
Celosa = Tirso de Molina: *La celosa de sí misma. Edición de Gregorio Torres Nebrera*. Madrid: Cátedra 2005 (Letras Hispánicas).
COM = Dante Alighieri: *La Commedia. Die Göttliche Komödie. In Prosa übersetzt und kommentiert von Hartmut Köhler* (3 Bände). Stuttgart: Philipp Reclam jun. 2010–2012.
Cor = Corominas, Joan: *Diccionario Crítico Etimológico de la Lengua Castellana* (4 Bände). Bern: Francke 1954–1957.
Cov = Covarrubias Horozco, Sebastián de: *Tesoro de la Lengua Castellana o Española. Edición integral e ilustrada de Ignacio Arellano y Rafael Zafra*. Madrid: Iberoamericana – Vervuert 2006 (Biblioteca Áurea Hispánica 21).
DAOC = Alonso, Dámaso: *Obras Completas (V, VI, VII). Góngora y el Gongorismo*. Madrid: 1978, 1982, 1984.
DIL = Casares, Julio: *Diccionario ideológico de la lengua española*. Barcelona: Gustavo Gili 1960.
GOC = Góngora, Luis de: *Obras completas, I. Edición de Antonio Carreira*. Madrid: Fundación José Antonio Castro 2008.
Guzmán I/II = Alemán, Mateo: *Guzmán de Alfarache. Edición de José María Micó* (2 Bände). Madrid: Cátedra ^{8}2009 (Letras Hispánicas).
HLR = Lausberg, Heinrich: *Handbuch der literarischen Rhetorik. Eine Grundlegung der Literaturwissenschaft* (2 Bände). München: Max Hueber 1960.
KIP = Ziegler, Konrat, Walther Sontheimer (Hg.): *Der Kleine Pauly. Lexikon der Antike in fünf Bänden*. München: Deutscher Taschenbuch Verlag 1979.
KU = Humboldt, Alexander von: *Kritische Untersuchungen zur historischen Entwicklung der geographischen Kenntnisse von der Neuen Welt und den Fortschritten der nautischen Astronomie im 15. und 16. Jahrhundert* (Band 1 von 2). Frankfurt am Main/Leipzig: Insel 2009.
Lazarillo = Anonymus: *Lazarillo de Tormes. Edición de Francisco Rico*. Madrid: Cátedra ^{22}2011 (Letras Hispánicas).
NovE = Cervantes, Miguel de: *Novelas Ejemplares. Edición de Juan Bautista Avalle-Arce* (2 Bände). Madrid: Castalia 1982 (Clásicos Castalia).
Polifemo = Góngora, Luis de: *Fábula de Polifemo y Galatea. Edición de Jesús Ponce Cárdenas*. Madrid: Cátedra 2010 (Letras Hispánicas).
Soledades = Góngora, Luis de: *Soledades. Edición de John Beverley*. Madrid: Cátedra ^{11}2003 (Letras Hispánicas).
SOLJ = Góngora, Luis de: *Soledades. Edición, introducción y notas de Robert Jammes*. Madrid: Castalia 1994 (Clásicos Castalia).
Semejante = Ruiz de Alarcón, Juan: *El semejante a sí mismo*. In: ders.: *Obras completas de Juan Ruiz de Alarcón (I). Edición, prólogo y notas de Augustín Millares Carlo. Introducción de Alfonso Reyes*. México – Buenos Aires: Fondo de Cultura Económica 1957. S. 295–382.
TMOC I/II/II = Tirso de Molina [Fray Gabriel Téllez]: *Obras dramáticas completas. Edición crítica por Blanca de los Ríos* (3 Bände). Madrid: Aguilar 1946, 1952, 1958.

Sekundärtexte

Abellán, José Luis: *Historia Crítica del Pensamiento Español.* Madrid: Espasa-Calpe 1979.
Abulafia, David: Neolithic meets Medieval: First encounters in the Canary Islands. In: Abulafia, David, Nora Berend (Hg.): *Medieval Frontiers: Concepts and Practices.* Aldershot: Ashgate 2002, S. 255–278.
Abulafia, David: *The Discovery of Mankind. Atlantic encounters in the age of Columbus.* New Haven/London: Yale UP 2008.
Abulafia, David: *The Great Sea. A human history of the Mediterranean.* New York: Oxford UP 2011.
Accademia della Crusca (Hg.): *L'età delle scoperte geografiche nei suoi riflessi linguistici in Italia.* Firenze: presso l'Accademia 1994.
Alarcos García, Emilio: *El dinero en la obra de Quevedo.* Valladolid: Universidad de Valladolid 1942.
Alonso, Dámaso: *Obras Completas (V, VI, VII). Góngora y el Gongorismo.* Madrid: 1978, 1982, 1984.
Alvar, Manuel: La sátira social y política en el siglo XV. In: Díez Borque, José María (Hg.): *Historia de la Literatura Española. Tomo I. La Edad Media.* Madrid: Taurus 1980, S. 365–370.
Anderson, Benedict: *Imagined Communities. Reflections on the Origins and Spread of Nationalism. Revised Edition.* London/New York: Verso 2006 [1983].
Andrés, Christian: *Visión de los Pizarros, de la conquista del Perú y de los Indios en el teatro de Tirso de Molina.* Kassel: Edition Reichenberger 1991.
Appadurai, Arjun: *Modernity at Large. Cultural dimensions of Globalization.* Minneapolis/London: University of Minnesota Press 1996.
Arcaz Pozo, Juan Luis, Mercedes Montero Montero (Hg.): *Mare Nostrum. Viajeros griegos y latinos por el Mediterráneo.* Madrid: Delegación de Madrid de la Sociedad Española de Estudios Clásicos 2012.
Arciniegas, Germán: Don Quijote y la Conquista de América. In: *Revista Hispánica Moderna* 31 (1965), S. 11–16.
Arellano, Ignacio (Hg.): *Las Indias (América) en la Literatura del Siglo de Oro. Homenaje a Jesús Cañedo.* Kassel: Edition Reichenberger 1992.
Arellano, Ignacio: Introducción. In: Tirso de Molina: *El Burlador de Sevilla.* Madrid: Espasa-Calpe 2003 (Colección Austral).
Arellano, Ignacio: *Historia del Teatro Español del Siglo XVII.* Madrid: Cátedra ⁴2008.
de Armas, Frederick: The Geography of Imperial Deceit: Misplacing Goa and Lisboa in *El Burlador de Sevilla.* In: *Bulletin of Spanish Studies* 90 (2013), S. 495–507.
de Armas Wilson, Diana: «De Gracia Estraña»: Cervantes, Ercilla y El Nuevo Mundo. In: Dopico Black, Georgina, Roberto González Echevarría (Hg.): *En un lugar de la Mancha: Estudios cervantinos en honor de Manuel Durán.* Salamanca: Almar 1999, S. 37–55.
de Armas Wilson, Diana: *Cervantes, the novel and the New World.* Oxford: Oxford UP 2003.
Arndt, Susan, Dirk Naguschewski, Robert Stockhammer (Hg.): *Exophonie: Anders-Sprachigkeit (in) der Literatur.* Berlin: Kulturverlag Kadmos 2007.
Ashcom, B. B.: The First Builder of Boats in El Burlador. In: *Hispanic Review* 11 (1943), S. 328–333.
Assmann, Aleida: Fest und flüssig: Anmerkungen zu einer Denkfigur. In: Assmann, Aleida, Dietrich Harth (Hg.): *Kultur als Lebenswelt und Monument.* Frankfurt am Main: Fischer 1991.

Auerbach, Erich: *Dante als Dichter der irdischen Welt. Mit einem Nachwort von Kurt Flasch.* Berlin/New York: Walter de Gruyter 2001 [1929].
Auerbach, Erich: Über die ernste Nachahmung des Alltäglichen [1937]. In: Barck, Karlheinz, Martin Treml (Hg.): *Erich Auerbach. Geschichte und Aktualität eines europäischen Philologen.* Berlin: Kulturverlag Kadmos 2007, S. 439–465.
Auerbach, Erich: Figura [1938]. In: ders.: *Gesammelte Aufsätze zur romanischen Philologie.* Bern/München: Francke 1967, S. 55–92.
Auerbach, Erich: *Mimesis. Dargestellte Wirklichkeit in der abendländischen Literatur.* Tübingen/Basel: A. Francke ^{10}2001 [1946].
Auerbach, Erich: Philologie der Weltliteratur [1952]. In: ders.: *Gesammelte Aufsätze zur romanischen Philologie.* Bern/München: Francke 1967, S. 301–310.
Auerbach, Erich: *Mimesis. The Representation of Reality in Western Literature. With a new introduction by Edward W. Said.* Princeton/Oxford: Princeton University Press 2003 [1953].
Auerbach, Erich.: Epilegomena zu Mimesis [1954]. In: Barck, Karlheinz, Martin Treml (Hg.): *Erich Auerbach. Geschichte und Aktualität eines europäischen Philologen.* Berlin: Kulturverlag Kadmos 2007, S. 466–479.
«Auerbach Alphabet». Beilage zu *Trajekte* 9 (Oktober 2004).
Baader, Horst, Erich Loos (Hg.): *Spanische Literatur im Goldenen Zeitalter. Fritz Schalk zum 70. Geburtstag.* Frankfurt am Main: Vittorio Klostermann 1973.
Bachtin, Michail: *Chronotopos.* Frankfurt am Main: Suhrkamp 2008.
Baehr, Rudolf: *Spanische Verslehre auf historischer Grundlage.* Tübingen: Max Niemeyer 1962.
Bandau, Anja: *Strategien der Autorisierung. Projektionen der Chicana bei Gloria Anzaldúa und Cherríe Moraga.* Hildesheim: Georg Olms 2004.
Bandau, Anja: Desaster und Utopie: Vom unerhörten Detail zum Romanfragment. In: Ette, Ottmar (Hg.): *Nanophilologie. Literarische Klein- und Kleinstformen: Microrelatos – Microficciones.* Tübingen: Max Niemeyer 2008, S. 121–137.
Bandau, Anja: Transatlantic Representations of the Revolution in Saint-Domingue at the End of the Eighteenth Century and the Haitian Turn. In: Gohrisch, Jana, Ellen Grünkemeier (Hg.): *Postcolonial Studies Across the Disciplines. ASNEL Papers 18.* Amsterdam/New York: Rodopi 2013, S. 185–205.
Bandau, Anja: Überlegungen zu einer transatlantischen Romanistik – Transatlantische Lektüren. In: Felbeck, Christine, Andre Klump, Johannes Kramer (Hg.): *America Romana: Neue Perspektiven transarealer Vernetzungen.* Frankfurt am Main: Peter Lang 2015, S. 257–276.
Bandau, Anja: Une Odyssée sans Retour: le Texte et ses Modèles. In: Pillet, Jean-Paul: *Mon Odyssée: L'Épopée d'un colon de Saint Domingue.* Paris: Société française d'étude du dix-huitième siècle 2015, S. 33–55.
Barck, Karlheinz: Luis de Góngora und das poetische Weltbild in seinen «Soledades». In: Góngora y Argote, Luis de: *Soledades. Aus dem Spanischen übertragen von Erich Arendt. Herausgegeben von Karlheinz Barck.* Leipzig: Philipp Reclam jun. 1973, S. 101–148.
Barck, Karlheinz, Martin Treml (Hg.): *Erich Auerbach. Geschichte und Aktualität eines europäischen Philologen.* Berlin: Kulturverlag Kadmos 2007.
Barthes, Roland: *Mythologies.* Paris: Seuil 1957.
Barthes, Roland: *Fragments d'un discours amoureux.* Paris: Seuil 1977 (Tel Quel).

Barthes, Roland: *Leçon. Leçon inaugurale de la chaire de sémiologie littéraire du Collège de France*. Paris: Seuil 1978 (Collection Points).
Barthes, Roland: *Le plaisir du texte*. Paris: Seuil 1982 (Collection Points).
Barthes, Roland: *Roland Barthes par Roland Barthes*. Paris: Seuil 1995.
Barthes, Roland: *Comment vivre ensemble? Simulations romanesques de quelques espaces quotidiens. Cours et séminaires au Collège de France (1976–1977)*. Paris: Seuil/IMEC 2002.
Barthes, Roland: *Die Lust am Text. Kommentar von Ottmar Ette*. Berlin: Suhrkamp 2010 (Studienbibliothek).
Baur, Ferdinand Christian: *Mythologie oder die Naturreligion des Altertums*. Stuttgart: J. B. Metzler 1824.
Bayerische Staatsbibliothek (Hg.): *America. Das frühe Bild der Neuen Welt. Ausstellung der Bayerischen Staatsbibliothek München*. München: Prestel 1992.
Beccaria, Gian Luigi: Tra Italia, Spagna e Nuovo Mondo nell'età delle scoperte: viaggi di parole. In: *Lettere Italiane* 37 (1987), S. 177–203.
Becker, Lidia: *Hispano-romanisches Namenbuch*. Tübingen: Max Niemeyer 2009.
Bénassy, Marie-Cécile (Hg.): *Études sur l'impact culturel du Nouveau Monde. Séminaire Interuniversitaire sur l'Amérique Espagnole Coloniale* (3 Bände). Paris: L'Harmattan 1981–1983.
Bernabeu Albert, Salvador: Del Atlántico al Pacífico: el miedo al mar en la cultura occidental. In: Ette, Ottmar, Consuleo Naranjo Orovio u. a. (Hg.): *Imaginarios del miedo. Estudios desde la historia*. Berlin: Edition Tranvía 2013, S. 131–152.
Beusterien, John: Un acercamiento poscolonial a la comedia del Siglo de Oro: El caso de «El valiente negro en Flandes». In: Mata, Carlos, Miguel Zugasti (Hg.): *Actas del Congreso Internacional El Siglo de Oro en el nuevo milenio*. Pamplona: Universidad de Navarra 2005, S. 289–298.
Beverley, John: *Aspects of Góngora's «Soledades»*. Amsterdam: John Benjamins 1980.
Beverley, John: Lazarillo y la acumulación originaria: notas sobre la picaresca. In: ders.: *Essays on the literary baroque in Spain and Spanish America*. Woodbridge: Tamesis 2008, S. 85–101.
Blänsdorf, Jürgen: Der Fremde als Störenfried in der antiken Komödie. In: Balme, Christopher (Hg): *Das Theater der Anderen. Alterität und Theater zwischen Antike und Gegenwart*. Tübingen/Basel: A. Francke 2001, S. 21–36.
Blanchot, Maurice: *L'écriture du désastre*. Paris: Gallimard 1980.
Blanco, Mercedes: *Góngora heroico. Las Soledades y la tradición épica*. Madrid: CEEH 2012.
Blanco, Mercedes: La polémica en torno a Góngora (1613–1630): El nacimiento de una nueva conciencia literaria. In: *Mélanges de la Casa Velázquez* 42 (2012), S. 49–70.
Bloom, Harold: *The Western Canon. The Books and School of the Ages*. New York: Riverhead Books 1994.
Blumenberg, Hans: Wirklichkeitsbegriff und Möglichkeit des Romans. In: Jauß, Hans Robert (Hg.): *Nachahmung und Illusion. Kolloquium Gießen Juni 1963, Vorlagen und Verhandlungen*. München: Eidos Verlag 1964, S. 9–27.
Blumenberg, Hans: *Der Prozeß der theoretischen Neugierde*. Frankfurt am Main: Suhrkamp ^{2}1980 [1966] (stw).
Blumenberg, Hans: *Schiffbruch mit Zuschauer. Paradigma einer Daseinsmetapher*. Frankfurt am Main: Suhrkamp ^{5}2012 (Bibliothek Suhrkamp).
Böhme, Hartmut, Lutz Bergemann u. a. (Hg.): *Transformation: ein Konzept zur Erforschung des kulturellen Wandels*. München: Wilhelm Fink 2011.

Borsò, Vittoria: Pensar el movimiento: rutas e itinerarios de las culturas. In: Vittoria Borsò, Yasmin Temelli u. a. (Hg.): *México: migraciones culturales – topografías transatlánticas. Acercamiento a las culturas desde el movimiento.* Madrid/Frankfurt am Main: Vervuert/ Iberoamericana 2012, S. 47–76.

Bosshard, Marco Thomas, Andreas Gelz (Hg.): *Return Migration in Romance Cultures.* Freiburg i. Br.: Rombach 2014.

Brandenberger, Tobias: La construcción cultural de lo otro: personajes portugueses en el teatro áureo español. Fourtané, Nicole, Michèle Guiraud (Hg.): *L'identité culturelle dans le monde luso-hispanophone.* Nancy: Presses Universitaires de Nancy 2005, S. 361–371.

Brandenberger, Tobias: Les ponts entre les îles. La construction discursive d'un espace atlantique au XVIème siècle. In: Neiva, Saulo, Vanda Anastácio, Gilda Santos (Hg.): *L'Atlantique comme pont: l'Europe et l'espace lusophone (XVIe-XXe siècles).* Clermont-Ferrand: Presses Universitaires Blaise Pascal 2012, S. 97–103.

Brander, Miriam Lay: *Raum-Zeiten im Umbruch. Erzählen und Zeigen im Sevilla der Frühen Neuzeit.* Bielefeld: transcript 2011.

Brando, Oscar, Cécile Braillon-Chantraine u. a. (Hg.): *Navegaciones y regresos. Lugares y figuras del desplazamiento.* Bruxelles/New York: Peter Lang 2013 (Trans-Atlántico/ Trans-Atlantique 3).

Braudel, Fernand: *La Méditerranée et le monde méditerranéen à l'époque de Philippe II* (3 Bände). Paris: Armand Colin 1990 [1949/1966].

Brendecke, Arndt: *Imperium und Empirie: Funktionen des Wissens in der spanischen Kolonialherrschaft.* Köln: Böhlau 2009.

Brisemeister, Dietrich, Jaime Salas (Hg.): *Las influencias de las culturas académicas alemanas y españolas desde 1898 hasta 1936.* Madrid/Frankfurt am Main: Vervuert 2000.

Buck, August: Einleitung. In: Tesauro, Emanuele: *Il Cannocchiale Aristotelico. Herausgegeben und eingeleitet von August Buck.* Bad Homburg/Berlin/Zürich: Gehlen 1968, S. V–XXIV.

Burrichter, Brigitte: Arkadien als literarisches Heterotop. In: Däumer, Matthias, Annette Gerok-Reiter, Friedemann Kreuder (Hg.): *Unorte. Spielarten einer verlorenen Verortung. Kulturwissenschaftliche Perspektiven.* Bielefeld: transcript 2010, S. 311–340.

Cachey, Theodore J.: Petrarca, Boccaccio e le Isole Fortunate. In: Morosini, Roberta, Andrea Cantile (Hg.): *Boccaccio Geografo. Un viaggio nel Mediterraneo tra le città, i giardini e ... il ‹mondo› di Giovanni Boccaccio.* Florenz: Mauro Pagliai 2010, S. 205–228.

Cacho Casal, Rodrigo: Quevedo y Marino entre las estrellas. In: Galand, Perrine, Sylvie Laigneau-Fontaine (Hg.): *La Silve. Histoire d'une écriture libérée en Europe, de l'Antiquité au XVIIIe siècle.* Turnhout: Brepols 2013, S. 627–656.

Caddeo, Rinaldo: *Le Navigazioni atlantiche di Alvise Cà da Mosto, Antoniotto Usodimare e Niccoloso da Recco.* Milano: Alpes 1929.

Cañizares-Esguerra, Jorge: Wer sagt Zentrum, wer sagt Peripherie? Die Debatte um die Neue Welt in atlantischer Perspektive. In: Bernaschina, Vicente, Tobias Kraft, Anne Kraume (Hg.): *Globalisierung in Zeiten der Aufklärung: Texte und Kontexte zur Berliner Debatte um die Neue Welt (17./18. Jh.)* (Band 1). Frankfurt am Main: Peter Lang 2015, S. 57–75.

Carande, Ramón: *Carlos V y sus banqueros.* Barcelona: Editorial Crítica 2000 [1943–1967].

Carlos Villamarín, Helena de: Ulises, fundador de Lisboa. Algunhas anotacións. In: *troianalexandria. Anuario sobre Literatura Medieval de Materia Clásica* 2 (2002), S. 31–40.

Carreira, Antonio: Góngora y Madrid. In: *Edad de Oro* 17 (1998), S. 19–30.

Caunedo del Potro, Betsabé: Usos y prácticas mercantiles en la Baja Edad Media. In: González Jiménez, Manuel, Isabel Montes Romero-Camacho (Hg.): *La Península Ibérica entre el Mediterráneo y el Atlántico*. Sevilla/Cádiz: Sociedad Española de Estudios Medievales 2006, S. 35–54.

Cavell, Stanley: *In Quest of the Ordinary. Lines of Skepticism and Romanticism*. Chicago: The University of Chicago Press 1988.

Cavell, Stanley: *The Claim of Reason. Wittgenstein, Skepticism, Morality, and Tragedy*. New York/Oxford: Oxford UP 1999 [1979].

Cavell, Stanley: *Little Did I Know. Excerpts from Memory*. Stanford: Stanford UP 2010.

Cavillac, Michel: *Guzmán de Alfarache y la novela moderna. Prólogo de Francisco Rico*. Madrid: Casa de Velázquez 2010.

Cela, Camilo José: Pícaros, clérigos, caballeros, y otras falacias, y su reflejo literario en los siglos XVI y XVII. In: Universidad de Granada (Hg.): *Estudios. Homenaje al Profesor Alfonso Sancho Sáez* (Band 2). Universidad de Granada 1989, S. 525–535.

de Certeau, Michel: *L'invention du quotidien. 1. arts de faire*. Paris: Gallimard 1990.

Chaunu, Huguette et Pierre: *Séville et l'Atlantique (1504–1650)* (7 Bände). Paris: Armand Colin 1955–1957.

Chiappelli, Fredi, Michael J. B. Allen u. a. (Hg.): *First Images of America. The Impact of the New World on the Old* (2 Bände). Berkeley: University of California Press 1976.

Classen, Carl Joachim: *Die Stadt im Spiegel der Descriptiones und Laudes urbium in der antiken und mittelalterlichen Literatur bis zum Ende des zwölften Jahrhunderts*. Hildesheim u. a.: Georg Olms 1986.

Close, Anthony J.: Theory vs. the Humanist Tradition Stemming from Américo Castro. In: Cruz, Anne J., Carroll B. Johnson (Hg.): *Cervantes and His Postmodern Constituencies*. New York/London: Garland 1999, S. 1–21.

Collins, Marsha S.: *The Soledades. Góngora's Masque of the Imagination*. Columbia/London: University of Missoury Press 2002.

Conde, Juan Luis: *La lengua del imperio. La retórica del imperialismo en Roma y la globalización*. Alcalá la Real (Jaén): Alcalá Grupo Editorial 2008.

Corominas, Joan, José A. Pascual: *Diccionario crítico etimológico castellano e hispánico*. Madrid: Gredos 2010.

Costa Lima, Luiz: Zwischen Realismus und Figuration: Auerbachs dezentrierter Realismus. In: Barck, Karlheinz, Martin Treml: *Erich Auerbach. Geschichte und Aktualität eines europäischen Philologen*. Berlin: Kulturverlag Kadmos 2007, S. 255–267.

Costantino, Dario: *Ulisse e l'altro. Itinerari della Differenza nell'Odissea*. Milano: FrancoAngeli 2007.

Covarrubias Horozco, Sebastián de: *Tesoro de la Lengua Castellana o Española. Edición integral e ilustrada de Ignacio Arellano y Rafael Zafra*. Madrid: Iberoamericana – Vervuert 2006 (Biblioteca Áurea Hispánica 21).

Creischer, Alice, Max Jorge Hinderer, Andreas Siekmann (Hg.): *Das Potosí-Prinzip. Wie können wir das Lied des Herren im fremden Land singen?* (Ausstellungskatalog). Köln: Buchhandlung Walter König 2010.

Croce, Benedetto: *La Spagna nella vita Italiana durante la rinascenza*. Bari: Laterza ³1941 [1917].

Cruickshank, Donald: Some notes on the printing of plays in seventeenth-century Seville [1989]. In: *Bibliotheca virtual Miguel de Cervantes*. (http://www.cervantesvirtual.com/obra-visor/some-notes-on-the-printing-of-plays-in-seventeenthcentury-seville-0/html/0212108e-82b2-11df-acc7-002185ce6064_6.html; 30. 12. 2014).

Cruz, Anne J.: *Discourses of Poverty: Social Reform and the Picaresque Novel in Early Modern Spain*. Toronto: University of Toronto Press 1999.
Cruz, Anne J., Carroll B. Johnson: *Cervantes and his postmodern constituencies*. New York/London: Garland 1999.
Curtius, Ernst Robert: Das Schiff der Argonauten [1950]. In: ders.: *Kritische Essays zur Europäischen Literatur*. Bern: Francke ²1954, S. 412–437.
Curtius, Ernst Robert: *Europäische Literatur und lateinisches Mittelalter*. Tübingen/Basel: Francke Verlag ¹¹1993 [1948].
Darst, David H.: Renaissance Platonism and the Spanish Pastoral Novel. In: *Hispania* 52 (1969), S. 384–392.
Dávila, Arturo: El neobarroco sin lágrimas: Góngora, Mallarmé, Alfonso Reyes et al. In: *Hipertexto* 9 (2009), S. 3–35.
Deleuze, Gilles, Félix Guattari: *Mille Plateaux. Capitalisme et schizophrénie 2*. Paris: Les Éditions de Minuit 1980.
Deleuze, Gilles: Causes et raisons des îles désertes. In: *L'Île déserte et autres textes: textes et entretiens 1953–1974. Édition préparée par David Lapoujade*. Paris: Éditions de Minuit 2002, S. 11–17.
Deleuze, Gilles: *Foucault*. Frankfurt am Main: Suhrkamp 1992 (stw).
Dellepiane de Martino, Ángela Blanca: Ficción e historia en la Trilogía de los Pizarros de Tirso. In: *Filología* 4 (1953), S. 49–168.
Díaz y Díaz, Manuel C.: Imagen de España en E. R. Curtius. In: Berschin, Walter, Arnold Rothe (Hg.): *Ernst Robert Curtius. Werk, Wirkung, Zukunftsperspektiven*. Heidelberg: Carl Winter 1989, S. 195–205.
Dörflinger, Johannes: Die kartographische Darstellung Amerikas im 16. Jahrhundert. In: Edelmayer, Friedrich, Margarete Grandner, Bernd Hausberger (Hg.): *Die Neue Welt. Süd und Nordamerika in ihrer kolonialen Epoche*. Wien: Promedia 2001, S. 17–22.
Döring, Martin: Von der Wundergeschichte zum *fait divers*. Untersuchungen zur Berichterstattung über Kometen in französischen *canards* an der Wende vom 16. zum 17. Jahrhundert. In: Nitsch, Wolfram (Hg.): *Vom Flugblatt zum Feuilleton: Mediengebrauch und ästhetische Anthropologie in historischer Perspektive*. Tübingen: Gunter Narr 2002, S. 129–146.
Dolle, Verena: Hernán Cortés. Eroberer von Mexiko. In: Hartmann, Andreas, Michael Neumann (Hg.): *Mythen Europas. Schlüsselfiguren der Imagination. Vom Barock bis zur Aufklärung*. Regensburg: Friedrich Pustet/Wissenschaftliche Buchgesellschaft 2007, S. 54–83.
Dolle, Verena, Uta Helfrich (Hg.): *Zum «spatial turn» in der Romanistik. Akten der Sektion 25 des XXX. Romanistentages*. München: Meidenbauer 2009
Dünne, Jörg, Stephan Günzel (Hg.): *Raumtheorie. Grundlagentexte aus Philosophie und Kulturwissenschaften*. Frankfurt am Main: Suhrkamp 2006 (stw).
Dünne, Jörg: Geschichten im Raum und Raumgeschichte, Topologie und Topographie: Wohin geht die Wende zum Raum? (http://www.uni-potsdam.de/romanistik/ette/buschmann/dynraum/duenne.html; datiert 28.11.2008; Stand: 1.8.2015)
Dünne, Jörg, Sabine Friedrich, Kirsten Kramer (Hg.): *Theatralität und Räumlichkeit. Raumordnungen und Raumpraktiken im theatralen Mediendispositiv*. Würzburg: Königshausen & Neumann 2009.
Dünne, Jörg: *Die kartographische Imagination. Erinnern, Erzählen und Fingieren in der Frühen Neuzeit*. München: Wilhelm Fink 2011.
Dupuy, Jean-Pierre: *Petite métaphysique des tsunamis*. Paris: Seuil 2005.

Durán, M., R. González Echevarría: Luz y oscuridad: La estructura simbólica de *El Burlador de Sevilla*. In: Kossoff, A. David, José Amor y Vázquez (Hg.): *Homenaje a William L. Fichter. Estudios sobre el teatro antiguo hispánico y otros ensayos*. Madrid: Castalia 1971, S. 201–209.

Ehrlicher, Hanno: Literatura peregrina. Kuriose Pilgertexte zwischen Weltlichkeit und Spiritualität. In: Nitsch, Wolfram, Bernhard Teuber (Hg.): *Zwischen dem Heiligen und Profanen. Religion, Mythologie, Weltlichkeit in der spanischen Literatur und Kultur der Frühen Neuzeit*. München: Wilhelm Fink 2008, S. 141–169.

Ehrlicher, Hanno: *Zwischen Karneval und Konversion. Pilger und Pícaros in der spanischen Literatur der Frühen Neuzeit*. München: Wilhelm Fink 2010.

Ehrlicher, Hanno, Stefan Schreckenberg (Hg.): *El Siglo de Oro en la España contemporánea*. Frankfurt am Main/Madrid: Vervuert Iberoamericana 2011.

Ehrlicher, Hanno: *Einführung in die spanische Literatur und Kultur des Siglo de Oro*. Berlin: Erich Schmidt 2012.

Ehrlicher, Hanno: Fingerübungen in Digitalien. Erfahrungsbericht eines teilnehmenden Beobachters der *Digital Humanities* aus Anlass eines Lehrexperiments. In: *Romanische Studien* 4 (2016), S. 623–636.

Elias, Norbert: *Seeleute und Gentlemen. Herausgegeben von Hermann Korte*. Wiesbaden: Springer VS 2015.

Elliott, John H.: Renaissance Europe and America: A blunted impact? In: Chiappelli, Fredi, Michael J. B. Allen u. a. (Hg.): *First Images of America. The Impact of the New World on the Old* (2 Bände). Berkeley: University of California Press 1976, S. 11–23.

Elliott, John H.: *Empires of the Atlantic world: Britain and Spain in America, 1492–1830*. New Haven: Yale University Press 2006.

Elliott, John H.: España y el mundo transatlántico: pasado y presente. In: *Cuadernos de pensamiento político* 36 (2012), S. 43–59.

Ette, Ottmar: Der Schriftsteller als Sprachendieb. Versuch über Roland Barthes und die Philosophie. In: Nagl, Ludwig, Hugh J. Silverman (Hg.): *Textualität der Philosophie. Philosophie und Literatur*. Wien/München: R. Oldenbourg 1994, S. 161–189.

Ette, Ottmar: Fernández de Lizardi: «El Periquillo Sarniento» o escritura dialogada entre Europa y Latinoamérica. In: Janik, Dieter (Hg.): *La Literatura en la Formación de los Estados Hispanoamericanos 1800–1860*. Frankfurt am Main: Vervuert 1998, S. 83–122.

Ette, Ottmar: *Literatur in Bewegung. Raum und Dynamik grenzüberschreitenden Schreibens in Europa und Amerika*. Weilerswist: Velbrück Wissenschaft 2001.

Ette, Ottmar: *ÜberLebenswissen. Die Aufgabe der Philologie*. Berlin: Kulturverlag Kadmos 2004.

Ette, Ottmar: *ZwischenWeltenSchreiben. Literaturen ohne festen Wohnsitz*. Berlin: Kulturverlag Kadmos 2005.

Ette, Ottmar: Alexander von Humboldt: hemisphärische Konstruktionen und transregionale Wissenschaft. In: Ette, Ottmar, Peter Birle, Marianne Braig, Dieter Ingenschay (Hg.): *Hemisphärische Konstruktionen der Amerikas*. Frankfurt am Main: Vervuert 2006, S. 13–49.

Ette, Ottmar: Nachwort. Zwischen Welten – Alexander von Humboldts Wege zum Weltbewußtsein. In: Humboldt, Alexander von: *Kritische Untersuchungen zur historischen Entwicklung der geographischen Kenntnisse von der Neuen Welt und den Fortschritten der nautischen Astronomie im 15. und 16. Jahrhundert* (Band 2: *Geograpischer und physischer Atlas der Äquinoktial-Gegenden des Neuen Kontinents*). Frankfurt am Main/Leipzig: Insel 2009, S. 227–241.

Ette, Ottmar: Diskurse der Tropen – Tropen der Diskurse: Transarealer Raum und literarische Bewegungen zwischen den Wendekreisen. In: Hallet, Wolfgang, Birgit Neumann (Hg.): *Raum und Bewegung in der Literatur. Die Literaturwissenschaft und der Spatial Turn.* Bielefeld: transcript 2009, S. 139–165.

Ette, Ottmar: Urbanity and literature – cities as transareal spaces of movement in Assia Djebar, Emine Sevgi Özdamar and Cécile Wajsbrot. In: *European Review* 19 (2011), S. 367–383.

Ette, Ottmar: *Mobile mappings* y las literaturas sin residencia fija. Perspectivas de una poética del movimiento para el hispanismo. In: Ortega, Julio (Hg.): *Nuevos hispanismos. Para una crítica del lenguaje dominante.* Madrid/Frankfurt am Main: Iberoamericana/Vervuert 2012, S. 15–33.

Ette, Ottmar: *TransArea. Eine literarische Globalisierungsgeschichte.* Berlin/Boston: Walter de Gruyter 2012.

Ette, Ottmar: Wörter – Mächte – Stämme. Cornelius de Pauw und der Disput um eine neue Welt. In: Messling, Markus, Ottmar Ette (Hg.): *Wort Macht Stamm. Rassismus und Determinismus in der Philologie (18./19. Jh.).* München: Wilhelm Fink 2013, S. 107–135.

Ette, Ottmar: *Roland Barthes. Landschaften der Theorie.* Paderborn: Wilhelm Fink/Konstanz University Press 2013.

Ette, Ottmar, Werner Mackenbach, Horst Nitschack (Hg.): *TransPacífico. Conexiones y convivencias en AsiAméricas. Un simposio transareal.* Berlin: Edition Tranvía 2013.

Ette, Ottmar: Die «Berliner Debatte um die Neue Welt». Globalisierung aus der Perspektive der europäischen Aufklärung. In: Bernaschina, Vicente, Tobias Kraft, Anne Kraume (Hg.): *Globalisierung in Zeiten der Aufklärung: Texte und Kontexte zur Berliner Debatte um die Neue Welt (17./18. Jh.)* (Band 1). Frankfurt am Main: Peter Lang 2015, S. 28–55.

Ette, Ottmar, Sergio Ugalde Quintana (Hg.): *Políticas y estrategias de la crítica: ideología, historia y actores de los estudios literarios.* Madrid/Frankfurt am Main: Iberoamericana/Vervuert 2016.

Felbeck, Christine, Andre Klump, Johannes Kramer (Hg.): *America Romana: Perspektiven transarealer Vernetzung.* Frankfurt am Main: Peter Lang 2013.

Felsch, Philipp: *Der lange Sommer der Theorie. Geschichte einer Revolte 1960–1990.* München: C. H. Beck 2015.

Fischer, Thomas: El español en el mundo: hispanoamericanismo en la Liga de las Naciones. In: *Iberoamericana* 13 (2013), S. 119–131.

Flynn, Dennis, Arturo Giráldez, James Sobredo (Hg.): *European Entry into the Pacific. Spain and the Acapulco-Manila Galleons.* Aldershot: Ashgate 2001.

Folger, Robert: The picaresque subject writes: *Lazarillo de Tormes.* In: Ehland, Christoph, Robert Fajen (Hg.): *Das Paradigma des Pikaresken. The Paradigm of the Picaresque.* Heidelberg: Winter 2007, S. 45–68.

Folger, Robert: *Writing as poaching. Interpellation and Self-Fashioning in Colonial* relaciones de méritos y servicios. Leiden/Boston: Brill 2011.

Forner, Werner: Sprachkontakt Genuesisch-Spanisch in Buenos Aires. In: Dahmen, Wolfgang, Johannes Kramer u. a. (Hg.): *America romana. Romanistisches Kolloquium XXVI.* Tübingen: Narr 2012, S. 321–352.

Fosalba, Eugenia, María José Vega: *Textos castigados. La censura literaria en el Siglo de Oro.* New York: Peter Lang 2013.

Foucault, Michel: *Histoire de la folie à l'âge classique.* Paris: Gallimard 1972 (tel).

Foucault, Michel: Des espaces autres [1967/1984]. In: ders.: *Dits et écrits*, Band 4. Paris: Gallimard 1994, S. 752–762.

Fra-Molinero, Baltasar: El negro Zaide: marginación social y textual en el ‹Lazarillo›. In: *Hispania* 76 (1993), S. 20–29.

Fra-Molinero, Baltasar: Ser mulato en España y América: Discursos legales y otros discursos literarios. In: Ares Queija, Berta, Alessandro Stella (Hg.): *Negros, mulatos, zambaigos. Derroteros africanos en los mundos ibéricos*. Sevilla: Publicaciones de Estudios Hispano-Americanos/CSIC 2000, S. 123–147.

Frank, Michael C.: Die Literaturwissenschaften und der *spatial turn*: Ansätze bei Jurij Lotman und Michail Bachtin. In: Hallet, Wolfgang, Birgit Neumann (Hg.): *Raum und Bewegung in der Literatur. Die Literaturwissenschaften und der Spatial Turn*. Bielefeld: transcript 2009, S. 53–80.

Friedlein, Roger: *Kosmovisionen. Inszenierungen von Wissen und Dichtung im Epos der Renaissance in Frankreich, Portugal und Spanien*. Wiesbaden: Franz Steiner 2014.

Friedrich, Hugo: *Epochen der italienischen Lyrik*. Frankfurt am Main: Vittorio Klostermann 1964.

Fuchs, Barbara: *The Poetics of Piracy. Emulating Spain in English Literature*. Philadelphia: University of Pennsylvania Press 2013.

Fuchs, Barbara: The Black Legend and the Golden Age Dramatic Canon. In: Rodríguez Pérez, Yolanda, Antonio Sánchez Jiménez (Hg.): *La Leyenda Negra en el crisol de la comedia. El teatro del Siglo de Oro frente a los estereotipos antihispánicos*. Madrid: Iberoamericana – Vervuert 2016, S. 219–236.

Fuhrmann, Manfred: Obscuritas (das Problem der Dunkelheit in der rhetorischen und literarästhetischen Theorie der Antike). In: Iser, Wolfgang (Hg.): *Immanente Ästhetik – ästhetische Reflexion. Lyrik als Paradigma der Moderne. Poetik und Hermeneutik II*. München: Wilhelm Fink 1966.

Fuhrmann, Manfred: Die Romidee der Spätantike. In: ders.: *Brechungen. Wirkungsgeschichtliche Studien zur antik-europäischen Bildungstradition*. Stuttgart: Klett-Cotta 1982, S. 75–95.

Gabbert, Wolfgang: Warum Montezuma weinte. Anmerkungen zur Frühphase der europäischen Expansion in den Atlantischen Raum. In: Schmieder, Ulrike, Hans-Heinrich Nolte (Hg.): *Atlantik. Sozial- und Kulturgeschichte in der Neuzeit*. Wien: Promedia Verlag 2010, S. 29–47.

Gabilondo, Joseba: The Hispanic Atlantic. Introduction. In: *Arizona Journal of Hispanic Cultural Studies* 5 (2001), S. 91–113.

Galand, Perrine, Sylvie Laigneau-Fontaine (Hg.): *La Silve. Histoire d'une écriture libérée en Europe, de l'Antiquité au XVIIIe siècle*. Turnhout: Brepols 2013.

Garber, Klaus: Arkadien und Gesellschaft. Skizze zur Sozialgeschichte der Schäfer-, Landleben- und Idyllendichtung als utopischer Literaturform Europas [1982]. In: ders.: *Literatur und Kultur im Europa der Frühen Neuzeit. Gesammelte Studien*. München: Wilhelm Fink 2009, S. 229–274.

Garber, Klaus (Hg.): *Kulturwissenschaftler des 20. Jahrhunderts. Ihr Werk im Blick auf das Europa der Frühen Neuzeit*. München: Wilhelm Fink 2002.

Garrot Zambrana, Juan Carlos: España son mis brazos: Nápoles en *El perro del hortelano* y otras comedias lopescas. In: Civil, Pierre (Hg.): *Fra Italia e Spagna: Napoli crocevia di culture durante il vicereame*. Napoli: Liguori 2011, S. 325–343.

Gaylord, Mary M.: Góngora and the Footprints of the Voice. In: *Modern Language Notes* 108 (März 1993), S. 230–253.

Gaylord, Mary M.: Intimacy and Allegory in a Quevedo Sonnet («En breve carcel traigo aprisionado»). In: Berg, Mary G., Lanin A. Gyurko (Hg.): *Studies in Honor of Denah Lida*. Potomac: Scripta Humanistica 2005, S. 103–112.

Gehring, Ulrike, Peter Weibel: *Mapping Spaces. Networks of Knowledge in 17th Century Landscape Painting*. Karlsruhe/München: ZKM/Hirmer 2014.

Gelz, Andreas: *Convivencia – ZusammenLebensWissen als Utopie spanischer Geschichtsschreibung*. In: Ette, Ottmar (Hg.): *Wissensformen und Wissensnormen des ZusammenLebens. Literatur – Kultur – Geschichte – Medien*. Berlin/Boston: Walter de Gruyter 2012, S. 87–102.

Gelz, Andreas: La presencia del indiano en la historia literaria y cultural de España (con especial atención a la novela *Tormento* de Benito Pérez Galdós). In: Bosshard, Marco Thomas, Andreas Gelz (Hg.): *Return Migration in Romance Cultures*. Freiburg i. Br.: Rombach 2014, S. 173–185.

Gelz, Andreas: Remigration in der spanischen Literatur: das Beispiel von *Don Álvaro o la fuerza del sino* (1835) des Duque de Rivas. In: Buschmann, Albrecht, Julian Drews u. a. (Hg.): *Literatur leben. Festschrift für Ottmar Ette*. Frankfurt am Main/Madrid: Iberoamericana – Vervuert 2016, S. 513–522.

Geske, Rudolf: *Góngoras Warnrede im Zeichen der Hekate. Ein Deutungsversuch zu den Versen 366–502 der Soledad Primera*. Berlin: Colloquium Verlag 1964.

Gewecke, Frauke: *Wie die Neue Welt in die Alte kam*. Stuttgart: Klett-Cotta 1986.

Gil Bermejo, Juana: El Burlador de Sevilla. Posible origen histórico en las Antillas. In: *eme eme. Estudios Dominicanos* VI (1978), S. 31–41.

Gilroy, Paul: *The Black Atlantic. Modernity and Double Consciousness*. London: Verso 1999.

Glauser, Jürg, Christian Kiening (Hg.): *Text – Bild – Karte. Kartographien der Vormoderne*. Freiburg i. Br.: Rombach 2007.

Glaser, Horst Albert: *Utopische Inseln. Beiträge zu ihrer Geschichte und Theorie*. Frankfurt am Main: Peter Lang 1996.

Glissant, Édouard: *Poétique de la relation*. Paris: Gallimard 1990.

Göbel, Walter: African American Picaresque: Some Examples. In: Ehland, Christoph, Robert Fajen (Hg.): *Das Paradigma des Pikaresken. The Paradigm of the Picaresque*. Heidelberg: Winter 2007, S. 273–288.

Gómez Hidalgo, Icíar (Hg.): *Diccionario biográfico español*. 47 Bände. Madrid: Real Academia de la Historia 2009–2013.

González Echevarría, Roberto: Apetitos de Góngora y Lezama. In: *Revista Iberoamericana* 41 (1975), S. 479–491.

González Echevarría, Roberto: *Myth and archive. A theory of Latin American narrative*. Cambridge: Cambridge UP 1990.

González Echevarría, Roberto: *Celestina's brood. Continuities of the Baroque in Spanish and Latin American Literature*. Durham/London: Duke UP 1993.

González Echevarría, Roberto: Lezama, Góngora y la poética del mal gusto. In: *Hispania* 84 (2001), S. 428–440.

González Jiménez, Manuel, Isabel Montes Romero-Camacho (Hg.): *La Península Ibérica entre el Mediterráneo y el Atlántico*. Sevilla/Cádiz: Sociedad Española de Estudios Medievales 2006.

Gramatzki, Susanne: Darstellung des Nicht-Darstellbaren: Die Poetik und Ästhetik des Dunklen vom Mittelalter zur Moderne. In: Becker, Lidia (Hg.): *Aktualität des Mittelalters und der Renaissance in der Romanistik*. München: Martin Meidenbauer 2009, S. 307–333.

Greimas, Algirdas Julien: *Maupassant. La sémiotique du texte. Exercices pratiques*. Paris: Seuil 1976.

Grünnagel, Christian: *Klassik und Barock – Pegasus und Chimäre. Französische und spanische Literatur des 17. Jahrhunderts im Dialog*. Heidelberg: Winter 2010.

Gruzinski, Serge: *Les quatre parties du monde. Histoire d'une mondialisation*. Paris: Éditions La Martinière 2004.

Guhl, Marie-Cécile: Le Feu à l'île: pour une dynamique des formes de l'Imaginaire. In: Burgos, Jean, Gianfranco Rubino (Hg): *Circé: l'île et le volcan. Formes et force de l'Imaginaire*. Paris: lettres modernes 1996, S. 61–73.

Gumbrecht, Hans Ulrich: Warum gerade Góngora? Poetologie und historisches Bewusstsein in Spanien zwischen Jahrhundertende und Bürgerkrieg. In: Warning, Rainer, Winfried Wehle (Hg.): *Lyrik und Malerei der Avantgarde*. München: UTB 1982.

Gumbrecht, Hans Ulrich: Wie fiktional war der höfische Roman? In: Henrich, Dieter, Wolfgang Iser (Hg.): *Funktionen des Fiktiven. Poetik und Hermeneutik X*. München: Wilhelm Fink 1983, S. 433–440.

Gumbrecht, Hans Ulrich: Wenig Neues in der Neuen Welt. Über Typen der Erfahrungsbildung in spanischen Kolonialchroniken des XVI. Jahrhunderts. In: Stempel, Wolf-Dieter, Karlheinz Stierle (Hg.): *Die Pluralität der Welten. Aspekte der Renaissance in der Romania*. München: Wilhelm Fink 1987, S. 227–249.

Gumbrecht, Hans Ulrich: ‹Eine› *Geschichte der spanischen Literatur* (Band 1). Frankfurt am Main: Suhrkamp 1990.

Haase, Wolfgang, Meyer Reinhold (Hg.): *The Classical Tradition and the Americas. Volume 1: European images of the Americas and the classical tradition*. Berlin/New York: Walter de Gruyter 1994.

Hafner, Jochen: Zur sprachlichen Gestaltung und linguistischen Beschreibung von Kommunikationsräumen: Der ‹Fall Neapel› (16./17. Jahrhundert). In: Dolle, Verena, Uta Helfrich (Hg.): *Zum «spatial turn» in der Romanistik. Akten der Sektion 25 des XXX. Romanistentages*. München: Meidenbauer 2009, S. 101–121.

Hargreaves, Alec G.: Roland Barthes and the Origins of Postcolonialism. In: Murdoch, Adlai H., Anne Donadey (Hg.): *Postcolonial Theory and Francophone Literary Studies*. Gainesville, FL: The University Press of Florida 2005, S. 55–64.

Hau'ofa, Epeli: Our Sea of Islands. In: Waddell, Eric Vijay Naidu, Epeli Hau'ofa (Hg.): *A new Oceania: Rediscovering Our Sea of Islands*. Suva (Fiji): The University of the South Pacific 1993, S. 2–16.

Hegel, Georg Wilhelm Friedrich: *Vorlesungen über die Ästhetik. III*. Frankfurt am Main: Suhrkamp 1986 (stw).

Hegel, Georg Wilhelm Friedrich: *Vorlesungen über die Philosophie der Geschichte*. Frankfurt am Main: Suhrkamp 1986 (stw).

Hennigfeld, Ursula: *Der ruinierte Körper. Petrarkistische Sonette in transkultureller Perspektive*. Würzburg: Königshausen & Neumann 2008.

Hentschel, Rüdiger: Genua. Streifzüge durch eine «kapitalistische Stadt» des Mittelalters und der Frühen Neuzeit. In: Berking, Helmuth, Richard Faber (Hg.): *Städte im Globalisierungsdiskurs*. Würzburg: Königshausen & Neumann 2002, S. 225–239.

Henze-Döhring, Sabine: *Friedrich der Große. Musiker und Monarch*. München: C. H. Beck 2012.

Hermida-Ruiz, Aurora: «Por un clavo se pierde un reino»: Alfonso Reyes, the Generation of 1927, and the Imperial Appropriation of Góngora. In: *Calíope* 18 (2013), S. 161–193.

Heydenreich, Titus: *Tadel und Lob der Seefahrt. Das Nachleben eines antiken Themas in der romanischen Literatur*. Heidelberg: Carl Winter 1970.

Hiltensperger, Thomas: Marte y Minerva – El vocabulario náutico y militar hispano-italiana en la Italia Española (siglos XVI–XVII). In: Krefeld, Thomas, Wulf Oesterreicher, Verena Schwägerl-Melchior (Hg.): *Reperti di plurilinguismo nell'Italia Spagnola (sec. XVI–XVII)*. Boston/Berlin: Walter de Gruyter 2013 (Pluralisierung & Autorität 38), S. 311–331.

Hinz, Berthold: Statuenliebe. Antiker Skandal und mittelalterliches Trauma. In: *Marburger Jahrbuch für Kunstwissenschaft* 22 (1989), S. 135–142.

Hitchcock, Richard: Góngora and the Hyrcanian Tigress. In: Bacarisse, Salvador (Hg.): *What's Past is Prologue. A Collection of Essays in Honour of L. J. Woodward*. Edinburgh: Scottish Academic Press 1984, S. 82–87.

Höfele, Andreas, Jan-Dirk Müller, Wulf Oesterreicher (Hg.): *Die Frühe Neuzeit. Revisionen einer Epoche*. Berlin/Boston: Walter de Gruyter 2013.

Höfner, Eckhard: Tradition und Funktion des Lissabon-Lobs in Tirso de Molinas *Burlador de Sevilla*. In: de Toro, Alfonso (Hg.): *Texte Kontexte Strukturen. Beiträge zur französischen, spanischen und hispanoamerikanischen Literatur*. Tübingen: Gunter Narr 1987, S. 337–349.

Holländer, Hans (Hg.): *Erkenntnis, Erfindung, Konstruktion: Studien zur Bildgeschichte von Naturwissenschaften und Technik vom 16. bis zum 19. Jahrhundert*. Berlin: Mann 2000.

Holzberg, Niklas: *Der antike Roman. Eine Einführung*. Darmstadt: Wissenschaftliche Buchgesellschaft 2006

Hoock, Jochen: Jansénisme et milieu marchand à Rouen: le cas Boisguilbert (1646–1714). In: *Romanistische Zeitschrift für Literaturgeschichte* 13 (1989), S. 87–101.

ter Horst, Robert: The *Loa* of Lisbon and the mythical substructure of *El Burlador de Sevilla*. In: *Bulletin of Hispanic Studies* 50 (1973), S. 147–165.

Humboldt, Alexander von: *Kosmos. Entwurf einer physischen Weltbeschreibung. Ediert und mit einem Nachwort versehen von Ottmar Ette und Oliver Lubrich*. Berlin: Die Andere Bibliothek 2004.

Humboldt, Alexander von: *Kritische Untersuchungen zur historischen Entwicklung der geographischen Kenntnisse von der Neuen Welt und den Fortschritten der nautischen Astronomie im 15. und 16. Jahrhundert*. Frankfurt am Main/Leipzig: Insel 2009.

Humboldt, Alexander von: *Ansichten der Natur. Herausgegeben von Adolf Meyer-Abich*. Stuttgart: Philipp Reclam 1969.

Huss, Bernhard, Christian Wehr (Hg.): *Manierismus. Interdisziplinäre Studien zu einem ästhetischen Stiltyp zwischen formalem Experiment und historischer Signifikanz*. Heidelberg: Winter 2014.

Huss, Bernhard: Diskursivierungen von Neuem: Fragestellungen und Arbeitsvorhaben einer neuen Forschergruppe, Working Papers der FOR 2305 *Diskursivierungen von Neuem*, No. 1/2016, Freie Universität Berlin (online Ressource).

Ingenschay, Dieter: Mythisches Madrid? Geschichte und Spezifik der literarischen Anverwandlung einer iberischen Metropole. In: Kimminich, Eva, Judith Stein (Hg.): *Mythos Stadt – Stadtmythen*. Frankfurt am Main: Peter Lang 2013, S. 27–62.

Iser, Wolfgang: Akte des Fingierens. Oder: Was ist das Fiktive im fiktionalen Text? In: Henrich, Dieter, Wolfgang Iser (Hg.): *Funktionen des Fiktiven. Poetik und Hermeneutik X*. München: Wilhelm Fink 1983, S. 121–151.

Jammes, Robert: *Études sur l'œuvre de Don Luis de Góngora y Argote*. Bordeaux: Institut d'Études Ibériques et Ibéro-Américains de l'Université de Bordeaux 1967.

Jammes, Robert: Elementos burlescos en las «Soledades». In: *Edad de Oro* 2 (1983), S. 101–102.

Jauralde Pou, Pablo (Hg.): *Diccionario filológico de literatura española del siglo XVII* (2 Bände). Madrid: Castalia 2010.

Jauss, Hans Robert: Negativität und Identifikation. Versuch zur Theorie der ästhetischen Erfahrung. In: Weinrich, Harald (Hg.): *Positionen der Negativität. Poetik und Hermeneutik VI*. München: Wilhelm Fink 1975, S. 263–339.

Johnson, Carroll B.: On the Beach: Myth, Falconry, and the End of the *Soledades*. In: *Calâiope: Journal of the Society for Renaissance and Baroque Hispanic Poetry* 8 (2002), S. 103–123.

Jordan Gschwend, Annemarie, K.J.P. Lowe (Hg.): *The Global City. On the Streets of Renaissance Lisbon*. London: Paul Holberton 2015.

Jori, Costanza: Il *Convitato di Pietra* di Andrea Perrucci: Un *Burlador* in veste Napoletana. In: Civil, Pierre, Antonio Gargano u. a. (Hg.): *Fra Italia e Spagna: Napoli crocevia di culture durante il vicereame*. Napoli: Liguori 2011, S. 359–372.

Kakridi, Christina: *Cassiodors* Variae. *Literatur und Politik im ostgotischen Italien*. München/Leipzig: K. G. Saur 2005.

Kamen, Henry: *Empire. How Spain became a world power 1492–1763*. New York: HarperCollins/Perennial 2004.

Kern, Andrea: *Quellen des Wissens. Zum Begriff vernünftiger Erkenntnisfähigkeiten*. Frankfurt am Main: Suhrkamp 2006 (stw).

Klengel, Susanne, Alexandra Ortiz Wallner (Hg.): *Sur ↓ South. Poetics and Politics of Thinking Latin America / India*. Madrid/Frankfurt am Main: Iberoamericana/Vervuert 2016.

Klor de Alva, J. Jorge: Colonialism and Postcolonialism as (Latin) American Mirages. In: *Colonial Latin American Review* 1 (1992), S. 3–23.

Klotz, Volker: *Die erzählte Stadt. Ein Sujet als Herausforderung des Romans von Lesage bis Döblin*. München: Carl Hanser 1969.

Kohut, Karl: *Las teorías literarias en España y Portugal durante los siglos XV y XVI*. Madrid: CSIC 1973.

Kohut, Karl: Raum und Zeit in der spanisch-amerikanischen Chronistik. In: Dolle, Verena, Uta Helferich (Hg.): *Zum «spatial turn» in der Romanistik: Akten der Sektion 25 des XXX. Romanistentages (Wien, 23.–27. September 2007)*. München: Meidenbauer 2009, S. 1–21.

Koppenfels, Werner von: *Der andere Blick. Das Vermächtnis des Menippos in der europäischen Literatur*. München: C. H. Beck 2007.

Kraft, Tobias: *Figuren des Wissens bei Alexander von Humboldt. Essai, Tableau und Atlas im amerikanischen Reisewerk*. Berlin/Boston: Walter de Gruyter 2014 (Mimesis 59).

Kraume, Anne: *Das Europa der Literatur. Schriftsteller blicken auf den Kontinent 1815–1945*. Berlin/New York: Walter de Gruyter 2010 (Mimesis 50).

Krech, Shepard: On the Turkey in Rua Nova dos Mercadores. In: Jordan Gschwend, Annemarie, K. J. P. Lowe (Hg.): *The Global City. On the Streets of Renaissance Lisbon*. London: Paul Holberton 2015, S. 179–185.

Krefeld, Thomas, Wulf Oesterreicher, Verena Schwägerl-Melchior (Hg.): *Reperti di plurilinguismo nell'Italia spagnola (sec. XVI–XVII)*. Berlin/Boston: Walter de Gruyter 2013 (Pluralisierung & Autorität 38).

Krystal, Arthur: The Book of Books. Erich Auerbach and the making of «Mimesis». In: *The New Yorker*, Dezember 2009 (http://www.newyorker.com/magazine/2013/12/09/the-book-of-books; 31. 1. 2016).

Küpper, Joachim: *Diskurs-Renovatio bei Lope de Vega und Calderón*. Tübingen: Gunter Narr 1990.
Kunow, Rüdiger: Epidemie als Signifikation: Die sogenannte «AIDS-Krise» und die US-amerikanische Literatur. In: Ebert, Christa, Brigitte Sändig (Hg.): *Literatur und soziale Erfahrung am Ende des 20. Jahrhunderts*. Berlin: scrîpvaz 2003, S. 77–99.
Lange, Wolf-Dieter, Wolfgang Matzat (Hg.): *Sonderwege in die Neuzeit. Dialogizität und Intertextualität in der spanischen Literatur zwischen Mittelalter und Aufklärung*. Bonn: Romanistischer Verlag 1997.
Lapesa, Rafael: Góngora y Cervantes: Coincidencia de temas y contraste de actitudes. In: *Revista Hispánica Moderna* 31 (1965), S. 247–263.
Lausberg, Heinrich: *Handbuch der literarischen Rhetorik. Eine Grundlegung der Literaturwissenschaft* (2 Bände). München: Max Hueber 1960.
Lavocat, Françoise: Narratives of catastrophe in the Early Modern Period. Awareness of historicity and emergence of interpretative viewpoints. In: *Poetics today* 33 (2012), S. 254–299.
Lázaro Carreter, Fernando: *Estilo Barroco y Personalidad Creadora. Góngora, Quevedo, Lope de Vega*. Madrid: Cátedra 1977.
Legrás, Horacio: Hegelian Tales in the Caribbean: Production, Expression, and History of the Atlantic Subject. In: *Arizona Journal of Hispanic Cultural Studies* 5 (2001), S. 133–148.
Lehmann, Sara L.: *Sinful business: New world commerce as religious transgression in literature on and of the Spanish colonies*. Newark, Delaware: Juan de la Cuesta 2010.
Lepper, Marcel: *Philologie. Zur Einführung*. Hamburg: Junius 2012.
Lestringant, Frank: *Le Cannibale. Grandeur et Décadence*. Paris: Perrin 1994.
Lestringant, Frank: *Le Livre des îles. Atlas et récits insulaires, de la Genèse à Jules Verne*. Genève: Droz 2002.
Lestringant, Frank: *Die Erfindung des Raums. Kartographie, Fiktion und Alterität in der Literatur der Renaissance*. Bielefeld: transcript 2012.
Lezama Lima, José: *La expresión americana*. México: Fondo de Cultura Económica 1993 [1957].
Lezama Lima, José: *Esferaimagen. Sierpe de Don Luis de Góngora. Las imágenes posibles*. Barcelona: Tusquets ^{2}1976 [1951/1948].
Liebermann, Marita: Optik und Rhetorik in Emanuele Tesauros *Cannocchiale aristotelico*. In: Huss, Bernhard, Christian Wehr (Hg.): *Manierismus. Interdisziplinäre Studien zu einem ästhetischen Stiltyp zwischen formalem Experiment und historischer Signifikanz*. Heidelberg: Winter 2014, S. 321–335.
Liedl, Gottfried: *Al-Farantira – Die Schule des Feindes. Zur spanisch-islamischen Kultur der Grenze* (3 Bände). Wien: Turia & Kant 1997.
López-Baralt, Mercedes: La iconografía política de América. El mito fundacional en las imágenes católica, protestante y native. In: *Nueva Revista de Filología Hispánica* 32 (1983), S. 448–461.
López Estrada, Francisco: *Los libros de pastores en la literatura española*. Madrid: Gredos 1974.
López-Ríos, Santiago: «Señor, por holgar con el cordón no querrás gozar de Melibea»: la parodia del culto a las reliquias en la *Celestina*. In: *Modern Language Notes* 127 (2012), S. 190–207.
Lotman, Jurij M.: *Die Struktur literarischer Texte*. München: W. Fink/UTB ^{4}1993.
Luhmann, Niklas: Negation in sinnkonstituierenden Systemen. In: Weinrich, Harald (Hg.): *Positionen der Negativität. Poetik und Hermeneutik IV*. München: Wilhelm Fink 1975, S. 201–218.

Maass, Christiane, Annett Volmer (Hg.): *Mehrsprachigkeit in der Renaissance*. Heidelberg: Winter 2005.
Maceiras Fafián, Manuel (Hg.): *Pensamiento filosófico español (I). De Séneca a Suárez*. Madrid: Editorial Síntesis o.J.
Macho, Thomas: Weltenbrand und Feuerwerk. Ein pyrohistorisches Panorama der Auslöschung. In: Adamowsky, Natascha, Peter Matussek (Hg.): *[Auslassungen]. Leerstellen als Movens der Kulturwissenschaft*. Würzburg: Königshausen & Neumann 2004.
Macho, Thomas: Prometheus. Eine Vor-Erzählung. In: Leggewie, Claus, Ursula Renner, Peter Risthaus (Hg.): *Prometheische Kultur. Wo kommen unsere Energien her?* München: Wilhelm Fink 2013, S. 45–55.
Mackley, Jude S.: *The legend of St. Brendan: a comparative study of the Latin and Anglo-Norman versions*. Leiden: Brill 2008.
MacPhail, Eric: Philosophers in the New World: Montaigne and the tradition of epideictic rhetoric. In: *Rhetorica* 30 (2012), S. 22–36.
Maiorino, Giancarlo: *At the margins of the Renaissance.* Lazarillo de Tormes *and the Picaresque Art of Survival*. University Park, PA: The Pennsylvania State UP 2003.
Mann, Michael, Ineke Phaf-Rheinberger (Hg.): *Beyond the Line. Cultural Narratives of the Southern Oceans*. Berlin: Neofelis 2014.
Marcozzi, Luca: Raccontare il viaggio: Tra *itineraria ultramarina* e dimensione dell'immaginario. In: Morosini, Roberta, Andrea Cantile (Hg.): *Boccaccio Geografo. Un viaggio nell'Mediterranea tra le città, i giardini e … il ‹mondo› di Boccaccio*. Firenze: Mauro Pagliai 2010, S. 159–177.
Mariscal, George: The Crisis of Hispanism as Apocalyptic Myth. In: Cruz, Anne J., Carroll B. Johnson (Hg.): *Cervantes and His Postmodern Constituencies*. New York/London: Garland 1999, S. 201–217.
Marquard, Odo, Karlheinz Stierle (Hg.): *Identität. Poetik und Hermeneutik VIII*. München: Wilhelm Fink 1979.
Márquez Villanueva, Francisco: Nueva visión de la leyenda de Don Juan. In: Körner, Karl-Hermann, Dietrich Briesemeister (Hg.): *Aureum saeculum hispanum. Beiträge zu Texten des Siglo de Oro. Festschrift für Hans Flasche zum 70. Geburtstag*. Wiesbaden: Franz Steiner 1983, S. 203–216.
Martínez Arancón, Ana: *La batalla en torno a Góngora (selección de textos)*. Madrid: Bosch 1978.
Martínez García, Óscar: El hombre que conoció innúmeras gentes: los viajes de Ulises. In: Arcaz Pozo, Juan Luis, Mercedes Montero Montero (Hg.): *Mare Nostrum. Viajeros griegos y latinos por el Mediterráneo*. Madrid: Delegación de Madrid de la Sociedad Española de Estudios Clásicos 2012, S. 13–33.
Martínez Hernández, Marcos: Islas utópicas. In: *La Página* 88 (2010), S. 3–42.
Masala, Maurizio: *Il Picariglio castigliano di Barezzo Barezzi. Una versione seicentesca del Lazarillo de Tormes*. Roma: Bulzoni 2004.
Matzat, Wolfgang, Bernhard Teuber (Hg.): *Welterfahrung – Selbsterfahrung. Konstitution und Verhandlung von Subjektivität in der spanischen Literatur der frühen Neuzeit*. Tübingen: Max Niemeyer 2000.
Matzat, Wolfgang: Der gesellschaftliche Raum in *La ilustre fregona*. In: Ehrlicher, Hanno, Gerhard Poppenberg (Hg.): *Cervantes* Novelas Ejemplares *im Streitfeld der Interpretationen. Exemplarische Einführungen in die spanische Literatur der Frühen Neuzeit*. Berlin: Edition tranvía 2006, S. 201–216.

Maurel, Serge: *L'Univers dramatique de Tirso de Molina*. Poitiers: Publications de l'Université de Poitiers 1971.
McClellan, James E., François Regourd: *The Colonial Machine: French Science and Overseas Expansion in the Old Regime*. Turnhout: Brepols 2011.
McGrady, Donald: Lope, Camões y Petrarca y los primeros versos de las Soledades de Góngora. In: *Hispanic Review* 54 (1986), S. 287–296.
Mecke, Jochen: Die Atopie des Pícaro: Paradoxale Kritik und dezentrierte Subjektivität im *Lazarillo de Tormes*. In: Matzat, Wolfgang, Bernhard Teuber (Hg.): *Welterfahrung – Selbsterfahrung. Konstitution und Verhandlung von Subjektivität in der spanischen Literatur der frühen Neuzeit*. Tübingen: Max Niemeyer 2000, S. 67–94.
Meier, Thomas, Michael R. Ott, Rebecca Sauer (Hg.): *Materiale Textkulturen. Konzepte – Materialien – Praktiken*. Berlin/Boston: de Gruyter 2015.
Mejías-López, Alejandro: *Modernismo*'s inverted conquest and the ruins of imperial nostalgia: Rethinking transatlantic relations in contemporary critical discourse. In: *Arizona Journal of Hispanic Cultural Studies* 12 (2008), S. 7–29.
Menegaldo, Silvère: Géographie et imaginaire insulaire au Moyen Âge, d'Isidore de Séville à Jean de Mandeville. In: *Les lettres romanes* 66 (2012), S. 37–86.
Merediz, Eyda M.: *Refracted Images. The Canary Islands Through a New World Lens. Transatlantic Readings*. Tempe, AZ: Arizona Center for Medieval and Renaissance Studies 2004.
Mersch, Dieter: Chiasmen. Über den unbestimmten Zwischenraum. In: Dalferth, Ingolf U., Philipp Stoellger, Andreas Hunziker (Hg.): *Unmöglichkeiten. Zur Phänomenologie und Hermeneutik eines modalen Grenzbegriffs*. Tübingen: Mohr Siebeck 2009, S. 21–37.
Messling, Markus, Ottmar Ette (Hg.): *Wort Macht Stamm. Rassismus und Determinismus in der Philologie (18./19. Jh.)*. München: Wilhelm Fink 2013.
Meuli, Karl: *Odyssee und Argonautika. Untersuchungen zur griechischen Sagengeschichte und zum Epos*. Säckingen: Buchdruckerei Mehr 1921 (Univ. Diss., Basel).
Michaud, Monique: *Mateo Alemán, moraliste chrétien. De l'apologue picaresque à l'apologétique tridentine*. Paris: Aux amateurs de livres 1987.
Mignolo, Walter: *The darker side of the Renaissance: literacy, territoriality, and colonization*. Ann Arbor: University of Michigan Press 1995.
Mignolo, Walter: *Local Histories/Global Designs. Coloniality, Subaltern Knowledge, and Border Thinking. With a new preface by Walter D. Mignolo*. Princeton/Oxford: Princeton UP 2012.
Mitchell, W. J. T.: Imperial Landscape. In: ders. (Hg.): *Landscape and Power*. Chicago/London: The University of Chicago Press 2002, S. 5–34.
Möller, Astrid: Der Preis der Dinge. Fischkauf auf der Athener Agora. In: Onken, Björn, Dorothea Rode (Hg.): *in omni historia curiosus. Studien zur Geschichte von der Antike bis zur Neuzeit. Festschrift für Helmuth Schneider zum 65. Geburtstag*. Wiesbaden: Harrassowitz 2011, S. 13–22.
Molho, Maurice: *Semántica y poética (Góngora, Quevedo)*. Barcelona: Crítica 1977.
Montero Montero, Mercedes: Navegando hacia una «isla verde» y un «mar de arena». Griegos y romanos en Libia. In: Arcaz Pozo, Juan Luis, Mercedes Montero Montero (Hg.): *Mare Nostrum. Viajeros griegos y latinos por el Mediterráneo*. Madrid: Delegación de Madrid de la Sociedad Española de Estudios Clásicos 2012, S. 145–173.
Moretti, Franco: *Atlante del romanzo europeo. 1800–1900*. Torino: Giulio Enaudi 1997.
Moretti, Franco: *La letteratura vista da lontano*. Torino: Giulio Enaudi 2005.

Moretti, Franco: *Graphs, Maps, Trees. Abstract models for a literary history.* London: Verso 2005.
Moretti, Franco: *Distant Reading.* London/New York: Verso 2013.
Morínigo, Marcos A.: *América en el teatro de Lope de Vega.* Buenos Aires: López 1946 (Revista de Filología Hispánica, Anejo II).
Moulin Civil, Françoise: Au commencement était Góngora. In: *América. Cahiers du CRICCAL* 19 (1997), S. 223–236.
Mühlschlegel, Ulrike: *Enciclopedia, vocabulario, dictionario. Spanische und portugiesische Lexikographie im 17. und 18. Jahrhundert.* Frankfurt am Main: Vervuert 2000.
Müller, Gesine, Dunia Gras (Hg.): *América Latina y la literatura mundial: mercado editorial, redes globales y la invención de un continente.* Madrid: Iberoamericana 2015.
Münkler, Marina: *Monstra* und *mappae mundi*: die monströsen Völker des Erdrands auf mittelalterlichen Weltkarten. In: Glauser, Jürg, Christian Kiening (Hg.): *Text – Bild – Karte. Kartographien der Vormoderne.* Freiburg i. Br.: Rombach 2007, S. 149–173.
Navarro Tomás, Tomás: *Métrica española. Reseña histórica y descriptiva.* Barcelona: Labor 1986.
Navas Sánchez-Élez, María Victoria u. a.: Representaciones literarias de elementos urbanos: la iglesia, la casa, el mercado, el hotel, el cementerio. In: *Revista de Filología Románica.* Anejo VI (2008; «Ciudades imaginadas en la literatura y en las artes»), S. 23–55.
Neiman, Susan: *Das Böse denken. Eine andere Geschichte der Philosophie.* Frankfurt am Main: Suhrkamp 2006.
Neumeister, Sebastian: *Europa in Amerika. Annäherungen und Perspektiven.* Berlin: edition tranvía/Verlag Walter Frey 1998.
Neumeister, Sebastian: Góngora in Amerika. In: Küpper, Joachim, Friedrich Wolfzettel (Hg.): *Diskurse des Barock. Dezentrierte oder rezentrierte Welt?* München: Wilhelm Fink 2000, S. 597–614.
Nicolopulos, James: *The Poetics of Empire in the Indies. Prophecy and Imitation in La Araucana and Os Lusíadas.* University Park, PA: The Pennsylvania State UP 2000.
Nieto Jiménez, Lidio: *Tesoro lexicográfico del español marinero anterior a 1726.* Madrid: Arco Libros 2002.
de las Nieves Muñiz Muñiz, María: *L'Immagine riflessa. Percezione nazionale e trame intertestuali fra Italia e Spagna (da Petrarca a Montale, da Garcilaso a Guillén).* Firenze: Franco Cesati Editore 2012.
Nitsch, Wolfram: *Barocktheater als Spielraum. Studien zu Lope de Vega und Tirso de Molina.* Tübingen: Gunter Narr 2000.
Nitsch, Wolfram: Das Subjekt als *peregrino*. Selbstbehauptung und Heteronomie in Góngoras Lyrik. In: Matzat, Wolfgang, Bernhard Teuber (Hg.): *Welterfahrung – Selbsterfahrung. Konstitution und Verhandlung von Subjektivität in der spanischen Literatur der frühen Neuzeit.* Tübingen: Max Niemeyer 2000, S. 363–377.
Nitsch, Wolfram: Textgefängnisse. Künstlichkeit und Gewaltsamkeit in der spanischen Liebeslyrik des Barock. In: Föcking, Marc, Bernhard Huss (Hg.): *Varietas et Ordo. Zur Dialektik von Vielfalt und Einheit in Renaissance und Barock.* Wiesbaden: Franz Steiner 2003, S. 213–226.
Nitsch, Wolfram: Der Blitz und das Netz. Mythen und Technik bei Góngora. In: Nitsch, Wolfram, Bernhard Teuber (Hg.): *Zwischen dem Heiligen und dem Profanen: Religion, Mythologie, Weltlichkeit in der spanischen Literatur und Kultur der frühen Neuzeit.* München: Wilhelm Fink 2008, S. 261–283.

Nitsch, Wolfram: Nachbemerkung. Raumwechsel mit Zuschauer. In: Dünne, Jörg, Sabine Friedrich, Kirsten Kramer (Hg.): *Theatralität und Räumlichkeit. Raumordnungen und Raumpraktiken im theatralen Mediendispositiv*. Würzburg: Königshausen & Neumann 2009, S. 251–254.

Nitsch, Wolfram: Bodenlose Eloquenz. Lügnerfiguren in der Komödie. In: Hornung, Christoph, Gabriella-Maria Lambrecht u. a. (Hg.): *Kommunikation und Repräsentation in den romanischen Kulturen. Festschrift für Gerhard Penzkofer*. München: AVM 2015, S. 201–216.

Nitsch, Wolfram, Christian Wehr (Hg.): *Artificios. Technik und Erfindungsgeist in der spanischen Literatur und Kultur der Frühen Neuzeit*. München: Wilhelm Fink 2016.

Nosch, Marie-Louise: The loom and the ship in ancient Greece. Shared knowledge, shared terminology, cross-crafts, or cognitive maritime-textile archaeology? In: Harich-Schwarzbauer, Henriette (Hg.): *Weben und Gewebe in der Antike. Materialität – Repräsentation – Episteme – Metapoetik*. Oxford: Oxbow Books 2016, S. 109–132.

O'Gorman, Edmundo: *La Invención de América*. México D.F.: Fondo de Cultura Económica 1991 [1958].

Ortega, Julio: Le expresión americana: una teoría de la cultura. In: Ulloa, Justo C. (Hg.): *José Lezama Lima: Textos críticos*. Miami: Universal 1979, S. 66–74.

Ortega, Julio (Hg.): *Nuevos hispanismos interdisciplinarios y transatlánticos*. Madrid/Frankfurt am Main/México D.F.: Iberoamericana/Vervuert/Bonilla Artigas 2010.

Ortega, Julio (Hg.): *Reyes, Borges, Gómez de la Serna. Rutas transatlánticas en el Madrid de los años veinte*. México: Orfila Valentini/Tecnológico de Monterrey 2011.

Ortega, Julio: Lezama Lima y la Teoría Cultural Transatlántica. In: *Anuario L L* 40–41 (2011), S. 177–184.

Ortega, Julio: *Crítica transatlántica en el siglo XXI* (online Ressource, datiert 23. 3. 2011). http://blogs.brown.edu/ciudad_literaria/2011/03/23/critica-transatlantica-en-el-siglo-xxi/ [Stand: 20. 7. 2015]

Ortega, Julio (Hg.): *Nuevos hispanismos. Para una crítica del lenguaje dominante*. Madrid/Frankfurt am Main: Iberoamericana/Vervuert 2012.

Ortega, Julio: La sintaxis transatlántica del Barroco. In: *Calíope* 18 (2013), S. 73–91.

Ortega Garrido, Andrés: *Vanguardia y mundo clásico grecolatino en España*. Madrid: Iberoamericana/Vervuert 2012.

Ortiz-Díaz, Ernesto: Imperialismo y disidencia en Os Lusiadas, La Araucana y Soledades. In: *Etiopicas. Revista de letras renacentistas* 9 (2013), S. 104–146.

Otte, Enrique: *Las Perlas del Caribe: Nueva Cádiz de Cubagua*. Caracas: Fundación Boulton 1977.

Otte, Enrique (Hg.): *Cartas privadas de emigrantes a Indias. 1540–1616*. México D.F.: Fondo de Cultura Económica 1993.

Otte, Enrique: Das Genuesische Unternehmertum und Amerika unter den Katholischen Königen [1965]. In: ders.: *Von Bankiers und Kaufleuten, Räten, Reedern und Piraten, Hintermännern und Strohmännern. Aufsätze zur atlantischen Expansion Spaniens. Herausgegeben von Günter Vollmer und Horst Pietschmann*. Wiesbaden: Steiner 2004, S. 235–268.

Otte, Enrique: *Sevilla, siglo XVI: Materiales para su historia económica*. Sevilla: Centro de Estudios Andaluces/Junta de Andalucía 2008.

Pabst, Walter: *Góngora im Spiegel der deutschen Dichtung und Kritik*. Heidelberg: Carl Winter 1967.

Padrón, Ricardo: *The Spacious Word: Cartography, Literature, and Empire in Early Modern Spain*. Chicago: University of Chicago Press 2004.

Padrón, Ricardo: Against Apollo: Góngoras *Soledad primera* and the Mapping of Empire. In: *Modern Language Quarterly* 68 (2007), S. 363–393.

Pedro, Valentín de: *América en las letras del Siglo de Oro*. Buenos Aires: Editorial Sudamericana 1954.

Penzkofer, Gerhard: Lazarillo bei den Thunfischen oder die amerikanische Erfindung der Perspektive. In: Nitsch, Wolfram, Christian Wehr (Hg.): *Artificios. Technik und Erfindungsgeist in der spanischen Literatur und Kultur der Frühen Neuzeit*. München: Wilhelm Fink 2016, S. 63–96.

Pernot, Laurent: *Éloges grecs de Rome. Traduits et commentés par Laurent Pernot*. Paris: Les Belles Lettres 2007.

Pernot, Laurent: *Epideictic Rhetoric. Questioning the Stakes of Ancient Praise*. Austin: University of Austin Press 2015.

Phaf-Rheinberger, Ineke: Oceanic modernity in contemporary narratives – remembering slavery in Brazil and Angola. In: Mann, Michael, Ineke Phaf-Rheinberger (Hg.): *Beyond the line. Cultural narratives of the southern oceans*. Berlin: Neofelis 2014, S. 233–269.

Piccinato, Stefania: The Slave Narrative and the Picaresque Novel. In: Sollors, Werner, Maria Diedrich (Hg.): *The Black Columbiad. Defining Moments in African Literature and Culture*. Cambridge/London: Harvard University Press 1994, S. 88–98.

Piqueras, José Antonio: *La esclavitud en las Españas. Un lazo trasatlántico*. Madrid: Catarata 2011.

Poggi, Giulia: Petrarchismo e intertestualità (cinque esempi). In: dies.: *Gli occhi del pavone. Quindici studi su Góngora*. Firenze: Alinea 2009, S. 35–50.

Ponce Cárdenas, Jesús: Góngora y el conde de Niebla: Las sutiles gestiones del mecenazgo. In: *Criticón* 106 (2009), S. 99–146.

Ponce Cárdenas, Jesús: De nombres y deidades: claves piscatorias en la *Soledad Segunda*. In: *Calíope* 18 (2013), S. 85–110.

Pontes, Joel: Presença de Portugal no Burlador de Sevilla y Convidado de Piedra. In: *Estudos Universitários. Revista da Universidade Federal de Pernambuco* 4 (1969), S. 57–67.

Poppenberg, Gerhard: *Espacio gnóstico:* El concepto del Nuevo Mundo como forma de pensamiento y forma de vivencia a partir de *La expresión americana* de José Lezama Lima. In: Phaf, Ineke (Hg.): *Presencia criolla en el Caribe y América Latina/Creole presence in the Caribbean and Latin America*. Frankfurt am Main/Madrid: Vervuert/Iberoamericana 1996, S. 57–79.

Poppenberg, Gerhard: Der Streit um die *nueva poesía* im Gefolge von Góngoras *Soledades*. In: ders.: *Psyche und Allegorie. Studien zum spanischen auto sacramental von den Anfängen bis zu Calderón*. München: Wilhelm Fink 2003, S. 307–316.

Poppenberg, Gerhard: Europas Weg nach Westen. Zu Góngoras Aufnahme des Europamythos in den *Soledades*. In: Renger, Almut-Barbara, Roland Alexander Ißler (Hg.): *Europa – Stier und Rosenkranz. Von der Union mit Zeus zum Staatenverbund*. Göttingen: V&R unipress/Bonn University Press 2009, S. 183–195.

Porra, Véronique: Du Paradigme au syndrome d'Ulysse. Variations romanesques sur l'impossible retour du migrant. In: Eibl, Doris (Hg.): *Cultures à la dérive – cultures entre les rives: Grenzgänge zwischen Kulturen, Medien und Gattungen. Festschrift für Ursula Mathis-Moser zum 60. Geburtstag*. Würzburg: Königshausen & Neumann 2010, S. 143–152.

Postma, Regan: ¿Don Juan toma un Greyhound? La movilidad geográfica y lingüística en Johnny Tenorio. In: *Paso de Gato. Revista mexicana de teatro* (4.2010), S. 41–44.

Powell, Barry B.: *Einführung in die klassische Mythologie*. Stuttgart/Weimar: J. B. Metzler 2009.

Pulido Rubio, José: *El Piloto Mayor de la Casa de la Contratación de Sevilla. Pilotos mayores, catedráticos de cosmografía y cosmógrafos*. Sevilla: Escuela de Estudios Hispano-Americanos de Sevilla 1950.

Quint, David: The Boat of Romance and Renaissance Epic. In: Brownlee, Kevin, Marina S. Brownlee (Hg.): *Romance. Generic Transformations from Chrétien de Troies to Cervantes*. Hanover/London: University Press of New England 1985, S. 178–202.

Quint, David: Epic and Empire. In: *Comparative Literature* 41 (1989), S. 1–32.

Quint, David: *Epic and Empire: Politics and Generic Form from Virgil to Milton*. Princeton: Princeton University Press 1993.

Rabaté, Philippe: Une géographie de la résistance? Quelques considérations sur les espaces du *Guzmán de Alfarache* de Mateo Alemán. In: Tropé, Hélène (Hg.): *S'opposer dans l'Espagne des XVIe et XVIIe siècles: perspectives historiques et représentations culturelles*. Paris: Presses Sorbonne Nouvelle 2014, S. 175–185.

Rama, Angel: *La ciudad letrada*. Montevideo: Comisión Uruguaya pro Fundación Internacional Angel Rama 1984.

Redondo, Augustín: Du 'Beatus Ille' horacien au 'Mépris de la cour et éloge de la vie rustique d'Antonio de Guevara. In: ders. (Hg.): *L'Humanisme dans les lettres espagnoles*. Paris: Vrin 1979, S. 251–265.

Reichenberger, Kurt: América y los indianos en el teatro de los siglos de oro. In: Arellano, Ignacio (Hg.): *Las Indias (América) en la Literatura del Siglo de Oro. Homenaje a Jesús Cañedo*. Kassel: Edition Reichenberger 1992, S. 91–105.

Reyes, Alfonso: Cuestiones estéticas [1911]. In: ders.: *Obras completas I*. México D.F.: Fondo de cultura económica ³1996, S. 10–170.

Reyes, Alfonso: Cuestiones Gongorinas [1927]. In: ders.: *Obras completas VII*. México D.F.: Fondo de cultura económica 1958, S. 10–167.

Reyes, Alfonso: Góngora y América. Reseña bibliográfica [1929]. In: ders.: *Obras completas VII*. México D.F.: Fondo de cultura económica 1958, S. 235–245.

Rico, Francisco: *La novela picaresca y el punto de vista*. Barcelona: Seix Barral 2000 [1969].

Rico, Francisco: *El pequeño mundo del hombre. Varia fortuna de una idea en la cultura española*. Barcelona: Ediciones Destino 2005 [1970] (imago mundi 72).

del Río Parra, Elena: *Una era de monstruos. Representaciones de lo deforme en el Siglo de Oro español*. Madrid: Universidad de Navarra/Iberoamericana/Vervuert 2003.

Rivers, Elias L.: La problemática silva española. In: *Nueva Revista de Filología Hispánica* 36 (1988), S. 249–260.

Rivers, Elias L.: Góngora y el Nuevo Mundo. In: *Hispania* 75 (1992), S. 856–861.

Romanos, Melchora: El discurso contra las navegaciones en Góngora y sus comentaristas. In: Arrellano, Ignacio (Hg.): *Las Indias (América) en la Literatura del Siglo de Oro. Homenaje a Jesús Cañedo*. Kassel: Edition Reichenberger 1992, S. 37–49.

Romm, James S.: *The Edges of the World in Ancient Thought: Geography, Exploration, and Fiction*. Princeton: Princeton UP 1992.

Romm, James S.: New World and «*novos orbos*»: Seneca and the Renaissance Debate over Ancient Knowledge of the Americas. In: Haase, Wolfgang, Meyer Reinhold (Hg.): *The Classical Tradition and the Americas. Volume 1: European images of the Americas and the classical tradition*. Berlin/New York: Walter de Gruyter 1994, S. 77–116.

Rötzer, Hans Gerd: *Der europäische Schelmenroman*. Stuttgart: Reclam 2009.
Roses Lozano, Joaquín: *Una poética de la oscuridad. La recepción crítica de las Soledades en el siglo XVII*. Madrid: Editorial Tamesis 1994.
Ruiz Barrionuevo, Carmen: Góngora y Garcilaso en los comienzos de Lezama Lima: El secreto de Garcilaso. In: Instituto de Cooperación Iberoamericana (Hg.): *Las Relaciones literarias entre España e Iberoamérica/XXIII Congreso del Instituto internacional de literatura iberoamericana, Madrid, 25–29 de junio de 1984*. Madrid: Instituto de Cooperación Iberoamericana 1987, S. 537–543.
Ruiz Pérez, Pedro: *Historia de la literatura española. 3. El siglo del arte nuevo (1598–1691)*. Barcelona: Crítica 2010.
Ruiz Ramón, Francisco: Gestus y corporalidad (dos escenas de *El Burlador de Sevilla*). In: Lauer, Robert A., Henry W. Sullivan: *Hispanic Essays in Honor of Frank P. Casa*. New York: Peter Lang 1997, S. 187–197.
Ryan, Marie-Laure: Narrative Cartography: Toward a Visual Narratology. In: Kindt, Tom, Hans-Harald Müller (Hg.): *What is narratology? Questions and answers regarding the status of a theory*. Berlin/New York: Walter de Gruyter 2008, S. 333–364.
Said, Edward: *Culture & Imperialism*. London: Vintage Books 1994.
Said, Edward: Introduction to the Fiftieth-Anniversary Edition. In: Auerbach, Erich: *Mimesis. The Representation of Reality in Western Literature. With a new introduction by Edward W. Said*. Princeton/Oxford: Princeton University Press 2003, S. IX–XXXII.
Sánchez Prado, Ignacio: ‹Hijos de Metapa›: un recorrido conceptual de la literatura mundial. In: ders. (Hg.): *América Latina en la «literatura mundial»*. Pittsburgh, PA: Instituto Internacional de Literatura Iberoamericana 2006, S. 7–46.
Sampson, Lisa: *Pastoral Drama in Early Modern Italy. The Making of a New Genre*. London: Legenda 2006.
Sánchez, Yvette, Roland Spiller (Hg.): *Poéticas del fracaso*. Tübingen: Gunter Narr 2009.
Sarasin, Philipp: ‹Anthrax›: *Bioterror als Phantasma*. Frankfurt am Main: Suhrkamp 2003.
Scharold, Irmgard: *Vom Wunderbaren zum Phantas(ma)tischen. Zur Archäologie vormoderner Phantastik-Konzeptionen bei Ariost und Tasso*. München: Wilhelm Fink 2012.
Schlickers, Sabine: *La conquista imaginaria de América: crónicas, literatura y cine*. Frankfurt am Main: Peter Lang 2015.
Schmauser, Caroline: Stationen der Anagnorisis: Aristoteles, Heliodor, El Pinciano und Cervantes. In: Küpper, Joachim, Friedrich Wolfzettel (Hg.): *Diskurse des Barock. Dezentrierte oder rezentrierte Welt?* München: Wilhelm Fink 2000, S. 293–329.
Schmieder, Ulrike: Aspekte der Forschungsgeschichte zum Atlantischen Raum. In: Schmieder, Ulrike, Hans-Heinrich Nolte (Hg.): *Atlantik. Sozial- und Kulturgeschichte in der Neuzeit*. Wien: Promedia Verlag 2010, S. 226–253.
Schuerewegen, Franc, Liliane Tasmowski-De Ryck: Paradoxes de la promesse: l'exemple de Dom Juan. In: Landheer, Roland, Paul J. Smith (Hg.): *Le Paradoxe en Linguistique et en Littérature*. Genève: Droz 1996, S. 59–73.
Schulz-Buschhaus, Ulrich: Der Barockbegriff in der Romania. Notizen zu einem vorläufigen Resümee. In: *Zeitschrift für Literaturwissenschaft und Linguistik* 25 (1995), S. 6–24. (http://gams.uni-graz.at/o:usb-06C-350; Stand: 4.2.2016)
Schulz-Buschhaus, Ulrich: Auerbachs *Mimesis* und die Literatur der Frühen Neuzeit. In: Göbel, Walter, Bianca Ross (Hg.): *Renaissance Humanism – Modern Humanism(s). Festschrift for Claus Uhlig*. Heidelberg: Winter 2001, S. 83–98. (http://gams.uni-graz.at/o:usb-063-61; Stand: 4.2.2016)

Schulz-Buschhaus, Ulrich: Erich Auerbach. Die Frühe Neuzeit im Schatten Dantes. In: Garber, Klaus (Hg.): *Kulturwissenschaftler des 20. Jahrhunderts. Ihr Werk im Blick auf das Europa der Frühen Neuzeit*. München: Wilhelm Finck 2002, S. 89–107.

Schwartz Lerner, Lía: «El motivo de la ‹auri sacra fames› en la sátira y en la literatura moral del siglo XVII». In: Arellano, Ignacio (Hg.): *Las Indias (América) en la literatura del Siglo de Oro. Homenaje a Jesús Cañedo*. Kassel: Reichenberger 1992, S. 51–70.

Selig, Maria: Die mittelalterliche Stadt als Kommunikationsraum. Zur Rolle der Städteforschung in der historischen Sprachwissenschaft. In: Heinemann, Sabine, Rembert Eufe (Hg.): *Romania urbana. Die Stadt des Mittelalters und der Renaissance und ihre Bedeutung für die romanischen Sprachen und Literaturen*. München: Martin Meidenbauer 2010.

Serres, Michel: *Le Parasite*. Paris: Arthème Fayard/Pluriel 2014 [1980].

Sheringham, Michael: *Everyday life. Theories and Practices from Surrealism to the Present*. Oxford: Oxford University Press 2006.

Siegert, Bernhard: *Passage des Digitalen. Zeichenpraktiken der neuzeitlichen Wissenschaften 1500–1900*. Berlin: Brinkmann & Bose 2003.

Siegert, Bernhard: *Passagiere und Papiere. Schreibakte auf der Schwelle zwischen Spanien und Amerika*. München: Wilhelm Fink 2006.

Siegert, Bernhard: Kulturtechnik. In: Maye, Harun, Leander Scholz (Hg.): *Einführung in die Kulturwissenschaft*. München: W. Fink/UTB 2011, S. 95–118.

Simerka, Barbara: Early Modern Skepticism and Unbelief and the Demystification of Providential Ideology in *El Burlador de Sevilla*. In: *Gestos. Teoría y Práctica del Teatro Hispánico* 12 (1997), S. 39–66.

Simerka, Barbara: *Discourses of Empire. Counter-Epic Literature in Early Modern Spain*. University Park: The Pennsylvania State University Press 2003.

Simson, Ingrid: *Das Siglo de Oro. Spanische Literatur, Gesellschaft und Kultur des 16. und 17. Jahrhunderts*. Stuttgart: Ernst Klett 2001 (Uni Wissen).

Simson, Ingrid: *Amerika in der spanischen Literatur des Siglo de Oro: Bericht, Inszenierung, Kritik*. Frankfurt am Main: Vervuert 2003.

Simson, Ingrid (Hg.): *América en España: influencias, intereses, imágenes*. Frankfurt am Main: Vervuert 2007.

Simson, Ingrid: Lezama Lima y Góngora: analogías y el uso de la metáfora en la poesía. In: Ehrlicher, Hanno, Stefan Schreckenberg (Hg.): *El Siglo de Oro en la España contemporánea*. Frankfurt am Main/Madrid: Vervuert Iberoamericana 2011.

Smith, Jeremy: *Europe and the Americas: state formation, capitalism and civilizations in Atlantic modernity*. Leiden: Brill 2006.

Smith, Paul Julian: Barthes, Góngora, and Non-Sense. In: *PMLA* 101 (1986), S. 82–94.

Smith, Paul Julian: *Writing in the Margin: Spanish Literature of the Golden Age*. Oxford: Clarendon Press 1988.

Sokal, Alan, Jean Bricmont: *Fashionable Nonsense. Postmodern Intellectuals' Abuse of Science*. New York: Picador 1999.

Spitzer, Leo: Zu Góngoras *Soledades*. In: *Romanische Stil- und Literaturstudien*. Marburg a. d. Lahn: N. G. Elwert'sche Verlagsbuchhandlung 1931, S. 126–140.

Spitzer, Leo: La *Soledad primera* de Góngora: notas críticas y explicativas a la nueva edición de Dámaso Alonso. In: *Revista de Filología Hispánica* 2 (1940), S. 151–176.

Spitzer, Leo: El Barroco Español. In: ders.: *Romanische Literaturstudien 1936–1956*. Tübingen: Max Niemeyer 1959 [1943], S. 789–802.

Spitzer, Leo: The «Récit de Théramène». In: ders.: *Linguistics and literary history. Essays in Stylistics*. New York: Russel & Russel Inc. 1962 [1948], S. 87–134.

Spitzer, Leo: La *Soledad primera* de Góngora: notas críticas y explicativas a la nueva edición de Dámaso Alonso. In: ders.: *Estilo y estructura en la literatura española*. Barcelona: Crítica 1980 [1940], S. 257–290.

Spoerhase, Carlos: ‹Mere reading›: Über das Versprechen eines ‹posthermeneutischen Verstehens›. In: Lepper, Marcel, Steffen Siegel u. a. (Hg.): *Jenseits des Poststrukturalismus. Eine Sondierung*. Frankfurt am Main: Peter Lang 2005, S. 15–36.

Sprenger, Ulrike: NO∞DO. Zur frühneuzeitlichen Identitätsbildung Sevillas. In: Nitsch, Wolfram, Bernhard Teuber (Hg.): *Zwischen dem Heiligen und Profanen. Religion, Mythologie, Weltlichkeit in der spanischen Literatur und Kultur der Frühen Neuzeit*. München: Wilhelm Fink 2008, S. 371–385.

Stanford, W.B.: *The Ulysses Theme. A Study in the Adaptability of a Traditional Hero*. Oxford: Basil Blackwell 1954.

Stella, Alessandro: *Histoires d'esclaves dans la Péninsule Ibérique*. Paris: Éditions de EHESS 2000.

Stella, Alessandro: Les galères dans la Méditerranée (XV–XVIIIe siècles). Miroir des mises en servitude. In: *Cahiers des Anneaux de la Mémoire* 13 (2010), S. 73–91.

Stierle, Karlheinz: Montaigne und die Erfahrung der Vielheit. In: Stempel, Wolf-Dieter, Karlheinz Stierle (Hg.): *Die Pluralität der Welten. Aspekte der Renaissance in der Romania*. München: Wilhelm Fink 1987, S. 417–448.

Stierle, Karlheinz: *Das große Meer des Sinns. Hermenautische Erkundungen in Dantes «Commedia»*. München: Wilhelm Fink 2007.

Stoll, André: Das Fernrohr, die Begierde und die Figuren Amerikas. Irritierende Perspektiven auf die Inszenierungsstrategien barocker Poiesis. In: Bosse, Monika, André Stoll (Hg.): *Theatrum mundi. Figuren der Barockästhetik in Spanien und Hispano-Amerika. Literatur, Kunst und Bildmedien*. Bielefeld: Aisthesis 1997, S. 7–30.

Stoll, Andreas: Wege zu einer Soziologie des pikaresken Romans. In: Baader, Horst, Erich Loos (Hg.): *Spanische Literatur im Goldenen Zeitalter. Fritz Schalk zum 70. Geburtstag*. Frankfurt am Main: Vittorio Klostermann 1973, S. 461–518.

Sträter, Thomas: Lisboa – «La mayor ciudad de España»: politische Ideologie im Theater des Siglo de Oro (am Beispiel des *Burlador* von Tirso de Molina). In: Brandenberger, Tobias, Henry Thorau (Hg.): *Portugal und Spanien: Probleme (k)einer Beziehung. Portugal e Espanha: Encontros e Desencontros*. Frankfurt am Main u. a.: Peter Lang 2005, S. 107–125.

Struve, Wolfgang: Die neuzeitliche Philosophie als Metaphysik der Subjektivität. Interpretationen zu Kierkegaard und Nietzsche. In: *Symposion: Jahrbuch für Philosophie* 1 (1948), S. 207–336.

Taussig, Michael: The Beach (A Fantasy). In: Mitchell, W. J. T. (Hg.): *Landscape and Power*. Chicago/London: The University of Chicago Press 2002, S. 317–346.

Terne, Claudia: Antiheld gegen Antimachiavell? Zur Darstellung der Ereignisse um die Eroberung Mexikos auf der friderizianischen Opernbühne in der zweiten Hälfte des 18. Jahrhunderts. In: Bernaschina, Vicente, Tobias Kraft, Anne Kraume (Hg.): *Globalisierung in Zeiten der Aufklärung: Texte und Kontexte zur Berliner Debatte um die Neue Welt (17./18. Jh.)* (Band 1). Frankfurt am Main: Peter Lang 2015, S. 159–178.

Teuber, Bernhard: Curiositas et crudelitas. Das Unheimliche am Barock bei Góngora, Sor Juana Inés de la Cruz und José Lezama Lima. In: Küpper, Joachim, Friedrich Wolfzettel

(Hg.): *Diskurse des Barock. Dezentrierte oder rezentrierte Welt?* München: Wilhelm Fink 2000, S. 615–652.

Teuber, Bernhard: ‹Vivir quiero conmigo›. Verhandlungen mit sich und dem anderen in der ethopoetischen Lyrik des Fray Luis de León und des Francisco de Aldana. In: Matzat, Wolfgang, Bernhard Teuber (Hg.): *Welterfahrung – Selbsterfahrung. Konstitution und Verhandlung von Subjektivität in der spanischen Literatur der frühen Neuzeit.* Tübingen: Max Niemeyer 2000, S. 179–206.

Teuber, Bernhard: Imaginatio Borealis in einer Topographie der Kultur. In: Engel-Braunschmidt, Annelore, Gerhard Fougenet u. a. (Hg.): *Ultima Thule. Bilder des Nordens von der Antike bis zur Gegenwart.* Frankfurt am Main: Peter Lang 2001, S. 173–201.

Teuber, Bernhard: *Sacrificium litterae – Allegorische Rede und mystische Erfahrung in der Dichtung des heiligen Johannes vom Kreuz.* München: Wilhelm Fink 2003.

Torraca, Francesco: *Gl'Imitatori stranieri di Jacopo Sannazaro. Ricerche.* Roma: Ermanno Loescher 1882.

Verlinden, Charles, Eberhard Schmitt (Hg.): *Die mittelalterlichen Ursprünge der europäischen Expansion.* München: C. H. Beck 1986.

Ugalde Quintana, Sergio: *La biblioteca en la isla. Una lectura de* La Expresión Americana *de José Lezama Lima.* Madrid: Editorial Colibrí o.J. [Dissertation 2006].

Ugalde, Sergio: Barock, afrokubanische Kultur und Zusammenlebenswissen bei José Lezama Lima. In: Ette, Ottmar (Hg.): *Wissensformen und Wissensnormen des ZusammenLebens. Literatur – Kultur – Geschichte – Medien.* Boston/Berlin: Walter de Gruyter 2012, S. 206–219.

Ugalde, Sergio (Hg.): *Un cierto encanto goethiano. Correspondencia alemana de Alfonso Reyes (1914–1959).* México D.F.: El Colegio de México/Juan Pablos Editor 2013.

Vidler, Anthony: *The architectural uncanny. Essays in the modern unhomely.* Cambridge: MIT-Press 1994.

Vietta, Silvio: *Europäische Kulturgeschichte. Eine Einführung.* Paderborn: W. Fink/UTB 2007.

Vilanova, Antonio: El peregrino de amor en las Soledades de Góngora. In: *Estudios dedicados a Menéndez Pidal (Band III).* Madrid: CSIC 1952, S. 421–460.

Vilanova, Antonio: *Las Fuentes y los Temas del Polifemo de Góngora.* Madrid: CSIC 1957 (Revista de Filología Española).

Vilanova, Antonio: Nuevas notas sobre el tema del peregrino de amor. In: *Studia hispanica in honorem R. Lapesa.* Band 1. Madrid: Gredos/Cátedra-Seminario Menéndez Pidal 1972, S. 563–570.

Vinken, Barbara: *Angezogen. Das Geheimnis der Mode.* Stuttgart: Klett-Cotta 2013.

Virilio, Paul: *Ce qui arrive.* Arles/Paris: Actes Sud/Fondation Cartier pour l'art contemporain 2002.

Virilio, Paul: *Ce qui arrive.* Paris: Galilée 2002.

Virilio, Paul: *Ville panique. Ailleurs commence ici.* Paris: Galilée 2004.

Virilio, Paul: *Le litoral, la dernière frontière. Entretien avec Jean-Louis Violeau.* Paris: Sens& Tonka 2013.

Vitse, Marc: La descripción de Lisboa en el *Burlador de Sevilla.* In: *Criticón* 2 (1978), S. 21–41.

Vogl, Joseph: Poetologie des Wissens. In: Maye, Harun, Leander Scholz (Hg.): *Einführung in die Kulturwissenschaft.* München: W. Fink/UTB 2011, S. 49–71.

Vossler, Karl: *Poesie der Einsamkeit in Spanien.* München: Beck ²1950 [1935/1940].

Warburg, Aby: *Werke in einem Band. Herausgegeben und kommentiert von Martin Treml, Sigrid Weigel und Perdita Ladwig.* Berlin: Suhrkamp 2010.

Wehle, Winfried: Arkadien. Eine Kunstwelt. In: Stempel, Wolf-Dieter, Karlheinz Stierle (Hg.): *Die Pluralität der Welten. Aspekte der Renaissance in der Romania*. München: Wilhelm Fink 1987, S. 137–165.

Wehle, Winfried (Hg.): *Das Columbus-Projekt. Die Entdeckung Amerikas aus dem Weltbild des Mittelalters*. München: Fink 1995.

Wehle, Winfried: Diaphora. Barock: eine Reflexionsfigur von Renaissance – Wandlungen Arkadiens bei Sannazaro, Tasso und Marino. In: Küpper, Joachim, Friedrich Wolfzettel (Hg.): *Diskurse des Barock. Dezentrierte oder rezentrierte Welt?* München: Wilhelm Fink 2000, S. 95–143.

Wehr, Christian: *La Vida de Lazarillo de Tormes* und die Form der Individualität im Roman. In: Ehland, Christoph, Robert Fajen (Hg.): *Das Paradigma des Pikaresken. The Paradigm of the Picaresque*. Heidelberg: Winter 2007, S. 25–43.

Wehr, Christian: Manierismus und Anamorphose. Francisco de Quevedos *En breve cárcel traigo aprisionado*. In: Huss, Bernhard, Christian Wehr (Hg.): *Manierismus. Interdisziplinäre Studien zu einem ästhetischen Stiltyp zwischen formalem Experiment und historischer Signifikanz*. Heidelberg: Winter 2014, S. 307–319.

Wehr, Christian: Vom Entdecken zum Erfinden. Inszenierungen der astronomischen Wende bei Saavedra Fajardo, Quevedo und Gracián. In: Nitsch, Wolfram, Christian Wehr (Hg.): *Artificios. Technik und Erfindungsgeist in der spanischen Literatur und Kultur der Frühen Neuzeit*. Paderborn: Wilhelm Fink 2016, S. 219–231.

Weinrich, Harald: Das Zeichen des Jonas. Über das sehr Große und das sehr Kleine in der Literatur [1966]. In: ders.: *Literatur für Leser. Essays und Aufsätze zur Literaturwissenschaft*. München: dtv 1986, S. 37–49.

Wenz, Karin: *Raum, Raumsprache und Sprachräume: zur Textsemiotik der Raumbeschreibung*. Tübingen: Gunter Narr 1997.

Wiethölter, Waltraut, Hans-Georg Pott, Alfred Messerli (Hg.): *Stimme und Schrift: zur Geschichte und Systematik sekundärer Oralität*. Paderborn: Fink 2008.

Wismer, Beat, Michael Scholz-Hänsel (Hg.): *El Greco und die Moderne*. Düsseldorf/Ostfildern: Museum Kunstpalast/Hatje Cantz 2012.

Wolf, Burkhardt: *Fortuna di mare. Literatur und Seefahrt*. Zürich: Diaphanes 2013.

Wolff, Emil: *Die Goldene Kette. Die aurea catena homeri in der englischen Literatur von Chaucer bis Wordsworth*. Hamburg: Hansischer Gildenverlag 1947.

Wolfzettel, Friedrich: Funktionswandel eines epischen Motivs: Der Blick auf Paris. In: *Romanistische Zeitschrift für Literaturgeschichte* 3 (1977), S. 353–377.

Wolfzettel, Friedrich: Die Suche nach Cathay. In: Wehle, Winfried (Hg.): *Das Columbus-Projekt. Die Entdeckung Amerikas aus dem Weltbild des Mittelalters*. München: Wilhelm Fink 1995, S. 43–71.

Zardini, Francesca, Grazia Lana: *La morte di Ulisse. Riflessioni dall'antico al barocco*. Verona: Edizioni Fiorini 2006.

Zugasti, Miguel: La imagen de Francisco Pizarro en el teatro áureo: Tirso, Vélez de Guevara, Calderón. In: In: Arellano, Ignacio (Hg.): *Las Indias (América) en la Literatura del Siglo de Oro. Homenaje a Jesús Cañedo*. Kassel: Edition Reichenberger 1992, S. 127–144.

Zugasti, Miguel: *La alegoría de América en el barroco hispánico: del arte efímero al teatro*. Valencia: Pre-Textos 2005.

www.ingramcontent.com/pod-product-compliance
Lightning Source LLC
Chambersburg PA
CBHW031723230426
43669CB00007B/219